ACCESO GRATIS a la Lectura en la Nube

Para visualizar el libro electrónico en la nube de lectura envíe junto a su nombre y apellidos una fotografía del código de barras situado en la contraportada del libro y otra del ticket de compra a la dirección:

ebooktirant@tirant.com

En un máximo de 72 horas laborables le enviaremos el código de acceso con sus instrucciones.

LA LUCHA CONTRA LA TRATA DE SERES HUMANOS EN LA UNIÓN EUROPEA: ANÁLISIS DE LOS INSTRUMENTOS DE PROTECCIÓN, PREVENCIÓN Y PERSECUCIÓN

LA LUCHA CONTRA LA TRATA DE SERES HUMANOS EN LA UNIÓN EUROPEA: ANÁLISIS DE LOS INSTRUMENTOS DE PROTECCIÓN, PREVENCIÓN Y PERSECUCIÓN

Alexandre Moreno Urpí

tirant lo blanch
Valencia, 2025

EDITA: TIRANT LO BLANCH
C/ Artes Gráficas, 14 - 46010 - Valencia
TELFS.: 96/361 00 48 - 50
FAX: 96/369 41 51
Email: tlb@tirant.com
www.tirant.com
Librería virtual: www.tirant.es
DEPÓSITO LEGAL: V-1840-2025
ISBN: 978-84-1071-785-5

Si tiene alguna queja o sugerencia, envíenos un mail a: *atencioncliente@tirant.com*. En caso de no ser atendida su sugerencia, por favor, lea en *www.tirant.net/index.php/empresa/politicas-de-empresa* nuestro procedimiento de quejas.

Responsabilidad Social Corporativa: http://www.tirant.net/Docs/RSCTirant.pdf

Agradecimientos

Antes de dar las gracias a todas las personas que me han acompañado en el largo proceso de creación de esta monografía, quería hacer una especie de reflexión poco ortodoxa, quizá, en obras de este calibre.

Este libro es fruto del cambio y, por lo tanto, ha estado sujeta a los vaivenes de la Academia, del Derecho y, por qué no, de la vida misma. El proceso hasta llegar al 4 de junio de 2024, día en el que se cerró definitivamente el documento, ha sido largo. Pero nadie dijo que el camino correcto fuera el rápido. Primero, todo el Derecho analizado en esta monografía ha sufrido algún cambio en los últimos años, cosa que ha obligado a revisarla, actualizarla y a ser muy diligente en la construcción del hilo argumental. Segundo, uno cambia de universidad, se traslada, incorpora nuevos compañeros (y nuevos amigos), amplía la zona de confort y, al final, crece. También cambian las maneras de trabajar y las prioridades. Así, esta obra es el resultado del crecimiento intelectual y personal. Y esto ha provocado que la perspectiva con la que se escribe se altere a medida que se avanza, que se enriquezca el debate interno, e incluso las dudas, y que la obra evolucione. En este caso, gracias a todos los cambios, en el sentido más amplio de la palabra, esta obra es una realidad.

Y para llegar hasta aquí, las personas han sido imprescindibles. A todas ellas les debo esta obra. Sin excepción. No obstante, algunas merecen una mención especial. El primer agradecimiento es para la Dra. Esther Zapater Duque, a quien agradezco sinceramente su consejo, su paciencia y su inmensa estima, pues esta monografía es la evolución de una tesis doctoral que dirigió y que fue defendida en la Universitat Autònoma de Barcelona en noviembre de 2019. También quisiera agradecerle a la Dra. Mirentxu Jordana Santiago nuestra amistad, su humildad y su maravillosa y constante instrucción, especialmente en los primeros pasos de la investigación del Derecho y de la vida académica. Para poder correr, uno debe aprender, primero, a caminar.

En segundo lugar, creo merecido agradecerle al Dr. Antoni Pigrau Solé y a la Dra. Maria Marquès Banqué su cálida acogida, su perseverancia, especialmente en que esta monografía viera la luz, y sus indispensables consejos en una etapa ya complicada de por sí como es la postdoctoral. Los cambios me han regalado la oportunidad de aprender de ellos.

En tercer lugar, habiendo tenido la suerte de compartir camino con colegas de la Universitat Autònoma de Barcelona, de la Universitat de Girona y de la Universitat Rovira i Virgili, quisiera darles las gracias a todos ellos por ser un faro a la excelencia académica. La lista de nombres es larga, pero me quedo con la red de personas que te arropa y te sustenta. En un mundo donde parece que los postulados más neoliberales e individualistas, donde se prima la competitividad en lugar del trabajo en equipo o el crecimiento colectivo, van ganando terreno, esta especie de oasis antisistema indica que aún hay esperanza.

En cuarto lugar, esta obra no habría sido posible sin la financiación del Grupo de investigación de la Universitat Rovira i Virgili, del cual el autor es miembro investigador, «Territorio, Ciudadanía y Sostenibilidad» (2021 SGR 00162), reconocido como grupo de investigación consolidado y que cuenta con el apoyo del Departamento de Recerca i Universitats de la Generalitat de Catalunya.

Por último, fuera del mundo académico, creo que también merecen unas palabras de reconocimiento mis amigos y mi familia. Sobre los primeros, y tal y como decía Pau Riba, quisiera agradecerles el «sentir que formas parte de una tribu». En cuanto a mi familia, gracias por su amor, en especial mi hermana y mi madre. Porque me han ayudado en todo lo que han podido y más. Ellas me han enseñado el valor de superar cualquier adversidad. Y por todo ello, por estar ahí siempre y sin excepción, a ellas dedico esta obra.

«Marcher en ligne droite, on ne peut pas aller très loin»
Antoine de Saint-Exupéry, *Le Petit Prince*

Índice

Prólogo

Hasta la fecha, los esfuerzos de la Sociedad Internacional para eliminar toda forma de explotación de las personas se han revelado insuficientes. Desde la adopción de los primeros instrumentos internacionales, entre los que destaca el *Convenio Internacional para la Supresión del Tráfico de Trata de Blancas*, firmado en París el 18 de mayo de 1910, hasta la modificación de la Directiva 2011/36/UE, han transcurrido más de cien años en los que la explotación de las personas ha ido avanzando hasta convertirse en una de las principales lacras a la que nos enfrentamos. Esta actividad criminal, además, se ha visto amparada por el crimen organizado, que le ha dado una cobertura y ha acentuado los graves efectos perjudiciales para las víctimas.

El primer elemento que denota la extrema complejidad de este fenómeno reside en la conceptualización jurídica de la explotación. Si se analizan los textos jurídicos internacionales, instituciones como la trata de seres humanos, la esclavitud o los trabajos forzosos han coexistido, vertebrando cada una de ellas un régimen jurídico diferenciado pero que, a su vez, están estrechamente conectados. No fue hasta el año 2000 que la Comunidad Internacional decidió consensuar una definición internacional de trata de seres humanos en uno de los protocolos anexos al *Convenio de Naciones Unidas sobre la Delincuencia Organizada Transnacional*. La trata se consideró como el marco jurídico que debía abarcar cualquier situación que supusiera la obtención de un lucro a partir de la explotación de cualquier persona. Aparte de la definición, lo novedoso de este instrumento convencional consistió en la sistematización de la erradicación de la trata de seres humanos a partir de tres elementos igualmente importantes: la protección de las víctimas, la prevención del fenómeno y la persecución de los delincuentes. Esta sistemática, conocida como el paradigma de las 3P, se erigió como una lógica de actuación que inspiró tanto al Consejo de Europa como a la Unión Europea para desarrollar sus propias estrategias para luchar contra este fenómeno.

El segundo elemento que confirma que la trata de seres humanos es un problema poliédrico que requiere de una actuación multinivel para poder hacerle frente es la variedad en las aproximaciones a la hora de erradicarla. Así, la trata históricamente se ha considerado una cuestión migratoria, aunque las cifras demuestren que existen víctimas que son explotadas en el mismo Estado de su nacionalidad o residencia. También se ha llegado a abordar la trata de seres humanos como una simple cuestión de explotación laboral, considerando a sus víctimas como trabajadoras en precarias condiciones y obviando lo que verdaderamente son: víctimas de un delito. Incluso se ha pretendido luchar contra la trata desde la persecución del delito, aplicando simplemente el Derecho Penal sin atender ni a las necesidades de las víctimas ni a medidas de prevención. Todas ellas son igualmente relevantes y deben incorporarse, en un plano de igualdad, a cualquier estrategia que pretenda erradicar la trata de seres humanos desde su plenitud.

En el marco de la Unión Europea, la estrategia de dicha organización para erradicar la trata de seres humanos ha transcurrido por distintas fases. A nivel jurídico, el giro más notorio fue la adopción de la Directiva 2011/36/UE, que supuso un antes y un después al incorporar, por primera vez, la protección y la prevención como elementos constitutivos del plan para poner fin a la trata. Así se superó la aproximación criminocéntrica de la Decisión Marco 2002/629/JAI. A nivel político, la estrategia de la UE del año 2012 fue la que puso los cimientos del actual marco de lucha contra la trata. Unos cimientos, sin embargo, capaces de resistir y adaptarse a los cambios acaecidos en los últimos años: la irrupción de internet y de las redes sociales como marco para la explotación sexual, el aumento de los movimientos migratorios, la diversificación de la actividad criminal en distintos Estados miembros de la

Unión Europea, la COVID-19, el cambio de *modus operandi* de las redes o el surgimiento de nuevas formas de explotación como la extracción de órganos o los matrimonios forzosos. Esto ha obligado a mejorar la capacidad de respuesta de las Instituciones de la Unión, así como de sus Estados miembros, ampliando los medios de prueba e incorporando las investigaciones financieras, añadiendo nuevas sanciones para aquellos que usan conscientemente los productos derivados de la trata de seres humanos o reforzando las medidas de protección de las víctimas.

En este contexto de adaptación de los mecanismos para hacer frente a la trata de seres humanos en la Unión Europea se justifica la necesidad de esta obra elaborada por el Dr. Alexandre Moreno Urpí. Esta monografía, que es la evolución de una tesis doctoral que tuve el placer de dirigir y que fue defendida a finales de 2019, tiene como objetivo analizar sistemáticamente y de forma exhaustiva toda la estrategia de la Unión Europea para erradicar la trata personas. La primera parte de esta obra consiste en un ejercicio de derecho comparado entre el Protocolo sobre trata de seres humanos, el Convenio de Varsovia y la Directiva 2011/36/UE para determinar los avances en cuanto a la definición del fenómeno, el establecimiento de las sanciones, la concreción de las medidas de protección de las víctimas y la determinación de las medidas de prevención. La segunda parte de esta obra examina, aplicando los criterios de efectividad y adecuación, los instrumentos de protección, prevención y persecución de la estrategia de la Unión Europea para erradicar la trata de seres humanos.

Es necesario subrayar que esta es una obra exhaustiva, pues el autor ha examinado todas las artistas del poliedro de la estrategia de la UE para erradicar la trata de seres humanos y, desgraciadamente, es de extrema actualidad. De hecho, hay que subrayar que la versatilidad del fenómeno de la trata de seres humanos, así como de todos los elementos conexos, ha obligado a replantear constantemente a la Unión Europea su estrategia para hacerle frente. De este modo, esta obra presenta todos los cambios más recientes, tanto a nivel político como a nivel jurídico, de cuestiones tan sensibles como la reforma de la normativa sobre migración y asilo, la Directiva sobre diligencia debida o la ya más reciente modificación de la Directiva 2011/36/UE. Por lo tanto, es más que merecido resaltar que esta es una obra de referencia para cualquiera que busque comprender y analizar en su plenitud los pasos dados por la Unión Europea en pro de la erradicación de la trata de seres humanos.

La relevancia de esta monografía también se deriva de la calidad de las reflexiones que se plantean. En este sentido, se ha presentado un análisis lo más crítico posible, buscando e interpretando la raíz del problema y contrastando la información con distintos puntos de vista. Además, el autor ha incorporado los más recientes cambios a nivel doctrinal. Todo esto ha enriquecido la discusión y, de hecho, aporta al estado de la cuestión muchas hipótesis, ideas y reflexiones para facilitar el replanteamiento de la estrategia, ya no de la Unión Europea, sino mundial para empezar a poner punto final a la trata de seres humanos.

En definitiva, estamos ante una obra rigurosa y exhaustiva, en la que el Dr. Alexandre Moreno Urpí, con su capacidad investigadora ya acreditada, no sólo ha analizado el marco jurídico e identificado los problemas, sino que también apunta posibles soluciones, siempre partiendo de las experiencias adquiridas y de las posibilidades reales de actuación ante un fenómeno que muta en continuación.

Dra. Esther Zapater Duque

Profesora titular de Derecho Internacional Público y Relaciones Internacionales

Universitat Autònoma de Barcelona

Índice de abreviaturas

ACC: Autoridad de Control Común
ADN: Ácido desoxirribonucleico
AEA: Agencia Europea de Asilo
AP: Proyectos de análisis operativos
ARO: Oficina de recuperación de activos
BOCG: *Boletín Oficial de las Cortes Generales*
BOE: *Boletín Oficial del Estado*
CCE: Célula de coordinación de emergencias
CEDH: *Convenio para la protección de los Derechos Humanos y de las Libertades Fundamentales*
CGPJ: Consejo General del Poder Judicial
CEPOL: Escuela Europea de Policía
CISE: *Common Information SharingEnvironmentCOP UNTOC: Conference of the Parties to the United Nations Convention against Transnational Organized Crime*
COSI: *Standing Committee on Operational Cooperation on Internal Security*
CSEM: *Child sexual exploitation material*
DDHH: Derechos Humanos
DOCE: Diario Oficial de las Comunidades Europeas
DOUE: Diario Oficial de la Unión Europea
EASO: Oficina Europea de Apoyo al Asilo
EC2: Centro Europeo de Ciberdelincuencia
ECTC: Centro Europeo de Lucha contra el Terrorismo
EEAS: *European External Action Service*
EES: *Exit-Entry System*
EFCA: Agencia Europea de Control de Pesca
EMCDDA: Observatorio Europeo de la Droga y la Toxicomanía
EMPACT: *European Multidisciplinary Platform Against Criminal Matters*
EMSC: Centro Europeo contra el Tráfico de Migrantes
EMAST: Equipos de análisis móvil

EMIST: Equipos de investigación móvil
ENISA: Red Europea de Información y Seguridad
EPRS: *European Parliamentary Research Service*
ESLJ: Espacio de Libertad, Seguridad y Justicia
EUAA: Agencia de Asilo de la Unión Europea
EUIPO: Oficina de Propiedad Intelectual de la Unión Europea
EURTF: *EU Regional Task Force*
EU ATC: *European Union Anti-Trafficking Coordinator*
EU *IRU*: *European Union Internet Referral Unit*
EU SOCTA: *European Union Serious Organised Crime Threat Assessment*
FATF: *Financial Action Task Force*
FFCCSE: Fuerzas y Cuerpos de Seguridad del Estado
GCPC: Grupo de Control Parlamentario Conjunto
FRA: Agencia Europea para los Derechos Fundamentales
IBAN: *International Bank Account Number*
IPSN: Identificación de personas con necesidades especiales
JIT: *Joint Investigation Team*
JOT: *Joint Operational Team*
LGTS: *Leage of Nations Treaty Series*
MASP: Plan estratégico multianual
NEC: Coordinador nacional del EMPACT
NREM: *National Rapporteurs or Equivalent Mechanisms*
NRM: *National Referral Mechanisms*
OAP: *Operational action plan*
OC: Centro operativo
OCG: Organizaciones criminales
OIM: Organización Internacional de Migraciones
ONG: Organización No Gubernamental
ONU: Organización de las Naciones Unidas
OSCE: Organización para la Seguridad y la Cooperación en Europa
PESC: Política Exterior y de Seguridad Común
PIU: Unidad de Información de Pasajeros
PNR: *Passengers Name Record*

RAE: Real Academia Española
RJE: Red Judicial Europea
SECA: Sistema Europeo Común de Asilo
SEPD: Supervisor Europeo de Protección de Datos
SIE: Sistema de Información de Europol
SIENA: Red de Intercambio Seguro de Información
SIS: Sistema de Información de Schengen
SIS II: Sistema de Información de Schengen de segunda generación
STEDH: Sentencia del Tribunal Europeo de Derechos Humanos
STJUE: Sentencia del Tribunal de Justicia de la Unión Europea
STPIY: Sentencia del Tribunal Penal Internacional por la Antigua Yugoslavia.
TUE: Tratado de la Unión Europea.
TFUE: Tratado de Funcionamiento de la Unión Europea
TRM: *Transnational Referral Mechanisms*
UE: Unión Europea
UIF: Unidades de inteligencia financiera
UNTS: *United Nations Treaty Series*
VIS: Sistema de Información de Visados

Introducción[1]

La trata de seres humanos es una de las conductas más lesivas de los derechos humanos que atenta contra la integridad y la dignidad de la persona. Además, la trata de seres humanos es una de las actividades delictivas con más víctimas, pues las últimas estimaciones globales se referían a un total de 40 millones de víctimas en todo el mundo[2]. Aparte de la lesividad para los derechos humanos y de la cantidad de víctimas, la trata constituye una de las actividades criminales más lucrativas. Se estima que los beneficios anuales de las redes de trata oscilan alrededor de los 150 billones de dólares anuales[3].

En el marco regional europeo, la Unión Europea (UE) decidió hacer frente a la lacra que suponía esta actividad delictiva, ya que la idiosincrasia propia del Espacio de Libertad, Seguridad y Justicia (ELSJ) basada en la libertad deambulatoria y la ausencia de controles fronterizos es el marco perfecto de actuación para las redes de trata. A nivel político, la lucha contra este tipo de delincuencia se puso en el orden del día a partir de la adopción, el año 1999, del Programa de Tampere. Dicho

---

1 Todas las páginas web consultadas en la presente monografía fueron revisadas el 3 de junio de 2024.

2 OIT, *Estimaciones mundiales sobre la esclavitud moderna: trabajo forzoso y matrimonios forzados*, OIT, Ginebra, 2017, p. 9. Disponible en: https://bit.ly/2MRaxhz.

3 OIT, *Profits and Poverty: the economics of forced labour*, OIT, Ginebra, 2014, p. 13. Disponible en: https://bit.ly/2IRErxB. Aunque ya han pasado nueve años desde la publicación del informe, los datos que se estiman en la actualidad son los mismos, de acuerdo con EUROPOL, *The THB Financial Business Model. Assessing the Current State of knowledge*, 2015, p.5. Disponible en: https://bit.ly/3T8BH5p. De hecho, entre 2005 y 2014, la cifra estimada de beneficios de las redes de la trata se ha multiplicado por seis, pasando de los 24,9 billones de beneficios en 2005 hasta los 150 billones en 2014.

programa marcó el inicio de una política contra la delincuencia organizada que se ha mantenido hasta la actualidad.

En el ámbito concreto de la trata de seres humanos, con la entrada en vigor del tratado de Lisboa y habida cuenta de las tendencias internacionales en lo que se refiere a la erradicación de este fenómeno, se impulsó la Estrategia de la Unión Europea 2012-2016 para la erradicación de la trata de seres humanos como parte de la política de lucha contra la delincuencia organizada transnacional (en adelante, Estrategia UE 2012-2016)[4]. El objetivo de dicha Estrategia era desarrollar políticamente el contenido de la Directiva 2011/36/UE[5], instrumento normativo que ha servido como fundamento para la lucha contra la trata de seres humanos.

En lo que respecta a la estrategia política aprobada en 2012, a lo largo de los últimos años se han producido una serie de actualizaciones con el objetivo de adaptarla a las nuevas tendencias criminales, especialmente a partir del año 2020 con la irrupción de la COVID-19 y de la digitalización de la explotación. Así pues, en abril de 2021 la Comisión presentó la nueva Estrategia UE contra la trata 2021-2025[6]. También el marco jurídico también se verá actualizado. La Comisión Europea presentó, a finales de 2022, una propuesta de modificación de

---

4 COMISSIÓN EUROPEA, *Comunicación de la Comisión al Parlamento Europeo, al Consejo, al Comité Económico y Social europeo y al Comité de las Regiones: «Estrategia de la UE para la erradicación de la trata de seres humanos (2012-2016)»*, 19 de junio de 2012. COM(2012) 286 final.

5 *Directiva 2011/36/UE del Parlamento Europeo y del Consejo, de 5 de abril de 2011, relativa a la prevención y lucha contra la trata de seres humanos y a la protección de las víctimas y por la que se sustituye la Decisión Marco 2002/629/JAI del Consejo.* DOUE L 101/1 de 15 de abril de 2011.

6 COMISIÓN EUROPEA, *Comunicación de la Comisión al Parlamento Europeo, al Consejo, al Comité Económico y Social europeo y al Comité de las Regiones sobre la estrategia de la UE en la lucha contra la trata de seres humanos,* 14 de abril de 2021. COM(2021) 171 final.

la Directiva 2011/36/UE (en adelante, propuesta de modificación de la Directiva 2011/36/UE)[7]. Al cierre de la presente obra, el procedimiento legislativo ordinario para modificar dicha Directiva aún no ha concluido, aunque en febrero de 2024 se adoptó un acuerdo provisional resultado de los triálogos entre la Comisión, el Parlamento Europeo y el Consejo[8]. A falta de la aprobación en primera lectura por parte del Consejo, pues a finales de abril de 2024 se aprobó por parte del Parlamento Europeo[9], y a efectos de analizar el marco normativo de la Unión Europea contra la trata de seres humanos, en esta obra se tendrán en cuenta tanto la propuesta de modificación de la Directiva 2011/36/UE de la Comisión como el acuerdo interinstitucional.

Aun así, los esfuerzos por erradicar este fenómeno criminal han sido insuficientes, pues el replanteamiento de la estrategia de la Unión Europea para erradicar la trata es una muestra evidente de que los esfuerzos realizados hasta el momento, si bien son importantes para los pasos dados hasta el momento, no han conseguido el objetivo plateado: erradicar la trata de seres humanos. En el momento en que la trata de seres huma-

---

7 COMISIÓN EUROPEA, *Propuesta de Directiva del Parlamento Europeo y del Consejo por la que se modifica la Directiva 2011/36/UE relativa a la prevención y lucha contra la trata de seres humanos y a la protección de las víctimas*, 19 de diciembre de 2022. COM(2022) 732 final.

8 *Provisional agreement resulting from interinstitutional negotiations. Subject: Proposal for a directive of the European Parliament and the Council on Amending Directive 2011/36/EU on preventing and combating trafficking in human beings and protecting its victims (COM(2022)0732 – C9-0431/2022 – 2022/0426(COD))*, 8 de febrero de 2024. Disponible en: https://bit.ly/3UmGJKi.

9 PARLAMENTO EUROPEO, *Amending Directive 2011/36/EU on preventing and combating trafficking in human beings and protecting its victims European Parliament legislative resolution of 23 April 2024 on the proposal for a directive of the European Parliament and of the Council amending Directive 2011/36/EU on preventing and combating trafficking in human beings and protecting its victims (COM(2022)0732 – C9-0431/2022 – 2022/0426(COD))*, 23 de abril de 2024. P9_TA(2024)0310.

nos sigue presente en la Unión Europea, se hace de extrema necesidad analizar la estrategia de la Unión a tal efecto. Esta es la razón de ser de la presente obra. El análisis se centra en el estudio de los instrumentos de protección de las víctimas, de prevención del fenómeno y de persecución de los infractores. Estos instrumentos se han sometido a un examen de eficacia y adecuación con el fin de valorar los pasos hechos por la Unión Europea respecto la lucha contra la trata de seres humanos y poder aportar, desde una perspectiva constructiva pero crítica, mejoras en el desarrollo futuro de esta estrategia para erradicar este fenómeno criminal.

Hay que puntualizar que la lucha contra la trata en la Unión Europea no es un fenómeno aislado. La comunidad internacional se implicó en el establecimiento de un marco normativo que propiciase la cooperación para prevenir y combatir más eficazmente la delincuencia organizada en general y, en particular, la trata de seres humanos. En concreto, en el plano internacional se promulgaron hasta dos instrumentos más relacionados con la lucha contra la trata de seres humanos. Por un lado, en el marco de las Naciones Unidas, se adoptó la Convención de las Naciones Unidas contra la Delincuencia Organizada Transnacional[10], que está complementada por el Protocolo para prevenir, reprimir y sancionar la trata de personas (en adelante, Protocolo sobre trata de seres humanos) [11]. Por el otro lado, bajo los auspicios del Consejo de Europa,

---

10 *Convención de las Naciones Unidas contra la Delincuencia Organizada Transnacional.* Resolución A/RES/55/25 de la Asamblea General de las Naciones Unidas de 15 de noviembre de 2000. Publicado en *U.N.T.S.* vol. 2225, p. 209 y en el *BOE* núm. 233, de 29 de septiembre de 2003.

11 *Protocolo para prevenir, reprimir y sancionar la trata de personas, especialmente mujeres y niños, que complementa la Convención de las Naciones Unidas contra la Delincuencia Organizada Transnacional.* Resolución 55/25, Anexo II, de la Asamblea General de las Naciones Unidas, de 15 de noviembre de 2000. Publicado en *U.N.T.S.* vol. 2237, p. 319 y en el *BOE* núm. 296, de 11 de diciembre de

se aprobó el Convenio del Consejo de Europa sobre la lucha contra la trata de seres humanos, también conocido como el Convenio de Varsovia[12].

Los tres instrumentos internacionales han vertebrado la lucha contra la trata de seres humanos a partir del paradigma de las 3P (Persecución, Protección y Prevención) introducido por el Protocolo sobre trata de seres humanos[13]. Sus negociadores entendieron que la lucha contra la trata de seres humanos debía abordarse estableciendo medidas tanto de persecución de la trata de seres humanos como de protección de las víctimas y de prevención del fenómeno. Así pues, dicho Protocolo estableció una serie de obligaciones a partir de estos tres ejes. Esta sistematización del contenido sustantivo del Protocolo sobre trata de seres humanos sirvió como inspiración para los textos que le siguieron.

Así, en el marco concreto de la Unión Europea, la Estrategia UE 2012-2016 estableció las acciones a desarrollar organizadas a partir de cinco prioridades, tres de ellas coincidentes con las 3P propuestas por Palermo: en primer lugar, la detección, la protección y la asistencia a las víctimas de la trata de seres humanos, es decir, la protección de las víctimas; en segundo lugar, el refuerzo de la prevención de la trata de seres huma-

---

2003. A lo largo de la presente obra, cuando se haga referencia al conjunto de la Convención y el Protocolo sobre trata de seres humanos, se especificará debidamente utilizando la referencia relativa a los Protocolos de Palermo en plural. En aquellos puntos en que se haga referencia, solamente, al protocolo anexo al Convenio marco relativo a la trata de seres humanos se utilizará la referencia Protocolo sobre trata de seres humanos.

12 *Convenio del Consejo de Europa sobre la lucha contra la trata de seres humanos,* firmado en Varsovia el 16 de mayo de 2005. Publicado en el *U.N.T.S.* vol. 2569 y en el *BOE* núm. 219, de 10 de septiembre de 2009.

13 HEINRICH, K. H., «Ten year after the Palermo Protocol: Where are protections for human trafficking victims?», *Human Rights Brief,* 18(1), 2010, pp. 2-5, p. 1.

nos; en tercer lugar, la persecución activa de los traficantes; en cuarto lugar, la mejora de la coordinación y de la cooperación entre los principales interesados y la coherencia de las políticas y, en quinto lugar, la mejora del conocimiento y de la respuesta a las nuevas tendencias relacionadas con todas las formas de trata de seres humanos.

Sin embargo, un informe elaborado por la Comisión Europea el 2014[14] redujo las prioridades a cuatro: protección de las víctimas, prevención del fenómeno, persecución del delito de la trata y el refuerzo de la coordinación, la cooperación y la coherencia política. La propia Comisión justificó esta reducción de las prioridades porque toda acción que persigue el conocimiento de las nuevas tendencias de la trata y la consecuente respuesta efectiva ya se aborda, precisamente, en el desarrollo de las cuatro prioridades anteriores[15]. De este modo, en 2014 las líneas prioritarias de actuación en relación con la trata de seres humanos en el marco de la Unión Europea se redujeron hasta cuatro.

Estas prioridades se podrían incluso reducir en tres, que se referirían en concreto al paradigma de las 3P[16]. Nótese que el informe de la Comisión de 2014 proponía como líneas principales de actuación las establecidas por el paradigma y, como cuarta, la cooperación, la coherencia y la coordinación política. Hay que entender la cooperación como una pieza clave en el desarrollo de la lucha contra la trata de seres humanos. Así, esta cooperación debe ser un elemento transversal presente tanto en la persecución del delito como en la protección

---

14 COMISIÓN EUROPEA, *Commission staff working document. Mid-term report on the implementation of the EU strategy towards the eradication of trafficking in human beings*, 17 de octubre de 2014. COM(2014) 635 final.

15 COM(2014) 635 final, *op. cit.*, p. 2.

16 Nótese que la Estrategia UE 2012-2016 sigue este orden a la hora de establecer las prioridades, aunque no existe ninguna relación de jerarquía entre ellas.

de las víctimas y la prevención del fenómeno. Dicho en otras palabras, desde la aplicación del paradigma de las 3P, se debe incorporar la cooperación en pro de la efectividad de las medidas de forma transversal, que impregne cualquier actuación dentro del ELSJ orientada hacia la erradicación de la trata de seres humanos, ya que tal y como se verá a lo largo de las páginas de la presente monografía, la cooperación se ha erigido como pieza fundamental en el entramado de la Unión de la lucha contra la trata de seres humanos.

A todo ello, es preciso añadir que tanto la revisión de la Estrategia UE 2012-2016 del año 2017 como la nueva Estrategia UE contra la trata 2021-2025 han superado dicho paradigma. A grandes rasgos, ambos documentos se centraron en el modelo económico de las redes de trata, concretamente en evitar que estas pudieran disponer de los activos ilícitos y que pudieran infiltrarlos en el mercado, y en la penetración de este delito en el mundo digital[17]. Tal y como se ha apuntado, la pandemia de la COVID-19 y las facilidades que ofrece el mundo digital han propiciado un cambio en el *modus operandi* de las redes de trata, de modo que la estrategia política de la Unión Europea contra este fenómeno pasa por establecer acciones operativas con la firme voluntad de dar una respuesta exhaustiva a este fenómeno criminal[18]. No obstante, de acuerdo con la propia Comisión Europea, las redes de trata siguen abusando de la situación de vulnerabilidad de las víctimas[19], por lo que la estrategia de la Unión Europea para erradicar la trata de seres humanos sigue necesitando la protección de las víctimas, la prevención del fenómeno y la persecución de los tratantes.

Considerando la multiplicidad de factores que inciden en la lucha de la Unión contra la trata de seres humanos, se hace ne-

---

17 COM(2021) 171 final, *op. cit.*, p. 2.

18 *Ibid.*

19 *Ibid.*

cesario cuestionarse cuáles son los instrumentos de protección de las víctimas, de prevención del fenómeno y de persecución de los infractores que constituyen la estrategia de la Unión Europea para luchar contra este fenómeno. Asimismo, una vez detectados los instrumentos específicos, se hace inevitable plantearse si dichos instrumentos son eficaces y adecuados para afrontar la erradicación de la trata de seres humanos en la Unión Europea. Es decir, hay que analizar si la lucha contra la trata de seres humanos en la Unión Europea es suficiente para la erradicación del fenómeno.

Con el afán de responder a las cuestiones planteadas, esta obra, que pretende ser exhaustiva, se divide en dos partes con un total de cinco capítulos. Por un lado, la primera parte del análisis, que se refiere a los capítulos primero y segundo, sirve para contextualizar al lector en los tres instrumentos jurídicos internacionales que abordan la trata de seres humanos: el Protocolo sobre trata de seres humanos, el Convenio de Varsovia y la Directiva 2011/36/UE. En estos capítulos se analizan la definición de la trata y las sanciones previstas, que hacen referencia a la persecución de los delincuentes, las medidas de protección de las víctimas y último lugar, las medidas de prevención, siguiendo el orden que establece el Protocolo sobre trata de seres humanos, pues tal y como sea apuntado, fue el primer instrumento internacional en consensuar unas normas mínimas para hacer frente de forma exhaustiva al fenómeno de la trata de seres humanos. En esta primera parte se ha optado por aglutinar las medidas de protección y de prevención en un mismo capítulo dada su naturaleza intrínseca, cosa que obliga a analizarlas conjuntamente. Por consiguiente, la cuestión puramente persecutoria se analiza juntamente con la definición del delito.

En cuanto al primer capítulo, en él se analizan las tres definiciones sobre la trata de seres humanos formuladas en el Protocolo sobre trata de seres humanos, en el Convenio de Varsovia y en la Directiva 2011/36/UE. Este capítulo resulta interesante para situar el lector en el concepto concreto de trata de seres humanos, de manera que pueda diferenciarse de conductas afines como podrían ser el tráfico ilícito de migrantes o la esclavitud. Tal y como se verá, las conexiones entre la trata de seres humanos y otras formas de explotación ha abierto un interesante debate doctrinal relativo a la delimitación específica de la trata de seres humanos, de manera que en el primer capítulo se abordará esta cuestión.

En lo que respecta al segundo capítulo, este hace referencia a las medidas de protección de las víctimas y de prevención del fenómeno de los tres instrumentos internacionales. La trata de seres humanos es una conducta que vulnera directamente los derechos humanos de las víctimas. Es preciso, pues, que los instrumentos que abordan la lucha contra la trata de seres humanos incluyan medidas orientadas a la protección de las víctimas y a la prevención del fenómeno. En este orden de ideas, la sistematización del capítulo consiste en analizar las medidas de protección y de prevención, por este orden, de acuerdo con su contenido material y no según el instrumento jurídico que las establece.

Además, habida cuenta de que el objeto de estudio son instrumentos internacionales, los tres instrumentos han incluido un mecanismo para monitorizar la actividad de los Estados parte de acuerdo con el contenido de dichos textos jurídicos. Esta es una cuestión de suma importancia, en tanto que es un método para fiscalizar los esfuerzos de los Estados en la aplicación del contenido de cada instrumento y otorgarle a la lucha contra la trata de seres humanos la relevancia que merece. Por consiguiente, el último apartado del capítulo segundo presenta los principales mecanismos de supervisión al respecto.

La segunda parte de esta obra es la que se refiere a los capítulos tercero, cuarto y quinto y se centra en la estrategia de la Unión Europea para hacer frente a la trata de seres humanos y los instrumentos relativos a la protección de las víctimas, a la prevención del fenómeno y a la persecución de los delincuentes. Se ha optado por este orden porque es el establecido en la Estrategia UE 2012-2016 contra la trata de seres humanos, en tanto que fue el primer documento programático a nivel político de la Unión Europea que incorporó el paradigma para erradicar la trata vertebrado en el Protocolo sobre trata de seres humanos, instrumento de referencia y que ha inspirado a los ulteriores en esta materia. Los tres capítulos siguen una estructura idéntica. En primer lugar, en función del elemento del paradigma de las 3P que se examina, se analizan las estrategias de la Unión para erradicar la trata de seres humanos y las actuaciones que la Comisión ha establecido como prioritarias tanto en la Estrategia UE 2012-2016, que va acompañada por la Comunicación de 2017 que la adapta a las nuevas tendencias criminales, como la nueva Estrategia UE contra la trata 2021-2025 al respecto. Después, se establece una definición de cada uno de los elementos del paradigma de las 3P a partir de las prioridades políticas marcadas por la Unión Europea para, a continuación, examinar todos los instrumentos que responden a estas tres finalidades desde la óptica de la efectividad y de la adecuación.

En el capítulo tercero se analizan los instrumentos de protección de las víctimas. Se analizan en primer lugar porque la trata de seres humanos es una conducta que afecta directamente los derechos humanos de las víctimas, aparte de que es la primera acción prioritaria de la Estrategia UE 2012-2016. En este sentido, y partiendo desde un punto de vista reactivo, el foco de atención de la Unión Europea debería ser la protección de las víctimas de la trata en tanto que son las principales damnificadas por la trata de seres humanos. Además, no se está hablando de violaciones menores de sus derechos, sino auténticas vulneraciones de los derechos humanos de las víctimas. Esta es la razón por la cual, en primer lugar, se observa este extremo del paradigma de las 3P. Respecto los instrumentos de protección, la Agencia Europea de la Guardia de Fronteras y

Costas (conocida como Frontex) ha asumido un papel central en la detección y la identificación de las víctimas de la trata que no son nacionales de ningún Estado miembro de la Unión. Por otro lado, es preciso apuntar, también, la importancia de la Agencia de la Unión Europea para el Asilo (EUAA en sus siglas en inglés) y de la protección internacional como posible medida de protección para las víctimas que cumplan con determinados requisitos.

Respecto al capítulo cuarto, este analiza la cuestión de la prevención del fenómeno, aspecto nuclear de cualquier estrategia que busque, precisamente, erradicar un fenómeno delictivo. La prevención, tal y como se desprende de la Directiva 2011/36/UE y la ya antigua Estrategia UE 2012-2016, es la menos detallada por las instituciones de la Unión, dejando un amplio margen de maniobra a los Estados miembro para adoptar las medidas que, en cada caso, se consideren oportunas. Si bien existen ciertos elementos en común en la política de prevención de la trata, tales como la tipificación como delito del uso consciente de los bienes y servicios derivados de la explotación o el uso de información financiera para evitar que las redes dispongan de capital para sufragar los costes de su actividad, no se contemplan más medidas comunes para la prevención. En este sentido, la necesidad de desarrollar una política exterior de cooperación con los Estados de origen y de tránsito se hace patente si se tiene en cuenta que más de la mitad de las víctimas no son ciudadanas de la Unión. Es preciso señalar aquí que la nueva Estrategia UE contra la trata 2021-2025 ha dado pasos esperanzadores en lo que a la prevención se refiere.

El quinto capítulo aborda el último elemento del paradigma de las 3P: la persecución de los delincuentes. Cabe apuntar que los tres instrumentos internacionales que abordan la lucha contra la trata de seres humanos se caracterizan por contemplar medidas de persecución de los delincuentes. Aparte de la definición y las penas previstas, analizadas en el capítulo primero, en el marco de la Unión Europea existen una serie de instrumentos orientados hacia la persecución de la delincuencia en general, es decir, de cualquier actividad que se considere delictiva de acuerdo con los ordenamientos jurídicos de los Estados miembro, en tanto que son estos los que mantienen las competencias relacionadas con el Derecho Penal, y el ordenamiento jurídico de la Unión. En este sentido, la cooperación penal en el ámbito europeo se caracteriza por su amplio desarrollo centrado en todo tipo de delitos. En el ámbito que nos afecta, la delincuencia transfronteriza, el papel de Europol y de Eurojust principalmente, pero también el de Frontex, resultan fundamentales.

Delimitado de este modo el objeto del presente estudio, el enfoque metodológico responde al esquema clásico de las ciencias jurídicas. Se ha analizado críticamente, por un lado, los documentos institucionales y las normas jurídicas que nacen de los textos convencionales a nivel internacional, el Derecho de la Unión Europea y el derecho interno relevante para la investigación, así como aquellos pronunciamientos de instancias judiciales internacionales. Cabe señalar aquí que la normativa analizada en esta monografía, especialmente la relativa a la Unión Europea, es objeto de constantes modificaciones y actualizaciones. Por lo tanto, hay que advertir al lector en este sentido, pues al cierre de la presente obra, restan algunas normas pendientes de ser adoptadas.

Por otro lado, también se ha examinado la doctrina especializada en el tema, contrastando las diversas fuentes existentes. El lector notará el elevado volumen de documentación operativa, sobre todo procedente de la Unión Europea, que ha sido analizada en la presente obra. Si bien la doctrina ha estudiado extremos concretos relacionadas con la lucha contra la trata de seres humanos, se precisa un estudio sistemático y exhaustivo de la cooperación institucional en el marco de la lucha contra la trata en la Unión Europea. Por esta razón, por la limitada doctrina que ha analizado sistemáticamente los instrumentos de protección, prevención y persecución en pro de la lucha contra la trata de seres humanos y por el elevado volumen de documentación operativa, la necesidad de redacción de una monografía orientada hacia el examen de dichos instrumentos en particular y de la estrategia de la Unión para luchar contra la trata se hace más que necesaria.

En este sentido, es preciso abordar la trata de seres humanos desde la especificidad del fenómeno, teniendo en cuenta las sinergias internas y el *modus operandi* determinado que caracteriza a las redes de la trata. De este modo, el análisis detallado de los instrumentos de protección, prevención y persecución a la luz de la singularidad del fenómeno permitirá evaluar la efectividad y la adecuación de dichos instrumentos y detectar aquellos elementos que requieren la atención de los Estados miembro y de las Instituciones con el objetivo de mejorar la actual estrategia y marcar el futuro del desarrollo de la lucha contra la trata de seres humanos en la Unión Europea.

CAPÍTULO 1:

LA TIPIFICACIÓN DEL DELITO DE LA TRATA DE SERES HUMANOS EN EL MARCO INTERNACIONAL Y EUROPEO.

La trata de personas es la actividad criminal de mayor crecimiento dentro de la Unión Europea[1] dado que las organizaciones criminales han diversificado su negocio incorporando la trata de seres humanos en su día a día[2] hasta convertirse en una de sus principales actividades por los elevados beneficios que implican y los bajos costes que conllevan. En tal sentido, por ejemplo, según la Comisión Europea, el último EMPACT constató que la trata, entre otros, «es una de las amenazas prioritarias de la delincuencia en la Unión Europea que requiere una actuación colectiva»[3]. Además, el propio SOCTA de 2021 apuntó que la delincuencia organizada en Europa era activa

---

1 GARCÍA VÁZQUEZ, S., «Inmigración ilegal y trata de personas en la Unión Europea: la desprotección de las víctimas», *Revista de Derecho Constitucional Europeo,* 10, 2008, pp. 231-274, p 232.

2 COMISIÓN EUROPEA, *Informe de la Comisión al Parlamento Europeo y al Consejo: «Informe sobre los progresos realizados en la lucha contra la trata de seres humanos (2016) con arreglo al artículo 20 de la Directiva 2011/36/UE relativa a la prevención y lucha contra la trata de seres humanos y a la protección de las víctimas»*, 19 de mayo de 2016. COM(2016) 267 final, p. 9.

3 COMISIÓN EUROPEA, *Comunicación de la Comisión al Parlamento Europeo, al Consejo, al Comité Económico y Social europeo y al Comité de las Regiones sobre la «Estrategia de la UE contra la Delincuencia Organizada 2021-2025»*, 14 de abril de 2021. COM(2021) 170 final, p. 8.

y participaba de distintos delitos tales como la trata[4]. Según la Comisión Europea, entre el período 2015-2016, un total de 20532 personas fueron registradas como víctimas de la trata de seres humanos por las autoridades de los 28 Estados miembro de la UE[5] mientras que para el período 2017-2018, el número total de víctimas registradas ascendió hasta las 26268 también para los Estados miembro de la UE[6]. No obstante este repunte, el número de víctimas registradas para el período 2019-2020 descendió hasta las 14311 principalmente por la exclusión del Reino Unido en el recuento[7] y por la irrupción de la pandemia de la COVID-19[8]. Hay que tener en cuenta, a la hora de valorar

---

4 COM(2021) 170 final, *op. cit.*, p. 8.

5 COMISIÓN EUROPEA. *Data collection on trafficking in human beings in the EU. Final report – 2018,* Oficina de Publicaciones de la Unión Europea, Luxemburgo, 2018, p. 34. Para el período 2010-2012, EUROSTAT, «Trafficking in Human Beings», *Statistical working papers,* Luxembourg: Publications Office of the European Union, 2015, p. 27. Según Eurostat, entre el período 2010-2012, un total de 30146 personas fueron registradas como víctimas de la trata de seres humanos por las autoridades de los Estados miembro de la UE. Aunque la cifra entre 2015-2016 es menor, nótese que el análisis de Eurostat abarca un total de tres años, mientras que los últimos estudios de la Comisión hacen referencia, solamente, a dos, de modo que existe un promedio de aproximadamente diez mil personas registradas como víctimas de la trata por cada año, un patrón que se repite *grosso modo.*

6 COMISIÓN EUROPEA, *Data collection of trafficking in human beings in the EU (2),* Oficina de Publicaciones de la Unión Europea, Luxemburgo, 2020, p. 12. Nótese un aumento respecto el período anterior a raíz de que Francia facilito datos tanto para el año 2017 como para el año 2018.

7 En los períodos previos, por ejemplo, el Reino Unido registró casi la mitad de víctimas durante los años 2017-2018. En este sentido, *vid. ibid.*

8 COMISIÓN EUROPEA, *Commission staff working document "Statistics and trends in trafficking in human beings in the European Union in 2019-2020" accompanying the documents "Report from the Commission to the European Parliament, the Council, the European Economic and Social Committee and the Committee of the Regions. Report on the progress made in the fight against trafficking in human beings (Fourth Report),* 19 de diciembre de 2022. SWD(2022) 429 final, p. 2.

estas cifras, que el número real de víctimas es desconocido[9] y que, muy probablemente, sea mayor que las cifras publicadas. Sobre esta cuestión se profundizará más adelante, pero hay que ser cautos a la hora de utilizar las cifras de víctimas registradas publicadas por la Comisión como única referencia cuantitativa respecte las víctimas de trata[10].

Las causas de la trata de seres humanos son muy diversas. Tal y como se verá en el cuarto capítulo, la falta de recursos económicos y la situación de vulnerabilidad que viven las víctimas de la trata en sus países de origen, así como la voluntad por cambiar las circunstancias de vida de las víctimas o el engaño de las mafias son el principal motor que impulsa el fenómeno de la trata de seres humanos. No obstante, hay dos razones principales que motivan la trata: por un lado, la situación de vulnerabilidad de la víctima y, por otro lado, la demanda de los bienes y servicios derivados de la explotación. Todas estas causas afectan a cualquier víctima sin distinción alguna por motivos de nacionalidad u origen. No obstante, si bien la trata no puede considerarse simplemente una cuestión migratoria, es posible que ante la imposibilidad del migrante para acceder a la Unión Europea siguiendo las vías legales, este acabe en manos de las redes de trata. Y eso es así en porque los países receptores han adoptado una política migratoria estricta, cosa que ha comportado inevitablemente la aparición de un elenco de conductas ilegales que giran en torno de los desplazamientos de personas[11].

---

9 JORDANA SANTIAGO, M., «La lucha contra la trata en la UE: los retos de la cooperación judicial transfronteriza», *Revista CIDOB d'Afers Internacionals*, 111, 2015, pp. 57-77, p. 65.

10 *Vid.* entre otros, SWD(2022) 429 final, *op. cit.*, p. 2.

11 DAUNIS RODRÍGUEZ, A., «Sobre la urgente necesidad de una tipificación autónoma e independiente de la trata de personas», *InDret*, 1/2010, 2010, p. 6. Nótese que el autor habla sobre inmigración irregular, ilegal o clandestina; tráfico de personas y trata de seres humanos.

Habida cuenta de lo anterior, se habrá observado que en algunos casos es posible que exista un elemento transnacional, es decir, un desplazamiento de las víctimas de la trata de seres humanos desde sus países de origen hasta donde se las explota. Sin embargo, este elemento transnacional no es una *conditio sine qua non*[12], ya que también existe lo que se denomina la trata interna[13]. Las conductas referidas al desplazamiento de personas abarcan fenómenos que van más allá de la trata de seres humanos, como el tráfico ilícito de migrantes o la inmigración irregular, así que también deben tenerse en cuenta[14]. Es necesario añadir que los instrumentos internacionales que prohíben la trata de seres humanos no son los mismos que prohíben, por ejemplo, el tráfico ilícito de personas o la esclavitud. Esta distinción permite señalar que existen diferencias entre las conductas propias de la trata de seres humanos, objeto de estudio de este trabajo de investigación, y estas conductas que, aunque existe una relación y, en ocasiones, la línea que separa los tres fenómenos es muy fina, son fenómenos distintos y que merecen un tratamiento jurídico diferenciado entre sí. En este sentido, es preciso apuntar que no todas las víctimas de la trata de seres humanos son inmigrantes irregulares[15]. Si bien

---

12 GALLAGHER, A., *The International Law of Human Trafficking*, Cambridge: Ed. Cambridge University Press, 2010, 47. La autora apunta, acertadamente, que «it is legally possible for trafficking to take place within a single country, including the victim's own».

13 COMISIÓN EUROPEA, *Data collection on trafficking in human beings (…), op. cit.*, p. 80. La Comisión Europea definió la trata interna como aquella donde los Estados miembro de la UE registran como víctimas a ciudadanos de la Unión.

14 GALLAGHER, A., *The International Law of (…), op. cit.*, p. 12.

15 Muestra de ello, por ejemplo, son los datos a disposición de la Comisión Europea dónde se plasma el origen de las víctimas registradas durante el período 2015-2016 en la Unión Europea. Así, el 44% del total de víctimas registradas de la UE tenía la nacionalidad de un Estado miembro. *Vid.* COMISIÓN EUROPEA, *Data collection on trafficking in human beings (…),*

guardan cierta relación, no es posible defender que la trata tiene el origen en los movimientos migratorios.

Es preciso, pues, efectuar una correcta delimitación conceptual de la trata de seres humanos, asumiendo que dicho fenómeno está rodeado de una complejidad que dificulta su definición[16]. En este sentido, es frecuente que el delito de la trata de seres humanos quede escondido detrás de otras conductas, algunas de ellas delictivas, siendo la más común la prostitución. Este factor provoca que a la hora de detectar e identificar a las víctimas, las autoridades competentes no se den cuenta de que una prostituta o un migrante irregular puede ser, a su vez, una víctima de la trata de seres humanos[17]. Así pues, es preciso identificar los elementos que conforman este delito, y entender la definición que proporcionan los instrumentos internacionales y nacionales para diferenciarla, tal y como se ha dicho, de las conductas afines.

Las líneas que prosiguen vienen a recoger la tipificación del delito de trata de seres humanos desde tres ordenamientos internacionales, así como las sanciones previstas en ellos. En primer lugar, se aborda el sistema de las Naciones Unidas, que construyó un régimen de lucha contra la trata y de protección a sus víctimas y que sentó las bases para las regulaciones posterio-

---

op. cit., p. 80. Esta cuestión será abordada en los capítulos tercero, cuarto y quinto.

16 JORDANA SANTIAGO, M., «La lucha contra la trata en la UE *(...)*», *op. cit.*, p. 61. La autora observa que la definición de la trata ha levantado importantes debates académicos dada su complejidad. En este sentido, *vid.* ALLAIN, J., *The Law and Slavery*, Martinus Nijhoff, Leiden, 2015, VILLACAMPA ESTIARTE, C., *El delito de trata de seres humanos. Una incriminación dictada desde el derecho internacional*, Thomson-Aranzadi, Cizur Menor, 2011 o SCARPA, S., *Trafficking in Human Beings: Modern Slavery*, Oxford University Press, Oxford, 2008.

17 O'NEILL, M., «Trafficking in Human Beings. An ongoing problem for the EU's law enforcement community», *SIAK-JOURNAL – Journal for Police Science and Practice* (International Edition Vol. 3), 2013, pp. 51-62, p. 52.

res en este campo. En segundo lugar, se analiza la tipificación del citado delito en el contexto del Consejo de Europa. Y, por último, se estudia la tipificación que ha llevado a cabo la Unión Europea. Este primer capítulo facilita que, en el segundo capítulo, se pueda analizar el régimen de protección de las víctimas y todo el sistema creado por las tres organizaciones apuntadas anteriormente, centrándose en las medidas de protección que se aplican a las víctimas de la trata de seres humanos.

1.1. DELIMITACIÓN CONCEPTUAL DESDE LA PERSPECTIVA DE LAS NACIONES UNIDAS. LA REGULACIÓN INTERNACIONAL PARA LA LUCHA Y LA PREVENCIÓN DE LA TRATA DE SERES HUMANOS

1.1.1. Antecedentes internacionales de lucha contra la trata de seres humanos: ¿Esclavitud o trata de seres humanos? El inicio de la discusión doctrinal alrededor de la explotación de las víctimas

El origen de la lucha contra la trata de seres humanos se remonta a finales del siglo XIX[18], cuando las potencias del momento, reunidas en la Conferencia Internacional de París de 1902, pusieron sobre la mesa la urgente necesidad de luchar contra «la trata de blancas»[19]. Los plenipotenciarios de

---

18 NICOLÁS, G., «Migraciones femeninas y Trabajo sexual. Concepto de Trabajo precario versus tráfico de mujeres», en BERGALLI, R. (coord.), *Flujos migratorios y su (des)control. Puntos de vista pluridisciplinarios,* Ed. Anthropos, Barcelona, 2006, pp. 229-260.

19 El concepto «trata de blancas» es un término totalmente anacrónico. La Conferencia Internacional de París de 1902 fue el primer encuentro al más alto nivel político que tenía como objetivo la lucha contra la trata de seres

la Conferencia de París de 1902 se volvieron a reunir, también en París, ocho años más tarde y de los trabajos de dicha Conferencia se derivó el primer instrumento internacional con el objetivo principal de luchar contra la trata. Dicho instrumento fue el *Convenio Internacional para la Supresión del Tráfico de Trata de Blancas*, firmado en París el 18 de mayo de 1910[20]. Es necesario añadir que en el Protocolo de Enmienda ya no aparece ninguna distinción por razón de raza, porque a partir de 1921 se recomendó no utilizar este concepto discriminatorio y referirse, solamente, a la «trata de mujeres y niñas»[21].

Ya desde los inicios, la trata de seres humanos se consideraba un acto reprochable que conllevaba la explotación de una persona por parte de un tercero. Se puede observar, pues, la histórica relación entre el fenómeno de la trata y el de la explotación de las personas. En este sentido, históricamente en ambos fenómenos ha existido un movimiento organizado de personas, a veces a través de distintos Estados, con el propósito de explotar a las víctimas[22].

Paralelamente a la supresión de la trata de blancas, también se decidió hacer frente a la esclavitud gracias a la adopción

---

humanos, aunque solo fuere el tráfico de esclavas blancas, de aquí la «trata de blancas».

20 *Convenio Internacional para la Supresión del Tráfico de Trata de Blancas*, firmado en París el 18 de mayo de 1910. Entró en vigor el 18 de septiembre de 1912. Publicado en *L.N.T.S.* vol. 1, p. 83 y en la *Gaceta de Madrid*, núm. 262, 18 de septiembre de 1912. .

21 GARCIA VÁZQUEZ, «Inmigración ilegal y trata de personas (...)», *op. cit.*, pp. 232-233. Para saber más sobre el cambio en la denominación de la trata del Convenio Internacional de 1910, *vid.* BARRY, K., *Esclavitud sexual de la mujer*, LaSal, D.L, Barcelona, 1988 y GALLAGHER, A., *The International Law of (...), op. cit.*, p.14. Es preciso apuntar que la autora determina que es a partir de 1927 cuando se deja de utilizar el concepto trata de blancas, al no representar la realidad del fenómeno.

22 GALLAGHER A., *The International Law of (...), op. cit.*, p. 177.

del primer tratado multilateral que preveía la lucha contra este fenómeno que, tal y como se verá a continuación, también conlleva la explotación de la persona. Bajo la rúbrica *Convenio relativo a la esclavitud*, adoptado en 1926 e impulsado bajo los auspicios de la Sociedad de Naciones (en adelante, Convenio de 1926)[23], la Comunidad Internacional estableció los cimientos de la lucha multilateral contra la esclavitud, impulsada en cierto modo por los EEUU y el Reino Unido, ya que fueron los primeros en perseguir y condenar muy severamente a los traficantes de esclavos[24].

Según el art. 1 del Convenio de 1926, la esclavitud se define como aquel estado en el cual una persona ejerce todas las formas de propiedad sobre otra persona[25]. Se puede observar una redacción bastante ambigua, pues nada se dice sobre qué es el ejercicio de todas las formas de propiedad. Mientras algunos académicos aprovecharon para interpretar de forma expansiva el contenido nuclear del concepto de esclavitud, del análisis de los trabajos preparatorios del Convenio se puede extraer todo lo contrario: la voluntad de los Estados negociadores fue la de precisar la definición de esclavitud excluyendo cualquier conducta que no implicara el ejercicio de todas las formas de pro-

---

23 *Convenio relativo a la esclavitud*, firmado en Ginebra el 25 de septiembre de 1926. Publicado en *L.N.T.S.* vol. 60, p. 253 y en la *Gaceta de Madrid* núm. 264, de 21 de septiembre de 1933. Fue complementada por el *Protocolo para modificar la Convención sobre la Esclavitud y Anejo, firmada en Ginebra el 25 de septiembre de 1926*, hecho en Nueva York en 7 de diciembre de 1953. Publicada en *U.N.T.S.* vol. 182, p. 51 y en el *BOE* núm. 3, de 4 de enero de 1977.

24 VAN DER WILT, H., «Trafficking in Human Beings: A modern form of slavery or a transnational crime?», *ACIL Research Paper*, 07, 2014, p. 1-45, p.3.

25 *Vid.* art. 1 Convenio de 1926. Se definía la esclavitud como: «The status or condition of a person over whom any or all of the powers attaching to the right of ownership are exercised».

piedad sobre otra persona[26]. Aparte de la definición, el Convenio de 1926 definía el tráfico de esclavos, diferenciando, por un lado, entre la situación estática del estado de propiedad que ejercía una persona sobre la otra, en otras palabras, la esclavitud; y, por otro lado, la situación dinámica que comporta los actos de obtención de esclavos, de sometimiento a la situación de esclavitud o la simple venta, es decir, el tráfico de esclavos[27]. Además, el art. 2 b) del Convenio de 1926 determinaba que los Estados parte debían abolir las prácticas de la esclavitud en todas sus formas.

Es innegable que el Convenio contribuyó al enfoque internacional de la lucha contra la esclavitud. Sin embargo, algunos aspectos quedaron sin resolver. En primer lugar, y tal y como ya se ha dicho, el Convenio de 1926 no definía cuáles eran las formas de propiedad que una persona podía ejercer sobre otra ni cuáles eran todas las formas de la esclavitud[28]. La doctrina ha apuntado que el principal vacío de dicho Convenio fue el hecho de que la definición remarcaba la voluntad del traficante de obtener la propiedad de un ser humano con carácter permanente en el tiempo. Por este motivo, aquellas formas

---

26 GALLAGHER, A., *The International Law of (...), op. cit.*, p.179. La autora se fija en el estudio elaborado por ALLAIN sobre las convenciones relativas a la esclavitud en el marco de Naciones Unidas. En este sentido, *vid.* ALLAIN, J., *The Slavery Conventions. The Travaux Préparatories of the 1926 League of Nations Convention and the 1956 United Nations Convention*, Martinus Nijhoff Publishers, Leiden, 2008, pp. 52-54.

27 VAN DER WILT, H., «Trafficking in Human Beings (...)», *op. cit.*, p. 3.

28 GALLAGHER, A., *The International Law of (...), op. cit.*, p. 179. Un ejemplo de ello, aunque no se refiera estrictamente a la Convención de 1926 sino a otros textos relativos a la esclavitud, pero igualmente ambiguos, son las sentencias del Tribunal Penal Internacional por la Antigua Yugoslavia y el Tribunal Europeo de Derechos Humanos, sentencias que serán comentadas más adelante.

temporales de propiedad quedaban excluidas del Convenio y, consecuentemente, quedaban sin perseguir.

Debido a los retos interpretativos que comportaba, en las Naciones Unidas se impulsó un acuerdo suplementario para cubrir todas aquellas situaciones que, pareciéndose a la esclavitud, no quedaban bajo el amparo del Convenio de 1926. La Convención suplementaria de 1956[29] tenía, como núcleo principal y a la luz de su art. 1, las conductas como la servidumbre por deudas, la servidumbre de la gleba, la explotación infantil o la servidumbre relacionada con la figura del matrimonio. Así, dicha convención incorporó un nuevo extremo a la discusión: las diferencias entre esclavitud y prácticas similares a la esclavitud, como por ejemplo la servidumbre, que suscitó un debate doctrinal que sigue sin resolverse[30]. En este sentido, la doctrina consideró que la servidumbre debía ser considerada menos grave respecto la esclavitud[31].

---

29 *Convención suplementaria sobre la abolición de la esclavitud, la trata de esclavos y las instituciones y prácticas análogas a la esclavitud,* firmada en Ginebra el 7 de septiembre de 1956. Publicado en *U.N.T.S.* vol. 266, p. 3 y en el *BOE* núm. 311 de 29 de diciembre de 1967.

30 Ejemplo de ello son las diferentes interpretaciones que la doctrina ha hecho de las prohibiciones de la esclavitud y la servidumbre presentes en la *Declaración Universal de los Derechos* Humanos, adoptada a través de la *Resolución 217 A (III) de la Asamblea General de las Naciones Unidas de 10 de diciembre de 1948* (en adelante, DUDH) o el *Pacto Internacional de los Derechos Civiles y Políticos,* hecho en Nueva York el 19 de diciembre de 1966. Publicado en *U.N.T.S.* vol. 999, p. 171 y en el *BOE* núm. 103, de 30 de abril de 1977. En este sentido, *vid.* GALLAGHER, A., *The International Law of (...), op. cit.*, pp. 183 y ss. La autora apunta hacia las interpretaciones del TEDH, que serán analizadas más adelante, o los trabajos preparatorios de ambos instrumentos normativos internacionales.

31 ALLAIN, J., «On the Curious Disappearance of Human Servitude from General International Law», *Journal of the History of International Law,* 11(2), 2009, pp. 303-332, p. 305.

A todo ello, pues, a inicios del siglo XX la lucha contra la explotación de las personas se vertebró, por un lado, con la erradicación de la trata de seres humanos y, por otro lado, con la lucha contra la esclavitud. Habida cuenta de las dificultades para conceptualizar a nivel jurídico la lucha contra la explotación de las personas, en el seno de la ONU[32], una serie de instrumentos internacionales[33] se han ido solapando hasta conformar la Convención de las Naciones Unidas contra la delincuencia organizada transnacional y sus protocolos, firmada en Palermo el año 2000 y citada con anterioridad, con la finalidad de promover, de acuerdo con su art. 1, la cooperación para prevenir y combatir más eficazmente la delincuencia organizada transnacional. Esta Convención se centró en la lucha contra la delincuencia organizada transnacional, eje central de su cuerpo normativo. Incluyó, además, un protocolo anexo con el

---

32 Sobre la evolución histórica de la necesidad de regular la trata de seres humanos y la discusión doctrinal alrededor de la definición de este fenómeno, *vid.* GALLAGHER, A., *The International Law of (...), op. cit.*, pp. 12-25.

33 Solo para citar algunos ejemplos, vid. art. 6 *Convención sobre la eliminación de todas las formas de discriminación contra la mujer,* adoptada por la Asamblea General de las Naciones Unidas el 18 de diciembre de 1979. Publicada en *U.N.T.S.* vol. 1249, p. 1 y en el *BOE* núm. 69, de 21 de marzo de 1984; art. 35 de la *Convención sobre los Derechos del Niño,* adoptata por la Asamblea General de las Naciones Unidas a través de la Resolución A/RES/44/25 de 20 de noviembre de 1989. *Publicada en U.N.T.S.* vol. 1577, p. 3 y en *el BOE* núm. 313, de 31 de diciembre de 1984. *Convenio sobre las peores formas de trabajo infantil, 1999 (núm. 182),* hecho en Ginebra el 17 de junio de 1999. Publicado en *U.N.T.S.* vol. 2133, p. 161 y en el *BOE* núm. 118, de 17 de mayo de 2001. Aunque el texto no hable expresamente del fenómeno de la trata de seres humanos, las conductas que se recogen en el artículo 1, en la actualidad, tendrían la consideración de trata y de tráfico ilícito de migrantes, Según el artículo 1, se entiende por «las peores formas de trabajo infantil (...) a). Todas las formas de esclavitud o las prácticas análogas a la esclavitud, como la venta y el tráfico de niños, la servidumbre por deudas y la condición de siervo (...)».

objetivo de vertebrar la lucha contra la trata de seres humanos y eliminar los vacíos que nos dejó el Convenio esclavitud y la Convención suplementaria de 1956[34].

1.1.2. La Convención de las Naciones Unidas contra la delincuencia organizada transnacional y sus Protocolos. Diferenciación con las conductas afines de acuerdo con el marco regulador de las Naciones Unidas

La Convención de las Naciones Unidas contra la delincuencia organizada transnacional y sus protocolos anexos, también conocida como la Convención de Palermo, constituyen el texto normativo base de la lucha a nivel internacional contra la trata de seres humanos. Teniendo en cuenta que la Convención se refiere a la delincuencia organizada en general, los protocolos anexos se centraron en algunas de las actividades típicas de la delincuencia organizada, tales como la trata de seres humanos, citado con anterioridad, y el tráfico ilícito de migrantes[35]. Un año más tarde, las Naciones Unidas, a través de la Resolución 55/255 de la Asamblea General, promulgó la adopción de un protocolo complementario de la Convención de Palermo relativo la fabricación y el tráfico ilícito de armas de fuego[36]. Con todo, las Naciones Unidas incluyeron dentro de la lucha

---

34 VAN DER WILT, H., «Trafficking in Human Beings (...)», *op. cit.*, p. 4.

35 *Protocolo contra el tráfico ilícito de migrantes por tierra, mar y aire, que complementa la Convención de las Naciones Unidas contra la Delincuencia Organizada Transnacional.* Resolución 55/25, Anexo III, de la Asamblea General de las Naciones Unidas, de 15 de noviembre de 2000. Publicado en *U.N.T.S.* vol. 2241, p. 480 y en el *BOE* núm. 295, de 10 de diciembre de 2003.

36 *Protocolo contra la fabricación y el tráfico ilícito de armas de fuego, sus piezas y componentes y municiones, que complementa la Convención de las Naciones Unidas contra la Delincuencia Organizada Transnacional,* Resolución 55/255 de la Asamblea General de las Naciones Unidas, de 31 de mayo de 2001. Publicado en *U.N.T.S.* vol. 2326, p. 208 y en el *BOE* núm. 71, de 23 de marzo de 2007.

contra la criminalidad organizada transnacional tanto la trata de seres humanos como el tráfico ilícito de migrantes. De este modo, es necesario analizar el contenido de los Protocolos de Palermo y establecer las diferencias entre conductas afines relacionadas con el desplazamiento de personas, como son el tráfico ilícito de migrantes o la inmigración irregular, ilegal o clandestina. Esta separación entre el tráfico ilícito de migrantes y trata de seres humanos no debe pasar desapercibida, ya que existen diferencias conceptuales entre ambos fenómenos muy relevantes a la hora subsumir las conductas a los tipos[37].

En primer lugar, la inmigración irregular, ilegal o clandestina se podría definir como aquella que pretende infringir los requisitos y procedimientos legales para acceder y permanecer en un Estado[38].

---

37 VILLACAMPA ESTIARTE, C., «La nueva directiva europea relativa a la prevención y a la lucha contra la trata de seres humanos y a la protección de las víctimas. ¿Cambio de rumbo de la política de la Unión en materia de trata de seres humanos?», *Revista electrónica de Ciencia Penal y Criminología,* (13-14), 2011, pp. 14:1-14:52, p.14:4. La autora considera que: «(...) la aproximación desde la perspectiva de la migración debe indicarse que, pese a constituir el fenómeno de la trata y de la emigración realidades distintas, no puede desconocerse su íntima conexión». En este orden de ideas, *vid.* entre otros DAUNIS RODRÍGUEZ, A., «Sobre la urgente necesidad (...)», *op. cit.*, pp. 6-7; ORTEGA GÓMEZ, M., «La trata de seres humanos en el derecho de la Unión Europea», en DONAIRE VILLA, F. J.; OLESTI RAYO, A. (coords.), *Técnicas y ámbitos de coordinación en el Espacio de Libertad, Seguridad y Justicia,* Marcial Pons, Madrid, 2015, pp. 181-196, p. 183-184.

38 DAUNIS RODRÍGUEZ, A., «Sobre la urgente necesidad (...)», *op. cit.*, p.6. En este sentido, *vid.* MAYORDOMO RODRIGO, V., «Nueva regulación de la trata, el tráfico ilegal y la inmigración clandestina de personas», *Estudios Penales y Criminológicos,* 31, 2011, pp. 325-390. Por ejemplo, en el marco de la Unión Europea, se aprobó la *Directiva 2002/90/CE del Consejo, de 28 de noviembre de 2002, destinada a definir la ayuda a la entrada, a la circulación y a la estancia irregulares.* DOCE L 328 de 5 de diciembre de 2002, que obliga a los Estados miembro de la UE a sancionar a aquellas personas que, de modo intencionada, ayuden a una persona que no sea nacional de un Estado

En segundo lugar, el tráfico ilícito de migrantes se encuentra definido en el art. 3 del Protocolo sobre tráfico ilícito de migrantes.

> *Art.3 Protocolo sobre tráfico ilícito de migrantes:*
> *«Por tráfico ilícito de migrantes se entenderá la facilitación de la entrada ilegal de una persona en un Estado Parte de la cual dicha persona no sea nacional o residente permanente con el fin de obtener, directa o indirectamente, un beneficio financiero u otro beneficio de orden material».*

Por lo tanto, el tráfico ilícito de migrantes consiste en la obtención de un beneficio, no siempre económico, por parte de una persona, la cual facilita la entrada irregular de un no nacional ni residente permanente en el territorio de un Estado. Es necesario apuntar que el Protocolo sobre tráfico ilícito de migrantes limita el ámbito de aplicación, pues de acuerdo con su art. 4, solo se aplicará esta definición cuando concurran dos requisitos: primero, que la conducta tenga carácter transnacional y, segundo, que entrañe la participación de un grupo delictivo organizado.

En definitiva, se reclama que exista la facilitación a un extranjero, por parte de una organización criminal con ánimo de lucro, del acceso o entrada irregular, ilegal o clandestina a un Estado diferente al suyo[39]. En este sentido, en la definición del tráfico ilícito de migrantes, el elemento transnacional asume un papel nuclear en la definición, de modo que su presencia determina que la conducta se pueda tipificar como tráfico ilícito de migrantes a la luz del Protocolo sobre tráfico ilícito de migrantes[40]. En contraposición a lo anterior, el elemento

---

miembro de la UE a entrar en el territorio, a transitar en él o a permanecer en el territorio de un Estado miembro.

39 DAUNIS RODRÍGUEZ, A., «Sobre la urgente necesidad (...)», *op. cit.*, p. 7.

40 En este sentido, *vid.* GALLAGHER, A., «Trafficking, smuggling and human rights: tricks and treaties», *Forced Migration Review*, 12(25), 2002, pp. 8-36;

transnacional no es *conditio sine qua non* para el fenómeno de la trata, pues el peso recae sobre la explotación.

En tercer y último lugar, la trata de seres humanos se encuentra prohibida en el art. 3 del Protocolo sobre trata de seres humanos.

> *Art.3 Protocolo sobre trata de seres humanos*
> *«Se entenderá por trata de personas la captación, transporte, el traslado, la acogida o recepción de personas, recurriendo a la amenaza o al uso de la fuerza u otras formas de coacción, al rapto, al fraude, al engaño, al abuso de poder o de una situación de vulnerabilidad o a la concesión de pagos o beneficios para obtener el consentimiento de una persona que tenga autoridad sobre otra, con fines de explotación sexual, trabajos o servicios forzados, la esclavitud o prácticas análogas a la esclavitud, la servidumbre o a la extracción de órganos»*[41].

La definición de la trata de seres humanos efectuada por este Protocolo establece tres elementos que constituyen el núcleo de la conducta: la acción, los medios y el propósito.

En primer lugar, la acción se traduce en la captación, el transporte, el traslado, la acogida o la recepción de personas.

CAMPANA, P., VARESE, F., «Exploitation in human trafficking and smuggling», *European Journal on Criminal Policy and Research*, 22(19), 2016, pp. 89-105; ARONOWITZ, A. A., «Smuggling and trafficking in human beings: the phenomenon, the market that drive it and the organisations that promote it», *European Journal on Criminal Policy and Research*, 9(2), 2001, pp. 163-195.

41 En este sentido, acerca del concepto de trata de seres humanos en el marco internacional, *vid.*, BADIA MARTÍ, A., «Noción jurídica internacional de la trata de personas, especialmente mujeres y niños», en VARGAS GÓMEZ-URRUTIA, M.; SALINAS DE FRÍAS, A., (coords.), *Soberanía del Estado y derecho internacional: homenaje al profesor Juan Antonio Carrillo Salcedo*, Publicaciones de la Universidad de Córdoba – Universidad de Málaga, Sevilla, 2005, pp. 177-197 y *vid.*, ampliamente, GALLAGHER, A., *The International Law of (...)*, *op. cit.* La autora ha desarrollado una monografía relativa al Derecho Internacional y su relación con la trata de seres humanos, principalmente desde la perspectiva de Naciones Unidas.

Este elemento es el que cubre todo el proceso relacionado con la trata de seres humanos, desde el inicio con la captación, el transporte o el traslado hasta la acogida o el recibimiento de la víctima. Todos estos procesos son necesarios para que se cumpla el propósito de la trata de seres humanos: la explotación de las víctimas[42], aunque no deben concurrir todos ellos para considerar que existe la trata, pues la conjunción o en lugar de la y hace que no sea una lista cumulativa.

El segundo elemento de la definición son los medios, tales como la amenaza o el uso de la fuerza u otras formas de coacción, el rapto, el fraude, el engaño, el abuso de poder o de una situación de vulnerabilidad o la concesión de pagos o beneficios para viciar el consentimiento de una persona. De acuerdo con el art. 3 c) del Protocolo sobre trata de seres humanos, este elemento solamente afecta a las víctimas mayores de edad[43] y mantiene que una persona puede acabar siendo víctima de la trata de seres humanos por culpa de medios indirectos como el engaño o el fraude[44]. En definitiva, una víctima de la trata se ve sometida a la coerción por parte de los tratantes y es, en parte, lo que la diferencia del tráfico de migrantes[45].

Por último, el tercer elemento de la definición es el propósito que se busca a través de la realización de las acciones y de los medios anteriores: la explotación. La explotación de las víctimas es asumida como un *dolus specialis*[46] en tanto que

---

42 GALLAGHER, A., *The International Law of (...), op. cit.*, p. 29.

43 El protocolo considera que la captación, el transporte, el traslado, la acogida y la recepción de víctimas menores de edad se considerarán trata de seres humanos aunque no medie ninguno de los medios previstos en el propio art. 3.

44 GALLAGHER, A., *The International Law of (...), op. cit.*, p. 31.

45 *Ibid.*

46 En este sentido, *vid.* UNODC, *Anti-Human Trafficking Manual for Criminal Justice Practitioners*, 2009. Disponible en: https://bit.ly/2KHjWqw.

la explotación es el propósito perseguido por los delincuentes cuando están cometiendo los actos a través de los medios definidos en el Protocolo sobre trata de seres humanos[47]. Sin embargo, dicho Protocolo no define, en ningún momento, lo que se entiende por explotación, aunque elabora una lista abierta de mínimos que hace referencia a la explotación sexual, al trabajo forzado, la esclavitud o la extracción de órganos[48].

Una vez definidos y analizados los elementos que conforman la definición jurídica de la trata de seres humanos, es preciso estudiar las diferencias existentes entre el tráfico ilícito de migrantes y la trata, pues el convenio marco las considera actividades típicas del crimen organizado y, tal y como se verá más adelante, ha sido habitual en el marco de la Unión Europea considerar la trata como un fenómeno migratorio. Un primer asunto a destacar es que el Protocolo sobre trata de seres humanos no contempla el cruce de fronteras como un elemento del tipo[49], a diferencia de lo que establece el Protocolo sobre tráfico ilícito de migrantes. De este modo, puede existir una víctima de la trata de seres humanos que sea nacional del país donde se la somete a explotación[50]. Esto se debe a que la trata de seres humanos no persigue un enriquecimiento a partir de

---

47 UNODC, *Anti-Human Trafficking Manual for Criminal (...), op. cit.*

48 GALLAGHER, A., *The International Law of (...), op. cit.*, p. 35, en relación con el art. 3 Protocolo sobre trata de seres humanos.

49 En este sentido, *vid.* GROMEK-BROC, K., «EU Directive on preventing and combating trafficking in human beings and protecting its victims: Will it be effective?», *Nova et Vetera*, 20(64), 2011, pp. 227-238, p. 230.

50 Más ampliamente, BAKIRCI, K., «Human trafficking and forced labour: A criticism of the International Labour Organisation», *Journal of Financial Crime*, 16(12), 2009, pp. 160-165, p. 161; LUCEA SÁENZ, A., «La lucha contra la trata de seres humanos en la Unión Europea», *Aequalitas, Revista Jurídica de Igualdad de oportunidades entre hombres y mujeres*, (32), 2013, pp. 6-15, p. 8.

la vulneración de las normas migratorias de un Estado, sino que incide en la explotación de la víctima por un tercero[51].

Un segundo elemento a destacar es que el art. 3 del Protocolo sobre trata de seres humanos contempla la criminalización de un amplio abanico de conductas, a saber: captar, transportar, trasladar, acoger o recibir, mientras que la conducta típica del tráfico ilícito de migrantes, de acuerdo con el también art. 3 del Protocolo sobre tráfico ilícito de migrantes recoge solamente en el traslado y no tiene en cuenta otras que no comportan un movimiento, como sí lo hace el fenómeno de la trata al incluir, también, la captación o la recepción[52]. En este sentido, las conductas que conforman la trata son las relativas a todo el proceso por el cual la víctima acaba explotada mientras que el tráfico solamente se centra en el traslado de una víctima desde su país de origen hasta el de destino.

El tercer elemento a tener en cuenta es el consentimiento de las víctimas. De acuerdo con el art. 3 del Protocolo sobre trata de seres humanos, para que exista se exige algún tipo de vicio en el consentimiento[53]. En cuanto al tráfico ilícito de migrantes, el art. 3 del Protocolo sobre tráfico ilícito de migrantes ni siquiera se refiere al consentimiento, ya que se entiende que

---

51 DAUNIS RODRÍGUEZ, A., «Sobre la urgente necesidad (…)», *op. cit.*, p. 7. Otros autores, van más allá al considerar que muchas veces, tanto en la trata como en el tráfico ilícito de migrantes, se da un cruce de fronteras que va en contra de la legislación del Estado, ya que la víctima de la trata también puede ser inmigrante irregular. En este sentido, *vid.* ORTEGA GÓMEZ, M., «La trata de seres humanos (…)», *op. cit.*, p. 184; GARCIA VÁZQUEZ, S., «Inmigración ilegal y trata de personas (…)», *op. cit.*, p. 234.

52 DAUNIS RODRÍGUEZ, A., «Sobre la urgente necesidad (…)», *op. cit.*, p. 8.

53 El artículo establece que, siempre que exista un consentimiento por parte de la víctima que haya sido obtenido a través de los canales que el mismo artículo establece, este será nulo. En consecuencia, cuando el sujeto pasivo decida por su propia voluntad someterse a dicho trato, no existirá trata de seres humanos.

el migrante está altamente interesado en el éxito final de la actividad[54]. De hecho, el art. 3 del Protocolo sobre trata de seres humanos exige una forma de captación indebida, como por ejemplo el uso de la fuerza, el fraude o el engaño[55].

Otro elemento que se puede añadir a la diferenciación entre ambas conductas es la gravedad de ambos fenómenos. Si bien tanto la trata de seres humanos como el tráfico ilícito de migrantes comporta una vulneración muy grave del ordenamiento jurídico internacional, la trata de seres humanos entraña una vulneración de derechos humanos básicos universalmente reconocidos, como el derecho a la vida, a la dignidad o a la integridad física[56].

Finalmente, el ya citado art. 3 del Protocolo sobre trata de seres humanos requiere de un propósito de explotación, entendido este, por ejemplo, como la maximización de los beneficios económicos a través de la explotación sexual[57]. Por lo

---

54 DAUNIS RODRÍGUEZ, A., «Sobre la urgente necesidad (…)», *op. cit.*, p. 8. El autor defiende que «en el tráfico ilícito de migrantes nos aproximamos a lo que se denomina un delito sin víctima (…) porque el migrante está altamente interesado en el éxito final de la actividad delictiva». Esto es así porque el objeto de protección de la norma no es el migrante, sino el interés del Estado en cuestión en regular los flujos migratorios. En este sentido, *vid.* GARCIA VÁZQUEZ, S., «Inmigración ilegal y trata de personas (…)», *op. cit.*, p. 234.

55 El artículo establece, como formas de captación, la amenaza, el uso de la fuerza u otras formas de coacción, el rapto, el fraude, el engaño, el abuso de poder o de una situación de vulnerabilidad o la concesión o recepción de pagos o beneficios.

56 LUCEA SÁENZ, A., «La lucha contra la trata de seres humanos (…)», *op. cit.*, p. 8. En este sentido, *vid.* VILLACAMPA ESTIARTE, C., «La nueva directiva europea (…)», *op. cit.*, p. 14:6.

57 El articulo prevé, como mínimo, que la explotación incluirá, «la explotación de la prostitución ajena u otras formas de explotación sexual, los trabajos o servicios forzados, la esclavitud o las prácticas análogas a la esclavitud, la servidumbre o la extracción de órganos».

tanto, dentro del fenómeno de la trata, las redes organizadas se lucran a partir de la explotación de las víctimas, mientras que, en el fenómeno del tráfico, lo que impulsa la actividad es el precio pagado por el inmigrante irregular para acceder al territorio de un Estado por vías no regulares[58].

Los Protocolos de Palermo, aunque en esta obra se hará referencia solamente al que aborda a la trata de seres humanos, han establecido las bases para la lucha contra la trata de seres humanos a escala mundial. En este sentido, la Declaración de Nueva York para los Refugiados y los Migrantes de 19 de julio de 2016[59] constató la importancia tanto de la Convención de Naciones Unidas contra la Delincuencia Organizada Transnacional como la de sus protocolos anexos a la vez que alentó a aumentar las adhesiones a dichos instrumentos normativos[60]. En este sentido, actualmente el Protocolo sobre la trata de seres humanos cuenta con 181 ratificaciones[61], un elevado número que representa a buena parte de la Comunidad Internacional. Pero si el objetivo es erradicar la trata de seres humanos en todo el mundo, siguiendo las invitaciones de la A/RES/71/1, citada anteriormente, este Convenio y sus Protocolos deberían

---

58 GARCIA VÁZQUEZ, S., «Inmigración ilegal y trata de personas (…)», *op. cit.*, p. 234. En este sentido, *vid.*, DAUNIS RODRÍGUEZ, A., «Sobre la urgente necesidad (…)», *op. cit.*, p. 8.

59 Resolución A/RES/71/1 aprobada por la Asamblea General el 19 de septiembre de 2016. 70/1 «Declaración de Nueva York para los Refugiados y los Migrantes».

60 *Ibid.*, pár. 34.

61 UNTC: «Información detallada sobre las ratificaciones del Protocolo sobre trata de seres humanos» [en línea], (2024), <https://bit.ly/49ZSspp>. En cuanto a la Convención de Naciones Unidas contra la delincuencia organizada transnacional, cuenta con 192 ratificaciones. En este sentido, *vid.* UNTC: «Información detallada sobre las ratificaciones de la Convención de Naciones Unidas contra la delincuencia organizada transnacional» [en línea], (2024), <https://bit.ly/33Gh0RR>.

gozar de universalidad y obligar a todos los Estados miembro de la Naciones Unidas.

1.1.2.1. Los Protocolos de Palermo y la explotación de las personas: ¿se ha resuelto la discusión entre la esclavitud y la trata de seres humanos?

La relación entre la trata de personas y la esclavitud ha generado una larga discusión doctrinal que, a día de hoy, no parece resuelta[62]. Así, tal y como se apuntó al inicio del presente apartado, los primeros tratados internacionales que establecieron las bases para la lucha contra la explotación de las personas se referían, por un lado, a la trata y, por otro lado, a la esclavitud. Esta separación daba a entender que eran instituciones distintas que compartían una misma finalidad. Además del objetivo, ambos fenómenos contemplan el ejercicio de un control sobre las víctimas por parte de los explotadores[63]. En este sentido, una parte de la doctrina ha afirmado que la trata de seres humanos es la forma actual en que se traduce la esclavitud[64]. Pero esta tesis ha sido rechazada por una parte importante de la

---

[62] Al debate doctrinal se la han añadido las diferentes resoluciones jurisprudenciales tanto del Tribunal Penal Internacional por la Antigua Yugoslavia como el TEDH. Esta cuestión será abordada más adelante.

[63] GALLAGHER, A., *The International Law of (...), op. cit.*, p. 177.

[64] En este sentido, *vid.* SCARPA, S., *Trafficking in Human Beings (...), op. cit.* La autora defiende que la trata de seres humanos es una nueva forma de esclavitud, aunque su análisis no tiene en cuenta los elementos establecidos en la definición de la trata del Protocolo sobre trata de seres humanos. Cfr. ALLAIN, J., «A review of "Trafficking in Human Beings: Modern Slavery" by Silvia Scarpa», *European Journal of International Law*, 20, 2009, pp. 453-457. El autor ataca, precisamente, la relación que establece SCARPA en su estudio, al no tener en cuenta que la esclavitud es, en sí misma, una forma de explotación de la trata de seres humanos, mientras que no toda la trata comporta, a su vez, esclavitud.

doctrina *iusinternacionalista*[65] y resulta difícil de compartir por las razones que se expondrán seguidamente.

La prohibición de la esclavitud es una norma consuetudinaria de Derecho Internacional Público[66] que debe entenderse con efectos *erga omnes* y que forma parte de las normas *ius cogens* del ordenamiento jurídico internacional[67]. En este sentido la Sentencia del Tribunal Penal Internacional por la Antigua Yugoslavia (en adelante, TPIY) de 22 de febrero de 2001, *Prosecutor v. Kunarac, Kovac and Vukovic*[68] desarrolló una definición de la esclavitud relacionándola con los crímenes contra la humanidad a la luz de las normas de derecho internacional general y confirmando que «la esclavitud como crimen contra la humanidad, según el derecho internacional consuetudinario, consiste en el ejercicio de cualquiera de las formas relacionadas con el derecho de la propiedad respecto las personas»[69]. Para identificar el fenómeno de la esclavitud, el Tribunal estableció una serie de elementos de la definición como el control de los movimientos de las víctimas, el control físico y psicológico o la amenaza o el uso de la fuerza para evitar que escapen, pero sin concretar cuáles de ellos son los que determinan si una conducta debe ser considerada esclavitud[70]. Esta interpretación expansiva contribuyó a difuminar los límites entre la trata de seres humanos y la esclavitud. En este sentido, el TPIY

---

65 En este sentido, *inter alia*, *vid.* GALLAGHER, A., *The International Law of (...)*, *op. cit.*, pp.177-191; ALLAIN, J., «A review of "Trafficking in Human Beings (...)"», *op. cit.*, pp. 453-457 y VAN DER WILT, H., «Trafficking in Human Beings (...)», *op. cit.*, p. 4 y ss.

66 En este sentido, *vid.* VAN DER WILT, H., «Trafficking in Human Beings (...) », *op. cit.*, pp. 6 y ss.

67 GALLAGHER, A., *The International Law of (...)*, *op. cit.*, p. 178.

68 Sentencia del TPIY de 22 de febrero de 2001, *Prosecutor v. Kunarac, Kovac and Vukovic*, caso IT-96-23 y IT-96-23/1, párr. 520.

69 *Ibid.*, párr. 539.

70 VAN DER WILT, H., «Trafficking in Human Beings (...) », *op. cit.*, p.7.

consideró que el elemento temporal de la propiedad derivada de la esclavitud, es decir, la voluntad de mantener la propiedad sobre las personas de forma permanente, derivado del concepto clásico de esclavitud estipulado en la Convención de 1926, no era un elemento constitutivo del tipo[71]. Así, cualquier forma de explotación podría asimilarse a la esclavitud, dejando a la trata de seres humanos como una simple traducción actual del concepto de esclavitud forjado a principios del siglo XX.

Aparte del pronunciamiento del TPIY, en el marco del Consejo de Europa, el Tribunal Europeo de Derechos Humanos (en adelante, TEDH) no ha contribuido a superar los retos relativos a la relación entre trata de seres humanos y esclavitud. En el asunto *Rantsev c. Chipre y Rusia*, el TEDH afirmó que la trata de seres humanos quedaba amparada bajo el art. 4 del el Convenio para la Protección de los Derechos Humanos y de las Libertades Fundamentales (en adelante, CEDH)[72] pero no estableció en qué términos ni concretó a qué conducta quedaba adscrita la trata, pues dicho artículo no habla de trata expresamente, sino que habla de la esclavitud, la servidumbre y los trabajos forzados[73]. Sobre esta cuestión se volverá más adelante.

Así pues, para poder esclarecer la relación entre la trata de seres humanos y la esclavitud es preciso delimitar cuáles son los atributos del derecho de la propiedad sobre una persona. En este sentido, el ejercicio de la propiedad sobre una persona incluido en la definición de esclavitud comporta que el indi-

---

71 VAN DER WILT, H., «Trafficking in Human Beings (...) », *op. cit.*, p.7.

72 *Convenio para la Protección de los Derechos Humanos y de las Libertades Fundamentales*, firmado en Roma el 4 de noviembre de 1950. Publicado en *U.N.T.S.* vol. 213, p. 221 y en el *BOE* núm.243, de 10 de octubre de 1979.

73 Sentencia del TEDH de 7 de enero de 2010, *Rantsev c. Chipre y Rusia*, núm. 25965/04, ECLI:CE:ECHR:2010:0107JUD00259650, párr. 282. En este sentido, *vid.* GALLAGHER, A., *The International Law of (...)*, *op. cit.*, p. 189 y VAN DER WILT, H., «Trafficking in Human Beings (...)», *op. cit.*, pp. 12-14.

viduo sea considerado un objeto que puede ser comprado y que, además, es utilizado por el «amo»[74]. El esclavo trabaja de cualquier modo y los productos obtenidos gracias a este trabajo quedan bajo la propiedad del amo, sin que se compense al esclavo de ninguna forma. La propiedad, además de transferible, es permanente en el tiempo, de modo que el esclavo no puede poner fin a dicha situación a su voluntad. Por último, el carácter de esclavitud se hereda entre los individuos que son propiedad del amo[75].

Delimitados algunos aspectos de la esclavitud, conviene fijarse en la definición que establece el Protocolo sobre trata de seres humanos. Como se ha mostrado, la definición del delito de trata de seres humanos presente en dicho Protocolo contiene tres elementos: la acción, los medios y el objetivo, y este último elemento resulta clave para diferenciar la trata de la esclavitud[76]. De la lectura del Protocolo sobre trata de seres humanos se infiere que la esclavitud puede considerarse como una forma de explotación comprendida dentro del fenómeno de la trata de seres humanos[77]. En este sentido, la principal diferencia entre la trata de seres humanos y la esclavitud radica en el objetivo. Así, y de acuerdo con el art. 3 del Protocolo sobre trata de seres humanos, la esclavitud se presenta, solamente, como una de las formas de explotación a las que se puede ver sometida una víctima de la trata de seres humanos, de modo que la esclavitud puede entenderse como una forma

---

74 El concepto «master» fue utilizado por el ECOSOC para determinar la titularidad de la propiedad sobre las personas, que se ha traducido como «amo».

75 GALLAGHER, A., *The International Law of (...)*, *op. cit.*, p. 184.

76 *Ibid.*, p. 25. La autora defiende estos tres elementos claves de la definición de trata de seres humanos elaborada por el Protocolo sobre trata de seres humanos. A lo largo del presente apartado se desarrollarán de acuerdo con el contenido del instrumento jurídico en cuestión.

77 VAN DER WILT, H., «Trafficking in Human Beings (…)», *op. cit.*, p. 4-5.

específica de explotación, con un encaje en el fenómeno de la trata. En este sentido, la esclavitud, tal y como se ha visto, es un fenómeno delictivo que busca la propiedad sobre las personas con vistas a la permanencia en el tiempo. Así, esta voluntad de permanencia es la que la diferencia de otras formas de explotación como, por ejemplo, la trata de personas con fines relacionados con el tráfico de órganos. En este caso, la explotación no se traduce en mantener la propiedad a lo largo del tiempo, ya que una vez le han sido extraídos los órganos a la víctima, esta deviene totalmente inútil para sus explotadores.

A la vista de que el art. 4 CEDH también prohíbe los trabajos forzosos, es preciso apuntar aquí que dichos trabajos son una forma de explotación típica de la trata, al igual que pasa con la esclavitud. Así, una de las diferencias entre la trata de seres humanos y los trabajos forzosos radica en los medios. Mientras que estos requieren siempre de coerción y de una amenaza con un castigo respecto la víctima, la trata de seres humanos también contempla el abuso de poder y de una posición de vulnerabilidad de la víctima[78]. Sobre esta forma de explotación se volverá más adelante, a razón de los instrumentos de prevención.

El debate alrededor de la relación entre trata de seres humanos y esclavitud sigue sin haberse cerrado por completo, pues el Derecho Internacional Público es un ordenamiento jurídico en constante evolución. Así, en plena vigencia de la Convención esclavitud de 1926 y de la Convención suplementaria de 1956, se podría defender la posición de que la trata de seres humanos es una de las nuevas formas de explotación en que se traduce la esclavitud. Por otro lado, la definición que establece el Protocolo sobre trata de seres humanos entiende que la esclavitud es una de las finalidades a que puede destinarse una víctima de la trata. Es decir, el debate actual se refiere a

---

[78] UNODC, *Global report in trafficking in persons*, United Nations Publications, Nueva York, 2016, p. 15.

que si la trata es la expresión moderna de la esclavitud[79] o bien la esclavitud es una de las formas de explotación que prevé la trata, siendo esta última mucho más amplia al abarcar otras formas de explotación[80].

A la hora de definir el contenido de la esclavitud, debe tenerse en cuenta solamente el contenido de la Convención esclavitud de 1926, ya que ha quedado demostrado que la interpretación expansiva de dicha Convención no se adecua a las prácticas habituales ni a la intención de los Estados a la hora de negociar el contenido del citado instrumento. Así pues, siguiendo su contenido, una situación de explotación solamente puede ser considerada esclavitud cuando, según el art. 1 de dicha Convención, se ejerciten los atributos del derecho de propiedad sobre una persona. Es posible, además, que teniendo en cuenta la definición del art. 3 del Protocolo sobre trata de seres humanos y del art.1 de la Convención esclavitud de 1926, en la actualidad todas las situaciones de esclavitud sean susceptibles de ser consideradas trata de seres humanos, siempre que se cumplan con las acciones y los medios definidos en el art. 3 del Protocolo sobre trata de seres humanos, pero no todas las formas de explotación que se derivan de la trata de seres humanos pueden ser consideradas esclavitud[81].

No obstante este debate académico, existe una apuesta internacional para la erradicación de aquellas prácticas que su-

---

79 Esta es la posición que defiende SCARPA en: SCARPA, S., *Trafficking in Human Beings (…), op. cit.* La autora, tal y como se ha apuntado con anterioridad, defiende que la trata de seres humanos es la nueva esclavitud.

80 En contraposición a la posición de SCPARA, ALLAIN defiende que la esclavitud es, en sí misma, una de las posibles formas de explotación de la trata de seres humanos y no la nueva expresión de la esclavitud en el siglo XXI. En este sentido, ALLAIN, J., «A review of "Trafficking in Human Beings: Modern Slavery" by Silvia Scarpa», *op. cit.*, pp. 453-457.

81 GALLAGHER, A., *The International Law of (…), op. cit.*, p. 189.

pongan una explotación de las personas. En este sentido, tanto los instrumentos normativos orientados hacia la eliminación de la esclavitud como de la trata de seres humanos son una muestra de ello. Sin embargo, la existencia de regulaciones separadas para ambos fenómenos ha abierto la puerta a este interesante debate sobre el alcance y los límites tanto de la definición jurídica de la esclavitud como la de la trata de seres humanos.

La esclavitud, en la actualidad, debe entenderse como uno de los fines de explotación a los que se ven sometidas las víctimas de la trata, ya que no todas las formas de explotación de la trata de seres humanos buscan el ejercicio de los atributos del derecho de propiedad[82]. En cambio, si se atiende a que el contenido de la Convención esclavitud de 1926 sigue intacto, teniendo en cuenta que el TPIY elevó la prohibición de la esclavitud a norma *ius cogens* con origen tanto convencional como consuetudinario, en aquellos casos en que un tratante someta a una víctima a los atributos del derecho de propiedad, sí que podría considerarse que esa persona ese encuentra en un estado de esclavitud.

Con todo, es necesario remarcar la vinculación entre la trata de personas y los movimientos migratorios[83]. Sin que esto sirva para asumir que el fenómeno de la trata es una simple

---

82 En este sentido también se pronunció PÉREZ GONZÁLEZ en: PÉREZ GONZÁLEZ, C., «La tipificación de la trata de seres humanos como crimen contra la humanidad: una contribución al debate en torno al elemento político de los crímenes», *Revista Electrónica de Estudios Internacionales*, (31), 2016, pp.1-37, p. 14, al entender que «la trata de seres humanos no busca siempre someter a la víctima a esclavitud o una práctica análoga».

83 DAUNIS RODRÍGUEZ, A., «Sobre la urgente necesidad (…)», *op. cit.*, p. 6. En este sentido, *vid.* BURKE, C., «Smuggling versus Trafficking: Do the U.N Protocols have it right? », *Topical Research Digest: Human Rights and Human Trafficking*, Josef Korbel School of International Studies, University of Denver, 2008, pp.104-119, p. 104.

cuestión migratoria, pues se estaría cayendo en el error en tanto que hay víctimas y tratantes que no cruzan ninguna frontera, sí que es posible que en el transcurso del proceso migratorio las personas acaben sometidas a una red de trata. Aunque esta relación es extremadamente compleja, tal y como se verá a lo largo de la presente monografía, los negociadores de los Protocolos de Palermo optaron por regular tanto el tráfico ilícito de migrantes como la trata de seres humanos en un mismo instrumento con la voluntad, precisamente, de vincular ambos fenómenos, pues ambas actividades se enmarcan en las habituales del crimen organizado. Sobre esta cuestión se volverá más adelante pues la evolución de la normativa de la Unión Europea en este sentido es un reflejo evidente de este cambio de tendencia.

Con todo, los Protocolos de Palermo constituyen el marco base para el desarrollo de normativa regional a favor de la erradicación de la trata de seres humanos. Así, los instrumentos de las Naciones Unidas han inspirado ulteriores instrumentos propios del marco regional europeo. En el siguiente apartado se analizará la lucha contra la trata de seres humanos desde la perspectiva del Consejo de Europa y, posteriormente, se pondrá el foco de atención en analizar la tipificación llevada a cabo por la Unión Europea.

1.2. EL CONSEJO DE EUROPA Y LA TRATA DE SERES HUMANOS. DESDE EL CONVENIO EUROPEO DE DERECHOS HUMANOS HASTA EL CONVENIO DE VARSOVIA: LA DEFINICIÓN DE TRATA DE SERES HUMANOS

En los términos que prevé el Consejo de Europa, la lucha contra la trata de seres humanos se vertebra a partir de dos instrumentos jurídicos bien distintos. Por un lado, el CEDH, que tal y como se ha mencionado en el apartado anterior, y partiendo del hecho de que no efectúa ninguna mención explícita al fenómeno de la trata de seres humanos, el TEDH ha conseguido, con mayor o menor fortuna, encajar dicho fenómeno en sus previsiones. . Por otro lado, el Convenio del Consejo de Europa sobre la lucha contra la trata de seres humanos, citado anteriormente, contempla específicamente previsiones relativas a la lucha contra la trata de seres humanos.

1.2.1. La trata de seres humanos en el artículo cuarto del CEDH y la interpretación extensiva del TEDH.

En el texto del CEDH no se prohíbe expresamente la trata de seres humanos. Sin embargo, el TEDH ha interpretado expansivamente el contenido de dicho tratado para poder condenar el incumplimiento de las obligaciones de los Estados para con las víctimas de este fenómeno delictivo.

Recuperando aquí la discusión doctrinal entre la trata y la esclavitud, el artículo empleado por el Tribunal de Estrasburgo para proteger a las víctimas de la trata en el marco del CEDH ha sido el art. 4, que establece: «Nadie podrá ser sometido a esclavitud o servidumbre», En las líneas que prosiguen se analiza el desarrollo teórico, un tanto peculiar, que ha servido para incluir la trata como una práctica análoga a la esclavitud. Para dicho análisis, se tendrán en cuenta los distintos pronunciamientos del TEDH que han servido para dar respuesta al silencio del CEDH respecto la trata de seres humanos. Se trata de los casos siguientes: en primer lugar, el caso *Siliadin c. Francia*[84]; en segundo lugar, el caso *Rantsev c. Chipre y Rusia*, citado anteriormente; y, en tercer y último lugar, el caso *Chowdury y otros c. Gre-*

---

84 Sentencia del TEDH de 26 de julio de 2005, *Siliadin c. Francia*, núm. 73316/01, ECLI:CE:ECHR:2005:0726JUD007331601.

cia[85]. Después de la sentencia del caso Chowdury, el TEDH ha tenido la oportunidad de pronunciarse tres veces más al respecto, sentencias que a grandes rasgos han servido para confirmar la doctrina desarrollada en las sentencias acabadas de citar[86].

En cuanto al caso de *Siliadin c. Francia*, que fue la primera oportunidad para el TEDH en cuanto a la inclusión de la trata de personas en el marco de protección del CEDH, el Tribunal tuvo que dirimir si la trata con fines de explotación laboral[87] podría ser cualificada como esclavitud, como servidumbre o como trabajo forzado. En cuanto a los hechos, la demandante, una mujer procedente de Togo viajó a Francia para visitar una escuela y poder buscar trabajo. Se acordó que la demandante trabajaría hasta cubrir los gastos derivados del billete de avión. En realidad, el trabajo consistió en devenir la criada de una familia, que le asignó el cuidado de los hijos y de la casa en general durante siete días a la semana y sin contraprestación alguna. La demandante dormía en el suelo en la habitación de los niños que tenía a su cargo[88].

---

85 Sentencia del TEDH de 20 de marzo de 2017, *Chowdury y otros c. Grecia*, núm. 21884/15, ECLI:CE:ECHR:2017:0330JUD002188415.

86 En este sentido, Sentencia del TEDH de 21 de enero de 2016, *L. E. c. Grecia*, núm. 21884/15, ECLI:CE:ECHR:2017:0330JUD002188415; Sentencia del TEDH de 25 de junio de 2020, *S. M. c. Croacia*, núm. 60561/14, ECLI:CE:ECHR:2018:0719JUD006056114 y la Sentencia del TEDH de 16 de febrero de 2021, *V. C. L. Y A. N. c. Reino Unido*, núm. 77587/12 y 74603/12, ECLI:CE:ECHR:2021:0216JUD007758712. En este sentido, *vid.* MESTRE MESTRE, R. M., «La jurisprudencia del TEDH en materia de trata de seres humanos y la necesidad de regresas a las categorías jurídicas de esclavitud, servidumbre y trabajo forzado, *RELIES: Revista del Laboratorio Iberooamericano para el Estudio Sociohistórico de las Sexualidades*, (4), 2020, pp. 208-226.

87 PÉREZ GONZÁLEZ, C., «La tipificación de la trata de seres humanos como crimen contra la humanidad (...)», *op. cit.*, p. 12.

88 STEDH, *Siliadin c. Francia*, párr. 9-19.

En este caso, el Tribunal consideró que su situación no tenía suficiente entidad para considerarla esclavitud, de modo que la consideró servidumbre. En este sentido, se entendió que la demandante estuvo privada de su libertad hasta el punto de que le fue impuesta la obligación para la víctima de vivir en la propiedad de otra persona. Su situación de sumisión era tal que para la víctima era imposible modificar su estatus[89]. Por consiguiente, el TEDH llegó a la conclusión de que la demandante fue víctima de servidumbre al interpretar, restrictivamente, la definición de esclavitud formulada en el art. 1 de la Convención de 1926, entendiendo que los hechos no fueron suficientes para considerarlo esclavitud[90]. La doctrina interpretó que el pronunciamiento del TEDH estableció, implícitamente, un orden jerárquico dentro del artículo 4 del CEDH, de modo que la esclavitud es la forma más grave de explotación[91].

Paralelamente a la servidumbre, y más allá de lo que el TEDH consideró en su sentencia, hay que tener presente que según la definición establecida en el art. 3 del Protocolo sobre trata de seres humanos, es posible constatar que las circunstancias que rodearon a la víctima del caso reunían los elementos necesarios para considerar que la demandante fue víctima de la trata. En primer lugar, a través del engaño fue entregada a una familia para que ejerciera como criada con el objetivo de sufragar los costes de su viaje. En segundo lugar, esta persona fue acogida por otras, que la obligaron a ejercer de criada, es decir, la explotaron laboralmente. Y, en tercer lugar, estuvo du-

---

89 STEDH, *Siliadin c. Francia*, párr. 123.

90 *Ibid.*, párr.122. Para saber más sobre la interpretación de la doctrina relativa a este caso, *vid.* CULLEN, H., «*Siliadin v France*: Positive Obligations under Article 4 of the European Convention on Human Rights», *Human Rights Law Review*, (3), 2006, pp. 585-592.

91 VAN DER WILT, H., «Trafficking in Human Beings (...)», *op. cit.*, p. 14.

rante años explotada sin cobrar nada y sin disponer de ninguna posibilidad para cambiar su situación[92].

A todo ello, el caso *Siliadin c. Francia* no sirvió para dirimir si la trata de seres humanos podía quedar bajo la prohibición establecida en el art.4 del CEDH. Años después, el TEDH volvió a tener la oportunidad de pronunciarse en este sentido, en concreto en el caso *Rantsev c. Chipre y Rusia.* El demandante, el señor Rantsev, era el padre de una chica que fue hallada muerta en Chipre. La hija del demandante se desplazó desde Rusia, su país de origen, con el objetivo de encontrar trabajo como artista de cabaret[93]. Sin embargo, acabó sometida a explotación sexual. En el intento de escapar de su cautividad, quedó como hecho probado que se precipitó por la ventana de su habitación con la ayuda de una sábana, pero cayó al vacío, causándose la muerte con la caída[94].

A diferencia del caso *Siliadin c. Francia,* en el presente caso el TEDH sí que se pronunció sobre la posibilidad de que la trata quedase prohibida en el ámbito del Consejo de Europa gracias al art. 4 del CEDH. En este caso, el demandante expresamente se refirió a su hija como víctima de trata. Según el TEDH, la trata de seres humanos se basa en el ejercicio de las atribuciones del derecho de propiedad[95]. Dicho en otras palabras, según el Tribunal, la trata debía considerarse una forma moderna de esclavitud que quedaba prohibida bajo el art. 4 CEDH. No

---

92 GALLAGHER, A., *The International Law of (...), op. cit.*, p. 187.

93 STEDH, *Rantsev c. Chipre y Rusia,* párr. 83. Una artista de cabaret, según la lengua estándar en Chipre, hace referencia a una prostituta.

94 *Ibid.*, párr. 1-79.

95 El TEDH definió trata de seres humanos empleando las mismas palabras que el art. 1 de la Convención esclavitud de 1926 para referirse a la esclavitud: «powers attaching to the right of ownership».

obstante, no especificó por qué[96] ni tampoco entró en determinar cuál de las conductas expresamente prohibidas por el Convenio era la que incluía la trata, aunque podría parecer que quedaría subsumida bajo la prohibición de la esclavitud. Además, para reforzar su argumentación, el TEDH consideró que para interpretar el art. 4 del CEDH se debía tener en cuenta otros instrumentos internacionales[97]. En este sentido, citó la ya referenciada sentencia del TPIY del caso *Kunarac* y asumió su línea interpretativa al considerar que el concepto tradicional de esclavitud ha evolucionado de modo que, en la actualidad, abarca otras conductas basadas en el ejercicio de alguna de las potestades que se derivan del derecho de propiedad[98].

Ninguna de las dos sentencias del TEDH aportó más luz al debate[99] entre trata de seres humanos y esclavitud. Aun así, el TEDH interpretó el CEDH de manera que la trata está prohibida gracias al art. 4 CEDH sin estar expresamente establecido. Es necesario dejar constancia que una parte de la doctrina no es partidaria de esta interpretación, ya que utiliza la definición del art. 1 de la Convención esclavitud de 1926 para definir la trata de seres humanos, aunque tal y como se ha visto, la trata

---

96 STEDH, *Rantsev c. Chipre y Rusia*, párr. 283. La doctrina ha presentado ciertas reticencias a compartir los planteamientos del TEDH. En este sentido, *vid.* GALLAGHER, A. *The International Law of (...)*, *op. cit.*, p.187 y VAN DER WILT, H., «Trafficking in Human Beings (...) », *op. cit.*, p. 16. Ambos apuntan a que el Tribunal debería haber especificado los motivos por los cuales la trata de seres humanos queda prohibida de acuerdo con el art.4 del CEDH, ya que el Tribunal parece asociar la idea de trata de seres humanos con una nueva forma de esclavitud moderna.

97 *Ibid.* párr. 274.

98 *Ibid.*, párr. 280. En este sentido, *vid.* PÉREZ GONZÁLEZ, C., «La tipificación de la trata de seres humanos como crimen contra la humanidad (...)», *op. cit.*, p. 13.

99 VAN DER WILT, H., «Trafficking in Human Beings (...)», *op. cit.*, p. 16.

incluye más supuestos y otras modalidades más allá de la simple aplicación de los derechos de propiedad sobre las personas.

Por último, el tercer caso que permitió al TEDH pronunciarse sobre la trata de seres humanos y su relación con la esclavitud a la luz del art. 4 CEDH es el caso *Chowdury y otros c. Grecia.* Los demandantes eran unos migrantes en situación administrativa irregular procedentes de Bangladesh que durante las temporadas de recogida de fresas de los años 2012 y 2013 se presentaron voluntarios como jornaleros en Grecia, aunque no disponían ni de permiso de residencia ni de trabajo. Les prometieron un sueldo de 22 euros al día por un trabajo de 12 horas diarias más 3 euros por cada hora extra, aunque les deducían 3 euros diarios en concepto de alimentación. Ante la falta de pagos, convocaron una huelga y exigieron a sus empleadores, conscientes de su situación, que les pagasen. Al final, después de que un guarda de la finca donde trabajaban hiriese de bala a un trabajador, los empleadores fueron denunciados por trata de seres humanos de acuerdo con la legislación griega[100]. Este caso, a diferencia de los dos anteriores, ya contaba con la vigencia del Convenio de Varsovia, de modo que el TEDH incorporó las previsiones de dicho instrumento a su argumentario para reafirmar que la trata de seres humanos quedaba prohibida por el art. 4 CEDH.

La parte más llamativa de la sentencia es que el TEDH, esta vez, sí perfiló algunas de las conductas a que hace referencia el art. 4 del Convenio, aunque, como en el caso de *Rantsev c. Chipre y Rusia,* no determinó la conducta respecto de la cual la trata de seres humanos está incluida. En este sentido, el Tribunal consideró que los trabajos forzados son aquellos que recuerdan a la coacción física o mental[101]. El concepto de trabajos forzados va acompañado del término obligatorios

100 STEDH, *Chowdury y otros c. Grecia,* párr. 5 y ss.

101 *Ibid.,* párr. 90.

(«*compulsory*»)[102], pero que bajo ningún concepto hacen referencia a aquellos trabajos obligatorios en virtud de un acuerdo voluntario entre las partes y que conlleva una sanción en caso de incumplimiento[103], ya que en este caso cualquier contrato de trabajo podría considerarse trabajos forzados y obligatorios. Así, según el TEDH, para determinar qué trabajos deben entenderse como forzados y obligatorios debe atenderse a la naturaleza y al volumen del trabajo en cuestión[104]. En cuanto a la servidumbre, el TEDH pone énfasis en las percepciones de las víctimas. Así, cuando las víctimas asumen que su situación es permanente y que no hay posibilidad de cambiarla, el TEDH considera que se trata de servidumbre. Por el contrario, si las víctimas creen que su situación es temporal y que es posible que cambien sus condiciones, se estaría hablando de trabajos forzados y obligatorios[105].

En cuanto al caso concreto, ninguna de las partes puso en duda que los hechos se podían cualificar como trata de personas según la legislación griega[106]. En este sentido, el TEDH consideró que los hechos describían perfectamente una situación de trata: unas personas que fueron engañadas para trabajar en unas condiciones deplorables. Dichas condiciones de trabajo apuntan a que los empleadores se aprovecharon de la situa-

---

102 *Vid.* art.4 apdo. 2 CEDH.

103 STEDH, *Chowdury y otros c. Grecia*, párr. 90.

104 *Ibid.*, párr. 91.

105 *Ibid.*, párr. 99. Sobre la relación entre la trata de seres humanos y los trabajos forzados, resulta interesante la lectura de BAKIRCI, «Human trafficking and forced labour (...)», *op. cit.*, p. 162. El autor defiende que la Organización Internacional del Trabajo (en adelanto, OIT) no acertó al identificar a la trata de seres humanos como una forma de trabajo forzado. Así, el autor apunta a que las víctimas de la trata deben ser vistas como víctimas y testigos, pero nunca como trabajadores, habida cuenta de que la trata es una actividad criminal y no una forma de trabajo.

106 *Ibid.*, párr. 91.

ción de vulnerabilidad de las víctimas, que, al ser migrantes en situación irregular, no podían abandonar el trabajo ya que, en el caso de que lo abandonasen, las autoridades griegas podrían detenerlos e iniciar un procedimiento de retorno a sus países de origen. No obstante, sorprendentemente el Tribunal no lo consideró servidumbre, sino trabajos forzados al entender que los demandantes podían haber abandonado su trabajo pero que no lo hicieron debido a su situación de vulnerabilidad[107].

Al igual que en caso *Rantsev c. Chipre y Rusia*, el TEDH interpretó el art. 4 apdo. 2 CEDH a la luz de otros instrumentos legales que abordan el tema de los trabajos forzados y de la trata de seres humanos. En este caso, puesto que el Convenio de Varsovia ya estaba en vigor, el Tribunal apuntó que los trabajos forzados eran una de las finalidades a las que se podía destinar una víctima de la trata de seres humanos, de modo que constató la relación intrínseca entre ambos fenómenos[108]. No obstante, el Tribunal evitó dilucidar la cuestión que se planteaba al inicio: ¿es la trata el tipo general y la esclavitud, la servidumbre y los trabajos forzados los subtipos específicos?

El análisis de las sentencias del Tribunal merece dos comentarios. En primer lugar, siendo constructivos, el empleo de esta interpretación expansiva del CEDH, así como de la Convención esclavitud de 1926 y de otros instrumentos normativos a nivel internacional, ha permitido condenar por trata de seres humanos en el seno delConsejo de Europa a la luz del CEDH. Sin embargo, y aquí el segundo comentario, resulta difícil compartir el criterio empleado por el Tribunal.

En primer lugar, la trata de seres humanos y la esclavitud no son el mismo fenómeno, aunque jurídicamente pueden tener similitudes. Ha quedado demostrado que la esclavitud es, en la

---

107 STEDH, *Chowdury y otros c. Grecia,* párr. 94-96.

108 *Ibid.*, párr. 93.

actualidad, una de las formas en que se puede traducir la trata de seres humanos, de modo que no toda la trata es esclavitud. Como se apuntó en líneas precedentes, solamente aquellas situaciones de trata en las que se cumplen los requisitos del art. 1 de la Convención esclavitud de 1926 pueden considerarse esclavitud[109]. En segundo lugar, la trata de seres humanos no es siempre una situación de trabajos forzados, ya que si se tiene en cuenta la STEDH *Chowdury y otros c. Grecia*, el hecho de que el Tribunal diferencie entre trabajos forzados y servidumbre, que a su vez es otra de las finalidades de la trata, hace pensar que como en la relación entre trata y esclavitud, no todas las situaciones de trata pueden ser trabajos forzados.

En conclusión, si bien debe aplaudirse la voluntad del TEDH de ampliar el contenido del art.4 CEDH para que incluya la trata de seres humanos, el Tribunal debe detallar más las diferentes conductas que se prohíben en dicho artículo. En este sentido, recae sobre el TEDH la labor de definir la trata, la esclavitud, los trabajos forzados y la servidumbre sin utilizar interpretaciones expansivas que ponen en riesgo la esencia misma de cada conducta. En cualquier caso, sería interesante plantearse una modificación del contenido del CEDH para que explícitamente incluyera la trata de seres humanos en todas sus formas, puesto que es un fenómeno que no es compatible con las sociedades democráticas[110].

---

109 GALLAGHER, A., *The International Law of (...)*, *op. cit.*, p.187

110 STEDH, *Rantsev c. Chipre y Rusia*, párr. 282.

1.2.2. El Convenio de Varsovia y la delimitación jurídica de la trata de seres humanos en el seno del Consejo de Europa. Evolución de la lucha contra la trata de seres humanos

Juntamente con el análisis del CEDH, resulta de interés el estudio del contenido del instrumento que aborda explícitamente el fenómeno de la trata de seres humanos: el Convenio de Varsovia de 2005, referenciado con anterioridad. En la presente sección, el análisis se centra en la definición que se efectúa de la trata de seres humanos, de modo que el estudio de las medidas de protección de las víctimas contempladas en dicho tratado será desarrollado en el capítulo siguiente.

1.2.2.1. El origen de la lucha contra la trata de seres humanos en el Consejo de Europa: desde la década de los 90 hasta la aprobación del Convenio de Varsovia en 2005

Los primeros trabajos del Consejo de Europa en el marco de la lucha contra la trata de seres humanos se remontan a principios de los 90, cuando el fenómeno de la trata de seres humanos aún era un hecho marginal para los Estados y las organizaciones internacionales[111]. La primera declaración políti-

111 Sin embargo, el Consejo de Europa impulsó, en 1991, la adopción de una serie de recomendaciones que tenían como objeto la explotación sexual y la trata de menores y jóvenes. Además, se desarrollaron una serie de seminarios sobre la igualdad de género, organizados por el Comité para la igualdad de género que, a su vez, a partir de los trabajos del seminario, desarrolló un grupo de expertos en trata de mujeres. En este sentido, *vid.* GALLAGHER, A., *The International Law of (...)*, *op. cit.*, p. 17. La autora apunta que la década de los noventa fue el período en que la comunidad internacional pasó de considerar la trata de seres humanos como un hecho derivado, por ejemplo, de la prostitución a considerarlo en sí mismo una conducta delictiva que requería ser el foco de atención de las políticas criminales de los Estados parte de la Comunidad Internacional.

ca de alto nivel sobre la trata de seres humanos tuvo lugar en la Cumbre de Estrasburgo de 1997[112], donde se hizo referencia específicamente a la violencia contra las mujeres y se estableció un vínculo entre la explotación de las mujeres y las amenazas a la seguridad y a la democracia dentro de Europa[113]. En este sentido, hasta el año 2000, la actividad del Consejo de Europa se centró en el apoyo de las iniciativas nacionales y regionales orientadas hacia la identificación de los actores que deberían desarrollar un papel fundamental en la lucha contra la trata de seres humanos[114].

Fue a partir del año 2000 que la lucha contra este fenómeno en el seno del Consejo de Europa ganó importancia con la adopción de dos recomendaciones por parte del Comité de Ministros centradas, por un lado, en la lucha contra la trata con fines de explotación sexual[115] y, por otro lado, en las medidas de protección orientadas a los menores de edad contra este tipo de explotación[116]. Ambos instrumentos propiciaron un marco de lucha contra la trata de seres humanos basado en la aproximación de definiciones, de medidas penales y de

---

112 *Vid.* CONSEJO DE EUROPA, *Declaración final de la Cumbre de Estrasburgo,* adoptada el 11 de octubre de 1997.

113 GALLAGHER, A., «Recent Legal Developments in the Field of Human Trafficking: A Critical Review of the 2005 European Convention and Related Instruments», *European Journal of Migration and Law,* (8), 2006, pp. 163-189, p. 164.

114 GALLAGHER, A., «Recent Legal Developments in the Field of Human Trafficking», *op. cit.*, p. 171.

115 CONSEJO DE EUROPA, *Recommendation R(2000)11 of the Committee of Ministers to Member States on action against trafficking in human beings for the purpose of sexual exploitation,* adoptada el 19 de mayo de 2000.

116 CONSEJO DE EUROPA, *Recommendation R(2001)16 of the Committee of Ministers to Member States on the protection of children against sexual exploitation,* adoptada el 31 de octubre de 2001.

asistencia de las víctimas a través de Europa[117]. Con estas dos recomendaciones vigentes, en el año 2002, la Asamblea Parlamentaria lanzó una tercera donde se proponía la adopción de una convención que estableciese el marco de lucha contra la trata a nivel convencional, aunque se evidenció ciertos recelos hacia el hecho de que solamente se centrase en la de mujeres con fines de explotación sexual[118]. Los trabajos empezaron con la constitución de un comité *ad hoc*[119], el cual tenía la misión de preparar una convención europea contra la trata de seres humanos. Este comité, constituido en el seno del Comité de Ministros, tardó solamente un año en tener una propuesta, que fue transmitida a la Asamblea Parlamentaria para que esta expresara su opinión[120]. Un aspecto a destacar del proceso de negociación y adopción de la convención es la falta de transparencia, que algunos autores califican como sorprendente, comparado con el proceso de negociación que rodeó a los Protocolos de Palermo[121]. Al final, sin embargo, después de la presión de algunas ONG, como Amnistía Internacional, el comité decidió hacer públicos algunos documentos, aunque no

---

117 GALLAGHER, A., «Recent Legal Developments in the Field of Human Trafficking», *op. cit.*, p. 171.

118 *Ibid.*

119 CAHTEH, *Ad hoc* Comité para la acción contra la trata de seres humanos (en sus siglas en inglés).

120 GALLAGHER, A., «Recent Legal Developments in the Field of Human Trafficking», *op. cit.*, p. 173.

121 *Ibid.* La propia autora, en: GALLAGHER, A., «Human rights and the new UN Protocols on Trafficking and Migrant Smuggling: A Preliminary Analysis», *Human Rights Quarterly*, 23, 2001, p. 975-1004 analizó al detalle todo el proceso de negociación de los Protocolos de Palermo y constató que el dicho proceso se desarrolló cumpliendo con los estándares de transparencia y de accesibilidad de la información, de modo que es posible, entre otros aspectos, analizar la voluntad del legislador internacional a la hora de adoptar el contenido del Protocolo sobre trata de seres humanos, citado anteriormente.

compensaron la falta de transparencia generalizada del proceso de negociación del Convenio de Varsovia[122].

De aquella propuesta se adoptó el actual Convenio de Varsovia, que en la actualidad cuenta con 48 ratificaciones[123]. Además de los Estados miembro del Consejo de Europa, el Convenio prevé la posibilidad de que el Comité de Ministros, después de la consulta de las partes y de su aprobación por unanimidad, pueda invitar a Estados no miembros del Consejo de Europa que no hayan participado en su proceso de elaboración se adhieran al mismo[124]. La opción de ampliar el ámbito de aplicación del Convenio resulta interesante si se quiere abordar la lucha contra la trata de seres humanos desde una perspectiva integral, haciendo partícipes a otros Estados, en especial a Estados de origen de las víctimas, o bien a Estados de tránsito, favoreciendo, de este modo, la cooperación internacional en pro de la erradicación de este fenómeno.

---

122 GALLAGHER, A., «Recent Legal Developments in the Field of Human Trafficking», *op. cit.*, p. 173. Según la autora, en total se publicaron hasta cuatro documentos por parte del comité *ad hoc* relativos al proceso de negociación y estudio en el sí de dicho comité.

123 CONSEJO DE EUROPA: «Chart of signatures and ratifications of Treaty 197. Council of Europe Convention on Action against Trafficking in Human Beings» [en línea], (s.f.), <https://bit.ly/2Rp51mc>. Son Estados parte Albania, Andorra, Armenia, Austria, Azerbaiyán, Bélgica, Bosnia y Herzegovina, Bulgaria, Croacia, Chipre, República Checa, Dinamarca, Estonia, Finlandia, Francia, Georgia, Alemania, Grecia, Hungría, Islandia, Irlanda, Italia, Letonia, Liechtenstein, Lituania, Luxemburgo, Malta, Mónaco, Montenegro, Países Bajos, Norte Macedonia, Noruega, Polonia, Portugal, Moldavia, Rumanía, San Marino, Serbia, Eslovaquia, Eslovenia, España, Suiza, Suecia, Turquía, Ucrania, el Reino Unido y Bielorrusia.

124 *Vid.* art. 43 Convenio de Varsovia. Hasta el momento, se ha invitado a Bielorrusia, Canadá, la Santa Sede, Israel, Japón, México, Túnez y los Estados Unidos de América, de los cuales solamente Bielorrusia e Israel han ratificado el convenio.

1.2.3. El Convenio del Consejo de Europa sobre la lucha contra la trata de seres humanos. La definición convencional de la trata en el marco del Consejo de Europa

Apuntados algunos aspectos de la elaboración del Convenio de Varsovia, conviene detenerse en su contenido. En concreto, en las líneas que prosiguen se analizará la tipificación del delito de la trata en el marco del Consejo de Europa, teniendo en cuenta que dicha definición debería ser compatible con el marco jurídico establecido tanto por el Protocolo sobre trata de seres humanos como por el de la UE.

1.2.3.1. Los objetivos del Convenio de Varsovia: propósito y marco de actuación

El breve plazo transcurrido entre la aprobación de los Protocolos de Palermo y el Convenio de Varsovia hizo inevitable la influencia de los primeros en el objetivo y el ámbito de actuación del segundo. Es más, en el Preámbulo del Convenio de Varsovia se deja constancia del afán de «reforzar la protección que ofrecen estos instrumentos y desarrollar las normas que enuncian»[125], en clara referencia al Convenio marco de Naciones Unidas contra la delincuencia organizada transnacional y sus protocolos. Esta intención también queda plasmada en el informe explicativo sobre el Convenio de Varsovia[126], el cual apunta que los instrumentos adoptados en el marco de las Naciones Unidas contienen el primer acuerdo internacional obligatorio sobre la definición del fenómeno de la trata de

---

125 *Vid.* Preámbulo párr. 12 Convenio de Varsovia.

126 CONSEJO DE EUROPA, *Informe explicativo sobre el Convenio del Consejo de Europa sobre la lucha contra la trata de seres humanos CETS 197*, Varsovia, 2005, p. 2, párr. 6.

seres humanos, incorporada al Consejo de Europa a raíz del convenio objeto de análisis[127].

Al ser los Protocolos de Palermo un punto de partida, los instrumentos que los siguieron no solo desarrollaron dicho marco de protección, sino que intentaron aportar valor añadido a su contenido[128]. Es más, el art. 39 del Convenio de Varsovia viene a reforzar esta idea. Bajo la rúbrica «Relación con el Protocolo adicional del Convenio de las Naciones Unidas contra la delincuencia transnacional organizada destinado a prevenir, reprimir y castigar la trata de personas, especialmente mujeres y niños», dicho artículo establece que el Convenio de Varsovia no puede, bajo ningún concepto, atentar contra los derechos y obligaciones que se derivan de los Protocolos de Palermo. A la vez, viene a confirmar que el objetivo del Convenio de Varsovia es el de reforzar la protección establecida en el Protocolo sobre trata de seres humanos y desarrollar las normas que en él se enuncian.

Según el Convenio de Varsovia, los objetivos que persigue y que se encuentran establecidos en el art. 1 son tres: en primer lugar, prevenir y combatir la trata de seres humanos; en segundo lugar, proteger los derechos de las víctimas de la trata, creando en este sentido un marco completo de protección y de asistencia a las víctimas y a los testigos; y, en tercer y último lugar, promover la cooperación internacional en el campo de la lucha contra la trata de seres humanos. Nótese que los objetivos que se plantean se corresponden con los enumerados en el Protocolo sobre trata de seres humanos[129].

---

127 CONSEJO DE EUROPA, *Informe explicativo (…), op. cit.*, p. 2, párr. 7.

128 GALLAGHER, A., «Recent Legal Developments in the Field of Human Trafficking», *op. cit.*, p. 174.

129 En este sentido, el Protocolo sobre trata de seres humanos establece, en su art. 2, que sus prioridades son: en primer lugar, la prevención y la lucha contra

1.2.3.2. La definición de la trata de seres humanos en el Convenio de Varsovia. La relación de semejanza con el Protocolo sobre trata de seres humanos

La trata de seres humanos se encuentra definida en el art. 4 apdo. a) del Convenio de Varsovia. Así, la trata de seres humanos se define:

> Art.4 apartado a) Convenio de Varsovia
> *«La expresión «trata de seres humanos» designa la contratación, el transporte, el traslado, el alojamiento o la acogida de personas mediante amenazas de recurrir a la fuerza, recuro a la fuerza o cualquier otra forma de obligación mediante rapto, fraude, engaño, abuso de autoridad o de una situación de vulnerabilidad o mediante la oferta o la aceptación de pagos o ventajas para obtener el consentimiento de una persona que tenga autoridad sobre otra con fines de explotación. La explotación incluirá, como mínimo, la explotación de la prostitución ajena o bien otras formas de explotación sexual, el trabajo o servicios forzados, la esclavitud o prácticas similares a la esclavitud, la servidumbre o la extracción de órganos».*

Siguiendo los pasos marcados por las Naciones Unidas[130], la definición establecida en el art. 4 del Convenio de Varsovia es idéntica a la definición del art. 3 del Protocolo sobre trata de seres humanos de las Naciones Unidas por lo que afecta a todas las formas de trata de seres humanos. Se hace necesario apuntar que esta definición amplía la antigua definición que formuló el Comité de Ministros del Consejo de Europa, ya que

---

la trata de seres humanos; en segundo lugar, la protección a las víctimas y, en tercer y último lugar, la promoción de la cooperación entre las Partes.

130 CONSEJO DE EUROPA, *Informe explicativo (...), op. cit.*, p.14, párr. 72. Era voluntad del Consejo de Europa tomar como referente en la lucha contra la trata de seres humanos la Convención de las Naciones Unidas contra la delincuencia organizada y el Protocolo sobre la trata de seres humanos, en tanto que son instrumentos que reúnen amplios consensos a nivel internacional.

esta solamente hacía referencia a la trata con fines de explotación sexual[131]. En cambio, el Convenio de Varsovia transcribió la definición que ya formuló en su momento el Protocolo sobre trata de seres humanos, ampliando la definición de la trata en el marco de dicha organización internacional.

Entrando a analizar la definición del delito de trata de seres humanos según el Convenio de Varsovia, y siguiendo la definición que estableció previamente en el art. 3 del Protocolo sobre trata de seres humanos, este reafirma que la trata consiste en una combinación de tres elementos básicos: la acción, los medios y la finalidad. Es necesario subrayar que, para que se pueda considerar la trata de seres humanos, se deben dar los tres elementos: una acción que se pueda subsumir en las acciones tipificadas, que se desarrolle a través de los medios establecidos y que busque una de las finalidades establecidas en la definición. Estos requisitos cumulativos hacen que no se pueda considerar trata de seres humanos cuando se materialice uno de los tres elementos por sí solo[132], aunque no es necesario que la explotación de la víctima se haya llegado a producir. En este sentido, solamente con reunir el propósito de explotación se entenderá que existe trata de seres humanos[133].

En cuanto a las acciones, el art. 2 del Convenio de Varsovia establece como tales la contratación[134], el transporte, el traslado, el alojamiento o la acogida de personas. Asimismo, no

---

131 R(2000)11, *op. cit.* En este sentido, *vid.* GALLAGHER, A., «Recent Legal Developments in the Field of Human Trafficking», *op. cit.*, p.175.

132 CONSEJO DE EUROPA, *Informe explicativo (...)*, *op. cit.*, p. 14, párr. 75.

133 *Ibid.*, p. 16, párr. 87.

134 En la versión inglesa, el art. 4 de la Convención de Varsovia utiliza la palabra «recruitment» que, según el diccionario online de la Universidad de Cambridge, se puede traducir al castellano como reclutamiento o contratación. En el texto se ha utilizado el concepto «contratación», que es el que usa la versión castellana de dicho convenio.

se hace distinción entre la trata de seres humanos interna y transnacional[135]. Por esta razón, el elemento transnacional no es un elemento constitutivo del delito de la trata de seres humanos, al poder existir trata que afecte a los ciudadanos del mismo Estado que registra a las víctimas. Además, el Convenio tampoco exige, para la trata transnacional, que la entrada en el territorio nacional de un Estado Parte o la estada en el mismo se haga de forma irregular[136]. Por otra parte, conviene señalar que el reclutamiento o la contratación se puede materializar de cualquier forma, también a través de internet y de las redes sociales[137], vías que actualmente están en expansión especialmente a raíz de la pandemia de la Covid-19[138].

Respecto los medios, el art. 4 del Convenio de Varsovia apunta las amenazas de recurrir a la fuerza o el uso de la misma o cualquier otra forma de obligación, mediante rapto, fraude, engaño, abuso de autoridad o de una situación de vulnerabilidad o mediante la oferta o la aceptación de pagos o ventajas para obtener el consentimiento de una persona que tenga autoridad sobre otra. En relación con los medios, merece especial atención el «no-papel» que juega el consentimiento de la víctima. Así, este se considera irrelevante cuando se utilice cualquiera de los medios enunciados en la definición de la conducta delictiva[139]. Sin embargo, es un elemento difícil de determinar, sobre todo el umbral en el que finaliza la libre

---

135 Se debe entender la trata interna como aquella que afecta a las víctimas ciudadanas del mismo Estado donde son registradas como víctimas. Aunque la diferenciación la formuló la Comisión Europea, es posible establecer una relación de analogía entre ambos conceptos.

136 CONSEJO DE EUROPA, *Informe explicativo (…), op. cit.*, p. 15, párr. 80.

137 *Ibid.*, p. 15, párr. 79.

138 EUROPOL, *The challenges of countering human trafficking in the digital era*, Europol Operations Directorate, 2020, p. 3. Disponible en: https://bit.ly/3tkNjHU.

139 *Ibid.*, art. 4 b).

voluntad y empieza la coacción. En el ámbito de la trata, hay víctimas que no son conscientes de la realidad. Aun así, cualquier persona puede desear un empleo, y hasta puede que haya aceptado prostituirse, pero este deseo no quiere decir que una persona consienta estar sujeta a todo tipo de abusos como la falta de libertad, la violencia física y psíquica, el control absoluto o las condiciones de vida infrahumanas. Además, de acuerdo con el Protocolo sobre trata de seres humanos y el Convenio de Varsovia, todos estos medios serán irrelevantes ante una víctima menor de edad. Consecuentemente, no se tendrá en cuenta un poco probable consentimiento ni la intermediación de unos medios orientados a coaccionar o engañar a la víctima para que, en algunos casos, preste dicho consentimiento.

Por último, el tercer elemento a que hace referencia el art. 4 del Convenio de Varsovia es la finalidad de la trata: la explotación. Así, tomando como referencia el Protocolo sobre trata de seres humanos, el citado convenio establece una enumeración de mínimos, de modo que es posible que se incluyan otras conductas como fines de la trata más allá de las establecidas en dicho artículo[140]. Así, los fines de la trata de seres humanos son la prostitución ajena o bien otras formas de explotación sexual, el trabajo o los servicios forzados, la esclavitud o prácticas similares a la esclavitud, la servidumbre o la extracción de órganos. Asimismo, de acuerdo con dicho artículo, no hace falta que la víctima haya sido explotada para considerar el delito de trata de seres humanos, ya que solamente hace falta la voluntad de explotar a la víctima. Consecuentemente, en el marco

---

140 Es necesario apuntar que la lista que hace el Convenio de Varsovia sobre las finalidades de la explotación no es *numerus clausus*, ya que el art. 4 dice que «la explotación incluirá, como mínimo, la explotación sexual ajena (...)». Con la fórmula anterior, el convenio deja la puerta abierta a considerar otras conductas como trata de seres humanos.

del Convenio de Varsovia, la trata de seres humanos se da por consumada aun cuando no se llegue a explotar a la víctima[141].

Centrándose en las finalidades de la explotación, el Convenio de Varsovia menciona en primer lugar la prostitución que en ningún caso está prohibida[142]. En este sentido, se refiere, exclusivamente, a la prostitución ajena o cualquier otra forma de explotación sexual en el marco de la trata de seres humanos. El Consejo de Europa no abordó el debate sobre la regularización de la prostitución, dejando que cada Estado parte decidiese de acuerdo con el debate existente entre la abolición y la regulación de la prostitución[143].

---

[141] CONSEJO DE EUROPA, *Informe explicativo (…), op. cit.*, p. 16, párr. 87.

[142] *Ibid.*

[143] En este sentido, cada Estado parte del Convenio de Varsovia puede gestionar la regulación de la prostitución. El debate entre el abolicionismo y la regulación de la prostitución está copando las discusiones del movimiento feminista y de protección de las víctimas de la trata de seres humanos. En este sentido, *vid.* OUTSHOORN, J., «The political debates on prostitution and trafficking of women», *Social Politics: International Studies in Gender, State and Society*, 12, 2005, pp. 141-155. La autora presenta una interesante lectura sobre la relación entre la prostitución y las víctimas de la trata de seres humanos, dónde plantea las diferentes opiniones dentro del propio movimiento feminista alrededor de la cuestión relativa a la abolición de la prostitución. Según la autora, los movimientos feministas radicales son partidarios de la abolición de la prostitución al ser considerada la máxima expresión de la opresión femenina. En contra, a finales del siglo XX apareció un nuevo corriente en el movimiento feminista partidario de regular la prostitución y, de este modo, proteger a las mujeres prostitutas, al concebirlas como trabajadoras sexuales que, libremente, han escogido la prostitución como medio de vida. Para saber más sobre esta dicotomía, *vid.*, *inter alia*, KLIVINGTON, J., DAY, S., WARD, H., «Prostitution policy in Europe: a time of change?», *Feminist Review*, (67), 2001, pp. 78-93, MIRIAM, K., «Stopping the traffic in women: power, agency and abolition in feminist debates over sex-trafficking», *Journal of Social Philosophy*, 36, 2005, pp. 1-17 y ACIÉN GONZÁLEZ, E., CHECA OLMOS, F., «La actualidad del abordaje de la trata de personas para la prostitución forzada

En cuanto al trabajo y los servicios forzados, se delimitan ambas finalidades como una sola. Es preciso apuntar, en este sentido, que, según el TEDH, el concepto de trabajo forzoso ya incluye los servicios forzosos[144]. El Convenio tampoco detalla qué se entiende por trabajo forzado de modo que, para delimitar este concepto, debe recurrirse a los textos normativos internacionales relativos a la prohibición del trabajo forzado[145], en concreto el Convenio relativo al trabajo forzoso u obligatorio de la OIT, ya citado, y al desarrollo jurisprudencial que el propio TEDH formula alrededor del art. 4 CEDH, aspecto analizado anteriormente. Sobre la definición de trabajo forzoso, el art. 2 del Convenio núm. 29 de la OIT lo concreta como «todo trabajo o servicio exigido a un individuo bajo la amenaza de una pena cualquiera y para el cual dicho individuo no se ofrece voluntariamente»[146].

---

en España. El Plan Integral y sus implicaciones para trabajadoras del sexo inmigradas», *Gazeta de Antropología*, 27(1), 2011, artículo 08.

144 Según el TEDH, el concepto de trabajo forzoso debe analizarse de forma expansiva, incluyéndose en la misma definición el concepto de servicios forzosos.

145 En este sentido, existen diversos instrumentos internacionales que tratan el trabajo forzado. Son algunos ejemplos la *Declaración Universal de los Derechos Humanos*, en concreto su art. 4; el *Pacto Internacional de derechos civiles y políticos*, también en su art. 4; y dentro del sistema de la OIT, *vid. Convenio relativo al trabajo forzoso u obligatorio (núm. 29)*, hecho en Ginebra el 28 de junio de 1930. Publicado en *U.N.T.S.* vol. 39, p. 55 y en el *BOE* núm. 309, de 21 de diciembre y *Protocolo de 2014 relativo al Convenio sobre el trabajo forzoso, 1930*, hecho en Ginebra el 11 de junio de 2014. Publicado en *U.N.T.S.* vol. 3175 y en el *BOE* núm. 309, de 21 de diciembre de 2017. En el ámbito del Consejo de Europa, tal y como se acaba de ver, el CEDH prohíbe, en su art. 4, el trabajo forzado.

146 *Cfr.* BAKIRCI, K., «Human trafficking and forced labour (...)», *op. cit.*, p.161, que apunta que las víctimas de la trata de seres humanos nunca pueden ser consideradas trabajadores. En el citado artículo, el autor critica la orientación que hace la OIT al considerar que las víctimas de la trata son trabajadores,

En este sentido, el TEDH, en el caso *Van der Müssele c. Bélgica*[147], resumió los dos requisitos cumulativos para considerar que existías trabajo forzoso. En primer lugar, que el trabajo vaya en contra de la voluntad de la persona afectada y, en segundo lugar, la obligación de realizar el trabajo debe ser injusta u opresiva, o la realización del trabajo debe constituir un obstáculo evitable, una angustia innecesaria o cualquier otro elemento que implique una situación de acoso para la persona[148]. A criterio del TEDH, el consentimiento de la persona no es suficiente para descartar el trabajo forzado, de modo que para evaluar la prestación del consentimiento hay que tener en cuenta todas las circunstancias que rodean el caso[149].

La siguiente finalidad que recoge el Convenio de Varsovia es la esclavitud o formas similares y la servidumbre. Sobre las primeras, tampoco aparecen definidas en dicho artículo de modo que debe recurrirse a la jurisprudencia del TEDH que ya fue analizada con anterioridad. En cuanto a la servidumbre, la Comisión Europea de Derechos Humanos sí que definió el contenido de dicha práctica. Así, se tiene que entender la servidumbre como la situación de tener que vivir y trabajar en la propiedad de una persona y tener que realizar ciertos servicios para ella, pudiendo ser remunerados o no, siendo imposible para la víctima ajustar las condiciones en las que se encuentra[150]. En consecuencia, debe entenderse la servidumbre como una forma particular de esclavitud, ya que difiere de esta en

---

cuando el autor defiende que solamente pueden ser consideradas víctimas de una actividad delictiva.

147 En este sentido, *vid.* Sentencia del TEDH de 23 de noviembre de 1983, *Van der Müssele c. Bélgica*, núm. 8919/80, ECLI:CE:ECHR:1983:1123JUD000891980.

148 *Ibid.*, párr. 37.

149 CONSEJO DE EUROPA, *Informe explicativo (…), op. cit.*, p.16, párr. 90.

150 COMISIÓN EUROPEA DE DERECHOS HUMANOS, *Decisión de 5 de julio de 1977 sobre la admisibilidad del recurso* 7906/77, caso *Van Droogenbroeck c. Bélgica*, p. 59.

el carácter del régimen de control que el propietario ejerce sobre la víctima y no tanto en el grado. De esta forma, la servidumbre constituye un estado o una condición que conlleva una forma de negación de la libertad de la víctima[151] pero que no comporta la característica de la propiedad, como sí lo hace la esclavitud[152]. En este mismo sentido se pronunció el TEDH en el caso *Chowdury y otros c. Grecia* al considerar que existía servidumbre cuando los afectados asumen que su situación es permanente y que, además, resulta imposible modificar el *status quo* en el que se encuentran[153].

En otro orden de ideas, resulta interesante comentar que aunque las adopciones ilegales no están incluidas como una finalidad de la trata, si esta equivale a prácticas similares a la esclavitud, tal y como está definida en el art.1 apartado d) de la Convención Suplementaria esclavitud[154], se podría considerar trata de personas y quedar prohibida de acuerdo con el Convenio de Varsovia[155].

Para finalizar, la última finalidad de la trata de seres humanos prevista en el Convenio de Varsovia es la extracción de órganos. En el acervo del Consejo de Europa existe el principio a partir del cual queda prohibido obtener beneficios econó-

---

151 Sentencia del TEDH de 24 de junio de 1982, *Van Droogenbroeck c. Bélgica*, núm. 7906/77, ECLI:CE:ECHR:1982:0624JUD000790677, párr. 58.

152 CONSEJO DE EUROPA, *Informe explicativo (…), op. cit.*, p. 17, párr. 95.

153 STEDH, *Chowdury y otros c. Grecia*, párr. 99. La relación entre la servidumbre, los trabajos forzados y la trata de seres humanos a la luz del Convenio Europeo de Derechos Humanos ya ha sido analizado al inicio del presente apartado.

154 Así, su art.1 d) establece que se entenderá por práctica análoga a la esclavitud que «Toda institución o práctica en virtud de la cual un niño o un joven menor de dieciocho años es entregado por sus padres, o uno de ellos, o por su tutor, a otra persona, mediante remuneración o sin ella, con el propósito de que se explote la persona o el trabajo del niño o del joven».

155 CONSEJO DE EUROPA, *Informe explicativo (…), op. cit.*, p.17, párr. 94.

micos a partir del cuerpo humano o de sus partes[156]. Así, el primer instrumento que recogió dicho principio fue la Resolución (78)29 del Consejo de Ministros[157], el cual fue confirmado posteriormente por la Declaración Final de la 3ª Conferencia de Ministros Europeos de Sanidad de 1987[158]. Finalmente, con el objetivo de otorgarle relevancia jurídica, este principio se estableció en el Convenio relativo a los Derechos Humanos y Biomedicina[159], el cual establece que «el cuerpo humano y sus partes, como tales, no deberán ser objeto de lucro»[160]. En este sentido, y para acabar, el protocolo adicional al Convenio del Consejo de Europa 164[161], en su art. 22, prohibió expresamente el tráfico de órganos y tejidos[162]. En comparación con las

156 CONSEJO DE EUROPA, *Informe explicativo (…), op. cit.*, p.17, párr. 96.

157 *Resolución (78)29, sobre la armonización de las legislaciones de los Estados miembro relativa a la extracción, el injerto y el trasplante de sustancias humanas,* adoptada por el Comité de Ministros del Consejo de Europa el 11 de mayo de 1978.

158 *Declaración final de la 3a Conferencia de Ministros Europeos de Sanidad,* celebrada en París el 16-17 de noviembre de 1987.

159 *Convenio para la protección de los derechos humanos y la dignidad del ser humano con respecto a las aplicaciones de la Biología y la Medicina (Convenio relativo a los derechos humanos y a la biomedicina),* hecho en Oviedo el 4 de abril de 1997. Publicado en *U.N.T.S.* vol. 2137, p. 171 y en el *BOE* núm. 251, de 20 de octubre de 1999.

160 *Vid. ibid.*, art. 21.

161 *Protocolo adicional al Convenio relativo a los derechos humanos y a la biomedicina sobre el trasplante de órganos y tejidos de origen humano,* hecho en Estrasburgo el 24 de enero de 2002. Publicado en *U.N.T.S.* vol. 2466, p. 132 y en el *BOE* núm. 25, de 29 de enero de 2015.

162 A nivel internacional, en relación con el tráfico de órganos, hay que tener en cuenta la *Declaración de Estambul sobre el tráfico de órganos y el turismo de trasplante,* firmada bajo los auspicios de la Transplantation Society (TTS) y de la International Society of Nephrology (ISN). La Declaración contiene una serie de principios que promulgan, entre otros, la ausencia de lucro en la donación de órganos. La primera versión de la declaración se firmó en 2008 y ya contado con actualizaciones, la más reciente en 2018. Disponible en: https://bit.ly/2WOJ5GY.

finalidades del trabajo forzoso, la servidumbre y la esclavitud, el Consejo de Europa optó por definir convencionalmente el tráfico de órganos, de modo que no se hace necesario recurrir a otros textos normativos fuera del ámbito de dicha organización internacional[163].

Para cerrar el presente apartado, en las líneas precedentes se ha abordado la tipificación del delito de la trata de seres humanos en el seno del Consejo de Europa a partir del Convenio de Varsovia. En cuanto a la definición de la trata de seres humanos que formula el citado Convenio, se puede constatar que es la misma que la formulada en el Protocolo sobre trata de seres humanos, habida cuenta de la influencia que tuvo en el proceso de negociación del Convenio de Varsovia. Esta tipificación es acertada en tanto que prevé todas las acciones desde la captación de las víctimas hasta su definitiva explotación. En este sentido, un aspecto importante a la hora de perseguir a las redes es considerar consumado el delito de trata de seres humanos, aunque no se haya explotado a la víctima. En este sentido, nótese que la definición del art. 4 del Convenio de Varsovia no establece una lista cumulativa de acciones, sino que solamente con la captación de la víctima ya existe la trata. De este modo, es más fácil perseguir judicialmente por trata de seres humanos ya que no hace falta que la víctima sea efectivamente explotada.

Por todo lo anterior, se puede constatar que la tipificación del delito de la trata en el Convenio de Varsovia sigue exactamente las mismas prescripciones establecidas en el Protocolo sobre trata de seres humanos, de modo que esta es suficiente y correcta. En tanto que no fue más allá del contenido del

---

163 Para saber más sobre la trata de seres humanos con fines de extracción de órganos, *vid, inter alia*, BUDIAMI-SABERI, D., COLUMB, S., «A human rights approach to Human Trafficking for Organ Removal», *Med Health care and Philos*, 16, 2013, pp. 879-914.

Protocolo sobre trata de seres humanos, debe cuestionarse si el valor añadido de dicho Convenio radica en las medidas de protección de las víctimas. Esta es una de las cuestiones que se planteará en el siguiente capítulo.

Una vez finalizado el análisis de la tipificación de la trata de seres humanos en el seno del Consejo de Europa y de las Naciones Unidas, es momento para el estudio de la definición que se ha formulado en el marco de la Unión Europea que, a raíz del proceso de integración europeo, es el régimen con mayor incidencia en la realidad española.

1.3. LA UNIÓN EUROPEA Y LA LUCHA CONTRA LA TRATA DE SERES HUMANOS. LA TIPIFICACIÓN DE LA CONDUCTA EN EL DERECHO DERIVADO. ESPECIAL ATENCIÓN A LA DIRECTIVA 2011/36/UE

Con vistas a las preocupantes dimensiones de la criminalidad organizada, en particular impulsadas por la trata de seres humanos y la explotación sexual de los menores, la Unión Europea decidió promover la erradicación de este fenómeno en todos los Estados miembro de la UE. En este sentido, la afectación directa de los derechos fundamentales de las víctimas inherente a la trata supuso que ya desde antes del Tratado de Ámsterdam y del desarrollo del ELSJ, la Unión decidió impulsar un refuerzo de la cooperación en los ámbitos de la justicia y los asuntos de interior en esta materia[164]. Ya en 1996, la Unión Europea se dotó de dos instrumentos con cierto carác-

164 *Vid.* Preámbulo *Acción Común 96/700/JAI del Consejo, de 29 de noviembre de 1996, por la que se establece un programa de estímulos e intercambios destinados a los responsables de la acción contra la trata de seres humanos y la explotación sexual de los niños.* DOUE L 322 de 12 de diciembre de 1996.

ter criminocéntrico[165] con el objetivo de luchar contra la lacra que suponía la trata de seres humanos. Dichos instrumentos fueron, en primer lugar, la Acción Común 96/700/JAI de 29 de noviembre de 1996; y, en segundo lugar, la Acción Común 97/154/JAI de 24 de febrero de 1997[166]. Ambos instrumentos iban destinados a guiar la armonización de las legislaciones penales de los Estados miembro en la lucha contra la trata de seres humanos[167].

Por un lado, el art. 1 de la Acción Común 96/700/JAI solamente preveía la adopción de un programa de fomento de las iniciativas coordinadas relativas a la lucha contra la trata de seres humanos para el período 1996-2000.

Por otro lado, y ya desarrollando cuestiones materiales relacionadas con la erradicación de la trata, la Acción Común 97/154/JAI estableció una definición de lo que debía entenderse por trata de seres humanos y por explotación sexual[168] ya que, a diferencia de la definición establecida en el Protocolo sobre trata de seres humanos y el Convenio de Varsovia, solamente se preveía la explotación sexual como finalidades de la trata. Además, ambos instrumentos delimitaban más acciones y más medios en sus definiciones. Es preciso apuntar que

---

165 VILLACAMPA ESTIARTE, C., «La nueva directiva europea (...)», *op. cit.*, p.14:6. El carácter criminocéntrico de la normativa sobre trata de seres humanos quiere decir que la lucha contra dicho fenómeno se fundamenta, básicamente, en la utilización del Derecho Penal como instrumento principal para la persecución y prevención de la misma.

166 *Acción Común 97/154/JAI del Consejo, de 24 de febrero de 1997, relativa a la lucha contra la trata de seres humanos y la explotación sexual de los niños.* DOUE L 63 de 4 de marzo de 1997. Este instrumento fue posteriormente modificado por la *Decisión Marco 2002/629/JAI del Consejo*, pero más adelante se profundizará en esta modificación.

167 VILLACAMPA ESTIARTE, C., «La nueva directiva europea (...)», *op. cit.*, p. 14:18.

168 *Vid.* párr. A Título I Acción Común 97/154/JAI.

dicha Acción Común se promulgó cuatro años antes que los Protocolos de Palermo. Aparte de estas definiciones, la Acción Común 97/154/JAI preveía que los Estados impusieran una serie de sanciones, pero sin establecer mínimos en cuanto a su duración[169].

Con todo, dichas acciones comunes fueron la primera piedra de la erradicación de la trata de seres humanos en la UE. Si bien el contenido no era tan detallado ni con obligaciones específicas para los Estados miembro, si se compara con el marco normativo actual, sirvió para armonizar las legislaciones nacionales y empezar a vertebrar un frente común en la lucha contra la trata.

1.3.1. La lucha contra la trata desde la perspectiva política. El desarrollo de las prioridades políticas en el seno de la Unión Europea

1.3.1.1. La creación del ELSJ y los primeros programas políticos de la lucha contra la trata de seres humanos en la Unión Europea: Tampere (1999) y La Haya (2005)

En cuanto a la lucha contra la trata de seres humanos desde la perspectiva política, es necesario señalar que el afán de erradicar el fenómeno ha constituido una de las prioridades de la agenda política de la Unión. El primer programa político que recogió dicho afán es el Programa de Tampere[170]. Este desarrolló el ELSJ en la Unión Europea a partir de que el Tratado de Ámsterdam lo creara, concretamente en el art. 2 del Trata-

---

169 *Vid.* Título II Acción Común 97/154/JAI.

170 *Vid.* CONSEJO EUROPEO, *Conclusiones de la Presidencia, Consejo Europeo de Tampere*, 15 y 16 de octubre de 1999.

do de la Unión Europea (en adelante, TUE) en la versión del Tratado de Ámsterdam[171]. La adopción del ELSJ no fue tarea fácil. En este sentido, dicho Tratado estableció un tercer pilar dotado de unos instrumentos distintos al pilar PESC y de un mayor control institucional, ya que el tercer pilar iba más allá de la pura cooperación[172].

Antes de la entrada en vigor del Tratado de Ámsterdam, el Consejo y la Comisión adoptaron en diciembre de 1998 el Plan de acción sobre la mejor manera de aplicar las disposiciones del Tratado de Ámsterdam relativas a la creación de un ELSJ[173], donde se recogían los objetivos y los ritmos de implantación.

---

171 Según dicho artículo, el ELSJ se definía como uno de los objetivos de la UE: «Mantener y desarrollar la Unión como un espacio de libertad, seguridad y justicia, en el que esté garantizada la libre circulación de personas conjuntamente con medidas adecuadas respecto al control de las fronteras exteriores, el asilo, la inmigración y la prevención y la lucha contra la delincuencia». El ESLJ ha sido un Espacio en constante evolución que, después de la entrada en vigor del Tratado de Lisboa, sufrió una serie de actualizaciones. En este sentido, *vid.* PI LLORENS, M., «El nuevo mapa de las agencias europeas del Espacio de Libertad, Seguridad y Justicia», *Revista de Derecho Comunitario Europeo,* 56, 2017, pp. 77-117.

172 MANGAS MARTÍN, A., LIÑÁN NOGUERAS, D. J., *Instituciones y Derecho de la Unión Europea,* 10a ed., Tecnos, Madrid, 2020, pp. 91-92. En este sentido, *vid.* KUIJPER, P. J.,«The evolution of the Third Pillar from Maastricht to the European Constitution: Institutional aspects», *Common Market Law Review,* 41(2), 2004, pp. 609-626, p. 609; HATZOPOULOS, V., «With or without you... judging politically in the field of Area of Freedom, Security and Justice», *European Law Review,* 33(1), 2008, pp. 44-65; MONAR, J., «The Area of Freedom, Security and Justice», en: VON BODGANDY A., BAST, J. (eds.), *Principles of European Constitutional Law,* 2a ed., Hart Publishing Ltd, Oxford, 2010, p. 551.

173 CONSEJO, *Plan de Acción del Consejo y de la Comisión sobre la mejor manera de aplicar las disposiciones del Tratado de Ámsterdam relativas a la creación de un Espacio de Libertad, Seguridad y Justicia,* texto adoptado por el Consejo de Justicia y de Asuntos de Interior el 3 de diciembre de 1998, 1999/C 19/01. DOCE C 19 de 23 de enero de 1999.

Un año más tarde se desarrolló el Programa de Tampere para el período entre 1999 y 2004. En cuanto a su contenido, el Consejo Europeo de 1999, en el apartado IV de las Conclusiones de la Presidencia, estableció que la Unión debía impedir toda forma de trata de seres humanos[174], además de luchar contra la delincuencia organizada[175]. El Consejo Europeo situó el fenómeno de la trata de seres humanos dentro del capítulo IV, bajo la rúbrica «Gestión de los flujos migratorios». Un elemento relevante es el afán de luchar contra la inmigración ilegal desde el origen, «en especial luchando contra quienes se dedican a la trata de seres humanos»[176]. Si bien no se puede obviar su íntima relación ya que, por ejemplo, las posibilidades de caer en manos de una red de trata durante el desplazamiento de una persona migrante son evidentes, en la actualidad se ha superado la idea de que la trata de seres humanos es una cuestión que debe abordarse como una simple gestión de flujos migratorios. De hecho, y tal y como se ha visto, la existencia de la trata interna evidencia que este no es un fenómeno exclusivo de los movimientos migratorios. En este sentido, las cifras oficiales publicadas por la Comisión Europea demuestran que la diferencia entre víctimas registradas nacionales de los Estados miembro de la Unión Europea y nacionales de terceros países ha ido disminuyendo. Mientras que en el período 2015-2016 el 44% de las víctimas es era nacional de un Estado miembro de

---

174 *Consejo Europeo de Tampere, op. cit.*, párr. 22 del Título IV «Gestión de los flujos migratorios». En este sentido, *vid.* GEDDES, A., «Getting the best of both worlds? Britain, the EU and migration policy», *International Affairs*, 81, 2005, pp. 723-740, p.732.

175 *Ibid.*, párr. 24.

176 *Ibid.*, párr. 23.

la UE[177], durante el período 2019-2020 el 53% de las víctimas registradas tenían la nacionalidad de un Estado miembro[178].

El siguiente programa político que marcó el desarrollo del ELSJ, y en consecuencia la lucha contra la trata de seres humanos, fue el Programa de La Haya[179]. Dicho programa recogía las diez prioridades de la Unión destinadas a reforzar dicho Espacio. Siguiendo con la línea establecida por el Plan de Tampere de supeditar la lucha contra la trata a la gestión de los flujos migratorios, en el apartado «Lucha contra la inmigración ilegal», el Consejo Europeo estableció una serie de propuestas para luchar, efectivamente, contra la inmigración ilegal y contra la trata de seres humanos. Las prioridades se referían al desarrollo de mecanismos de coordinación y de cooperación, a la promoción de las mejores prácticas de identificación y acompañamiento de las víctimas, al establecimiento de directrices para la recogida de datos y a la creación de redes y a la participación de organizaciones internacionales y no gubernamentales. Estas actuaciones se desarrollaron en paralelo con la aprobación de un Plan de Acción contra la trata de personas[180], con

---

177 COMISIÓN EUROPEA, *Data collection on trafficking in human beings (...), op. cit.*, p. 80. Para el período 2010-2012, *vid.* EUROSTAT, «Trafficking in Human Beings», *op. cit.*, p. 27. Esta cuestión también será abordada en los capítulos tercero, cuarto y quinto a razón del análisis de los instrumentos de cooperación para la protección, la persecución y la prevención de la trata de seres humanos y el papel que desarrolla, en estos tres ejes, Frontex.

178 SWD(2022) 429 final, *op. cit.*, p. 8.

179 CONSEJO EUROPEO, *Conclusiones de la Presidencia, Consejo Europeo de Bruselas, 4 y 5 de noviembre de 2004*. En este sentido, *vid.* COMISIÓN EUROPEA, *Comunicación de la Comisión al Consejo y al Parlamento Europeo: «Programa de La Haya: Diez prioridades para los próximos cinco años. Una asociación para la renovación europea en el ámbito de la libertad, la seguridad y la justicia»*, 10 de mayo de 2005. COM (2005) 184 final. DOUE C 236 de 24 de abril de 2005.

180 CONSEJO, *Plan de la Unión Europea sobre mejores prácticas, normas y procedimientos para luchar contra la trata de seres humanos y prevenirla*, 9 de diciembre de 2005.

el objetivo de desarrollar un estándar común en relación con las mejores prácticas y mecanismos para luchar contra el fenómeno[181]. Uno de los pasos más efectivos que se realizó bajo el Programa de La Haya fue el establecimiento de Europol, que desarrolla en la actualidad un papel nuclear en la lucha contra entre fenómeno. Ambos planes vinieron a sistematizar las prioridades políticas en relación a la vertebración del ELSJ de la UE. Poco a poco se ha ido desarrollando el Espacio que se conoce en la actualidad en la Unión, el cual concentra la mayoría de los instrumentos necesarios para la erradicación de la trata.

Con todo, de la evaluación final del Programa de La Haya, las sensaciones eran positivas en el seno de la Unión, aunque apuntaron que era preciso seguir mejorando en la cooperación entre Estados miembro, agencias e instituciones de la Unión para garantizar un mayor nivel de seguridad, que conlleva una mayor eficacia de la lucha contra la delincuencia organizada y la trata de seres humanos, entre otros aspectos[182]. Así pues,

---

DOUE C 311 de 9 de diciembre de 2005.

181 VILLACAMPA ESTIARTE, C., «La nueva directiva europea (…)», *op. cit.*, p. 14:24.

182 COMISIÓN EUROPEA, *Comunicación de la Comisión al Consejo, al Parlamento Europeo, al Comité Económico y Social europeo y al Comité de las Regiones: «Justicia, Libertad y Seguridad en Europa desde 2005: Una evaluación del Programa de la Haya y del Plan de Acción»*, 10 de junio de 2009. COM(2009) 263 final. Para saber más sobre los éxitos del Programa de La Haya y la gestión del fenómeno migratorio, NASCIMBENE, B., «The global approach to migration: European Union policy in the light of the Implementation of the Hague Programme», *Era Forum*, 9, 2008, pp. 291-230. El autor recuerda que la trata de seres humanos, así como la inmigración irregular, deben afrontarse tanto con una mayor eficiencia de los controles fronterizos, un refuerzo de la actividad de las fuerzas de seguridad en lo que respecta a la persecución de las redes, así como con la sanción penal, administrativa y civil de aquellas personas empleadoras de víctimas de la trata. Esta cuestión, la tipificación como delito del empleo de víctimas de la trata, será abordada como medida preventiva en el capítulo quinto. Sobre el programa de La Haya en general, *vid.* VAN

con el afán de reforzar la seguridad y seguir profundizando en la construcción del ELSJ, las prioridades políticas de la Unión Europea se establecieron, para el período 2010-2014, en el Programa de Estocolmo[183].

1.3.1.2. El Programa de Estocolmo y su plan de acción como medio para la consolidación de la lucha contra la trata de seres humanos en la Unión Europea

El Programa de Estocolmo define cuáles son los principios rectores que debe seguir la Unión Europea en el ámbito de libertad, seguridad y justicia, juntamente con los Estados miembro[184].

Las prioridades del Programa de Estocolmo eran seis, a saber: a). «Fomento de la ciudanía y los derechos fundamentales»; b). «Una Europa de Ley y Justicia»; c). «Una Europa que protege»; d). «Acceso a Europa en un mundo globalizado»; e). «Una Europa de la responsabilidad, la solidaridad y colaboración en los ámbitos de la migración y el asilo» y f). «El papel de Europa en un mundo globalizado». La trata de seres humanos se encuentra en «Europa que protege». Un aspecto interesante y que difiere del tratamiento que le habían otorgado tanto el Programa de Tampere como el de La Haya es que, en el apdo.

DUYNE, P. C., VANDER BEKEN, T., «The incantations of the EU organised crime policy making», *Crime Law, Soc Change*, 51, 2009, pp. 261-281, p. 272; GEDDES, A., «Getting the best of both worlds (...)», *op. cit.*, pp. 739 y ss.

183 CONSEJO EUROPEO, *Programa de Estocolmo. Una Europa abierta y segura que sirva y proteja al ciudadano*, Anexo a las Conclusiones de la Presidencia. (2010/C 115/01), 10 y 11 de diciembre de 2009. DOUE C 115/1 de 4 de mayo de 2010.

184 ZAPATER DUQUE, E., «El impacto de la dimensión exterior en el Espacio de Libertad, Seguridad y Justicia: análisis del Programa de Estocolmo a través de su plan de acción», en MARTÍN Y PÉREZ DE NANCLARES, J. M. (coord.), *La dimensión exterior del Espacio de Libertad, Seguridad y Justicia de la Unión Europea*, Iustel, Madrid, 2012, pp. 49-86, p. 60.

4.4 del Programa de Estocolmo, bajo la rúbrica «Protección contra las formas graves de delincuencia y delincuencia organizada», la lucha contra la trata de seres humanos se enmarcó en la protección contra las formas graves de delincuencia y delincuencia organizada. Ya, por fin, el tratamiento que le otorgó la Unión Europea a la lucha contra la trata de seres humanos no hacía referencia exclusivamente a la cuestión migratoria, sino que dejó constancia de la delincuencia organizada que se esconde detrás de las redes de la trata. Sin embargo, es preciso apuntar que aunque a nivel general la Unión Europea se alineó con los Protocolos de Palermo al considerar la trata como una actividad típica de la delincuencia organizada, se seguía asociando la trata de seres humanos con el tráfico de personas[185]. Si bien esta asociación no es compartida, conviene remarcar la importancia de erradicar la trata de seres humanos desde la perspectiva de la criminalidad organizada, siguiendo las premisas de los Protocolos de Palermo y otorgándole la complejidad que merece.

En cuanto a las acciones previstas respecto la trata de seres humanos, el Programa de Estocolmo estableció que se tenía que combatir la trata de seres humanos a partir de la prevención y de la persecución[186]. Entre otros, el Programa de Estocolmo invitó al Consejo a adoptar nueva legislación para combatir la trata y proteger a sus víctimas[187], que más tarde se tradujo en la adopción de la Directiva 2011/36/UE. Además, se remarcó la importancia de cooperar no solo entre los Estados miembro de la Unión, sino con terceros países. Esta cuestión es de suma

---

185 *Vid.* apdo. 4.4.2 del Programa de Estocolmo. La primera frase del apartado 4.4.2 del Programa de Estocolmo, que hace referencia a la trata de seres humanos, establece que «la trata de seres humanos y la introducción ilegal de personas es un delito muy grave (...)».

186 *Ibid.*

187 *Ibid.*

importancia en lo que respecta a la persecución y la prevención, de modo que será desarrollado más adelante[188].

Del Programa de Estocolmo se derivó un plan de acción con el objetivo de concretar las medidas y las acciones necesarias para la adecuada realización de los objetivos políticos fijados por el Consejo Europeo de acuerdo con el calendario previsto[189]. Dicho Plan fue adoptado por el Consejo el 3 de junio de 2010 a propuesta de la Comisión bajo el título «Garantizar el espacio de libertad, seguridad y justicia para los ciudadanos europeos»[190]. Este Plan de Acción fue calificado como un plan muy ambicioso. En primer lugar, el gran número de propuestas que hace (un total de 202 acciones y medidas a implementar) durante el período 2010-2014, aparte de establecer quien es la parte responsable de la adopción de todas estas medidas. En segundo lugar, porque incide en la especial sensibilidad de las materias que forman parte del ELSJ, tanto desde el punto de vista de la soberanía de los Estados miembro como desde la perspectiva del impacto que dichas materias pueden acabar teniendo para los Derechos Fundamentales del ciudadano de la Unión Europea y para terceros que accedan al Espacio[191].

Entre estas medidas destacaron la promulgación de la Directiva 2011/36/UE como instrumento de referencia en la actualidad contra la trata de seres humanos y la protección de las

---

188 *Vid.* apartado 4.4.2 del Programa de Estocolmo. En cuanto a la cooperación interna, el Programa de Estocolmo hace referencia al intercambio de información y a la coordinación de Europol y de Eurojust.

189 ZAPATER DUQUE, E., «El impacto de la dimensión (...)», *op. cit.*, p. 63.

190 COMISIÓN EUROPEA, *Comunicación de la Comisión al Parlamento Europeo, al Consejo, al Comité Económico y Social europeo y al Comité de las Regiones. Garantizar el espacio de libertad, seguridad y justicia para los ciudadanos europeos. Plan de acción por el que se aplica el programa de Estocolmo*, 20 de abril de 2010. COM(2010) 171 final.

191 ZAPATER DUQUE, E., «El impacto de la dimensión (...)», *op. cit.*, p. 62.

víctimas en la Unión Europea. La vigencia de dicha Directiva demuestra no solo la voluntad de las instituciones europeas de afrontar la trata de seres humanos, sino que además aporta un régimen especial de protección a las víctimas, el cual será objeto de análisis con posterioridad.

Después del Programa de Estocolmo, la adopción del nuevo programa político de desarrollo del ELSJ ya contó con la participación del Parlamento Europeo, ya que así lo prescribe el principio de cooperación leal entre instituciones[192]. Aun así, se puede evaluar desde la perspectiva del Plan de Acción y del Programa de Estocolmo, y aunque existan algunas deficiencias, dicho programa avanzó en la confianza mutua entre los Estados, en la armonización del Derecho penal material, sobre todo gracias a la «lisbonización» de las antiguas decisiones marco[193]; y, entre otros, se han producido avances en los derechos procesales en materia penal[194].

---

192 LABAYLE, H., BRUYCKER, P. D., *Hacia la negociación y aprobación del programa que sucederá al de Estocolmo en el período 2015-2019*, Bruselas, 2013, p.4. Fue un estudio solicitado por la Comisión de Libertades Civiles, Justicia y Asuntos de Interior del Parlamento Europeo.

193 Por ejemplo, la modificación del instrumento que regulaba Europol y Eurojust, que era una decisión marco, por la figura del reglamento. En este sentido, *vid.* KAUNERT, C., OCCHIPINTI, J. D., LÉONARD, S., «Supranational governance in the Area of Freedom, Security and Justice after the Stockholm Programme», *Cambridge Review of International Affairs*, 27(1), 2014, pp. 39-47. Según los autores, esta modificación de las decisiones marco implica un refuerzo de la gobernanza supranacional generada a partir de la entrada en vigor del Tratado de Lisboa.

194 LABAYLE H., BRUYCKER, P. D., *Hacia la negociación y aprobación del programa (…), op. cit.*, p.3. Sobre el Programa de Estocolmo a la luz de la evolución de los Programas de Tampere y La Haya, *vid.* BUONO, L., «From Tampere to The Hague and beyond: towards the Stockholm Programme in the area of freedom, security and justice», *ERA Forum*, 10, 2009, pp. 333-342 y CARRERA, S., GUILD, E., «Does the Stockholm Programme matter? The struggles over

Después del fin del Programa de Estocolmo, ya con el ELSJ implementado y el Tratado de Lisboa en vigor y habida cuenta de la función programática que desarrolla el Consejo Europeo, partir del año 2014 las prioridades políticas relativas al ELSJ pasaron a adoptarse a través de las Agendas Estratégicas plurianuales que aprueba el Consejo Europeo de acuerdo con el art. 68 TFUE. En este sentido, se adoptaron, por un lado, las Orientaciones estratégicas para el Espacio de Libertad, Seguridad y Justicia para el período 2015-2019[195] y, por el otro lado, la Agenda Estratégica 2019-2024[196].

En cuanto al primero, es preciso señalar la posición ambivalente del Consejo Europeo al ubicar la trata de seres humanos tanto desde la perspectiva migratoria como la del crimen organizado. En primer lugar, en cuanto a la gestión de los flujos migratorios, para abordar la raíz de dichos flujos se apuntó que debía gestionarse la trata de forma más forzosa («*more forcefully*»[197]) poniendo el foco en las rutas y los países prioritarios[198]. En segundo lugar, y desde la óptica de la trata como actividad del crimen organizado, las prioridades políticas giraron alrededor del refuerzo de la cooperación penal en el marco del ELSJ, la actualización de los instrumentos políticos y la mejora de la cooperación transfronteriza en especial a lo que atiende el intercambio de información[199].

---

ownership of AFSJ multiannual programming», *CEPS Paper in Liberty and Security in Europe*, (51), 2012, pp. 1-40. Disponible en: https://bit.ly/2ZuWfFR.

195 CONSEJO EUROPEO, *Orientaciones estratégicas para el espacio de libertad, seguridad y justicia*, Conclusiones del Consejo Europeo, 27 de junio de 2014. EUCO 79/14.

196 CONSEJO EUROPEO, *Conclusiones de la reunión del Consejo Europeo*, 20 de junio de 2019. EUCO 9/19.

197 CONSEJO EUROPEO, *Orientaciones estratégicas para el espacio de libertad..., op. cit.*, p. 3.

198 *Ibid.*, p. 3.

199 *Ibid.*, p. 5.

Aunque las orientaciones de 2015 incluyeran la trata de seres humanos tanto como una cuestión migratoria como del crimen organizado, posición que parece que es la que más se adecua a la realidad de este fenómeno delictivo, la Agenda Estratégica 2019-2024 volvió a supeditar la lucha contra la trata al desarrollo de una política migratoria global, reforzando de esta manera una visión sesgada del fenómeno tal y como se ha visto.

Observados los últimos programas políticos del ELSJ, conviene centrarse en la tipificación que hace la normativa de la Unión Europea del fenómeno de la trata de seres humanos. Del mismo modo que las prioridades políticas se han adaptado al estado de la cuestión, la normativa de la Unión también ha sufrido una evolución de acuerdo con la normativa internacional al intentar poner en el centro de la lucha contra la trata a las víctimas.

1.3.2. La trata de seres humanos en el derecho originario de la Unión Europea: La Carta de Derechos Fundamentales y el Tratado de Lisboa

Tal y como se acaba de ver, la trata de seres humanos constituye una clara violación de los derechos humanos y de la dignidad humana, de modo que este fenómeno delictivo se encuentra en un claro choque frontal con los valores más sagrados de la Unión, establecidos en el art. 2 del TUE[200]. La extrema lesividad de la trata conlleva que la erradicación no puede solamente concebirse desde el derecho derivado, sino que debe apreciarse ya en el derecho originario de la Unión. En este sentido, es necesario analizar tanto el Tratado de Funcionamiento

---

200 *Tratado de la Unión Europea,* versión consolidada. DOUE C 202 de 7 de junio de 2016.

de la Unión Europea (en adelante, TFUE)[201] como la Carta de Derechos Fundamentales de la Unión Europea (en lo sucesivo, la Carta)[202] para comprender el afán de erradicar este delito.

En cuanto el derecho primario de la Unión Europea, este aborda el fenómeno de la trata de seres humanos en el art. 79 del TFUE. Dicho artículo establece que el Parlamento Europeo y el Consejo «adoptarán, con arreglo al procedimiento legislativo ordinario, medidas en (...) la lucha contra la trata de seres humanos (...)». Dicho artículo se enmarca en el ámbito del Espacio de Libertad, Seguridad y Justicia, concretamente en el desarrollo de una política común de inmigración. Nótese, por lo tanto, que se sigue vinculando la trata con los flujos migratorios, al igual que habían hecho los programas de Tampere, de la Haya y la reciente Agenda Estratégica 2019-2024[203], contrariamente a lo que establecía tanto el Programa de Estocolmo y las orientaciones estratégicas de 2015 que incorporaron la delincuencia organizada a la hora de combatir la trata. De hecho, parece más acertada la redacción del art. K.1 del Tratado de la Unión Europea según la versión del Tratado de Ámsterdam. En este sentido, dicho artículo vinculaba la trata de seres humanos con la delincuencia organizada y no la supeditaba a la gestión de los flujos migratorios. En otro orden de ideas, hay que tener en cuenta también que en el TFUE, el art. 83 hace referencia a la trata de seres humanos solamente para autorizar la adopción de medidas legislativas para tipificarla como delito. De hecho, dicho artículo servirá como base jurídica para la adopción de la Directiva 2011/36/UE, tal y como se verá más adelante.

---

201 *Tratado de Funcionamiento de la Unión Europea*, versión consolidada. DOUE C 326 de 26 de octubre de 2012.

202 *Carta de Derechos Fundamentales de la Unión Europea*, (2000/C 364/1). DOUE C 364/1 de 18 de diciembre de 2000.

203 ORTEGA GÓMEZ, M., «La trata de seres humanos (...)», *op. cit.*, p. 183.

Todo ello comporta que el TFUE siga fomentado una visión parcial al supeditar la erradicación de la trata a la gestión de los flujos migratorios. De todos los datos aportados hasta el momento, que no todas las víctimas son nacionales de terceros países ha quedado demostrado y, tal y como se verá a lo largo de esta obra, la trata de seres humanos es una de las actividades habituales del crimen organizado, tal y como los Protocolos de Palermo establecieron. Consecuentemente, el tratamiento que se da a la trata en el derecho originario de la Unión Europea debería ser lo más amplio posible para incluir la trata como fenómeno autónomo en el sentido de no verse como una cuestión migratoria, sino como un delito con entidad propia que debe abordarse en su plenitud, incluyendo tanto la trata transnacional como la interna. Si la base jurídica se limita solamente a la trata que afecta a los nacionales de terceros países, es posible que la mitad de las víctimas queden sin protección.

Respecto la Carta, esta aborda la trata de seres humanos desde la perspectiva de los derechos humanos. El texto prohíbe explícitamente este fenómeno en el art. 5 apdo. 3, bajo la rúbrica «Prohibición de la esclavitud y del trabajo forzado». Se puede observar que también en la Unión Europea se equipara, en cierto modo, la trata de seres humanos con la esclavitud y el trabajo forzoso, al igual que el Consejo de Europa en el CEDH. Ya se apuntó al inicio que este debate doctrinal no estaba resuelto, aunque personalmente se apueste por considerar que la trata de seres humanos es el tipo general y la esclavitud y los trabajos forzosos uno de los fines del tipo general. Lo que sí debe ponerse en valor de la Carta es que sitúa a las víctimas de la trata y a sus derechos en el centro de la lucha contra dicho fenómeno[204]. Así, las previsiones de la Carta concuerdan con el planteamiento victimocéntrico de la Directiva 2011/36/

---

204 SOBRINO HEREDIA, J. M., «Comentario al art. 5 "Prohibición de la esclavitud y del Trabajo forzado"», en MANGAS MARTÍN, A. (dir.), *Carta de los Derechos*

UE, ya que incorpora la protección de las víctimas en la lucha contra la trata. Esta incorporación reduce el protagonismo del Derecho penal en la erradicación del fenómeno. Sin embargo, una parte de la doctrina considera que esta orientación no concuerda con el tratamiento que el legislador, en el derecho derivado, le otorga a la trata[205].

1.3.3. La tipificación del delito de la trata en el derecho derivado. Desde la Decisión Marco 2002/629/JAI hasta la Directiva 2011/36/UE.

Después del análisis del tratamiento que da a la trata de seres humanos el derecho originario de la UE, a continuación, se aborda la cuestión relativa a la lucha contra la trata de seres humanos en el derecho derivado de la Unión. Se analizarán dos instrumentos: en primer lugar, la Decisión Marco 2002/629/JAI[206], principal instrumento de combate contra la trata durante el período anterior a la entrada en vigor del Tratado de Lisboa. Y, en segundo lugar, la Directiva 2011/36/UE, símbolo de la lucha contra la trata post-Lisboa. Tal y como se ha apuntado en la introducción de la presente obra, aquí también se analiza tanto la propuesta de modificación de la Directiva 2011/36/UE presentada por la Comisión Europea como el acuerdo interinstitucional entre esta Institución, el Parlamento Europeo y el Consejo.

Fundamentales de la Unión Europea. Comentario artículo por artículo, Fundación BBVA, Bilbao, 2008, pp. 178-194.

205 ORTEGA GÓMEZ, M., «La trata de seres humanos (...)», *op. cit.*, p. 183.

206 *Decisión Marco del Consejo, de 19 de julio de 2002, relativa a la lucha contra la trata de seres humanos (2002/629/JAI)*. DOCE L 203 de 1 de agosto de 2002.

1.3.3.1. El contexto pre-Lisboa y la Decisión Marco 2002/629/JAI

La Decisión Marco 2002/629/JAI se aprobó con el afán de reforzar el control de los flujos migratorios extracomunitarios mediante el castigo de las personas que trafican con seres humanos con independencia del consentimiento de las víctimas[207]. De acuerdo con su base jurídica[208], dicha Decisión Marco basó su estrategia de lucha contra la trata de seres humanos en la persecución de las redes, aunque también estuvo influenciada por el Programa de Tampere y el de La Haya. Dicho instrumento normativo tenía como objetivo establecer las normas mínimas relativas a los elementos constitutivos de los delitos y las penas[209]. Este aspecto se confirma a través de los considerandos de la Decisión Marco 2002/629/JAI[210], donde se establecía que la voluntad de dicha Decisión era la de definir los elementos constitutivos de Derecho penal comunes a todos los Estados miembro para, de este modo, armonizar la lucha contra la trata de seres humanos[211].

---

[207] SANTANA VEGA, D., «La Directiva 2011/36/UE, relativa a la prevención y lucha contra la trata de seres humanos y la protección de las víctimas: análisis y crítica», *Nova et Vetera*, 20(64), 2011, pp. 211-226, p.213.

[208] *Vid.* art. K.1 Tratado de la Unión Europea, versión del Tratado de Ámsterdam. De acuerdo con la base jurídica de la Decisión Marco 2002/629/JAI, la seguridad dentro del Espacio de Libertad, Seguridad y Justicia se tenía que lograr mediante la prevención y la lucha contra la trata de seres humanos, entre otros aspectos. Así, para la consecución de este objetivo, el Tratado de la Unión preveía: mayor cooperación entre autoridades judiciales, policiales o aduaneras y la aproximación de las normas de los Estados miembro en materia penal. Esta aproximación, de acuerdo con el art. K.3 e), se refería a las normas mínimas relativas a los elementos constitutivos de los delitos y a las penas.

[209] *Vid.* art. K.3 e) Tratado de la Unión Europea, versión Tratado de Ámsterdam.

[210] *Vid.* considerando 7 Decisión Marco 2002/629/JAI.

[211] VILLACAMPA ESTIARTE, C., «La nueva directiva (...)», *op. cit.*, p.14:19.

Además, la Decisión Marco 2002/629/JAI abordó el fenómeno de la trata de seres humanos desde la estrecha relación entre las organizaciones criminales y la migración ilegal[212]. Dichas conexiones, por fin, permitieron diseñar un régimen de lucha contra la trata de seres humanos en el que esta se concebía como un tipo de delincuencia organizada en la que su erradicación debía vehicularse a través del Derecho Penal[213]. Un primer elemento diferenciador con el tratamiento que se daba a nivel de las Naciones Unidas era que el Protocolo sobre trata de seres humanos se basaba, sin olvidar las acciones de persecución, en la protección de las víctimas[214]. No obstante, ya se verá en el capítulo tercero que no es del todo aceptable considerar dicho Protocolo como un instrumento victimocéntrico.

Uno de los aspectos más criticables de la Decisión Marco 2002/629/JAI es que no consideró prioritario el establecimiento de unos estándares mínimos a nivel de la Unión en aspectos como las medidas de protección y la asistencia a las víctimas. De hecho, su única referencia en este sentido fue la no supeditación de la investigación policial a la denuncia de la víctima[215]. Es preciso apuntar que la trata de seres humanos constituye un delito profundamente victimizador muy difícil de prevenir y combatir, más si la perspectiva con la que se trabaja es pura-

---

212 En este mismo sentido, años más tarde, la propia Comisión Europea lo plasmó en su informe sobre el progreso en la lucha contra la trata de seres humanos. En él, la Comisión observó que la crisis migratoria fue explotada por las redes criminales de traficantes para obtener a mujeres y niños y, de este modo, someterlos a la explotación. Para más información, *vid.*, COM(2016) 267 final, *op. cit.*, pp. 26-27.

213 VILLACAMPA ESTIARTE, C., «La nueva directiva (...)», *op. cit.*, p. 14:20.

214 *Ibid.*, p. 14:20.

215 *Vid.* art. 7 Decisión Marco 2002/629/JAI. Por otra parte, respecto las víctimas menores de edad, la Decisión Marco previó que los Estados miembro adoptasen todas las medidas posibles para la asistencia de estas y sus familias.

mente criminocéntrica, ya que esta solo aborda parcialmente el problema, centrándose solamente en la persecución y el enjuiciamiento de los tratantes, dejando de lado las medidas de prevención y asistencia a las víctimas[216].

La Decisión Marco 2002/629/JAI, siguiendo prácticamente igual lo establecido en el Protocolo sobre trata de seres humanos, definía, en su art. 1, lo que se entendía por trata de seres humanos. En cuanto a las acciones y los medios, se preveían exactamente los mismos que el Protocolo sobre trata de seres humanos y el Convenio de Varsovia. En este sentido, sobre las acciones, se consideraron como tales la captación, el transporte, el traslado, la acogida y la recepción de personas. Y en cuanto a los medios, la amenaza, la fuerza u otras formas de coacción, el rapto, el fraude, el engaño, el abuso de poder o de una situación de vulnerabilidad o la concesión o la recepción de pagos. Por último, en cuanto a los fines de la trata, estos se dividieron bien en conductas relacionadas con la explotación laboral o bien relacionadas con la explotación sexual. De este modo, en dicho artículo se incluyeron las mismas que el Protocolo sobre trata de seres humanos y que el Convenio de Varsovia, excepto la trata con fines de extracción de órganos, que no estaba incluida.

Así, es preciso apuntar cierto consenso a la hora de definir el contenido de la trata de seres humanos, ya que las tres organizaciones coincidieron a la hora de definir la trata. En este sentido, el Considerando 6 de la Decisión Marco 2002/629/JAI establecía que el afán era complementar el trabajo realizado en el marco internacional, en concreto el del seno de las Naciones Unidas, además de la lucha contra la trata en un ámbito regional europeo. Aun así, no es posible aceptar que la Decisión marco 2002/629/JAI complemente los otros ins-

216 VILLACAMPA ESTIARTE, C., «La nueva directiva (...)», *op. cit.*, p. 14:7.

trumentos internacionales, ya que las previsiones relativas a la protección de las víctimas son inexistentes.

En cuanto a las sanciones, establecidas en los arts. 3 a 5, iban dirigidas tanto hacia personas físicas como a personas jurídicas. Sobre las que afectaban a las personas físicas, se preveían penas efectivas, proporcionadas y disuasorias. Un aspecto sorprendente es que solamente se preveían explícitamente, en concreto en el art. 3 de la Decisión Marco 2002/629/JAI, penas privativas de libertad con un máximo de ocho años en determinadas circunstancias[217]. Así, fuera de estas, los Estados miembro tenían margen de decisión a la hora de determinar qué pena se aplicaba a las personas físicas. Resulta sorprendente porque si el objetivo de la Decisión Marco 2002/629/JAI era armonizar las legislaciones nacionales y hacer frente común en la persecución de las redes de trata, la existencia de diferentes tipos de sanciones ponía en duda dicha armonización.

Respecto a las personas jurídicas, y de acuerdo con el art. 5 de la citada Decisión Marco, la responsabilidad se generaba cuando los actos propios de la trata son cometidos en su provecho. Las sanciones que se preveían eran, por ejemplo, el sometimiento a vigilancia judicial, el cierre temporal o definitivo de establecimientos utilizados en la comisión de la infracción o la exclusión del disfrute de ventajas o ayudas públicas.

En definitiva, la Decisión Marco 2002/629/JAI es, en referencia a su contenido, un instrumento puramente criminocéntrico. Tal y como se ha visto, todo el contenido de la Decisión Marco 2002/629/JAI se refería a la persecución de las víctimas.

---

217 Se aplica la pena privativa de libertad de un máximo de ocho años cuando «se ponga en peligro de forma deliberada o por grave negligencia la vida de la víctima; se cometan contra una víctima que sea particularmente vulnerable; se comentan mediante violencia grave o hayan causado daños a la víctima particularmente graves o se cometan en el marco de una organización delictiva.

Así, se definía la trata de seres humanos, las formas incompletas de ejecución, las sanciones y la competencia y el enjuiciamiento. Es más, la única previsión respecto las víctimas era la posibilidad de abrir una investigación policial sin la denuncia de estas. En consecuencia, la Decisión Marco 2002/629/JAI, de acuerdo con la base jurídica que autorizó el desarrollo de dicho instrumento, se basó en el Derecho Penal y en la persecución absoluta de las redes, la característica principal del planteamiento criminocéntrico.

1.3.3.2. El escenario post-Lisboa: la Directiva 2011/36/UE. La tipificación actual del delito de trata de seres humanos en el marco de la UE:

Al entrar en vigor el Tratado de Lisboa, todas las iniciativas legislativas anteriores quedaron obsoletas, ya que supuso un cambio en el procedimiento de adopción de todo aquello a lo que se refería el ESLJ[218]. Así, la iniciativa de proyecto de modificación de la decisión marco[219], para avanzar en aspectos como la protección de la víctima y la prevención, quedó caduca y se sustituyó por la Directiva 2011/36/UE, del Parlamento y del Consejo, relativa a la lucha contra la trata de seres humanos y la protección de las víctimas, por la que se deroga la Decisión

---

218 COMISIÓN EUROPEA, *Comunicación de la Comisión al Parlamento Europeo y el Consejo. Consecuencias de la entrada en vigor del Tratado de Lisboa sobre los procedimientos interinstitucionales de toma de decisiones en curso,* 2 de diciembre de 2009. COM(2009) 665 final.

219 *Vid.* COMISIÓN EUROPEA, *Propuesta de Decisión Marco del Consejo relativa a la prevención y la lucha contra la trata de seres humanos, y a la protección de las víctimas, por la que se deroga la Decisión marco 2002/629/JAI,* 25 de marzo de 2009. COM(2009) 136 final. La principal mejora de la propuesta de Decisión Marco de 2009 fue, con respecto de la Decisión Marco 2002, la exoneración de la responsabilidad de las víctimas por los delitos que hubieran poder cometido derivados de la situación de explotación a la que estaba sometidas.

Marco 2002/629/JAI de 29 de marzo de 2010, referenciada anteriormente. Además, y tal y como se apuntó, hay que tener en cuenta la propuesta de modificación de la Directiva 2011/36/UE, en pleno proceso de negociación y que afecta la tipificación de la trata. A grandes rasgos, la propuesta gira en torno a la actualización de las finalidades de la trata, los medios, las sanciones de las personas jurídicas, cuestiones relativas al decomiso y la sanción del uso consciente de los bienes y servicios derivados de la explotación.

En cuanto a la base jurídica, es preciso apuntar que el art. 83 del TFUE prevé que el Parlamento Europeo y el Consejo, a través del procedimiento legislativo ordinario, puedan establecer normas mínimas relativas a la definición de las infracciones penales y las sanciones en el ámbito de la trata de seres humanos. A diferencia del art. 79 TFUE, que preveía adoptar medidas legislativas para erradicar la trata de seres humanos a partir de la gestión de los flujos migratorios, la base jurídica escogida es la que autoriza a la Unión Europea a poder definir conductas penales y sus penas en general. Por consiguiente, y a modo de valoración general de la Directiva 2011/36/UE, es preciso apuntar que no se limita a la trata como cuestión migratoria. Además, aparte de la definición y de las sanciones, la Directiva prevé una serie de medidas de protección, aspecto que supera las previsiones de la base jurídica. En el capítulo siguiente se abordará este extremo a la vez que se determinará si la Directiva 2011/36/UE ha supuesto un avance en materia de protección de las víctimas.

En primer lugar, respecto las conductas tipificadas, la Directiva 2011/36/UE define en su art. 2 la trata de seres humanos.

> *Art.2 Directiva 2011/36/UE*
> «La captación, el transporte, el traslado, la acogida o la recepción de personas, incluido el intercambio o la transferencia de control sobre estas personas, mediante la amenaza o el uso de la fuerza u otras formas de coacción, el rapto, el fraude, el engaño, el abuso de poder o de una situación de vulnerabilidad,

> o mediante la entrega o recepción de pagos o beneficios para lograr el consentimiento de una persona que posea el control sobre otra persona, con el fin de explotarla.
> *(...)*
> *La explotación incluirá, como mínimo, la explotación de la prostitución ajena, u otras formas de explotación sexual, el trabajo o los servicios forzados, incluida la mendicidad, la esclavitud, la servidumbre, la explotación para realizar actividades delictivas o la extracción de órganos*».

Esta definición coincide con las dos definiciones analizadas previamente. De este modo, es considerado trata desde la captación hasta la explotación de la víctima, así que no es necesario que se haya explotado efectivamente a la víctima para considerar consumado el delito. Uno de los aspectos que comporta una mejora es que la Directiva 2011/36/UE contiene una enumeración más amplia respecto las finalidades de la trata. Se añaden otras conductas, como la mendicidad forzosa, la consistente en la realización de actividades delictivas o la que se dirige a la extracción de órganos[220]. Cabe señalar que la Directiva 2011/36/UE no ofrece una lista cerrada de las finalidades de la trata, solamente establece unos mínimos[221]. Más allá de estas finalidades, los Estados miembro podrán considerar otros fines.

---

220 Es preciso apuntar que la que no incorporó la extracción de órganos como finalidad de la trata fue la Decisión Marco 2002/629/JAI. En este sentido, *vid.* VILLACAMPA ESTIARTE, C., «La nueva directiva (…)», *op. cit.*, p. 14:43. Igualmente ver, en este mismo sentido, GROMEK-BROC, K., «EU Directive on preventing (…)», *op. cit.*, p. 230.

221 ORTEGA GÓMEZ, M., «La trata de seres humanos (...)», *op. cit.*, p. 185.

1.3.4. Los elementos del tipo de la definición de la trata de seres humanos según la Directiva 2011/36/UE: el elemento objetivo y el subjetivo

1.3.4.1. El elemento objetivo del art.2 de la Directiva 2011/36/UE: la acción, los medios y la finalidad

En el presente apartado, con el afán de conocer en mejor medida el delito de la trata de seres humanos, se analizan los elementos objetivo del tipo según la Directiva 2011/36/UE.

Centrándose en las conductas que el art. 2 de la Directiva 2011/36/UE exige tipificar, estas siguen al pie de la letra lo establecido en el art. 3 del Protocolo sobre trata de seres humanos por parte de las Naciones Unidas y en el art. 4 del Convenio de Varsovia. Se refieren a: la captación, el transporte, el traslado, la acogida o recepción de personas, incluido el intercambio o la transferencia de control sobre estas personas. La voluntad de efectuar esta amplia enumeración busca incluir las diferentes etapas a través de las cuales se desarrolla el delito de la trata de seres humanos[222]. Además, la definición de la Directiva 2011/36/UE tampoco exige, como condición *sine qua non*, un desplazamiento o un cruce de fronteras[223], de modo que se incluye tanto la trata interna como la trata transnacional.

A todo ello, un aspecto interesante de la propuesta de modificación de la Directiva 2011/36/UE es la inclusión de las infracciones relacionadas con la trata cometidas o facilitadas

---

[222] SANTANA VEGA, D., «La Directiva 2011/36/UE, relativa a la prevención (...)», *op. cit.*, p. 213.

[223] GROMEK-BROC, K., «EU Directive on preventing (…)», *op. cit.*, p. 230. En este sentido, *vid.*, BAKIRCI, K., «Human trafficking and forced labour (…)», *op. cit.*, p. 161.

mediante tecnologías de la información o la comunicación[224]. En este sentido, Europol identificó a raíz de la pandemia de la COVID-19 un aumento de las víctimas de trata de seres humanos que eran captadas e incluso explotadas a través de internet[225]. Es por ello que la Comisión Europea, en la propuesta de directiva, en vez de considerar las tecnologías de la información y la comunicación como una acción autónoma, plantearon la posibilidad de castigar cualquiera de las acciones ya previamente definidas en el art. 2 de la Directiva 2011/36/UE tanto si se materializaban de forma física o a través del mundo digital. Esto supone un avance evidente a raíz de la amplia implementación de la vida digital en la actualidad, cosa que facilita la actuación de las redes de trata a la vez que dificulta su persecución al separar la ubicación física donde se realiza la explotación del lugar, por ejemplo, donde se encuentran los tratantes.

En cuanto a los medios, el mismo art. 2 de la Directiva 2011/36/UE establece como medios la amenaza o el uso de la fuerza u otras formas de coacción, el rapto, el fraude, el engaño, el abuso de poder o de una situación de vulnerabilidad, o mediante la entrega o recepción de pagos o beneficios para lograr el consentimiento de una persona que posea el control sobre otra persona.

Sobre la amenaza o el uso de la fuerza u otras formas de coacción, estos se refieren a la realización de cualquiera de las conductas típicas señaladas ejecutadas con violencia física. En este contexto no cabe la violencia sobre las cosas, o al menos es discutible, dada la naturaleza del delito de la trata de seres humanos, aunque la definición separa la fuerza de la coacción

---

224 *Vid.* art. 2 *bis* propuesta de modificación de la Directiva 2011/36/UE. COM(2022) 732 final, *op. cit.*, p. 22.

225 EUROPOL, *The challenges of countering human trafficking in the digital era, op. cit.*, p. 3.

y la amenaza y se podría llegar a entender como un medio de comisión[226].

También se incluyen como medios el rapto y el engaño o fraude. En este sentido, hay que entender el rapto como la detención ilegal de toda persona sometida a la trata con cualquiera de los fines de explotación, aunque esta detención ilegal no puede prolongarse en el tiempo, ya que en este caso dejaría de ser un medio para convertirse en un delito autónomo y entraría directamente en concurso con el de la trata de seres humanos. En cuanto al engaño o el fraude, las dos se refieren a la utilización de medios con el fin de obtener el consentimiento viciado de la víctima, pero con una diferencia entre ambas figuras: con el fraude se presupone un elemento económico que, con el engaño, es inexistente[227].

En cuanto al abuso de poder, es necesario mencionar una innovación de la Directiva 2011/36/UE, que modificó el concepto de autoridad por el de poder, a diferencia de lo que establecía el art. 1 de la Decisión Marco 2002/629/JAI. En este sentido, hay abuso de poder en aquellas situaciones en que el sujeto activo sea o bien funcionario o bien autoridad pública, siempre y cuando se prevalezca del cargo que ostenta al frente de un órgano o institución en el que se ejerzan funciones públicas para cometer el delito. Es por eso que se deberá atender

---

226 SANTANA VEGA, D., «La Directiva 2011/36/UE, relativa a la prevención (...)», *op. cit.*, p. 214. La autora diferencia entre el acometimiento material sobre la persona que va a ser objeto de la trata (coacción) y el acometimiento psíquico, que no es más que la intimidación o la amenaza de un mal futuro o incierto que podrá recaer sobre la víctima o sobre persona a ella especialmente vinculada. La autora utiliza el latinismo *tertius genus* para referirse a la separación, en la definición, de la fuerza respecto a la coacción y la amenaza.

227 *Ibid.*, p. 215. La autora pone un ejemplo para poder diferenciar el fraude del engaño. Al poner de relieve el elemento económico que aparece con el fenómeno del fraude, al imaginar a una mujer que paga a una falsa Agencia europea de colocación y, posteriormente, es empleada como chica de alterne.

a las definiciones que hagan los Estados miembro sobre el concepto de funcionario o de autoridad pública.

El siguiente medio es el abuso de una situación de vulnerabilidad. Consiste en que los tratantes se aprovechan de que la víctima no tiene alternativa real y aceptable, excepto someterse al abuso. El amplio elenco al que se refiere esta situación abarca desde aquellas situaciones de dificultades económicas graves hasta las dificultades asistenciales, pasando por las políticas o de cualquier otra índole en la que la persona no tenga otra opción que el sometimiento a la explotación[228]. Este es uno de los medios más habituales, ya que la situación de vulnerabilidad de las víctimas es una de las principales causas de la trata, tal y como se verá en el capítulo cuarto.

Cabe señalar que este medio implica algunos problemas en aquellas situaciones, poco probables, en que la víctima decide libremente someterse a la explotación. Así, por ejemplo, una persona pobre que esté muy necesitada para alimentar a su familia puede, libremente, quedar sometida a una red de trata para poder pagar la manutención. En estos casos, en los que no hay ningún abuso de una situación de vulnerabilidad, pero que el origen de la decisión de la víctima recae, precisamente, en una situación de necesidad, es preciso cuestionarse cuál es el papel del libre consentimiento de la víctima. Por una parte, conviene plantearse si, en el caso de que no se diera ninguno de los medios, podría considerarse tal situación como trata de seres humanos. Por otra parte, es preciso cuestionarse el papel que juega el consentimiento, pues si la víctima ha aceptado libremente, es posible incluso que llegue a excluirse la tipicidad de la conducta. De hecho, y sobre esta cuestión, debe tenerse en cuenta que según el art. 2 apdo. 4 de la Directiva 2011/36/UE, el consentimiento no se tendrá en cuenta cuan-

---

228 SANTANA VEGA, D., «La Directiva 2011/36/UE, relativa a la prevención (...)», *op. cit.*, p. 215.

do concurra cualquier medio de los establecidos en la misma. *Sensu contrario,* si hay consentimiento y no concurre ninguno de los medios citados en la propia directiva, la situación no podrá considerarse trata de seres humanos. En este sentido, la doctrina ha definido el tipo negativo del consentimiento, de modo que este no es tenido en cuenta cuando se obtenga recurriendo a los medios indicados anteriormente[229]. Dada la importancia del consentimiento, se hace necesario que desde la Unión se delimite muy bien el papel que juega esta institución, sobre todo en aquellas situaciones de abuso de situación de vulnerabilidad o aquellas situaciones no previstas, como por ejemplo aquella situación en que no medie consentimiento, pero tampoco concurra ninguno de los medios establecidos en la Directiva 2011/36/UE.

El último medio que la Directiva 2011/36/UE prevé es el hecho de conceder o recibir pagos o beneficios para conseguir el consentimiento de una persona que posea el control sobre otra. Por ejemplo, es habitual que en países donde las condiciones de vida son más bien precarias, algunas familias den en adopción a sus hijos para que puedan buscar una vida mejor.

Es necesario apuntar que, siguiendo con el afán de proteger a las víctimas menores de edad, todos estos medios de ejecución no es necesario que se den en el caso de que la víctima sea un menor de 18 años, un «niño»[230] en palabras de la Directiva

---

229 SANTANA VEGA, D., *«La Directiva 2011/36/UE, relativa a la prevención (...)», op. cit.*, p. 220. En este sentido, la autora acepta que, en determinados casos, puede operar el estado de necesidad. Esta figura operaría como un elemento disculpante cuando concurra igualdad valorativa entre el bien jurídico salvado y el sacrificado. En este mismo orden de ideas, la autora cita: GIMBERNAT ORDEIG, E., *Estudios de Derecho Penal*, Tecnos, Madrid, 1990, p. 114 y MIR PUIG, S., *Derecho Penal. Parte General*, Reppetor, Barcelona, 2008, 7a edición, p. 455.

230 *Vid.*, art. 2 apdo. 5 Directiva 2011/36/UE. La propia Directiva dice que, en todo lo que se refiere la Directiva 2011/36/UE, un niño será toda aquella persona menor de dieciocho años.

2011/36/UE. Así pues, en aquellos casos en los que la víctima es menor de edad, los medios son prescindibles. Esta es una manera de añadir un plus de protección a los menores de edad, asumiendo que no hay ninguna situación posible donde el menor puede someterse voluntariamente a las redes de trata. Por el contrario, respecto a los adultos, y tal y como se acaba de ver, sí se prevé que la víctima preste su libre consentimiento. Esta cuestión ya se ha apuntado en virtud del abuso de situación de vulnerabilidad.

Un elemento especialmente relevante es la responsabilidad de las personas jurídicas, que son, según el art. 5 apdo. 4 de la Directiva 2011/36/UE, «(...) cualquier entidad que tenga personalidad jurídica con arreglo al Derecho aplicable, con excepción de los Estados o de otros organismos públicos en el ejercicio de su potestad pública y de las organizaciones internacionales públicas».

Según la Directiva 2011/36/UE, las personas jurídicas responden, respecto de los delitos de trata de seres humanos, cuando el delito se haya cometido en beneficio de la misma persona jurídica, siempre que la persona física que actúa materialmente lo haga a título individual como parte de un órgano de la persona jurídica o como un cargo directivo en el seno de dicha persona jurídica. Esta definición concuerda, en cierto modo, con la de organización criminal establecida por la Decisión Marco 2008/841/JAI[231]. Así, para poder sancionar a una

---

231 *Decisión Marco 2008/841/HAI del Consejo, de 24 de octubre de 2008, relativa a la lucha contra la delincuencia organizada.* DOUE L 300 de 11 de noviembre de 2008. Según su art. 1, una organización delictiva es «una asociación estructura de más de dos personas, establecida durante un cierto período de tiempo y que actúa de manera concertada con el fin de comete delitos sancionables con una pena privativa de libertad o una medida de seguridad privativa de libertad de un máximo de al menos cuatro años o con una pena aún más severa, con el objetivo de obtener, directa o indirectamente, un beneficio económico u otro beneficio de orden material».

persona jurídica, es preciso que el delito se haya cometido en su propio beneficio. Si, además, existe cierto acuerdo para la comisión de un delito, cosa que podría suponerse en algunos casos relacionados con la trata de seres humanos, estas personas jurídicas podrían llegar a considerarse organizaciones criminales. Esta categoría conlleva tener en cuenta otros delitos y, también, otras sanciones para los delincuentes. Cabe añadir aquí que el acuerdo interinstitucional relativo a la propuesta de modificación de la Directiva 2011/36/UE también ha previsto que las personas jurídicas puedan ser culpables del nuevo delito relativo a la demanda conscientes de bienes y servicios derivados de la trata, establecido en el art. 18 *bis* de dicha propuesta[232]. Esta incorporación será explicada más detalladamente en el capítulo relativo a las medidas de prevención,

La Directiva 2011/36/UE deja margen de decisión a los Estados miembro para que decidan si la responsabilidad será penal o administrativa, siendo la penal la opción más adecuada teniendo en cuenta de que la trata de seres humanos se considera una infracción penal. En este orden de ideas, la Directiva 2011/36/UE prevé que la responsabilidad de las personas jurídicas sea tanto por la comisión como la comisión por omisión, de modo que el art. 5 apdo. 2 de la Directiva 2011/36/UE recomienda que la responsabilidad también se extienda en aquellos supuestos de falta de vigilancia o control de alguna de las personas físicas que se hallen al frente de las personas jurídicas, siempre que esta falta de control o vigilancia haya permitido que sus subordinados hayan cometido algún delito tipificado como trata de seres humanos. Sobre las penas que se pueden aplicar a las personas jurídicas aténgase al final del presente capítulo.

---

232 P9_TA(2024)0310, *op. cit.*, pp. 24-25.

Por último, el tercer elemento objetivo del tipo previsto hace referencia las finalidades de la trata de seres humanos. En primer lugar, y según el art. 2 apdo. 3 la Directiva 2011/36/UE, la prostitución o cualquiera otra forma de explotación sexual; en segundo lugar, la explotación laboral, trabajos forzados de una persona incluida la esclavitud o prácticas similares a la esclavitud, la servidumbre o la mendicidad; en tercer lugar, la finalidad de extracción de órganos y, finalmente, la finalidad de explotación para realizar actividades delictivas. Aun esta lista, la propia Comisión europea acepta que no es una lista exhaustiva, ya que la Directiva solo establece un estándar mínimo de las formas de explotación de la víctima de la trata de seres humanos que los Estados miembro deben considerar[233].

En primer lugar, en cuanto a la prostitución o cualquier forma de explotación sexual, según la Comisión Europea, esta finalidad de la trata es, de lejos, la más extendida en el territorio de la Unión[234]. Además de ser la más extendida, no hay ningún dato que muestre intención de disminuir en los próximos años[235]. Es necesario mencionar que el art. 1 de la Decisión Marco 2002/629/JAI se refería específicamente, aparte de la

---

233 COM(2009) 665 final, *op. cit.*, p. 13-14.

234 COM(2022) 429 final, *op. cit.*, p. 2. Para el período 2019-2020, el 51% de las víctimas de trata identificadas fueron destinadas a la explotación sexual. Sobre el período 2015-2016, *vid.* COMISIÓN EUROPEA, *Data collection on trafficking in human beings (...)*, *op. cit.*, p. 53. En dicho período, el 56% de las víctimas estuvo destinada a la explotación sexual.

235 De hecho, si se comparan las estadísticas publicadas por la Comisión Europea con el histórico, respecto al período 2010-2012, según EUROSTAT, el 69% de las víctimas registradas estuvo destinada a la explotación sexual. Para el período 2013-2014, el porcentaje de víctimas destinadas a la explotación sexual fue el mismo: el 69%. En este sentido, *vid.* EUROSTAT, «Trafficking in Human Beings», *op. cit.*, p. 30 y COMISIÓN EUROPEA, *Commission staff working document accompanying the document «Report from the Commission to the European Parliament and the Council. Report on the progress made in the fight against trafficking in human beings (2016) as required under Article 20 of Directive*

prostitución ajena, a espectáculos pornográficos o producción de material pornográfico. En cambio, la Directiva 2011/36/UE utiliza una referencia más neutral, sin entrar tanto al detalle, para de este modo evitar que la denominación específica del acto sea un obstáculo para incluir variantes materiales de prostitución cuando los Estados miembro transpongan la Directiva. En este sentido, esta denominación genérica busca evitar, por ejemplo, que la producción de material pornográfico que afecte a víctimas de la trata quede impune como consecuencia de utilizar otras denominaciones.

La trata de seres humanos con finalidades de explotación sexual se ha ido adaptando a las modificaciones de la normativa europea y de los Estados miembro que tiene como objetivo la erradicación del fenómeno. Según los informes emitidos por los Estados miembro a la Comisión, los tratantes han cambiado el *modus operandi*, utilizando redes de prostitución mucho menos visibles, como la prostitución en hoteles o casas privadas, mientras que anteriormente se utilizaba la prostitución en las calles o en ventanas[236]. En esta misma línea discursiva, la prostitución de ámbito local se ha ido mezclando con las redes de trata organizadas, incluso de ámbito transnacional, las cuales también están muy estrechamente relacionadas con el crimen organizado y los movimientos migratorios[237]. De esta manera, las redes de trata buscan que sus víctimas pasen desapercibidas, fuera de grandes prostíbulos y lejos del foco de atención de la sociedad. Esta es una manera de dificultar las labores de detección y persecución de la trata de seres humanos. Por ejemplo, requiere que la policía local esté preparada para la

---

2011/36/EU on preventing and combating trafficking in human beings and protecting its victims», 19 de mayo de 2016. SWD(2016) 159 final, p. 14.

236 COM(2016) 267 final, *op. cit.*, p. 14.

237 SANTANA VEGA, D., «La Directiva 2011/36/UE, relativa a la prevención (...)», *op. cit.*, p. 218.

detección y la investigación de las redes de trata. Esto conlleva más recursos, pero también aumenta la posibilidad de que las redes logren corromper a algún agente local. Además, actuar en el ámbito local implica la dispersión del negocio por todo el territorio de los Estados miembro, cosa que supone, desde el punto de vista de su persecución, más agentes implicados, mayor coordinación y mayores retos.

En segundo lugar, respecto a la trata de seres humanos con finalidades de explotación laboral, esta se caracteriza por la imposición de condiciones laborales degradantes al ser humano al negársele los derechos básicos en la prestación de un trabajo digno, independientemente de si la víctima realiza un trabajo por cuenta ajena o por cuenta propia[238]. Paralelamente, la Directiva 2011/36/UE, dentro de la finalidad de explotación laboral, incluye la mendicidad, que no es más que la explotación por un tercero, sin el consentimiento de la víctima, que obliga a la víctima a pedir limosna, quedándose el explotador con todo lo recaudado.

La trata de seres humanos con finalidad de explotación laboral es la que más crece, afectando especialmente a las víctimas masculinas, pues el 66% de las víctimas registradas durante el período 2019-2020 destinadas a la trata para explotación laboral fueron hombres[239]. Esto es debido a que las redes de

---

[238] En este sentido, el legislador europeo promulgó la *Directiva 2009/52/CE del Parlamento Europeo y del Consejo, de 18 de junio de 2009, por la que se establecen normas mínimas sobre las sanciones y medidas aplicables a los empleadores de nacionales de terceros países en situación irregular.* DOUE L 168/24 de 30 de junio de 2009. La cuestión relativa a la sanción de los empleadores será abordada en el capítulo cuarto, en tanto que esta Directiva constituye uno de los instrumentos de prevención de la trata de seres humanos con fines de explotación laboral.

[239] COM(2022) 429 final, *op. cit.*, p. 4. En este sentido, *vid.*, COM(2016) 267 final, *op. cit.*, pp. 15-17. En concreto, el número de víctimas registradas varones, entre el 2013 y el 2014, destinadas a explotación laboral fue del 74%, desti-

tratantes utilizan las lagunas legales en términos de aplicabilidad y control de la legislación laboral, sobre todo en aquellos aspectos relacionados con los permisos de trabajo, visados especiales, derechos laborales y condiciones de trabajo. Sin duda alguna, la explotación laboral no es un fenómeno nuevo pero, sin embargo, como resultado de la crisis económica, la demanda de mano de obra barata se ha disparado, favorecida también por la existencia de estándares más bajos en cuanto a las obligaciones contractuales y las condiciones de trabajo de los empleados[240].

En tercer lugar, en cuanto a la trata de seres humanos con fines de extracción de órganos, la Directiva 2011/36/UE, en su afán de mejorar el marco de lucha contra este fenómeno, hace una labor destacable al incluir, en su art. 2 apdo. 3, la extracción de órganos dentro del estándar mínimo de protección concebido en este instrumento. En datos de la Comisión Europea, la extracción de órganos, juntamente con aquellas formas de explotación que ni son explotación laboral ni sexual, supone el 11% del total de casos registrados durante el período 2019-2020[241]. La extracción de órganos se define a partir del amplio elenco de actividades que buscan comercializar órganos humanos y tejidos que son necesario en trasplantes terapéuticos.

En cuarto lugar, la finalidad de explotación para realizar actividades delictivas es el elemento más novedoso respecto la

---

nados principalmente a la agricultura y la pesca. En cuanto a las cifras del período 2015-2016, *vid.* COMISIÓN EUROPEA, *Data collection on trafficking in human beings (…), op. cit.*, p. 65. El 80% de las víctimas registradas varones para este período fueron destinadas a la explotación laboral.

240 COM(2016) 267 final, *op. cit.*, pp. 15-17.

241 COM(2022) 429 final, *op. cit.*, p. 5. Para el período 2017-2018, *vid.*, COMISIÓN EUROPEA, *Data collection on trafficking in human beings (2) (…), op. cit.*, p. 55. Para dicho periodo, el total de otros casos ascendió hasta el 18%.

Decisión Marco 2002/629/JAI, Protocolo sobre trata de seres humanos y el Convenio de Varsovia, pues se incluyó por primera vez en la Directiva 2011/36/UE. El considerando 11 del preámbulo de dicha directiva apunta dos requisitos para la explotación para realizar actividades delictivas: dichas actividades deben estar penadas y, además, deben implicar una ganancia económica. Sin embargo, estos requisitos no coinciden con las previsiones del articulado de la propia Directiva 2011/36/UE. En este sentido, el art. 2 apdo. 3 no acota la trata con fines de realizar actividades delictivas a los delitos que comportan un beneficio económico, ya que resultaría incongruente limitar dicha definición excluyendo, por ejemplo, aquellas situaciones típicas de trata que obligan a las víctimas a cometer homicidios o delitos de otra índole[242].

Por último, en quinto lugar, es oportuno enumerar aquellos fines de explotación que no se incluyen en ninguna de las categorías anteriores pero que también quedan bajo el amparo de la definición de la Directiva 2011/36/UE. En este sentido, se hace referencia a finalidades como la trata de menores para su adopción, la trata de mujeres embarazadas, la trata para la producción de cánnabis y la trata destinada al tráfico de drogas[243].

---

242 SANTANA VEGA, D., «La Directiva 2011/36/UE, relativa a la prevención (...)», *op. cit.*, p. 220. Aunque existan incongruencias entre los Considerandos y el contenido material de la Directiva 2011/26/UE, la autora no ejemplifica que dichas incongruencias queden en un sinsentido, ya que, en la mayoría de las ocasiones, la comisión de un delito por parte de una víctima de la trata de seres humanos vendrá acompañado por la comisión de otras formas de explotación. Sustenta esta tesis la propia Comisión Europea, *vid.*, COM(2016) 267 final, *op. cit.*, pp. 23-25.

243 COM(2016) 267 final, *op. cit.*, pp. 15-17. Según la Comisión, también se incluye en este cajón de sastre la trata destinada a trabajos domésticos y la trata de seres humanos destinada a la colecta de bayas. Sin embargo, estas dos categorías encajan con la finalidad de explotación laboral, de modo que en la presente obra se incluyen en dicha finalidad.

Es preciso resaltar la trata de seres humanos destinada a matrimonios forzados o matrimonios de conveniencia. Según Europol, el actual contexto de crisis migratoria es el marco adecuado para el incremento del número de matrimonios forzados, ya que es una vía para conseguir el derecho de residencia en algún Estado miembro de la Unión[244] y que afecta a migrantes que, a su vez, son víctimas potenciales de la trata. Esta es una práctica que sigue extendiéndose en la actualidad[245], sobre todo porqué se identifica como una facilitación de la migración irregular, siendo su principal objetivo mujeres jóvenes[246].

Por consiguiente, y para hacer frente al aumento de estos fenómenos relacionados con la trata de seres humanos, cabe señalar que la propuesta de modificación de la Directiva 2011/36/UE previó que se incluyeran ambas como finalidades de la trata. Si bien la enumeración que hace el art. 2 de la Directiva 2011/36/UE no es exhaustiva, la Comisión Europea consideró acertadamente incluir ambas para asegurar que en

---

244 EUROPOL, *Situation report: Trafficking in human beings in the EU,* Europol Public Information, La Haya, 2016, p. 29.

245 Según el Parlamento Europeo, en la actualidad más de 750 millones de mujeres han contraído matrimonio antes de los dieciocho años. Del total, 250 lo han contraído antes de cumplir los quince años. Para más información, *vid.* PARLAMENTO EUROPEO, *Resolución del Parlamento Europeo, de 4 de julio de 2018, titulada «Hacia una estrategia exterior de la Unión contra los matrimonios precoces y forzados: próximas etapas»,* (2017/2275(INI), 2018. Disponible en: https://bit.ly/2LdGRt8. También resulta de interés el informe de UNODC de 2016, citado anteriormente, relativo al estado de la cuestión sobre la trata de seres humanos. En dicho informe, las Naciones Unidas apuntaron que la trata con fines de matrimonios forzados afectaba al 1,4% de víctimas registradas.

246 EUROPOL, *Situation report: Trafficking (...), op. cit.,* pp. 29. En este sentido, *vid. ibid.* El Parlamento Europeo impulsó en julio de 2018 una resolución que instaba a la Unión a adoptar una estrategia para erradicar los matrimonios forzosos y precoces.

todo el territorio de los Estados miembro de la Unión Europea también se haga frente tanto a los matrimonios forzados como a las adopciones ilegales[247]. A estas dos nuevas finalidades se ha sumado la de la maternidad subrogada, pues fue la incorporación establecida en el acuerdo interinstitucional relativo a la propuesta de modificación de la Directiva 2011/36/UE[248].

1.3.4.2. El elemento subjetivo: la voluntad de explotar a las víctimas

El elemento subjetivo del tipo hace referencia a aquellos elementos que demuestran un proceso causal dirigido por la voluntad de una persona hacia un fin. En el presente caso, el elemento subjetivo del tipo básico es el dolo directo que, en palabras de la doctrina especializada en el tema, es la voluntad de realizar los elementos objetivos del tipo además de perseguir la realización de cualquiera de las finalidades de explotación establecidas en la Directiva 2011/36/UE[249]. En este sentido, el dolo directo se refiere a la voluntad de los autores del delito de realizar cualquiera de las prácticas que se recoge en el art. 2 de la Directiva 2011/36/UE.

De hecho, téngase en cuenta, por ejemplo, y de acuerdo con la propuesta de modificación de la Directiva 2011/36/UE, que para considerar como delito el uso de los bienes y servicios derivados de la trata de seres humanos debe tenerse consciencia de que dichos bienes y servicios han sido obtenidos a partir de la explotación. Sobre esta medida, que también puede con-

---

247 COM(2022) 732 final, *op. cit.*, apdo. 5.

248 En este sentido, en la adopción de la posición del Parlamento Europeo en primera lectura ya ha incorporado el acuerdo interinstitucional. *Vid.* P9_TA(2024)0310, *op. cit.*, p. 22.

249 SANTANA VEGA, D., «La Directiva 2011/36/UE, relativa a la prevención (...)», *op. cit.*, p. 218.

siderarse como una medida preventiva, será analizada con más profundidad en el capítulo cuarto de la presente obra.

1.3.5. Las penas previstas en la Directiva 2011/36/UE y los tipos agravados: tres situaciones que comportan una pena mayor de acuerdo con la peligrosidad en las que se desarrollan

El último elemento relativo a la definición de la trata de seres humanos a la luz de la Directiva 2011/36/UE son las penas previstas para los integrantes de las redes de la trata y para todas aquellas personas que participen en la materialización de las conductas tipificadas[250].

1.3.5.1. Las penas privativas de libertad como sanción principal respecto la trata de seres humanos

El art. 4 apdo. 1 de Directiva 2011/36/UE prevé que los Estados miembro realicen las modificaciones legislativas necesarias para garantizar que la trata de seres humanos es castigada con penas privativas de libertad de una duración máxima no inferior a cinco años. Al ser una Directiva, su contenido en cuanto a las penas solamente establece el mínimo común entre las legislaciones de los Estados miembro.

Si se compara con el Convenio de Varsovia y el Protocolo sobre trata de seres humanos, se observa que la UE, fruto del proceso de integración, delimita más detalladamente las penas previstas. En cuanto al art. 18 del Convenio de Varsovia, solamente establece que los Estados miembro deberán tipificar como infracciones penales las conductas tipificadas. En la misma línea se pronunció el Protocolo sobre trata de seres

---

[250] Los distintos sujetos y la responsabilidad tanto de las personas físicas como de las personas jurídicas ya ha sido objeto de análisis.

humanos, que en su art. 5 estableció la necesidad de que los Estados parte tipificaran como delito las conductas descritas en su articulado. Nótese que solamente la Directiva 2011/36/UE prevé que las penas sean privativas de libertad, mientras que los dos textos convencionales solamente se refieren a considerar «delito» la trata de seres humanos. Esto es así porque la UE, concretamente en el art. 67 apdo. 3 del TFUE, tiene atribuidas competencias en la aproximación de las legislaciones penales en pro de garantizar un nivel elevado de seguridad, aspecto que ni el Consejo de Europa ni la ONU contemplan en sus tratados constitutivos.

En cuanto al contenido, debe celebrarse que la Directiva 2011/36/UE haya sido el primer de los instrumentos analizados en concretar un máximo mínimo de pena privativa de libertad. Sin embargo, sería más acertado establecer la durada mínima de la privación de libertad en lugar del máximo, de modo que se garantizaría que en todos los Estados miembro de la Unión se estipulan penas privativas de libertad con una duración mínima igual. Este elemento favorece la unidad de la estrategia de la Unión Europea en cuanto a la persecución de las redes de trata. Así, si se tiene que cumplir, como mínimo, la misma pena en todos los Estados miembro de la Unión Europea, se dota de mayor coherencia a dicha estrategia. En este sentido, resulta más lógico determinar el mínimo de pena por cumplir que no el máximo. Si solamente se establece el máximo de pena privativa de libertad, nada garantiza el efecto disuasorio de dichas penas, ya que la duración mínima de la pena privativa de libertad por trata de seres humanos puede ser tan reducida que no implique un perjuicio significativo para los integrantes de las redes de trata. Esta es la razón por la que se debería apostar por establecer el mínimo común de duración de la pena en todos los Estados miembro y no poner el acento en la duración máxima.

1.3.5.2. Las circunstancias agravantes en función de la víctima y las circunstancias que la rodean

La Directiva 2011/36/UE, al igual que hacía la Decisión Marco 2002/629/JAI, establece una serie de tipos agravados, los cuales comportan una duración máxima de la pena privativa de libertad más larga para los sujetos activos. Estos tipos agravados tienen como origen una serie de circunstancias en función de la víctima, el marco en el que se realiza la acción criminal, la participación de un funcionario público en el ejercicio de sus funciones o la peligrosidad de los hechos respecto la vida de la víctima y la integridad física y moral de la víctima.

La principal diferencia entre el tipo normal y los tipos agravados, en cuanto a las penas, es que el primero, de acuerdo con el art. 4 apdo. 1 de la Directiva 2011/36/UE, comporta una pena máxima no inferior a cinco años, mientras que, para los tipos agravados, de acuerdo con el apdo. 2 del mismo artículo, la pena máxima prevista debe ser de, al menos, diez años cuando concurra alguna de las circunstancias agravantes.

La trata que afecta una víctima particularmente vulnerable es el primer tipo agravado objeto de análisis. Un elemento que llama la atención es la inclusión del adverbio «particularmente», que debe interpretarse en el sentido de que, para que concurra dicho subtipo agravado, la víctima debe encontrarse en una situación especialmente grave de vulnerabilidad. Sin embargo, habida cuenta de que la vulnerabilidad de la víctima es una de las causas de la trata, solamente aquellas situaciones graves implican más pena para los delincuentes. Por ejemplo, debe entenderse que un indigente extranjero, una mujer residente irregular embarazada o una persona menor con discapacidad intelectual son víctimas especialmente vulnerables. Aun así, debe delimitarse a nivel normativo qué situaciones revisten el carácter de particularmente vulnerables, ya que este tipo agravado abriría la puerta a aplicar el tipo agravado a cualquier tratante en tanto que la vulnerabilidad es intrínseca a las víctimas y a la trata en general. En este sentido, se establece en el art. 4 apdo. 2 de la Directiva 2011/36/UE que, como mínimo, las víctimas menores de edad serán consideradas víctimas particularmente vulnerables.

El siguiente subtipo agravado que contempla la Directiva 2011/36/UE es el de la trata de seres humanos cometida dentro del marco de una organización criminal. La Directiva 2011/36/UE se remite, a la hora de definir el concepto de organización criminal, a la Decisión Marco 2008/841/JAI, sobre la lucha contra la delincuencia organizada, la cual ya ha sido explicada con anterioridad[251].

En este orden de ideas, para que se condene por trata con el agravante de organización criminal, es necesario que la red de trata tenga un cierto carácter de estabilidad y de jerarquización, con subordinados físicos y materiales destinados a cometer los objetivos criminales de la organización. Esto se traduce en que la organización debe contar con más de una persona y que tenga cierta permanencia en el tiempo y que, bajo su ámbito de actuación, debe de haberse cometido más de un delito[252]. Este tipo agravado abre la puerta a que cualquiera persona jurídica responsable de los delitos tipificados como trata

---

251 Para saber más sobre la lucha de la Unión contra el crimen organizado, *vid.* JIMÉNEZ CORTÉS, C., «La lucha de la UE contra el actual crimen organizado: un reto esencial... pero difícil», *Revista CIDOB d'Afers Internacionals*, 111, 2015, pp. 35-56. La autora apunta a que la Decisión Marco 2008/841/JAI no es el único mecanismo que ha diseñado la UE para luchar contra la criminalidad organizada. De hecho, remarcó que la Decisión Marco y la definición que en ella se formula sobre el concepto de organización criminal no contribuyeron, ni de lejos, a la armonización de la lucha contra el crimen organizado.

252 SANTANA VEGA, D., «La Directiva 2011/36/UE, relativa a la prevención (...)», *op. cit.*, p. 221. En este sentido, *vid.* MATA BARRANCO, N. de la, «Criminalidad organizada en la Unión Europea: criminalidad económica y criminalidad sexual», *Cuaderno del Instituto Vasco de Criminología*, (15), 2001, pp. 39-61. Sobre la relación entre trata de seres humanos y organización criminal,

de seres humanos sea considerada una organización criminal. Esta designación implica que, respecto a esta persona jurídica y sus integrantes, se apliquen las previsiones penales más severas relativas a la delincuencia organizada.

El tercer subtipo agravado que contempla la Directiva 2011/36/UE es la puesta en peligro de la vida de la víctima, que excluye de modo suficiente el simple menoscabo de la integridad física y psíquica de la víctima, a no ser que por la gravedad de dicho menoscabo se pudiera considerar que se ha puesto en peligro la vida de la víctima, aunque sin éxito. Es necesario apuntar que la puesta en peligro de la vida de la víctima puede darse tanto dolosamente, o «de forma deliberada» en palabras de la Directiva 2011/36/UE, como por negligencia grave.

Nótese que la Unión Europea previó la misma pena para la puesta el peligro de la vida de la víctima provocada dolosamente como la provocada por negligencia grave. En este sentido, la pena prevista para la puesta en peligro de la vida de la víctima de forma dolosa debería ser mayor, ya que en los subtipos agravados se exige el dolo directo. En consecuencia, es a partir del dolo directo que deberían determinarse dichos tipos, de modo que la pena prevista para la negligencia grave debería ser menor[253].

Otro subtipo agravado previsto por la Directiva 2011/36/UE es el uso de violencia grave o causar a la víctima daños particularmente graves. Por un lado, respecto el uso de la violencia grave, esta va en concordancia con la puesta en peligro de la víctima. En este sentido, se podría dar la situación de que,

---

vid., VILLACAMPA ESTIARTE, C., «Trata de seres humanos y delincuencia organizada», *InDret, Revista para el análisis del Derecho*, (1), 2012, pp. 5-20.

253 SANTANA VEGA, D., «La Directiva 2011/36/UE, relativa a la prevención (...)», *op. cit.*, p. 222.

para la puesta en peligro de la víctima, el medio empleado fuere el uso de violencia grave. Consecuentemente, ambos subtipos agravados podrían contemplarse en uno solo, aunque la Directiva ha optado por observarlos por separado, ya que no todas las situaciones de violencia grave implican una puesta en peligro de la vida de la víctima.

Por otro lado, en cuanto a la causación a la víctima de un daño particularmente grave, la delimitación que hace la Directiva 2011/36/UE es especialmente vaga, al no especificar si se refiere a un daño sobre las personas o sobre las cosas. Para cubrir, precisamente, esta carencia, el acuerdo interinstitucional relativo a la propuesta de modificación de la Directiva 2011/36/UE va un paso más allá de la propuesta que hizo la Comisión al especificar que el daño particularmente grave incluye las lesiones físicas y psicológicas[254]. Debe tenerse en cuenta que las legislaciones nacionales podrían incluir otro tipo de daños respecto la víctima o incluso un tercero.

1.3.5.3. Las sanciones a las personas jurídicas que se beneficien de la trata de seres humanos

Aparte de las sanciones que pueden aplicarse a las personas físicas y de las circunstancias agravantes, se hace necesario analizar las penas que pueden sufrir las personas jurídicas que, tal y como se ha visto, se beneficien de la explotación de las personas.

En este sentido, el art. 6 apdo. 1 de la Directiva 2011/36/UE establece las sanciones a las personas jurídicas que los Estados miembro pueden aplicar: la exclusión del disfrute de ventajas o ayudas económicas, la inhabilitación temporal o permanente para el ejercicio de actividades comerciales, el sometimiento

---

254 P9_TA(2024)0310, *op. cit.*, p. 23.

a vigilancia judicial, la disolución judicial o incluso el cierre temporal o definitivo de los establecimientos utilizados para cometer la infracción. Nótese que esta no es una lista ni cerrada ni exhaustiva, pues dicho artículo solamente establece como obligación establecer penas «efectivas, proporcionadas y disuasorias»[255] y será cada Estado el que decida que penas imponer, que pueden ser las de la lista de dicho artículo o no o cualquiera de otra clase que considere.

Dado este amplio margen de maniobra para los Estados miembro a la hora de transponer las sanciones a las personas jurídicas, la propuesta de modificación de la Directiva 2011/36/UE sí que prevé una lista de sanciones obligatorias para las personas jurídicas, además de un régimen general y de otro agravado[256]. En este sentido, y según la Comisión, después de valorar la transposición de dicho artículo se determinó que solamente una minoría de Estados transpusieron todas las sanciones opcionales, que la mayoría solamente incorporó una a su ordenamiento jurídico y que incluso algunos Estados no incluyeron ninguna[257].

Para reforzar la respuesta penal al fenómeno de la trata de seres humanos, el art. 6 de la propuesta de modificación de la Directiva 2011/36/UE lo que hacía era establecer dos tipos de sanciones en función de si concurren circunstancias agravantes o no. No obstante, el acuerdo interinstitucional relativo a la propuesta de modificación de la Directiva 2011/36/UE eliminó esta diferenciación y se limitó a establecer una lista de sanciones o medidas de carácter penal y no penal para cualquiera de las infracciones previstas, entre las que se incluye, tal y como se ha anunciado previamente, la demanda consciente

---

[255] *Vid.* art. 6 apdo. 1 Directiva 2011/36/UE.

[256] COM(2022) 732 final, *op. cit.*, apdo. 5. c).

[257] *Ibid.*

de los bienes y servicios derivados de la trata[258]. Así pues, a la luz de dicho acuerdo, la enumeración a modo de ejemplo incluye como pena y sanción la exclusión del derecho a recibir prestaciones o ayudas públicas, la exclusión del acceso a financiación pública, incluidos los procedimientos de contratación pública, las subvenciones, las concesiones o las licencias; la inhabilitación temporal o permanente para el ejercicio de actividades empresariales, la retirada de permisos y autorizaciones para el ejercicio de actividades que hayan dado como resultado la infracción, la vigilancia judicial, la disolución judicial, el cierre de los establecimientos destinados a la explotación o, en el caso de que exista un interés público, la publicación de la totalidad o una parte de la resolución judicial.

Cabe señalar un aspecto que podría considerarse un paso atrás en el régimen de garantías en este aspecto, pues la propuesta que hizo la Comisión Europea sí que contemplaba, obligatoriamente y para los casos ordinarios, unas determinadas penas. Cuando no concurriese ninguna circunstancia agravante, se debía aplicar o la exclusión del disfrute de ventajas o ayudas públicas o el cierre temporal o definitivo de los establecimientos utilizados para cometer la infracción. En el caso de que sí que concurriese alguna de las circunstancias agravantes establecidas en el art. 4 apdo. 2 de la Directiva 2011/36/UE, se proponía aplicar la inhabilitación temporal o permanente para el ejercicio de actividades comerciales, el sometimiento a vigilancia judicial o la disolución judicial[259]. Por lo tanto, lo que planteaba la Comisión Europea en su propuesta de modificación era simplemente hacer obligatoria alguna de las sanciones ya actualmente previstas en la Directiva 2011/36/UE en función de las circunstancias que rodean cada caso. No obstante, con el redactado actual del acuerdo interinstitucional, el estableci-

---

258 P9_TA(2024)0310, *op. cit.*, p. 26.

259 COM(2022) 732 final, *op. cit.*, pp. 22-23. .

miento de penas a las personas jurídicas dependerá de cada Estado miembro, pudiendo reforzar la ausencia de criterio uniforme en este sentido, de modo que algunas redes encuentren ordenamientos menos perjudiciales para sus intereses.

CAPÍTULO 2.
MÁS ALLÁ DE LA PERSECUCIÓN DE LA TRATA: LA EVOLUCIÓN DEL RÉGIMEN DE PROTECCIÓN DE LAS VÍCTIMAS Y DE PREVENCIÓN DEL FENÓMENO EN LAS NACIONES UNIDAS Y EL ÁMBITO REGIONAL EUROPEO

En el primer capítulo se analizó la definición de la trata de seres humanos en tres instrumentos internacionales: los Protocolos de Palermo en el marco de Naciones Unidas; el Convenio de Varsovia, bajo los auspicios del Consejo de Europa y la Directiva 2011/36/UE de la Unión Europea. A grandes rasgos, la definición es similar en los tres instrumentos, de modo que se puede afirmar que se ha alcanzado un acuerdo relativo a la definición de la trata de seres humanos. Existe, además, otra similitud de suma importancia: los tres textos atribuyen el carácter de delito penal a la trata de seres humanos, con la consiguiente tipificación de dicha conducta en los ordenamientos jurídicos nacionales de los Estados que son parte de los tres instrumentos.

A lo largo del anterior capítulo se apuntó que los tres instrumentos analizados sitúan a las víctimas de trata en el epicentro de las medidas contempladas en los tres instrumentos citados, en tanto que este fenómeno implica graves lesiones a los derechos humanos de las víctimas. Ellas, mujeres y hombres, son los principales afectados por este delito, de modo que dichos instrumentos han concebido una serie de medidas de protección de las víctimas para garantizar su seguridad y su protección. Así pues, su inclusión permite afirmar, al menos a primera vista, que la lucha contra la trata de seres humanos se plantea desde un plano integral. Sin embargo, con el fin de efectuar un análisis crítico de tales medidas, es preciso analizar tanto la tipología de dichas medidas de protección como los mecanismos de implementación y control.

Respecto la protección de las víctimas en el marco del Consejo de Europa, es preciso apuntar que el Convenio de Varsovia siguió las previsiones de las Naciones Unidas recogidas en el informe que presentó el Alto Comisionado de las Naciones Unidas para los Derechos Humanos (en adelante, según las siglas en inglés, UNHCHR) al Comité Económico y Social (en adelante, ECOSOC) bajo la rúbrica «*Recommended Principles and Guidelines on Human Rights and Human Trafficking*»[1]. Según las Naciones Unidas, los derechos humanos de las víctimas de la trata de seres humanos deben ser el centro de todos los esfuerzos para prevenir y combatir la trata, así como para proteger, asistir y reparar a las víctimas[2].

En este sentido, la evolución de la lucha contra la trata de seres humanos desde los Protocolos de Palermo se ha caracterizado por la unidad de acción respecto la tipificación de las conductas delictivas. Sin embargo, las medidas de protección son distintas en los tres regímenes jurídicos. A continuación, se analizan dichas medidas a la luz del Protocolo sobre trata de se-

---

1 ECOSOC, *Recommended Principles and Guidelines on Human Rights and Human Trafficking. Report of the United Nations High Commissioner for Human Rights to the Economic and Social Council*, E/2002/68/Add.1, hecho en Nueva York del 1 al 26 de julio de 2002.

2 *Ibid.*, p. 3. En el mismo sentido, *vid.* CONSEJO DE EUROPA, *Informe explicativo (...)*, *op. cit.*, p. 22, párr. 125.

res humanos, el Convenio de Varsovia y la Directiva 2011/36/UE. Todas estas conforman lo que se ha denominado régimen de protección de las víctimas de la trata. Es preciso apuntar que la protección de las víctimas, en el marco de la UE, no se limita a la Directiva 2011/36/UE, sino que dicho instrumento se complementa con otros, que serán analizados más adelante[3]. Al final del presente capítulo, habida cuenta de la importancia de la lucha contra la trata de seres humanos, se estudian los tres organismos encargados de monitorizar la actividad de los Estados parte en los tres instrumentos.

2.1. EL CAMBIO DE PERSPECTIVA DE LA NORMATIVA INTERNACIONAL: DESDE EL DERECHO PENAL HACIA LA PROTECCIÓN INTEGRAL DE LAS VÍCTIMAS

Efectivamente, el Protocolo sobre trata de seres humanos, el Convenio de Varsovia y la Directiva 211/36/UE van un paso más allá de la simple tipificación, en tanto que crean un sistema de protección a la víctima de la trata de seres humanos. Conviene cuestionarse por qué la normativa se decanta por luchar contra el fenómeno de la trata de seres humanos no solo con la fuerza del derecho penal, sino además con la prevención y un amplio elenco de medidas y derechos destinados a reforzar la protección de las víctimas.

Existe cierto diálogo entre quienes apuestan por afrontar la erradicación de la trata de seres humanos desde una perspectiva basada, solamente, en las acciones del derecho penal y quienes presentan la lucha contra la trata también como una cuestión de derechos de las víctimas. En este sentido, la trata

---

3 La Directiva 2011/36/UE, respecto las medidas de protección de las víctimas, se complementa con la Directiva 2012/29/UE y la Directiva 2004/81/CE. Ambas serán analizadas a lo largo del presente capítulo.

de seres humanos es una conducta que puede analizarse desde diferentes puntos de vista. Es por ello que en el momento de la negociación de un instrumento normativo para combatir el fenómeno de la trata de seres humanos, las partes negociadoras pueden optar por enfocar su regulación desde una perspectiva punitiva, es decir, que prevea mayoritariamente la incidencia del Derecho penal, o bien que opte por una perspectiva centrada de protección de las víctimas[4]. Por consiguiente, se analizan ambas perspectivas presentes en la normativa internacional, aunque es preciso apuntar que no son las únicas. No obstante este debate doctrinal, hay que señalar que dada la extrema lesividad para las víctimas de trata, la erradicación plena de este fenómeno pasa, necesariamente, por la convergencia entre la persecución a través del Derecho penal y la protección de las víctimas.

A juzgar por los análisis doctrinales *iusinternacionalistas*, el abordaje de la trata de seres humanos puede realizarse de cinco formas, a saber: desde la perspectiva de la inmigración, desde la vertiente del trabajo, desde la proscripción de la esclavitud[5], desde la de la justicia criminal y el Derecho penal y,

---

4 VILLACAMPA ESTIARTE, C., «La nueva directiva eur*op*ea (...)», *op. cit.*, p. 14:3. La autora viene a considerar que «La trata de seres humanos constituye un problema poliédrico con muy distintas ramificaciones, de gran complejidad en el tratamiento y que, como tal, permite distintas aproximaciones».

5 Esta idea de vincular la trata de personas como una forma de esclavitud moderna es una visión que comparte PIOTROWICZ, R., «State's obligations under Human Rights Law towards victims of trafficking in human beings: Positive Developments in positive obligations», *International Journal of Refugee Law*, 24(2), 2012, pp. 1-21. Sin embargo, ya se comentó en el capítulo anterior que esta posición doctrinal tenía fuertes detractores: ALLAIN, J., «A review of "Trafficking in Human Beings (...)"», *op. cit.*, pp. 453-457; GALLAGHER, A., *The International Law of (...)*, *op. cit.*, pp. 177-191 y VAN DER WILT, H., «Trafficking in Human Beings (...)», *op. cit.*, p. 4 y ss.

finalmente, desde el punto de vista de los derechos humanos[6]. A la luz de la cuestión planteada al inicio, relativa a la incorporación de la protección de las víctimas de la trata en la lucha contra el fenómeno, es necesario referirse a las cinco perspectivas anteriores.

La aproximación centrada en la justicia criminal y el Derecho Penal concibe el problema de la trata como un fenómeno que concierne casi de manera exclusiva a esta rama del derecho. Esta aproximación recibe el nombre de criminocentrismo, al conceder toda la relevancia al hecho criminal. Sin embargo, esta aproximación es parcial, ya que aborda el problema solamente desde la persecución del delito, pero olvida totalmente a las víctimas, su protección y sus derechos[7].

Uno de los instrumentos relevantes en este sentido fue la Decisión Marco 2002/629/JAI. Tal y como se comentó en el capítulo anterior, dicho instrumento no efectuaba mención alguna a la protección de las víctimas. Es más, únicamente hacía referencia a asegurar su presencia en el juicio oral. Así, nótese que todo el articulado de dicha Decisión Marco giraba en torno a la investigación policial y la consiguiente fase judicial: definiciones, penas, tipos agravados, sujetos, formas imperfectas de ejecución, responsabilidad de las personas jurídicas, entre otros aspectos. Desde la Unión Europea se optó por establecer

---

6 VILLACAMPA ESTIARTE, C., «La nueva directiva europea (…)», *op. cit.*, p. 14:4. Es necesario remarcar que la autora no hace una lista *numerus clausus* de las aproximaciones de la normativa internacional respecto de la trata de seres humanos. Por ejemplo, tiene en cuenta la aproximación a la trata basada en el tratamiento de esa cuestión como algo relacionado con las leyes de la oferta y la demanda del mercado. En este sentido, *vid.* BALES, K., *La nueva esclavitud en la economía global*, Siglo Veintiuno de España Editores, Madrid, 2000, pp. 246 y ss.; KARA, S., *Sex trafficking. Inside the business of Modern Slavery*, Columbia University Press, Nueva York, 2009, pp. 200 y ss.

7 VILLACAMPA ESTIARTE, C., «La nueva directiva europea (…)», *op. cit.*, p. 14:7.

los mínimos para la lucha contra la trata de seres humanos. Sin embargo, estos mínimos no tuvieron en cuenta ni la protección de las víctimas ni la prevención del fenómeno, ya que del análisis de su contenido no se desprende mención alguna a estos extremos.

En contraposición, existe la aproximación victimocéntrica. Este enfoque de la lucha contra la trata de seres humanos pone el acento en el hecho de que la trata de seres humanos es una actividad extremadamente lesiva para los derechos humanos de las víctimas[8]. Así, los negociadores de los instrumentos característicos de esta aproximación entienden que el problema de la trata de seres humanos no es una simple cuestión penal, sino una auténtica lesión de los derechos humanos más fundamentales como la libertad o la integridad física o psíquica. Así, el elemento determinante en esta aproximación no es tanto la lucha contra la trata como un delito, sino la necesidad de proteger a la víctima[9]. Sin embargo, proteger a la víctima no excluye la operabilidad del Derecho Penal. Ejemplo de ello es la Directiva 2011/36/UE, que en comparación con la Decisión Marco 2002/629/JAI, introduce una serie de medidas de protección de las víctimas que la Decisión marco no preveía. Pero también, al igual que dicha Decisión Marco, establece las bases para la persecución judicial de las redes de trata. De este modo, al incluir la protección de las víctimas, esta aproximación responde a la globalidad del fenómeno de la trata de seres humanos.

Una tercera aproximación de la normativa a la hora de abordar el fenómeno de la trata es desde la perspectiva de la

---

8 En este sentido, por ejemplo, *vid.* Considerando párr. 1 de la Directiva 2011/36/UE, que se refiere a la trata como una «(...) grave violación de los derechos humanos (...)».

9 VILLACAMPA ESTIARTE, C., «La nueva directiva europea (...)», *op. cit.*, p. 14:8.

migración. Tal y como se mencionó en el capítulo anterior, la trata de seres humanos y el fenómeno de la migración presentan algunos nexos, pero evidentemente no es el mismo fenómeno. Así, la Convención de las Naciones Unidas contra la Delincuencia Organizada Transnacional contiene, en sus protocolos, un instrumento dedicado a la trata de seres humanos y otro al tráfico ilícito de migrantes. Además, tanto el Programa de Tampere como el de La Haya presentaban la trata de seres humanos como una cuestión migratoria, asumiendo, consecuentemente, esta aproximación. Cabe señalar, en este mismo orden de ideas, que en la inmigración irregular, el migrante es cliente de una red profesional, mientras que en la trata el inmigrante es una víctima de explotación[10]. Esta nítida distinción en el plano teórico se convierte en compleja en el plano práctico, puesto que las víctimas del tráfico son potenciales víctimas de la trata de seres humanos[11]. La situación de vulnerabilidad del inmigrante en situación irregular lo convierte en una víctima propicia para el fenómeno de la trata de seres humanos[12].

Finalmente, es preciso revisar dos perspectivas más: la de la esclavitud y la que apunta a una forma de trabajo. Aunque esta cuestión ya ha sido estudiada en el capítulo anterior, es preciso añadir que tanto el TEDH, en el plano del Consejo de Europa, como la OIT han considerado acertado el tratamiento de la trata de seres humanos como una simple cuestión laboral,

---

10 ORTEGA GÓMEZ, M., «La trata de seres humanos (...)», *op. cit.*, p. 184.

11 Sobre la gestión de la trata de seres humanos desde la perspectiva de los flujos migratorios, *vid.* CHACÓN, J. M., «Tensions and trade-offs: protecting trafficking victims in the era of immigration enforcement», *University of Pennsylvania Law Review*, 158, 2010, pp. 1609-1653.

12 En este sentido, Europol estableció una serie de factores que contribuyen a que una persona acabe siendo explotada por una red de trata de seres humanos. Entre ellas, la situación de vulnerabilidad, característica habitual en los migrantes irregulares. Para saber más, *vid.* EUROPOL, *Situation report: Trafficking (...)*, *op. cit.*, pp. 10-12.

equiparando a las víctimas de la trata de seres humanos a trabajadores en condiciones laborales extremadamente precarias[13]. Este postulado resulta difícil de compartir, más si se considera un enfoque penal de la cuestión. Además, la equiparación entre las víctimas de la trata de seres humanos y los trabajadores establecida por la OIT podría desembocar en una concepción equivocada de la trata.

En el capítulo anterior se precisó cómo el Protocolo sobre trata de seres humanos, el Convenio de Varsovia y la Directiva 2011/36/UE presentaban sendas definiciones del fenómeno de la trata de seres humanos y le otorgaban la categoría de delito penal. Esta categorización obedece a la perspectiva del criminocentrismo porque establece que la erradicación de la trata de seres humanos requiere de la actuación del Derecho Penal y de los jueces y tribunales de los Estados. Sin embargo, los tres instrumentos incluyen, en su articulado, referencias a los derechos de las víctimas y a la protección que les debe ser brindada por los Estados parte. La incorporación de previsiones relativas a la protección de las víctimas de la trata de seres humanos obedece a la lógica de afrontar la erradicación de la trata de seres humanos desde una perspectiva integral. Abordar la trata solamente desde la perspectiva del Derecho penal implica solucionar el problema parcialmente, al igual que presentarlo desde una perspectiva solamente de gestión de flujos migratorios, cuando ha quedado demostrada la existencia de trata interna en el mismo país de origen de las víctimas; o bien solamente desde una perspectiva de esclavitud y trabajos forzados, puesto que también ha quedado demostrado que no todas las finalidades de explotación de la trata de seres humanos son esclavitud.

---

13 En este sentido, *vid.* BAKIRCI, K., «Human trafficking and forced labour (…)», *op. cit.*, p. 162.

En consecuencia, todas las ideas anteriores muestran la complejidad de la trata de seres humanos. Al no existir una aproximación universalmente efectiva que derive en la erradicación total del fenómeno, es preciso que los instrumentos internacionales incorporen ciertos aspectos de los cinco tratamientos anteriores, ya que cada uno, por sí solo, se revela insuficiente para una erradicación completa de la trata. Se hace imprescindible incorporar previsiones relativas a los derechos de las víctimas para crear un marco de protección suficiente y, de este modo, afrontar la erradicación de la trata de seres humanos desde su plenitud. Pero no es posible olvidar la actuación del Derecho Penal si se quiere luchar contra las redes. Además, también es necesario incluir ciertas previsiones relativas a la migración, puesto que los inmigrantes irregulares son, también, potenciales víctimas de trata. . Aun así, es preciso apuntar que si la protección de las víctimas es una cuestión nuclear de la lucha contra la trata, los instrumentos internacionales deben incluir, como mínimo, previsiones relativas a la protección de estas.

2.2. LAS MEDIDAS DE PROTECCIÓN DE LAS VÍCTIMAS DE LA TRATA A LA LUZ DEL PROTOCOLO SOBRE TRATA DE SERES HUMANOS, EL CONVENIO DE VARSOVIA Y LA DIRECTIVA 2011/36/UE

A continuación, se analizan las medidas de protección de los tres instrumentos conjuntamente de acuerdo con el contenido material de estas. Este cambio en la sistemática del análisis, distinta a la del capítulo primero, obedece al objetivo de facilitar el seguimiento del hilo discursivo. Además, se realiza una comparativa entre los tres instrumentos anteriores, apuntando el valor añadido del instrumento más reciente, la Directiva 2011/36/UE, ya que su análisis resulta nuclear en el desarrollo de los capítulos siguientes.

2.2.1. Aspectos generales de la protección de las víctimas de la trata. Obligatoriedad, discrecionalidad y complementariedad como rasgos principales de los tres instrumentos normativos

Aunque sean tres instrumentos distintos, ya se constató en el capítulo primero la estrecha relación entre ellos. Así, las medidas de protección de las víctimas de la trata en dichos instrumentos reúnen ciertos elementos comunes que serán analizados a continuación. Además, otro aspecto a tener en cuenta en la presente sección es el grado de vinculación entre las medidas de protección que provienen de textos convencionales y las que provienen del derecho derivado de la Unión.

2.2.1.1. La supeditación de las medidas de protección a la cooperación de las víctimas con las autoridades de los Estados

A modo preliminar, es posible que la protección de las víctimas de la trata de seres humanos se vincule a su voluntad de cooperar con las autoridades policiales o judiciales de un Estado[14]. Sin embargo, no se puede hablar de una práctica uniforme, habida cuenta de las previsiones del art. 11 apdo. 3 de la Directiva 2011/36/UE que establecen, precisamente, lo contrario y que tanto la propuesta de modificación de la Di-

---

[14] GALLAGHER, A., *The International Law of (...), op. cit.*, p. 289. En este sentido, por ejemplo, la autora se refiere a *US Trafficking Victims Protection Act*, párr. 107, que contiene una referencia explícita al hecho de que la víctima de la trata, para gozar de los derechos que el ordenamiento jurídico norteamericano le confiere, debe colaborar con las autoridades policiales y judiciales. Cfr. Art. 11(3) Directiva 2011/36/UE.

rectiva 2011/36/UE como el acuerdo interinstitucional al respecto han mantenido intacto[15]. Así, en el marco de los Estados miembro de la UE, la aplicación de las medidas de protección de las víctimas de la trata no se puede supeditar a la voluntad de estas de participar en la investigación policial o en la fase judicial[16]. Aunque la práctica en algunos Estados no miembros de la Unión sea la de supeditar la aplicación de las medidas de protección a dicha voluntad, la doctrina ha presentado ciertas reticencias a esta práctica, al considerar que los Estados tienen la obligación de proveer la asistencia de las víctimas. En este sentido, si se establecen condiciones a esta protección, se está cuestionando tanto la existencia de la obligación como el derecho de las víctimas a dicha protección[17].

En este mismo orden de ideas, el Protocolo sobre trata de seres humanos no hace ninguna referencia al requerimiento de cooperación por parte de la víctima para quedar amparada por la protección que le confiere el mismo protocolo. Así pues, en el marco de las Naciones Unidas, es posible que un Estado parte supedite la aplicación de medidas de protección a la participación de las víctimas en las investigaciones policiales. Por otro lado, y en la misma línea que la Directiva 2011/36/UE, se encuentra el Convenio de Varsovia, que en su art. 12 apdo. 6 se establece que las partes no pueden condicionar la asistencia de las víctimas a la voluntad de estas de testificar. Cabe preguntarse si el concepto testificar se refiere a la fase judicial o

---

15 Ni P9_TA(2024)0310, *op. cit.*, ni COM(2022) 732 final, *op. cit.*, hacen mención alguna respecto la modificación de este apdo. concreto del art. 11 de la Directiva 2011/36/UE.

16 Se prescribe en el art. 11 apdo. 3 de la Directiva 2011/36/UE que «Los Estados miembro adoptarán las medidas necesarias para garantizar que la asistencia y el apoyo a la víctima no se supediten a la voluntad de esta de cooperar en la investigación penal, instrucción o el juicio (...)».

17 GALLAGHER, A., *The International Law of (...), op. cit.*, p. 289.

también incluye la investigación policial. En el caso de que se refiera a cualquier actuación que implique prestar testimonio por parte de la víctima, los Estados parte no podrían supeditar la aplicación de las medidas a la cooperación de la víctima. Sin embargo, si el concepto testificar se refiere en exclusiva a la institución del juicio oral relativa a las pruebas testificales, sería posible que algunos Estados supediten la protección a la cooperación en la investigación policial. En mi opinión, si la protección de las víctimas es nuclear en el Convenio de Varsovia, debe entenderse que el concepto «testificar» se refiere a cualquier acto de la víctima que sirva para proporcionar información a la policía o a los tribunales.

Así pues, las víctimas que se encuentren en un Estado parte del Convenio de Varsovia o en algún Estado miembro de la Unión Europea no tienen la obligación de cooperar con las autoridades de dichos Estados para que se les apliquen las medidas de protección debidas. Este es un aspecto fundamental habida cuenta de la situación de vulnerabilidad característica de las víctimas de la trata. Es esencial que los Estados faciliten la protección de las víctimas y las acompañen en el proceso de recuperación sin que estas se vean presionadas a cooperar para ver realizados sus derechos.

2.2.1.2. La naturaleza jurídica de las obligaciones de protección de las víctimas que se derivan de los tres instrumentos internacionales

Otro de los aspectos que debe plantearse en esta sección es la relativa a la naturaleza de las medidas de protección de las víctimas de la trata. En este sentido, aunque el contenido material de los tres instrumentos parece, a simple vista, parecido, las obligaciones que se derivan de los mismos no tienen la misma entidad. Es preciso preguntarse, además, si las obligaciones que se derivan de dichos instrumentos son obligaciones de comportamiento o de medios[18] u obligaciones de resultado[19].

En primer lugar, respecto el Protocolo sobre trata de seres humanos, anexo a la Convención de las Naciones Unidas contra la Delincuencia Organizada Transnacional, debe interpretarse, precisamente, a la luz de la Convención, puesto que las víctimas de trata también se consideran víctimas de la delincuencia organizada transnacional. Así, de acuerdo con el art. 25 de dicha Convención, los Estados deben adoptar medidas apropiadas, dentro de sus posibilidades, para prestar asistencia y protección a las víctimas. Nótese que la obligación es de comportamiento o de medios: la incorporación del inciso «dentro de sus posibilidades» implica que las víctimas no podrán exigir un resultado concreto a los Estados, ya que solamente obliga a la actuación con la diligencia adecuada. Así, si las circunstancias internas del Estado en cuestión no permiten una protección total o efectiva de la víctima, esta no podrá exigirla. En este sentido, a la hora de identificar a las obligaciones de comportamiento o de medios, hay que tener en cuenta su flexibilidad, formuladas muchas veces de forma imprecisa sin que

---

18 ECONOMIDES, C. P., «Chapter 26. Content of the obligation: obligations of means and obligations of result», en CRAWFORD, J., PELLET, A., OLLESON, S. (eds.), *The Law of International Responsibility*, Oxford University Press, Oxford, 2010, pp. 371-381. El autor utiliza el concepto obligaciones de comportamiento y de medios conjuntamente, sin hacer ninguna distinción entre ellas.

19 Esta no es una distinción sencilla, tal y como apunta la prof. BLANCO PÉREZ-RUBIO, pues toda obligación «podría considerarse de medios o de resultado en función del punto de vista desde el cual se contemple». *Vid.* BLANCO PÉREZ-RUBIO, L., «Obligaciones de medios y obligaciones de resultado: ¿tiene relevancia jurídica su distinción?», *Cuadernos de Derecho Transnacional*, 6(2), 2014, pp. 50-74, p. 51. Respecto la comparativa entre las obligaciones de medios y las de resultado, *vid.* LÓPEZ FERNÁNDEZ, C., «Obligaciones de medios y de resultado», *Revista de la Facultad de Derecho*, (18), 2000, pp. 97-132.

se obligue a un resultado concreto o específico. Así, estas obligaciones requieren un comportamiento diligente del Estado sin que de aquí derive un resultado cuantificable y exigible[20].

En este mismo sentido, los artículos del Título II de dicho Protocolo relativos a las medidas de protección de las víctimas utilizan fórmulas del estilo «cuando proceda», «en la medida que lo permita su derecho interno» o «velará», de modo que en ningún caso se prevén obligaciones de resultado concretas. También en el Protocolo, la obligación es de medios, ya que los Estados parte deben facilitar, en sus ordenamientos jurídicos, la adopción de medidas que vayan de acuerdo con la protección y la asistencia de las víctimas[21]. En este sentido, por ejemplo, el Protocolo sobre trata de seres humanos establece que los Estados considerarán la posibilidad de aplicar medidas[22]. En consecuencia, es posible que un Estado, después de considerar sus posibilidades, aplique unas medidas u otras, pero sin ser exigible, por parte de la víctima, una protección efectiva. En este mismo orden de ideas, dada la imprecisión de

---

[20] ECONOMIDES, C. P., «Chapter 26. Content of the obligation: (...)», *op. cit.*, pp. 375-380.

[21] GALLAGHER, A., *The International Law of (...)*, *op. cit.*, p. 289. La autora resalta que también en los trabajos preparatorios del Convenio de las Naciones Unidas contra el Crimen Organizado y sus protocolos complementarios se optó por hacer ninguna referencia a esta obligación, habida cuenta del carácter opcional del contenido previsto en el art. 6 del mismo.

[22] UNODC, *Legislative guide for the Protocol to prevent, supress and punish trafficking in persons, especially women and children,* United Nations Publications, Viena, 2020, párr. 199. Disponible en: https://bit.ly/3S0BS1m. En este sentido, la guía legislativa contempla que algunas de las provisiones del Protocolo sobre trata de seres humanos contienen «elementos discrecionales». En este sentido, sobre la limitación de los efectos de los arts. 6-8 del Protocolo sobre trata de seres humanos, *vid.* PIOTROWICZ, R., «Trafficking of Human Beings ant their Human Rights in Migration Context», en CHOLWEINSKI, R., PERRUCHOUD, R., MACDONALD, E., *International Migration Law – Developing paradigms and Key Challenges,* Springer, Basilea, 2007, pp. 275-291.

las obligaciones de comportamiento o de medios contenidas en el Protocolo sobre trata de seres humanos, una parte de la doctrina considera que este instrumento no representa la aproximación criminocéntrica[23].

En cuanto al Convenio de Varsovia, en comparación el Protocolo sobre trata de seres humanos, sí que contiene algunas obligaciones más concretas que pueden llegar a considerarse obligaciones de resultado. En este sentido, si bien el art. 12 del Convenio de Varsovia deja claro que «Cada Parte adoptará las medidas legislativas o de otra índole que sean necesarias para asistir a las víctimas», a su vez establece que la asistencia deberá comprender, como mínimo, una lista *numerus apertus* de medidas tales como unas condiciones de vida capaces de asegurar la subsistencia de las víctimas, acceso a un tratamiento médico de urgencia, servicios de traducción e interpretación, asesoramiento e información. Por lo tanto, si bien existe cierta flexibilidad e imprecisión, pues cada Parte debe adoptar las medidas necesarias, al incluirse una lista con el mínimo que debe incluir la protección de la víctima, debe considerarse una obligación de resultado, al ser más rígidas, con un resultado exigible y cuantificable y claramente definido[24]. En este sentido, cabe plantearse si, en el caso del Convenio de Varsovia, que la víctima no tenga acceso, por ejemplo, al tratamiento médico de urgencia conllevaría un incumplimiento por parte del Estado en cuestión. En este sentido, dicho tratamiento es una de las medidas de asistencia mínimas que deben incluir los Estados en los actos legislativos o de otra índole que deben

---

23 MILANO V., «Protección de las víctimas de trata con fines de explotación sexual: estándares internacionales en materia de enfoque de derechos humanos y retos relativos a su aplicación en España», *Revista Electrónica de Estudios Internacionales*, (32), 2016, pp. 1-54, p. 9.

24 ECONOMIDES, C. P., «Chapter 26. Content of the obligation: (...)», *op. cit.*, pp. 375-380.

adoptar para asistir a las víctimas en su restablecimiento físico, psicológico y social. Por lo tanto, si la víctima no tiene acceso a la asistencia mínima, aunque la obligación se refiera a las medidas que debe adoptar el Estado, se puede entrever un determinado resultado y es que las medidas que adopte el Estado necesariamente incluirán los aspectos considerados el mínimo debido respecto las víctimas.

Por último, respecto a la Directiva 2011/36/UE, es preciso apuntar que las medidas de protección de las víctimas de la trata de seres humanos son, en comparación al Protocolo sobre trata de seres humanos y al Convenio de Varsovia, las más detalladas. Partiendo de que uno de los rasgos característicos de las Directivas es, precisamente, que las obligaciones que se derivan de ellas son de resultado, las obligaciones establecidas en la Directiva 2011/36/UE, al igual que las del Convenio de Varsovia, también deben de considerarse de resultado. En este sentido, por ejemplo, el art. 11 apdo. 1 de la Directiva 2011/36/UE establece la obligación de adoptar las medidas necesarias para garantizar la asistencia de las víctimas antes, durante y después del proceso penal. Si bien se da libertad a los Estados para decidir qué medidas adoptar, característica de las obligaciones de comportamiento o de medios, hay un resultado específico, exigible y cuantificable: el número de medidas que se han adoptado. En esta misma línea, por ejemplo, está el art. 13 apdo. 1 de la misma Directiva, al establecer que «Los menores víctimas de la trata de seres humanos recibirán asistencia, apoyo y protección», estableciendo otra obligación de resultado y dejando amplio margen de discrecionalidad a los Estados miembro para garantizarlo. Aunque las obligaciones vayan dirigidas a los Estados y se refieran a las medidas que tienen que adoptar, nótese que en el resultado final se supone que está la garantía de la asistencia a las víctimas, en este caso antes, durante y después del proceso penal.

En otro orden de ideas, es preciso añadir que según los arts. 11 y 12 de la Directiva 2011/36/UE, todas las medidas de protección de las víctimas se aplican juntamente con los derechos establecidos en la Decisión marco 2001/220/JAI. Este instrumento fue substituido por la Directiva 2012/29/UE (en adelante, Estatuto de la víctima)[25], que contiene las normas mínimas aplicables en todos los Estados miembro en lo que respecta a los derechos, las medidas de apoyo y de protección de las víctimas de cualquier delito[26]. De hecho, la propia Directiva, concretamente en el art. 11 apdo. 1, obliga a los Estados a adoptar medidas para que las víctimas puedan ejercer los derechos establecidos en ambos textos. Por ejemplo, los arts. 8-9 de la Directiva 2012/29/UE confieren a las víctimas la posibilidad de acceder a los servicios de apoyo a las víctimas. Estos deben facilitar, como mínimo, la información, el asesoramiento y el apoyo adecuados, apoyo emocional, asesoramiento sobre cuestiones financieras o el acceso a los sistemas nacionales de indemnización. En consecuencia, la obligación de los Estados es

---

25 *Directiva 2012/29/UE del Parlamento Europeo y del Consejo de 25 de octubre de 2012 por la que se establecen normas mínimas sobre derechos, el apoyo y la protección de las víctimas de delitos, y por la que se sustituye la Decisión marco 2001/220/JAI.* DOUE L 315 de 14 de noviembre de 2012.

26 Sobre el origen de la Directiva 2012/29/UE y todos los instrumentos que se sucedieron a la hora de proteger a las víctimas de la delincuencia, *vid.* LLORENTE SÁNCHEZ-ARJONA, M., «Las víctimas en el espacio judicial europeo: estudio de la Directiva 2012/29/UE, de 25 de octubre de 2012», *REJ – Revista de Estudios de la Justicia,* (22), 2015, pp. 119-141, pp. 123-124. Según la autora, la protección de las víctimas se erigió como uno de los objetivos de la Unión Europea desde el Tratado de Ámsterdam. En 1997 se elaboró un estudio de los distintos sistemas nacionales de indemnización de las víctimas de los Estados miembro de la UE. En los años que le sucedieron, la Unión promulgó una diversidad de instrumentos que pretendían proteger a las víctimas de modo sectorial, es decir, por cada tipo delictivo se promulgaron una serie de derechos. Sin embargo, con la llegada de la Directiva 2012/29/UE, se pretendió dar un tratamiento global a los derechos de las víctimas. Para saber más sobre el origen del estatuto de la víctima en Europa, *vid.* PÉREZ-RIVAS, N., «El modelo europeo de Estatuto de la víctima», *Dikaion,* 26(2), 2017, pp. 256-282.

garantizar que las víctimas tienen acceso a dichos servicios de apoyo, pero no su protección en sí misma.

Con todo, es posible cerciorarse de la naturaleza jurídica de las obligaciones que se desprenden de los tres instrumentos normativos. Así, se constata que cuanto más reducido es el ámbito de aplicación del instrumento, más posible es detallar las obligaciones, pasando de las de comportamiento o medios en los documentos con un alcance mayor hacia las obligaciones de resultado para aquellos textos con un alcance más reducido o localizado. Sería interesante aquí un replanteamiento de todas las obligaciones para transformarlas en obligaciones de resultado, sobre todo las que derivan, en este caso, del Protocolo sobre trata de seres humanos. La vocación de universalidad de este tratado internacional debería justificar más ambición en cuanto a la naturaleza de las obligaciones de protección de las víctimas de la trata si realmente se pretende otorgarle un carácter victimocéntrico.

2.2.2. El período de recuperación y reflexión de las víctimas y sus diferencias con los permisos de residencia para las víctimas no nacionales del Estado que las identifica

Otra de las medidas relativas a la protección de las víctimas es lo que se ha denominado período de recuperación y reflexión de las víctimas. Tanto las Naciones Unidas, concretamente en el art. 7 del Protocolo sobre trata de seres humanos, como el art. 14 del Convenio de Varsovia del Consejo de Europa[27] y el art. 6 apdo. 3 de la Directiva 2004/81/CE de la Unión

[27] En este sentido, *vid.* CONSEJO DE EUROPA, *Informe explicativo (…), op. cit.*, p. 28, párr. 172.

Europea[28] hacen referencia a este período, que tiene como objetivo permitir que la víctima pueda restablecerse y escapar de la influencia de los tratantes. Además, dicho período pretende asegurar que la víctima tome, con conocimiento de causa, una decisión en lo relativo a su situación, así como a su hipotética colaboración con las autoridades ya que dicho período puede servir para que las víctimas consideren cooperar, o no, con las autoridades policiales. Cabe señalar que muchas de las víctimas opten por no cooperar a causa del temor a las represalias o a la imposibilidad por causa de la corrupción de los propios funcionarios[29].

En cuanto al período de reflexión y restablecimiento del Protocolo sobre trata de seres humanos, solamente se hace referencia a la posibilidad de que los Estados adopten medidas para permitir a las víctimas de la trata permanecer en su territorio. En este sentido, dicho protocolo vincula el período de reflexión a los permisos temporales de residencia. En contraposición, ni el Consejo de Europa ni la Unión Europea formularon dicha vinculación. Es más, en el marco de la UE, la estancia en el Estado donde se identifica a la víctima durante el período de reflexión y recuperación no puede equipararse a un permiso temporal de residencia[30].

---

28 *Directiva 2004/81/CE del Consejo, de 29 de abril de 2004, relativa a la expedición de un permiso de residencia a nacionales de terceros países que sean víctimas de la trata de seres humanos o hayan sido objeto de una acción de ayuda a la inmigración ilegal, que cooperen con las autoridades competentes.* DOUE L 261, de 6 de agosto de 2004.

29 ORTEGA GÓMEZ, M., «La trata de seres humanos (...)», *op. cit.*, p. 193.

30 La Directiva 2004/81/CE establece, taxativamente, que «El período de reflexión no creará ningún derecho de residencia en virtud (...)» de la Directiva 2004/81/CE. En este sentido, *vid.* ORTEGA GÓMEZ, M., «La trata de seres humanos (...)», *op. cit.*, p. 194, dónde la autora apunta que el período de reflexión no se puede equiparar a la concesión de un derecho de residencia.

El Convenio de Varsovia fue el primer instrumento internacional en delimitar este espacio temporal para que la víctima de la trata se recupere y pueda decidir en relación con sus impresiones, teniendo conocimiento de causa y estando informada de todas sus opciones por parte de las autoridades del Estado[31]. Así, a nivel del Consejo de Europa, en el art. 13 del Convenio de Varsovia existe la obligación de proporcionar un período de reflexión y restablecimiento obligatorio de treinta días como mínimo[32] cuando existan motivos razonables para considerar que una persona es víctima de la trata de seres humanos[33]. De acuerdo con dicho artículo, durante el período de reflexión no se podrá expulsar del territorio nacional a la víctima[34]. En ningún caso el período de tiempo dependerá de la voluntad de cooperación de la víctima con las fuerzas policiales o las autoridades judiciales[35]. En el momento de finalización de este período de reflexión, los Estados deben expedir un permiso

---

31 GALLAGHER, A., *The International Law of (...), op. cit.*, p. 321.

32 Según el Informe explicativo del Convenio de Varsovia, los Estados parte que actualmente tienen un período de este tipo en su derecho interno se rigen por la diversidad a la hora de fijar el plazo. Así, existen períodos de reflexión y restablecimiento de un mes, de cuarenta y cinco días, de dos meses, de tres o hasta períodos indeterminados. En este sentido, *vid.* CONSEJO DE EUROPA, *Informe explicativo (…), op. cit.*, p. 28, párr. 177. El período de reflexión y restablecimiento recomendado es de tres meses.

33 En este sentido, *vid.* GALLAGHER, A., *The International Law of (...), op. cit.*, p. 322.

34 En este sentido, *vid.* CONSEJO DE EUROPA, *Informe explicativo (…), op. cit.*, p. 28, párr. 173-174.

35 GALLAGHER, A., *The International Law of (...), op. cit.*, p. 322. Sin embargo, de acuerdo con el Informe explicativo, el período de reflexión puede ser rechazado o terminado por razones de orden público o, en los casos en que la víctima sea presunta, se descubra que no es una víctima de la trata. En este sentido, *vid.* CONSEJO DE EUROPA, *Informe explicativo (…), op. cit.*, p. 28, párr. 176.

temporal de residencia para aquellas víctimas la situación de las cuales lo requiera[36].

En cuanto a la Unión Europea, la víctima debe ser informada, de acuerdo con el art. 11 apdo. 6 de la Directiva 2011/36/UE, en relación con el período de reflexión y recuperación establecido en la Directiva 2004/81/CE, que en su art. 6 establece que los Estados miembro garantizarán que se concede dicho período para que puedan recuperarse, librarse de la influencia de los autores de los delitos y, de este modo, decidir si cooperan con las autoridades competentes. En este sentido, la Directiva 2011/36/UE se limita, solamente, a obligar a las autoridades de los Estados miembro a informar a la víctima, entre otros, del período de reflexión y recuperación a su disposición y, gracias al acuerdo interinstitucional relativo a la propuesta de modificación de la Directiva 2011/36/UE, también de la posibilidad de solicitar la protección internacional[37].

Sin embargo, este período de reflexión solamente aparece expresamente previsto para las víctimas nacionales de terceros Estados de la Unión Europea, tal y como prescribe el citado art. 6 de la Directiva 2004/81. Pudiendo generar un claro perjuicio para las víctimas nacionales de algún Estado miembro, pues las necesidades de recuperación y de reflexión también existen para este perfil de víctimas, la nueva redacción del art. 11 de la Directiva 2011/36/UE derivada del acuerdo interinstitucional relativo a la propuesta de modificación parece dar una solución. Aunque no se habla explícitamente del período de recuperación y reflexión en los términos del art. 6 de la Directiva 2004/81, sí que se prevé que los centros de acogida y alojamientos provisionales, establecidos en el apdo. 5 bis, servi-

---

36 RAFFAELLI, R., «The European Approach to the Protection of Trafficking Victims: The Council of Europe Convention, the EU Directive and the Italian Experience», German Law Journal, 10(3), 2009, pp. 205-222, p. 210.

37 P9_TA(2024)0310, *op. cit.*, p. 33.

rán para ayudar a la recuperación de las víctimas. Habría sido deseable una redacción más clara y una obligación evidente en este sentido, puesto que esta ambigüedad traslada a los Estados miembro la responsabilidad de incluir esta medida en la transposición de la nueva directiva en su ordenamiento jurídico interno, pudiendo generar distintos grados de protección al no estar inequívocamente obligados a prever un período de recuperación y reflexión para las víctimas de la trata en general con independencia de su calidad de nacional de terceros Estados.

Otra de las medidas de protección en este sentido es la posibilidad de expedir permisos temporales de residencia a las víctimas que, a su vez, son migrantes. Dichos permisos deben ajustarse a las circunstancias de cada caso, habida cuenta de la edad, el sexo y la especial vulnerabilidad que afecta a cada víctima en concreto[38]. Esta medida, común en los tres instrumentos analizados, hace referencia a aquellas víctimas de la trata que no son nacionales del Estado donde son identificadas, más en concreto en la Unión Europea este permiso hace referencia a las víctimas de trata nacionales de terceros países. Nótese pues que una víctima de la trata que no es nacional de un Estado puede estar en el país donde es identificada de forma regular o irregular. Si se encuentra de forma regular en dicho Estado, podrá permanecer en él mientras dure el permiso en cuestión. Por el contrario, si es irregular, se podría proceder a su expulsión del territorio y la repatriación a su Estado de origen[39]. La medida que hace referencia a los permisos temporales o permanentes de residencia

---

38 GALLAGHER, A., *The International Law of (...)*, *op. cit.*, p. 321.

39 Por ejemplo, en la Unión Europea, la Directiva 2008/115/CE prevé, en su art. 6, que, por norma general, los inmigrantes en situación irregula que se encuentren en el territorio de un Estado miembro sean expulsados. *Vid.*, en este sentido, *Directiva 2008/115/CE del Parlamento Europeo y del Consejo, de 16 de diciembre de 2008, relativa a normas y procedimientos comunes en los Estados miembro para el retorno de los nacionales de terceros países en situación irregular.* DOUE L 248 de 24 de diciembre de 2008.

busca asegurar que las víctimas de la trata que se encuentran en situación irregular en un Estado puedan participar de las acciones penales, además de facilitar que puedan resarcir los daños sufridos mediante el cobro de indemnizaciones.

Según el Protocolo sobre trata de seres humanos, el permiso de residencia debe garantizar el período de reflexión y de recuperación de la víctima para asegurar un espacio donde la víctima pueda decidir sobre sus opciones, incluida la de cooperar con las fuerzas de seguridad o la autoridad judicial para avanzar en la persecución de sus explotadores[40]. Además, y de acuerdo con el art. 25 del Convenio marco de las Naciones Unidas contra la delincuencia organizada transnacional, los Estados deben brindar la oportunidad a las víctimas de participar en el proceso judicial, de modo que los permisos de residencia vienen a asegurar ambos extremos. Nótese que dicho protocolo no efectúa ninguna referencia a los permisos temporales de residencia del Convenio de Varsovia o de la Directiva 2011/36/UE. De hecho, estos dos instrumentos conciben dichos permisos con posterioridad al período de reflexión y restablecimiento. En cambio, el Protocolo sobre trata de seres humanos se limita a requerir que se le permita a la víctima permanecer en el territorio de un Estado mientras dure dicho período de recuperación. En consecuencia, obsérvese que fue el Convenio de Varsovia, en primer lugar, y la Directiva 2011/36/UE, en segundo lugar, los que introdujeron los permisos temporales de residencia, medida acorde con la voluntad de garantizar la protección y cierto nivel de vida para la recuperación de las víctimas.

---

[40] GALLAGHER, A., *The International Law of (...)*, *op. cit.*, p. 321. El tiempo de recuperación y de reflexión no fue incorporado en el Protocolo sobre trata de seres humanos, ya que su primera aparición en el elenco de medidas destinadas a la protección de las víctimas fue de la mano del Convenio de Varsovia del Consejo de Europa, que será analizado más adelante.

En el marco del Consejo de Europa, de acuerdo con el art. 14 del Convenio de Varsovia, deben concurrir una serie de requisitos para poder otorgar un permiso temporal de residencia. A diferencia del período de reflexión y restablecimiento, que se otorga a cualquier víctima sin requisito alguno, el permiso temporal de residencia se encuentra supeditado, por un lado, a la situación personal de la víctima, que hace necesario su estancia en el Estado en cuestión; o, por el otro lado, a la voluntad de colaboración por parte de la víctima con las autoridades nacionales del Estado receptor[41]. Es necesario apuntar que esta opción de colaboración de la víctima con las autoridades competentes no excluye de la obligación legal de la víctima a testificar en un proceso penal, cuando así se le requiera[42]. Además, el Convenio de Varsovia no establece la duración del permiso temporal de residencia. Sin embargo, el art. 14 apdo. 3 del Convenio establece que dicho permiso debe ser renovable, al supeditar la renovación o la retirada del permiso de residencia a las previsiones del derecho interno de la Parte en cuestión.

Es preciso llamar la atención sobre el segundo supuesto, en el que el permiso de residencia queda supeditado a la voluntad de cooperar de la víctima de la trata de seres humanos. En este sentido, el Convenio de Varsovia abrió la puerta a los permisos temporales de residencia tanto para las necesidades de las víctimas como a las necesidades de las autoridades competentes, posibilitando que los Estados parte pudieran escoger cualquiera de las dos vías propuestas[43]. Así, en algunos casos, puede que los Estados parte del Convenio solamente otorguen permisos temporales de residencia a aquellas víctimas que cooperen con las autoridades competentes en las investigaciones policiales

---

41 CONSEJO DE EUROPA, *Informe explicativo (…), op. cit.*, p. 29, párr. 182. *Vid.* GALLAGHER, A., *The International Law of (...), op. cit.*, p. 323 y RAFFAELLI, R., «The European Approach to the Protection (…)», *op. cit.*, p. 210.

42 *Ibid.*, párr. 176.

43 CONSEJO DE EUROPA, *Informe explicativo (…), op. cit.*, p. 29, párr. 182-185.

o judiciales. En consecuencia, esta medida implica que los Estados pueden restringir el permiso temporal de residencia a aquellas víctimas que cooperen con las autoridades[44], ya que no existe ni siquiera la obligación de considerar la concesión de dichos permisos a las víctimas que quieran interponer algún recurso o hacer alguna actuación judicial o los que quieran reunificar su familia. Además, las víctimas no tienen derecho, en virtud de la Convención, a apelar las decisiones negativas respecto las solicitudes de residencia[45]. En consecuencia, debe cuestionarse si este derecho de opción de los Estados puede colisionar con la obligación establecida en el mismo Convenio de Varsovia por la cual ninguna medida de protección quedará supeditada a la voluntad de cooperación de la víctima.

En este mismo orden de ideas, en el marco de la UE, la Directiva 2004/81/CE permite solicitar la suspensión de la ejecución de la expulsión y la concesión de autorizaciones de trabajo y residencia con carácter excepcional a las víctimas de trata de seres humanos cuando denuncien o colaboren con las autoridades policiales o judiciales en la lucha contra las redes organizadas[46]. Dicha Directiva es el único instrumento de la Unión Europea orientado exclusivamente a regular los permisos de residencia las víctimas de la trata, aunque esta protección obedezca a la voluntad de los Estados de perseguir a los responsables de la trata y de luchar contra la inmigración irregular[47]. A diferencia del Convenio de Varsovia, de acuerdo con el art. 8 apdo. 3 de la Directiva 2004/81/CE, el permiso

---

[44] El Convenio de Varsovia, en concreto el art. 14, establece que cada Estado parte podrá decidir cuál de los dos criterios, o incluso los dos, son los que se usan para adjudicar los permisos temporales de residencia.

[45] GALLAGHER, A., «Recent Legal Developments in the Field of Human Trafficking», *op. cit.*, pp. 180.

[46] SANTANA VEGA, D., «La Directiva 2011/36/UE, relativa a la prevención (...)», *op. cit.*, p. 225.

[47] ORTEGA GÓMEZ, M., «La trata de seres humanos (...)», *op. cit.*, p. 192.

temporal de residencia para las víctimas de la trata tiene una duración mínima de seis meses prorrogables.

Tal y como se ha apuntado con anterioridad, el art. 11 apdo. 3 de la Directiva 2011/36/UE establece que las medidas de asistencia y apoyo no deben supeditarse a la voluntad de la víctima de cooperar en la investigación penal sin perjuicio de lo que establece la Directiva 2004/81/CE, en concreto su art. 1, el cual ofrece al inmigrante irregular víctima de trata la residencia en un Estado miembro de la UE, pero únicamente en caso de colaboración con la autoridad. De acuerdo con lo anterior, debe entenderse que, en el marco de la Unión, los Estados brindan apoyo, asistencia y protección a todas las víctimas, independientemente de su origen, durante un tiempo adecuado. Sin embargo, una vez agotado dicho período, en los casos en que la víctima se encuentre en situación irregular y decida no colaborar con las autoridades, se procederá a su expulsión del territorio nacional[48]. En este sentido, cuando las víctimas son migrantes que se encuentran en situación irregular, la Directiva 2008/115/CE es clara: se retornará cualquier inmigrante en situación irregular que se encuentre en el territorio de algún Estado miembro de la UE[49], excepto si de acuerdo con su art. 4 existe una disposición más favorable de acuerdo con tratados bilaterales celebrados entre la Unión Europea y terceros Estados o Estados miembro y países no miembros de la

---

48 ORTEGA GÓMEZ, M., «La trata de seres humanos (...)», *op. cit.*, p. 191-192. Además, la autora apunta que una vez haya finalizado el permiso de residencia temporal, la víctima de la trata queda sometida a la Directiva 2008/115/CE y a la legislación sobre extranjería del Estado miembro donde se encuentre. En este sentido, el art. 13 apdo. 2 de la Directiva 2004/81/CE es claro al determinar que una vez haya expirado el permiso, «se aplicará la legislación de extranjería ordinaria», que incluye, sin duda alguna, las previsiones de la Directiva 2008/115/CE.

49 En concreto, el art. 1 establece que las normas y procedimientos establecidos en la citada directiva se aplicarán en «los Estados miembro para el retorno de los nacionales de terceros países en situación irregular».

UE[50], de modo que es de vital importancia la correcta y pronta identificación[51]. Esta misma reflexión es la que debe utilizarse a la hora de responder a la cuestión planteada anteriormente sobre la posible contradicción del Convenio de Varsovia.

Para poder garantizar este período de reflexión y de recuperación, debe identificarse correctamente a las víctimas de la trata. En el caso de que no se produzca dicha identificación, las víctimas no verán realizados los derechos que ostentan en calidad de víctimas de la trata de seres humanos. Además, tampoco podrán recuperarse suficientemente ni liberarse del control de la red de trata, de modo que aumentan las posibilidades de volver a caer bajo la influencia de las redes de trata. En referencia a las víctimas en situación irregular, es preciso señalar que la expulsión de migrantes en situación irregular que son víctimas de la trata implica serias consecuencias para estas. En estos casos, tal y como se desarrollará con profundidad en el capítulo tercero, la identificación de las víctimas juega un papel crucial. Además, es preciso añadir que la expulsión del migrante no soluciona el problema de las redes organizadas en los países

---

50 En este sentido, por ejemplo, de acuerdo con la *Ley Orgánica 4/2000, de 11 de enero, sobre derechos y libertades de los extranjeros en España y su integración social. BOE* núm. 10, de 1 de febrero de 2000, legislación consolidada (en adelante, LOEx), concretamente en su art. 53 se establece que la estancia irregular en España se considera una infracción grave que se castiga con una sanción, de acuerdo con el art. 55 de la misma, excepto si en el caso concreto, de acuerdo con el art. 57 del mismo instrumento, concurren circunstancias, tales como haber sido condenado a por un delito que prevé una pena privativa de libertad superior a un año, las cuales indiquen que la persona migrante en situación irregular debe ser expulsada en atención al principio de proporcionalidad *Vid.*, en este sentido, FERNÁNDEZ ROJO, D., «La detención de extranjeros en situación irregular: impacto de la Directiva 2008/115/CE y la jurisprudencia del TJUE en la legislación española», *Revista de Derecho Comunitario Europeo,* (53), 2016, pp. 233-258.

51 SALINAS DE FRÍAS, A., «La insuficiente protección jurídica internacional de los migrantes irregulares víctimas de trata», *Revista Española de Derecho Internacional,* 73(2), 2021, pp. 161-175, p. 166.

de origen de las víctimas de la trata, de modo que, en el caso concreto de la UE, la Directiva 2011/36/UE debería conceder, sin requisito alguno de cooperación, un permiso temporal de residencia al migrante en situación irregular que es víctima de la trata de seres humanos[52].

Si bien los instrumentos de la Unión Europea orientados hacia la identificación de las víctimas serán analizados en el capítulo siguiente de esta obra, es preciso referirse a este tipo de medidas en el marco del Consejo de Europa.

La identificación de las víctimas de trata de seres humanos puede ser extremadamente complicada[53], ya que la situación de explotación se ve envuelta en una serie de circunstancias, como por ejemplo la existencia de otra conducta delictiva o bien una intimidación por parte de los integrantes de las redes que evita que las víctimas puedan denunciar libremente, de modo que se dificulta la labor de las autoridades encargadas de la identificación[54]. En este mismo orden de ideas, el Informe explicativo del Convenio de Varsovia apunta que, para proteger y asistir a las víctimas, es crucial identificarlas como tales[55]. A través del proceso

---

[52] GROMEK-BROC, K., «EU Directive on preventing (…)», *op. cit.*, p. 232.

[53] GALLAGHER, A., HOLMES, P., «Developing an Effective Criminal Justice Response to Human trafficking», *International Criminal Justice Review*, 18(3), 2008, pp. 318-343, p. 329. A partir del testimonio que aquellos que se encuentran en primera línea en la lucha contra la trata de seres humanos y en la identificación de las víctimas, los autores apuntan que la identificación es «frustrantemente compleja e inexacta», como por ejemplo la naturaleza encubierta de la trata, los elevados niveles de trauma y de intimidación a los que son sometidos las víctimas. Además, apuntan que los rasgos característicos de la trata de personas, aquellos elementos que la diferencian del tráfico de migrantes o la simple migración irregular solamente aparecen después de que la explotación de la víctima se haya materializado.

[54] JORDANA SANTIAGO, M., «La lucha contra la trata en la UE (…)», *op. cit.*, p. 67. También, *vid.* O'NEILL, M., «Trafficking in Human Beings (…)», *op. cit.*, p. 52.

[55] En este sentido, *vid.* GALLAGHER, A., «Recent Legal Developments in the Field of Human Trafficking», *op. cit.*, p. 176.

de identificación de las víctimas de la trata de seres humanos, las autoridades competentes deben hacer un seguimiento y un estudio riguroso de todas las circunstancias que rodean el caso, así como de aquellas que revelan si una persona es víctima de la trata[56]. De acuerdo con el art. 10 del Convenio de Varsovia, además de requerir personal formado, las Partes deben verificar que las autoridades cooperan entre ellas y que colaboran con las organizaciones que cumplen funciones de apoyo, así como las ONG[57].

Teniendo en cuenta que el proceso de identificación puede ser largo, el art. 10 apdo. 2 del Convenio de Varsovia prevé que cuando las autoridades competentes estimen que existen «motivos razonables» para creer que una persona es víctima de la trata de seres humanos, esta no podrá ser expulsada del territorio[58] del Estado de destino. Así, según el Convenio, solamente con la existencia de motivos razonables para considerar que una persona es víctima de la trata de seres humanos ya estaría justificada la permanencia de dicha persona en el territorio nacional hasta que se complete el proceso de identificación[59]. En este mismo orden de ideas tienen que trabajar las autoridades competentes a la hora de aplicar las previsiones relativas a los derechos de las víctimas. Así, cuando existan motivos razonables para considerar que una persona es víctima de la trata,

---

56 CONSEJO DE EUROPA, *Informe explicativo (…), op. cit.*, p. 22, párr. 127. Sobre la identificación de las víctimas de la trata en el marco de la Unión Europea y los instrumentos de cooperación al caso, *vid. infra* capítulo tercero.

57 Por ejemplo, autoridades públicas que pueden tener contacto con las víctimas de trata, tal como la policía, inspectores de Trabajo, autoridades de inmigración o funcionarios de embajadas o consulados. En este sentido, *vid.* CONSEJO DE EUROPA, *Informe explicativo (…), op. cit.*, p. 22, párr. 129.Todo este proceso debe tener en cuenta cada situación específica que rodee a cada persona, especialmente la de las mujeres y los niños.

58 CONSEJO DE EUROPA, *Informe explicativo (…), op. cit.*, p. 23, párr. 133. Expulsar del territorio nacional puede referirse tanto al Estado de origen de la víctima como a terceros Estados.

59 *Ibid.*, párr. 131.

estaría justificada la aplicación a dicha persona de los derechos reconocidos a las víctimas de la trata de seres humanos[60].

Con todo, debe considerarse el período de reflexión y el permiso temporal de residencia como dos medidas de protección esenciales para las víctimas de la trata. Si se tiene en cuenta el grave perjuicio que comporta la explotación, es deber de los Estados garantizar la recuperación de estas. Aparte de otras medidas específicas, que serán analizadas a continuación, el hecho de disponer de un período temporal de seguridad durante el cual el Estado garantice la supervivencia de las víctimas facilita la recuperación. Aun así, dicho período de recuperación debe ir acompañado por un permiso temporal de residencia para las víctimas no nacionales de los Estados miembro de la Unión que no esté supeditado a la voluntad de cooperar de la víctima. En cualquier caso, dicho permiso debe concederse de acuerdo con las necesidades reales de las víctimas, con el pertinente examen por parte de las autoridades competentes, y no de acuerdo con la voluntad de dichas autoridades de perseguir a los delincuentes. Resulta inapropiado que se ponga la persecución de las redes por delante de las necesidades de las víctimas. Así pues, tanto el Consejo de Europa como la Unión Europea deberían ampliar los supuestos en los que se conceden permisos temporales de residencia a las víctimas en situación irregular.

2.2.3. La prohibición de la victimización secundaria de las víctimas de la trata

La identificación de las víctimas de la trata de seres humanos debe permitir, de entrada, considerarlas víctimas y no cri-

60 *Ibid.*, párr. 135.

minales[61]. En este sentido, se apuntó la complejidad de la trata de seres humanos por el hecho de que este fenómeno delictivo va acompañado por otras conductas igualmente consideradas infracciones penales[62]. Es posible que, aparte de la situación de explotación a la que se ven sometidas las víctimas de trata, algunas de ellas sean obligadas a cometer otros delitos. En consecuencia, si las autoridades no están suficientemente preparadas, es posible que les imputen conductas que se derivan de su situación de explotación. De hecho, dadas las dificultades en el proceso de identificación, es habitual que las autoridades de los Estados sancionen a las víctimas por conductas delictivas que han cometido durante su período de explotación[63].

Así pues, la identificación efectiva de las víctimas es imprescindible, pero debe ir acompañada de medidas para la no criminalización de las víctimas[64]. Por un lado, al Protocolo sobre trata de seres humanos no se hace mención alguna a la posibilidad de no criminalizar a las víctimas de la trata por los

---

61 DERENCINOVIC, D., «Comparative perspectives on non-punishment of victims of trafficking in human beings», *Annales XLVI*, (63), 2014, pp. 3-20, p. 4.

62 *V. gr.*, solo por citar algunos ejemplos, de prostitución o de inmigración irregular. En este sentido, *vid.* JORDANA SANTIAGO, M., «La lucha contra la trata en la UE (...)», *op. cit.*, p. 67 y O'NEILL, M., «Trafficking in Human Beings (...)», *op. cit.*, p. 52.

63 DE LEÓN VILLALBA, F. J., *Tráfico de personas e inmigración ilegal*, Tirant lo Blanch, Valencia, 2003, p.80 y ss. En este sentido, *vid.* el trabajo sobre problemas de identificación de las víctimas de la trata de seres humanos basado en el análisis de la jurisprudencia: ELLIOT, J., «(Mis)Identification of Victims of Humans Trafficking: The case of *R v. O*», *International Journal of Refugee Law*, 21, 2009, pp. 727-741. Sobre la complejidad de la identificación de las víctimas de la trata de seres humanos a causa del solapamiento con otras actividades igualmente delictivas, *vid.* JORDANA SANTIAGO, M., «La lucha contra la trata en la UE (...)», *op. cit.*, p. 67 y O'NEILL, M., «Trafficking in Human Beings (...)», *op. cit.*, p. 52.

64 DERENCINOVIC, D., «Comparative perspectives on non-punishment (...)», *op. cit.*, p. 5.

delitos cometidos por culpa de la explotación[65]. Por otro lado, el art. 26 del Convenio de Varsovia establece que los Estados parte pueden establecer la posibilidad de no imponer sanciones a las víctimas. Esta previsión busca evitar la victimización secundaria, entendida esta como la imputación de los delitos o actividades ilícitas que pudieran haber incurrido las víctimas de trata por su participación en actividades ilícitas, en los ordenamientos jurídicos de los Estados parte del Convenio, que deberán seguir sus principios para poder aplicar medidas contra la aplicación de sanciones a las víctimas[66]. La victimización secundaria es una de las consecuencias más lesivas paras las víctimas, de modo que es preciso evitarlo en los procesos de identificación de las víctimas. Por último, el art. 8 de la Directiva 2011/36/UE también contempla la posibilidad de no imponer la victimización secundaria a las víctimas, aunque conviene remarcar que no es una obligación, sino una opción: el texto legal solo dice que los Estados miembro podrán optar por la adopción de medidas que eviten la victimización secundaria[67]. Cabe señalar aquí que tanto la propuesta de modificación de la Directiva 2011/36/UE presentada por la Comisión Europea como el acuerdo interinstitucional al respecto mantienen este carácter opcional. No obstante, dicho acuerdo amplió el alcan-

---

65 Es preciso apuntar, sin embargo, que el art. 26 de la Convención de Naciones Unidas contra la Delincuencia Organizada Transnacional prevé la posibilidad de mitigar la pena a las personas acusadas cuando presten una cooperación sustancial en la investigación o el enjuiciamiento. Además, invita a los Estados parte a considerar la posibilidad de conceder inmunidad jurídica a las personas que participen o hayan participado en grupos delictivos organizados. Si bien las víctimas no son miembros de las redes de trata, seria explorable, a partir de una interpretación expansiva, conceder a las víctimas inmunidad judicial.

66 DERENCINOVIC, D., «Comparative perspectives on non-punishment (...)», *op. cit.*, p. 5.

67 En este sentido, *vid. ibid.*

ce del citado art. 8 al incorporar también otras actividades ilícitas que la víctima se ha visto obligada a cometer[68].

La victimización secundaria, que fue abordada en los mismos términos en ambos instrumentos regionales europeos en el sentido de no constituir una obligación para los Estados, no cuenta con el mismo apoyo en el Protocolo sobre trata de seres humanos. Aun así, es necesario apuntar la necesidad de que los Estados incluyan en sus ordenamientos jurídicos internos previsiones en este sentido. De hecho, la protección de las víctimas de la trata implica que no sean acusadas por actos delictivos que realizaron bajo la amenaza, la coacción y durante la explotación. Sería incoherente aplicar sanciones, incluso la privación de libertad, a una víctima de la trata que fue obligada a cometer delitos, ya que estas sanciones penales van en contra de la esencia misma de la protección de las víctimas.

2.2.4. Las medidas de protección de las víctimas durante la realización de un proceso judicial y el Estatuto de la víctima.

De acuerdo con el estudio de las medidas de protección de las víctimas de la trata, los tres instrumentos analizados dividen dichas medidas entre aquellas que afectan a la víctima durante la realización de un proceso judicial y las que no. Siguiendo, pues, esta clasificación, a continuación, se estudian aquellas medidas que tienen como objetivo garantizar la seguridad de las víctimas y su derecho a participar en el proceso judicial abierto.

Así, de acuerdo con el art. 24 apdo. 1 de la Convención de las Naciones Unidas contra la criminalidad organizada transnacional, los testigos deben quedar protegidos contra posibles actos de represalia o intimidación cuando presten testimonio contra los tratantes. Además, en algunos casos, también puede prote-

---

[68] P9_TA(2024)0310, *op. cit.*, p. 28.

gerse a los familiares y a las personas cercanas de dichos testigos. Nótese que este inciso no hace referencia a las víctimas, ya que la calidad de testigo en un proceso contra las redes de trata no es exclusiva de estas. Aun así, estas también quedan protegidas por este artículo, ya que en su apdo. 4 se permite que también puedan prestar testimonio en un proceso judicial contra las redes.

Es preciso apuntar que la obligación de dicha Convención obliga a los Estados a adoptar medidas, aunque les otorga libertad a la hora de escoger la medida concreta. Aun así, y de acuerdo con su art. 24 apdo. 2, se incluyeron propuestas como la protección física de los testigos, la reubicación, la prohibición de revelar información relativa a su paradero o incluso la posibilidad de prestar testimonio a través de las nuevas tecnologías. Aparte de las medidas referidas a los testigos, el art. 25 apdo. 3 de dicho instrumento de las Naciones Unidas establece que los Estados deben permitir que se presenten y examinen las opiniones y preocupaciones de las víctimas en los distintos tiempos de las actuaciones penales. Estas obligaciones implican un resultado obligatorio para los Estados: que se adopten medidas para proteger a las víctimas y que se permita que las víctimas pueden presentar sus opiniones y preocupaciones. Aun así, siguiendo la línea marcada por toda la Convención y sus Protocolos anejos, se otorga libertad para escoger los medios concretos para materializar ambas obligaciones. Obsérvese, pues, que las medidas de protección durante el proceso sí que pueden considerarse de resultado, mientras que las que se refieren a la protección fuera de este proceso, tal y como se ha visto anteriormente, tienen el carácter de obligaciones de comportamiento.

A modo complementario, el art. 6 del Protocolo sobre trata de seres humanos también incluye medidas de protección de las víctimas de la trata durante el proceso o la investigación. En este sentido, los Estados deben proteger la privacidad y la confidencialidad de la identidad de la víctima durante los procesos judiciales. Sin embargo, se hará solamente cuando proceda y en la medida en que lo permita el derecho interno del Estado donde se realicen dichos procesos. En esta misma línea se encuentra el régimen de protección de las víctimas de la UE. Así, y de acuerdo con el art. 21 de la Directiva 2012/29/UE, se garantiza que, en algunos casos, se proteja la identidad de la víctima durante la celebración de la fase judicial. Se habrá notado que únicamente en algunos casos se procederá a la protección de la identidad de las víctimas. En el marco de la Unión Europea esto es así porque, bajo el amparo del Estatuto de la víctima, los Estados deben realizar evaluaciones individuales de las víctimas para determinar sus necesidades especiales de protección[69].

La protección de la intimidad y la identidad de las víctimas no es un derecho limitado al proceso judicial. Es preciso apuntar que el Protocolo sobre trata de seres humanos y la normativa de la Unión especifican que la vida privada se debe proteger tanto durante el proceso judicial como fuera de este. En esta misma línea apuntó el Convenio de Varsovia, pero utilizando una formulación propia, pues instrumento hace referencia a la privacidad de la víctima en general, entendiéndose que implica, también la protección durante la fase judicial. Así, de acuerdo con el art. 11 del Convenio de Varsovia, los Estados parte tienen la obligación de proteger la vida privada y la identidad de la víctima, de modo que para garantizarlo se deberán seguir las previsiones del Convenio para la protección de las personas

---

69 *Vid.*, en este sentido, arts. 22-24 Directiva 2012/29/UE. Así, se analizarán las características personales de la víctima, el tipo o la naturaleza del delito y las circunstancias del mismo. Cualquier víctima menor de edad se entenderá, sin la necesidad de efectuar ningún examen, que requiere de medidas especiales de protección. En estos casos, las víctimas podrán tomar declaración en dependencias separadas y a través de profesionales con formación adecuada; además de contar con personas del mismo sexo para realizar declaraciones relativas a violencia sexual. Entre otras medidas, se evitará el contacto visual entre la víctima y el infractor, se garantizará que la declaración de la víctima se realiza a través de nuevas tecnologías o se evitará que se formulen preguntas innecesarias en relación con la vida personal de la víctima.

con respecto al tratamiento automatizado de datos de carácter personal[70].

El derecho a la privacidad de la víctima resulta crucial en un delito que estigmatiza brutalmente a las víctimas. En este sentido, el hecho de no garantizar efectivamente la privacidad y la confidencialidad de la identidad de las víctimas de la trata aumenta la posibilidad de sufrir intimidaciones o represalias por parte de la red de la trata que ha sido denunciada o que está siendo investigada gracias a la declaración de una víctima. Además, es posible que el hecho de que salga a la luz la identidad de la víctima disminuya considerablemente las posibilidades de recuperación y de reinserción social[71].

Sin embargo, es posible que con el objetivo de garantizar la seguridad y la identidad de la víctima que actúa como testigo en un proceso judicial se limite el acceso de los medios al sumario o a las actuaciones judiciales, incluso al juicio oral, con tal de evitar que se filtre la identidad de la víctima. En estos casos, es preciso apuntar que el bien jurídico protegido es la intimidad de la víctima, de modo que los Estados deberán conciliar dicha protección con la lesión de la transparencia durante la celebración de actuaciones judiciales en tanto de que se ha privado a los medios acceder a dichas actuaciones[72].

Otra de las medidas contempladas en el art. 6 apdo. 2 del Protocolo sobre trata de seres humanos es el acceso a información sobre procedimientos judiciales y administrativos y a la asistencia encaminada a permitir que las opiniones y preocupaciones de las víctimas se examinen en las distintas etapas del proceso judicial. Esto debe interpretarse en el sentido de

---

70 *Convenio para la protección de las personas con respecto al tratamiento automatizado de datos de carácter personal, hecho en Estrasburgo el 28 de enero de 1981.* Publicado en *U.N.T.S.* vol. 1496, p. 65 y en el *BOE* núm. 274, de 15 de noviembre de 1985..

71 GALLAGHER, A., *The International Law of (...), op. cit.*, p. 303.

72 UNODC, *Guía legislativa, op. cit.*, p. 286 párr. 54.

que los Estados tienen la obligación de presentar de un modo claro, entendedor y en el idioma de la víctima cuáles son los procesos a seguir tanto a nivel penal, en el caso de que haya una denuncia o una investigación abierta, como a nivel administrativo, relativa a su situación si fuere migrante irregular[73].

Sin embargo, debe diferenciarse la posibilidad de expresar su opinión o expresar sus pensamientos a la de prestar declaración con valor probatorio. Mientras la segunda debe estar sujeta a las previsiones legales que se otorgue a la prueba testifical en los ordenamientos jurídicos de los Estados parte, la posibilidad a que hace referencia el art. 6 apdo. 2 del Protocolo recae sobre las opiniones y preocupaciones de las víctimas relativas al proceso en sí, a las consecuencias de la sentencia o a cualquier cuestión de esta índole[74]. No está clara la utilidad de esta medida de protección, en tanto que el Protocolo sobre trata de seres humanos no han definido el valor de estas opiniones y preocupaciones. Así, los Estados deberían perfilar el valor probatorio, si es que lo tiene, de estas expresiones por parte de las víctimas.

En la misma línea que el Protocolo sobre trata de seres humanos, el art. 12 apdo. 1 del Convenio de Varsovia estipula que la asistencia que prestan los Estados a las víctimas debe comprender, entre otros aspectos, la asistencia para que los derechos y los intereses de las víctimas sean presentados y tenidos en cuenta en las fases apropiadas del procedimiento penal contra los infractores. Sin embargo, es preciso remarcar la diferencia entre el redactado de ambos artículos. Mientras que el Protocolo sobre trata de seres humanos hace referencia a

---

73 GALLAGHER, A., *The International Law of (...)*, *op. cit.*, p. 303. La autora apunta a los retos que se presentan cuando una víctima no dispone de un permiso temporal de residencia, con el consiguiente proceso de repatriación, pero tiene el derecho a participar en el proceso judicial de acuerdo con el art. 6 apdo.2 del Protocolo sobre trata de seres humanos.

74 UNODC, *Guía legislativa, op. cit.*, p. 287 párr. 56.

sus opiniones y pensamientos, el Convenio de Varsovia se refiere a los derechos e intereses de las víctimas. Esta medida se traduce en la posibilidad que la víctima reclame, por ejemplo, una indemnización a los tratantes o incluso asesoramiento y representación legal de la víctima durante el proceso judicial que vele por sus intereses.

Además, de acuerdo con el art. 15 apdo. 1 del Convenio de Varsovia, se prevé facilitar información a la víctima relativa a los procedimientos judiciales y administrativos a su disposición en un idioma que pueda comprender, Por lo tanto, es de especial relevancia que las víctimas de la trata de seres humanos sean informadas adecuadamente sobre sus derechos y sobre todos los procedimientos judiciales existentes para que puedan ejercerlos y, en algunos casos, reclamar compensación por el daño recibido[75].

En segundo lugar, siguiendo con la referencia a los recursos judiciales y administrativos, los Estados parte del Convenio de Varsovia, de acuerdo con el art. 15 apdo. 2 del mismo, deben prever el derecho a la asistencia de un defensor y a una asistencia jurídica gratuita para las víctimas, de acuerdo con las condiciones previstas en su legislación interna. Este artículo no otorga de forma automática el derecho a la asistencia jurídica gratuita, de modo que cada Estado, de acuerdo con su legislación interna, puede optar por estipular ciertos requisitos a la hora de otorgar la defensa jurídica gratuita o bien universalizar este derecho.

Así pues, tanto el Protocolo sobre trata de seres humanos como el Convenio de Varsovia aseguran que las víctimas pueden participar en los procesos penales contra sus explotadores

---

[75] CONSEJO DE EUROPA, *Informe explicativo (...), op. cit.*, p. 30, párr. 192. Es importante recordar que, de entre los derechos que la víctima debe conocer, se encuentra el permiso temporal de residencia establecido en el art. 14 del Convenio de Varsovia, ya que resultaría extremadamente reclamar una compensación si no se encuentra en el territorio nacional de la Parte en cuestión.

como parte afectada. A todo ello, la Unión Europea fue más allá en la estipulación de una serie de derechos de las víctimas durante los procesos penales. De acuerdo con el art. 12 apdo. 1 de la Directiva 2011/36/UE, los derechos de las víctimas durante las investigaciones y los procesos penales deben complementarse con los estipulados en el Estatuto de la víctima. Antes de entrar a analizar dichas medidas de protección, es preciso hacer un breve comentario de la Directiva 2012/29/UE. La entrada en vigor del Tratado de Lisboa permitió dar un impulso a la protección de las víctimas gracias al reenfoque que dio, precisamente, a esta materia, superando la doble vertiente comunitaria e intergubernamental en la que se venía sustentando[76]. En este sentido, se actualizó la base jurídica para poder desarrollar derechos de las víctimas de delitos[77]. Este aspecto implicó la voluntad política de las instituciones de la Unión Europea de incluir la protección integral de las víctimas como una pieza clave en la lucha contra la criminalidad[78].

Los derechos reconocidos tanto en la Directiva 2011/36/UE como en el Estatuto de la víctima se aplican a las víctimas. Así, debe plantearse a qué se está refiriendo cuando se habla de víctimas. Este es uno de los aspectos en el que la Unión, en relación con el Protocolo sobre trata de seres humanos y al Convenio de Varsovia, ha supuesto más avances. En este sentido, el instrumento de las Naciones Unidas no hace mención alguna a qué debe considerarse una víctima. En ausencia de

---

76 BLÁZQUEZ PEINADO, M. D., «La Directiva 2012/29/UE, ¿Un paso adelante en materia de protección a las víctimas en la Unión Europea?», *Revista de Derecho Comunitario Europeo,* (46), 2013, pp. 897-934, p. 900.

77 *Vid.* art. 82 apdo. 2 TFUE. Dicho artículo constituye la base jurídica por excelencia en relación a la cooperación policial y judicial en asuntos penales de dimensión transfronteriza. Así, bajo la rúbrica «Cooperación judicial en materia penal», se autoriza al colegislador europeo a adoptar directivas que contengan normas mínimas referidas, entre otros, a los derechos de las víctimas de los delitos.

78 BLÁZQUEZ PEINADO, M. D., «La Directiva 2012/29/UE (...), *op. cit.*, p. 901.

un consenso internacional en relación al concepto de víctima, debe atenderse a las previsiones de cada Estado parte del Protocolo para determinar quién ostenta los derechos previstos para las víctimas de la trata. El Convenio de Varsovia significó un paso adelante en tanto que sí estableció una definición de víctima[79]. En este sentido, de acuerdo con el art. 4 del Convenio, se considera una víctima de la trata «cualquier persona física sometida a la trata de seres humanos», independientemente de su origen o su situación administrativa. Por último, el art. 1 del Estatuto de la víctima va un paso más allá al considerar como víctimas, también, a «los familiares de una persona cuya muerte haya sido directamente causada por un delito y que haya sufrido un daño o perjuicio como consecuencia de la muerte de dicha persona». Consecuentemente, una víctima, según la UE, puede ser tanto la persona física que es explotada por las redes de trata como los familiares que han sufrido un daño a causa de la muerte de un familiar suyo que se encontraba en una situación de explotación[80].

De acuerdo con el art. 12 apdo. 2 de la Directiva 2011/36/UE y los arts. 8 y 9 del Estatuto de la víctima, los Estados miembro tienen la obligación de garantizar el acceso inmediato al asesoramiento jurídico y a la representación legal. Ambos podrán ser gratuitos cuando la víctima no tenga suficientes recursos. Además, y según el art. 3 del Estatuto de la víctima, desde el primer contacto, las víctimas tienen derecho a un intérprete

---

79 GALLAGHER, A., *The International Law of (...), op. cit.*, p. 277.

80 Sobre la comparativa entre los distintos regímenes de derechos de las víctimas de los delitos en general, en relación a las Naciones Unidas, Convenio de Varsovia y Unión Europea, *vid.* BUCZMA, S. R., «An overview of the law concerning protection of victims of crime in the view of adoption of the Directive 2012/29/EU establishing minimum standards on the rights, support and protection of victims of crime in the European Union», *ERA Forum*, 14, 2013, pp. 235-250.

y a la traducción de cualquier documento o declaración[81] o, de acuerdo con el art. 7 del mismo, incluso durante el transcurso de la fase judicial. Las traducciones también afectan a la información que debe transmitirse a las víctimas.

En este sentido, de acuerdo con el art. 12 de la Directiva 2011/36/UE, los Estados deben garantizar que se informa a las víctimas sobre todos los derechos reconocidos en dicho Estatuto, como por ejemplo el tipo de apoyo que pueden obtener, el acceso a la atención médica o psicológica; los procedimientos de interposición de denuncias y el papel que en ellas desarrollan las víctimas; las vías para acceder a la protección; las condiciones para indemnizaciones o sobre los procedimientos de reclamación existentes cuando las autoridades no respeten los derechos de las víctimas. Asimismo, y de acuerdo con el art. 5 del Estatuto de la víctima, cuando las víctimas interpongan una denuncia, tienen derecho a recibir por escrito una declaración que sirva como prueba fehaciente de la denuncia formal, además de poder presentar la denuncia en su idioma con la ayuda de un intérprete. Una vez la víctima ha presentado la denuncia, y de acuerdo con el art. 6 del mismo, está en su derecho recibir cualquier información relacionada con dicho proceso, por ejemplo, sobre la decisión de archivar la causa o la hora y el lugar del juicio, así como las sentencias.

Según los arts. 14 a 17 del Estatuto de la víctima, una vez iniciado el proceso judicial, esta tiene derecho a ser escuchada, a recurrir cualquier decisión que implique la no continuación del procedimiento, al reembolso de los gastos generados por su participación en el proceso, a la restitución de los bienes y el derecho a obtener una decisión relativa a la indemnización por parte del infractor. Además, según el art. 18 de dicho ins-

---

81 En este sentido, el Convenio de Varsovia también previó la traducción y la interpretación como un derecho de las víctimas. En este sentido, *vid.* art. 12 apdo. 1 c) Convenio de Varsovia.

trumento, los Estados también deben proteger a las víctimas de cualquier intimidación o represalias durante la toma de declaración y cuando testifiquen. En este sentido, aparte de la protección física, también debe protegerse la integridad psicológica y emocional de las víctimas. En algunos casos, y así lo establece el art. 19 del Estatuto de la víctima, estas pueden solicitar evitar el contacto entre ella, o sus familiares, y los acusados[82]. Cualquier investigación penal requiere, además, que las declaraciones de las víctimas sean el menor número posible y se presten sin dilaciones injustificadas. En este mismo sentido, cualquier reconocimiento médico debe reducirse al mínimo y estrictamente necesario tal y como dispone el art. 20 del mismo.

Con todo, el Estatuto de la víctima representa un paso firme en la protección de las víctimas de cualquier delito[83]. De acuerdo con los tres instrumentos analizados, se constata que las medidas de protección de las víctimas durante el proceso judicial en el marco de la Unión Europea son las más detalladas. Esta afirmación constata otro elemento que se ha ido comentando a lo largo del presente capítulo, ya que cuanto menor es el ámbito de aplicación de un instrumento, mayor es el grado de concreción de las obligaciones que se derivan.

---

82 Se habla, por ejemplo, de las salas de espera y en general en cualquier punto de las dependencias donde se celebra el juicio. Así, es obligación de los Estados garantizar que existen salas de espera separadas para las víctimas.

83 Sobre la Directiva 2012/29/UE, *vid.* BLÁZQUEZ PEINADO, M. D., «La Directiva 2012/29/UE (…), *op. cit.*, p. 897-974; BUCZMA, S., «An overview of the law concerning protection of victims of crime (…)», *op. cit.*, pp. 235-250; GARCÍA RODRÍGUEZ, M. J., «El nuevo estatuto de las víctimas del delito en el proceso penal según la Directiva europea 2012/29/UE, de 25 de octubre, y su transposición al ordenamiento jurídico español», *Revista electrónica de Ciencia Penal y Criminología*, 18-24, 2016, pp. 1-84; LLORENTE SÁNCHEZ-ARJONA, M., «Las víctimas en el espacio judicial europeo (…)», *op. cit.*, pp. 119-141 y PÉREZ-RIVAS, N., «El modelo europeo de Estatuto (…)», *op. cit.*, pp. 256-282.

2.2.5. Las medidas de protección de las víctimas de la trata fuera del proceso judicial. La recuperación y la protección física, psicológica y social

De acuerdo con el art. 6 apdo. 3 del Protocolo sobre trata de seres humanos, cada Estado parte considerará la posibilidad de aplicar medidas destinadas a la recuperación física, psicológica y social de las víctimas de la trata. Nótese que solamente se hace referencia a «obligación de considerar», ya que el citado artículo no confiere una obligación de resultado para los Estados, sino que les obliga a estudiar la posibilidad de incorporar este tipo de medidas en sus ordenamientos jurídicos[84]. Es preciso apuntar que los Estados podrán cooperar con la sociedad civil organizada, elemento clave habida cuenta de que este tipo de organizaciones de base social que trabajan directamente con víctimas de la trata facilitan la aplicación de las medidas de prevención previstas.

Tal y como se ha señalado anteriormente, el Protocolo sobre trata de seres humanos no implica ninguna obligación de resultado. Si que invita a los Estados a tener en cuenta una serie de medidas que comportan importantes beneficios para las víctimas, incluso aumentan las posibilidades de que la víctima, habiendo cubierto sus necesidades básicas, coopere con las autoridades policiales en su investigación o participe en el

---

84 *Vid.* GALLAGHER, A., *The International Law of (...), op. cit.*, p. 307. En este sentido, la autora apuntó del alto nivel de reticencia de los Estados a la hora de quedar obligados por medidas específicas relativas a la protección física, psicológica y social de las víctimas de la trata de seres humanos. Los principios generales aplicables a las normas de protección del Protocolo sobre trata de seres humanos están rodeados de un cierto grado de discrecionalidad, de modo que no se confieren obligaciones concretas respecto medidas específicas para las víctimas, sino que cada Estado miembro decidirá cuáles son de aplicación a las víctimas que se encuentren en su territorio.

proceso judicial[85]. Estas medidas, recogidas en el art. 6 apdo. 3 del Protocolo sobre trata de seres humanos, se refieren al suministro de un alojamiento adecuado; de asesoramiento e información, en concreto sobre los derechos jurídicos de la víctima en un idioma que pueda comprender; de asistencia médica, psicológica y material; y, por último, en la facilitación de oportunidades de empleo, educación y capacitación.

En el art. 6 apdo. 5 del mismo protocolo también se prevé que los Estados «se esfuercen» para prever la seguridad física de las víctimas de la trata mientras se encuentren en su territorio. Debe interpretarse este artículo en el sentido de que los Estados parte deben velar por proteger a las víctimas de la trata de ulteriores daños, habida cuenta de que este delito se caracteriza por un elevado nivel de violencia e intimidación sobre las víctimas, incluso sus familiares o personas de su entorno, las cuáles pueden sufrir violencia por parte de las redes de la trata[86].

En este mismo orden de ideas se encuentra el Convenio de Varsovia, que en su art. 12 apdo. 1 también prevé el restablecimiento de la víctima. Es preciso apuntar que ambos instrumentos apuntan hacia la recuperación física, psicológica y social, pero el grado de concreción del Convenio de Varsovia es mucho mayor que el del Protocolo sobre trata de seres humanos, tal y como se verá a continuación.

Las medidas obligatorias para los Estados parte del Convenio de Varsovia garantizan unas condiciones de vida que puedan garantizar la subsistencia de la víctima. El mismo texto, sin el afán de ser exhaustivo, enumera en su art. 12 apdo. 1 el

---

[85] GALLAGHER, A., *The International Law of (...)*, *op. cit.*, p. 307.

[86] *Ibid.*, p. 301. Según la autora, por ejemplo, a una víctima de la trata que haya decidido colaborar con la justicia se le debe garantizar su integridad física ya que es posible que las redes de la trata intenten intimidarla o lesionarla para evitar que preste declaración e n un juicio y facilite la condena.

acceso a una vivienda adecuada y segura y la asistencia psicológica y material como posibles medidas. Además, contempla la posibilidad de que las víctimas accedan a la asistencia médica de urgencia. En relación con la información que debe recibir la víctima, siempre en un idioma que pueda entender, dicha información debe referirse a los derechos que le reconoce la ley, así como los servicios que se encuentran a su disposición.

El Convenio de Varsovia reserva ciertas medidas para las víctimas que residan legalmente en el Estado responsable de su aplicación. Por un lado, y de acuerdo con el art. 12 apdo. 3 del mismo, los Estados parte deben ofrecer la asistencia médica necesaria, o cualquier otro tipo de asistencia, cuando las víctimas no dispongan de recursos necesarios y la necesiten. Por el otro lado, y según el apdo. 4 del mismo artículo, se debe facilitar el acceso de las víctimas que residan legalmente en dicho Estado al mercado de trabajo, a la formación profesional o a la enseñanza. Sin embargo, el Convenio no asegura el acceso al mercado de trabajo, a la formación profesional o a la enseñanza. Se limita a apuntar que las Partes decidan las condiciones de acceso, de modo que se atribuye cierto margen de discrecionalidad en materia laboral a los Estados parte.

Habida cuenta de la complejidad intrínseca en la trata de seres humanos, que se traduce en dificultades a la hora de identificar a las víctimas, perseguir a las redes y prevenir el fenómeno, el Convenio de Varsovia prevé que los Estados puedan cooperar con las ONG y otras organizaciones comprometidas con la asistencia de las víctimas, siempre que de acuerdo con el art. 12 apdo. 5 del mismo, concurra una situación de necesidad y teniendo en cuenta las condiciones previstas en la legislación interna. Esta cooperación no implica, en ningún caso, que sean las ONG las que asumen la responsabilidad de proteger a las víctimas. Todo lo contrario: su papel se limita a reforzar las labores de las autoridades competentes de los Estados[87].

Ambos regímenes de protección, tanto el del Protocolo sobre trata de seres humanos y el del Convenio de Varsovia, tienen el mismo carácter. Ninguna de las medidas es preceptiva para los Estados parte, de modo que, si bien existe una obligación de medios, estos se dejan a la libre elección de cada Parte. Sin embargo, es preciso tener en cuenta una excepción. Respecto el Convenio de Varsovia, las dos únicas medidas de protección obligatorias son aquellas que confieren a las víctimas el derecho a recibir asistencia médica y a acceder al mercado laboral. Pero, tal y como se ha dicho, no son medidas disponibles para todas las víctimas, ya que el Convenio especifica que solamente afectan a las víctimas nacionales del Estado que debe aplicarlas. Si se compara con la protección de las víctimas no nacionales de dichos Estados, podría cuestionarse si esta distinción implica cierto perjuicio comparativo.

En relación con las medidas de protección previstas en el sistema de la UE, también hay que tener en cuenta tanto la Directiva 2012/29/UE como la Directiva 2011/36/UE. De acuerdo con el art. 11 apdo. 1 de esta última, es deber de los Estados garantizar la asistencia y apoyo a las víctimas antes, durante y por un período de tiempo adecuado después de la conclusión del proceso penal. Además, a partir de la adopción del instrumento que modifique la Directiva 2011/36/UE, se deberá tener en cuenta las cuestiones de género, la discapacidad y la condición del menor[88]. En concreto, debe prestarse como mínimo, medidas que aseguren un nivel de vida capaz de asegurar la subsistencia de la víctima. La propia Directiva propone, en su art. 11 apdo. 5, a modo de ejemplo, la prestación de un alojamiento apropiado y seguro, que gracias al acuerdo interinstitucional

---

87 CONSEJO DE EUROPA, *Informe explicativo (…)*, *op. cit.*, p. 25, párr. 149.

88 P9_TA(2024)0319, *op. cit.*, p. 30.

relativo a la modificación de la Directiva 2011/36/UE también incluyen los centros de acogida y cualquier tipo de alojamiento provisional[89], tratamiento médico necesario, asistencia psicológica y servicios de traducción e interpretación.

La redacción del artículo sigue la lógica del Convenio de Varsovia y, en menor medida, del Protocolo sobre la trata de seres humanos, pues existe una obligación de resultado, proteger a las víctimas, pero libertad en los medios. La Directiva 2011/36/UE se limita a proponer algún ejemplo y a asegurar que las medidas deben garantizar un nivel de vida determinado. Es por eso que debe recurrirse al Estatuto de la víctima para observar otras medidas aplicables al caso.

En este sentido, de acuerdo con los arts. 8 y 9 de dicho Estatuto, las víctimas tienen derecho a acceder a servicios de apoyo de manera gratuita y confidencial. Dichos sistemas facilitan, como mínimo, información, asesoramiento y apoyo con relación a los derechos de las víctimas y a los sistemas nacionales de indemnización; información sobre cualquier servicio pertinente de apoyo especializado; apoyo emocional y asesoramiento en cuestiones financieras. En algunos casos estos servicios de apoyo pueden prestar refugio o alojamiento provisional o apoyo específico de acuerdo con las necesidades especiales de las víctimas tal y como establece el art. 9 del mismo.

A la hora de valorar las medidas, es preciso apuntar que, a diferencia de las relativas al proceso judicial, las que afectan al bienestar general de la víctima y a su recuperación revisten cierto carácter de obligaciones *«soft law»*. Así, estas son obligaciones de medios bastante imprecisas, de modo que su concreción queda a la voluntad de los Estados.

En cambio, respecto a las medidas que afectan a las víctimas durante el proceso judicial, estas son más amplias, tanto a nivel

---

[89] P9_TA(2024)0319, *op. cit.*, p. 30.

cuantitativo como a nivel cualitativo. Aparte de que el número de medidas es más elevado, su contenido deja poco margen de apreciación a los Estados. Esto indica que la voluntad de la UE, en este caso concreto, es la de facilitar que las víctimas de la trata participen en el proceso judicial. De hecho, garantizar un elevado nivel de protección para las víctimas implica que estas son más propensas a participar en el proceso penal[90]. Sin embargo, tal y como se verá más adelante, a medida que el proceso de investigación avanza y se pasa de las diligencias policiales a la actuación judicial, el número de víctimas que participa es menor. En este sentido, durante el período 2015-2016, un total de 3.623 víctimas registradas colaboraron con las fuerzas policiales en sus investigaciones, de las cuales solamente 93 testificaron durante un juicio[91]. Es verdad que las causas para que las víctimas decidan no testificar son muy variadas, desde la amenaza de las redes hasta la simple voluntad de no cooperar. Sin embargo, debe ser obligación de los Estados paliar todas estas causas y proteger a las víctimas suficientemente. Este es el único modo de conseguir un ambiente confortable para que las víctimas sean capaces de afrontar un juicio contra sus captores.

Con todo, pues, es preciso mejorar las medidas de protección de las víctimas tanto fuera del proceso como dentro de él. Esta mejora pasa por delimitar mejor el contenido de las obligaciones y no centrarse tanto en el resultado, sino poner el foco de atención en los medios. Además, si bien es cierto que la participación de la víctima en el proceso judicial es relevante, es preciso que se desarrollen por igual tanto los derechos durante el proceso como los que afectan el antes y el después.

---

90 GALLAGHER, A., *The International Law of (...), op. cit.*, p. 276.

91 COMISIÓN EUROPEA, *Data collection on trafficking in human beings (…), op. cit.*, pp. 52-53.

2.2.6. Las medidas de protección especial de los menores de edad

Habida cuenta de la especial vulnerabilidad de las víctimas menores de edad, es preciso detenerse en la observación de las medidas de protección que les afectan.

En este sentido, el art. 6 apdo. 4 del Protocolo sobre trata de seres humanos se limita a exigir que los Estados adapten la aplicación de las medidas a las necesidades de los menores de edad[92]. Esta breve apreciación por parte del Protocolo se complementa con el contenido del Convenio de Varsovia, que aporta un poco de luz y de concreción en las medidas de protección de los menores de edad.

Por su parte, el art. 10 apdo. 3 del Convenio de Varsovia establece que cuando no haya certeza sobre la edad de la víctima, pero existan razones para creer que se trata de un menor de edad, se le considerará como tal. Así, se le aplicarán las medidas de protección específicas para menores a la espera de que se verifique su edad. Existe, pues, una presunción a favor de los menores cuando no se conozca de forma cierta la edad de una persona. El art. 10 apdo. 4 del Convenio de Varsovia establece una serie de medidas para los menores. En primer lugar, debe proporcionarse un tutor legal al menor para que pueda ser representado; en segundo lugar, hay que adoptar las medidas necesarias para establecer su identidad y su nacionalidad; y, en tercer y último lugar, deben realizarse todos los esfuerzos necesarios para encontrar a la familia del menor en aquellos casos en los que el interés superior del menor lo requiere.

El permiso temporal de residencia también es una de las medidas aplicables a los menores de edad. De acuerdo con el art. 14 apdo. 2 del Convenio de Varsovia, este se otorga tenien-

---

92 En concreto, el Protocolo sobre trata de seres humanos establece que los Estados parte deben adaptar el alojamiento, la educación y los cuidados de los menores.

do en cuenta el interés superior del menor, que también regirá la renovación del mismo. Así, cuando un menor sea víctima de la trata, el elemento determinante será el interés superior del menor. Nótese que solamente será necesario cuando la situación jurídica del menor lo requiera, ya que en algunos Estados parte del Convenio de Varsovia no se requiere un permiso de residencia para las víctimas menores de edad[93].

Bajo el amparo del Convenio de Varsovia, y de acuerdo con su art. 16, otra de las medidas, otra de las medidas previstas es la posibilidad de repatriar a las víctimas al Estado parte del Convenio del que son nacionales o donde tienen su residencia permanente. Aunque dicha medida será estudiada más adelante, es preciso apuntar el régimen especial de los menores de edad en este sentido. Así, y de acuerdo con el apdo. 7 del mismo artículo, no se podrá repatriar un menor cuando su interés no recomiende dicha repatriación[94]. En estos casos, se requiere una evaluación de riesgos antes de autorizar la operación de retorno, elemento diferencial con la repatriación de las víctimas mayores de edad. Habida cuenta de la situación de especial vulnerabilidad que rodea los menores de edad, una evaluación de este tipo resulta pertinente a la hora de asegurar que el retorno es la opción más favorable, teniendo en cuenta el interés superior del menor.

En este mismo orden de ideas, y de acuerdo con el art. 16 apdo. 6 del Convenio de Varsovia, deben establecerse programas de repatriación que cuenten con el objetivo de reinsertar a las víctimas en las sociedades del Estado de retorno. Cuando la víctima a repatriar es un menor de edad, los programas de-

---

93 CONSEJO DE EUROPA, *Informe explicativo (…), op. cit.*, p. 30, párr. 186. Sobre las medidas de protección de las víctimas menores de edad, vid. PÉREZ GONZÁLEZ, C., «La protección de las menores víctimas (…)», *op. cit.*

94 En este sentido, *vid.* CONSEJO DE EUROPA, *Informe explicativo (…), op. cit.*, p. 33, párr. 205.

ben incluir el derecho a la educación, así como medidas destinadas a garantizar el beneficio de una tutela o de una acogida adecuadas.

Como va siendo habitual en los distintos análisis del presente capítulo, las medidas de protección de las víctimas menores de edad en la Unión Europea son las que gozan de mayor concreción. En el mismo orden de ideas que el Convenio de Varsovia, de acuerdo con el art. 13 de la Directiva 2011/36/UE, las víctimas menores de edad tienen derecho a asistencia, protección y apoyo. Para brindarle una protección adecuada, es preciso que se atenga a las necesidades especiales de los menores y obedecer al interés superior del menor, sobre todo si son menores no acompañados. Más concretamente, el acuerdo interinstitucional relativo a la propuesta de modificación de la Directiva 2011/36/UE ha incorporado una cuestión que hasta el momento ningún texto normativo había previsto específicamente y es que las eventuales declaraciones de las víctimas menores de edad, así como sus denuncias, deben realizarse en entornos seguros, incorporando su perspectiva y con un lenguaje adaptado a su nivel de madurez[95].

Después de evaluar a los menores de edad y de atender a las circunstancias específicas de cada una de ellas, según el art. 14 de la misma Directiva, los Estados deben establecer medidas para la recuperación a corto y largo plazo, teniendo en cuenta sus opiniones, sus necesidades e intereses con el objetivo de encontrar una solución duradera para el menor. Ahora bien, no solo deben ofrecérsele medidas a largo plazo, sino que, a la luz del citado acuerdo interinstitucional, se deben ofrecer medidas con «vistas a encontrar una solución duradera para el menor», que pasan por la creación de programas para apoyar

---

95 P9_TA(2024)0310, *op. cit.*, p. 34.

su transición a la emancipación y la edad adulta con el fin de evitar que vuelvan a caer en manos de la trata[96].

Vistas estas medidas, es preciso detenerse un momento para hacer una serie de reflexiones. Nótese que es la primera vez que se estipula un período de tiempo específico respecto a la protección de las víctimas. Así, mientras que la recuperación de los adultos puede referirse, solamente, a corto plazo, respecto los menores de edad puede alargarse bastante más tiempo que el período de reflexión de los adultos. El hecho de incorporar medidas de protección a largo plazo y, en palabras del acuerdo interinstitucional respecto la modificación de la Directiva 2011/36/UE, las soluciones duraderas y la preparación para la vida adulta implican que los Estados deben velar por la seguridad, la protección y el nivel de vida del menor de edad hasta que, o bien sea devuelto con su familia, bien hasta que cumpla la mayoría de edad o hasta que esté suficientemente preparado para afrontar autónomamente la vida adulta con recursos para protegerse de las redes de trata. Así, es preciso cuestionarse hasta cuándo los Estados tienen la responsabilidad de velar por la recuperación de las víctimas menores de edad y en qué medida asume el Estado la responsabilidad de proteger en este sentido. Además, otro de los incisos más imprecisos es el concepto de «solución duradera» que aparecen en el art. 14 apdo. 1 de la Directiva 2011/36/UE. En la misma línea que las medidas a largo plazo, debe cuestionarse hasta cuándo hay que aplicar soluciones respecto las víctimas menores de edad.

Según el citado art. 14, las medidas de apoyo implican la recuperación física del menor, proporcionarle educación, un tutor o representante legal y apoyo para los familiares de menores que se encuentren en un Estado miembro de la UE. Al igual que las víctimas mayores de edad, también se prevén

---

96 P9_TA(2024)0310, *op. cit.*, p. 35.

medidas durante la participación de los menores en procesos judiciales o investigaciones criminales. Así, el menor debe acceder inmediatamente y de forma gratuita a asesoramiento y representación legal. Además, habida cuenta de su situación especial, su participación en la fase judicial altera el transcurso natural de las diligencias. En este sentido, los interrogatorios de los menores deben ser breves y sin demoras injustificadas, adaptados a sus necesidades y realizados por profesionales. Es posible incluso que, de acuerdo con el art. 15 de la misma Directiva, en algunos casos, entren acompañados del tutor designado o de un adulto escogido por el menor.

Se ha apuntado hacia la mayor concreción de las medidas de la Unión Europea respecto el Convenio de Varsovia y el Protocolo sobre trata de seres humanos. Es verdad que las obligaciones que se desprenden de la Directiva 2011/36/UE concretan su ámbito de aplicación, si bien también dejan margen de apreciación a los Estados. Dicho margen se refiere, por ejemplo, a la duración de las medidas o incluso a la aplicación efectiva de las mismas. Cuando esta directiva reclama una solución duradera para las víctimas menores de edad, es preciso plantearse a qué se refiere. En el caso de la Unión, es crucial determinar el ámbito de aplicación de estas medidas de protección si se quiere asegurar un mínimo en cualquier Estado miembro. Aun así, debe valorarse positivamente la inclusión de medidas adaptadas a los menores de edad y a su especial situación de vulnerabilidad. Es más, la inclusión del concepto «largo plazo» establecido en el art. 14 de la Directiva 2011/36/UE relativo a las medidas de protección y recuperación en el ámbito de la Unión Europea implica que los Estados miembro deben responsabilizarse de la recuperación que puede alargarse incluso hasta que cumplan los dieciocho años. Esta inclusión eleva las garantías respecto el Convenio de Varsovia y el Protocolo sobre trata de seres humanos, que no hacía mención alguna a la duración de las medidas.

2.2.7. La repatriación voluntaria de las víctimas

Otra de las medidas que se prevé respecto las víctimas de la trata de seres humanos es su repatriación. En el marco de las Naciones Unidas, el art. 8 del Protocolo sobre trata de seres humanos prevé la posibilidad de repatriar a una víctima a un Estado parte del que es nacional o, en su defecto, en el que tenga derecho de residencia permanente. En este sentido, y en el marco de los Protocolos de Palermo, en el momento de realizar una repatriación, los Estados parte deben garantizar la seguridad de la víctima, así como deben tener en cuenta el estado del proceso judicial, entendiendo que si aún está abierto se le otorgará un permiso temporal de residencia. Es preciso apuntar que el Protocolo opta, en el art. 8 apdo. 2, por las repatriaciones voluntarias, aunque no es preceptivo que la víctima consienta[97]. De hecho, dicho instrumento se refiere a que las deportaciones deben practicarse, preferentemente, de forma voluntaria. Esta inclusión abre la puerta a practicar repatriaciones en contra de la voluntad de las víctimas. Debe atenderse a los distintos regímenes de los Estados parte del Protocolo para observar si se opta por el criterio de la voluntad de las víctimas o se han vertebrado otros indicadores para justificar la repatriación.

En cuanto a las obligaciones para los Estados de origen, el citado Protocolo establece en el apdo. 3 del art. 8 que estos deben aceptar la repatriación sin demora indebida o injustificada y facilitarla de la persona nacional de su Estado o que tenga un permiso de residencia permanente en dicho Estado. Además, en relación con los Estados de origen, el Protocolo sobre trata de seres humanos también prevé que sean ellos lo que verifi-

---

97 En este sentido, GALLAGHER, A., *The International Law of (...), op. cit.*, p. 339. La autora apuntó que la inclusión de la referencia a la opción de la voluntariedad en lo que respecta a la repatriación no fue un extremo ampliamente compartido por los negociadores del contenido del Protocolo.

quen sin demora la identidad de las víctimas para saber si son sus nacionales o que ostentan el permiso de residencia temporal. En los casos en que sus nacionales o quienes tengan derecho de residencia en él no dispongan de la documentación pertinente, según el art. 8 apdo. 4 del mismo instrumento, se debe expedir sin demora la documentación que permite a la víctima regresar a dicho Estado.

Es preciso apuntar que la repatriación de la víctima también opera para las víctimas que, sin ser residentes en el Estado receptor, se encuentran en él de forma regular[98]. Esta persona tiene el derecho al retorno a su país de origen, corolario del derecho de la libertad de movimiento concebido por la Declaración Universal de los Derechos Humanos (DUDH)[99]. El derecho a salir de cualquier país y de poder regresar al Estado de dónde se es nacional conlleva la obligación del Estado de origen a aceptar, sin demora alguna, al nacional, víctima de la trata, que quiere retornar. Además, como corolario, el Estado receptor dónde se encuentre la víctima debe aceptar la voluntad de esta de volver a su país de origen[100].

Con todo, es posible que en determinados casos la repatriación de la víctima no sea la medida más aconsejable. Hay que tener en cuenta la posibilidad de recaer en la explotación de las redes de trata, las razones humanitarias o de escaso arraigo en el Estado de origen o el hecho de que la víctima tenga su permiso de residencia permanente[101]. Por este motivo, es preciso dotar a los sistemas de protección de las víctimas de

---

98 *V. gr.* una persona que se encuentre en un país realizando turismo y, en el transcurso de sus vacaciones, cae en manos de una red de trata.

99 Según el art. 13 apdo. 2 de la DUDH, citada anteriormente: «Toda persona tiene derecho a salir de cualquier país, incluso el pr*op*io, y a regresar a su país».

100 GALLAGHER, A., *The International Law of (...)*, *op. cit.*, p. 345.

101 *Ibid.*, p. 351.

alternativas a la repatriación o la deportación. El Protocolo sobre trata de seres humanos no hace referencia alguna a las alternativas a la repatriación, pero la doctrina ha señalado que sería interesante que los Estados desarrollen medidas alternativas para aquellos casos en que no sea aconsejable proceder con la repatriación de la víctima en cuestión[102], ya que en la actualidad estas medidas alternativas son, por defecto, las más utilizadas a la hora de gestionar a las víctimas de la trata de seres humanos[103].

Las obligaciones de los Estados parte del Convenio de Varsovia en relación con la repatriación de las víctimas de la trata se inspiraron en el art. 8 del Protocolo sobre trata de seres humanos, ya que en ambos se contemplan a la vez el retorno voluntario e involuntario de las víctimas, aunque los negociadores del Convenio de Varsovia pusieron más énfasis en que el retorno debería ser, preferiblemente, voluntario[104]. Sin embargo, las previsiones del Convenio de Varsovia enfatizaron tanto los derechos como la dignidad[105]. En este sentido, y de acuerdo con el art. 16 apdo. 1 de la misma convención, la repatriación de la víctima dependerá de los derechos, la seguridad y la dignidad de esta.

Así, según el citado artículo del Convenio de Varsovia, existe una obligación para los Estados parte respecto de los cuales sea nacional una de las víctimas, o en la que tenga derecho a residir de modo permanente en el momento de su entrada

---

102 GALLAGHER, A., *The International Law of (...), op. cit.*, p. 345. En este sentido, la autora defiende medidas como los permisos temporales o permanentes de residencia en el Estado receptor o bien la adopción de medidas para la reintegración de las víctimas de la trata. En esta misma línea apunta HEINRICH, K. H., «Ten year after the Palermo Protocol (...)», *op. cit.*, p. 3.

103 HEINRICH, K. H., «Ten year after the Palermo Protocol (...)», *op. cit.*, p. 3.

104 CONSEJO DE EUROPA, *Informe explicativo (...), op. cit.*, p. 32, párr. 200.

105 GALLAGHER, A., *The International Law of (...), op. cit.*, p. 340.

en el territorio de la Parte de destino. Dichos Estados deben facilitar y aceptar el retorno de esta sin retrasos injustificados o poco razonables.

Asimismo, otro de los aspectos a destacar del Convenio de Varsovia es la cooperación. En este sentido, en los apdo. 3 y 4 del art. 16 del mismo se requiere de cooperación internacional durante el proceso de identificación y verificación de la identidad de la víctima, incluyendo también el caso de que la víctima no posea los documentos necesarios. En este sentido, los Estados parte requeridos tienen la obligación de facilitar el retorno de las víctimas o de practicar todas las diligencias necesarias para verificar la identidad de la víctima y determinar si es nacional de dicho Estado requerido, o bien, dispone de un permiso de residencia permanente[106]. En este mismo orden de ideas, tal y como establece el apdo. 6 del citado artículo, las Partes deben poner a disposición de las víctimas información relativa a los organismos que pueden acompañar a las víctimas en los países a los que retornan o son repatriadas.

Además, el apdo. 5 del mismo artículo del Convenio de Varsovia establece que las Partes deben poner en marcha programas de repatriación con la participación de las instituciones nacionales o internacionales de las ONG implicadas. Dichos programas deben tener como objetivo principal evitar que la víctima vuelva a recaer en una red de trata de seres humanos y, por lo tanto, vuelva a ser víctima.

El caso de la repatriación de las víctimas, en el ámbito de la UE, merece atención aparte. Por un lado, no se hace mención alguna a la posibilidad de repatriar las víctimas ciudadanas de algún Estado miembro de la Unión ya que en virtud de los derechos inherentes a la ciudadanía europea esta posibilidad es extremadamente remota, pues en virtud del art. 27 de la

---

106 CONSEJO DE EUROPA, *Informe explicativo (...)*, *op. cit.*, p. 32, párr. 204.

Directiva 2004/84/CE[107], solamente se puede limitar el derecho de entrada y de residencia por razones de orden público, seguridad pública o salud pública. Por otro lado, respecto a las víctimas no nacionales de ningún Estado miembro, debe atenderse a la autorización de entrada y estancia de que dispongan. En este sentido, y en el caso de que la víctima de la trata se encuentre en situación irregular en un Estado miembro, pero es titular de un permiso de residencia válido o de una autorización para permanecer en otro Estado miembro, el art. 6 apdo. 2 de la Directiva 2008/115/CE le exige a dicha víctima que se dirija hacia el Estado miembro en cuestión. Es posible, además, según el apdo. 4 del mismo artículo, que los Estados suspendan las operaciones de retorno de los inmigrantes en situación irregular por razones humanitarias. En cualquier caso, si una víctima se encuentra en situación irregular, ya sea porque la vigencia de su visado ha expirado o porque accedió al territorio de dicho Estado de forma irregular, el apdo. 1 del mismo artículo de la Directiva 2008/11/CE establece que se procederá a la expulsión del territorio a la persona en cuestión a través de una decisión de retorno, cuestión que ya ha sido abordada previamente.

---

107 *Directiva 2004/38/CE del Parlamento Europeo y del Consejo, de 29 de abril de 2004, relativa al derecho de los ciudadanos de la Unión y de los miembros de sus familias a circular y residir libremente en el territorio de los Estados miembros, por la que se modifica el Reglamento (CEE) no 1612/68 y se derogan las Directivas 64/221/CEE, 68/360/CEE, 72/194/CEE, 73/148/CEE, 75/34/CEE, 75/35/CEE, 90/364/CEE, 90/365/CEE y 93/96/CEE.* DOUE L 158 de 30 de abril de 2004. Sobre esta Directiva, *vid.* BLÁZQUEZ PEINADO, M. D., «El derecho de la libre circulación y residencia de los ciudadanos de la Unión y de los miembros de su familia, últimos desarrollos normativos: la Directiva 2004/38/CE de 29 de abril», *Gaceta jurídica de la Unión Europea y de la competencia,* (233), 2004, pp. 18-32 y WOJNOWSKA-RADZINKA, J., «Procedural guarantees for EU Citizens against expulsion in the light of Directive 2005/38/EC», *Adam Mickiewics University Law Review,* (8), 2018, pp. 87-96.

Habida cuenta de las previsiones anteriores, es preciso apuntar que el Protocolo sobre trata de seres humanos y el Convenio de Varsovia prevén la posibilidad de repatriar a las víctimas de la trata que son nacionales de otro Estado parte de ambos textos normativos. En el caso de que se tenga de repatriar a una víctima de un Estado no parte, se debe atender a la normativa interna de cada Estado que regule dicha cuestión. En el caso de la UE, dada la complejidad de su ordenamiento jurídico y de su particular proceso de integración, solamente es necesario señalar la posibilidad de emitir una decisión de retorno respecto las víctimas no nacionales de ningún Estado miembro de la Unión Europea que se encuentren irregularmente en el territorio de un Estado miembro. Esta es la razón por la que, tal y como se ha dicho, la identificación de las víctimas es esencial.

2.2.8. La indemnización de las víctimas y el acceso a la justicia reparadora

La última de las medidas de protección de las víctimas de la trata prevista en los tres instrumentos internacionales es la posibilidad de indemnizar a las víctimas. Tal y como se verá, y siguiendo la línea discursiva del presente apartado, las obligaciones establecidas en el Protocolo sobre trata de seres humanos revisten el carácter de obligación de comportamiento, mientras que las del Convenio de Varsovia y las de la Directiva 2011/36/UE tienden más hacia obligaciones de resultado.

En primer lugar, el art. 6 apdo. 6 del Protocolo sobre trata de seres humanos requiere que los Estados velen porque sus ordenamientos jurídicos tengan previsiones que posibiliten la indemnización de las víctimas de la trata. En este sentido, dicho Protocolo no establece ningún mecanismo de indemnización, solamente se requiere que existan, sin que ello comporte una indemnización real para la víctima. En consecuencia, se deja amplio margen para que cada Estado parte adopte cualesquiera de las fórmulas siguientes: en primer lugar la adopción de disposiciones que permitan interponer demandas civiles por daños y perjuicios contra los delincuentes; en segundo lugar, disposiciones que permitan a los tribunales penales imponer órdenes de indemnización o dictar sentencias por daños dolosos; y, en tercer y último lugar, aquellas disposiciones que establecen fondos o planes especiales en virtud de los cuales las víctimas puedan reclamar una indemnización al Estado[108].

En segundo lugar, el Convenio de Varsovia contiene ciertas previsiones relativas a la indemnización de las víctimas de la trata. Se busca asegurar que las víctimas de la trata de seres humanos tengan acceso a las vías para que los infractores las indemnicen[109]. En comparación con las previsiones del Protocolo sobre trata de seres humanos, el contenido del Convenio de Varsovia es mucho más amplio[110].

En cuanto a las medidas de compensación económica, es decir, la posibilidad de que la víctima sea indemnizada por parte de los delincuentes, el art. 15 apdo. 3 del Convenio de Varsovia establece la obligación de los Estados de disponer en sus ordenamientos jurídicos internos de los mecanismos para indemnizar a las víctimas. De hecho, aquí puede observarse una obligación de resultado clara, pues el citado artículo prescribe que «cada Parte preverá, en su derecho interno, el derecho de las víctimas a ser indemnizadas por los infractores». Dicha indemnización tendrá un carácter pecuniario y deberá cubrir tanto los perjuicios físicos como los psicológicos. La víctima de la trata podrá reclamar contra los autores del delito, ya que son ellos los que deberán afrontar el coste de la compensación. Además, en el caso de que el juez competente en la causa penal contra los tratantes no pueda determinar la responsabilidad

---

108 UNODC, *Guía legislativa, op. cit.*, p. 289 párr. 60.

109 CONSEJO DE EUROPA, *Informe explicativo (…), op. cit.*, p. 30, párr. 191.

110 GALLAGHER, A., *The International Law of (...), op. cit.*, p. 363.

civil de los autores del delito, se abre la posibilidad de que las víctimas interpongan un recurso delante de la jurisdicción civil competente en estos casos[111].

Sin embargo, la posibilidad de que el autor del delito asuma el montante de la indemnización es complicada. Más teniendo en cuenta que muchas veces los autores son imposibles de encontrar o, llegada la sentencia, se declaran insolventes[112]. En estos casos, los Estados parte deberán adoptar las medidas legales que consideren oportunas para que dicha indemnización quede garantizada según su legislación interna. El mismo art. 15 apdo. 4 del Convenio pone como ejemplo la creación de un fondo para la indemnización de las víctimas o mediante medidas o programas destinados a la asistencia e integración sociales de las víctimas.

Por último, y en la misma línea que el Convenio de Varsovia, el art. 17 de la Directiva 2011/36/UE se limita a establecer que los Estados deben garantizar que las víctimas tengan acceso a los regímenes existentes de indemnización a las víctimas. Con el afán de concretar más esta obligación, y a diferencia de la propuesta de modificación de la Directiva 2011/36/UE que presentó la Comisión, el acuerdo interinstitucional al respecto ha incorporado la necesidad de que los Estados miembro faciliten el acceso a los regímenes existentes de indemnización o pueden crear un fondo específico[113]. Un paso más allá lo da la Directiva 2012/29/UE al establecer que los Estados miembro deben adoptar medidas contra la victimización secundaria o reiterada, la intimidación o las represalias cuando se faciliten servicios de justicia reparadora[114]. Para poder acceder a dichos

---

111 CONSEJO DE EUROPA, *Informe explicativo (…), op. cit.*, p.31, párr. 197.

112 *Ibid.*, párr. 198.

113 P9_TA(2024)0310, *op. cit.*, p. 36.

114 La justicia reparadora es una institución que, al menos en el plano internacional, sigue en proceso de delimitación. En este sentido, *vid.* AMBACH, P.,

servicios, de acuerdo con el art. 12 de la misma, deben cumplirse, como mínimo, las condiciones siguientes. En primer lugar, que se recurra a los servicios de justicia reparadora si redundan en interés de la víctima, de acuerdo con su seguridad y su consentimiento. En segundo lugar, se debe informar a la víctima sobre los posibles resultados y sobre el procedimiento. En tercer lugar, el infractor debe de haber reconocido los elementos fácticos del caso. En cuarto lugar, el acuerdo debe alcanzarse de forma voluntaria. Y, en quinto y último lugar, en el caso de que se celebren debates en privado, estos serán confidenciales y no se difundirán.

Así pues, todas las medidas relativas a las indemnizaciones y a la justicia reparadora constituyen obligaciones que hacen referencia más que a la indemnización efectiva de la víctima a los mecanismos para que las víctimas puedan acceder a ella, sin asegurar que la víctima efectivamente acceda a una reparación en este sentido. Habida cuenta de la importancia de la restitución y recuperación de la víctima, es de especial interés para asegurar una visión victimocéntrica de la lucha contra la trata de seres humanos que los Estados configuraren dichas obligaciones para que efectivamente la víctima pueda acceder a este tipo de reparaciones. En los casos en que el explotador no pueda asumir dicha indemnización, es deber del Estado vertebrar mecanismos para suplir dicha imposibilidad. Si bien es positivo que textos internacionales contengan medidas relativas a la indemnización de las víctimas, se hace necesario que estas no dependan de la voluntad de los Estados y de sus orde-

---

«The ICC Reparations Scheme: Promise for Victims or Recipe for Failure? – A Critical Discussion of Joakim Dungel's Unpublished Article "Reparations and the ICC: Is the Court ready for the job?"», en AMBACH, P., BOSTEDT, F., DAWSON, G., KOSTAS, S., (eds.), *The protection of non-combatants during armed conflict and safeguarding the rights of victims in post-conflict society: Essays in honour of the life and work of Joakim Dungel*, Martinus Nijhoff Publishers, Leiden, 2015, pp. 455-521.

namientos jurídicos, ya que una de las formas de asegurar una indemnización por parte de la víctima es obligando a tal cosa a los propios Estados.

Por último, teniendo en cuenta el carácter impreciso y difuso de las obligaciones de protección de las víctimas de la trata de seres humanos contenidas en el Protocolo sobre trata de seres humanos, es posible confirmar que este instrumento, aunque sea el primero en equiparar formalmente la protección de las víctimas con la persecución de los delincuentes, es un instrumento de la aproximación criminocéntrica. Justifican esta puntualización, por un lado, el hecho de que la simple presencia de medidas de protección en el articulado no confiere el título de instrumento victimocéntrico, habida cuenta de que la mayoría de ellas son obligaciones de comportamiento. Así, se requiere que estas medidas protejan efectivamente a las víctimas y que sean exigibles por parte de estas. La transformación en obligaciones de resultado o incluso una concreción de mínimos permitiría considerar el Protocolo sobre trata de seres humanos un instrumento victimocéntrico. Por el otro lado, las diferencias en cuanto al desarrollo de la vertiente de la persecución respecto de la protección y la prevención vienen a confirmar la naturaleza persecutoria de dicho instrumento, aunque fuera el primero en consensuar medidas de protección a nivel internacional para las víctimas de la trata.

2.3. LAS MEDIDAS DE PREVENCIÓN DE LA TRATA DE SERES HUMANOS EN EL MARCO DE NACIONES UNIDAS Y EN EL ÁMBITO REGIONAL EUROPEO. LA ASIGNATURA PENDIENTE DE LA LUCHA CONTRA LA TRATA DE SERES HUMANOS

El tercer elemento por analizar del marco normativo relativo a la lucha contra la trata de seres humanos es el relativo a la prevención de la trata de seres humanos. Al igual que con la persecución y la protección, en el presente apartado se analizan las previsiones del Protocolo sobre trata de seres humanos, el Convenio de Varsovia y la Directiva 2011/36/UE en este sentido. Además, como es lógico, se tiene en cuenta la propuesta de modificación de dicha Directiva así como el acuerdo interinstitucional al respecto, pues en este caso hay cambios verdaderamente interesantes que pueden suponer, tal y como se verá, un cambio de paradigma en cuanto a la lucha contra este fenómeno criminal.

A modo preliminar, es preciso señalar que todos los instrumentos normativos analizados coinciden en abordar la demanda de los bienes y servicios derivados de la trata como una de las medidas básicas de prevención. Sin embargo, no es la única medida en este sentido que se contempla. Así, el Protocolo sobre trata de seres humanos incluye la formación y la educación de la sociedad como medida de prevención, así como la mitigación de factores como la pobreza o el subdesarrollo. El Convenio de Varsovia, aparte de las anteriores, incorpora medidas relativas a las fronteras y a la seguridad y al control de documentos.

En el caso de la Unión Europea, tanto la Directiva 2011/36/UE como su modificación futura modificación, la prevención de la trata de seres humanos se ha vertebrado a partir de dos elementos. Por un lado, la prevención general, que incluye cualquier medida apropiada destinada a concienciar y reducir las posibilidades de que las personas sean víctimas de la trata. Por el otro lado, aquellas medidas orientadas hacia la demanda de los bienes y servicios derivados de la explotación, aspecto que a raíz de los cambios propuestos por la Comisión Europea y adoptados por el Parlamento y el Consejo en el acuerdo interinstitucional relativo a la modificación de la Directiva 2011/36/UE es posible que sufra una modificación notable, pues esta cuestión pasará, muy posiblemente, de ser una potestad a ser obligatorio.

2.3.1. Las medidas de prevención general: programas y políticas para aumentar la consciencia social. Educación y formación

El art. 9 apdo. 1 del Protocolo sobre trata de seres humanos establece una obligación general para los Estados parte, que deben adoptar políticas, programas y cualquier medida que vaya orientada hacia la prevención y la lucha contra la trata de personas, por un lado, y a la protección de las víctimas para evitar un nuevo riesgo de victimización. Esta obligación general se concreta en una enumeración de medidas, en ningún caso taxativa. Así, según el art. 9 apdo. 2 del mismo, los Estados procuraran, es decir, en función de los medios disponibles, impulsar medidas como actividades de investigación y campañas de información y difusión y también actividades sociales y económicas. En este sentido, el Protocolo subraya la necesidad de mejorar la educación y la sensibilización social para incrementar la comprensión de la sociedad respecto a la trata de seres humanos. Comprender la trata conlleva entender sus implicaciones negativas respecto a las víctimas y su funcionamiento. De este modo, la sociedad es más propensa a tomar partido en iniciativas, proyectos o acciones contra la trata de seres humanos. Estas medidas, además, facilitan que la propia sociedad civil detecte aquellos colectivos más vulnerables a ser victimizados y, de este modo, poder alertar a las autoridades competentes en cada caso[115].

---

115 GALLAGHER, A., *The International Law of (...)*, *op. cit.*, p. 416. En este sentido, *vid.* art. 9 apdo. 3 Protocolo sobre trata de seres humanos, donde se indica que los Estado parte incluirán la cooperación con ONG en la aplicación de las políticas, programas y demás medidas de acuerdo con la prevención de la trata de seres humanos. En este mismo orden de ideas, la sociedad civil organizada juega un papel fundamental en la protección de las víctimas de la trata, especialmente en el marco de la Unión Europea. Uno de los aspectos a tener en cuenta a la hora de establecer medidas contra la trata de seres humanos en el plano laboral es la posibilidad de que los propios empresarios sean quiénes lideren la erradicación de la trata en el ámbito de

Por otro lado, el citado artículo del Protocolo prevé que las medidas de prevención que apliquen los Estados parte lidien con la situación de vulnerabilidad que rodea a las víctimas de la trata. La situación de vulnerabilidad es uno de los principales factores que facilitan que las víctimas se sometan a las redes de la trata de seres humanos[116], de modo que reducirla debería minimizar las posibilidades de ser explotado. El art. 9 apdo. 4 de dicho Protocolo apunta hacia la mitigación de la pobreza, el subdesarrollo y la falta de oportunidades para las víctimas como algunas de las causas de la situación de vulnerabilidad. En este sentido, la UNODC apuntó como medidas para la gestión de la situación de vulnerabilidad, por ejemplo, afrontar la pobreza y las difíciles condiciones de vida en los países de origen o bien el desarrollo de medidas relacionadas con la discriminación por razón de género o incluso medidas tendentes a facilitar el estatus de ciudadanía o permisos de residencia[117].

En cuanto a las medidas establecidas en el Convenio de Varsovia, siguen la misma línea marcada por el Protocolo sobre trata de seres humanos. De la lectura del art. 5 del Convenio de Varsovia se infiere que ambos textos establecen que la prevención se basará, entre otros, en programas y políticas. Habida cuenta de la multiplicidad de formas que puede adoptar la trata de seres humanos, la prevención del delito de trata de

---

sus corporaciones. En este sentido, sobre la prevención de la trata con fines de explotación laboral, *vid.* JÄGERS, N., RIJKEN, C., «Prevention of Human Trafficking for labour exploitation: the role of corporations», *Northwestern Journal of International Human Rights*, 12, 2014, pp. 47-73.

116 GALLAGHER, A., The International Law of (...), *op. cit.*, p. 415. Sobre los factores que impulsan a las víctimas de la trata de personas a quedar bajo la explotación de las redes, *vid.* EUROPOL, *Situation report: Trafficking (…), op. cit.*, pp. 10-12 y UNODC, *Global report on trafficking (…), op. cit.*, pp. 23-39.

117 UNODC: «Online Toolkit to combat trafficking in persons. Chapter 9 – Prevention of trafficking in persons» [en línea], (s.f.), <https://bit.ly/2NjFM6i>.

seres humanos debe ser, sin duda alguna, coordinada[118]. A la luz del art. 5 apdo. 6 del citado Convenio, esta coordinación debe incluir policías, agentes sociales, ONG y responsables administrativos o judiciales. El Convenio destaca a la sociedad civil organizada comprometida con la prevención de la trata, la protección o la ayuda a las víctimas.

En cuanto a las medidas a adoptar, el mismo artículo presenta una serie de medidas, sin el afán de resultar una lista exhaustiva, que tienen como objetivo la prevención de la trata de seres humanos. Estas pueden estar relacionadas con la educación, la sensibilización social o la adopción de medidas económicas. Cada Estado parte, de acuerdo con sus necesidades y sus recursos, determina el contenido de las medidas de prevención[119].

Otro de los aspectos del Convenio de Varsovia es el enfoque que debe tener el desarrollo, la puesta en marcha y la evaluación del conjunto de las políticas y programas de prevención. En este sentido, el enfoque debe estar basado en los derechos de la persona y respetuoso con los niños. Así pues, partiendo de la base de la no discriminación por razón de sexo, establecido en el 5 apdo. 3 del Convenio de Varsovia, una de las principales estrategias para materializar una igualdad adecuada entre hombres y mujeres es la incorporación de la transversalización de género[120] respecto a las medidas de prevención. El grupo de

---

118 CONSEJO DE EUROPA, *Informe explicativo (…), op. cit.*, p. 18, párr. 102.

119 *Vid.*, también, CONSEJO DE EUROPA, *Informe explicativo (…), op. cit.*, p. 18, párr. 103. En este sentido, es necesario añadir que una mejoría de las condiciones económicas y sociales de los países de origen, así como medidas para luchar contra la pobreza extrema sería el mejor método para prevenir la trata de seres humanos.

120 En inglés, «*gender mainstreaming*». La transversalización de género fue descrita en la *Recomendación R(98)14 del Comité de Ministros del Consejo de Europa* y recogía un concepto que ha jugado un papel relevante en el sistema de las Naciones Unidas y en la Unión Europea. En este sentido, *vid.* CONSEJO DE

expertos del Consejo de Europa definió que la incorporación de la perspectiva de género es «la (re)organización, mejora, desarrollo y evaluación de los procesos políticos, de modo que todas las políticas, en todos los niveles y en todas las etapas, incorporen una perspectiva de igualdad de género por parte de los actores que normalmente participan en la elaboración de políticas»[121]. Consecuentemente, pues, los Estados parte deben incorporar dicha perspectiva en todas las fases de las políticas de prevención de la trata de seres humanos[122].

Otra de las medidas destinadas a la prevención de la trata de seres humanos, de acuerdo con el art. 5 apdo. 4 del Convenio de Varsovia, es la necesidad de que las Partes adopten las medi-

---

EUROPA, *Recommendation No. R(98)14 of the Committee of Ministers to Member States on gender mainstreaming*, adoptada por el Consejo de Ministros el 7 de octubre de 1998. En el marco de las Naciones Unidas se utiliza el concepto de perspectiva de género de modo generalizada, pero en particular en las Conferencias Mundiales de las Naciones Unidas sobre las mujeres. Hasta la actualidad se han celebrado, solamente, cuatro conferencias mundiales: Ciudad de México (1975), Copenhague (1980), Nairobi (1985) y Beijing (1995). Para más información, *vid.* ONU Mujeres: «Conferencias mundiales sobre la mujer» [en línea], (2018), <https://bit.ly/1wZ3fsq>. En el marco de la UE, *vid.* COMISIÓN EUROPEA, *Comunicación de la Comisión: «Integrar la igualdad de oportunidades entre hombres y mujeres en el conjunto de las políticas y acciones comunitarias»*, 21 de febrero de 1996. COM(96) 67 final. El Instituto Europeo para la Igualdad de Género (en las siglas en inglés, EIGE) define la transversalización de género como una estrategia para lograr la igualdad de género. Implica la integración de una perspectiva de género en la preparación, diseño, implementación, monitoreo y evaluación de políticas, medidas regulatorias y programas de gasto, con el objetivo de promover la igualdad entre mujeres y hombres, y combatir la discriminación. Para saber más, *vid.* EIGE: «What is Gender Mainstreaming» [en línea], (s.f.), <https://bit.ly/2H4KooU>.

121 CONSEJO DE EUROPA, *Gender mainstreaming. Conceptual framework, methodology and presentation of good practices. Final report of activities of the Group of Specialists on Mainstreaming* (EG-S-MS), Consejo de Europa, Estrasburgo, 2004, p. 12.

122 CONSEJO DE EUROPA, *Informe explicativo (...), op. cit.*, p. 18, párr. 104.

das adecuadas para que las migraciones se canalicen a través de las vías legales. Estas medidas contribuirían a contrarrestar la desinformación que utilizan los tratantes para captar víctimas, permitiendo a la persona discernir sobre si la información que recibe del presunto tratante es información veraz o no[123].

Respecto a las medidas de prevención en el marco de la UE, el art. 18 apdo. 2 de la Directiva 2011/36/UE establece que, a partir de campañas de información, programas de educación e investigación e incluso con la aplicación de medidas a través de Internet, se aumente la concienciación social alrededor del fenómeno de la trata de seres humanos. El objetivo es reducir el riesgo de que las personas sean víctimas de la explotación. En concreto, el párr. 25 del Preámbulo de dicho instrumento apunta hacia la formación de los funcionarios o agentes de las fuerzas de seguridad que, en el desarrollo de sus funciones, tienen contacto con víctimas potenciales de la trata[124] y facilitarles su temprana identificación, tal y como establece el art. 18 apdo. 3 del mismo[125]. A la luz del acuerdo interinstitucional relativo a la reforma de la Directiva 2011/36/UE, la apuesta de la Unión Europea para el futuro de estas medidas de prevención es pasa por incorporar la perspectiva de género y las características de los menores a las campañas de información y concienciación y a los programas de educación e investigación, también a través de internet, con el objetivo de alfabetizar y aumentar las capacidades digitales. Esto lo que pretende es que

---

123 CONSEJO DE EUROPA, Informe explicativo (...), *op. cit.*, p. 19, párr. 105.

124 Se hace referencia a los agentes de policía, guardias de fronteras, funcionarios de inmigración, fiscales, abogados, miembros del poder judicial y funcionarios de los tribunales, inspectores de trabajo, el personal encargado de asuntos sociales, de la infancia y sanitario, así como el personal consular, entre otros. No es una lista exhaustiva, sobre todo porque la propia Directiva apunta que la formación podrá aplicarse a otros funcionarios de los entes locales.

125 En este sentido, *vid.* GROMEK-BROC, K., «EU Directive on preventing (...)», *op. cit.*, p. 234.

las víctimas tengan recursos para detectar el riesgo de convertirse en víctimas de la trata de seres humanos[126].

Es preciso señalar, siguiendo con la misma línea trazada en las medidas de protección, que estas obligaciones implican cierto margen de maniobra para los Estados a la hora de determinar qué tipo de medidas de desarrollarán para reducir el riesgo de las personas a ser victimizadas. Hay que apuntar que si la estrategia de prevención es idéntica en todos los Estados miembro de la UE, se deberían aumentar las posibilidades de conseguir un mejor resultado al actuar todos los Estados de forma coordinada.

2.3.2. La desincentivación de la demanda de los bienes y servicios derivados de la explotación como medida de prevención

Otra de las medidas de protección es la desincentivación de la demanda de los bienes y servicios derivados de la explotación. Es preciso apuntar que, respecto al marco de la UE, esta medida se analiza con profundidad en el capítulo cuarto.

En cuanto al Protocolo sobre trata de seres humanos, de acuerdo con su art. 9 apdo. 5, uno de los medios de prevención es «desalentar la demanda que propicia cualquier forma de explotación conducente a la trata de personas». Al ser una obligación de comportamiento o de medios, los Estados deben adoptar medidas legislativas o de cualquier otra índole, por ejemplo, medidas educativas, sociales y culturales ayudándose de la cooperación bilateral y multilateral. En estos casos, por ejemplo, la demanda hace referencia, por un lado, a la necesidad de un empresario de captar mano de obra barata y, por el

126 P9_TA(2024)0310, *op. cit.*, p. 37.

otro lado, al consumidor que requiere de los bienes y servicios producidos por una víctima de la trata de seres humanos[127].

Es preciso realizar una serie de apreciaciones alrededor del concepto de demanda de los bienes y servicios derivados de la trata. En primer lugar, no existe un concepto universal de demanda que sea suficientemente claro[128]. En segundo lugar, debe añadirse que, hasta el momento, los flujos de la trata de seres humanos aún están en proceso de estudio y de conceptualización, sobre todo por la capacidad de adaptación y de resiliencia que caracteriza a las redes de la trata. Consecuencia de ello es que el simple intercambio de bienes y servicios, característica de la economía más tradicional, resulta mucho más complejo de lo que parece a simple vista[129].

Reducir el fenómeno de la trata de seres humanos a una simple cuestión de oferta y demanda apartaría la mayoría de los factores que empujan a las víctimas a quedar bajo el yugo de la explotación de las redes. Así, es preciso abordar la problemática con la demanda de los bienes y servicios, pero sin olvidar que solamente es uno de los factores que contribuye a extender el negocio de la trata de seres humanos. Por lo tanto, y de aquí las medidas generales de prevención que se acaban de analizar, deben tenerse en cuenta otros factores como la situación de vulnerabilidad, las malas condiciones de vida en los países de origen o los distintos niveles de vida entre Estados.

---

127 GALLAGHER, A., *The International Law of (...)*, *op. cit.*, pp. 433. Resulta interesante la lectura de ANDERSON, B., O'CONNELL DAVIDSON, J., *Trafficking-a Demand Led Problem? Part I: Review of Evidence and Debates*, Save the Children Sweden, Estocolmo, 2004. Las autoras elaboran un mapa de las tendencias de los demandantes de servicios derivados de la trata de seres humanos y el porqué de su voluntad de utilizar servicios derivados de una actividad criminal.

128 *Ibid.*

129 *Ibid.*

La desincentivación de la demanda desde la perspectiva del Convenio de Varsovia sigue el mismo enfoque que en el Protocolo sobre trata de seres humanos. Así, de acuerdo con el art. 6 de dicho Convenio, hay que partir del refuerzo de medidas legislativas, administrativas o de otra índole. Lo que se pretende es conseguir un efecto disuasivo efectivo a partir de medidas que tanto pueden ser legales o administrativas como educativas, sociales, culturales o de cualquier otro tipo[130].

Finalmente, y aquí el instrumento más avanzado, la Directiva 2011/36/UE plantea abordar la disminución de la demanda de los bienes y servicios derivados de la trata de seres humanos desde una doble vertiente. Por un lado, y con el redactado actual del art. 18 apdo. 1 de dicha Directiva, a través de medidas como la educación y la formación de toda la población, fomentando especialmente la disminución de la demanda[131]. Esta previsión sufrirá algunos cambios, pues el acuerdo interinstitucional relativo a la modificación de este instrumento prevé que las campañas de sensibilización orientadas a la disminución de la demanda, que pueden adoptar la forma de campañas de formación, educación y concienciación, deben ser sensibles a cualquiera de las formas de explotación[132].

Además, el acuerdo interinstitucional relativo a la modificación de la Directiva 2011/36/UE ha incorporado un artículo exclusivamente destinado a la formación de los profesionales que deben entrar en contacto con las víctimas de trata, los agentes de policía, el personal judicial, los servicios de asisten-

---

130 CONSEJO DE EUROPA, *Informe explicativo (…), op. cit.*, p. 19, párr. 108-109. En este sentido, GALLAGHER, A., *The International Law of (…), op. cit.*, p. 435. La autora apunta que la lista que elabora el Convenio de Varsovia debe interpretarse como el mínimo de medidas que deben adoptarse por parte de los Estados parte.

131 LUCEA SÁENZ, A., «La lucha contra la trata (…)», *op. cit.*, p. 11.

132 P9_TA(2024)0310, *op. cit.*, p. 37.

cia, inspectores de trabajo o los servicios sociales[133]. Sin que sea una lista exhaustiva, pues el propio redactado se refiere a los profesionales que se relacionan con las víctimas, también se prevé que se formen los jueces y fiscales. El objetivo de la formación de todos estos agentes es, sin duda, desarrollar conocimientos suficientes para poder detectar la trata de seres humanos, identificar a sus víctimas, mejorar la prevención y, por ende, aumentar las posibilidades de éxito de la persecución de este fenómeno.

Por otro lado, la desincentivación de la demanda de los bienes y servicios derivados de la trata de seres humanos pasa, en el actual redactado de la Directiva 2011/36/UE, por proponer a los Estados miembro la posibilidad de tipificar como delito esta conducta. La inspiración se encontró, específicamente, en los casos de trata por explotación sexual, pues desde la Unión Europea se consideró que una de las vías de actuación para desalentar la demanda de servicios sexuales era abordar la demanda de la prostitución[134]. El hecho de incorporar, aunque sea solamente una cuestión discrecional a merced de la voluntad de los Estados, la posibilidad de tipificar como delito la demanda consciente de los bienes y servicios derivados de la trata es una de las innovaciones de dicha Directiva[135] respecto a la Decisión marco 2002/629/JAI. Esto sirvió como justificación para que la Estrategia UE 2012-2016 remarcase la importancia de que los Estados miembro incluyeran en sus respectivos ordenamientos jurídicos la tipificación como delito el uso consciente de bienes y servicios derivados de la explotación.

---

133 P9_TA(2024)0310, *op. cit.*, p. 39.

134 *Declaración de Bruselas sobre la prevención y el combate de la trata de seres humanos (2002)*- Adoptada por la Conferencia de prevención y combate de la trata de seres humanos. Desafío global para el siglo XXI, Bruselas, 18 a 20 de septiembre de 2002.

135 GROMEK-BROC, K., «EU Directive on preventing (...)», *op. cit.*, p. 234.

Después de que la Directiva 2011/36/UE abriera la puerta para discutir cómo abordar la demanda de los bienes y servicios de la trata más allá de las campañas de concienciación, , la actualización, en el año 2021, de la estrategia para erradicar la trata de seres humanos supuso otro avance más en este sentido. Así, si bien tanto la Estrategia UE 2012-2016 como la Directiva 2011/36/UE solamente preveían la posibilidad de que los Estados castigaran penalmente esta conducta, la actual Estrategia UE contra la trata 2021-2025, la propuesta de modificación de la Directiva 2011/36/UE de la Comisión y el acuerdo interinstitucional al respecto apuntan en otro sentido, pues la posibilidad de tipificar se ha convertido en una obligación.

Por un lado, la Estrategia UE contra la trata 2021-2025 mantuvo la apuesta por desincentivar la demanda como mecanismo de prevención, aunque de forma clara ya habló de establecer la obligación para los Estados de tipificar la demanda consciente de los bienes y servicios derivados de la trata[136]. En este sentido, ya en la evaluación de la Comisión relativo a la incidencia de la tipificación como delito del uso consciente de los bienes y servicios derivados de la trata, solamente diez Estados miembro de la Unión Europea habían incorporado sanciones penales en sus ordenamientos jurídicos en este sentido[137]. También en la actualización de 2017 de la Estrategia UE 2012-2016 se seguía apostando por la desarticulación del modelo de negocio y romper con la cadena de valor de la trata, cosa que pasa

136 COM(2021) 171 final, *op. cit.*, p. 6.

137 COMISIÓN EUROPEA, *Informe de la Comisión al Parlamento Europeo y al Consejo que evalúa la incidencia de la legislación nacional vigente que tipifica penalmente el uso de servicios que son objeto de explotación relacionada con la trata de seres humanos, en la prevención de la trata de seres humanos, de conformidad con el artículo 23, apartado 2, de la Directiva 2011/36/UE*, 2 de diciembre de 2016. COM(2016) 719 final, p. 3.

necesariamente por tipificar como delito el uso consciente de los bienes derivados de la trata[138].

Por otro lado, la propuesta de modificación de la Directiva 2011/36/UE de la Comisión ha incorporado el art. 18 *bis*, que también se prevé en el acuerdo interinstitucional[139], quien establece una obligación clara para los Estados miembro de la UE: tipificar penalmente el uso de servicios derivados de la trata. Ahora bien, mientras que el texto propuesto por la Comisión Europea establecía que la demanda debía ser «a sabiendas de que la persona es una víctima» de la trata, el acuerdo interinstitucional lo ha formulado diferente al hablar de «un acto intencionado» y, también, de que el «usuario tenga conocimiento de que la persona que los presta es víctima de trata». El redactado final del acuerdo interinstitucional es un tanto confusa, pues el hecho de tener conocimiento de que la persona que presta los servicios es víctima de trata ya implica que el acto sea intencionado. Además, aunque se tipifique como delito esta demanda consciente, el apdo. 2 del art. 18 *bis* tanto de la propuesta de modificación de dicha Directiva presentada por la Comisión como el acuerdo interinstitucional al respecto solamente hablan de penas efectivas, proporcionadas y disuasorias. Esto, tal y como se verá con más detalle en el capítulo cuarto de esta obra, abre la puerta a disparidad de criterios entre Estados miembro, cosa que podría desembocar en que las redes escojan donde operar en función de las normas más favorables.

---

138 COM(2017) 728 final, *op. cit.*, p. 3.

139 *Vid.* COM(2022) 732 final, *op. cit.*, p. 24 y P9_TA(2024)0310, *op. cit.*, p. 38.

2.3.3. Otras medidas de prevención específicas del Convenio de Varsovia: las medidas en las fronteras y el control de los documentos de viaje

Por último, el Convenio de Varsovia incluye dos medidas de prevención que los otros dos textos normativos no incluyen y que van a ser analizadas a continuación. Antes de entrar en materia, es preciso determinar que, si bien el cruce de las fronteras no es un elemento constitutivo de la trata de seres humanos, es probable y además habitual, tal y como se ha indicado, que las víctimas no tengan la nacionalidad del Estado donde se las identifica. De hecho, no puede obviarse la relación entre el tráfico de migrantes y la trata de seres humanos ya que es posible que la víctima haya sido captada en un Estado y trasladada a otro de forma irregular para que sea explotada o que una persona decida emigrar para buscar un futuro mejor y que durante el desplazamiento acabe en una red de trata. Por todo ello, y habida cuenta, por ejemplo, que casi la mitad de las víctimas registradas en la Unión Europea tienen la nacionalidad de un tercer Estado, no es de extrañar que algunas de las medidas preventivas hagan referencia a la gestión de las fronteras, tal y como se explica a continuación. Hay que saber que cuando se negoció el contenido del Convenio de Varsovia, se consideró que una mejor gestión del control de las fronteras y una mayor cooperación en la gestión fronteriza haría mejorar, consecuentemente, la lucha contra la trata de seres humanos[140]. Así, se previó que las partes reforzaran, en la medida de lo posible, los controles en las fronteras, sin perjuicio de los compromisos internacionales relativos a la libre circulación de personas tales como los adoptados en virtud de los tratados de la Unión Europea y el espacio Schengen[141].

---

140 CONSEJO DE EUROPA, *Informe explicativo (…), op. cit.*, p. 20, párr. 111. *Vid.*, en este sentido, art. 7 apdo. 1 Convenio de Varsovia.

141 *Ibid.*, párr. 112.

2.3.3.1. Medidas preventivas en las fronteras: refuerzo necesario

De acuerdo con el apdo. 2 del art. 7 del Convenio de Varsovia, estas medidas en las fronteras se traducen en prevenir la utilización de medios de transporte a cargo de transportistas comerciales para la comisión de las infracciones previstas en el mismo Convenio. Ahora bien, la concreción del tipo de medidas se deja a la discrecionalidad de los Estados parte[142]. Sin embargo, en el apdo. 3 del art. 7 del citado instrumento se establece una medida concreta: «prever la obligación para los transportistas comerciales, incluidas todas las compañías de transporte o los propietarios o gestores de cualquier medio de transporte, de verificar que todos los pasajeros están en posesión de los documentos de viaje necesarios para la entrada en el Estado de destino». En el caso de incumplimiento, de acuerdo con el apdo. 4 del mismo artículo, las Partes deben adoptar una serie de sanciones, dejando margen de apreciación respecto la tipología de las sanciones en función del ordenamiento jurídico interno[143]. Nótese, sin embargo, que la obligación de comprobar los documentos de viaje recae, solamente, en el hecho de llevar dicha documentación y no en validar la autenticidad de esta[144].

El hecho de centrar estas medidas de prevención en los medios de transporte explotados por transportistas implica si es una medida adecuada para prevenir la trata de seres humanos. En este sentido, dos cuestiones deben abordarse. En primer lugar, el desplazamiento de las víctimas de trata no se limita, exclusivamente, al transporte terrestre. Por lo tanto, prever solamente una medida que afecta el transporte por carretera y dejar de lado el transporte aéreo y marítimo parece ser

---

142 CONSEJO DE EUROPA, *Informe explicativo (...), op. cit.*, p. 20, párr. 114.

143 *Ibid.*

144 *Ibid.*

insuficiente si lo que verdaderamente de busca es la prevención de la trata. En segundo lugar, el Convenio obliga a los transportistas a comprobar la validez de la documentación de las personas usuarias del servicio de transportes, obligación un tanto difícil de cumplir pues se traslada a personas no expertas en documentos públicos, los transportistas, el tener que determinar si los documentos son válidos o no para acceder en el territorio de un Estado, cosa bastante complicada de realizar. Esta obligación, de difícil cumplimiento con los medios técnicos existentes a día de hoy, demuestran la falta de voluntad de los negociadores del Convenio en profundizar en un extremo tan delicado como es el de la gestión de las fronteras.

2.3.3.2. La documentación para viajar. Control de los flujos migratorios y medida de prevención al tiempo

Para acabar con las medidas de prevención, el Convenio de Varsovia se refiere a los documentos de identificación y de viaje. Dicho Convenio hace una diferenciación entre, por una parte, la seguridad y el control de los documentos y, por otra parte, su legitimidad y validez.

En primer lugar, el Convenio no define lo que son los documentos de viaje o de identidad. Aun así, se pueden considerar como tales los documentos requeridos para entrar o salir del territorio de un Estado de acuerdo con el ordenamiento jurídico del mismo o cualquier documento usado habitualmente para determinar la identidad de una persona en un Estado según las normas de dicho Estado[145].

De acuerdo con el art. 8 del Convenio de Varsovia, los Estados parte deben adoptar las medidas que consideren para que los documentos de viaje o de identidad que se expidan

---

[145] CONSEJO DE EUROPA, *Informe explicativo (...)*, *op. cit.*, p. 20, párr. 115.

tengan un nivel de calidad suficiente para impedir que se haga un uso impropio, se falsifiquen, se modifiquen, se reproduzcan o se expidan de forma ilícita. Nótese que no solamente se ha querido abordar la cuestión de la falsificación, sino también el robo y el consecuente uso indebido[146]. Además, se prevé que se garantice la seguridad y la integridad de los documentos de viaje o de identidad expedidos, para impedir que se creen o se expidan ilícitamente. Dichas medidas pueden incluir la introducción de unos estándares mínimos para mejorar la seguridad de los pasaportes y de otros documentos de viaje, así como especificidades técnicas que dificulten la reproducción o la falsificación. También pueden comportar medidas de control administrativo para prevenir la posesión irregular o el uso fraudulento de los documentos[147].

Los documentos de viaje y de identidad son instrumentos esenciales para la trata de seres humanos, sobre todo en la trata transnacional. Así, el art. 9 del Convenio de Varsovia se refiere a la revisión, por parte de los Estados, de la legitimidad y la validez de los documentos expedidos y sobre los que recaiga la sospecha de haber sido utilizados para este fenómeno, de acuerdo con su legislación interna y en un plazo razonable[148].

La cooperación entre Partes a la hora de comprobar la legitimidad y la validez de la documentación resulta de especial importancia a la hora de prevenir la trata[149]. En este sentido, un Estado parte debe comprobar la validez y la legitimidad de los documentos cuando otro Estado parte se lo requiera[150]. Se comprueban tanto los requisitos formales como materiales de la documentación y se hace de forma expeditiva. El Estado

---

146 CONSEJO DE EUROPA, Informe explicativo (...), *op. cit.*, p. 21, párr. 118.

147 *Ibid.*, párr. 119.

148 *Ibid.*, p. 21, párr. 121.

149 *Ibid.*, párr. 120.

150 *Ibid.*, párr. 122.

que debe hacer la comprobación dispone de un tiempo razonable para presentar su informe, aunque por supuesto variará en función de la complejidad de la solicitud. Sin embargo, el Estado solicitado deberá presentar una respuesta con tiempo suficiente al Estado solicitante para que este pueda adoptar las medidas necesarias[151].

Respecto a la comprobación de la validez y la legitimidad de los documentos de viaje, es preciso señalar que la inclusión de dos conceptos jurídicos indeterminados como «tiempo razonable» y «tiempo suficiente» dificulta la efectividad de las propias medidas. Es decir, en el caso de que en un control fronterizo se requiera comprobar la validez de un documento, la comprobación debería poderse realizar en el momento. Si esto no es posible, es preciso plantearse cuál es la utilidad de este mecanismo de cooperación, ya que, al no estar estipulado ningún plazo, cada Estado parte determinará los plazos y es posible que no coincidan entre sí, haciendo imposible el control en frontera. Por último, en cuanto a la calidad de los documentos, resulta una obviedad que deben ser suficientemente difíciles de falsear, de modo que se pone en duda la utilidad del artículo en general.

2.4. LOS MECANISMOS DE MONITORIZACIÓN DE LA APLICACIÓN DEL PROTOCOLOS DE PALERMO, EL CONVENIO DE VARSOVIA Y EL SEGUIMIENTO DE LA LUCHA CONTRA LA TRATA DE SERES HUMANOS EN EL MARCO DE LA UNIÓN EUROPEA

El último de los elementos por analizar en el presente capítulo son aquellos mecanismos de control y de monitorización

151 CONSEJO DE EUROPA, *Informe explicativo (…), op. cit.*, p. 21 párr. 123.

de la actividad de los Estados relativa a la lucha contra la trata de seres humanos. En este sentido, los tres instrumentos analizados han concebido sistemas orientados a controlar cómo los Estados aplican las previsiones sobre la lucha contra la trata de seres humanos.

2.4.1. El control de la aplicación del Protocolos de Palermo. La Conferencia de las Partes y la futura evaluación del paradigma para hacer frente a la trata de seres humanos: los índices de persecución, protección y prevención

Hay que partir de la base que el Protocolo sobre trata de seres humanos no contiene ninguna referencia al control de la aplicación de su contenido. Por lo tanto, se podría pensar que no hay ningún organismo que supervise la actividad de los Estados parte del mismo a la hora de cumplir con sus obligaciones en pro de la lucha contra la trata de seres humanos. *A priori*, pues, parecería que la actividad de los Estados parte para este instrumento estaría exento de control.

A tenor del art. 32 del Convenio de Naciones Unidas contra la Delincuencia Organizada Transnacional, uno podría pensar que el mecanismo establecido en este instrumento, la Conferencia de las Partes (COP, en sus siglas en inglés; en adelante, COP UNTOC), tiene competencia en tal caso en virtud de la relación de complementariedad entre ambos instrumentos, pues así lo establece el art. 1 del Protocolo sobre trata de seres humanos. Sin embargo, dicho art. 32 habla explícitamente del «control de la aplicación de la Convención», de modo que a simple vista, la COP UNTOC solamente podría analizar la aplicación de los Protocolos, y en concreto del Protocolo sobre trata de seres humanos, si se considerase un todo[152]. Al respecto hay que apuntar

---

152 GALLAGHER, A., *The International Law of (...)*, *op. cit.*, pp. 467.

que en virtud de la relación de complementariedad entre los instrumentos que constituyen los Protocolos de Palermo sería suficiente para extender la competencia de la COP UNTOC en el sentido de poder examinar no solo la Convención, si no también todos los protocolos complementarios. Ahora bien, la COP UNTOC, en su sesión inaugural de 2004, adoptó la resolución donde se explicitaba que, además de controlar la aplicación de la Convención, también monitorizaría la actividad respecto el Protocolo sobre trata de seres humanos[153].

Hasta el momento, la COP UNTOC se ha reunido en doce ocasiones, de las que destacan las reuniones de 2018 y la de 2020. En cuanto a la primera, esta sesión resultó de gran importancia para el control de la actividad de los Estados parte en relación con la Convención y sus Protocolos. En dicha reunión se creó, mediante la Resolución 9/1, el Mecanismo para la Revisión de la implementación de la Convención de Naciones Unidos contra la Delincuencia Organizada Transnacional y sus Protocolos[154]. Es preciso apuntar que la COP ha requerido catorce años para consensuar un mecanismo específico de control, ya que las Partes se mostraban recelosas[155].

---

153 COP UNTOC, *Decisión 1/5, «Protocolo para prevenir, reprimir y sancionar la trata de personas, especialmente mujeres y niños, que complementa la Convención de las Naciones Unidas contra la Delincuencia Organizada Trasnacional»*, Viena, I período de sesiones, 28 junio-8 julio de 2004. Disponible en: https://bit.ly/2Xb0Bpd.

154 COP UNTOC, *Resolución 9/1 «Establecimiento del Mecanismo de Examen de la Aplicación de la Convención de las Naciones Unidas contra la Delincuencia Organizada Transnacional y sus Protocolos»*, Viena, IX período de sesiones, 15-19 de octubre de 2018. Disponible en: https://bit.ly/2X8DQCd. Sobre los trabajos de las sesiones precedentes y su proceso de examen de la Convención y sus Protocolos, *vid.* GALLAGHER, A., *The International Law of (...), op. cit.*, pp. 466-477

155 VAN DIJK, J., VAN MIERLO, F. K., «Quantitative indices for anti-human trafficking policies: based on reports of the U.S. State Department and the

Este mecanismo de control no se centra, solamente, en el Protocolo sobre trata de seres humanos, sino que examina el conjunto de los Protocolos de Palermo[156]. Entre los objetivos del proceso de examen destacan la promoción de las obligaciones que se derivan de dichos Protocolos, el examen de la aplicación de dichas obligaciones y la detección y mejora técnica de las necesidades de los Estados en la lucha contra la trata[157].

Respecto el Protocolo sobre trata de seres humanos, el examen consiste en una evaluación dividida en áreas temáticas de hasta un total de cuatro, a saber: penalización y jurisdicción, de acuerdo con los arts. 3 y 5 del mismo; prevención, asistencia técnica, medidas de protección y otras medidas, según las previsiones de los arts. 6, 7 y 9del Protocolo; aplicación de la ley y sistema judicial según los arts. 11, 12 y 13 del mismo y cooperación internacional, asistencia judicial recíproca y decomiso de acuerdo con los arts. 8 y 10 del citado protocolo. Las áreas temáticas son las mismas para los tres protocolos complemen-

---

Council of Europe», *Crime, Law and Social Change*, 61(2), 2014, pp. 229-250, p. 230.

156 COP UNTOC, *Resolución 9/1, op. cit.*, párr. 2.

157 *Ibid.*, párr. 8. En concreto los objetivos de este proceso de examen son: en primer lugar, la promoción de los fines de la convención y de sus protocolos, anteriormente citados; en segundo lugar, la mejora de la capacidad de las partes para prevenir y combatir la delincuencia organizada transnacional, y consecuentemente la trata de personas, así como la promoción y el examen de la aplicación de las obligaciones que se derivan de los textos; en tercer lugar, la detección y mejora técnica de las necesidades de los Estados en la lucha contra la trata; en cuarto lugar, la creación de una base de datos que contenga legislación nacional, logros, buenas prácticas y retos a los que se enfrentan los Estados parte; en quinto lugar, la promoción de la cooperación internacional; y, en sexto y último lugar, la obtención del conocimiento necesario del estado de la cuestión sobre las medidas aplicadas y los resultados de las mismas, así como los retos que se presentan en la consecución de la erradicación de la criminalidad organizada en general y la trata de seres humanos en particular.

tarios y la Convención[158]. El examen se basa en el intercambio de información entre los Estados examinados y Estados examinadores, sin carácter acusatorio ni sancionador[159]. En este sentido, cualquier Estado que participe en el mecanismo de revisión debe designar un experto gubernamental que será el representante de dicho Estado en el proceso de evaluación.

Es un proceso gradual consistente en una fase preparatoria, que dura dos años y que se inició con la adopción de la ya citada Resolución 9/1 de la COP UNTOC, y cuatro fases de examen, una por cada bloque temático, de modo que la duración de total es de doce años[160]. En primer lugar, durante la fase preparatoria, se elaboran cuestionarios de autoevaluación breves, precisos y concisos para poder examinar la aplicación de cada uno de los instrumentos. Estos cuestionarios deben ser contestados por los Estados examinados con la mayor precisión posible y con información actualizada[161]. Una vez completada la fase de preparación, el examen consiste en una sola prueba a cada Estado por cada instrumento del que sea parte. Se evalúa el cuestionario y toda aquella información adicional, así como legislación que se haya promulgado[162]. Para cada Estado examinado se elabora un plan multianual siguiendo lo establecido en la tabla 2 del apéndice de la Resolución 9/1, la cual concreta los artículos y las materias examinadas cada año que dura el examen. La segunda fase del examen se inició en octubre de 2020, cuando la COP UNTOC adoptó la Resolu-

---

158 Para más información sobre el contenido de cada área temática en función del instrumento examinado, *vid.* COP UNTOC, *Resolución 9/1, op. cit.*, Apéndice.

159 *Vid*, sobre el funcionamiento de la selección de los Estados examinadores, los párr. 25 a 37 de la Resolución 9/1 de la COP UNTOC.

160 COP UNTOC, *Resolución 9/1, op. cit.*, párr. 9.

161 *Ibid.*, párr. 19. Cada cuestionario de autoevaluación será publicado en una sección segura del aplicativo SHERLOC, un portal de la UNODC.

162 *Ibid.*, párr. 25 a 37.

ción 10/1[163] la cual, además, aprobó los auto-cuestionarios que debían contestar los Estados examinados, las directrices para realizar los exámenes y el modelo de listas de observaciones y los resúmenes

El examen concluye con la elaboración de una lista de observaciones donde se indican lagunas y dificultadas detectadas en la aplicación de las disposiciones que han sido objeto de examen, así como las mejores prácticas y sugerencias en aras a mejorar la aplicación de la Convención y sus Protocolos[164].

Al cierre de la presente obra, todos los grupos de examen ya habían iniciado el primer bloque de análisis y con algunos ya se han iniciado las evaluaciones del segundo bloque. No obstante, solamente se han iniciado 66 revisiones respecto las 123 que faltan por comenzar[165]. Estos nefastos datos demuestran que es un mecanismo ineficiente, pues que un mecanismo de control necesite doce años para analizar el contenido y hacer propuestas de mejora es poco operativo. Hay que tener en cuenta que en estos doce años de examen se analizan tanto la Convención como sus tres Protocolos. En total, son cuatro instrumentos que, si bien guardan una relación de complementariedad entre ellos, confieren obligaciones autónomas a los Estados, de modo que son instrumentos con suficiente entidad. Esto implica que la duración del examen, así como su complejidad, aumenten considerablemente. Sin embargo, si el resultado del

---

163 COP UNTOC, *Resolución 10/1 «Inicio del proceso de examen del Mecanismo de Examen de la Aplicación de la Convención de las Naciones Unidas contra la Delincuencia Organizada Transnacional y sus Protocolos*, Viena, X período de sesiones, 12-16 de octubre de 2020. Disponible en: https://bit.ly/3RHfzMR.

164 COP UNTOC, *Resolución 9/1, op. cit.*, párr. 38.

165 Para saber más sobre el estado de los exámenes, *vid.* COP UNTOC: «Mechanism for the review of the implementation of the United Nations Convention against Transnational Organised Crime and the Protocols thereto» [en línea], (s.f.), <https://bit.ly/3RHfzMR>.

examen consiste en formular una propuesta de mejora para el Estado examinado, en el momento que dicha propuesta se publique puede que haya quedado obsoleta. Recuérdese que la propuesta se formula al final del examen, de modo que las circunstancias iniciales del examen es posible que hayan cambiado, o bien las redes hayan alterado su *modus operandi* o incluso que el Estado examinado haya modificado la aplicación de los Protocolos de Palermo[166].

2.4.2. El GRETA y el Comité de las Partes del Convenio de Varsovia. El primer mecanismo de control de la lucha contra la trata de seres humanos

Si bien hasta ahora el Protocolo sobre trata de seres humanos marcó el contenido de los ulteriores instrumentos internacionales que desarrollaron la lucha contra la trata de seres humanos, la cuestión de la monitorización a través de un mecanismo casi autónomo que no dependiera de los Estados fue incorporado por primera vez en el Convenio de Varsovia. Dicho mecanismo de seguimiento se vertebró en dos organismos principales. En primer lugar, y de acuerdo con el art. 36 del

---

166 En otro orden de ideas, es preciso señalar que, en el marco de las Naciones Unidas, en concreto en los mecanismos especiales del Consejo de Derechos Humanos, también se constituyó un mecanismo relativo a las violaciones cometidas contra las víctimas de la trata. En 2004 se promulgó el mandato de la relatora especial en temas de trata de seres humanos. En 2017 se renovó dicho mandato. Si bien su ámbito de actuación no es la aplicación de los Protocolos de Palermo, esta relatora especial también puede incidir en cómo los Estados protegen a las víctimas de la trata. Así, al vincular a las víctimas con los derechos humanos, en el caso de que no sean respetados por los Estados, se puede iniciar un proceso de denuncia. De hecho, resulta interesante la combinación entre el mandato de la relatora especial y el examen de la COP, ya que pueden complementarse y plantear rigurosas medidas de mejora para los Estados en lo que respecta a la trata de seres humanos, la aplicación del Protocolo sobre trata de seres humanos y, en especial, la protección de las víctimas.

mismo, se creó el GRETA, el Grupo de Expertos sobre la lucha contra la trata de seres humanos, encargado del seguimiento técnico; y, en segundo lugar y en virtud del art. 37 de dicho instrumento, se creó el Comité de las Partes, encargada de hacer el seguimiento político del Convenio de Varsovia[167].

2.4.2.1. El GRETA como uno de los principales baluartes del cumplimiento de la lucha contra la trata de seres humanos

De acuerdo con el art. 36 del Convenio de Varsovia, el GRETA está compuesto por un grupo independiente de entre diez y quince expertos y que, en ningún caso, representan al Estado del que son nacional. El propio Convenio, concretamente en su art. 38, detalla el procedimiento de examen del GRETA, aunque debe complementare con las Normas de Procedimiento adoptadas por el propio grupo de expertos[168].

El examen del GRETA consta de rondas, cada una de una duración de cuatro años[169]. En cada ronda, el Grupo de Expertos debe especificar cuáles son las previsiones de la Convención objeto de análisis. Una vez determinadas, se reparte un cuestionario entre los Estados parte para que lo respondan. Recibidas las respuestas de los Estados, el GRETA puede ponerse en contacto con los Estados para que se proporcione información adicional, o incluso solicitar visitas en los Estados

---

167 GALLAGHER, A., *The International Law of (...)*, *op. cit.*, p. 474.

168 CONSEJO DE EUROPA, *Rules of procedure for the evaluating implementation of the Council of Europe Convention on Action Against Trafficking in Human Beings by the parties*, adoptadas en Estrasburgo el 17 de junio de 2009 y enmendadas el 21 de noviembre de 2014, THB-GRETA(2014)52. Disponible en: https://bit.ly/2xhj6c7.

169 *Ibid.*, párr. 2.

para recabar más información[170]. Al final del procedimiento de evaluación, los expertos publican un informe donde se elaboran una serie de recomendaciones para abordar los retos a los que se enfrentan los Estados en la aplicación de las medidas del Convenio de Varsovia[171].

A diferencia del mecanismo de control de los Protocolos de Palermo, la duración de la evaluación en este mecanismo es menor, aunque sigue siendo larga. En este sentido, la periodicidad con la que cada Estado parte se somete al examen del GRETA conlleva que constantemente se esté evaluando la implementación del Convenio de Varsovia. Así, se detectan los fallos y se elaboran propuestas adecuadas que reflejen el estado actual de la lucha contra la trata de seres humanos en el Estado examinado. Además, el grado de precisión de las evaluaciones del GRETA, así como el detalle en las propuestas de mejora, hacen de este mecanismo el más completo y el más adecuado de acuerdo con el objetivo de mejorar la lucha contra la trata de seres humanos en el marco del Convenio de Varsovia.

Un ejemplo de ello es el caso de España, que el pasado junio de 2023 recibió el informe del GRETA relativo a la tercera ronda de evaluaciones[172]. A nivel general, en la tercera evaluación de España, el GRETA celebró los avances que se habían

---

170 *Vid.* art. 38 Convenio de Varsovia. Se prevé que se puedan realizar visitas en los Estados y que estarán asistidas por expertos nacionales independientes.

171 GALLAGHER, A., *The International Law of (...), op. cit.*, p. 474. Para saber más, *vid.* CONSEJO DE EUROPA, *Rules of procedure for the evaluating implementation of the Council of Europe (...), op. cit.*

172 GRETA, *Recommendation CP/Rec(2023)08 on the implementation of the Council of Europe Convention on Action against Trafficking in Human Beings by Spain*, 16 de junio de 2023. Disponible en: https://bit.ly/41GGxZN. Se espera que el gobierno de España presentes us observaciones respecto dicha recomendación a muy tardar en el mes de junio de 2025, fecha en la que empezará la cuarta evaluación para dicho Estado. En el enlace se encuentra la información relativa a los informes de 2013 y de 2018. Además, la cuarta

realizado en el plano legislativo, especialmente el refuerzo de la protección de las víctimas menores y el inicio de los trámites parlamentarios para adoptar el *Anteproyecto de Ley Orgánica Integral contra la trata y la explotación de los seres humanos*[173], que fue aprobada por el Consejo de Ministros el 29 de noviembre de 2022 y que aún sigue pendiente de presentarse ante las Cortes Generales para su negociación y eventual adopción[174]. También valoró positivamente la aprovación del Plan Estratégico Nacional contra la trata de seres humanos (2021-2023), la mejora del acceso de las víctimas a la asistencia jurídica gratuita, la publicación de guías para fiscalía y jueces y magistrados para evitar la victimización secundaria de las víctimas o la participación de España en equipos conjuntos de investigación a nivel internacional[175]. No obstante, el GRETA también señaló una serie de aspectos que requerían la atención inmediata del Estado español. En primer lugar, señaló la necesidad de garantizar el acceso efectivo de las víctimas a los mecanismos de compensación de acuerdo con lo que establece el art. 15 del Convenio de Varsovia. En segundo lugar, también apuntó hacia el aumento de las investigaciones relativas a la trata con fines de explotación laboral ya que el grupo de expertos apuntó que, de forma generalizada, debía mejorarse tanto la prevención y la persecución de la trata en este sentido a través, por ejemplo,

---

ronda de exámenes se inicio el pasado 30 de junio de 2023 con el envío de los primeros cuestionarios a Austria, Chipre y Eslovaquia.

173 *Anteproyecto de Ley Orgánica integral contra la trata y la explotación de seres humanos*, aprobada por el Consejo de Ministros y elaborada por el Ministerio de Justicia, del Interior, de Inclusión, Seguridad Social y Migraciones y de Igualdad. Disponible en: https://bit.ly/3tKvX7h.

174 De acuerdo con la información disponible en la página web de las Cortes Generales españolas, al cierre de la presente obra no consta ninguna información relativa a la presentación, por parte del Gobierno de España, del anteproyecto de Ley para su negociación.

175 GRETA, CP/Rec(2023)08, *op. cit.*, pp. 1-2.

de dotar de suficientes recursos las inspecciones laborales o la revisión de la normativa para identificar los vacíos legales que pueden limitar la capacidad de persecución de este tipo de casos. En tercer lugar, marcó como prioritario el avance en la prevención y la persecución de la trata que afecta a menores de edad, por ejemplo asegurando que los menores no acompañades acceden efectivamente a las medidas de protección tales como educación, salud o refugio para evitar que su situación de vulnerabilidad aumente y puedan quedar a merced de las redes de trata. En cuarto y último lugar, el GRETA consideró que España debía mejorar el proceso de identificación formal sin que este dependiera de la presencia de pruebas suficientes para el inicio del proceso criminal, aumentar el número de refugios especializados para hombres y para víctimas de otras formas de explotación más allá de la trata con finalidades de explotación sexual o que las víctimas extranjeras, también las procedentes de la UE, podían gozar del período de recuperación y reflexión y, mientras dure dicho período, de todas las medidas establecidas en el art. 12 del Convenio de Varsovia[176].

Uno de los aspectos en que la doctrina ha coincidido en destacar es el diálogo entre el GRETA y los Estados parte, aspecto nuclear en el procedimiento de evaluación[177]. Tal y como se desprende del art. 38 apdo. 3 del Convenio de Varsovia, en todo momento se abre la puerta al intercambio de información y a la posibilidad de que el Grupo de Expertos requiera, tanto a los Estados evaluados, como a la sociedad civil[178].

---

[176] Para conocer con más detalle las medidas recomendadas por el GRETA para España en su tercer informe de evaluación, *vid.* GRETA, CP/Rec(2023)08, *op. cit.*

[177] GALLAGHER, A., *The International Law of (…), op. cit.*, p. 474.

[178] El diálogo con la sociedad civil es, también, una de las piezas clave en la erradicación de la trata de seres humanos dentro de la Unión Europea tal y como se verá en los capítulos que prosiguen.

2.4.2.2. El Comité de las Partes como referente en el control político del Convenio de Varsovia

De acuerdo con el art. 37 del Convenio de Varsovia, el Comité de las Partes está formado por un representante por cada Estado parte de dicho Convenio. La principal tarea del Comité es dotar de peso político al trabajo desarrollado por el GRETA[179]. En este sentido, si bien no puede modificar el contenido de los informes elaborados por el grupo de expertos, sí que puede instar a los Estados parte a que apliquen las medidas recomendadas por dichos informes[180]. Un ejemplo de ello es que en cada reunión del Comité de las Partes se hace un seguimiento del estado de las evaluaciones del GRETA. Así, el director del Grupo de Expertos, que participa de la reunión, comenta en general los avances hechos en materia de lucha contra la trata. En cada informe de la reunión, el Comité de las Partes refuerza el papel del GRETA al corroborar y animar a los Estados a participar de las evaluaciones y a aplicar las propuestas que el Grupo formula[181]. El hecho de implicar al director del GRETA en las reuniones anuales del Comité de las Partes facilita que se refuercen las relaciones entre las Partes y entre las Partes y el GRETA, de modo que se favorece la implementación de las previsiones relativas a la lucha contra la trata de seres humanos en el marco del Consejo de Europa[182].

El hecho de que el Convenio de Varsovia incluya previsiones concretas relativas a un procedimiento de evaluación de su aplicación denota la voluntad del Consejo de Europa de otor-

---

179 CONSEJO DE EUROPA, *Informe explicativo (…), op. cit.*, p. 55, párr. 359.

180 GALLAGHER, A., *The International Law of (...), op. cit.*, p. 475.

181 CONSEJO DE EUROPA, *Committee of the Parties. Council of Europe Convention on Action against Trafficking in Human Beings. 32nd meeting of the Committee of the Parties. Meeting Report*, Estrasburgo, 16 de junio de 2023, THB-CP(2023) RAP23. Disponible en: https://bit.ly/3vni0gh.

182 CONSEJO DE EUROPA, *Informe explicativo (…), op. cit.*, p. 55, párr. 361.

gar importancia a la lucha contra la trata de seres humanos. Ambos organismos constituyen un mecanismo de evaluación del Convenio de Varsovia transversal y con suficiente autoridad. Transversal porque los informes técnicos del GRETA que abarcan todas las medidas contenidas en el Convenio y que permite formularse una opinión transversal y exacta de los avances de cada Estado parte. Y con suficiente autoridad porque los informes de los expertos independientes son respaldados por la actuación del Comité de las Partes, formado por los representantes de los Estados parte.

2.4.3. La Unión Europea y los mecanismos de control de la lucha contra la trata de seres humanos a la luz de la Directiva 2011/36/UE

Por último, es momento de centrarse en los mecanismos de control de la aplicación de las previsiones de la Directiva 2011/36/UE por parte de los Estados miembro de la UE. De acuerdo con la citada Directiva, estos mecanismos de control se refieren a los ponentes nacionales o mecanismos equivalentes (NREM, en sus siglas en inglés)[183] que, en virtud del acuerdo interinstitucional relativo a la modificación de la Directiva 2011/36/UE, pasarán a denominarse coordinadores nacionales para la lucha contra la trata de seres humanos, aunque también podrán constituirse mecanismos equivalentes y orga-

183 El acrónimo NREM hace referencia a los «*National Rapporteurs or Equivalent Mechanisms*». Sobre su funcionamiento, *vid.* GREGULSKA, J., HEALY, C., MAKULEC, A., PETRESKA, E., SAFIN, D., SMETEK, J., *Study on reviewing the functioning of Member States' National and Transnational Referral Mechanisms*, HOME/2018/ISFP/PR/THB/0000, Oficina de Publicaciones de la Unión Europea, Luxemburgo, 2020, p. 16.

nismos independientes[184]. La voluntad de la modificación es flexibilizar esta figura. En cuanto a sus funciones, tanto el redactado actual de la Directiva 2011/36/UE como el acuerdo interinstitucional al respecto coinciden en que sus objetivos son la evaluación de las tendencias de la trata, la cuantificación de los resultados de las acciones de la lucha contra la trata a nivel estatal, así como la recopilación de estadísticas y la elaboración de informes[185]. Más específicamente, el acuerdo interinstitucional prevé que estos órganos podrán incluso establecer los planes de respuesta ante contingencias a fin de prevenir la amenaza de la trata en caso de emergencias graves y promover, coordinar e incluso financiar programas contra la trata de seres humanos. Si se analizan ambos redactados, puede observarse que a partir del acuerdo interinstitucional estas figuras adoptarán un papel más proactivo en la lucha contra la trata, pues hasta el momento se limitaban a recopilar información y a elaborar informes del estado actual y en el futuro, en cambio, podrían disponer de funciones operativas. Se deberá esperar a su despliegue para poder valorar adecuadamente su incidencia.

No obstante, el desarrollo de estos mecanismos no se ha evaluado positivamente desde su implementación. En este

---

184 P9_TA(2024)0310, *op. cit.*, p. 40. En cuanto a los organismos independientes, el apdo. 3 del mismo art. 19 establece que podrán crearse con unas funciones más limitadas respecto a las otras dos figuras. Concretamente podrán realizar el seguimiento de la aplicación y el impacto de las medidas de la lucha contra la trata, presentar informes sobre cuestiones que requieran la atención de las autoridades de los Estados y evaluar las causas de fondo y las tendencias de la trata de seres humanos. No obstante, no se excluye que puedan realizar alguna de las funciones atribuidas, *a priori*, a los coordinadores nacionales para la lucha contra la trata de seres humanos o los mecanismos equivalentes.

185 La Directiva 2011/36/UE apunta hacia la necesidad de cooperación entre los NREM y la sociedad civil organizada, al prever la «estrecha cooperación con las correspondientes organizaciones de la sociedad civil».

sentido, es habitual que no todos los Estados envíen toda la información requerida a la Comisión, pues el artículo en cuestión no establece concretamente qué debe enviarse y con que periodicidad. Esto ha generado lagunas en los informes de la Comisión que han dificultado la labor de control que tiene asumida en este aspecto[186].

Para evitar que esta situación se vuelva crónica, hay que tener en cuenta diversas cuestiones. En primer lugar, el acuerdo interinstitucional relativo a la modificación de la Directiva 2011/36/UE ha previsto que estos órganos dispongan de los recursos adecuados necesarios para el desarrollo de sus funciones[187]. En segundo lugar, la propuesta de modificación de la Directiva 2011/36/UE contempló concretar más la labor de este mecanismo al contener el art. 19 *bis* que elabora una lista de mínimos de la información que debe recogerse y facilitar a la Comisión Europea a muy tardar el 1 de julio de cada año. Por su lado, el acuerdo interinstitucional establece un término más generoso para los Estados, pues la fecha límite debería ser el 30 de septiembre, aunque si no fuera posible, se deberán enviar los datos a muy tardar el 31 de diciembre. Si parte del mal funcionamiento es la ausencia de datos facilitados por los Estados miembro, ampliar y flexibilizar los plazos de entrega de los datos no parece ser la solución más adecuada. Es preciso apuntar que la Directiva no les confiere directamente la labor

---

186 En este sentido, por ejemplo, en el cuarto informe de la Comisión relativo a los datos estadísticos para el período 2019-2020, referenciado con anterioridad, se muestra que 25 Estados miembro enviaron información sobre sospechosos para el año 2019 y 23 para el 2020. Sobre las personas sospechosas, 24 Estados enviaron información, mientras que sobre las personas condenadas, 26 Estados miembro publicaron su información y 25 respecto el 2020. *Vid.* SWD(2022) 429 final, *op. cit.*, p. 1. También, COMISIÓN EUROPEA, *Data collection on trafficking in human beings (2) (…), op. cit.*, p. 8. La propia Comisión Europea constató que los datos ofrecidos contienen vacíos («*gaps*»).

187 P9_TA(2024)0310, *op. cit.*, p. 40.

de monitorizar específicamente su aplicación, pero el hecho de tener que cuantificar los resultados de las acciones emprendidas a nivel nacional permite fiscalizar el cumplimiento de las obligaciones que se derivan del contenido de la Directiva en cuestión.

Asimismo, otra de las funciones que deberán realizar estos coordinadores nacionales, mecanismos equivalentes u organismos independientes es la redacción e implementación de planes de acción nacionales contra la trata de seres humanos, tal y como determina el art. 19 *ter* de la nueva Directiva 2011/36/UE establecido en el acuerdo interinstitucional ya citado[188]. A grandes rasgos, estos planes deberán incluir los objetivos, las prioridades y las medidas para combatir la trata de seres humanos en general, independientemente de las formas de explotación; las medidas preventivas que se aplicarán, las orientadas a reforzar la persecución de las redes y aquellas orientadas hacia la identificación y la asistencia de las víctimas. En definitiva, estos planes deberán contener todos los elementos del paradigma de las 3P y deberán enviarse a la Comisión Europea. Debe suponerse que la idea es la de reforzar la coordinación a nivel de toda la Unión de los esfuerzos para erradicar la trata de seres humanos.

Juntamente con estos mecanismos hay la figura del Coordinador Europeo contra la Trata de Seres Humanos (EU ATC, «*European Union Anti-Trafficking Coordinator*», en sus siglas en inglés). Esta constituyó para contribuir al desarrollo de una estrategia coordinada en toda la Unión Europea en su lucha contra la trata de seres humanos. El origen del Coordinador se encuentra en el Programa de Estocolmo, que en su apdo. 4.4.2 invitaba al Consejo a considerar la posibilidad de nombrar a un coordinador con el objetivo de que todas las competencias de la Unión pudieran utilizarse de forma óptima en pro de

---

188 P9_TA(2024)0310, *op. cit.*, p. 43.

una política coordinada y reforzada en el seno de la Unión Europea en materia de lucha contra la trata de seres humanos.

El art. 20 de la Directiva 2011/36/UE obliga a los Estados miembro a facilitar información recogida por los NREM al Coordinador Europeo contra la Trata de Seres Humanos. A partir de la información recogida por el EU ATC, este elabora un informe bianual que es transmitido a la Comisión y en donde se plasma el progreso de la lucha contra la trata de seres humanos en la Unión[189]. Más allá de reforzar la obligación de cooperar entre las autoridades nacionales de los Estados miembro y el EU ATC y de incluir, en el deber de transmitir información al coordinador europeo, a los organismos de la Unión Europea y a la sociedad civil organizada, el contenido esencial de este artículo no se ha alterado ni con la propuesta de modificación de la Directiva 2011/36/UE ni con el acuerdo interinstitucional, pues solamente se ha adaptado a la nueva denominación de los coordinadores nacionales, mecanismos equivalentes u organismos independientes. Así pues, la labor del EU ATC se refiere, por un lado, a la monitorización de la estrategia de la Unión Europea contra la trata de seres humanos en sentido amplio, desde la Estrategia UE 2012-2016 hasta la Estrategia UE contra la trata 2021-2025 o los documentos, también a nivel legislativo, que las desarrollan. Por otro lado, orienta la política de la Unión contra la trata de seres humanos y mejora la coordinación y la coherencia de la política exterior de la Unión Europea contra la trata de seres humanos[190]. Por último, contribuye a la elaboración o la creación de nuevas lí-

---

189 En este sentido, *vid.* VILLACAMPA ESTIARTE, C., «La nueva directiva (...)», *op. cit.*, p.14:47 y GROMEK-BROC, K., «EU Directive on preventing (...)», *op. cit.*, p.234.

190 Sobre todo, en cooperación con las instituciones de la Unión, agencias, Estados miembro y otros actores internacionales.

neas políticas europeas contra la trata de seres humanos, sobre todo en lo que respecta en la relación con terceros Estados[191].

Nótese que, básicamente, el Coordinador europeo contra la trata de seres humanos tiene una labor política, es decir, de organizar y cohesionar las líneas políticas de la Unión en la lucha contra la trata de seres humanos. Sin embargo, aparte de los informes que elabora para la Comisión relativa a los avances en la lucha contra la trata de seres humanos, su papel es casi inexistente en cualquiera de los instrumentos de cooperación institucional orientados hacia la protección de las víctimas, la prevención del fenómeno o la persecución de los delincuentes en la Unión. Consecuentemente, si uno de los principales objetivos del Coordinador es la de dotar de coherencia al desarrollo de las políticas contra la trata de seres humanos, debería asumir algún tipo de papel, por menor que sea, en la coordinación de todas las labores operativas que materializan, precisamente, las líneas políticas que está llamado a coordinar[192].

Al finalizar el capítulo anterior, se planteó cuál es el valor añadido de la Directiva 2011/36/UE respecto el Protocolo sobre trata de seres humanos y el Convenio de Varsovia, dado que, en el ámbito de la tipificación y las cuestiones puramente penales, los tres instrumentos van en la misma línea, aunque con distintos grados de concreción. Sobre el valor añadido de las medidas de protección y prevención de la Directiva 2011/36/UE en relación con los otros instrumentos, es preciso analizar las medidas de protección de las víctimas y de prevención de la trata para poder dar una respuesta a la cuestión acabada de plantear.

---

191 COMISIÓN EUROPEA: «Together against Trafficking in Human Beings» [en línea], (2024), <https://bit.ly/2XsagTe>.

192 Estas labores operativas y toda la cooperación institucional en la estrategia de erradicación de la trata de seres humanos se analizarán en los capítulos tercero, cuarto y quinto.

En primer lugar, en el Protocolo sobre trata de seres humanos, uno de los principales rasgos que caracteriza el sistema de protección y de prevención es el amplio margen de discrecionalidad que se otorga a los Estados parte de dicho instrumento a la hora de establecer medidas concretas en sus respectivos ordenamientos jurídicos[193]. Una parte de la doctrina apunta que los Estados parte del Protocolo sobre trata de seres humanos deben interpretar dichas medidas como parte integrante del mandato obligatorio para los Estados[194]. Es cierto que, si se acepta la protección de las víctimas como parte integrante del proceso para la erradicación de la trata de seres humanos, en tanto que permite afrontar la lucha contra el fenómeno desde su totalidad[195], debe entenderse que las medidas de protección de las víctimas de la trata de dicho Protocolo forman parte del mandato obligato-

---

193 UNODC, *Guía legislativa, op. cit.*, p. 285 párr. 52. En este mismo sentido se pronunció GALLAGHER, A., *The International Law of (...), op. cit.*, pp. 276-336; GOODEY, J., «Human trafficking: Sketchy data and policy responses», *Criminology & Criminal Justice*, 8(4), 2008, pp. 421-442, p.423. Este último apunta a que el Protocolo sobre trata de seres humanos se centra en los crímenes contra los Estados, dejando las violaciones de los derechos de las víctimas en un segundo plano. Esta idea nace de las obligaciones «soft law» relativas a la protección de las víctimas de la trata establecidas en dicho protocolo.

194 HEINRICH, K. H., «Ten year after the Palermo Protocol (...)», *op. cit.*, p. 3. La autora defiende que «State Parties should not dismiss the Protocol's protection measures as discretionary. Instead, they should be understood as critical, integrant components of the Protocol's mandatory law enforcement requirements (...)». Cfr. PIOTROWICZ, R., «The UNHCR's Guidelines on Human Trafficking», *International Journal of Refugee Law*, 20(2), 2008, p. 242-252, p. 244. El autor, contrariamente a lo que defiende HEINRICH, apunta a que, desde la perspectiva de las víctimas, el contenido del Protocolo sobre trata de seres humanos ofrece una asistencia muy limitada con obligaciones muy difuminadas que dejan demasiado margen de maniobra a la discrecionalidad de cada Estado a la hora de concretar qué medidas de protección ofrecerán a las víctimas de la trata que se encuentren en su territorio.

195 VILLACAMPA ESTIARTE, C., «La nueva directiva europea (...)», *op. cit.*, p. 14:7.

rio del mismo. Sin embargo, ya se constató al inicio del presente capítulo que las obligaciones son de comportamiento o de medios, de modo que la protección y la prevención efectiva no son exigibles por parte de las víctimas. Asimismo, el contenido impreciso de las medidas de protección viene a confirmar que el Protocolo sobre trata de seres humanos, en el fondo, siguen apostando por la persecución de las redes como eje principal de la lucha contra la trata de seres humanos.

Aun así, dicho Protocolo sirvió para asentar las bases de lo que debían ser las medidas de protección de las víctimas de la trata de seres humanos y medidas de prevención en aquellas organizaciones regionales que optasen por establecer sistemas de lucha contra la trata de seres humanos desde una óptica completa, la cual integrase, también, actuaciones a nivel de persecución de las redes de trata.

Respecto al Convenio de Varsovia, se optó por concretar más su contenido obligatorio, caminando hacia unas obligaciones de resultado que afectan el comportamiento de los Estados pues se establecieron resultados concretos, exigibles e incluso cuantificables. Por lo tanto, y tal y como se ha apuntado con anterioridad, a medida que se reduce el ámbito de aplicación de un instrumento internacional, más específico es su contenido.

De acuerdo con lo anterior, la Directiva 2011/36/UE suple las inexistentes previsiones que hacía la Decisión Marco 2002/629/JAI sobre la protección de las víctimas y la prevención del fenómeno. En este sentido, la incorporación de la aproximación victimocéntrica es clara en la Directiva 2011/36/UE. En consecuencia, la Directiva sí que ha supuesto un avance importante en la protección de las víctimas y la prevención del fenómeno respecto el marco de lucha anterior, más si se tienen en cuenta las recientes aportaciones del acuerdo interinstitucional relativo a la modificación de la Directiva 2011/36/UE.

Sobre el valor añadido de dicha Directiva en comparación con los otros instrumentos relativos a la trata de seres humanos, a modo preliminar, conviene recordar que los tres instrumentos han estipulado sus obligaciones respecto a la protección y la prevención a partir de obligaciones tanto de comportamiento, mayoritariamente en el Protocolo sobre trata de seres humanos, como de resultado, con más concreción en el ámbito de la Unión Europea que no en el del Consejo de Europa. En este sentido, y teniendo en cuenta este elemento común en los instrumentos regionales europeos, puede constatarse que el Convenio de Varsovia y la Directiva 2011/36/UE comparten mucho más de lo que parece a simple vista. En este sentido, el contenido del Protocolo sobre trata de seres humanos no especifica, en ningún artículo de los analizados, alguna medida concreta. Sin embargo, el menor ámbito de aplicación del Convenio de Varsovia y de la Directiva 2011/36/UE han facilitado que en estos dos textos las obligaciones estén más detalladas. Es más, la Unión Europea va un paso más allá en la protección de las víctimas durante los procesos judiciales al otorgar derechos a las víctimas de la trata. Más allá de los derechos de las víctimas durante el proceso judicial, la Directiva 2011/36/UE en sí misma no supuso un avance destacable respecto al Convenio de Varsovia.

Ahora bien, con la futura modificación, que supondrá la incorporación de la perspectiva de género en las medidas de protección, la atención especial a los menores y personas con discapacidad, la tipificación como delito de la demanda consciente de los bienes y servicios, el desarrollo de las medidas de prevención o la concreción de algunas de las de protección sí que llevaría a pensar que este instrumento será, una vez se apruebe su modificación, el marco normativo más garantista en este sentido. No obstante, deberá esperarse a la transposición de la misma para valorar con más exactitud ya no el contenido, sino su implementación en toda la Unión Europea.

CAPÍTULO 3:

LOS INSTRUMENTOS DE PROTECCIÓN DE LAS VÍCTIMAS EN LA LUCHA DE LA UNIÓN EUROPEA CONTRA LA TRATA DE SERES HUMANOS

Con el objetivo de fondo de analizar la estrategia de la Unión Europea para erradicar la trata de seres humanos, el análisis que se pretende mostrar en esta obra consta de una primera parte, la relativa a los dos capítulos desarrollados hasta el momento, y una segunda parte, que es la que prosigue. En la primera, que se ha centrado en los aspectos normativos, se han estudiado, por un lado, los avances en materia de tipificación en los tres instrumentos normativos seleccionados y, por otro lado, los pasos dados en cuanto a las medidas de protección de las víctimas y de prevención del fenómeno de la trata de seres humanos.

A continuación, se inicia la segunda parte de esta obra que, superadas las cuestiones puramente normativas, se centra en analizar propiamente la estrategia de la Unión Europea para erradicar este fenómeno. Tal y como se ha comentado, la Unión vertebró su particular lucha contra la trata de seres humanos a partir de tres elementos: la protección de las víctimas, la prevención del fenómeno y la persecución de los delincuentes, de acuerdo con el orden establecido en la Estrategia UE 2012-2016 contra la trata, documento que vertebró la erradicación de este fenómeno en la Unión Europea hasta 2021, cuando fue actualizada por la actual Estrategia UE contra la trata 2021-2025, citadas ambas anteriormente. En los tres capítulos que prosiguen se analizan los distintos instrumentos que se utilizan o se podrían utilizar en cada una de estas vertientes de la estrategia, pues el paradigma de las 3P se consideró como la pauta a seguir para afrontar el fenómeno de la trata desde la plenitud. No obstante, y de aquí el uso de tiempos verbales en pasado, la actual estrategia en vigor de la Unión Europea ha superado este paradigma, pues la lucha contra la trata requiere de acciones que quizá no se enmarcan en ningún elemento del paradigma de las 3P.

Este análisis se ha construido a partir de dos parámetros: la efectividad y la adecuación. El objetivo es analizar críticamente dichos instrumentos y detectar aquellos aspectos que requieren una revisión por parte de la Unión Europea a la luz de mejorar la estrategia de la Unión contra la trata de seres humanos.

En primer lugar, el concepto de la efectividad jurídica se refiere a la «correlación entre los resultados reales y sus acciones y aquellos objetivos sociales para cuyo alcance se aprobó la respectiva norma jurídica»[1], definición que se corresponde con la que plantea la Real Academia Española cuando prescribe que la efectividad debe entenderse como la capacidad de lograr el objetivo que se desea o se espera[2]. Lejos del debate que se puede plantear respecto este concepto en la sociología del Derecho, para la presente obra se entiende que la efectividad hace referencia a la capacidad de los instrumentos analizados para erradicar la trata de seres humanos, de acuerdo con sus características. Sin embargo, había cuenta de la varia-

---

1 MILEVA, M., VELINOK, L., *Metodología de la investigación científica en la actividad jurídica*, Ministerio de Justicia, La Habana, 1988, p., 8 extraída de PAVÓ ACOSTA, R., «Las investigaciones sociojurídicas acerca de la eficacia y efectividad del Derecho: algunas alternativas metodológicas», *Revista Internacional Consinter de Direito*, 11, 2016, pp. 437-462.

2 REAL ACADEMIA ESPAÑOLA: «Diccionario de la lengua española. Efectividad» [en línea], (s.f.), <https://bit.ly/3Kb6FUy>.

da tipología de instrumentos, no todos perseguirán el mismo efecto, de modo que se estudiará caso por caso si pueden o podrían servir para cumplir con el objetivo de luchar contra este fenómeno.

En segundo lugar, el otro parámetro de análisis es el de la adecuación, entendida esta como la posibilidad de adaptar algo a las necesidades o condiciones de una persona o de una cosa[3]. Una estrategia de erradicación de la trata es aquella que se adapta a la singularidad del fenómeno para hacerle frente y que tiene en cuenta la idiosincrasia propia del fenómeno para maximizar las posibilidades de éxito. Es decir, que las medidas de protección obedecen a las necesidades de las víctimas, que la prevención aborda las causas y los factores para así dejarlos sin efecto y que la persecución tiene en cuenta el *modus operandi* así como la gravedad de la trata.

El presente capítulo obedece al primer elemento del paradigma de las 3P: la protección de las víctimas de la trata. De acuerdo con el objetivo de la presente monografía, los siguientes capítulos siguen una estructura idéntica que cambia respecto la sistematización de la primera parte de esta obra. Primeramente, se analizan las prioridades políticas establecidas en la Estrategia UE 2012-2016, en los documentos que le siguieron y en la actual Estrategia UE contra la trata 2021-2025. A partir de estas prioridades, se define cada elemento del paradigma y después, delimitado el concepto, se analizan los instrumentos aplicables en cada elemento del paradigma incorporando la valoración pertinente relativa a su efectividad y adecuación. En este sentido, por un lado, se incorpora el examen de la actuación de las distintas agencias que constituyen el ELSJ, pues el desarrollo de su actividad ordinaria también puede ser perseguir la erradicación de la trata de seres humanos. Así, en fun-

---

3 REAL ACADEMIA ESPAÑOLA: «Diccionario de la lengua española. Adecuación» [en línea], (s.f.), <https://bit.ly/3Kb6FUy>.

ción del elemento del paradigma que se analiza, se examinará a las agencias que potencialmente pueden satisfacer las pretensiones del paradigma de las 3P. Por otro lado, juntamente con lo anterior, también se analizan los distintos instrumentos operativos que se han desarrollado en el marco del ELSJ y que pueden ser útiles, también, para satisfacer los objetivos de los distintos elementos que constituyen la estrategia de la Unión Europea para erradicar la trata de seres humanos.

3.1. LAS PRIORIDADES POLÍTICAS Y EL CONCEPTO DE PROTECCIÓN DE LAS VÍCTIMAS A LA LUZ DE LA ESTRATEGIA DE LA UNIÓN PARA ERRADICAR LA TRATA

En el primer apartado de este capítulo se pretende analizar las prioridades establecidas por la Comisión Europea desde la perspectiva de la protección de las víctimas, centradas en la detección y la identificación de las víctimas. Tal y como se acaba de decir, el análisis de estas prioridades sirve para delimitar conceptualmente qué se entiende por protección de las víctimas a la luz de la estrategia de la Unión para luchar contra la trata de seres humanos.

3.1.1. Las prioridades políticas relativas a la protección: Detectar, proteger y asistir a las víctimas de la trata de seres humanos

La Estrategia UE 2012-2016 estableció una serie de prioridades destinadas a identificar y a proteger a las víctimas de la trata de seres humanos[4]. A modo preliminar, es necesario remarcar que dichas prioridades de protección seguían las bases esta-

---

4 COM(2012) 286 final, *op. cit.*, p. 6 y ss.

blecidas por la Directiva 2011/36/UE, que en su art. 11 prevé que se preste apoyo a las víctimas basado en las necesidades individuales de la misma y que debe incluir, como mínimo, un alojamiento apropiado y seguro, ayuda material o cuidados médicos.

Las prioridades orientadas a la detección, la protección y la asistencia a las víctimas de la trata de seres humanos se concretaron en cuatro acciones específicas, a saber: en primer lugar, la Comisión consideró primordial el establecimiento de mecanismos de orientación de las victimas nacionales y transnacionales; en segundo lugar, la detección de las víctimas, un elemento crucial para activar el sistema de protección; en tercer lugar, la protección de los menores víctimas de la trata; y, en cuarto lugar, poder informar a las víctimas, que, sobre todo en lo que respecta a las víctimas no nacionales de la UE, llegan a la frontera exterior sin ningún tipo de orientación[5].

Una de las cuestiones que la Comisión apuntó como prioritarias era el hecho de informar a las víctimas en todo lo que respecta a sus derechos como víctimas y posibilidades de actuación contra sus tratantes. Así, la Estrategia UE 2012-2016 previó hasta dos acciones en este sentido, una centrada en los actores que asumen la protección de las víctimas y otra destinada a las víctimas propiamente dicho. Por un lado, en cuanto a las acciones que estaban destinadas a los encargados de prestar la asistencia a las víctimas, los Estados miembro debían establecer mecanismos nacionales de orientación (NRM en sus siglas en inglés) oficiales y funcionales que describieran los procedimientos para detectar, orientar, proteger y asistir a las víctimas, además de prestar una asistencia que atienda las necesidades de cada víctima en función de las evaluaciones individuales de riesgos. Por otro lado, la acción destinada a las víctimas se re-

---

5 COM(2012) 286 final, *op. cit.*, pp. 6-7.

fería, directamente, a la información que debían recibir sobre todos los derechos a su disposición en tanto que son víctimas de la trata[6].

A causa de la dificultad que la Comisión constató en lo que respecta a la información que recibe por parte de las autoridades competentes, aspecto que ya ha sido mencionado con anterioridad[7], esta decidió publicar un documento donde se recoge toda la información recabada sobre los derechos laborales y sociales y los derechos en su condición de víctimas o de migrantes. Así, se publicaron en 2013 dos documentos que obedecían a las acciones anteriores: por un lado, la guía de los derechos de las víctimas de la trata de seres humanos[8] y, por otro lado, la guía para la identificación de las víctimas de trata, especialmente destinada a los servicios consulares y la guardia de fronteras[9].

Otra de las acciones que se especificó fue la detección de las víctimas de la trata. En este sentido, para la correcta aplicación de las medidas pertinentes, las víctimas de la trata deben ser identificadas como tales. Este proceso es difícil[10], teniendo en cuenta que muchas veces una víctima de la trata se detecta

---

6 COM(2012) 286 final, *op. cit.*, pp. 6-7.

7 *Ibid.*, p.8.

8 COMISIÓN EUROPEA, , *The EU rights of victims of trafficking in human beings*, Oficina de Publicaciones de la Unión Europea, Luxemburgo, 2013.

9 COMISIÓN EUROPEA, *Guidelines for the identification of victims of trafficking in human beings. Especially for Consular Services and Border Guards*, Oficina de Publicaciones de la Unión Europea, Luxemburgo, 2013.

10 COM(2012) 286 final, *op. cit.*, p. 7. Aunque la identificación de las víctimas sea compleja, todos los actores implicados deben participar en el proceso, atendiendo a las cinco grandes necesidades de las víctimas, que, según la Comisión, son el respeto y el reconocimiento, la asistencia, la protección, el acceso a la justicia y la indemnización. Además, la identificación de las víctimas permite, en la mayoría de los casos, abrir investigaciones policiales o judiciales que contarán con una prueba testifical esencial en este tipo de

en redadas en macro prostíbulos, en la frontera exterior o en operaciones policiales que desmantelan talleres ilegales donde se explota laboralmente. Sin embargo, las víctimas no son conscientes de su situación de explotación o, si lo son, no están dispuestas a denunciar a sus explotadores[11]. En este mismo orden de ideas, es habitual en la práctica de los Estados que se criminalice a las víctimas de la trata por las actividades ilegales que estas han protagonizado en contra de su voluntad, actividades como el ejercicio de la prostitución, la entrada ilegal en el territorio de un Estado o el trabajo ilegal cuando no se dispone de autorización para ello. Esto es un ejemplo claro de una falta de identificación correcta de las víctimas de la trata[12] ya que, si efectivamente se identifican como tales, el art. 8 de la Directiva 2011/36/UE es clara en el no enjuiciamiento o no imposición de penas a la víctima. En muchos casos la trata de seres humanos se esconde detrás de otras conductas, algunas igualmente delictivas, añadiendo más complejidad a la ya ardua identificación de las víctimas[13].

Por último, y no menos importante, se establecieron una serie de acciones de protección previstas que afectaban a las víctimas menores de edad[14]. Las víctimas menores de edad dispo-

---

procesos, *vid. infra* capítulo tercero, relativo a las consecuencias de la identificación de las víctimas en la persecución de la trata de seres humanos.

11 VILLACAMPA ESTIARTE, C., TORRES ROSELL, N., «Trata de seres humanos para explotación criminal: Efectos sufridos por las víctimas a su paso por el sistema de justicia penal», en MERCADO PACHECHO, P., *et al.*, *Formas contemporáneas de esclavitud y derechos humanos en clave de globalización, género y trata de seres humanos*, Tirant lo Blanch, Valencia, 2020, pp. 731-758.

12 GALLAGHER, A., *The International Law of (...)*, *op. cit.*, p. 285.

13 COM(2012) 286 final, *op. cit.*, p. 7. En este sentido, O'NEILL, M., «Trafficking in Human Beings (...)», *op. cit.*, p. 52.

14 En este sentido, *vid.* SWD(2022) 429 final, p. 6. Para el período 2019-2020, el 23% del total de víctimas registradas en la UE fueron menores de edad, de los cuales el 75% eran niñas. Para períodos anteriores, *vid.*, COMISIÓN

nen, aparte de las de la Directiva 2011/36/UE, de un amplio elenco de medidas de protección establecidas en la normativa de la Unión y que han sido analizadas en el capítulo anterior.

Llama la atención negativamente un inciso que hizo la Estrategia UE 2012-2016, que previó la posibilidad de retornar menores a sus países de origen, dentro o fuera de la Unión, cuando el interés superior del menor lo requiera y sea de manera voluntaria para, de este modo, impedir que sean de nuevo objeto de trata[15]. El retorno de menores a sus países de origen es una cuestión que debe abordarse con suma delicadeza porque la situación de especial vulnerabilidad de los menores de edad lo requiere. Si bien el retorno debe ser voluntario y de acuerdo con el interés superior del menor, desde la Comisión Europea deben establecerse mecanismos de monitoreo de las operaciones de retorno que incluyan menores de edad. Así, de este modo, velar por el respeto a dicho interés superior y por la protección debida a las víctimas menores de edad. Además, este colectivo requiere de una protección mucho más específica y sin fisuras, dado que son víctimas potenciales de la trata, ya sea por su falta de recursos o por la facilidad con lo que pue-

---

EUROPEA, *Data collection on trafficking (2) (…), op. cit.*, pp. 56-68. En este informe, durante el período 2017-2018 el número de víctimas menores de edad fue del 32% del total de víctimas registradas si se incluye en los datos al Reino Unido. Si se excluye, el porcentaje de víctimas menores registradas ascendió hasta el 22%. Para el período 2015-2016, *vid.* COMISIÓN EUROPEA, *Data collection on trafficking (…), op. cit.*, pp. 56-68. Durante dicho período, el porcentaje de víctimas menores era igual que el del periodo 2019 2020Si se observa el histórico, según EUROSTAT, en 2010 el número de víctimas menores de edad era del 13%. Nótese, pues, que el número de víctimas menores ha aumentado en 10 puntos en cinco años, de modo que es necesaria la especial atención que hace la Comisión en lo que respecta a las víctimas menores de edad. En este sentido, *vid.* EUROSTAT, «Trafficking (…)», *op. cit.*, p. 25.

15 COM(2012) 286 final, *op. cit.*, p. 8.

den caer en las trampas de la trata de seres humanos[16], sobre todo si se encuentran no acompañados en países que no son el de origen.

Dada la relevancia de la protección de las víctimas y el especial énfasis de las instituciones europeas en poner fin a tal vulneración de derechos humanos que comporta la trata de personas, la Directiva 2011/36/UE incluyó en su articulado la obligación de realizar un informe relativo a las medidas emprendidas por los Estados miembro a la hora de dar cumplimiento al contenido de la misma. En este caso concreto, dicho informe tenía que recoger cómo se habían tipificado las conductas establecidas en la Directiva y todas las medidas emprendidas en lo que a la protección de las víctimas se refiere[17]. Cabe señalar que la propuesta de modificación de la Directiva 2011/36/UE había previsto, en el art. 23 apdo. 3, que la Comisión debía enviar un informe al Parlamento Europeo donde se explicaran las medidas adoptadas para dar cumplimiento al art. 18 *bis*. No obstante, el acuerdo interinstitucional relativo a dicha modificación amplió el contenido del informe al referirse a la transposición de la Directiva al completo y no solamente de las previsiones relativas a la tipificación como delito del uso consciente de los bienes y servicios derivados de la trata[18].

Según el informe de la Comisión, la mayoría de Estados miembro de la Unión Europea adaptaron correctamente en

---

16 JOBE, A., *The causes and consequences of re-trafficking: evidence from the IOM Human Trafficking Database*, IOM Human Trafficking Database Thematic Research Series, International Organization for Migration, Ginebra, 2010, pp. 26-27.

17 COMISIÓN EUROPEA, *Informe de la Comisión al Parlamento Europeo y al Consejo sobre la adopción por los Estados miembro de las disposiciones necesarias para dar cumplimiento a lo dispuesto en la Directiva 2011/36/UE relativa a la prevención y lucha contra la trata de seres humanos y a la protección de las víctimas, de conformidad con su artículo 23, apartado* 1, 2 de diciembre de 2016. COM(2016) 722 final.

18 P9_TA(2024)0310, *op. cit.*, p. 43.

sus ordenamientos jurídicos el contenido de las previsiones de la Directiva 2011/36/UE relativa a la protección de las víctimas[19], aunque existían diferencias en los procedimientos y los plazos en que cada Estado miembro otorga protección a las víctimas que se encuentran dentro de su territorio nacional, dada la flexibilidad que permiten las directivas europeas. Es preciso señalar que desde las instituciones europeas se optó por un instrumento de armonización de los ordenamientos jurídicos de los Estados miembro, tal como es una Directiva, en contraposición con los instrumentos de unificación. La opción por un instrumento u otro puede hacer pensar que la sensibilidad de la materia, en sus implicaciones para el derecho penal, forma parte, aún, del núcleo duro de la soberanía nacional de los Estados miembro respecto de la cual estos son totalmente recelosos a cederla a la Unión[20].

Así, con carácter general, todas las medidas de protección que afectan a las víctimas analizadas en el capítulo anterior se cumplían en el momento de publicar el informe de 2016 y se cumplen en la actualidad[21] en la mayoría de Estados miembro, aunque tal y como se verá más adelante, siguen siendo necesarios pasos en esta dirección. Sin embargo, hay dos elementos que llamaron la atención de la Comisión. En primer lugar, lo que concierne a la previsión, establecida en el art. 11 apdo. 2 de la Directiva 2011/36/UE, relativa a que las autoridades competentes presten asistencia inmediatamente después

---

19 En concreto, arts. 11, 12, 13, 14, 15 y 16 de la Directiva 2011/36/UE.

20 En este sentido, *vid.* ROMEO MALANDA, S., «Un nuevo modelo de derecho penal transnacional: el derecho penal de la Unión Europea tras el Tratado de Lisboa», *Estudios Penales y Criminológicos*, XXXII, 2012, pp. 313-386, p. 327.

21 COM(2022) 736 final, *op. cit.*, p. 16. La Comisión solamente habla de la consolidación y el aumento de la identificación temprana entre los Estados miembro de la UE. Al no destacar que existan carencias en cuanto a las medidas de protección, debe asumirse que el cumplimiento de los Estados en este sentido sigue en la línea correcta.

de que existan motivos razonables para considerar que una persona puede ser víctima de la trata. La Directiva emplea un concepto jurídico indeterminado, «motivos razonables», que ha dado margen de interpretación a los Estados miembro respecto los cuales, además, solo catorce prevén que la asistencia se preste tal y como el artículo lo prevé, o sea, justo en el momento en que existen motivos razonables[22]. En segundo lugar, en la transposición del art. 11 apdo. 7 de la Directiva 2011/36/UE, la Comisión observó divergencias en cuanto a las medidas de asistencia respecto a las víctimas con necesidades especiales, esto es por motivos de salud, por ejemplo, un embarazo; o la violencia sufrida, ya sea psíquica o física.

Aun con todas las medidas previstas relativas a la protección de las víctimas, la identificación «temprana» seguía siendo uno de los mayores retos de los esfuerzos comunes de los Estados miembro, instituciones y agencias del ELSJ[23]. Es más, y tal y como se ha afirmado a lo largo del presente trabajo, sin una correcta identificación de las víctimas, estas no pueden recibir efectivamente la protección debida[24]. A causa de ello, en 2014, la Comisión añadió otras medidas, como por ejemplo el empleo de la legislación laboral que regule el trabajo de las personas migradas como método para prevenir la trata y, en su medida, favorecer la identificación de migrantes susceptibles de ser víctimas de la trata[25]. Sin embargo, es necesario recordar que un número considerable de víctimas ya es ciudadana de un Estado miembro de la Unión Europea y, consecuentemente, quedan excluidas de este tipo de regulaciones. Con todo, sigue siendo primordial tener en cuenta a este tipo de víctimas a la hora de establecer instrumentos para su protección.

---

22 COM(2016) 722 final, *op. cit.*, p. 8.

23 SWD(2014) 318 final, *op. cit.*, p. 5.

24 GALLAGHER, A., *The International Law of (...)*, *op. cit.*, p. 285.

25 SWD(2014) 318 final, *op. cit.*, p. 5.

Otra de las cuestiones importantes que fueron incluidas por la Comisión en el citado informe de 2014 fue la protección de las víctimas menores de edad. Siguiendo las previsiones de la Estrategia UE 2012-2016, los menores de edad seguían en una situación de especial vulnerabilidad en cuanto a la victimización y a la posibilidad de recaer en las redes de la trata. Consecuentemente, la Comisión consideró que debían seguir haciéndose esfuerzos en este sentido ya que, si bien la protección de las víctimas menores de edad era la esperada, las estadísticas seguían mostrando que la trata de menores estaba en auge[26].

En este sentido, de la mano de la Agencia Europea para los Derechos Fundamentales (en adelante, FRA), se publicó una guía con el objetivo de asentar las bases de la protección y la tutela de los menores privados del cuidado de sus padres[27], orientada en particular a los menores víctimas de la trata de seres humanos[28]. Esta guía contiene información destinada a las autoridades competentes de los Estados miembro de la Unión Europea encargadas de la tutela y la representación legal de los menores, ya sea a nivel nacional, regional o local. Su fin es orientar a dichas autoridades en el proceso de establecimiento de un sistema nacional de guarda o tutela de las víctimas de la trata menores de edad, ya sean menores no acompañados, que son personas menores de dieciocho años que migran hacia el territorio de algún Estado miembro de la Unión Europea sin sus representantes y/o tutores legales; o menores que han sido separados de sus dos padres, aunque se admite que vaya acompañados de algún familiar cercano.

---

26 COMISIÓN EUROPEA, *Data collection on trafficking (…), op. cit.*, pp. 58 y ss.

27 FRA; COMISIÓN EUROPEA, *Sistemas de tutela para los menores privados de cuidados parentales en la Unión Europea*, Oficina de Publicaciones de la Unión Europea, Luxemburgo, 2018. Disponible en: https://bit.ly/33p6oXx.

28 COM(2016) 722 final, *op cit.*, p. 8.

Finalmente, a modo de evaluación de la Estrategia UE 2012-2016 y para establecer los pasos a seguir después del período comprendido en tal estrategia, la Comisión adoptó una serie de actuaciones destinadas a proporcionar un mejor acceso de las víctimas a sus derechos y a su ejercicio[29]. Tal y como se apuntó anteriormente, es necesario que las víctimas sean identificadas en una fase temprana, de modo que puedan ser tratadas como «titulares de derechos» y tengan acceso a sus derechos y poderlos ejercer efectivamente. Es aquí, en la información de dichos derechos, donde las autoridades competentes de los Estados miembro seguían encontrándose con dificultades a la hora de transmitir esta información a las víctimas[30]. A esto se deben añadir las dificultades operativas de los mecanismos nacionales e internacionales de derivación. En consecuencia, las víctimas de la trata no son identificadas correctamente y no pueden ver realizados los derechos legalmente previstos.

Así pues, el problema de la identificación de las víctimas seguía siendo uno de los principales retos a los que se enfrentaba el sistema de protección de las víctimas. Habida cuenta del papel nuclear que desarrolla la identificación de las víctimas, en tanto que es la puerta de entrada a la protección efectiva de las víctimas, la Comisión optó por seguir apostando por la formación de las autoridades competentes en estos casos y por la difusión de buenas prácticas para la identificación, centradas en garantizar el acceso y ofrecer una asistencia adecuada con una dimensión de género y que responda a las necesidades de los menores[31]. Conviene destacar que se añadió la perspectiva

---

29 COMISIÓN EUROPEA, *Comunicación de la Comisión al Parlamento europeo y al Consejo. Informe de seguimiento de la estrategia UE para la erradicación de la trata de seres humanos y determinación de nuevas acciones concreta*, 4 de diciembre de 2017. COM(2017) 728 final, pp. 5-7.

30 En este sentido, *vid.* COM(2016) 267 final, *op. cit.*, p. 47.

31 COM(2017) 728 final, *op. cit.*, pp. 5-6. En cuanto a las actuaciones concretas, la Comisión estableció: en primer lugar, la publicación de orientaciones para

de género a la hora de proteger a las víctimas de la trata de seres humanos, una cuestión de importancia capital si se tiene en cuenta que casi el 63% de las víctimas de la trata de seres humanos registradas durante el período 2019-2020 fueron mujeres[32].

Aun los esfuerzos, la Comisión subrayó en el informe de 2016 que los índices de identificación de las víctimas seguían siendo demasiado bajos[33]. Con ello, pues, los retos identificados por la Comisión Europea en lo que respecta la protección de las víctimas apuntaban hacia una doble dirección, los cuales se plasmaron en las prioridades políticas de la nueva Estrategia UE contra la trata 2021-2025. Por un lado, la identificación temprana de la víctima, que hasta el momento se había encontrado dificultades intrínsecas de dicho proceso, especialmente

---

los Estados miembro sobre medidas específicas de género para ayudar y apoyar a las víctimas; en segundo lugar, desarrollo de orientaciones prácticas para mejorar la cooperación transnacional y entre agencias para prevenir la trata de menores en la UE y garantizar la protección de las víctimas menores de edad; en tercer lugar, se revisará el funcionamiento de los mecanismos de derivación nacionales y transnacionales de los Estados miembro; en cuarto lugar, se concretará la mejora de la cooperación por medio de instrumentos de gestión de las fronteras y de la migración de la UE; y, en quinto lugar, se asesorará a las autoridades competentes de los Estados miembro sobre conceptos clave relativos a la trata de seres humanos.

32 SWD(2022) 429 final, *op. cit.*, p. 6. En una visión retrospectiva, *vid.*, COMISIÓN EUROPEA, *Data collection on trafficking (2) (…)*, *op. cit.*, p. 18. Para el periodo 2017-2018, excluyendo el Reunio Unido, el 72% de las víctimas registradas fueron mujeres. Si se incluye, el porcentaje de víctimas registradas mujeres fue del 58%. Lo mismo pasa en el período 2015-2016, pues el 68% de víctimas mujeres registradas respecto al 32% hombres víctimas registradas de la trata si se incluye al Reino Unido. Si se excluye, el 77% del total de las víctimas registradas fueron mujeres respecto el 23% que eran hombres para el mismo período. Esto se debe a que el 57% del total de víctimas hombres se registraron allí.

33 SWD(2016) 159 final, *op. cit.*, p. 44.

en el caso de la trata, y por el amplio margen de apreciación que tiene el agente encargado de valorar la víctima, pues si no está debidamente formado es posible que no la detecte ni la identifique. Consecuentemente, entre las acciones a nivel político en este sentido se propone el refuerzo de la formación de dichos agentes y el intercambio de buenas prácticas entre la policía, los trabajadores sociales, los inspectores de trabajo o los agentes de fronteras con el objetivo, entre otros, de facilitar la integración de la víctima[34].

Por otro lado, el segundo elemento clave de la nueva Estrategia UE contra la trata 2021-2025 es la aplicación de medidas efectivas a las víctimas de la trata, aspecto que tal y como se verá a más adelante recae sobre los Estados miembro de la Unión. Por lo tanto, los esfuerzos de la Comisión en este sentido se centran, actualmente, en la financiación de refugios y de espacios seguros para las víctimas tanto dentro del territorio de los Estados miembro de la Unión Europea como en terceros países a través de la cooperación con las autoridades y la sociedad civil organizada de terceros países, la creación de espacios seguros para las víctimas para que puedan denunciar con total seguridad y la creación del Mecanismo Europeo de Derivación, encargado de coordinar los NRM creados por los Estados[35].

En resumen, las medidas políticas alrededor de la protección de las víctimas de la trata giran en torno a los derechos de estas una vez han sido identificadas como tales. Es por ello por lo que los esfuerzos deben focalizarse, principalmente, en mejorar los procesos de detección e identificación de las víctimas. Es, sin duda alguna, el extremo más difícil en lo que respecta a las víctimas, dado que en muchas ocasiones la trata se esconde detrás de otras conductas, algunas de ellas delictivas, más fáciles de detectar, de modo que es posible que las autoridades

---

34 COM(2021) 171 final, *op. cit.*, p. 16.

35 *Ibid.*, p. 16.

competentes de los Estados miembro puedan llegar a detener, enjuiciar y condenar a una víctima de la trata por acciones ilícitas que ha desarrollado en contra de su voluntad sin darse cuenta que la víctima de la trata actúa obligada por las redes de la trata.

Sin embargo, es necesario apuntar que los instrumentos de protección de las víctimas se centran en las víctimas de la trata que no son ciudadanas de ningún Estado miembro de la UE. Pero no se puede olvidar que casi la mitad del total de víctimas registradas dispone, precisamente, de la nacionalidad de un Estado de la UE. Esta percepción es recurrente en tanto en el análisis de los instrumentos de persecución como en los de prevención, de modo que merecerá especial atención en los dos capítulos siguientes.

3.1.2. El concepto de protección de las víctimas a la luz de la estrategia política de la Unión Europea para erradicar la trata de seres humanos

Dadas las prioridades políticas y las acciones que se han planteado en este sentido a lo largo de los últimos años, se puede observar que la protección de las víctimas de trata desde la óptica de la Unión Europea difiere de lo que tradicionalmente se ha entendido como protección.

Si se tiene en cuenta el significado literal de la palabra proteger, esta comporta, necesariamente, la estructuración de una serie de medidas materiales de protección de las víctimas[36]. Estas medidas hacen referencia a las obligaciones de las autoridades competentes de los Estados miembro en relación con

---

36 REAL ACADEMIA ESPAÑOLA: «Diccionario de la lengua española. Proteger», [en línea], (s.f.), <https://bit.ly/2GnnYRZ>. Según la RAE, se entiende por proteger como «Amparar, favorecer, defender a alguien o algo».

el bienestar de la víctima y que están establecidas tanto en la Directiva 2011/36/UE como en el Estatuto de la víctima, las cuales han sido analizadas con anterioridad. Estas medidas se conciben como los estándares mínimos de protección de las víctimas de la trata, de modo que se corresponden con las medidas materiales de protección. Por lo tanto, si estas obligaciones tienen como destinatario los Estados miembro y a sus autoridades, son estos los que tienen la obligación de prestar la asistencia y garantizar el cumplimiento de las previsiones legales en este sentido.

Teniendo en cuenta la afirmación anterior, conviene plantearse cuál es el ámbito de actuación de las instituciones europeas en lo que respecta a la protección de las víctimas de la trata. Puesto que son los Estados los que protegen efectivamente, debe efectuarse una interpretación expansiva del término «proteger».

En primer lugar, la prioridad de protección de las víctimas incluye su detección y la ulterior identificación. Detectar e identificar no suponen ampara, favorecer, defender a alguien o algo, ya que por sí mismas no implican nada más que el descubrimiento de la existencia de trata, por un lado, y la verificación de que la persona en cuestión es víctima de trata, por el otro lado. Sin embargo, la detección y la identificación se constituyen como la puerta de entrada a un amplio elenco de medidas y de derechos para con las víctimas, de modo que debe considerarse la detección y la identificación como parte inseparable e imprescindible de la protección de las víctimas.

En segundo lugar, las acciones de la Estrategia UE 2012-2016 que concretaban la protección de las víctimas hacían referencia a los mecanismos nacionales que deben informar a las víctimas en caso de que se identifiquen en el territorio de un Estado miembro. Además, también establecían estándares mínimos para la detección a partir de la elaboración de directrices e invita a los Estados miembro a informar debidamente.

Los documentos que actualizaron dicha estrategia, así como la actual Estrategia UE contra la trata 2021-2025, han seguido poniendo el foco de atención de la Unión Europea en estos mecanismos nacionales y transnacionales de derivación de las víctimas y en la necesidad de mejorar su identificación prematura. Así pues, a nivel político, la prioridad de la Unión Europea en cuanto a la protección de las víctimas consiste en facilitar el proceso de identificación, en fomentar los mecanismos de información de los derechos de las víctimas y seguir dando apoyo a los Estados miembro para que apliquen efectivamente las medidas de protección debidas. En este punto se puede observar claramente la función de coordinación que asume la Unión, ya que la aplicación efectiva de las medidas depende de las autoridades de los Estados miembro de la UE.

Por todo lo anterior, la protección de las víctimas de la trata desde la perspectiva de la Unión Europea debe entenderse de un modo más expansivo que la simple aplicación de medidas de asistencia y protección a las víctimas, ya que necesariamente deben incluirse todos aquellos instrumentos destinados a la detección y la identificación, de un lado; y a la coordinación y al establecimiento de unas directrices mínimas para la protección de las víctimas, de otro lado.

3.2. LOS INSTRUMENTOS PARA LA DETECCIÓN Y LA IDENTIFICACIÓN DE LAS VÍCTIMAS: EFECTIVIDAD Y ADECUACIÓN A LA LUZ DE LA PROTECCIÓN DE LAS VÍCTIMAS

Una vez analizadas las prioridades políticas relativas a la protección de las víctimas de la trata de seres humanos y teniendo claro qué comporta dicha protección, a continuación, se procede al estudio de los instrumentos a disposición de las instituciones de la Unión Europea que tienen como objetivo cumplir con lo que se entiende por protección: la detección y la identificación de las víctimas, el desarrollo de los mecanismos de derivación y el soporte a los Estados miembro tal efecto.

3.2.1. El proceso de identificación como paso previo a la protección de las víctimas. Clasificación de las víctimas en las estadísticas de la Unión y sujetos encargados de dicho procedimiento

El primer paso en el sistema de protección de las víctimas de trata de seres humanos es su identificación. En este sentido, tal y como se ha apuntado en las líneas precedentes, sin identificación no hay víctimas y sin identificación no hay consideración de titularidad de derechos por parte de estas[37]. De hecho, una víctima no identificada o identificada pero incorrectamente ve vulnerados sus derechos humanos al no podérsele aplicar las medidas de protección debidas[38]. Teniendo en cuenta la importancia de la identificación, no ha de sorprender que muchos de los esfuerzos de las instituciones europeas y de los Estados miembro vayan orientados, precisamente, a la mejora de los procesos de identificación.

En este sentido, estos procesos son extremadamente complejo, dadas las circunstancias que rodean tanto al fenómeno

---

37 COMISIÓN EUROPEA, *Commission staff working document accompanying the document "Second report on the progress made in the fight against trafficking in human beings (2018) as required under Article 20 of Directive 2011/36/UE on preventing and combating trafficking in human beings and protecting its victims*, 3 de diciembre de 2018. SWD(2018) 473 final, p. 52. En este sentido, la Comisión siempre ha defendido la necesidad de que las víctimas de la trata sean consideradas como *«rights holders»*, titulares de derechos, de modo que deben tener acceso a una asistencia apropiada y con perspectiva de género.

38 JORDANA SANTIAGO, M., «La lucha contra la trata en el contexto europeo: ¿Existe un sistema internacional de protección de víctimas verdaderamente respetuoso con los derechos humanos?», en SOROETA LICERAS, J. (dir.), ALONSO MOREDA, N. (ed.), *Anuario de los cursos de derechos humanos de Donostia-San Sebastián*, vol. XX, Tirant lo Blanch, Valencia, 2021, pp. 331-355, p. 346.

en sí como a las redes. Los cambios en la operabilidad de los tratantes; las formas, cada vez más sutiles, de coerción, intimidación o amenazas y la violencia psicológica, e incluso física, a la que son sometidas las víctimas constituyen un reto a superar por las autoridades encargadas del proceso de identificación[39]. Ya en 2016, la Comisión subrayó que los índices de identificación de las víctimas seguían siendo bajos, cosa sorprendente teniendo en cuenta que se elaboraron guías a nivel europeo donde se plasmaron consejos e indicaciones para la correcta identificación[40]. Se constató que, además de las guías, era necesaria más formación y mucho más especializada.

Así pues, se pueden observar las dificultades a las que se enfrentan las autoridades competentes de los Estados miembro y de las instituciones europeas, así como las ONG, que juegan un papel especialmente relevante en el trabajo de campo y en el acompañamiento de las víctimas de la trata, sobre todo a la hora de identificar a las víctimas. A continuación, se presenta la cuestión de la clasificación de las víctimas de la trata de seres humanos en las estadísticas y documentos oficiales de la Unión y quiénes son los encargados de realizar la identificación de las víctimas.

3.2.1.1. La clasificación de las víctimas en los documentos oficiales de la Unión: víctimas registradas, víctimas identificadas y víctimas presuntas

Un primer elemento que requiere atención respecto las víctimas de la trata de seres humanos es la clasificación de las víctimas que se lleva a cabo en los documentos de trabajo de las ins-

---

39 SWD(2018) 473 final, *op. cit.*, p. 52.

40 SWD(2016) 159 final, *op. cit.*, p. 44. Por ejemplo, se apuntó como causas de este bajo índice de identificación al hecho de que las propias víctimas de la trata no se identifican a ellas mismas como tal o al estado de trauma al que se encuentran.

tituciones europeas. A la hora de clasificarlas las víctimas para elaborar las estadísticas y proceder con el análisis de los datos, existen tres categorías en función del grado de identificación de la persona como víctima de la trata: las víctimas registradas, las víctimas presuntas y las víctimas identificadas.

En cuanto a las víctimas registradas, estas representan el total de víctimas que han tenido cualquier tipo de contacto formal con las autoridades policiales o judiciales a partir de la información enviada por las autoridades o por otras organizaciones de la sociedad civil[41]. Consecuentemente, el número de víctimas registradas será el más elevado de las tres categorías, ya que esta categoría incluye a las otras dos en su cómputo. En lo que respecta a las otras categorías, por un lado, existen las víctimas presuntas, que son aquellas que reúnen los criterios para ser considerada víctima establecidos en la Directiva 2011/36/UE. Sin embargo, aún no han sido formalmente identificadas por la autoridad competente o bien han declinado ser formal o legalmente identificadas como víctima[42]. Por el otro lado, las víctimas identificadas son aquellas que ya han sido reconocidas como víctimas por la autoridad competente en la materia de los Estados miembro[43]. Esta última apreciación permite constatar el papel esencial que juegan los Estados miembro en lo que al sistema de protección de las víctimas se refiere, en tanto que la efectiva identificación y la subsiguiente protección de la víctima dependerá de la capacitación de las autoridades competentes al caso. De este modo, son los Estados miembro

---

41 COMISIÓN EUROPEA, *Data collection on trafficking (…), op. cit.*, p. 12. Así, la información recogida por la Comisión «*is collected on victims who are registered with authorities and other organisations and on traffickers who are in formal contact with the police and criminal justice system, prosecuted or convicted*». La tipología de sujetos que desarrollan esta labor de identificación de las víctimas de la trata será analizada en el apartado siguiente.

42 *Ibid.*, p. 22.

43 *Ibid.*

los que deben hacer un esfuerzo extra en la formación de los agentes encargados de dicha labor.

Asimismo, conviene tener en cuenta que hay una serie de agencias de la Unión destinadas a dar apoyo y a coordinar las tareas, precisamente, de las autoridades competentes de los Estados miembro pero que, en ningún caso, tienen competencia en esta materia. Esta es la razón por la que los Estados miembro deben apostar por la formación y la preparación de los agentes. Esta formación no debe centrarse solamente en la identificación de las víctimas, sino que debe asegurar que el proceso se realiza de modo eficaz, ya que los agentes son el eslabón que marca la diferencia entre el reconocimiento o no de una serie de derechos de las víctimas.

Sin embargo, nótese que la categorización de las víctimas se realiza una vez estas han tenido contacto con las autoridades competentes de los Estados miembro de la UE. Por lo tanto, todas aquellas víctimas de la trata que no denuncian su situación no computan en el recuento oficial. Así, las cifras que manejan dichos Estados, las instituciones europeas y, en concreto, la presente obra no son las cifras reales de la trata, ya que hay una parte de las víctimas que no se contabiliza[44]. Es preciso, en este sentido, que las campañas de sensibilización y educación de los Estados miembro sirvan para aumentar el nivel de concienciación social y favorecer la denuncia de aquellas situaciones susceptibles de ser consideradas trata de seres humanos. Al no poder saberse con certeza el número total de víctimas, las autoridades competentes de dichos Estados requieren del esfuerzo y del apoyo de otros actores, tales como la sociedad

---

[44] COMISIÓN EUROPEA, *Data collection on trafficking (…), op. cit.*, p. 22. En este mismo sentido, es recurrente que la Comisión se refiera a las cifras de víctimas recordando que las cifras reales posiblemente sean más elevadas que las que muestran los registros. *Vid.* SWD(2022) 429 final, *op. cit.*, p.1 o COMISIÓN EUROPEA, *Data collection on trafficking (2) (…), op. cit.*, p. 6.

civil organizada, que tiene acceso directo a las víctimas de trata, u otros funcionarios públicos, tales como la inspección laboral, que pueden ser útiles en este proceso de identificación.

3.2.1.2. Los sujetos encargados de la identificación de las víctimas de la trata. El apoyo entre las autoridades competentes y la sociedad civil

La categorización de las víctimas y, en consecuencia, la identificación de estas está liderada por una serie de actores de los Estados miembro de la Unión Europea, que pueden ser tanto autoridades públicas como organizaciones no gubernamentales, aunque es habitual que la identificación oficial/formal recaiga en las autoridades públicas de dichos Estados. Si bien la Unión Europea debe seguir apoyando la formación, o incluso mejorarla, aportando contenidos nuevos y especializados, no debe olvidarse que, al final, son los Estados los encargados de la identificación formal de las víctimas. Así, no es responsabilidad de Europol o de Frontex que a una persona no le sean reconocidos los derechos inherentes a la condición de víctima de la trata, sino de la falta de preparación de las autoridades competentes de los Estados miembro, que deben enfrentarse cada vez a una situación compleja que esconde la trata[45].

Así pues, la pregunta que debe formularse a continuación es la relativa a cuáles son las autoridades competentes destinadas a realizar la identificación de las víctimas. En estos casos, hay que

---

45 En este sentido, es necesario hacer este recordatorio ya que, recientemente, ha aflorado una opinión alrededor de la efectividad de las instituciones europeas en la gestión de algunos aspectos relacionados con la trata de seres humanos. El hecho de que sentimientos y opiniones anti-Unión Europea, cada vez más acentuados por el auge de partidos euroescépticos, debe contrastarse con los hechos o, al menos, con la normativa que establece el reparto competencial en el seno de la Unión.

referirse a los agentes de los cuerpos de seguridad y a los agentes de fronteras, ya que son las autoridades públicas encargadas de la seguridad interior y de la gestión de las fronteras, de modo que en el desarrollo de sus funciones es posible que tengan que identificar a una víctima de la trata[46]. Pero no son las únicas autoridades que pueden identificar a una víctima de la trata, porque también pueden participar en este proceso los agentes de inmigración, los inspectores de trabajo de los Estados miembro o los funcionarios de los centros de internamiento de extranjeros[47], puesto que, en el desarrollo de sus funciones, es posible que puedan identificar a víctimas de la trata. Habida cuenta de esta variedad, la designación de las autoridades competentes para identificar formalmente a las víctimas es una competencia estatal y no de la Unión Europea. Por lo tanto, la autoridad encargada de identificar a las víctimas es posible que sea diferente en cada Estado miembro de la UE

Pero las autoridades de los Estados miembro deben apoyarse de la sociedad civil organizada, especialmente aquellas organizaciones no gubernamentales que trabajan con personas víctimas de la trata[48]. Las ONG son un importante espacio que

---

46 En España, por ejemplo, la identificación de las potenciales víctimas de trata de seres humanos no nacionales de la UE es competencia de la autoridad policial competente para la investigación del delito de acuerdo con el art. 141 del *Real Decreto 557/2011, de 20 de abril, por el que se aprueba el Reglamento de la Ley Orgánica 4/2000, sobre derechos y libertades de los extranjeros en España y su integración social, tras su reforma por Ley Orgánica 2/2009. BOE* núm. 103 de 30 de abril de 2011. También el propio Ministerio del Interior así lo apunta en su página web: MINISTERIO DEL INTERIOR: «¿Cómo se detecta?» [en línea], (s.f.), <https://bit.ly/3U54dp1>.

47 COMISIÓN EUROPEA, *Data collection on trafficking (...), op. cit.*, pp. 38-39. Además, según la Comisión, desarrollan una labor de registro de las víctimas de la trata el personal de los centros para migrantes y solicitantes de asilo o la fiscalía.

48 La labor de la sociedad civil organizada se centra, principalmente, en la prevención de la trata de seres humanos, tal y como prescribe el art. 18 apdo. 2 de la Directiva 2011/36/UE.

debe ser tenido en cuenta por los Estados miembro a la hora de determinar políticas nacionales y programas de formación y concienciación para la sociedad civil. Además, cuentan con una ventaja notable respecto los cuerpos policiales: el trabajo en primera línea con las personas más vulnerables de la sociedad les da la posibilidad de realizar trabajo de campo y ampliar las posibilidades de detectar a víctimas de la trata en el desarrollo de sus campañas. De acuerdo con el art. 19 de la Directiva 2011/36/UE, las ONG que realizan actividades que afectan a la trata de seres humanos deben coordinarse con los ponentes nacionales establecidos por los Estados miembro con el objetivo de recopilar estadísticas. En este sentido, añadir que estos ponentes nacionales son los encargados de transmitir información al Coordinador Europeo contra la Trata de seres humanos y a Eurostat[49]. Más allá de este simple papel, la nueva Estrategia UE contra la trata 2021-2025 apunta que la participación de la sociedad civil en el proceso de identificación de las víctimas y su derivación para recibir la asistencia adecuada sigue siendo un reto. Parece que se podría interpretar que la Comisión Europea esta planteando la posibilidad de que la identificación formal también pueda ser competencia de las ONG que atienden a las víctimas de trata, aspecto que en la actualidad parece demasiado alejado de la realidad del proceso formal de identificación.

La existencia de múltiples sujetos que intervienen en el proceso de identificación de las víctimas de la trata de seres humanos suscita la cuestión de si existe o no algún tipo de coordinación entre ellos. La respuesta es positiva, aunque tal y como se verá más adelante, la coordinación en cuanto a la protección e identificación de las víctimas de trata ha resultado ineficaz[50], ya

---

49 SWD(2016) 159 final, *op. cit.*, p. 69.

50 La coordinación de los instrumentos de protección de las víctimas de la trata hace referencia a los mecanismos nacionales de derivación de las víctimas de la trata (NRM), referenciados con anterioridad.

que, de acuerdo con el art. 20 de la Directiva 2011/36/UE, el Coordinador Europeo contra la trata de seres humanos se centra en la recopilación de información que los Estados miembro le remiten, relativa a una evaluación de la tendencia de la trata, la cuantificación de los resultados y las estadísticas relativas a las víctimas. Esta falta de coordinación también se observa en la multiplicidad de guías para la identificación de las víctimas de la trata. A modo de ejemplo, en España actualmente existe una guía elaborada por el Consejo General del Poder Judicial (en adelante, CGPJ), manual de directrices sobre detección de la trata de seres humanos y tres manuales específicos en función de la finalidad de la trata[51], el *Anteproyecto de Ley Orgánica Integral contra la trata y la explotación de los seres humanos*, que en su Título II prevé medidas relativas a la detección e identificación y dos guías más, una elaborada por Cruz Roja y otra por el Defensor del Pueblo,, además de todas aquellas a disposición de las ONG especializadas en la atención de la víctima de trata.

En cuanto a la sociedad civil organizada, para potenciar el intercambio de buenas prácticas y crear un espacio para fomentar la cooperación entre los Estados miembro y las ONG, en 2013 se lanzó una plataforma europea para las organizaciones de la sociedad civil y los proveedores de servicios que trabajan en la protección y la asistencia de las víctimas en los Estados miembro y en terceros países[52]. Esta plataforma representa el reconocimiento de los Estados miembro hacia la labor de la sociedad civil en la protección y la asistencia de las víctimas de

---

51 MINISTERIO DEL INTERIOR: «¿Cómo se detecta?», *op. cit* . En concreto, existe el manual para trata con finalidades de explotación laboral, la trata con finalidades de actividades ilícitas y la trata con finalidades de explotación sexual.

52 COM(2012) 286 final, *op. cit.*, p. 13. La creación de la plataforma para la sociedad civil organizada forma parte de las acciones que constituyen la Prioridad D de la Estrategia UE 2012-2016, destinada a mejorar la coordinación y la cooperación entre los principales interesados y la coherencia de las políticas.

la trata. Así, tanto el art. 19 de la Directiva 2011/36/UE como la Comisión Europea[53] invitaron a los Estados miembro a cooperar con las ONG a la hora de establecer políticas nacionales, a prestar asistencia a las víctimas, a desarrollar investigación en el campo de la lucha contra la trata de seres humanos desde una perspectiva de derechos humanos y a monitorizar todas las iniciativas estatales y las medidas adoptadas para la prevención de la trata de seres humanos. Entre sus actividades, cuenta con reuniones de coordinación con los NREM y el Coordinador Europeo contra la trata, de modo que en este extremo de la lucha contra la trata de seres humanos sí que existe cierta coordinación, aunque solo sea para la transmisión de datos y la monitorización de las actuaciones de los Estados miembro[54]. En esta misma línea, por ejemplo, según el *Protocolo marco de Protección de Víctimas de Trata de Seres Humanos*, adoptado mediante acuerdo interinstitucional de 28 de octubre de 2011 por distintos ministerios españoles, cualquier entidad que, de acuerdo con su actividad, detecte e identifique a una víctima de trata, deberá comunicarlo a la unidad policial competente del cuerpo para proceder a la identificación oficial[55].

Sin embargo, en 2016 la mayoría de las víctimas de la trata de seres humanos seguían sin estar correctamente identificadas[56], de modo que no se les respetaban los derechos previstos.

---

53 SWD(2018) 473 final, *op. cit.*, p. 68.

54 *Ibid.*, p. 67.

55 *Protocolo marco de protección de las víctimas de la trata de seres humanos*, adoptado mediante acuerdo de 28 de octubre de 2011 por los Ministerios de Justicia, del Interior, de Empleo y Seguridad Social y de Sanidad, Servicios Sociales e Igualdad, la Fiscalía General del Estado y el Consejo General del Poder Judicial. Disponible en: https://bit.ly/48JBdqR.

56 SWD(2016) 159 final, *op. cit.*, p. 44. En lugar de ser identificadas como víctimas de la trata, algunas eran detenidas por los delitos cometidos durante su explotación, juzgadas o deportadas, sobre todo si su situación administrativa en un Estado miembro era irregular.

En este sentido, se apuntaron como elementos que favorecían esta falta de identificación, por ejemplo, la ausencia, por parte de las víctimas, de conocimiento de la situación de explotación, la experiencia traumática a la que se veían sometidas y las escasas posibilidades de éxito a la hora de interponer un recurso administrativo relativo a la decisión de retorno[57]. Ante los retos que presenta el proceso de identificación, es posible que una víctima de trata que es migrante irregular, cuando esta no está correctamente identificada, se la expulse del territorio de los Estados miembro de acuerdo con la Directiva 2008/115/CE. Con la nueva estrategia en vigor, el cuarto informe presentado por la Comisión relativo a los avances en materia de lucha contra la trata de seres humanos se muestra positivo y considera que los procesos de identificación son efectivos, pues así lo reportan los propios Estados miembro[58]. No obstante, el informe que lo acompaña también acepta que los procesos de identificación no funcionan pues existe un gran número de víctimas que sigue sin ser detectada[59]. Esto demuestra que todavía quedan pasos por hacer en este sentido, aspecto que pone en entredicho la efectividad de estas medidas.

3.2.2. La armonización de criterios a la hora de identificar a las víctimas de la trata: las guías para los agentes y los mecanismos de derivación nacionales, transnacionales y europeo de las víctimas como instrumento de protección de las víctimas

Habida cuenta de que la protección de la víctima desde la perspectiva de la Unión Europea se traduce, en buena parte, en facilitar la detección y la identificación temprana de la víctima, pues son las autoridades estatales las que formalmente

---

57 SWD(2016) 159 final, *op. cit.*, p. 44.

58 COM(2022) 736 final, *op. cit.*, p. 16.

59 SWD(2022) 429 final, *op.*, *cit.*, p. 1.

se encargan de dicho proceso, la Unión se ha centrado en desarrollar una serie de instrumentos, básicamente guías, para favorecer las labores de las autoridades competentes de los Estados miembro en tal sentido.

3.2.2.1. Las guías para orientar a los sujetos encargados de la identificación de las víctimas

Tal y como se ha dicho, observando tanto las prioridades políticas como la actuación de la Unión Europea en este elemento del paradigma de las 3P, son incuestionables los esfuerzos de la Unión para publicar guías en las que se sistematizan aquellos elementos indicativos, aquellos indicios que deben observarse para detectar debidamente las víctimas de la trata. De hecho, el año 2021 todas las agencias que constituyen el ELSJ publicaron un informe en el que se sistematizaba toda la labor de dichas agencias, por un lado, en la identificación de las víctimas y, por otro lado, en su protección[60]. Según este, su objetivo era «to make Member States more aware of the agencies' potential in helping the early identification and protection of victims and to encourage Member States to work closer with the agencies in this area». Por las palabras utilizadas por las agencias ELSJ, parece que los Estados miembro no están aprovechando suficientemente las facilidades que les brindan agencias, cosa que resulta sumamente sorprendente habida cuenta de que desde 2016 la Comisión, de forma reiterada, ha puesto encima de la mesa las dificultades a la hora de detectar e identificar debidamente a las víctimas de trata. En tal sentido, parece que son las autoridades estatales las que reúsan utilizar las agencias de la UE, cuando una mayor coordinación podría derivarse en una mayor tasa de éxito en este sentido.

---

60 *Joint report of the JHA agencies' network on the identification and protection of victims of human trafficking*, 18 octubre 2021. Disponible en: https://bit.ly/3ROJva9.

Aparte de esta crítica muy suave por parte de las agencias ELSJ a los Estados miembro de la UE, lo que interesa en este apartado es que el citado informe presentó hasta siete guías sobre criterios para identificar a las víctimas[61], que se suman a los cursos y webinarios ofrecidos por la CEPOL y la EUAA[62] y a todos los materiales que las instituciones de la Unión han ido publicando a lo largo de los años. Así, hay que tener en cuenta la guía elaborada por la Comisión Europea relativa a la identificación de las víctimas de la trata, en especial a los servicios consulares y a la guardia de fronteras de los Estados miembro[63] que, *a priori*, podría pensarse que es de pero el título dista mucho del contenido, ya que en ningún caso se ofrecen orientaciones, sino que el documento constituye una relación de documentos y de los proyectos financiados por la Unión Europea destinados, concretamente, a identificar a las víctimas de la trata de seres humanos[64].

---

61 *Vid.*, por ejemplo, EUROJUST, *Eurojust report on trafficking in human beings. Best practice and issues in judicial cooperation*, La Haya, 2021. DOI: 10.2812/204451, FRA, *Practical guidance on border controls and fundamental rights at external land borders*, Oficina de Publicaciones de la Unión Europea, Luxemburgo, 2020. Disponible en: https://bit.ly/3wzLAjA o los VEGA *Children handbook* desarrollados por Frontex para sus operaciones coordinades con el objetivo de identificar debidamente a los menores de edad que cruzan la frontera exterior ya sea por tierra, mar o aire. Todos los enlaces a estas guías se encuentran en el informe. En tal sentido, *vid. ibid.*

62 *Vid. Joint report of the JHA agencies' network (…)*, *op. cit.*, pp. 4-6. Por ejemplo, la CEPOL realizó numerosos cursos online relacionados con la identificación de la trata en función de las características de la víctima o atendiendo a la finalidad de la explotación.

63 COMISIÓN EUROPEA, *Guidelines for the identification of victims (…)*, *op. cit.*

64 *Ibid.*, p. 3. En este sentido, la Comisión pretende evitar duplicidades y, consecuentemente, se limita a enumerar los textos ya existentes que cuentan, en su contenido, con indicaciones relativas a la identificación de las víctimas de la trata.

Es interesante destacar aquí que la mayoría de las guías publicadas hacen referencia a los controles fronterizos o a la detección de las víctimas dentro de flujos migratorios. Esto refuerza una idea comentada con anterioridad y la tendencia que tiene la Unión Europea de relacionar, quizá con demasiada constancia, la trata de personas con el tráfico ilícito de migrantes y la gestión de fronteras. El Consejo, consciente de que no todas las víctimas proceden de países no miembros de la UE, elaboró una guía general sobre la trata de seres humanos[65] que sí incluye referencias a indicadores que son comunes en las víctimas, independientemente del tipo de explotación a la que son sometidas, y que facilitan a las autoridades competentes poder detectar a las víctimas de la trata de seres humanos. A todo ello, además, también hay que añadirle las guías que pueden desarrollar las autoridades de los Estados miembro o incluso las que están a disposición de las ONG, tal y como se ha mostrado con anterioridad a efectos de ilustrar la disparidad de criterios en España.

Sin ánimo de ser exhaustivos, pues presentar todas las guías sería una labor que rápidamente podría quedar obsoleta por ser documentos vivos que deben actualizarse periódicamente para poder adaptarse con total seguridad a la actualidad del fenómeno de la trata de seres humanos, la voluntad aquí es reflexionar alrededor de dos ideas principales. Por un lado, la disparidad y multiplicidad de criterios a la hora de detectar a las víctimas de trata y, por otro lado, el valor jurídico de estos criterios.

Sobre la primera cuestión, la disparidad de criterios debe interpretarse en el sentido de que la trata de seres humanos

---

[65] CONSEJO, *Handbook on trafficking in human beings – indicators for investigating police forces*, 18 de marzo de 2015. 14630/2/14 REV 2.

es un fenómeno complejo, un problema poliédrico[66] que requiere que se atienda cada caso concreto, pues la realidad que rodea a las víctimas y a su situación difiere la una de la otra. Por ejemplo, no es lo mismo ser víctima de una red de trata internacional que estar sometida a una red local, ser nacional del Estado donde se sufre la explotación o haber cruzado fronteras. Asimismo, y sobre la segunda cuestión, todos estos criterios se ubican en instrumentos sin valor jurídico alguno. Que el instrumento que los sistematiza tenga el carácter de *soft law* pone de manifiesto que, a día de hoy y a nivel europeo, todavía faltan criterios jurídicamente vinculantes que permitan detectar y facilitar la identificación de las víctimas de trata[67]. Esta tipología de criterios podría facilitar la tarea de identificación, pues actualmente todo se reduce en la sensibilidad de la persona encargada de realizar la identificación, su preparación e incluso su agilidad, pues la trata no es un delito fácil de detectar tal y como se ha visto a lo largo de la presente obra. La ausencia de criterios jurídicamente vinculantes necesariamente conlleva un amplio margen de discrecionalidad en tal sentido y, además, traslada toda la carga a la persona encargada de la identificación, pues es ella la que debe observar a la víctima y, a partir de los indicios observados, determinar si es o no es una víctima de la trata. Si se le suma, además, la disparidad de criterios y la enorme cantidad de guías publicadas al respecto, la clave para detectar e identificar correctamente a las víctimas recae en la formación de las personas encargadas de dicha tarea, pues ya existen materiales suficientes.

---

66 VILLACAMPA ESTIARTE, C., «La nueva directiva eur*op*ea (…)», *op. cit.*, p. 14:3.

67 En el caso español, por ejemplo, el Anteproyecto de ley integral contra la trata citado con anterioridad incluye una parte del articulado relativo a la identificación de las víctimas.

3.2.2.2. Los mecanismos de derivación de las víctimas nacionales y transnacionales como apoyo a los procesos de identificación de las víctimas

El elemento que ha suscitado mayor interés a nivel político en lo relativo a la identificación de las víctimas de trata fue la creación de mecanismos de derivación de las víctimas una vez son identificadas. El punto de partida es que, actualmente, no existe ninguna definición formal de lo que es un NRM o un mecanismo de derivación transnacional (TRM, en sus siglas en inglés). Solamente el art. 11 apdo. 4 de la Directiva 2011/36/UE establece que «Los Estados miembro adoptarán las medidas necesarias para establecer mecanismos apropiados dirigidos a la identificación, la asistencia y el apoyo tempranos a las víctimas, en cooperación con las organizaciones de apoyo pertinentes». De acuerdo con esta previsión, la Estrategia UE 2012-2016 propuso como una de las acciones a realizar el establecimiento de unos mecanismos nacionales de derivación, oficiales y funcionales, que debían describir los procedimientos para detectar, orientar, proteger y asistir mejor a las víctimas e incluir a todas las autoridades públicas pertinentes y de la sociedad civil[68]. A partir de aquí, el Consejo, en el año 2012, decidió establecer oficialmente unos mecanismos de derivación de las víctimas nacionales (NRM) y transnacionales (TRM); sin determinar en qué debían consistir[69]. De hecho, el Consejo invitó a los Estados miembro a establecer estos mecanismos con el objetivo de poder desarrollar los procedimientos adecuados destinados a avanzar, con paso firme, en la protección de las víctimas de la trata de seres humanos, siguiendo la aproximación de derechos humanos característica de la Directiva 2011/36/UE.

---

68 COM(2012) 286 final, *op. cit.*, p. 7.

69 CONSEJO, *Council conclusions on the new EU Strategy towards the Eradication of Trafficking in Human Beings 2012-2016*, 25 de octubre de 2012, p. 4.

Después de esta implementación tan abierta y que, en ningún caso fue ágil, pues en el año 2016 solamente una parte de los Estados miembro habían desarrollado este tipo de mecanismos de protección para las víctimas[70], la actualización de la Estrategia UE 2012-2016 del año 2017 también volvió a abordar la cuestión de los NRM y TRM. En este sentido, la Comisión apuntó que dichos mecanismos no eran efectivos hasta el punto en que habían fallado en el objetivo de identificar tempranamente las víctimas y protegerlas debidamente[71]. A partir de aquí, la situación empezó a cambiar solamente en lo relativo a la cantidad de NRM y TRM existentes, pues los Estados miembro empezaron a crearlos sin un criterio uniforme[72] habida cuenta de la amplitud en cuento a su contenido.

En la actualidad, la nueva Estrategia UE contra la trata 2021-2025 volvió a constatar que aún existían áreas relativas a los mecanismos de derivación que requerían algún replanteamiento: la detección de víctimas potenciales, el acceso a un refugio adecuado, especialmente para víctimas menores, y el monitoreo del impacto de las medidas desarrolladas tanto en los NRM como en los TRM[73]. Por consiguiente, con el afán de mejorar dichos aspectos y de reforzar la coordinación en aquellos casos transfronterizos, la nueva estrategia prevé la creación del mecanismo de cooperación y derivación europeo (ERCM en sus siglas en inglés). La reciente incorporación de este nuevo instrumento hace que sea difícil valorarlo. También lo consideró así la Comisión Europea, que en su cuarto informe de avances

---

70 SWD(2016) 159 final, *op. cit.*, p. 45. En 2016, según la Comisión Europea, los Estados miembro que crearon estos procedimientos nacionales de orientación fueron: Bélgica, Bulgaria, Croacia, Chipre, la Republica Checa, Dinamarca, Grecia, Hungría, Irlanda, Letonia, Malta, Polonia, Portugal, Rumanía, Eslovaquia, España y el Reino Unido.

71 COM(2017) 728 final, *op. cit.*, p. 5.

72 SWD(2018) 473 final, *op. cit.*, p. 55.

73 COM(2021) 171 final, *op. cit.*, p. 14.

en lo relativo a la lucha contra la trata de seres humanos se limitó a explicar que algunos Estados habían aplicado mejoras en los NRM, sin aportar nada interesante, reflexivo o crítico relativo a estos mecanismos[74]. Consecuentemente, no se puede apreciar la efectividad de este mecanismo, aunque con una visión histórica del instrumento, que desde su implementación en el año 2012 no se ha valorado, en ningún caso, de forma positiva, ya se puede intuir una valoración inicial.

Vista la evolución de este mecanismo de dudosa efectividad, es preciso centrarse en los aspectos de fondo. El objetivo de los NRM es establecer procedimientos relativos a la aplicación de las medidas de acompañamiento y de protección que deben brindar los Estados miembro a las víctimas de la trata de seres humanos. Pero, tal y como se ha dicho, al no determinarse concretamente en qué deben consistir, qué deben incluir o los aspectos mínimos que deben ofrecer, existe una disparidad de mecanismos entre los Estados miembro de la Unión. Por ejemplo, algunos se focalizaron en el apoyo a las víctimas menores de edad, como fue el ejemplo de Polonia; otros optaron por mejorar el funcionamiento y la efectividad de los sistemas de protección internos que ya estaban establecidos, como por ejemplo Polonia, Portugal o Luxemburgo; otros optaron por revisar los mecanismos ya existentes, como el Reino Unido e Irlanda; o, por último, otros Estados se decantaron por el establecimiento de instrumentos legales adicionales a los mecanismos de orientación que recomendaba tanto la Estrategia UE 2012-2016 como las conclusiones del Consejo de la Unión Europea[75].

En cuanto a la financiación, es de vital importancia dotar estos mecanismos de un presupuesto suficiente y estable, pues muchas veces los recursos a disposición de las entidades públicas son inadecuados y se tiene que recurrir a la sociedad civil

---

74 COM(2022) 736 final, *op., cit.*, p. 17.

75 SWD(2018) 473 final, *op. cit.*, p. 55.

organizada. En tal sentido, un presupuesto adecuado permitiría a los mecanismos gozar de cierta flexibilidad a la hora de ofrecer asistencia y protección a las víctimas. La revisión de estos mecanismos efectuada por la Comisión constató que todos ellos disponen de una dotación para las actividades básicas, pero sin partida, por ejemplo, para ofrecer alojamiento. De hecho, en algunos Estados miembro el presupuesto de los NRM/TRM es un presupuesto autónomo, mientras que en otros el presupuesto se deriva de la dotación de la policía o de los agentes de fronteras[76].

También se destacó la naturaleza jurídica de los instrumentos que desarrollan los NRM/TRM. En la mayoría de Estados de la UniónEMM, las normas que constituyen estos mecanismos no tienen el carácter obligatorio, aunque en algunos Estados miembro la base jurídica para crear los NRM/TRM sí que se ubica en un texto vinculante[77]. Asimismo, y para finalizar, la Comisión Europea observó una abundante diversidad de estructuras de los NRM/TRM, de funcionamiento o incluso de contenido[78], confirmando que cada Estado miembro, de acuerdo con su ord enamiento jurídico interno, ha adoptado el mecanismo que satisfacía sus prioridades. No obstante, en la actualidad es posible constatar que, si bien existe una disparidad más que evidente entre el contenido de cada uno de los mecanismos implementado por los Estados miembro de la UE, el núcleo es una constante en todos ellos. En tal sentido, todos los NRM incluyen procesos de identificación y asistencia y soporte a corto plazo[79].

A todo ello, todos estos instrumentos de coordinación, de derivación si se usan las palabras de la propia Unión Europea,

---

76 GREGULSKA, J., *et al.*, *op. cit.*, p. 21.

77 *Ibid.*, p. 24.

78 *Ibid.*, p. 19 y ss.

79 *Ibid.*, p. 20.

en definitiva, son estructuras o redes que tienen como función orientar a las citadas autoridades a lo largo del proceso de identificación de las víctimas, coordinar su labor y acompañarlas en el proceso de detección, identificación y asistencia de las víctimas. Estos mecanismos, que pretenden coordinar la actuación de los distintos actores que participan en la protección de las víctimas de la trata, son estratégicamente relevantes si se busca erradicar de modo efectivo la trata de seres humanos. La posibilidad de que las víctimas dispongan de información y que se las proteja de forma coordinada reduce drásticamente las posibilidades de que la víctima en cuestión vuelva a recaer en manos de las redes. Por ello, los Estados miembro deben apostar por este tipo de instrumentos de coordinación a nivel nacional y transnacional, pues las características propias del Espacio Schengen abren la puerta a que existan casos que afecten a más de un Estado miembro. En estos casos, debe fomentarse el uso de los TRM.

Únicamente de esta forma, a través de la coordinación, se logrará el objetivo de proteger a las víctimas de la trata. En una organización como la Unión Europea, las instituciones deben ser capaces de vertebrar un sistema de protección de las víctimas igual en todos los Estados miembro, de modo que una víctima que ha sido identificada y protegida pueda rehacer su vida en otro Estado miembro, por ejemplo, lejos de la red que la explotó. En estos casos, aparte de cumplir con el estándar mínimo de protección que brinda la Directiva 2011/36/UE y el Estatuto de la víctima, es preciso que se estructure un sistema de coordinación apto y eficaz para facilitar la labor de los responsables de la protección de las víctimas. Esta necesidad, en principio, debería quedar satisfecha con la implementación del ERCM que, de momento, es pronto para evaluar. Debe esperarse que, de la experiencia, la Unión podrá adaptar el mecanismo sin tener que esperar tantos años para su plena efectividad.

Habida cuenta de los instrumentos desarrollados por la Unión en relación a la protección de la víctima, se puede afirmar que los específicos para la identificación efectiva de las víctimas de la trata quedan en manos de los Estados miembro y de sus autoridades competentes. Esta es la razón por la que las agencias que constituyen el ELSJ, en el ámbito de sus competencias, pueden facilitar la labor de los Estados miembro en identificación de las víctimas de trata si en el desarrollo de sus funciones operativas son sensibles a esta cuestión.

En las líneas que prosiguen se analizan los instrumentos que se han identificado como potencialmente aplicables en el proceso de detección e identificación de las víctimas. Así, el análisis se ha estructurado teniendo en cuenta, por un lado, si la identificación se hace en la frontera exterior de la Unión Europea o dentro del Espacio Schengen y, por el otro lado, las agencias titulares de los instrumentos. Esta estructuración obedece al hecho de que la mitad de las víctimas registradas de la trata han cruzado por la frontera exterior, de modo que analizar los instrumentos destinados al control de fronteras para comprobar si pueden facilitar la detección y la identificación de las víctimas de trata es nuclear. En este mismo orden de ideas, los instrumentos aplicables dentro del Espacio Schengen también deben analizarse para determinar su efectividad y adecuación en cuanto a la protección de las víctimas.

3.2.3. Los instrumentos de identificación de las víctimas de la trata en la frontera exterior: el papel de Frontex y el control de los accesos por vías regulares e irregulares al Espacio Schengen

Tal y como se ha apuntado con anterioridad, el 43% de las víctimas registradas con nacionalidad conocida procedía de un Estado no miembro de la UE[80]. Al hablar de este colectivo se hace referencia a aquellas personas que proceden de terceros

---

[80] SWD(2022) 429 final, *op., cit.*, p. 8.

Estados, que no disponen de la nacionalidad de ningún Estado miembro y que han accedido, o lo harán en un futuro, al territorio de la Unión Europea a través de las fronteras exteriores. Sin olvidar que la trata de seres humanos no puede reducirse a una cuestión migratoria, es innegable que, si casi la mitad de las víctimas accede por las fronteras exteriores, atender los instrumentos de gestión migratoria aplicables en tal caso y que potencialmente pueden servir para detectar e identificar a las víctimas de trata en dichas fronteras se hace más que necesario. En este sentido, el último informe de riesgos 2023-2024 presentado por Frontex constata que el año 2022 supuso un aumento de los flujos migratorios que, a su vez, conllevó el incremento del riesgo de las personas vulnerables que se desplazan a caer en manos de redes de trata[81]. No obstante, el mismo informe también apunta a que cada vez los signos y las evidencias de la trata de seres humanos en los controles fronterizos son menos evidentes por culpa de la implementación del reclutamiento y la explotación de las víctimas a través de internet[82]. Por consiguiente, al hablar de los instrumentos de protección de las víctimas, que tal y como se ha visto, pasan necesariamente por su identificación, es inevitable analizar el papel que juega Frontex.

La mera existencia de instrumentos orientados a gestionar los flujos migratorios de las fronteras exteriores permite pensar que los Estados miembro de la Unión Europea y sus Instituciones han apostado por una securitización de la frontera exterior, por un blindaje frente a la llegada masiva de migrantes

---

[81] FRONTEX, *Risk analysis for 2023/2024*, Varsovia, 2023, p. 38. Disponible en: https://bit.ly/3Twq1ZH. Este análisis, además, explica detalladamente el origen de las víctimas identificadas de trata que son migrantes así como los motivos que causan su desplazamiento. Así, por ejemplo, las víctimas procedentes del Norte y Oeste de África, Asia central, Oriente medio y del oeste de los Balcanes son destinadas, principalmente, a la explotación laboral o sexual.

[82] *Ibid.*, p. 39.

desde hace ya unos años y que afecta, sobre todo, a la frontera sur[83]. En este sentido, la Comisión partió de la idea de que era necesario un refuerzo de la seguridad frente al aumento de la criminalidad transnacional en pro de la seguridad interna y la de sus nacionales[84]. Entre las medidas propuestas, la Comisión apuntó hacia la gestión adecuada de la frontera exterior para frenar el crimen transnacional procedente de terceros Estados[85] que se asoció con la llegada de migrantes. Lamentablemente, es habitual que en algunos países de la Unión el reto de la criminalidad y la inseguridad ciudadana se relacione con el fenómeno de la inmigración[86]. En referencia a este último aspecto, la propia Comisión estableció una Agenda Europea de

---

83 En este sentido, *vid.* DEL VALLE GÁLVEZ, A., «Los refugiados, las fronteras exteriores y la evolución del concepto de frontera internacional», *Revista de Derecho Comunitario Europeo,* (55), 2016, pp. 759-777, PONCELA SACHO, A., «La externalización de las fronteras en el ámbito de la Unión Europea», *Documento de opinión. Instituto Español de Estudios Estratégicos,* 80/2018, 2018, p. 11 y SANAHUJA, J. A., «La Unión Europea y la crisis de los refugiados: fallas de gobernanza, securitización y "diplomacia de chequera"», en MESA, M. (coord..), *Retos inaplazables en el sistema internacional. Anuario 2015-2016,* Fundación Cultura de Paz, Madrid, 2017, pp. 71-107, p. 91. Destaca la opinión de PONCELA al considerar que la adopción de un amplio elenco de medidas para ordenar la inmigración a nivel europeo obedece «a un movimiento reactivo hacia las migraciones», a la vez que la nueva política de gestión de fronteras forma parte de un proceso de securitización.

84 COMISIÓN EUROPEA, *Comunicación de la Comisión al Parlamento Europeo, al Consejo, al Comité Económico y Social Europeo y al Comité de las Regiones: «Agenda Europea de Seguridad»*, 28 de abril de 2015. COM(2015) 185 final, p. 2. En este sentido, *vid.* MONAR, J., «The EU's Externalisation of Internal Security Objectives: Perspectives after Lisbon and Stockholm», *The International Spectator. Italian Journal of International Affairs,* 45, 2010, pp. 23-39.

85 *Ibid.*, p. 6.

86 FERNÁNDEZ BESSA, C., «MOVILIDAD BAJO SOSPECHA. El conveniente vínculo entre inmigración y criminalidad en las políticas migratorias de la Unión Europea», *REMHU – Revista Interdisciplinar da Mobilidade Humana,* 18, 2010, pp. 137-154, p. 137.

Migración, el año 2015, que fue sustituida por el Nuevo Pacto sobre Migración y Asilo, a finales de 2020[87]. En el primer documento se remarcaba la necesidad de disponer de una frontera segura que favoreciese la prosperidad económica de la Unión, garantizada entre otros aspectos por una frontera exterior ordenada y bien gestionada[88]. Asimismo, dicha agenda intentaba mejorar la gestión de la inmigración a partir de tres actuaciones, como la desincentivación de la inmigración irregular, que pretendía incidir en las causas de la inmigración irregular o la persecución de los traficantes y los tratantes de personas; o el refuerzo de la política común de asilo[89].

Siguiendo con la idea de aumentar la seguridad respecto el crimen transnacional, la segunda acción prevista en la Agenda Europea de Migración de 2015 era, precisamente, una mejora de la gestión de la frontera exterior partiendo de dos ideas básicas: el salvamento de vidas de las personas migradas y la seguridad en la frontera exterior común[90]. Se puede observar,

---

87 COMISIÓN EUROPEA, *Comunicación de la Comisión al Parlamento Europeo, al Conejo, al Comité Económico y Social Europeo y al Comité de las Regiones relativa al Nuevo Pacto sobre Migración y Asilo,* 23 de septiembre de 2020. COM(2020) 609 final.

88 COMISIÓN EUROPEA, *Comunicación de la Comisión al Parlamento Europeo, al Consejo, al Comité Económico y Social Europeo y al Comité de las Regiones: «Una agenda Europea de Migración»,* 13 de mayo de 2015. COM(2015) 240 final, p. 2.

89 COM(2015) 240 final, *op. cit.*, pp. 6-17. Las acciones establecidas por la Agenda Europea de Migraciones, que tenían como objetivo ordenar el movimiento de personas que ha afectado los recientes tiempos la frontera exterior de la UE, se dividían en cuatro: en primer lugar, la reducción de los incentivos que potenciaban la migración irregular; en segundo lugar, la mejora de la gestión de la frontera exterior, centrándose en salvar vidas y en aumentar la Seguridad en la frontera exterior; en tercer lugar, la solidificación del Sistema Europeo Común de Asilo; y, en cuarto y último lugar, la adopción de una nueva política de migración.

90 *Ibid.*, pp. 10-12. La mejora de la gestión de la frontera exterior se concretó en otras cinco actuaciones: reforzar el papel de Frontex y su capacidad

por lo tanto, que la idea de la Comisión Europea era asociar la inmigración irregular con una falta de seguridad interna, de modo que apostó claramente por la adopción de una serie de instrumentos que pretendían aumentar la seguridad característica, según la Comisión, del ELSJ.

En este sentido, con la adopción del Nuevo Pacto sobre Migración y Asilo, la Comisión constató los elevados riegos de que a lo largo de la ruta migratoria las personas que se desplazan, especialmente las mujeres y las niñas, acaben cayendo en manos de las redes de trata. Es más, pues la propia Comisión reconoció que las redes de trata aprovechan los procedimientos de asilo y los campos de acogida para identificar a las potenciales víctimas[91]. En tal sentido, según la Comisión, atajar el tráfico ilícito de migrantes es necesario y conllevaría, también, atacar la trata de seres humanos, pues según ella son fenómenos asociados[92].

Con todo, es recurrente que la Comisión Europea asocie la gestión eficaz de las fronteras exteriores con la seguridad de los ciudadanos de la UE[93]. Partiendo de la Estrategia de la

---

operativa, partiendo de la operación Tritón y apostando por el papel de los guardacostas como actores esenciales en el salvamento de vidas y en el aumento de la seguridad en la frontera, especialmente la sur; la creación de una unión estandarizada para la gestión de fronteras, que tenía como objetivo que los Estados miembro, a la hora de gestionar su frontera, lo hiciesen partiendo de estándares comunes; el refuerzo de la coordinación de los distintos equipos de guardacostas que operan en la frontera exterior; la revisión de una propuesta para una frontera inteligente, donde las innovaciones tecnológicas permitieran una mayor efectividad; y, por último, el refuerzo de terceros Estados en lo que a la gestión de su frontera se refiere.

91 COM(2020) 609 final, *op. cit.*, p. 8.

92 *Ibid.*, p.18,

93 COMISIÓN EUROPEA, *Comunicación de la Comisión al Parlamento Europeo, al Consejo Europeo, al Consejo, al Comité Económico y Social Europeo y al Comité de las Regiones sobre la Estrategia de la UE para una Unión de Seguridad*, 24 de julio de 2020. COM(2020) 605 final, p. 28.

Unión Europea para una Unión de Seguridad, «la participación de todos los agentes pertinentes para garantizar un máximo de seguridad en las fronteras puede tener un impacto real en la prevención de la delincuencia transfronteriza»[94], entre otras, la trata de seres humanos.

Esta idea, la de asociar la inmigración irregular con el aumento de la sensación de inseguridad, acompañada con la concepción de que la delincuencia transnacional, y en concreto el tráfico de personas y la trata de seres humanos, está directamente relacionada con el movimiento migratorio, se confirma y refuerza gracias a la adopción de una serie de instrumentos que facilitan la identificación de los migrantes e, indirectamente, la identificación de las víctimas de la trata[95]. Si la relación entre la delincuencia transnacional y los movimientos migratorios no existiera, quizás no se habrían establecido tantos instrumentos destinados a aumentar la seguridad en la gestión de la frontera exterior común[96]. No puede olvidarse que la segu-

---

94 COM(2020) 605 final, p. 28.

95 En este sentido, *vid.* ARCHILLI, L., «Irregular Migration to the EU and Human Smuggling in the Mediterranean. The Nexus between Organized Crime and Irregular Migration», *Dossier: Mobility and Refugee crisis in the Mediterranean, IEMed, Mediterranean Yearbook 2016*, 2016, pp. 98-101, p.99. El autor viene a constatar que la existencia de redes de trata y de tráfico de personas confirman la existencia de organizaciones criminales detrás de las rutas de acceso irregulares de inmigrantes. Sin embargo, en nuestra opinión, es de suma importancia no generalizar, sobre todo si se tiene en cuenta que una parte relevante de las víctimas de la trata acceden al territorio de los Estados miembro de la UE a través de vías legales, como por ejemplo a partir de la expedición de un visado.

96 Cfr. FERRERO TURRIÓN, R., PINYOL JIMÉNEZ, G., «La mal llamada "crisis de refugiados" en Europa: crisis, impactos y retos para la política de inmigración y asilo de la Unión Europea», *Documentación social 180*, 2016, pp. 49-69. Estas autoras incorporan la idea de que la llegada masiva de migrantes procedentes del norte de África y de Oriente Medio se debe a la crisis humanitaria y de vulneración de derechos humanos que se vive en los países de origen

ridad y el control de la frontera exterior existe, según la Comisión Europea, para evitar que las personas accedan al territorio de la Unión de forma irregular.

De este modo, la seguridad de las fronteras exteriores, así como la gestión de los flujos migratorios forman parte de lo que, a nivel europeo, se ha llamado gestión integral de las fronteras. Este elemento, que según se ha visto, se considera elemental para el mantenimiento de la seguridad interior del ELSJ, requiere una amplia coordinación dirigida por Frontex, que es la encargada de dirigir y orientar a las autoridades de guardia de fronteras y la guardia de costas de los Estados miembro de la Unión.

3.2.3.1. La Agencia Europea de la Guardia de Fronteras y Costas (Frontex) y las nuevas funciones operativas para identificar a las víctimas de trata que cruzan la frontera exterior

Tal y como se ha apuntado, uno de los principales cometidos de Frontex, juntamente con los Estados miembro de la UE, es garantizar una gestión europea integrada de la frontera exterior, tal y como se desprende del art. 1 del Reglamento 2019/1896[97]. Resulta interesante subrayar aquí que la gestión

---

de los inmigrantes. En este sentido, si bien la trata de personas y el tráfico de migrantes siguen operando en las rutas de acceso irregulares, conviene que desde la Unión se realice un ejercicio de reflexión relativo a la falta de reacción ante la vulneración de derechos humanos en estos países, cosa que ha acabado provocando esta llegada masiva de migrantes a las fronteras de los Estados miembro de la Unión. También resulta interesante la lectura de LÉONARD, S., «EU border security and migration into the European Union: Frontex and securitisation through practises», *European Security*, 19:2, 2010, pp. 231-254.

97 *Reglamento (UE) 2019/1896 del Parlamento Europeo y del Consejo, de 13 de noviembre de 2019, sobre la Guardia Europea de Fronteras y Costas y por el que se derogan los Reglamentos (UE) nº 1052/2013 y 2016/1624.* DOUE L 295 de 14 de noviembre

integral de las fronteras exteriores de los Estados miembro de la Unión Europea no es una tarea encomendada exclusivamente a la agencia europea, sino que debe garantizarse, de acuerdo con el art. 4 del Reglamento 2019/1896, por parte de la Guardia Europea de Fronteras y Costas, formada tanto por Frontex como por las autoridades fronterizas de los Estados miembro de la UE. No obstante, también debe añadirse aquí que los primeros encargados de controlar la frontera exterior son las autoridades competentes de los Estados miembro y que, en caso de necesitarlo, puede solicitar apoyo a Frontex. En este sentido, el art. 36 del Reglamento 2019/1896 es claro al establecer que «Un Estado miembro podrá solicitar la asistencia de la Agencia para el cumplimiento de sus obligaciones de control de las fronteras exteriores»[98].

---

de 2019. Sobre el nuevo reglamento de Frontex y las implicaciones que conlleva en la Guardia Europea de Fronteras y Costas, *vid.* FERNÁNDEZ ROJO, D., «Los poderes ejecutivos de la Guardia Europea de Fronteras y Costas: del Reglamento 2016/1624 al Reglamento 2019/1896», *Revista Catalana de Dret Públic*, 60, 2020, pp. 181-195. Sobre la evolución de esta agencia, que en los últimos años ha sufrido diversos cambios normativos, *vid.* FERNÁNDEZ ROJO, D., «Reglamento 2016/1624: de Frontex a la Guardia Europea de Fronteras y Costas, *Revista General de Derecho Europeo*, 41, 2017, pp. 223-251, FERRARO, F., DE CAPITANI, E., «The new European Border and Coast Guard: yet another "half way" EU reform?», *ERA Forums*, 17, 2016, pp. 385-398 y PÉREZ GONZÁLEZ, C., «De Frontex a la Agencia Europea de la Guardia de Fronteras y Costas», en BLASI CASAGRAN, C., ILLAMOLA DAUSÀ, M., (coords.), *El control de las agencias del Espacio de Libertad, Seguridad y Justicia. Contrapeso necesario a su autonomía*, Marcial Pons, Barcelona, 2016, pp. 191-210. Cfr. SANTOS VARA, J., «La transformación de Frontex en la Agencia Europea de la Guardia de Fronteras y Costas: ¿Hacia una centralización en la gestión de las fronteras?», *Revista de Derecho Comunitario Europeo*, 59, 2018, pp. 143-186.

98 Asimismo, cabe señalar que el art. 41 del Reglamento 2019/1896 también autoriza a la propia agencia proponer a uno o varios Estados miembro que soliciten su actuación y que ponga en marcha operaciones conjuntas u operaciones de intervención rápida o cualquiera de las previstas en el art. 36

Esta gestión implica, a grandes rasgos y de acuerdo con el art. 3 del Reglamento 2019/1896, el control fronterizo[99] con el objetivo de facilitar el cruce legítimo de fronteras y, de esta manera, poder aplicar medidas relacionadas con la prevención y la detección de la delincuencia transfronteriza, entre la que se encuentra la trata de seres humanos[100]. Consecuentemente,

---

del mismo. Esta posibilidad se dará cuando, en base a los resultados de las evaluaciones de vulnerabilidad realizadas en el marco del art. 32 del citado reglamento, o cuando se atribuya un impacto crítico en algunas zonas de la frontera exterior, habida cuenta de los planes de contingencia elaborados por los Estados miembro de la UE, el análisis de riesgo elaborado por Frontex y el nivel analítico del mapa de situación europeo, se considere la posibilidad de actuación de Frontex. Además, de acuerdo con el art. 42 del citado reglamento, en los casos en los que las fronteras exteriores requieran medidas urgentes a raíz de la ineficacia del control fronterizo que puede poner en peligro el funcionamiento del Espacio Schengen ya sea porque el Estado miembro no ha adoptado las medidas necesarias marcadas por una decisión del consejo de administración de Frontex o bien porque un Estado miembro no ha solicitado apoyo a la agencia y se enfrente a un reto concreto y desproporcionado o incluso cuando no haya dado los pasos necesarios en virtud de una propuesta formulada por la propia agencia, el Consejo podrá adoptar, a petición de la Comisión, una decisión mediante un acto ejecutivo con el objetivo de establecer las medidas que deberá materializar Frontex con el apoyo del Estado miembro en cuestión.

99 *Reglamento (UE) 2016/399 del Parlamento Europeo y del Consejo de 9 de marzo de 2016 por el que se establece un Código de normas de la Unión para el cruce de personas por las fronteras (Código de fronteras Schengen) (texto codificado).* DOUE L 77 de 23 de marzo de 2016 (en adelante, Código de fronteras Schengen).

100 La gestión integrada de fronteras, aparte de facilitar la identificación de las víctimas, también puede tener incidencia en las funciones de prevención. V. gr., y tal y como se verá más adelante, el Sistema Europeo de Vigilancia de Fronteras (EUROSUR) o el *Reglamento (UE) 656/2014 del Parlamento Europeo y del Consejo, de 15 de mayo de 2014, por el que se establecen normas para la vigilancia de las fronteras marítimas exteriores en el marco de la cooperación operativa coordinada por la Agencia Europea para la Gestión de la Cooperación Operativa en las Fronteras Exteriores de los Estados miembro de la Unión Europea.* DOUE L 189 de 27 de junio de 2014.

es preciso subrayar que la labor de Frontex en este caso es la coordinación de las autoridades competentes de los Estados miembro para que todas gestionen de forma eficaz e integradamente las fronteras exteriores. Tal y como se verá más adelante, la existencia de un amplio elenco de instrumentos que facilitan la identificación de las víctimas requiere este papel de coordinador y de facilitador que juega Frontex en lo que a la gestión de las fronteras exteriores se refiere.

Las funciones y las medidas que puede adoptar Frontex son muy variadas y es la que más capacidad operativa tiene en comparación con, por ejemplo, Europol o Eurojust[101]. En este sentido, esta agencia tiene capacidad para supervisar la gestión efectiva de las fronteras exteriores, asistir técnica y operativamente a los Estados miembro de la UE, ya sea a través de operaciones conjuntas o intervenciones rápidas en las fronteras, y asegurar que en aquellas situaciones urgentes se apliquen la normativa previstas[102]. Aunque en el siguiente capítulo se volverá sobre las funciones de Frontex desde una perspectiva de prevención de la trata de seres humanos, precisamente gracias a la capacidad operativa de esta agencia, a día de hoy se aplican una serie de funciones ordinarias por parte de Frontex que potencialmente pueden servir para la protección de la víctima, es decir, que pueden servir para su identificación.

---

101 A modo de ejemplo, según el art. 54 y el anexo 1 del Reglamento 2019/1896, se crea el Cuerpo permanente de la Guardia Europea de Fronteras y Costas el cual incluye, aparte del personal estatutario desplegado como miembros de equipos en zonas donde de realizan operaciones de control fronterizo, el personal enviado por los Estados miembro de larga duración, el personal de los Estados miembro proporcionado para despliegues de corta duración y una reserva de reacción rápida compuesta por el personal de los Estados miembro de la UE.

102 FERNÁNDEZ ROJO, D., «Los poderes ejecutivos de la Guardia Europea (...)», *op. cit.*, p. 185.

De acuerdo con el art. 36 del Reglamento 2019/1896, cuando un Estado miembro le solicite su apoyo, Frontex tiene capacidad para adoptar cualquiera de las medidas enumeradas en dicho artículo, de las que destacan la coordinación de operaciones conjuntas para uno o más Estado miembro[103], la realización de intervenciones rápidas en las fronteras[104] o desplegar el cuerpo permanente y el equipamiento técnico en el marco de los equipos de apoyo a la gestión de la migración[105]. Toda esta capacidad operativa requiere, además, de los miembros del cuerpo permanente de la Guardia Europea de Fronteras y Costas, que según el art. 54 del Reglamento 2019/1896, está compuesto por el personal estatutario, el personal adscrito a Frontex enviado por los Estados miembro para una larga duración, el personal de los Estados miembro preparado para ser proporcionado a Frontex para despliegues de corta duración y la reserva de reacción rápida. Todo este personal formará parte de los equipos que despliegue Frontex en sus operaciones, el cual tendrá capacidades operativas. En este sentido, una de las principales novedades del Reglamento 2019/1896[106], y en concreto de los arts. 54 y 55, es que el personal estatutario de

---

103 *Vid.* arts. 37 y 38 Reglamento 2019/1896.

104 *Vid. ibid.*, art. 39.

105 *Vid. ibid.*, art. 40.

106 FERNÁNDEZ ROJO, D., «Los poderes ejecutivos de la Guardia Europea (...)», *op. cit.*, pp. 190-191. En este sentido, el autor apunta que «[Estas] actividades ejecutivas delegadas al cuerpo estatutario de guardias de frontera de la Agencia presentan un impacto en el núcleo de la soberanía nacional de los Estados miembro y conllevan implicaciones directas e indirectas a los derechos fundamentales de los individuos con los que la Guardia Europea de Fronteras y Costas interactúa sobre el terreno». Por esta razón el art. 111 del Reglamento 2019/1896 establece un mecanismo de denuncia directa para los particulares que han visto vulnerados sus derechos fundamentales, mecanismo este que, tal y como el profesor FERNÁNDEZ ROJO apunta, es exactamente el mismo que con el anterior reglamento de Frontex pese a la incorporación de nuevas capacidades operativas.

dicha agencia tiene capacidades para verificar la identidad y la nacionalidad de las personas que cruzan la frontera, autorizar, o no, su entrada cuando se cumplan las exigencias del Código de Fronteras Schengen, expedir o denegar los visados en la frontera e introducir los datos en el sistema o registrar las huellas dactilares de las personas interceptadas. Y todo ello conlleva la necesaria formación del personal que, en virtud del art. 62 del Reglamento 2019/1896, deberá contemplar una formación adecuada relativa a, entre otros aspectos, las directrices para hacer frente a las necesidades de las víctimas de trata de seres humanos. En cuanto a la formación específica relativa a la detección de la trata y la identificación de sus víctimas, Frontex ha desarrollado una herramienta interactiva de soporte al entrenamiento de los agentes fronterizos al estilo *role-playing*. Así, el agente fronterizo en formación debe interactuar con distintas personas que constituyen un escenario ficticio, aunque estos se basan en escenarios reales. Durante la interacción, el agente en formación debe identificar a las víctimas de trata, entre las cuales también se encuentran menores de edad, a partir de los indicadores de riesgo previamente reconocidos[107].

Así pues, cuando Frontex ejecuta cualquiera de sus funciones operativas en aquellas fronteras exteriores que lo requieran, los agentes entran en contacto directo con las personas que pretenden acceder al territorio de los Estados miembro de la Unión. En este contacto se desarrollan una serie de entrevistas que buscan organizar el acceso de los nacionales de terceros países, identificarlos y dirimir cuáles pueden acceder, cuáles requieren algún tipo de protección, ya sea por ser víctimas de algún delito como la trata o el tráfico ilícito de migrantes o porque su vida corre peligro, y cuáles no tienen ningún título habilitante para poder acceder y, por ende, deben ser retornadas a su país de origen. Estas entrevistas son un marco

---

[107] *Joint report of the JHA agencies' network (...), op. cit.*, p. 4.

excepcional para que el agente en cuestión pueda identificar a las víctimas de la trata en el caso de que existan, pero al tiempo exigen una formación específica y exhaustiva de los agentes que intervienen, con el fin de minimizar los riesgos de elementos subjetivos susceptibles de distorsionar dicha entrevista. En este sentido, en el marco de los equipos de apoyo a la gestión de la migración en los puntos críticos, tal y como se establece en los arts. 10 y 40 del Reglamento 2019/1896, Frontex podrá desplegar a su personal operativo y el equipamiento técnico para asistir, entre otros, durante el desarrollo de las entrevistas y la identificación de las personas que cruzan la frontera. Asimismo, es preciso señalar que, tal y como establece el apdo. 4 del art. 37 del Reglamento 2019/1896, los objetivos de una operación conjunta o de una intervención fronteriza rápida podrán conllevar, entre otros, la prevención de la trata de seres humanos centrándose en la identificación, el registro, la entrevista y el retorno.

Aparte de la posible identificación de las víctimas de la trata a partir de las funciones operativas ordinarias de Frontex, la agencia también ha desarrollado una serie de instrumentos enfocados específicamente hacia la identificación temprana de las víctimas de la trata. En este sentido, Frontex ha elaborado el *Handbook on risk profiles of THB victims* que constituye una guía que incluye los parámetros para identificar a las víctimas de trata que acceden a través de la frontera exterior de los Estados miembro de la UE[108]. Cabe señalar, además, la implementación del EMPACT[109] en lo relativo a la identificación de las víctimas de trata en los controles fronterizos a través de distintas iniciativas como los JAD (*Joint Action Days*, concepto utilizado

---

[108] *Joint report of the JHA agencies' network (...), op. cit.*, p. 4.

[109] En el capítulo relativo a la persecución de las redes de trata se desarrolla específicamente qué es el EMPACT, su contenido y sus funciones.

para las operaciones conjuntas)[110] centrados en la trata de seres humanos, concretamente en la trata con fines de explotación laboral[111].

Con todo, pues, puede observarse que, a raíz de los cambios realizados en el marco del nuevo reglamento, en la actualidad Frontex cuenta con capacidad operativa para detectar e identificar a las víctimas de trata. De hecho, se han realizado actuaciones en este sentido. No obstante, es preciso volver a recordar aquí que *a priori*, quien realiza la identificación de las personas que cruzan la frontera exterior son las autoridades fronterizas de los Estados miembro.

Más allá de las funciones operativas de Frontex, existen a día de hoy una serie de instrumentos que, específicamente, tienen como objetivo controlar el cruce de la frontera exterior y, por lo tanto, pretenden ordenar los movimientos migratorios. Por lo tanto, resulta de interés analizarlos en la presente sección para comprobar si, efectivamente, estos instrumentos que no buscan directamente la identificación de las víctimas de trata pueden ser útiles para esta finalidad.

3.2.3.2. El acceso por vías regulares: Los controles fronterizos según el Código de fronteras Schengen como instrumento de identificación de las víctimas de la trata

El primer instrumento que potencialmente puede permitir identificar a las víctimas de la trata que no son ciudadanas

---

110 En este sentido, por ejemplo, Frontex participó, juntamente con 33 Estados, Europol i la Interpol en una JAD en julio de 2022 que duró 8 días y que permitió detener a 134 personas, se confiscaron 226 documentos falsos y permitió abrir hasta 104 casos criminales. En este sentido, *vid.*, FRONTEX: «News. 134 arrests in international action against trafficking in human beings» [en línea], (05 de julio de 2022), <https://bit.ly/43aZk01>.

111 *Joint report of the JHA agencies' network (…), op. cit.*, p. 4.

de los Estados miembro de la Unión Europea son los controles fronterizos establecidos en virtud del Código de fronteras Schengen, citado anteriormente.

Según la normativa vigente, si un nacional de un tercer país respecto la Unión quiere acceder al territorio de los Estados miembro de la UE, de acuerdo con el art. 5 del Código de fronteras Schengen, solamente puede cruzar a través de los pasos fronterizos[112], que de acuerdo con el art. 2 de dicho Código, están establecidos a lo largo de las fronteras exteriores[113]. En estos pasos fronterizos, que pueden ser conjuntos o no según el citado art. 5[114], los Estados miembro despliegan una serie de controles[115] e inspecciones fronterizas[116] que pretenden orde-

---

112 Los Estados miembro deben notificar a la Comisión la lista de sus pasos fronterizos, que están abiertos las veinticuatro horas del día. En los casos en que no estén siempre abiertos, se debe indicar claramente las horas de apertura.

113 Así, y de acuerdo con el Código de fronteras Schengen, «las fronteras exteriores de la UE son todas aquellas fronteras terrestres de los Estados miembro, incluidas las fronteras fluviales, lacustres y marítimas, así como los aeropuertos y puertos marítimos, fluviales y lacustres, siempre que no sean fronteras interiores».

114 Un paso fronterizo es, tal y como establece el Código de fronteras Schengen, «todo paso habilitado por las autoridades competentes para cruzar las fronteras exteriores». En el caso que el paso fronterizo fuere conjunto, aquel «paso fronterizo, situado bien en el territorio de un Estado miembro bien en el territorio de un tercer Estado, en el que los agentes de la guardia de fronteras de un Estado miembro y de un tercer Estado realizan inspecciones sucesivas de entrada y salida, de acuerdo con su derecho interno y al amparo de un acuerdo bilateral».

115 Según el art. 5 del Código de fronteras Schengen, un control fronterizo es «la actividad realizada en las fronteras, de conformidad con las disposiciones del Código de fronteras Schengen (...) que, con independencia de otros motivos, obedezca a la intención de cruzar la frontera o en el propio acto de cruzarla y que consista en la realización de inspecciones fronterizas y de actividades de vigilancia de fronteras.

116 De acuerdo con dicho art. 5, las inspecciones fronterizas son aquellas «inspecciones efectuadas en los pasos fronterizos con el fin de garantizar que pueda autorizarse la entrada de personas, incluidos sus medios de transporte

nar la llegada de nacionales de terceros países. De este modo, y a la luz del art. 6 apdo. 3 del Código de fronteras Schengen, cuando un nacional de un tercer país llega a dichos pasos, es sometido a una inspección con el objetivo de comprobar que cumple los requisitos establecidos para poder acceder al territorio de los Estados miembro de la UE[117].

Las condiciones de entrada de un nacional de un tercer país al territorio de los Estados miembro de la Unión Europea dependen de la duración de su estancia. Así, de acuerdo con el art. 6 del Código de fronteras Schengen, para que un nacional de un tercer país pueda acceder al territorio de los Estados miembro de la Unión Europea para estancias previstas que no excedan los noventa días[118], se debe estar en posesión de un documento de viaje válido, un visado, siempre que la normativa así lo exija y también poseer documentos que justifiquen el objeto y las condiciones de la estancia prevista, así como disponer de medios de subsistencia suficientes. Además, no puede constar como no admisible en el sistema ni suponer una amenaza para el orden público, la seguridad interior, la salud pública o las relaciones internacionales de ningún Estado miembro.

---

y los objetos en su posesión en el territorio de los Estados miembro o su abandono».

117 Tanto en la entrada como en la salida de nacionales de terceros países, estos serán sometidos a una inspección que, entre otros objetivos, busca comprobar que se cumplen las condiciones de entrada establecidas en el Código de fronteras Schengen, además de examinar la validez de los documentos presentados.

118 Para los visados de larga duración, es decir, aquellos que exceden los noventa días en algún Estado miembro, la concesión depende de la normativa interna del Estado de destino. En el caso español, la ley que regula los visados de larga duración es la *LO 4/2000 sobre derechos y libertades de los extranjeros en España*, y el Real Decreto 557/2011, ambos anteriormente citados. Es importante tener en cuenta la versión consolidada.

Pues bien, en el momento de la comprobación de que se cumplen todos los requisitos de entrada a través de las inspecciones fronterizas es cuando el personal encargado de los controles fronterizos, que es quien realiza dichas inspecciones, puede detectar a las víctimas de la trata e identificarlas como tal. Estos controles, de acuerdo con el art. 8 del mismo código, consisten en verificar, entre otros extremos, la identidad de la persona mediante la presentación de los documentos de viaje ya sea comprobando su validez o consultado en las correspondientes bases de datos información relativa al robo de documentación o su sustracción, perdida o invalidación.

Todas las inspecciones anteriores, en donde se comprueba la validez de los documentos, la identidad de las personas, se verifica el objeto y los propósitos del viaje y se comprueba que no consta información en el Sistema de Información de Schengen (SIS), son útiles a la hora de identificar a las víctimas de la trata. Es habitual que las redes de tratantes falsifiquen la documentación requerida en el art. 6 del Código de fronteras Schengen para acceder al territorio de los Estados parte de Schengen y permanecer allí durante el tiempo establecido[119]. Durante dichas verificaciones, el agente encargado del control fronterizo puede formular preguntas e incluso observar físicamente a la persona. Muchas veces las víctimas de la trata son sometidas a violencia física, de modo que puede detectar alguna lesión y preguntar por ella. Sin embargo, las redes están corrigiendo esta tendencia y recientemente optan más por ejercer violencia psíquica sobre las víctimas, de modo que solamente a partir de la formulación de preguntas, obviamente respetando

---

119 En este sentido, por ejemplo, Europol considera que la falsificación de documentos de viaje es uno de los facilitadores clave de la inmigración irregular. *Vid.*, en este sentido, European Migrant Smuggling Centre, *5th Annual Report – 2021*, European Union Agency for Law Enforcement Cooperation, 2021, p. 20. Doi: 10.2813/90877.

los derechos humanos y la intimidad de la persona, el agente encargado puede detectar signos que pongan en evidencia a las víctimas[120].

Además, y de acuerdo con el art. 8 apdo. 3 b) del Código de fronteras Schengen, en los casos en los que se necesite un visado para acceder al territorio de los Estados miembro de la UE, se comprobará tanto la identidad del titular del visado como su autenticidad. Esta consulta se realiza en la base de datos que lleva como nombre Sistema de Información de Visados (VIS, en sus siglas en inglés). Es posible que este sistema, juntamente con otras bases de datos que también recopilan datos personales y biométricos de las personas que cruzan las fronteras[121] so pretexto de garantizar un elevado grado de seguridad en el interior de la frontera exterior[122], permitan la detección y la identificación de las víctimas de trata. Por consiguiente, es preciso cuestionarse si estas bases de datos, estos instrumentos al servicio del control de los flujos migratorios pueden ser efectivos y adecuados para la protección de las víctimas de la trata al conllevar la recopilación de datos personales que son, también, los utilizados como indicadores de la existencia de este fenómeno delictivo.

---

120 *V. gr.*, el funcionario puede preguntar por la actividad económica que desarrollará la presunta víctima, quién le ha ofrecido dicho trabajo, su origen, detectar sus vulnerabilidades, como el origen familiar o la descendencia, si es que dispone de la misma, ya que muchas veces las redes amenazan con dañar a los familiares de las víctimas para que estas se sometan y acepten la explotación.

121 HOFFBERGER-PIPPAN, E., «The interoperability of EU Information Systems and Fundamental Rights concerns», *Spanish Yearbook of International Law*, 23, 2019, pp. 426-450. DOI: 10.17103/sybil.23-4.

122 LEESE, M., «Fixing State Vision: Interoperability, Biometrics, and Identity Management in the EU», *Geopolitics*, 27(1), 2022, pp. 113-133, p. 118.

3.2.3.3. El acceso regular al Espacio Schengen: los visados, las autorizaciones para viajar a la Unión Europea y las bases de datos del VIS y del ETIAS

Tal y como se acaba de ver, entre la documentación necesaria para poder acceder al territorio de los Estados miembro de la Unión Europea es un visado[123]. Un visado, de acuerdo con el art. 2 del Reglamento 810/2009 (en adelante, Código de visados)[124], es aquella autorización expedida por un Estado

---

[123] Es necesario apuntar que no todos los nacionales de terceros países tienen la obligación de disponer de un visado de corta duración para poder acceder al Espacio Schengen. Aparte de los nacionales de terceros países que sean familiares de ciudadanos de la UE, los cuales tienen reconocido el derecho a la libre circulación, o de los derechos equivalentes en virtud de acuerdos entre la UE, sus Estados miembro y terceros Estados, hay tener en cuenta el *Reglamento (UE) 2018/1806 del Parlamento Europeo y del Consejo, de 14 de noviembre de 2018, por el que se establecen la lista de terceros países cuyos nacionales están sometidos a la obligación de visados para cruzar las fronteras exteriores y la lista de terceros países cuyos nacionales están exentos de esa obligación.* DOUE L 303 de 28 de noviembre de 2018. Este reglamento ha sufrido algunos cambios en los últimos años: *Reglamento (UE) 2019/592 del Parlamento Europeo y del Consejo, de 10 de abril de 2019, que modifica el Reglamento (UE) 2018/1806 por el que se establecen la lista de terceros países cuyos nacionales están sometidos a la obligación de visado para cruzar las fronteras exteriores y la lista de terceros países cuyos nacionales están exentos de esa obligación, en lo que respecta a la retirada del Reino Unido de la Unión.* DOUE L 103 de 12 de abril de 2019, *Reglamento delegado (UE) 2023/222 de la Comisión de 1 de diciembre de 2022 relativo a la suspensión temporal de la exención de visado para todos los nacionales de Vanuatu.* DOUE L 32 de 3 de febrero de 2023 y *Reglamento (UE) 2023/850 del Parlamento Europeo y del Consejo de 19 de abril de 2023 por el que se modifica el Reglamento (UE) 2018/1806 por el que se establecen la lista de terceros países cuyos nacionales están sometidos a la obligación de visado para cruzar las fronteras exteriores y la lista de terceros países cuyos nacionales están exentos de esa obligación.* DOUE L 110 de 25 de abril de 2023.

[124] *Reglamento (CE) 810/2009 del Parlamento Europeo u del Consejo de 13 de julio de 2009 por el que se establece un Código comunitario sobre visados (Código de Visados).* DOUE L 243 de 15 de septiembre de 2009.

miembro[125] a efectos de tránsito por el territorio de los Estados miembro del Espacio Schengen o estancias en dicho territorio cuya duración no sea superior a noventa días en un período de seis meses a computar desde la primera fecha de entrada en el territorio nacional; o a efectos de tránsito por las zonas internacionales de tránsito de los aeropuertos de los Estados miembro. Al ser un documento necesario para poder cruzar la frontera regularmente, las redes de trata pueden falsificarlos o utilizar documentación falsa para la solicitud. En este sentido, concretamente el gobierno alemán, así como otros Estados de destino de la UE, detectó el creciente uso de visados falsos para poder acceder al Espacio Schengen[126]. Además, es verdad que durante años, las redes de trata optaron por captar a víctimas que estaban exentas de disponer de un visado[127].

Para la expedición de un visado, debe presentarse una solicitud juntamente con una serie de documentos tal y como determina el art. 10 del Código de visados. Entre la información que debe adjuntarse a la solicitud, hay los documentos que justifican el objeto del viaje y las condiciones de la estancia, tales como el alojamiento, los medios de subsistencia adecua-

---

125 Sobre la definición de consulado, *vid.* art. 2 Reglamento 810/2009: «La misión diplomática u oficina consular de un Estado miembro con autorización para expedir visados, dirigida por un funcionario consular de carrera según lo definido en la Convención de Viena sobre relaciones consulares de 24 de abril de 1963».

126 European Migrant Smuggling Centre, *5th Annual Report, op. cit.*, p. 20.

127 Por ejemplo, según el Ministerio del Interior español, la nacionalidad de la mayoría de las víctimas de trata con fines de explotación sexual en España era colombiana, un Estado con el que comparten idioma y, además, sus nacionales están exentos de visado para estancias inferiores a noventa días en virtud del Reglamento 2018/1806, citado con anterioridad. Sobre las cifras relativas a la situación de la trata en España, *vid.* MINISTERIO DEL INTERIOR: «Situación en España de la trata de seres humanos» [en línea], (s.f.), <https://bit.ly/3PCqw28>.

dos o la intención de abandonar el territorio. Esta documentación puede ser falsificada por los tratantes, de modo que en este momento, y así lo prevé el art. 21 del Código de fronteras Schengen, las autoridades pueden comprobar si efectivamente el objeto y las condiciones son reales[128]. Así, con la formación suficiente[129], es posible que se llegue a detectar una víctima de la trata. A la luz del art. 22 del Código de fronteras Schengen, otra de las vías posibles es que, cuando proceda, las autoridades competentes comprueben la duración de las estancias anteriores, si es que existen, o que se consulte con las autoridades centrales de otro Estado miembro para comprobar si la solicitud es veraz.

Otra de la información que debe aportarse con la solicitud es una fotografía y, además, se toman las huellas dactilares de los solicitantes[130], tal y como establece el art. 13 del Código de visados[131]. Por lo tanto, si quien solicita el visado es una víctima

---

128 Es posible que, en el momento de la comprobación y la verificación de las solicitudes de asilo, las autoridades comprueben que la persona aparece como no admisible en el Sistema de Información de Schengen.

129 Recuérdese, por ejemplo, las guías elaboradas por Frontex destinadas a facilitar la identificación de las víctimas de la trata para los agentes consulares, que a su vez son las autoridades que deberán examinar las solicitudes de visado, y la guardia de las fronteras.

130 *Reglamento (UE) 2024/1358 del Parlamento Europeo y del Consejo, de 14 de mayo de 2024, sobre la creación del sistema «Eurodac» para la comparación de datos biométricos a efectos de la aplicación efectiva de los Reglamentos (UE) 2024/1351 y (UE) 2024/1350 del Parlamento Europeo y del Consejo y de la Directiva 2001/55/CE del Consejo y de la identificación de nacionales de terceros países y apátridas en situación irregular, y sobre las solicitudes de comparación con los datos de Eurodac presentadas por los servicios de seguridad de los Estados miembros y Europol a efectos de aplicación de la ley, por el que se modifican los Reglamentos (UE) 2018/1240 y (UE) 2019/818 del Parlamento Europeo y del Consejo y se deroga el Reglamento (UE) 603/2013 del Parlamento Europeo y del Consejo.* DOUE L 2024/1358 de 22 de mayo de 2024.

131 En el momento de la presentación de la primera solicitud, se tomarán dos indicadores biométricos: una fotografía y diez impresiones dactilares.

de trata que ha recaído en las manos de las redes de trata y, con anterioridad, ya ha accedido al territorio de los Estados miembro de la Unión Europea con otro visado, saltará un aviso, pues toda la información relacionada con el VIS queda recopilada en una base de datos, tal y como se verá más adelante. Por consiguiente, es posible que en este aviso, si el agente fronterizo está bien formado en los indicadores de la trata, se detecte e identifique a la víctima.

Toda esta información que se necesita para solicitar un visado se almacena en el VIS. Esta base de datos se estableció en el año 2004 con el objetivo, de acuerdo con el art. 1 de la Decisión 2004/512/CE[132], de permitir a las autoridades nacionales

---

Para saber más sobre los indicadores biométricos y la normativa relativa la protección de este tipo de datos, *vid.* KUSTER, B., TSIANOS, V. S., «How to liquefy a body on the move: Eurodac and the Making of the European Digital Border», en BOSSONG, R., CARRAPICO, H., (eds.), *EU Borders and Shifting Internal Security*, Springer International Publishing Switzerland, Cham, 2016, pp. 45-63.

132 *Decisión 2004/512/CE del Consejo de 8 de junio de 2004 por la que se establece el Sistema de Información de Visados (VIS).* DOUE L 213 de 15 de junio de 2004. Esta decisión fue enmendada por el *Reglamento (UE) 2019/817 del Parlamento Europeo y del Consejo de 20 de mayo de 2019, relativo al establecimiento de un marco para la interoperabilidad de los sistemas de información de la UE en el ámbito de las fronteras y los visados y por el que se modifican los Reglamentos (CE) 767/2008, (UE) 2016/399, (UE) 2017/2226, (UE) 2018/1240, (UE) 2018/1726 y (UE) 2018/1861 del Parlamento Europeo y del Consejo, y las Decisiones 2004/512/CE y 2008/633/JAI del Consejo.* DOUE L 135 de 22 de mayo de 2019. Para saber más sobre los instrumentos que permiten el intercambio de información en pro de la seguridad interior y del control de las fronteras, *vid.*, *inter alia*, BALZACQ, T., «The Policy Tools of Securitization: Information Exchange, EU Foreign and Interior Policies», *Journal of Common Market Studies*, 46, 2007, pp. 75-100 y TOMASCZYCKI, K., «The interoperability of European information systems for border and migration management and for ensuring security», *Facta Universitatis. Series: Law and Politics*, 16, 2018, pp.195-211. BALZACQ recupera la idea de la securitización de la frontera exterior como elemento clave para garantizar la seguridad dentro del Espacio Schengen.

consultar electrónicamente datos sobre los visados expedidos por los Estados miembro de la UE. Este instrumento obedece a la necesidad de establecer un sistema común de identificación de los visados de corta duración expedidos por los Estados miembro de la UE.

El sistema VIS, de acuerdo con el art. 1 apdo. 2 de dicha Decisión, consiste en una arquitectura centralizada[133] con una infraestructura central del registro común de datos de identidad de acuerdo con el Reglamento (UE) 2019/817, un sistema central de información (CS-VIS), que está conectado a una interfaz en cada Estado miembro (NI-VIS) y que permite a las autoridades competentes de dichos Estados acceder a la información del CS-VIS y comprobar la información de un visado en particular. Además, se establecen infraestructuras y canales de comunicación entre los distintos componentes, que también estarás conectados con el EES. En definitiva, es una base de datos donde se recopila información acerca de las personas que han obtenido un visado.

Habida cuenta de que es posible el uso fraudulento de los visados para que las víctimas no nacionales de la Unión Europea puedan cruzar la frontera, y con la voluntad de eliminar lo que se ha conocido como «visa shopping»[134], las autoridades europeas concibieron la existencia del VIS como un modo de contribuir a la prevención de amenazas contra la seguridad interior de los Estados miembro de la UE. De acuerdo con el art.

---

133 En virtud del Reglamento 2019/817, citado anteriormente, se ha creado un marco para garantizar la interoperabilidad de los sistemas EES, VIS, ETIAS, SIS y ECRIS. Esta cuestión será analizada más adelante.

134 El «visa shopping» es el término empleado por la UE a la hora de definir el comportamiento abusivo por parte de nacionales de terceros países que presentan solicitudes de visados en más de una misión consular después de que la primera solicitud haya sido denegada. Este tipo de comportamientos son los que se pretenden evitar con el VIS.

2 del Reglamento 767/2008 (en adelante, Reglamento VIS)[135], esta prevención se vertebró a partir de la mejora de la aplicación de la política común de visados, la cooperación consular y las consultas entre las autoridades centrales de visados, facilitando el intercambio de datos entre los Estados miembro sobre las solicitudes de visado y sobre las decisiones que se adopten sobre las mismas[136]. En este mismo orden de ideas, es posible que en el marco de una investigación policial o judicial sea necesario acceder al VIS para prevenir, detectar e investigar delitos graves como es la trata de seres humanos. Esta posibilidad queda totalmente habilitada gracias al art. 3 del Reglamento VIS, el cual permite que las autoridades de los Estados miembro accedan a todo tipo de información almacenada en el VIS que pueda contribuir sustancialmente a la detección de delitos como la trata de seres humanos.

Además, se aprobó la Decisión 2008/633/JAI con el objetivo de establecer las condiciones en que los cuerpos de seguridad de los Estados miembro y Europol tendrán acceso al VIS con fines de prevención, detección e investigación de delitos de terrorismo y otros delitos graves[137]. Aunque sea un instrumento que sirve tanto en la persecución del delito como para

---

135 *Reglamento (CE) 767/2008 del Parlamento Europeo y del Consejo de 9 de julio de 2008 sobre el Sistema de Información de Visados (VIS) y el intercambio de datos sobre visados de corta duración entre los Estados miembro (Reglamento VIS).* DOUE L 218 de 13 de agosto de 2008.

136 Entre los objetivos establecidos en el citado artículo, destacan: la facilitación del procedimiento de solicitud de visados, facilitar la lucha contra el fraude o facilitar los controles en los puntos de paso de fronteras exteriores y en el territorio de los Estados miembro.

137 *Decisión 2008/633/JAI del Consejo, de 23 de junio de 2008, sobre el acceso para consultar el Sistema de Información de Visados (VIS) por las autoridades designadas de los Estados miembro y por Europol, con fines de prevención, detección e investigación de delitos de terrorismo y otros delitos graves.* DOUE L 218 de 13 de agosto de 2008.

la prevención[138], en lo que respecta a la identificación de las víctimas, también es útil en tanto que facilita la detección y la identificación de víctimas nacionales de terceros países que son víctimas de la trata. De acuerdo con el art. 5 de la Decisión 2008/633/JAI, el acceso al VIS debe ser totalmente necesario y se debe motivar suficientemente. Además, los datos que se pueden consultar están delimitados taxativamente, de modo que Europol o quién acceda deberá limitarse, por ejemplo, a los nombres y apellidos, la nacionalidad, el destino del viaje o el motivo.

Teniendo en cuenta todo lo anterior, y según lo que establecen los arts. 9 a 14 del Reglamento VIS, toda la información recogida en las solicitudes de visado se transmite al VIS, ya sea información conseguida con la solicitud, después de aprobarla o incluso cuando esta sea denegada. Esta información es accesible para las autoridades competentes y permite que, en el caso de que se detecte actividad de una red de trata detrás de una persona que solicita un visado, la maquinaria de investigación se active. En los casos en que la víctima se identifique en los consulados situados en los países de origen, las autoridades competentes deben transmitir con urgencia dicha información a las autoridades locales para que procedan según lo previsto en su ordenamiento jurídico[139]. En cualquier caso, dada la vital importancia de las solicitudes de visados, es necesario que los Estados miembro apuesten por una formación integral, completa y actualizada sobre las tendencias y el *modus operandi* de las redes de trata. Esta es la razón porque, a partir

---

[138] Ambos extremos serán analizados en los capítulos cuarto y quinto respectivamente.

[139] Las solicitudes de visado constituyen, además de un instrumento para la pronta identificación de las víctimas, un instrumento de prevención de la trata de seres humanos, ya que, si la víctima o la red se detecta en los países de origen, esta no llega al territorio de la Unión y no queda sometida a la explotación de las redes.

del proceso de solicitud, el cual se hace de modo personal, es más fácil detectar e identificar aquellas personas que reúnen indicios típicos de las víctimas de la trata.

Para los nacionales de terceros Estados que no necesitan un visado como autorización para poder acceder al Espacio Schengen[140], pues el Reglamento 2018/1806 prevé esta posibilidad, se ha creado un sistema de autorización automática para los viajes de estas personas con destino el Espacio Schengen. Este sistema, al cierre de la presente monografía, aún no está en vigor.

Según la Comisión Europea, esta autorización es una precondición de entrada al Espacio Schengen[141]. El El Sistema Europeo de Información y Autorización de Viajes (ETIAS), de acuerdo con el art. 1 del Reglamento 2018/1240[142], tiene como objetivo recopilar información acerca de las personas exentas de visado para «evaluar si la presencia de dichos nacionales de terceros países en el territorio de los Estados miembro supone un riesgo para la seguridad, un riesgo de inmigración ilegal o

---

140 A día de hoy, alrededor de 1300 millones de personas procedentes de 60 Estados no necesitan visado de corta duración para poder acceder al territorio de los Estados miembro de la UE. En este sentido, *vid.* COMISIÓN EUROPEA, *Comunicación de la Comisión al Parlamento Europeo, al Consejo Europeo, al Consejo, Al comité Económico y Social Europeo y al Comité de las Regiones: «Informe sobre el estado de Schengen 2022»*, 24 de mayo de 2022. COM(2022) 301 final, p. 8.

141 COMISIÓN EUROPEA: «European Travel Information And Authorisation System» [en línea], (s.f.), <https://bit.ly/4afigwR>.

142 *Reglamento (UE) 2018/1240 del Parlamento Europeo y del Consejo, de 12 de septiembre de 2018, por el que se establece un Sistema Europeo de Información y Autorización de Viajes (SEIAV) y por el que se modifican los Reglamentos (UE)1077/2011, (UE) 515/2014, (UE) 2016/399, (UE) 2016/1624 y (UE) 2017/2226.* DOUE L 236 de 19 de septiembre de 2018.

un riesgo elevado de epidemia»[143]. Nótese que los tres motivos anteriores son los que justifican la denegación de la autorización de viaje ETIAS. Así, solamente es una autorización de viaje que, en ningún caso, confiere al particular un derecho de acceso al territorio de los Estados miembro de la UE, pues esta decisión recae en el agente de fronteras. Por lo tanto, puede observarse, en primer lugar, que la pretensión no es más que reforzar esta securitización de las fronteras exteriores y seguir promoviendo esta idea de relacionar los movimientos migratorios con la inseguridad. De hecho, el desarrollo de este sistema se ha fundamentado, básicamente, en el riesgo que se percibe cuando una persona puede acceder al Espacio Schengen menos de noventa días sin pasar por los filtros adecuados que permitan determinar si dicho acceso puede suponer un riesgo. No obstante, es una percepción y no un riesgo fehacientemente demostrado[144].

Sobre el funcionamiento, el ETIAS es una herramienta automatizada que consiste en un formulario online que las personas obligadas deberán rellenar antes de viajar al Espacio Schengen, que se contrasta con las bases de datos del SIS, el VIS, el Eurodac, el EES y el Sistema Europeo de Información de Antecedentes Penales (ECRIS, en sus siglas en inglés) con Europol. A partir del cruce de toda esta información, el sistema autorizará, o no, el viaje. Así, y de acuerdo con el art. 15 del Reglamento 2018/1240, el solicitante debe presentar una solicitud a través de la aplicación (ya sea un sitio web o un aplicativo para móviles) donde tendrán que presentar una serie de datos personales. En virtud del art. 17 del citado Reglamento,

---

143 Sobre las personas obligadas a solicitar una autorización ETIAS, *vid.* art. 2 Reglamento 2018/1240, relativo al ámbito de aplicación del mismo.

144 VAVOULA, N., «The "puzzle" of EU Large-Scale Information System for Third-Country nationals: Surveillance of movement and its challenges for privacy and personal data protection», *European Law Review*, 3, 2020, pp. 348-372, p. 362.

la información que debe consignarse en la solicitud hace referencia a nombres y apellidos, las nacionalidades, los documentos de viaje, domicilio, correo electrónico, el nivel educativo, la profesión o el Estado miembro de la primera instancia prevista[145]. Una vez cumplimentado el formulario, se cruzan las distintas bases de datos y se coteja la información de la solicitud para comprobar si existe alguna respuesta positiva[146]. En caso no existir ninguna, se autoriza automáticamente el viaje en virtud del art. 36, mientras que, si aparece alguna respuesta positiva, se deberá comprobar manualmente, en virtud de los arts. 25-32 del Reglamento 2018/1240, si los datos coinciden, por ejemplo, con los indicadores de riesgo que la Comisión deberá establecer en virtud del art. 33 del citado reglamento o con los datos de Europol o los datos contenidos en las bases de datos de la Interpol[147].

---

145 Cabe señalar aquí que al existir distintos perfiles de personas obligadas a una autorización ETIAS, la información que se solicita puede variar. Por ejemplo, cuando se alegue la condición de la familia, se deberá informar, además, de la condición de miembro de la familia, los nombres y apellidos y la fecha y el lugar de nacimiento, el actual domicilio o los vínculos familiares con el miembro de la familia de acogida. *Vid.*, para concretar la información a facilitar, art. 17 Reglamento 2018/1240.

146 De acuerdo con el art. 3 del Reglamento 2018/1240, una respuesta positiva es: «la ocurrencia de un resultado coincidente al comparar los datos personales registrados en un expediente de solicitud del sistema central del SEIAV con los indicadores de riesgo específicos a que se refiere el artículo 33 o con los datos personales contenidos en una inscripción, expediente o descripción registrados en el sistema central del SEIAV, en otro sistema de información o base de datos de la UE mencionados en el artículo 20, apartado 2 (en lo sucesivo, «sistemas de información de la UE»), en datos de Europol o en la base de datos de Interpol consultada por el sistema central del SEIAV».

147 Para saber más sobre el funcionamiento del ETIAS, *vid.* PRIMORAC, Z., BULUM, B., PIJACA, M., «New European approach on passengers digital surveillance through electronic platform (ETIAS) – Passengers' and travellers' perspective», *EU and comparative law issues and challenges series (ECLIC)*, 7, 2023, pp. 273-294.

En cuanto a su arquitectura técnica, EU-Lisa será la encargada de desarrollar el sistema y de garantizar su gestión técnica[148]. La propuesta aquí se ha inspirado en los demás sistemas de información que se han analizado, pues de acuerdo con el art. 6 del Reglamento 2018/1240, el ETIAS dispondrá de un sistema central ubicado en Frontex, una interfaz nacional uniforme en cada Estado miembro y una infraestructura de comunicación entre ambos sistemas, así como un canal de comunicación interoperativo con otros sistemas de información de la UE, de acuerdo con el art. 11 del Reglamento 2018/1240. Si bien la interoperabilidad de las distintas bases de datos se analizará conjuntamente al final del presente apartado, es preciso señalar aquí que con la activación del ECRIS el próximo año 2025, así como la adopción del Reglamento 2021/1152, se obligó a actualizar toda la normativa relativa al intercambio de datos entre distintas bases de datos[149].

Merece un apunte la cuestión sobre el automatismo a la hora de autorizar el viaje a través del ETIAS. En este sentido, los arts. 20-22 del Reglamento 2021/1152 prevén la tramitación automatizada de las peticiones ETIAS, de modo que este sistema recurrirá, sin duda, a las bases de datos electrónicas y a

---

[148] Sobre la entrada en funcionamiento del ETIAS y su gestión, de la mano de EU-Lisa, *vid.* VAVOULA, N., «European Travel Information and Authorisation System (ETIAS): A flanking measure of the EU's Visa Policy with far reaching privacy implications», *Queen Mary School of Law Legal Studies research paper nº 256/2017*, 2017, pp. 1-8. Disponible en: https://bit.ly/2YRnfmr.

[149] *Reglamento (UE) 2021/1152 del Parlamento Europeo y del Consejo de 7 de julio de 2021 por el que se modifican los Reglamentos (CE) 767/2008, (UE) 2017/2226, (UE) 2018/1240, (UE) 2018/1860, (UE) 2018/1861 y (UE) 2019/817 en lo que respecta al establecimiento de las condiciones de acceso a otros sistemas de información de la UE a efectos del Sistema Europeo de Información y Autorización de Viajes.* DOUE L 249 de 14 de julio de 2021.

la creación de perfiles a partir de los algoritmos[150]. Si bien no se puede negar el posible aumento de la eficiencia en los controles fronterizos, tampoco se puede obviar los retos en cuanto al uso de algoritmos y de inteligencia artificial en una cuestión tan sensible como esta. De hecho, debe observarse con cierta preocupación esta tendencia, pues las decisiones que afectan a las personas deberían pasar directamente por el filtro humano, pues está comprobado que las decisiones basadas en algoritmos, si bien se presumen neutrales, pueden tener un determinado sesgo si la información en que se basan también lo tiene[151]. Por ejemplo, si la información que nutre la decisión del algoritmo se basa en patrones racistas o clasistas, la decisión necesariamente estará afectada por estos mismos sesgos.

Las funcionalidades de este sistema obedecen más a la perspectiva de la persecución y, en menor medida, a la prevención, ya que es una autorización de viaje y no un control en frontera. En este sentido, sin el ETIAS, en los casos en que sea necesario, no se podrá proceder al desplazamiento por carecer de la pertinente autorización, por lo tanto, las posibilidades de contacto con un agente fronterizo o una autoridad competente son ínfimas. Esto reduce mucho las posibilidades de detectar e identificar a las víctimas de trata mediante este sistema. La única posibilidad es que en las entrevistas que pueden realizarse en el marco del art. 27 del Reglamento 2021/1152, aunque estas se prevén como excepcionales[152], se identifique al presunto tratante y, también, las personas que le acompañan. Incluso podría permitir identificar a las víctimas que se encuen-

150 PRIMORAC, Z., BULUM, B., PIJACA, M., «New european approach on passengers digital (...)», *op. cit.*, p. 281.

151 FOUNTAIN, J. E., «The moon, the ghetto and artificial intelligence: Reducing systemic racism in computational algorithms», *Government Information Quarterly*, 39(2), 2022, pp. 8-9. Disponible en: 10.1016/j.giq.2021.101645. Versión del manuscrito disponible en: https://bit.ly/4cuB50S.

152 *Vid.* en tal sentido, el considerando 21 Reglamento 2018/1240.

tran dentro del Espacio Schengen si facilita datos relativos al destino al que se dirige, aunque sigue siendo una posibilidad demasiado remota. Cabe señalar aquí que la trata de seres humanos es uno de los delitos que justifican la denegación de la autorización de viaje, de acuerdo con la definición de delito grave, que de acuerdo con el art. 3 del citado reglamento, se pueden definir como: «un delito que coincida o sea equivalente a alguno de los delitos recogidos en el artículo 2, apartado 2, de la Decisión Marco 2002/584/JAI, si es punible con arreglo al Derecho nacional con una pena privativa de libertad o de internamiento de una duración máxima no inferior a tres años». Al ser un instrumento puramente persecutorio y con escasas posibilidades de servir para la detección y la identificación de las víctimas, su aplicabilidad a la estrategia de erradicación de este fenómeno se estudiará más detalladamente en el capítulo quinto.

3.2.3.4. El acceso regular al Espacio Schengen: el control de los viajes, los sistemas EES y PNR y su función en la identificación de las víctimas de la trata

Juntamente con los visados y el VIS, a día de hoy existen otros instrumentos que, a grandes rasgos, sirven para controlar el cruce de fronteras. Así, si las víctimas acceden de forma regular al Espacio Schengen, cabe cuestionarse si dichos instrumentos también pueden facilitar la detección y la identificación de las víctimas. Cabe señalar que, al igual que respecto el VIS, los que a continuación se analizan también pueden tener funcionalidades en cuanto a la prevención y a la persecución de los delincuentes. Los instrumentos que a continuación se analizan, el Sistema de Entrada y Salida (EES, en sus siglas en inglés) y el Registro de Nombres de Pasajeros (PNR en sus siglas en inglés), comparten una voluntad común según la UE: aportar seguridad en el acceso de no nacionales dentro del territorio de los Estados miembro de la UE.

En primer lugar, el EES[153] es una herramienta automática que registra a cualquier nacional de un tercer Estado que cruza la frontera exterior de la UE, tanto para quienes disponen de un visado como los exentos a ello. Lo que hace el sistema es registrar una serie de datos personales, datos biométricos y la fecha y el lugar de cruce de la frontera exterior de la UE. De esta manera, se sustituye la estampación manual de los pasaportes. En consecuencia, se calcula automáticamente la duración de la estancia autorizada y genera alertas cuando dicha autorización haya expirado. Toda la información recopilada pretende combatir la usurpación de identidad y la utilización fraudulenta de documentos de viaje. Por esta razón, es posible que, en determinadas circunstancias, cuando las redes de trata manipulen, falsifiquen o utilicen documentación de viaje fraudulenta, el EES emita una alerta. Así, las autoridades competentes pueden detectar que una víctima que haya intentado

---

153 *Reglamento (UE) 2017/2226 del Parlamento Europeo y del Consejo de 30 de noviembre de 2017, por el que se establece un Sistema de Entradas y Salidas (SES) para registrar los datos de entrada y salida y denegación de entrada relativos a nacionales de terceros países que crucen las fronteras exteriores de los Estados miembro, se determinan las condiciones de acceso al SES con fines policiales y se modifican el Convenio de aplicación del Acuerdo de Schengen y los Reglamentos (CE) n°767/2008 y (UE) n°1077/2011.* DOUE L 327 de 9 de diciembre de 2017. En concreto, *vid.* pár. 1 Preámbulo, Reglamento 2017/2226. El establecimiento de dicho sistema formaba parte de la estrategia de la Unión en materia de una gestión integrada de las fronteras que incluyó, en su momento, la actualización del Reglamento de Frontex. En este sentido, por ejemplo, *vid.* COM (2015) 240 final, *op. cit.*, que definió los avances en la gestión de la frontera exterior como la nueva fase de «fronteras inteligentes» destinada a aumentar la eficiencia de los puestos fronterizos. El EES estará gestionado por EU-Lisa. En este sentido, sobre las funciones de esta agencia, *vid.* ILLAMOLA DAUSÀ, M., «EU-LISA, el nuevo modelo de gestión operativa de las distintas bases de datos de la UE», *Revista CIDOB d'Afers Internacionals,* 111, 2015, pp. 105-126.

acceder con anterioridad al territorio de la Unión Europea sea detectada e identificada[154].

De acuerdo con los arts. 16 y 17 del Reglamento 2017/2226, para los nacionales de terceros países sujetos a obligación de visado, es necesario introducir los apellidos, los nombres, fecha de nacimientos, la nacionalidad, el sexo, la identificación del documento de viaje y una imagen facial. Esta imagen facial es relevante teniendo en cuenta el objetivo de evitar el uso fraudulento de la identidad de las personas que quieren acceder al Espacio Schengen. Respecto a los nacionales de terceros países exentos de la obligación de visado, la información que se incluye en el EES es la misma que para los nacionales sujetos a visado obligatorio. Además, también deben introducirse los datos dactiloscópicos de la mano derecha o, en su defecto, la de la izquierda. En ambos casos, cuando se proceda a la entrada en el Espacio Schengen, los agentes de aduanas deben marcar la fecha y la hora exacta de entrada y el paso fronterizo por donde se accede.

Respecto a cada nacional de un tercer país que accede al Espacio Schengen, de acuerdo con el art. 7 del citado Reglamento, se crea un expediente individual donde se vuelca toda la información. Este expediente, disponible en el sistema central, se deberá conectar a través de un canal de comunicación, seguro y cifrado, con la interfaz nacional uniforme de cada Estado miembro. En consecuencia, desde todos los pasos fronterizos de los Estados miembro que utilicen el EES se podrán consultar los expedientes individuales de los nacionales de terceros

---

154 *Vid.* art. 6 Reglamento 2017/2226. El Reglamento está estructurado a partir de dos bloques de objetivos: por un lado, los objetivos del EES en relación con los Estados miembro en el control y la gestión de la frontera exterior; y, por otro lado, los objetivos en relación con el acceso a las autoridades competentes en cuestión para la investigación de los delitos de terrorismo u otros delitos.

países, verificar su identidad y confirmar los datos del viaje y la vigencia del visado actual.

El acceso de las autoridades de los Estados miembro al EES obedece, según el art. 29 del Reglamento 2017/2226, a la prevención, la detección y la investigación de delitos de terrorismo u otros delitos graves, entre los que se encuentra la trata de seres humanos. Solamente pueden acceder las autoridades designadas cuando este acceso sea necesario, proporcionado y existen pruebas o motivos razonables para considerar que la consulta de los datos contribuirá a la prevención, la detección o la investigación[155]. Al igual que para las autoridades designadas de los Estados miembro, los arts. 30 a 33 del Reglamento 2017/2226 prevén que Europol pueda acceder a la base de datos del EES, acceso que debe reunir las mismas condiciones que el de los Estados miembro.

Habida cuenta de que este sistema de información guarda cierta relación con el VIS, pues ambos se aplican a raíz del cruce de fronteras, el Reglamento 2017/2226 prevé que EU-LISA establezca un canal de comunicación seguro entre el sistema central del EES y el VIS. Este canal, de acuerdo con el art. 8 del Reglamento 2017/2226, sirve para que las autoridades fronterizas utilicen el EES para consultar el VIS con el objetivo de extraer datos relativos al visado. En este punto, es preciso añadir que los motivos por los cuales los datos fluyen entre el EES y el VIS están totalmente establecidos en dicho artículo[156], de

---

155 *Vid.* arts. 29, 31 y 32 Reglamento 2017/2226. En el presente capítulo, solamente se tiene en cuenta el acceso al EES para la finalidad de detección de la trata de seres humanos, dejando la prevención y la investigación del delito de trata para los capítulos cuarto y quinto respectivamente.

156 *Vid.* arts. 29, 31 y 32 Reglamento 2017/2226. Se refiere a la actualización del registro de entradas y salidas o el de denegación de entrada; a la actualización cuando un visado sea anulado, retirado o prorrogado; a la verificación de la autenticidad y la validez de un visado, a la comprobación, en aquellas

modo que el legislador europeo puso límites a la «desviación de uso» de los datos contenidos en ambas bases de datos[157].

En relación con lo anterior, los datos del EES estarán tanto a disposición de los agentes de aduanas como de los cuerpos policiales designados por los Estados miembro y de Europol. Esta interoperabilidad entre ambas bases de datos, así como el uso de la información del EES con finalidades policiales, puede poner en entredicho la protección de datos de las personas migrantes. Sin embargo, el hecho de establecer condiciones y que se haya designado quiénes tendrán este tipo de acceso, permite confirmar la intención del legislador europeo, que ha sido la de respetar, en todo momento, los derechos de los inmigrantes y su privacidad. Sin embargo, la línea entre seguridad y libertad es muy delgada, de modo que las autoridades encargadas de monitorizar la protección de datos en la Unión Europea deben permanecer en alerta ante los posibles abusos de desviación de uso de la información contenida en el EES y, también, en el VIS.

Así pues, el acceso al EES por parte de los Estados miembro y de Europol puede servir para la identificación de nacionales de terceros países que intenten acceder al Espacio Schengen. En este sentido, el art. 27 del Reglamento 2017/2226 prevé el acceso a los datos del EES con fines de identificación. Así, al implicar la toma de una imagen facial y de datos dactiloscópicos,

---

fronteras que utilizarán el EES, la exención de visado respecto a un nacional de un tercer país o en aquellos casos en que la identidad del titular de un visado se verifique a través de las impresiones dactilares.

157 BLASI CASAGRAN, C., «Límites del derecho europeo de protección de datos en el control de fronteras de la UE», *Revista CIDOB d'Afers Internacionals,*111, 2015, pp. 127-151, p. 128. En este sentido, la autora apunta que las bases de datos del SIS y del VIS, entre otras, a partir de los atentados del 11S se empezaron a utilizar con fines policiales, cuando su origen era el control de las fronteras exteriores de la Unión. Es por eso por lo que la autora utiliza el concepto «desviación de uso».

es posible identificar a personas que hayan cruzado la frontera exterior previamente con otra identidad o incluso es posible identificar a personas que no cumplen con las condiciones de entrada o de estancia en el territorio de los Estados miembro. Y en los casos en los que la persona no esté registrada en el EES, se accederá al VIS para comprobar tanto la imagen como las huellas de quien pretende cruzar la frontera exterior. Por lo tanto, es posible identificar con estas herramientas a víctimas de trata revictimizadas en el sentido de que han conseguido escapar de las redes, han vuelto a su Estado de origen, pero han recaído bajo la explotación de una red, la cual les obliga a volver a entrar en el Espacio Schengen para ser explotadas. También sería posible identificar a posibles tratantes encargados del transporte de las víctimas, cuestión que será explorada en el capítulo relativo a la persecución.

En segundo lugar, en cuanto al PNR, este instrumento comparte, en más o menos medida, la voluntad de fortalecer la frontera exterior común que también tiene el EES. El PNR consiste en la transferencia por parte de las compañías aéreas de datos del registro de nombres de los pasajeros de vuelos exteriores de la Unión Europea y el posterior tratamiento por parte de las autoridades competentes de los Estados miembro[158]. Al igual que el EES, el PNR no es un instrumento destinado en particular a la identificación de las víctimas de la trata, sino que a partir su contenido es posible destinarlo a la detección de la trata y, consecuentemente, a detectar e identificar a sus víctimas. De modo preliminar, es necesario apuntar que la estructuración del PNR no fue sencilla, habida cuenta de los retos que se presentaron relacionados la intimidad y a la

---

158 *Directiva (UE) 2016/681 del Parlamento Europeo y del Consejo de 27 de abril de 2016 relativa a la utilización de datos del registro de nombres de los pasajeros (PNR) para la prevención, detección, investigación y enjuiciamiento de los delitos de terrorismo y de la delincuencia grave.* DOUE L 119 de 4 de mayo de 2016.

protección de datos respecto las personas que viajan, ya sean ciudadanos de la Unión Europea o ciudadanos extracomunitarios[159]. Además, este instrumento no es una base de datos como sí que lo es el VIS, el ETIAS o el EES.

Según el art. 3 de la Directiva 2016/281, los Estados miembro deberán establecer una Unidad de Información de Pasajeros (PIU, en sus siglas en inglés) que será la competente para prevenir, detectar, investigar los delitos de terrorismo y los delitos graves[160], como es la trata de seres humanos. Así, de acuerdo con el art. 4 de la citada Directiva, el PIU será la responsable de recoger los datos PNR[161] de las compañías aéreas, almacenarlos, procesarlos y transmitirlos a las autoridades competentes que cada Estado miembro establezca[162]. Debe destacarse que

---

159 En este sentido, es necesario tener en cuenta la Sentencia del Tribunal de Justicia (Gran Sala) de 8 de abril de 2014, *Digital Rights Ireland Ltd, Kärntner Landesregierung, Michael Seitlinger, Christof Tschohl y otros,* C-293/12 y C-594/12, ECLI:EU:C:2014:238. Esta sentencia, aunque no se refiriera a la Directiva 2016/681, marcó una serie de líneas rojas en el procedimiento de negociación de la citada directiva. Sobre los límites del PNR, y como afectó la citada sentencia en la construcción de la actual Directiva 2016/681, *vid.* BIGO D. *et al.*, «The EU Counter-Terrorism policy responses to the attack in Paris. Towards an EU Security and Liberty Agenda», *CEPS Paper in Liberty and Security in Europe,* 81, 2015, pp.12 y ss.

160 La Directiva 2016/681 considera delitos graves aquellos «delitos incluidos en el anexo II que son punibles con una pena privativa de libertad o un auto de internamiento de una duración máxima no inferior a tres años con arreglo al derecho nacional de cada Estado miembro». Si se observa en su anexo II puede observarse la lista de delitos graves, entre los que se encuentra la trata de seres humanos.

161 Los datos recopilados por el registro PNR están establecidos en el anexo I. En este caso, las autoridades competentes recopilaran la fecha de reserva/emisión del billete, nombres y apellidos, la dirección y los datos de contacto o las formas de pago entro otra información. Para la referencia completa de la información recopilada por el PNR, *vid.* anexo I Directiva 2016/681.

162 Además, según el art. 7 de la Directiva 2018/681, cada Estado miembro elaborará una lista de autoridades competentes para solicitar o recibir datos

el art.8 de la misma Directiva establece una obligación para los Estados miembro y no para las compañías aéreas, que en todo momento conservarán el control de los datos transmitidos[163].

Con todo, las distintas PIU de los Estados miembro pueden acceder a la información recopilada por la unidad que se encuentre en el Estado donde haya accedido el nacional de un tercer país, de modo que se crea otra red entre las autoridades competentes para, entre otros aspectos, garantizar un nivel elevado de seguridad en los aeropuertos y de control de las personas que acceden dentro del territorio de los Estados miembro. Al igual que en el EES y el VIS, los datos PNR también son accesibles para Europol y por las fuerzas policiales de los Estados miembro.

En lo que a la trata de seres humanos se refiere, tal y como está redactada la Directiva 2016/681[164], la aplicabilidad del PNR encaja mucho mejor en las funciones de prevención del delito y de persecución de las redes, aspectos que serán analizados en los capítulos pertinentes. Sin embargo, el PNR también puede servir para facilitar la identificación de las víctimas de la trata. En este sentido, cuando una red de trata adquiere bille-

---

PNR a fin de examinar dicha información o de tomar las medidas adecuadas para prevenir, detectar, investigar y enjuiciar los delitos de terrorismo y los delitos graves, *v. gr.* la detención de los presuntos tratantes o de las presuntas víctimas para el pertinente interrogatorio.

163 CHIRU, M., STOIAN, V., «Liberty: Security dilemmas and party cohesion in the European Parliament», *Journal of Common Market Studies*, 57(5), 2019, pp. 1-18, p. 4.

164 Sobre el proceso de negociación y el cambio entre la propuesta de directiva y la Directiva 2016/681, *vid.* BELLANOVA, R., DUEZ, D., «A different view on the "making" of European security: The EU Passenger Name Record System as a socio-technical assemblage», *European Foreign Affairs Review*, 17, 2, 2012, pp. 109-124 y BROUWER, E., «The EU Passenger Name Record (PNR) system and human rights: Transferring passenger data or passenger freedom?», *CEPS Working document*, 320, 2009, p. 4 y ss.

tes para transportar a sus víctimas desde el país de origen situado fuera de la Unión, deben facilitar los datos personales, tales como el nombre o la información de pago. Esta información, al ser procesada por las autoridades competentes, puede indicar que efectivamente hay una red de trata de seres humanos detrás de la adquisición de dichos billetes[165]. Cuando toda esta información se vuelca en el PNR y hay indicios de que efectivamente un nacional de un tercer país es presuntamente una víctima de trata, en el momento en que llegue al aeropuerto de destino las autoridades competentes proceden a su detención para efectuarle una entrevista, comprobar su identidad, su visado, acceder al VIS o al EES y, de este modo, poderla identificar y concederle los derechos que ostenta en calidad de víctima de la trata.

Al igual que el EES está conectado con el VIS, parece adecuado que también esté conectado con el SIS, ya que puede ser una vía de identificar a las víctimas de la trata. Teniendo en cuenta que el EES ha automatizado el cómputo de la duración máxima autorizada a los nacionales de terceros países, puede

---

165 Algunas de las situaciones que pueden mostrar que efectivamente existe una red de trata detrás de la adquisición de billetes, son cuando, por ejemplo, la persona que acompaña a las víctimas siempre es la misma o hay ciertos patrones entre las personas que se desplazan desde un punto concreto, ya sea por el sexo, la edad o por el lugar de procedencia. Cfr. BIGO D., «The EU Counter-Terrorism policy (…)», *op. cit.*, p.16. Los autores consideran que el uso de datos PNR conllevará que las personas sean consideradas un riesgo a partir de perfiles no relacionados, directamente, con la nacionalidad o el estatus migratorio, sino con aspectos físicos, psíquicos o de comportamiento, aspecto que conlleva serios retos en cuanto al principio de no discriminación. De hecho, los autores del citado artículo entienden que los datos PNR son inoperativos si se tiene en cuenta su objetivo: la lucha contra el terrorismo y la delincuencia grave. En este sentido, recuerdan que la privacidad de las personas necesariamente tiene que ser intrínseca en cualquier de las medidas que se adopten en aras de la seguridad interior y de los controles fronterizos y que puedan poner en duda los estándares europeos de protección de datos.

ser interesante que se comunique al SIS cuando un nacional de un tercer país haya superado la estancia permitida en su visado. En este sentido, dicho mecanismo de cómputo automático que incorpora el EES, tal y como establece el art. 11 del Reglamento 2017/2226, informará a las autoridades competentes sobre diferentes extremos en función de si el nacional de un tercer país está accediendo en el territorio de un Estado miembro, si está de tránsito o si se encuentra en un control rutinario o en el momento de salida.

En relación con las víctimas de la trata, esta calculadora automática podría resultar esencial en los controles rutinarios que se realizan en el interior de los Estados miembro, ya que el EES informa de la cantidad de tiempo restante o del tiempo sobrepasado. Así, si una víctima de la trata que dispone de visado se encuentra con un control policial o una inspección rutinaria dentro del territorio del Estado miembro, los agentes que realicen el control podrán comprobar dos elementos. En primer lugar, la identidad de la persona. Y, en segundo lugar, en el caso de que se haya superado la estancia permitida, se avisará a las autoridades que realizan el control. De este modo, si la víctima de la trata ha superado la duración permitida en su visado, podrá trasladarse a dependencias policiales y proceder con la pertinente denuncia. Si no es el caso, a partir de las preguntas que le pueda formular la autoridad policial, los agentes podrán identificar a la persona en cuestión como una víctima y brindarle los derechos que ostenta en calidad de víctima de la trata de seres humanos[166]. Sin embargo, esta extensión del EES

---

166 En estos casos, es de suma importancia que las autoridades policiales estén formadas suficientemente y tengan a su disposición, si lo requiriesen, los manuales de criterios para la identificación de las víctimas de la trata comentados anteriormente. En estos casos, cuando un funcionario policial detecta a un migrante que se encuentra en situación irregular, lo más sencillo es determinar dicha situación administrativa y proceder a la expulsión del territorio nacional, tal y como prescribe la Directiva 2008/115/CE. Por este

con relación al SIS, de momento, no entra dentro de lo establecido por el Reglamento 2017/2226, de modo que debe seguir estudiándose como se encajaría esta relación. Además, al igual que sucede con la interoperabilidad entre el EES y el VIS, deberá determinarse quién tiene acceso y en qué condiciones.

Un extremo interesante relativo a esta cuestión es que el control sería más eficiente si en vez de existir una diversidad de instrumentos y de sistemas que informan sobre los nacionales de terceros países autorizados a poder acceder al Espacio Schengen, se centralizara todo en el mismo sistema. Esto permitiría, con solo una consulta por parte de las autoridades competentes de los Estados miembro, comprobar la validez del visado, la identidad del nacional, si se ha superado la autorización de estancia o consultar la información y las descripciones volcadas en el SIS. Tal y como está concebido en la actualidad el sistema, deben consultarse distintos instrumentos para que la autoridad competente se cree una imagen del nacional de un tercer país con el que está tratando.

3.2.3.5. La interoperabilidad de las bases de datos que se obtienen gracias a los instrumentos encargados del cruce de fronteras

Tal y como se habrá podido observar a lo largo de las líneas precedentes, el desarrollo del Espacio Schengen en lo que se refiere al control de la frontera exterior ha pasado por la creación de distintas bases de datos, pues cada una obedece a unos objetivos muy concretos, desde la información de los visados hasta el control de las entradas y las salidas. Esta multiplicidad de bases de datos implica una fragmentación de la información,

motivo, si la formación de los cuerpos policiales es suficiente y exhaustiva, detectaran a las víctimas de la trata más allá de la situación de irregularidad administrativa en la que se encuentren.

pues esta está distribuida en distintos instrumentos, que podría acarrear problemas de seguridad precisamente porque las autoridades deben realizar tantas consultas como bases de datos existen[167]. En este sentido, la ausencia de conexión entre estas bases de datos podría llegar a generar lagunas informativas que, en determinadas circunstancias, podrían transformarse en problemas de seguridad debido, precisamente, a esta falta de conexión entre ellas[168]. Por lo tanto, para hacer más eficiente la labor de las autoridades competentes del Espacio Schengen, se optó por desarrollar un marco para la interoperabilidad de las distintas bases de datos en funcionamiento en el Espacio Schengen.

Las bases de datos del VIS, del SIS relativo a los controles fronterizos, el EES y el ETIAS, que son las que tienen funcionalidades en la frontera exterior de los Estados miembro de la UE, se encuentran conectadas a raíz de la adopción del Reglamento 2019/817, citado con anterioridad. El objetivo es garantizar que todas estas bases sean accesibles para las autoridades competentes, de modo que sea posible cumplir con los objetivos del art. 2 del citado Reglamento. En definitiva, el nuevo marco de interoperabilidad supone un aumento de la eficiencia de los controles fronterizos, pues con una simple consulta pueden tomarse decisiones relativas al acceso o a la renovación de visados teniendo en cuenta toda la información recopilada.

Asimismo, el desarrollo de la cooperación policial y judicial en materia penal también supuso la adopción de un nuevo marco para la interoperabilidad de las bases de datos del Eurodac, el SIS i el ECRIS-TCN. Este marco se constituyó con la

---

167 ADEN, H., «Interoperability between EU Policing and Migration Databases: Risks for privacy», *European Public Law*, 26(1), 2020, pp. 93-108, p. 94.

168 EL RAHWAN, A., «Artificial intelligence and ineroperability for solving challenges of onsite and cross-border investigations», *European Law Enforcement Research Bulletin*, special conference edition 6, 2022, p. 2. Disponible en: https://bit.ly/43AmhK9.

adopción del Reglamento 2019/818[169], que juntamente con el Reglamento 2019/817, «establece un marco para garantizar la interoperabilidad del Sistema de Entradas y Salidas (SES), el Sistema de Información de Visados (VIS), el Sistema Europeo de Información y Autorización de Viajes (SEIAV), Eurodac, el Sistema de Información de Schengen (SIS) y el Sistema Europeo de Información de Antecedentes Penales de nacionales de terceros países (ECRIS-TCN)»[170]. Por lo tanto, pueden observarse dos marcos reguladores distintos para la interconexión de las bases de datos que afectan al Espacio Schengen. Por un lado, aquellas que se aplican en los controles fronterizos y, por otro lado, aquellas que se aplican respecto la cooperación policial y judicial en materia penal dentro del Espacio Schengen. Aunque el ámbito de aplicación de los reglamentos que constituyen el nuevo marco de interoperabilidad es distinto, cosa que justifica la dualidad de bases jurídicas y, por lo tanto, la existencia de dos instrumentos normativos distintos[171], su funcionamiento, así como su arquitectura técnica es prácticamente idéntica. Por lo tanto, a continuación, se analiza esta estructura y su operativa.

---

169 *Reglamento (UE) 2019/818 del Parlamento Europeo y del Consejo, de 20 de mayo de 2019, relativo al establecimiento de un marco para la interoperabilidad entre los sistemas de información de la UE en el ámbito de la cooperación policial y judicial, el asilo y la migración y por el que se modifican los Reglamentos (UE) 2018/1726, (UE) 2018/1862 y (UE) 2019/816.* DOUE L 135 de 22 de mayo de 2019.

170 En este sentido, *vid.* art. 1 común tanto en el Reglamento 2019/817 como en el Reglamento 2019/818.

171 ADEN, H., «Interoperability between EU Policing (…)», *op. cit.*, p. 94. La base jurídica del Reglamento 2019/817 es el art. 77 apdo. 2 a) b) d) y e) TFUE y la del Reglamento 2019/818 son los arts. 78 apdo. 2 e), 79 apdo. 2 c), 82 apdo. 1 c), 85 apdo. 1, 87 apdo. 2 a) y 88 apdo. 2 TFUE. Nótese que la base jurídica del primer instrumento se centra, básicamente, en las políticas sobre controles en las fronteras, asilo e inmigración, la del segundo, aparte de la anterior, también incluye referencias a la cooperación judicial en materia penal y a la cooperación policial.

La idea de la Comisión Europea fue crear cuatro mecanismos que conectan las distintas bases de datos en función de su contenido y de los objetivos que se persiguen a la hora de conectarlas[172]. De acuerdo con el art. 1 compartido de los Reglamentos 2019/817 y 2019/818, la interoperabilidad de los instrumentos referenciados con anterioridad está compuesta por cuatro componentes: el portal europeo de búsqueda (ESP en sus siglas en inglés), el servicio de correspondencia biométrica compartido (BMS en sus siglas en inglés), un registro común de datos de identidad (CIR en sus siglas en inglés) y un detector de identidades múltiples (MID).

De acuerdo con el art. 6 compartido de los Reglamentos 2019/817 y 2019/818, el ESP es el portal a través del cual se puede acceder a todas las bases de datos conectadas. Está constituido por una infraestructura central, que es el portal que permite una búsqueda simultánea en las bases de datos, un canal de comunicación seguro entre este portal y los Estados miembro[173] y una infraestructura de comunicación entre el ESP y las distintas bases de datos, así como los datos de Europol y las bases de la Interpol. Esta base de datos, de acuerdo con el art. 9 común en ambos Reglamentos, permite cotejar información personal o biométrica a la ve en todas las bases de datos.

Aparte de este portal, se creó el BMS, que es la base que solamente guarda datos biométricos. En concreto, y de acuerdo

---

172 HOFFBERGER-PIPPAN, E., «The interoperability of EU Information (...)», *op. cit.*, p. 433.

173 Sobre quien puede acceder al ESP, *vid.* art. 7 común en el Reglamento 2019/817 y 2019/818. El art. 8, también común en ambos instrumentos, hace referencia al perfil de los usuarios que tendrán acceso a dicho portal y el perfil que deberá crear EU-Lisa con los campos de datos que tienen que utilizarse para la consulta, los sistemas de información que pueden consultarse, así como los datos específicos que pueden consultarse y las categorías de datos que pueden facilitarse en cada respuesta.

con el art. 12 común en los citados Reglamentos, este servicio almacena plantillas biométricas obtenidas gracias a los distintos instrumentos[174]. En este caso, la arquitectura técnica está establecida en el mismo artículo y es parecida a la del ESP, pues consta de una infraestructura central entre todas las bases de datos y una infraestructura de comunicación entre el BMS compartido, el SIS central y el CIR.

Este último, el registro común de datos, su principal cometido es facilitar la identificación correcta de las personas registradas en cualquiera de las bases de datos interoperativas, de acuerdo con el art. 18 común en los Reglamentos citados con anterioridad[175]. Ahora bien, en virtud del art. 20 común en ambos Reglamentos, el acceso al CIR debe estar debidamente justificado y solamente se permite cuando la autoridad policial no sea capaz de identificar a la persona debido a que falta un documento de viaje o este sea falso, cuando existan dudas sobre los datos de identidad facilitados por la persona, cuando existan dudas sobre la autenticidad del documento de viaje, cuando existan dudas en cuanto al titular del documento de viaje o cuando la persona se niegue a cooperar.

---

174 Básicamente, fotografías faciales y datos dactiloscópicos obtenidos en virtud del art. 9 apdo. 6 del Reglamento 767/2008 y del art. 16 apdo. 1 del Reglamento 2017/2226 para las personas que acceden a través de la frontera exterior con visado, para las personas exentas del visado, los datos dactiloscópicos y una imagen facial. En cuanto al SIS, se puede introducir una fotografía facial, así como los datos dactiloscópicos gracias al art. 20 apdo. 2 del Reglamento 2018/1861 y al art. 4 apdo. 1 del Reglamento 2018/1860. En este último caso, quedan expresamente excluidas las impresiones palmares.

175 Por ejemplo, información sobre los nombres y apellidos, así como la fecha de nacimiento para las personas obligadas a visado, en virtud del art. 16 apdo. 1 del Reglamento 2017/2226 y del art. 17 apdo. 1 del mismo reglamento para las personas exentas de visado. En este último caso, también se tomarán los datos dactiloscópicos. Sobre la enumeración detallada de la información sobre la identidad de las personas almacenada en el CIR, *vid.* art. 18 común en el Reglamento 2019/817 y 2019/818.

En el proceso de comprobación de las identidades, es posible que se detecten identidades múltiples. Es por eso por lo que se concibió el MID, con una infraestructura central que almacena los vínculos y referencias a los sistemas de información y una estructura de comunicación segura que conecte el MID con el SIS, el ESP y el CIR. En virtud del art. 27 común en los dos Reglamentos, el detector de identidades múltiples se activará en caso de creación o de actualización de los expedientes individuales de las distintas bases datos. Así, si no se detecta ninguna coincidencia, se podrá crear el expediente o actualizarlo. En caso contrario, de creará un vínculo entre los datos con un sistema de alerta[176] en función de si la vinculación es correcta o no después de las comprobaciones manuales establecidas en el art. 29 común em ambos Reglamentos.

En cuanto a la detección e identificación de las víctimas de la trata, cabe señalar que este instrumento propiamente no implica una nueva funcionalidad, a diferencia de los que se han analizado anteriormente, sino que simplemente ha mejorado la consulta de las distintas bases de dato, haciéndola más ágil y eficiente. Por lo tanto, el hecho de que el VIS, el SIS II, el EES, el ETIAS, el ECRIS-TCN y Eurodac estén conectados entre sí debería conllevar una mejora de la efectividad de dichos instrumentos en cuanto a la protección de las víctimas.

No obstante lo anterior, para cerrar la presente sección, han aumentado las voces críticas y las preocupaciones relativas a las

---

176 Se podrán crear vínculos amarillos, verdes, blancos y rojos en función del resultado de las comprobaciones. En este sentido, *vid.* arts. 30-33 Reglamento 2019/817 y 2019/818. Sobre el funcionamiento concreto de este nuevo marco interopertivo, *vid.* HOFFBERGER-PIPPAN, E., «The interoperability of EU Information (...)», *op. cit.*, pp. 433-436; AU-YONG OLIVEIRA, A., «Recent developments of interoperability in the EU Area of Freedom, Security and Justice: Regulations (EU) 2019/817 and 2019/818», *UNIO-EU Law Journal*, 5(2), 2019, pp. 128-135.

potenciales violaciones de la privacidad, incluso de otros derechos humanos[177]. Partiendo de que todos estos instrumentos de recolección de datos implican la creación de un registro por cada persona con una entrada que recopila datos biográficos básicos (nombres y apellidos, fecha de nacimiento, sexo/género...) y, además, también implica la obtención de, como mínimo, un dato biométrico (la huella dactilar o una fotografía facial)[178], la sensibilidad con la que deben tratarse estos datos es más que evidente.

Una de las cuestiones que preocupó a la doctrina es la vulnerabilidad del sistema, pues es relativamente sencillo acceder a información para luego utilizarla fraudulentamente[179]. Asimismo, otra de las cuestiones que preocupa es la fragmentación de la responsabilidad en cuanto al uso de la información contenida en las bases de datos. Si bien ambos Reglamentos establecen un control de los accesos y de los perfiles de quienes pueden obtener la información, hay autoridades que escapan del control del Derecho de la Unión, pues se incluyen elementos multinivel que otorga funciones a los Estados miembro, es posible que existan brechas en el control del uso de los datos[180]. Otro aspecto ciertamente preocupante es la posible discriminación de determinados colectivos, pues hay personas que cambian sus apellidos por culpa del matrimonio o por cambios del género asignado[181].

---

177 HOFFBERGER-PIPPAN, E., «The interoperability of EU Information (...)», *op. cit.*, p. 436. De hecho, la autora apunta que el Parlamento Europeo y el Consejo ampliaron las garantías respecto la privacidad y los derechos humanos de las personas que tenían registros en las bases de datos, pues la sensibilidad de la materia requería un sistema más proteccionista.

178 LEESE, M., «Fixing State Vision: Interoperability (...)», *op. cit.*, p. 114.

179 AU-YONG OLIVEIRA, A., «Recent developments of interoperability (...)», *op. cit.*, pp. 133-134.

180 ADEN, H., «Interoperability between EU Policing (...)», *op. cit.*, pp. 102-103.

181 HOFFBERGER-PIPPAN, E., «The interoperability of EU Information (...)», *op. cit.*, p. 438.

También puede ser complicada la gestión de documentación escrita con alfabetos no latinos, como por ejemplo el coreano o el chino[182]. Si la traducción que se hace no es la adecuada, se podría generar un problema en el momento del cruce de datos. Asimismo, la mala calidad de los datos también puede comportar serias dificultades para la consecución de los objetivos[183]. Todo ello podría derivar en una situación de discriminación, pues las personas que se encuentran en alguno de estos supuestos podrían verse sometida constantemente a controles. Por lo tanto, deben replantearse los mecanismos de control y de transparencia en esta materia[184].

Por último, y aquí el motivo de crítica más importante, es que, con el afán de proteger la frontera exterior, controlar los movimientos migratorios y, en definitiva, aumentar la seguridad de los controles fronterizos, todo este sistema permitirá mejorar la identificación de las víctimas de la trata no nacionales de los Estados miembro de la Unión Europea y, por el contrario, prácticamente no incidirá en la detección de las víctimas nacionales de algún Estado miembro. Así, estas no pasan por las fronteras exteriores y, en cuanto al SIS, tal y como se verá más adelante, su identificación solamente será posible si la víctima, previamente, ha tenido contacto con las autoridades competentes. Por lo tanto, la valoración de este marco de interoperabilidad no puede ser totalmente positiva, pues parece que la estrategia de la Unión Europea olvida que las víctimas nacionales de los Estados miembro de la Unión Europea representan a más de la mitad de las víctimas totales registradas.

---

182 EL RAHWAN, A., «Artificial intelligence and ineroperability for solving (…)», *op. cit.*, pp. 3-4.

183 HOFFBERGER-PIPPAN, E., «The interoperability of EU Information (…)», *op. cit.*, p. 438. Sobre esta cuestión, *vid.* ADEN, H., «Interoperability between EU Policing (…)», *op. cit.*, p. 104.

184 ADEN, H., «Interoperability between EU Policing (…)», *op. cit.*, p. 106.

Además, aparte de que las víctimas nacionales de los Estados miembro de la Unión Europea no podrán ser identificadas a través de estos instrumentos, debe señalarse aquí que las redes de trata utilizan cada vez más las rutas migratorias irregulares en lugar de las vías de acceso regulares[185]. Por esta razón, el Nuevo Pacto sobre Migración y Asilo propuso la adopción de un nuevo Reglamento que estableciera unos controles (triajes) a los nacionales de terceros Estados que acceden de forma irregular con el objetivo de comprobar, supuestamente, que no suponen un problema de seguridad o una amenaza para la salud pública. Así, es posible que algún Estado encargado de la gestión de una parte de la frontera exterior se vea sobrepasado por una fuerte presión migratoria. En este mismo orden de ideas, es posible que un Estado miembro se enfrente a retos migratorios desproporcionados en determinados puntos críticos de sus fronteras exteriores debido a grandes afluencias de flujos migratorios mixtos. En estos casos, el art. 40 del Reglamento 2019/1896 prevé que se pueda solicitar un refuerzo técnico y operativo, que se constituirá en lo que comúnmente se conoce como *hotspot*[186].

---

185 SWD(2018) 473 final, *op. cit.*, p. 20.

186 Hasta la fecha, solamente se han constituido diez puntos críticos en las fronteras exteriores de la Unión, a saber: Lampedusa, Trapani, Messina, Possallo, Taranto (Italia), la Isla de Chios, Kos, Leros, Lesbos y Samos (Grecia). En España, en concreto en Ceuta y Melilla, existen otras estructuras para recibir la llegada de migrantes a través del mar Mediterráneo. Sin embargo, como el Gobierno de España no ha solicitado el apoyo de la Unión, estas estructuras no tienen la consideración de *hotspot*. En este sentido, *vid.* SCHERRER, A., *Detecting and protecting victims of trafficking in hotspots. Ex-post evaluation*, studio del European Parliamentary Research Service (EPRS) PE 631.757, 2019. Disponible en: https://bit.ly/32tYT17. Sobre el funcionamiento de los *hotspots* en Italia, *vid.* LOSCHI, C., SLOMINSKI, P., «The EU hotspot approach in Italy: strengthening agency governance in the wale of the migration crisis», *Journal of European Integration*, 44, 6, 2022, pp. 769-786.

3.2.4. El acceso irregular de nacionales de terceros países y los retos migratorios desproporcionados. Los hotspots y los triajes en las fronteras como instrumento para la identificación de las víctimas de la trata

En el marco de la gestión de los accesos irregulares de los migrantes en el territorio de los Estados miembro de la Unión Europea, es interesante centrarse en dos instrumentos para la detección y la identificación de las víctimas de la trata de seres humanos. Por un lado, los ya conocidos *hotspots* y, por el otro lado, los recientemente introducidos triajes en las fronteras exteriores de nacionales de terceros países. De hecho, con la adopción del paquete de medidas legislativas relativas al Pacto sobre Migración y Asilo a mediados de 2024, los *hotspots,* que tanta controversia han generado[187], se han integrado, precisamente, en estos triajes en la frontera exterior[188].

Respecto el primer instrumento, es interesante subrayar que, en cuanto a la organización y la estructura de los *hotspots,* no ha existido ningún instrumento normativo de la Unión Europea que haya regulado exclusivamente su funcionamiento en las fronteras exteriores. Sin embargo, sí que existen algunas menciones en el nuevo Reglamento de Frontex. Por un lado, el art. 2 apdo. 23 del Reglamento 2019/1896 define lo que es un «punto crítico» (en inglés, *hotspot area*)[189] y, además, se de-

---

187 ECRE *et al.*, *The implementation of the hotspots in Italy and Greece. A study*, Dutch Council for Refugees, Amsterdam, 2016. Disponible en: https://bit.ly/4e-9mYyQ, extraído de MORENO-LAX, V., «Crisis as (Asylum) Governance: The Evolving Normalisation of Non-Access to Protection in the EU», Queen Mary Law Research, paper n. 423/2024, 2024, p. 10.

188 MORENO-LAX, V., «Crisis as (Asylum) Governance (...)», *op. cit.*, p. 10.

189 En este sentido, siguiendo las disposiciones de la Comisión establecidas en la Agenda Europea de Migración de 2015, un punto crítico es «una zona establecida a petición del Estado miembro de acogida en la que el Estado miembro de acogida, la Comisión, los organismos de la Unión competentes

limitan las funciones de Frontex en estos puntos en el ya citado art. 40. Dichas menciones en el Reglamento de 2019/1896 y las que se realizan en la Agenda Europea de Migración de 2015 y su respectivo informe relativo a los progresos efectuados de 2018[190], juntamente con el Nuevo Pacto sobre Migración y Asilo, citado con anterioridad, son, hasta el momento, los documentos que permiten formularse una idea alrededor del funcionamiento de los *hotspots.* En este sentido, la Comisión ha optado por la adopción de medidas flexibles que solamente orienten las funciones de las agencias que operan en los *hotspots,* abriendo la puerta a una gestión que se pueda adaptar a las circunstancias concretas de cada caso[191].

En el caso concreto de los puntos críticos, su existencia constituye un arma de doble filo. Por un lado, la flexibilidad con la que la Comisión ha actuado desde 2017 implica la posibilidad de adaptar cada operación a la casuística del momento y a las necesidades de los migrantes. Así, las operativas se diferencian entre sí en función del contexto en que se desarrollan. Sin embargo, por otro lado, no contar con un sistema estipulado y consolidado para hacer frente a la llegada inesperada y despro-

---

y los Estados miembro participantes cooperan con el objeto de gestionar un reto migratorio desproporcionado, existente o potencial, caracterizado por un aumento significativo del número de migrantes que llegan a las fronteras exteriores» ».

190 COMISION EUROPEA, *Comunicación de la Comisión: «Informe sobre la aplicación de la Agenda Europea de Migración»*, 14 de marzo de 2018. COM(2018) 250 final.

191 COMISIÓN EUROPEA, *Commission staff working document: Best practices on the implementation of the hotspot approach,* 15 de noviembre de 2017. SWD(2017) 372 final. Sobre la falta de regulación de los *hotspots, vid.*, entre otros, FERNÁNDEZ ROJO, D., «Los hotspots: expansión de las tareas operativas y cooperación multilateral de las agencias europeas Frontex, EASO y Europol», *Revista de Derecho Comunitario Europeo,* 61, 2018, pp. 1013-1056, p. 1030 y MORENO-LAX, V., «Crisis as (Asylum) Governance (…)», *op. cit.*, pp. 9 y ss.

porcionada de migrantes a las fronteras de los Estados miembro comporta que se puedan adoptar decisiones en un breve plazo de tiempo que no resulten suficientemente adecuadas pero que, por una razón de inmediatez, se acaben adoptando por las autoridades competentes. Es imprescindible recordar que cualquier instrumento relacionado con la gestión de la inmigración debe ir acompañada del respeto absoluto por los derechos humanos de los migrantes y del Derecho internacional. De este modo, si se tiene en cuenta la inmediatez con la que han de adoptarse las decisiones para hacer frente a retos imprevistos y desproporcionados de inmigración, resulta más garantista gozar de una respuesta operativa consolidada desde la objetividad y no quedar expuestos a la casuística del momento.

Sobre el segundo, hay que apuntar que el nuevo Reglamento 2024/1356[192] ha creado una nueva tipología de controles fronterizos, de acuerdo con su art. 1, para nacionales de terceros países que no cumplen con los requisitos de entrada establecidos en el art. 6 del ya citado Código de fronteras Schengen. Todavía tardará dos años en ser aplicable, en virtud del art. 25 del mismo, de modo que es pronto para poder obtener exhaustivo un análisis más allá de lo estrictamente teórico. No obstante, en el presente apartado se analiza su potencial aplicabilidad en la identificación de las víctimas de trata.

Además, tal y como se verá en los capítulos siguientes, estos instrumentos pueden servir, aunque con muchos matices, para prevenir la trata, pues no abordan el problema de fondo de la inmigración, ya que se limitan a ofrecer soluciones temporales orientadas a impedir que el migrante acceda al Espacio Schengen sin plantearse la razón por la cual este quiere acceder a

---

192 *Reglamento (UE) 2024/1356 del Parlamento Europeo y del Consejo, de 14 de mayo de 2024, por el que se introduce el triaje de nacionales de terceros países en las fronteras exteriores y se modifican los Reglamentos (CE) 767/2008, (UE) 2017/2226, (UE) 2018/1240 y (UE) 2019/817.* DOUE L 2024/1356 de 22 de mayo de 2024.

dicho espacio y para perseguir a los tratantes, pues también se establecen exámenes de seguridad.

A todo ello, Frontex juega su papel en ambos casos. En los triajes, y de acuerdo con el art. 8 apdo. 9 del Reglamento 2024/1356, las autoridades designadas por los Estados miembro podrán recibir apoyo y asesoramiento de expertos de Frontex o de la EUAA. En el caso de los *hotspots*, dicha agencia asume un papel esencial coordinando las guardias de fronteras de los Estados miembro en la gestión de la llegada masiva de inmigrantes.

3.2.4.1. ¿Qué son los *hotspots*? La gestión de la frontera exterior común como principal objetivo según la Agenda Europea de Migración

A raíz del fenómeno migratorio que afecta a la Unión Europea desde 2014, la necesidad de reforzar la actuación de las agencias ELSJ en la frontera exterior común se ha hecho más que necesaria. En este sentido, la Agenda Europea de Migración de 2015, citada anteriormente, constató que el sistema de asilo de la Unión se había visto sobrepasado a causa del gran volumen de migrantes solicitantes de asilo que llegaba a las puertas de la frontera sur de la Unión[193]. Con el objetivo de gestionar correctamente los flujos migratorios y de poner orden en la política migratoria de la UE, la Comisión consideró cuatro líneas estratégicas a la hora de abordar dicho fenómeno. En primer lugar, la migración irregular; en segundo lugar,

---

[193] COM(2015) 240 final, *op. cit.*, p. 2. En este sentido, sobre las dificultades en lo que respecta las políticas de la UE sobre migración y su aplicación desigual entre los Estados miembro, *vid.* DEN HEIJER, M., RIJPMA, J., SPIJKERBOER, T., «Coercion, prohibition and great expectations: the continuing failure of the Common European Asylum System», *Common Market Law Review*, 53, 3, 2016, pp. 607-642.

la gestión de la frontera exterior; en tercer lugar, la política de asilo; y, en cuarto lugar, la migración regular como núcleo para una política migratoria a nivel de la Unión que sea verdaderamente efectiva[194].

Entre las medidas que propuso la Agenda Europea de Migración de 2015, destacaba la polémica medida para la reubicación de migrantes entre los distintos Estados miembro, aunque la Agenda remarcaba que esta medida solamente sería efectiva para aquellas personas que claramente necesitasen protección internacional. La reubicación de migrantes difiere del reasentamiento, en tanto que el primero se refiere a los que aún no habían accedido a la protección internacional y se reparten entre los Estados miembro para que cada uno atendiese a un número determinado de peticiones de protección internacional. En cambio, el reasentamiento tiene como objetivo el reparto de los migrantes que efectivamente deben quedar bajo la protección internacional del sistema de asilo[195].

En el elenco de medidas que propuso la Agenda Europea de Migración de 2015 se encontraba una medida, la referida a los puntos críticos o *hotspots*, totalmente necesaria para la persecución de las redes de trata o, en su caso, de las redes de traficantes de personas, pero que también desarrolló un papel esencial en la identificación de las víctimas de la trata. En la

---

194 COMISIÓN EUROPEA, *Comunicación de la Comisión al Parlamento Europeo, al Consejo, al Comité Económico y Social Europeo y al Comité de las Regiones relativa al cumplimiento de la Agenda Europea de Migración*, 27 de septiembre de 2017. COM(2017) 558 final.

195 COM(2015) 240 final, *op. cit.*, pp. 4-5. Sobre las diferencias entre reasentamiento y relocalización, el anexo de la Agenda Europea de Migración contiene una clarificación de dichos conceptos. Para saber más sobre el sistema de reasentamiento en España, *vid.* GARCÍA MAHAMUT, R., «Reflexiones constitucionales sobre el reasentamiento de refugiados: El régimen jurídico del reasentamiento en Canadá y en España a la luz de la nueva ley de asilo y de la protección subsidiaria», *Revista de Derecho Político*, 78, 2010, pp. 43-93.

mayoría de los casos, el testimonio de las víctimas de la trata es, o bien el primer paso que abre la puerta a ulteriores investigaciones en los Estados miembro, o bien un testimonio clave en los procesos judiciales[196].

Con el marco europeo relativo a la inmigración de 2015 superado, la actual agenda europea en la materia, sistematizada en el Nuevo Pacto sobre Migración y Asilo de 2020, se ha previsto el establecimiento de un Plan Rector de Preparación y Gestión de Crisis Migratorias con la voluntad de «pasar de un modo reactivo a uno basado en la preparación y la anticipación»[197]. En definitiva, y de acuerdo con el citado Pacto, este nuevo Plan Rector presenta una lógica similar al esquema de puntos críticos o *hotspots* elaborado a partir de 2015. En este sentido, según la Comisión Europea, deberá ser el Estado miembro el que solicite el despliegue de apoyo operativo, el cual deberá basarse en el enfoque de puntos críticos[198]. Por lo tanto, puede observarse que el enfoque de *hotspots* o puntos

---

196 Una lectura interesante sobre el papel de los testigos en los procesos judiciales en la UE nos lo presenta VAN LENT, Y., «Legal regulation of witness protection in the European Union», *Public Security and Public Order*, 21, 2018, pp. 139-148. El autor destaca las diferencias entre las legislaciones nacionales de los Estados miembro de la UE en lo que a la protección de los testigos se refiere. Estas diferencias pueden provocar, entre otras cosas, que en algunos Estados miembro se presente como un auténtico reto la protección de las víctimas de la trata para que sean testigos en los juicios contra sus captores. Es posible, incluso, que las redes de la trata sean conscientes de ello y que sea aprovechado para evitar condenas más severas a raíz de las pruebas testificales de las víctimas. Esta idea reafirma la idea de no basarse, exclusivamente, en la testifical de las víctimas de la trata como medio principal de prueba para demostrar la acusación por delitos de trata.

197 COM(2020) 609, *op. cit.*, p. 11. En tal sentido, *vid. Recomendación de la Comisión relativa a un mecanismo de la UE para la preparación y la gestión de las crisis relacionades con la migración (Plan Rector de Preparación y Gestión de Crisis Migratoria.* DOUE C 6469 de 23 de septiembre de 2020.

198 *Ibid.*, p. 11.

críticos sigue en vigor a día de hoy, de modo que resulta de interés analizar su estructura y determinar su efectividad en lo que a la protección de las víctimas de trata se refiere.

Los *hotspot* son áreas geográficas sujetas a flujos migratorios mixtos repentinos, específicos y excepcionales que los sistemas nacionales de fronteras y asilo no pueden procesar de manera efectiva[199]. El objetivo de los *hotspots* es permitir la cooperación multilateral sobre el terreno de las agencias ELSJ y de las autoridades competentes de los Estados miembro en la frontera exterior con el objetivo de identificar y registrar (también las huellas dactilares) correctamente a los migrantes. De este modo, determinar que existe un *hotspot* permite crear una plataforma para que las agencias intervengan, rápidamente y desde una perspectiva integral, juntamente con las autoridades de los Estados que se encuentren en la primera línea para paliar los efectos de crisis migratoria a causa de una presión concreta y desproporcionada sobre la frontera exterior del Estado en cuestión.

Los *hotspots* se constituyen a partir de la solicitud que hace el Estado miembro afectado por la presión migratoria que desborda sus sistemas de control de fronteras, gestión de la migración y de asilo, requisito indispensable para poder determinar los puntos críticos de la frontera exterior de la Unión. Esta solicitud se hace llegar a la Comisión y a las Agencias en particular, dónde se delimitan las necesidades a las que se enfrenta el Estado solicitante y, actuando conjuntamente, se definen las medidas a adoptar y las funciones atribuidas a cada agencia en particular[200]. En este sentido, para coordinar las labores de las agencias que participan en el punto crítico, así como de las autoridades de los Estados miembro, se constituye un Grupo

---

199 FERNÁNDEZ ROJO, «Los hotspots (…)», *op. cit.*, p. 1025.

200 STATEWATCH, *Explanatory note on the "hotspot" approach*, 2015, p. 3. Disponible en: https://bit.ly/3WOuskK.

Operativo Regional de la Unión Europea (EURTF, en sus siglas en inglés), el cual está presidido por la Comisión Europea[201].

En los *hotspots* hay, como mínimo, tres agencias cooperando entre sí, aparte de las autoridades competentes del Estado miembro en cuestión[202]. Bajo la coordinación del EURTF, la cooperación multilateral entre Frontex, Europol y EUAA permite identificar una triple función de los *hotspots*: aumentar el nivel de seguridad de la frontera exterior a partir de la prevención de la inmigración irregular y de la delincuencia transnacional, ordenar y registrar el acceso de migrantes al territorio de los Estados miembro y dar apoyo a los migrantes que requieren de protección internacional. En el presente apartado, dada la orientación de este capítulo, se analizarán las labores de identificación que desarrolla Frontex principalmente con colaboración de los agentes de fronteras del Estado miembro anfitrión, dejando para el final las labores de EUAA[203].

---

201 En este sentido, *vid.* FERNÁNDEZ ROJO, «Los hotspots (...)», *op. cit.*, p. 1032. Sobre las funciones del EURTF, *vid. ibid.*, pp. 3-4. El Plan Rector enunciado por el Nuevo Pacto sobre Migración y Asilo y desarrollado en virtud de la Recomendación de la Comisión Europea 2020/1366 apunta que estos grupos operativos son establecidos por la Comisión Europea en las fronteras exteriores como marco para el intercambio de información y para mejorar la coordinación entre todos los actores.

202 COM(2015) 240 final, *op. cit.*, p. 6.

203 Es necesario apuntar que en la actualidad La agencia europea encargada de la gestión del asilo es la EUAA, que ha sustituido la antigua EASO en sus funciones. En este sentido, *vid. Reglamento (UE) 2021/2303 del Parlamento Europeo y del Consejo de 15 de diciembre de 2021 relativo a la Agencia de Asilo de la Unión Europea y por el que se deroga el Reglamento (UE) 439/2010.* DOUE L 468 de 30 de diciembre de 2021. Cabe señalar que el nuevo Reglamento de la EUAA contiene artículos específicos sobre la labor de la agencia en los puntos críticos o *hotspots,* tal y como ya definió la Comisión en su propuesta de 2016. En tal sentido, *vid.* COMISIÓN EUROPEA, *Propuesta de Reglamento del Parlamento Europeo y del Consejo relativo a la Agencia de Asilo de la Unión Europea y por el que se deroga el Reglamento (UE) 439/2010,* 4 de mayo de 2016. COM(2016) 271

3.2.4.2. La identificación de las víctimas de la trata en los *hotspots*: el papel de Frontex

En cuanto a las funciones operativas de Frontex en los *hotspots*, estas se encuentran especificadas en los arts. 10 apdo. 1 m) y art. 40 del Reglamento 2019/1896. En concreto, en los *hotspots*, Frontex podrá desplegar personal operativo y equipamiento técnico para dar soporte en la inspección, el interrogatorio, la identificación y la toma de huellas dactilares. También podrá establecer un mecanismo de derivación y proveer a los migrantes información inicial para quienes busquen prootección internacional. Por último, podrá dar asistencia técnica y operativa en lo que se refiere a las operaciones de retorno.

En primer lugar, de acuerdo con el art. 40 del Reglamento 2019/1896, en cuanto a la identificación de los migrantes que lleguen a los *hotspots*, Frontex presta asistencia en el examen de los migrantes, así como su identificación, registro y entrevista, siempre que las autoridades competentes del Estado en cuestión lo requieran. Además, podrá tomar impresiones dactilares a los migrantes de acuerdo con la normativa relativa al Eurodac, citada y explicada con anterioridad. En este preciso instante, en el registro que se le realice a la persona migrada, la entrevista pertinente y la identificación es cuando los agentes de las fronteras, siguiendo la formación recibida y ayudándose de las guías para la identificación de las víctimas de la trata, pueden identificarlas entre los inmigrantes que acceden de forma irregular. Dicha identificación resulta crucial para las ulteriores investigaciones criminales. Así, mediante las entrevistas realizadas a los migrantes irregulares, los agentes fronterizos pueden detectar posibles víctimas de las redes de trata

---

final. Sobre esta agencia y su papel en los *hotspots*, *vid.* FERNÁNDEZ ROJO, D., «Los hotspots (...)», *op. cit.*, p. 1028.

o, incluso, tratantes no nacionales de la Unión Europea que intentan acceder dentro del territorio de la Unión.

En segundo lugar, la otra función de Frontex es la de facilitar la información inicial a las personas que deseen solicitar protección internacional. Cuando el personal competente de las fronteras identifica y registra a los migrantes, les informa del sistema de asilo. Luego, los migrantes que deciden someterse a la protección internacional son reenviados a las autoridades competentes para que cursen la pertinente solicitud con el apoyo de EUAA.

Tal y como se verá más adelante, es posible considerar el sistema de asilo como un complemento al régimen de protección de las víctimas de la trata. La protección internacional es una vía para poder otorgar a las víctimas de la trata una protección que, dada su extrema vulnerabilidad, podría conseguir un nivel de protección y seguridad óptimos. En estos casos, la víctima podría participar en la investigación criminal y el ulterior proceso judicial como testimonio[204]. Sin embargo, cabe la posibilidad de que los migrantes identificados no entren dentro del sistema de protección internacional ni tampoco sean víctimas de la trata de seres humanos. Esta última situación puede ser la consecuencia de dos situaciones. En primer lugar, a causa de una mala identificación por parte de los agentes fronterizos por la falta de formación de los agentes. Y, en segundo lugar, porque, efectivamente, el migrante no es víctima de una red de trata. Así pues, cuando un migrante en situación irregular ni es susceptible de quedar protegido por la institución del asilo

---

204 La presencia física de las víctimas de la trata en los procesos judiciales cada vez es más difícil, además de poder asegurar que el testimonio fuese el adecuado, dadas las circunstancias en las que se encuentra la víctima, en constante amenaza para ella, sus familia o seres queridos. Así, si se consigue un nivel de protección óptimo, la víctima podría participar del proceso sin temor a las represalias.

ni es una víctima de la trata, queda al amparo del art. 6 de la Directiva 2008/115/CE.

Por este motivo, de acuerdo con el art. 40 del Reglamento 2019/1896, la tercera función de Frontex es la de ofrecer asistencia técnica y operativa en el retorno de los migrantes en situación irregular. A causa de esto, es del todo imprescindible que las autoridades competentes y su personal estén suficientemente formados en la detección de las víctimas de la trata. Esto es así porque si aquellas víctimas que son, a su vez, migrantes irregulares, no son detectadas, se procede a su expulsión del territorio de la Unión y no se le conceden todas las previsiones relativas a su protección, además de privarlas de poder participar como testimonios en las ulteriores investigaciones en los Estados miembro, abriendo la puerta a la impunidad de las redes de trata de seres humanos.

3.2.4.3. La protección internacional en los *hotspots*: el apoyo de EUAA a los agentes encargados de la protección internacional en el contexto de fuerte presión migratoria

Tal y como se acaba de enunciar, es posible que aparte del régimen de protección de las víctimas previsto en la Directiva 2011/36/UE y en el Estatuto de la Víctima, la protección internacional vía el asilo brinde la oportunidad a las víctimas de la trata de quedar protegidas. En este sentido, EUAA desarrolla un papel relevante en los *hotspots* en tanto que coopera con las autoridades competentes a la hora de resolver las solicitudes de protección internacional que realizan los nacionales de terceros países que se encuentran en el punto crítico.

Al igual que la labor de Frontex en los *hotspots*, que favorece la identificación de las víctimas de la trata, la EUAA también desarrolla este papel clave en la identificación de las víctimas a partir de las solicitudes de asilo que realizan los migrantes[205]. De hecho, el recientemente aprobado Reglamento 2024/1348, que establece un procedimiento común en materia de protección internacional en la Unión Europea, establece en su art. 6 que la EUAA preste asistencia a las autoridades de los Estados miembro competentes para resolver las solicitudes de protección internacional[206]. En este sentido, es posible que un agente de fronteras haya pasado por alto a una víctima de la trata entre el grupo de migrantes que intenta acceder al Espacio Schengen. Si este migrante, además, solicita quedar bajo el amparo de la protección internacional, será derivado hacia los agentes encargados de las solicitudes de asilo. En este proceso, con el apoyo de EUAA, es posible que dichos agentes detecten a la víctima de la trata que no ha sido identificada por el primer agente fronterizo.

3.2.4.4. Los triajes en frontera: Los controles fronterizos de nacionales de terceros Estados en las vías irregulares de acceso

El reciente paquete de medidas legislativas adoptadas en virtud del Pacto sobre Migración y Asilo de 2020 incluyó un nuevo Reglamento con el objetivo de introducir un nuevo mecanismo de control para los nacionales de terceros países que no cumplen con los requisitos para acceder dentro del Espacio Schengen. Es decir, que tal y como apuntó la prof. MORENO-LAX, los *hotspots* se han incorporado «into the mainstream»[207]

---

205 En este sentido, sobre las labores que desarrolla EUAA en los *hotspots*, *vid.* FERNÁNDEZ ROJO, D., «Los hotspots (…)», *op. cit.*, p. 1033.

206 *Reglamento (UE) 2024/1348 del Parlamento Europeo y del Consejo, de 14 de mayo de 2024, por el que se establece un procedimiento común en materia de protección internacional en la Unión y se deroga la Directiva 2013/32/UE.* DOUE L 2024/1348 de 22 de mayo de 2024.

207 MORENO-LAX, V., «Crisis as (Asylum) Governance (…)», *op. cit.*, p. 9.

Así, el art. 1 del Reglamento 2024/1356 establece que estos nacionales de terceros países se someterán a un examen cuando «(...) hayan cruzado la frontera de forma no autorizada, hayan solicitado protección internacional durante las inspecciones fronterizas o hayan sido desembarcados tras una operación de búsqueda y salvamento, antes de ser derivados al procedimiento adecuado (...)». Además, el apdo. 2 del mismo artículo, abre la posibilidad de realizar controles dentro del territorio de los Estados miembro cuando no existan indicios de que estos nacionales de terceros países han sido sometidos a los controles pertinentes. Es preciso apuntar que este apartado concreto, y no es el único[208], está redactado de forma demasiado ambigua, pues estos indicios podrían traducirse en la elaboración de perfiles en base a rasgos como el color de la piel, el nivel de vida o cuestiones que podrían llegar incluso a ser discriminatorias.

En definitiva, la voluntad de este Reglamento es clasificar a las personas que no reúnen los criterios para acceder al territorio del Espacio Schengen entre personas que buscan asilo o inmigrantes en situación irregular y, de esta manera, derivarlos al procedimiento de solicitud de protección internacional o a los procedimientos de retorno[209].

De acuerdo con el Reglamento 2024/1356, el triaje puede realizarse tanto en la frontera exterior (art. 5) como dentro del territorio (art. 7). En cualquier caso, y de acuerdo con su art. 8, este nuevo control consistirá en un reconocimiento médico preliminar para descartar las amenazas para la salud pública, un examen de vulnerabilidad, la identificación o la verifica-

---

[208] DE LA ORDEN BOSCH, G., «Pre-entry screening and border procedures as new detention landscape in the EU Pact on migration and asylum. The Spanish borders as a laboratory for immobility policies», *Peace & Security – Paix et Sécurité Internationales*, (12), 2024, p. 6.

[209] *Ibid.*, p. 7.

ción de la identidad, un registro de los datos biométricos y una inspección de seguridad para identificar las amenazas para la seguridad. Todo esto estará acompañado por la cumplimentación de un formulario y la consiguiente derivación al procedimiento adecuado.

En cuanto a la detección de las víctimas de la trata de seres humanos, es interesante el art. 12 del citado Reglamento, que es el que establece el reconocimiento médico y el examen de vulnerabilidad. Más allá de la revisión sanitaria, que en función de las heridas tanto físicas como psicológicas que pudiera presentar la persona sometida al triaje, la persona encargada del examen podría derivarla a las autoridades competentes para su identificación formal como víctima de trata; el examen de vulnerabilidad implica que las autoridades del triaje deberán detectar si la persona sometida al control es una persona apátrida, es una persona vulnerable o una víctima de torturas u otros tratos inhumanos y degradantes. Este examen concreto, y a la luz del apdo. 4 del mismo artículo, tiene como objetivo identificar si la persona tiene indicios de vulnerabilidad o necesidades especiales en cuanto a la solicitud de protección internacional. En el caso de que se identifique esta situación de vulnerabilidad, se ofrecerá apoyo y refugio en unas instalaciones adecuadas en vista de su salud física y mental. Su duración es imprecisa, pues el artículo establece que esta será la oportuna.

Legado a este punto, se han observado una serie de instrumentos destinados a gestionar la frontera exterior común y que facilitan, entre otros aspectos, la identificación de las víctimas de la trata antes de que accedan al Espacio Schengen a través de los pasos fronterizos habilitados. En toda la casuística que rodea las situaciones anteriores, las autoridades europeas y los Estados miembro han puesto especial énfasis en controlar y ordenar los movimientos migratorios y elevar el nivel de seguridad en la frontera exterior para luchar contra la delincuencia transnacional en general y, entre otros, contra la trata en particular. Esto se ha visto reforzado con la adopción de nuevas normas relativas a la migración y el asilo, que con la incorporación de los triajes en la frontera exterior, juntamente con la revisión del procedimiento relativo al asilo, se ha institucionalizado el paradigma de crisis que guio la creación de los *hotspots*, de modo que el sistema actual se ha convertido en un sistema propenso a la expulsión sumaria y sistemática de los migrantes no deseados[210].

Aunque existan todas estas medidas, es posible que las redes de trata consigan hacer acceder al Espacio Schengen a víctimas de la trata nacionales de terceros países, ya sea siguiendo rutas irregulares o bien porqué la víctima de la trata ha superado los controles de acceso de los pasos fronterizos por donde haya cruzado. En estas situaciones, debe plantearse si es posible identificar a las víctimas de la trata una vez han accedido al Espacio Schengen o bien si estas ya se encuentran en él porque son ciudadanas de la Unión. A continuación, pues, se estudian las cuestiones que se acaban de plantear centrando el análisis en el Espacio Schengen y en el SIS II, un sistema cuyo objetivo es la seguridad interior pero que puede servir para identificar a las víctimas de la trata, independientemente del origen de estas.

3.2.5. El Espacio Schengen y el SIS de segunda generación renovado como instrumento a la luz de la detección de las víctimas de la trata de seres humanos independientemente de su nacionalidad cuando se encuentran dentro del Espacio Schengen

Hasta el momento, se han analizado los instrumentos a disposición de las instituciones de la Unión y de los Estados miembro que tienen como finalidad ordenar el acceso de nacionales

---

210 MORENO-LAX, V., «Crisis as (Asylum) Governance (...)», *op. cit.*, p. 24.

de terceros países al Espacio Schengen, así como garantizar un nivel elevado de seguridad y de lucha contra la criminalidad transnacional. Sin embargo, teniendo en cuenta las cuestiones planteadas al final de la sección anterior, debe analizarse si cabe la posibilidad de identificar a las víctimas de la trata dentro del Espacio Schengen. Dicho en otras palabras: ¿es posible identificar a las víctimas de la trata sin que crucen la frontera exterior?

Los Estados miembro decidieron impulsar un sistema que permitiese, a la vez, controlar la frontera y garantizar la seguridad en el interior del Espacio Schengen[211]. Así, se constituyó el Sistema de Información de Schengen (SIS II) de segunda generación, un sistema que permite a las autoridades competentes de los Estados miembro compartir información en pro de la seguridad y del control de las fronteras de la Unión, teniendo en cuenta que no existen controles fronterizos internos entre los Estados miembro. Esta es la razón por la que el SIS II permite cotejar todo tipo de información relativa a las personas que acceden al Espacio Schengen o que deambulan libremente por él[212]. En el año 2023, el SIS II se renovó con la incorporación de nuevas funcionalidades, que se examinarán en la presente sección. Por lo tanto, en la actualidad de habla del SIS de segunda generación renovado (SIS II renovado).

A modo de recordatorio, VIS, el ETIAS y el EES, así como el PNR, son unas bases de datos que permiten consultar información de las personas no nacionales de los Estados miembro de

---

211 En relación con el Espacio Schengen y sus orígenes, *vid.* DEL VALLE GÁLVEZ, A., «La refundación de la libre circulación de personas, Tercer Pilar y Schengen: el espacio europeo de libertad, seguridad y justicia», *Revista de Derecho Comunitario Europeo*, 3, 1998, pp. 41-78.

212 Sobre el origen y las diferentes modificaciones del SIS, así como el proceso de digitalización del control fronterizo, *vid.* BROUWER, E., *Digital borders and real rights. Effective remedies for third-country nationals in the Schengen Information System*, Martinus Nijhoff Publishers, Leiden, 2008.

la Unión Europea que pretenden cruzar las fronteras exteriores de la Unión. Por lo tanto, permiten la identificación antes del acceso al Espacio Schengen. En cambio, el SIS II renovado entra en juego cuando una persona ya se encuentra dentro del Espacio Schengen, independientemente de su origen, de modo que puede afectar tanto a nacionales de terceros países como a nacionales de Estados miembro de la Unión. No obstante, tal y como se verá, el SIS II renovado también puede desarrollar sus funcionalidades en las fronteras exteriores de los Estados miembro de la UE. Habida cuenta de la ausencia de controles fronterizos internos, el SIS constituye un instrumento clave para garantizar la seguridad interna del Espacio Schengen. Además, en lo que a las víctimas de la trata de refiere, puede ser de gran ayuda a la hora de poderlas identificar o bien justo en el momento de llegada en el territorio, ya que la base de datos es accesible por los agentes fronterizos y puede aportar información respecto a la persona que pretende cruzar la frontera y mostrar algunos indicadores típicos de las víctimas de la trata; o bien cuando se desplazan por el interior de dicho Espacio, ya que también es accesible para los cuerpos policiales a la hora de realizar un control policial.

A día de hoy, los ámbitos en los que puede aplicarse el SIS II renovado son, básicamente, dos. Por un lado, ese aplica en el ámbito de las inspecciones fronterizas[213] y, por otro lado, también tiene funcionalidades en lo que respecta la cooperación policial y judicial en materia penal[214]. Así pues, el presen-

---

213 *Reglamento (UE) 2018/1861 del Parlamento Europeo y del Consejo de 28 de noviembre de 2018 relativo al establecimiento, funcionamiento y utilización del Sistema de Información de Schengen (SIS) en el ámbito de las inspecciones fronterizas, por el que se modifica el Convenio de aplicación del Acuerdo de Schengen y se modifica y deroga el Reglamento (CE) 1987/2006.* DOUE L 312 de 7 de diciembre de 2018.

214 *Reglamento /UE) 2018/1862 del Parlamento Europeo y del Consejo de 28 de noviembre de 2018 relativo al establecimiento, funcionamiento y utilización del Sistema de Información de Schengen (SIS) en el ámbito de la cooperación policial y de la cooperación*

te apartado está dividido en dos secciones: en primer lugar, las utilidades del SIS II en la frontera exterior en pro de la identificación temprana de las víctimas de la trata; y, en segundo lugar, el SIS II en lo que a los controles interiores se refiere y a la cooperación entre autoridades competentes.

3.2.5.1. El SIS II renovado como instrumento para la identificación temprana de las víctimas. Apoyo a la gestión de las fronteras exteriores

Tal y como se acaba de apuntar, el SIS II renovado podría aplicarse en la identificación de las víctimas de trata en el momento del cruce de las fronteras exteriores. En este sentido, esta base de datos se concibió como un sistema de intercambio de información con la finalidad de garantizar un alto nivel de seguridad dentro del ELSJ[215]. De acuerdo con el art. 2 del Reglamento 2018/1861, se establecieron una serie de condiciones y procedimientos de tratamiento de las descripciones de nacionales de terceros países. En otras palabras, la operativa del SIS II renovado sigue la misma lógica, incluso la misma arquitectura operativa, que los instrumentos analizados anteriormente en este capítulo.

Así, de acuerdo con el art. 4 del Reglamento 2018/1861, el SIS II está conformado por un sistema central compuesto por una unidad de apoyo técnico (CS-SIS), que es donde se ubicará la base de datos, y una interfaz nacional uniforme (NI-SIS). Además, también en cada Estado miembro se establecerá un sistema nacional (N.SIS) que recopilará los datos que se obten-

---

judicial en materia penal, por el que se modifica y deroga la Decisión 2007/533/JAI del Consejo, y se derogan el Reglamento (CE) 1986/2006 del Parlamento Europeo y del Consejo y la Decisión 2010/261/UE de la Comisión. DOUE L 312 de 7 de diciembre de 2018.

215 En este sentido, por ejemplo, *vid.* art. 1 del Reglamento 2018/1861.

gan en cada Estado miembro y que se comunican con el sistema central[216]. Cabe señalar, también, que las bases de datos deben estar plenamente operativas ininterrumpidamente, cosa que es responsabilidad de los Estados miembro en cuanto a los sistemas nacionales, tal y como establecen los arts. 6 y siguientes del Reglamento 2018/1861 y de EU-Lisa respecto del sistema central, de acuerdo con el art. 15 del citado tal y como establecen los art. 6 y ss., y 15 respectivamente.

La idea del SIS II renovado es que se deben crear unas descripciones, que de acuerdo con el art. 3 1) del Reglamento 2018/1861, son «un conjunto de datos introducidos en el SIS que permiten a las autoridades competentes identificar a una persona a fin de adoptar una medida específica». Los datos que deben incluirse en estas descripciones harán referencia, como mínimo, a los apellidos, a la fecha de nacimiento, al motivo de la descripción, a la decisión que justifica la introducción de dicha descripción y las medidas que deben tomarse en caso de respuesta positiva[217]. De acuerdo con los arts. 35 y 36 del Regla-

---

216 Es preciso apuntar aquí que, en virtud del Reglamento 2019/817, citado con anterioridad, el SIS también forma parte del nuevo marco para la interoperabilidad de los sistemas de información de la UE en el ámbito de las fronteras y los visados. Por lo tanto, hay que tener en cuenta esta cuestión a la hora de comprender el abasto del flujo de información y de datos personales en el desarrollo del ESLJ. Su funcionamiento está desarrollado en el apartado del presente capítulo relativo a los instrumentos de protección aplicables en los controles fronterizos.

217 En concreto, aparte de las descripciones y de la información establecida en el art. 20 del Reglamento 2018/1861, es posible que las descripciones incluyan información complementaria, que es toda aquella «información no almacenada en el SIS, pero que está relacionada con descripciones del SIS» y que será susceptible de ser intercambiada entre las autoridades competentes. Además, existen también los datos adicionales, que son aquellos «datos almacenados en el SIS II y relacionados con las descripciones del SIS que deben estar inmediatamente a disposición de las autoridades competentes» cuando se haga una consulta.

mento 2018/1861, estas descripciones, que son introducidas por las autoridades competentes de los Estados miembro, están disponibles para que el personal debidamente autorizado de cualquier Estado miembro, incluso el personal de Europol y de Frontex, pueda consultarlos y tomar una decisión sobre la denegación de entrada o estancia de un nacional de un tercer Estado ya sea en el momento del acceso a través de las fronteras exteriores o en el momento de la renovación de los visados o los permisos de residencia válidos[218]. Es preciso apuntar aquí que la información complementaria que puede acompañar a las descripciones se transmite a través de las oficinas Sirene que los Estados miembro deben establecer y que deben estar operativas veinticuatro horas siete días a la semana, tal y como establece el art. 7 del Reglamento 2018/1861. Este tipo de información se intercambia de acuerdo con lo que establece el Manual Sirene[219]. Este manual incluye todo el procedimien-

---

[218] *Vid.*, en tal sentido, el art. 2 del Reglamento 2018/1861 y el capítulo V del mismo, que lleva como rúbrica: «Disposiciones para la denegación de entrada y estancia sobre nacionales de terceros países». Así, aparte de determinar los datos que deben incluir las descripciones, se establecen las condiciones aplicables a la introducción de descripciones para la denegación de entrada y salida (art. 24), las condiciones aplicables a la introducción de descripciones sobre nacionales de terceros países sujetos a medidas restrictivas (art. 25), las condiciones aplicables a la introducción de descripciones sobre nacionales de terceros países que disfruten del derecho de libre circulación en la Unión (art. 26) y la consulta previa a la concesión o prórroga de un permiso de residencia o un visado para estancia de larga duración (art. 27).

[219] *Decisión de ejecución (UE) 2016/1209 de la Comisión, de 12 de julio de 2016, por la que se sustituye el anexo de la Decisión de Ejecución 2013/115/UE de la Comisión relativa al Manual SIRENE y otras medidas de ejecución para el Sistema de Información de Schengen de segunda generación (SIS II) [notificada con el número C(2016) 4283]*. DOUE L 203 de 28 de julio de 2016. [En adelante, Manual Sirene]. Sobre la creación de bases de datos a nivel europeo en pro de la vigilancia para evitar el acceso irregular de migrantes, *vid.* BROEDERS, D., «The new digital borders of Europe. EU Databases and the surveillance of irregular migrants», *International Sociology*, 22, 2017, pp. 71-92. El autor, aparte

to y la operativa para el intercambio de información, que no sean descripciones, a fin de identificar a las personas y objetos que circulan por el Espacio Schengen. Esta información complementaria es la que puede servir a la hora de proceder a la identificación de las víctimas de la trata, ya que las autoridades competentes de los Estados miembro pueden introducir información más allá de la establecida en el art. 20 del Reglamento 2018/1861, información que podría facilitar la detección de la trata y la identificación de sus víctimas.

Si se observan los arts. 24 y siguientes del Reglamento 2018/1861, se pueden observar las condiciones de denegación de la entrada y la estancia para los nacionales de terceros Estados. Es preciso apuntar que la mayoría aluden, por ejemplo, a que el nacional suponga una amenaza para el orden público en el sentido de que pese una pena privativa de libertad de un año en algún Estado miembro o cuando existan motivos fundados para creer que la persona que pretende cruzar la frontera exterior ha cometido un delito grave. Así, parece que este instrumento tiene más aplicabilidad en lo que a la persecución de las redes de trata se refiere, aspecto que será abordado en el capítulo quinto de la presente monografía. No obstante, es igualmente plausible que este instrumento sea utilizado para identificar a las víctimas de la trata. En este sentido, es posible que un miembro de una red que no sea nacional de un Estado miembro y que haya sido condenado por trata en un Estado miembro pretenda acceder a través de la frontera exterior con nuevas víctimas. En el momento de cruce, se consultará el SIS II renovado y este indicará la condena previa, motivo por el cual

---

de analizar el VIS y el Eurodac, hace referencia al SIS II y a su relación con el Manual Sirene. En este sentido, el establecimiento del manual Sirene obedece al hecho de que el SIS II no fue concebido como un sistema para el intercambio de información concreta. De hecho, según BROEDERS, el SIS II se podría concebir como un anexo al Manual Sirene.

se le denegará la entrada en virtud del art. 24 del Reglamento 2018/1861, pues esta persona supondría una amenaza para el orden público, la seguridad pública o la seguridad nacional al haber estado condenado por un delito con una pena privativa de libertad de un año como mínimo. Cabe señalar que, aparte de la condena, la autoridad competente del Estado miembro debe haber adoptado una decisión judicial o administrativa para denegar a la persona la entrada y la estancia. Cuando salte el aviso en el SIS, las autoridades fronterizas podrán denegar la entrada y proceder a la identificación de las víctimas.

Otra de las posibilidades para identificar a las víctimas de la trata es que respecto una de ellas, siempre que sea no nacional de un Estado miembro, exista una denegación de entrada en virtud de la Directiva 2008/115/CE. Si con anterioridad, esta víctima hubiera accedido de forma irregular en el territorio de los Estados miembro de la UE, hubiera sido identificada y, después de haber gozado del tiempo de recuperación establecido por la normativa europea, hubiera decidido no colaborar con las autoridades competentes para perseguir a las redes de trata, de acuerdo con el art. 6 de la citada Directiva, debería ser expulsada excepto si la legislación nacional prevé una sanción menos lesiva. En el caso de que después de la decisión de retorno, la víctima no cumpliera con dicha obligación, se podría acompañar la decisión de retorno con una prohibición de entrada en virtud del art. 11 de la Directiva 2008/115/CE. Por lo tanto, si la víctima volviera a recaer en manos de las redes de trata, si pretendiera acceder a través de las vías regulares, en el momento del cruce de las fronteras saltaría el aviso en el SIS II renovado de que es víctima de trata, de modo que se la podría identificar y aplicarle las medidas de protección como tal. Un aspecto que llama la atención negativamente es que el citado artículo condiciona la exclusión de la prohibición de entrada a las víctimas de trata a que estas colaboren con las autoridades. Sobre esta cuestión, en el capítulo segundo de la presente obra ya se han presentado los argumentos para criticar esta condicionalidad que pone en duda incluso la efectividad del sistema de protección, pues el trauma sufrido por las víctimas hace que la colaboración con las autoridades no siempre se pueda llevar a cabo.

Por todo lo anterior, pues, parece que el SIS II renovado puede aplicarse en el proceso de identificación de las víctimas de trata en los controles fronterizos. Sin embargo, se habrá notado las elevadas condiciones que deben darse en cada uno de los supuestos, pues este no es un instrumento destinado a la protección de la víctima sino más bien a la prevención y persecución de la trata, tal y como se verá en los capítulos pertinentes.

3.2.5.2. La identificación de las víctimas de la trata que se encuentran dentro del Espacio Schengen gracias a la aplicación del SIS II renovado

El otro ámbito en el que puede aplicarse el SIS II renovado es en cuanto a la cooperación judicial y policial en materia penal. Esto implica que estas funcionalidades del SIS no se apliquen en los controles fronterizos, sino cuando las personas circulan libremente por el Espacio Schengen. Por lo tanto, si bien al igual que en la sub-sección anterior, este instrumento también puede utilizarse para la prevención y la persecución de la trata de seres humanos, cabe estudiar su potencial utilización cuando las víctimas, con independencia de su nacionalidad, ya se encuentran dentro de las fronteras exteriores de los Estados miembro de la Unión Europea. Aquí puede observarse una ampliación del alcance de este instrumento en cuanto a la cooperación penal, pues cualquier víctima podría ser identificada con independencia de su nacionalidad. En este sentido, el art. 2 del Reglamento 2018/1862 habla sobre el tratamiento de las descripciones sobre personas y objetos a efectos de la cooperación policial y judicial en materia penal, a diferencia del art. 2 del Reglamento 2018/1861, que específicamente habla de las «descripciones sobre nacionales de terceros países».

Consecuentemente, todas las personas y objetos que se encuentren dentro del Espacio Schengen son susceptibles de quedar registradas en el SIS II renovado, de modo que es el instrumento adecuado para facilitar la identificación de las víctimas de la trata de seres humanos que, o bien hayan superado los controles fronterizos o bien sean nacionales de algún Estado miembro de la Unión Europea. Es preciso señalar que el funcionamiento, la arquitectura técnica y el régimen de responsabilidades entre las autoridades competentes de los Estados miembro y de EU-Lisa es exactamente igual tanto si se usa el sistema en los controles fronterizos como dentro del Espacio Schengen[220], de modo que el presente apartado se centrará exclusivamente en la aplicabilidad del SIS II renovado a la identificación de las víctimas de trata dentro de las fronteras exteriores de los Estados miembro de la Unión Europea. Es preciso señalar aquí que, al igual que con los controles fronterizos, se ha desarrollado un marco para la interoperabilidad del SIS II renovado con otras bases de datos, concretamente el ECRIS-TCN y el Eurodac[221]. Este nuevo marco, al afectar la cooperación policial y judicial en materia penal, su funcionamiento se examinará en el capítulo relativo a la persecución de las redes de trata, pues su lógica de funcionamiento parece facilitar mayoritariamente la persecución de las redes de trata y, en menor medida, la protección de las víctimas.

Al igual que en los controles fronterizos, para los controles *intra* Espacio Schengen, el SIS II renovado incluye descripciones, información complementaria y datos adicionales. Cabe

---

220 En este sentido, *vid.* arts. 4 a 20 tanto del Reglamento 2018/1861 como del Reglamento 2018/1862.

221 *Vid.*, en tal sentido, art. 3 Reglamento 2019/818.

recordar aquí, al igual que pasaba con la información complementaria relativa a los controles fronterizos, que la información complementaria se intercambia a través de las oficinas Sirene que los Estados miembro deben establecer, de acuerdo con los arts. 7 tanto del Reglamento 2018/1861 como del Reglamento 2018/1862.

Para cada persona hay un fichero donde se introducen sus descripciones, que deben contener como mínimo en este caso, y de acuerdo con el art. 22 del Reglamento 2018/1862, información relativa a los apellidos, la fecha de nacimiento, el motivo de la descripción y las medidas que deben tomarse en caso de respuesta positiva. A día de hoy, y de acuerdo con el citado Reglamento, estas descripciones, en el ámbito de la cooperación penal deben obedecer a cualquiera de las siguientes finalidades: descripciones sobre personas en búsqueda para su detención a efectos de entrega o extradición (Capítulo VI), descripciones sobre personas desaparecidas o personas vulnerables a quienes se debe impedir viajar (Capítulo VII), descripciones de personas en búsqueda a efectos de un procedimiento judicial (Capítulo VIII), descripciones sobre personas y objetos a efectos de controles discretos, de investigación o específicos (Capítulo IX), descripciones de información en interés de la Unión relativas a nacionales de terceros países (Capítulo IX *bis*), descripciones sobre objetos a efectos de incautación o utilización como prueba en un proceso penal (Capítulo X) y descripciones sobre personas desconocidas en búsqueda para su identificación con arreglo al derecho nacional (Capítulo XI).

A efectos de la identificación de las víctimas de la trata, solamente interesan las descripciones relativas a personas desaparecidas y las descripciones relativas a personas que es necesario que presten su asistencia en un procedimiento judicial como, por ejemplo, ser testigo en un juicio. Las demás finalidades se examinarán con más detalle en el apartado relativo a la persecución de las redes de trata, sin olvidar que la identificación de las víctimas para que sean testigos en un juicio también puede aplicarse a dicha finalidad.

Por un lado, y respecto o bien a las personas desaparecidas o personas vulnerables a quienes se debe impedir viajar, el art. 32 del Reglamento 2018/1862 expresamente prevé la posibilidad de incluir descripciones de víctimas de trata en el SIS II renovado. En concreto, habla de los menores a quienes se debe impedir viajar «(...) por existir un riesgo concreto y evidente de que abandonen el territorio de un Estado miembro o sean trasladados fuera de él y de que: i) sean víctimas de trata (…)» y de personas vulnerables mayores de edad a quienes se deba impedir viajar por su propia protección «debido a un riesgo concreto y evidente de que abandonen el territorio de un Estado miembro o sean trasladadas fuera de él y sean víctimas de trata de personas (…)». Aquí debe interpretarse el concepto viajar en sentido amplio, en el sentido de que hace referencia a cualquier desplazamiento y no solamente al cruce de fronteras exteriores, pues de esta manera se evita excluir a las víctimas nacionales de los Estados miembro de la Unión Europea de ser incluidas en el sistema.

En cualquier caso, es posible que en el marco de una investigación penal se identifiquen una serie de personas que son susceptibles de ser víctimas de la trata de seres humanos, ya sea por las redadas que se realizan en los clubes donde las redes operan o por el cruce de datos entre las distintas autoridades competentes y Europol. Así, cuando las autoridades competentes de los Estados miembro introducen una descripción de una persona, dicha descripción se realiza a efectos de poner a esta persona bajo protección, pues el art. 32 citado con anterioridad prevé, para la mayoría de casos, que la descripción busca poner bajo protección a la persona. No obstante, también es posible que se requiere identificar su paradero a efectos de su participación en un juicio, tal y como se verá a continuación. Por consiguiente, y de acuerdo con el art. 33 del Reglamento 2018/1862, cuando en un control policial rutinario o en un control en una aduana se localiza a dicha persona, se avisa al Estado miembro informador y se procede al traslado a un lugar seguro, siempre y cuando lo permita la legislación nacional.

Respecto a aquellas personas que se buscan a efectos de un procedimiento judicial, el art. 34 del Reglamento 2018/1862 establece que la información que se introduce en el SIS II renovado puede referirse a los testigos, a las personas imputadas, a las personas respecto de las cuales deben de notificarles una sentencia de carácter penal o a las personas condenadas para que cumplan condena. En cuanto a la ejecución de la acción requerida en la descripción, de acuerdo con el art. 35 de dicho Reglamento, el funcionamiento es igual que para las descripciones relativas a las personas desaparecidas: el Estado miembro informador introduce al SIS II renovado la acción necesaria y las autoridades competentes del Estado miembro donde se localice actúan en consecuencia.

Gracias al SIS II renovado es posible que en el interior del Espacio Schengen pueda localizarse e identificar a las víctimas de la trata a partir de las descripciones que las autoridades competentes de los Estados miembro introducen. De este modo, en controles policiales rutinarios, en los aeropuertos, en los puertos o en las estaciones de tren se puede consultar este sistema y buscar alguna descripción sobre el paradero desconocido o sobre la necesidad de presentar a la presunta víctima ante la justicia como testigo.

Sin embargo, hay un problema evidente. Para que se identifique a las víctimas de la trata a partir de las descripciones del SIS II renovado es necesario que previamente un Estado miembro haya introducido descripciones sobre personas presuntamente explotadas por una red de trata de seres humanos. Fuera de estos casos, dónde se puede elaborar una descripción más o menos fiel o bien se dispone de nombre y apellidos de las víctimas, es imposible que el SIS II sirva para facilitar la identificación de las víctimas de la trata. Además, es necesario apuntar que muchas veces la documentación es falsa o está a disposición de la red de tratantes. Por consiguiente, al igual que los demás instrumentos analizados hasta el momento, la función de protección (identificación) de las víctimas de trata no es exclusiva, sino todo lo contrario: son instrumentos igualmente aplicables tanto para la prevención del fenómeno como la persecución de las redes.

3.2.6. El Sistema Común de Asilo de la Unión Europea y el papel de EUAA en la detección e identificación de las víctimas de trata en las solicitudes de protección internacional de los nacionales de terceros países de la UE

Para finalizar el presente capítulo, es necesario hacer una mención especial al Sistema Común de Asilo de la Unión Europea (SECA) no solamente como medida de protección para las víctimas de la trata de seres humanos, sino también como instrumento para su detección y ulterior identificación.

Aquí, el punto de partida es que el fenómeno de la trata de seres humanos y el régimen de protección internacional, *a priori,* no guardan relación alguna. Ahora bien, si a la ya traumática experiencia de la trata se le añade el hecho de no ser nacional de ningún Estado miembro de la UE, las consecuencias pueden ser especialmente graves para las víctimas. Así, sobre las víctimas nacionales de terceros países respecto la Unión, puede pesar una orden de expulsión después de haberse superado el período de reflexión y recuperación, así como el permiso temporal de residencia en caso de cooperación con las autoridades. Regresar al Estado de origen incrementa las posibilidades de recaer en manos de las redes de trata y, además, es posible que la víctima se enfrente a graves perjuicios como el ostracismo de su comunidad o a la estigmatización. Por lo tanto, analizar el encaje entre ambas instituciones permite examinar si este sistema puede favorecer la protección de las víctimas de la trata.

Debe partirse del art. 11 apdo. 6 de la Directiva 2011/36/UE, que establecía que entre la información que debía facilitarse a las víctimas de trata se encuentra la relativa a las posibilidades de acceder a la protección internacional. Con el acuerdo interinstitucional relativo a la modificación de dicha Directiva, se inserta un nuevo artículo que hace referencia explícita a las víctimas de trata que necesitan protección internacional. Así, por primera vez, se habla de la complementariedad entre ambos regímenes y de la necesidad de coordinación entre las autoridades competentes en cuanto a la trata y las relativas a la protección internacional. Además, los Estados deben asegurarse de que las víctimas podrán ejercer su derecho a solicitar dicha protección incluso cuando estas sean presuntas[222].

Al cierre de la presente obra, los dos instrumentos que han vertebrado el marco jurídico de la Unión Europea relativo al asilo han quedado derogados gracias a la adopción del nuevo paquete de medidas legislativas que desarrolla el Nuevo Pacto sobre Migración y Asilo de 2020. En este sentido, hasta el momento existían dos Directivas europeas que podrían facilitar el reconocimiento de cierta protección a los demandantes de asilo que también son víctimas de la trata de seres humanos[223]. En este sentido, se hace referencia a la Directiva 2013/33/UE, relativa a las normas para la acogida de solicitantes de protección internacional[224], que queda derogada en virtud del art.

---

222 P9_TA(2024)0310, *op. cit.*, p. 32.

223 SWD(2016) 159 final, *op. cit.*, p. 53.

224 *Directiva 2013/33/UE del Parlamento Europeo y del Consejo de 26 de junio de 2013 por la que se aprueban normas para la acogida de los solicitantes de protección internacional (texto refundido).* DOUE L 180 de 29 de junio de 2013.

36 de la Directiva 2024/1346[225], y a la Directiva 2013/32/UE, relativa a los procedimientos comunes para la concesión o la retirada de la protección internacional[226], que queda derogada por el Reglamento 2024/1348[227]. Habida cuenta de que la aplicación de las nuevas normas está prevista para junio de 2026, de modo que se tienen en cuenta ambos regímenes jurídicos.

Teniendo en cuenta que el presente trabajo se refiere a las víctimas de la trata de seres humanos, en este apartado no se analiza qué implica conceder la protección internacional a un nacional de un tercer país[228] ni tampoco si las víctimas de este

---

[225] *Directiva (UE) 2024/1346 del Parlamento Europeo y del Consejo, de 14 de mayo de 2024, por la que se establecen normas para la acogida de los solicitantes de protección internacional (texto refundido).* DOUE L 2024/1346 de 22 de mayo de 2024.

[226] *Directiva 2013/32/UE del Parlamento Europeo y del Consejo de 26 de junio de 2013 sobre procedimientos comunes para la concesión o la retirada de la protección internacional (refundición).* DOUE L 180 de 29 de junio de 2013.

[227] *Reglamento (UE) 2024/1348 del Parlamento Europeo y del Consejo, de 14 de mayo de 2024, por el por el que se establece un procedimiento común en materia de protección internacional en la Unión y se deroga la Directiva 2013/32/UE.* DOUE L 2024/1348 de 22 de mayo de 2024.

[228] En este sentido, sobre el contenido, la extensión y el Sistema Europeo Común de Asilo, así como de las controversias que genera este sistema, *vid.* MORGADES GIL, S., *De refugiados a rechazados. El Sistema de Dublín y el derecho a buscar asilo en la Unión Europea*, Tirant lo Blanch, Valencia, 2021, MORGADES GIL, S., «La cooperación de los Estados miembro en la segunda fase de la política europea común de asilo: el papel de la Oficina de Apoyo al Asilo», en DONAIRE VILLA, F. J., OLESTI RAYO, A., *Técnicas y ámbitos de coordinación en el espacio de libertad, seguridad y justicia*, Marcial Pons, Barcelona, 2015, pp. 197-227, PEERS, S., «EU Immigration and Asylum Law», en PATTERSON, D., SÖDERSTEN, A., *A companion to European Union Law and International Law*, Ed. John Wiley and Sons, Ltd, Chichester, 2016, pp. 591-533. Desde una perspectiva crítica con el desarrollo actual del SECA, *vid.* DEN HEIJER, M., RIJPMA, J., SPIJKERBOER, T., «Coercion, prohibition and great expectations (…)», *op. cit.*; GUILD, E., COSTELLO, C., GARLICK, M., MORENO-LAX, V., «Enhancing the Common European Asylum System and alternatives to Dublin», *CEPS Paper in Liberty and Security in Europe*, Research paper 83, 2015.

fenómeno pueden acceder a la protección internacional vía el refugio o la protección subsidiaria en el marco de la Unión Europea[229], pues la realidad es que muchas de ellas acceden a este tipo de protección[230].Asimismo, la propia normativa relativa a la protección internacional también prevé que las víctimas de trata que son beneficiarias de dicha protección vean reconocida su situación de necesidades especiales[231], de modo que la

---

Disponible en: https://bit.ly/4a3eDKF, KAUNERT, C., *European internal security. Towards supranational governance in the Area of Freedom, Security and Justice,* Manchester University Press, Manchester, 2010. Un punto de vista interesante es el que plantea LANGFORD en: LANGFORD, L., «The other euro crisis: rights violations under the Common European Asylum System and the unravelling of EU solidarity», *Harvard Human Rights Journal,* 26, 2013, pp. 217-264. La autora apunta que, en la actualidad, hay una serie de disposiciones que ponen en grave peligro el respeto de los derechos de las personas refugiadas. En este sentido, el sistema de Dublín es uno de los principales obstáculos para el correcto desarrollo del SECA, sobre todo si se tiene en cuenta la multiplicidad de criterios a la hora de adjudicar qué Estado debe asumir la solicitud de asilo.

229 Sobre esta cuestión, *vid.* NOVAK-IRONS, F., «Unable to return? The protection of victims of trafficking in need of international protection», en PIOTROWICZ, R., RIJKEN, C., UHL, B. H. (eds,), *Routledge Handbook of Human Trafficking,* Routledge, Abindgdon, 2018, pp. 198-212, SALINAS DE FRÍAS, A., «La insuficiente protección jurídica (...)» *op. cit.* o MORENO URPI, A., «¿Las víctimas de trata pueden tener acceso a la protección internacional? Análisis de las posibilidades de refugio o de protección subsidiaria en la Unión Europea», *Revista de Derecho Comunitario Europeo,* 74, 2023, pp. 191-226.

230 La EUAA publicó, en el año 2022, un informe en el que se listaban las iniciativas de los Estados miembro de la UE en lo que respecta la protección internacional que se ofrece a las víctimas de la trata. *Vid.* EUAA, *Asylum Report 2022. Annual Report on the Situation of Asylum in the European Union.* Bulletin EUAA, Luxemburgo, 2022. Doi: 10.2847/500804. Disponible en: https://bit.ly/3vwlPjp.

231 En este sentido, *vid.* art. 20 *Reglamento (UE) 2024/1347 del Parlamento Europeo y del Consejo, de 14 de mayo de 2024, sobre normas relativas a los requisitos para el reconocimiento de nacionales de terceros países o apátridas como beneficiarios de protección internacional, a un estatuto uniforme para los refugiados o para las personas que*

relación entre ambas instituciones está reconocida *de facto* y *de iure*.

Sin embargo, sí que interesa aquí el hecho de que las víctimas de la trata de seres humanos que sean nacionales de terceros países y que, además, sean solicitantes de asilo, serán tratadas con especial atención y urgencia, dada su situación de vulnerabilidad. En este sentido, el actual art. 24 de la Directiva 2024/1346, que se relaciona con el antiguo art. 21 de la Directiva 2013/33/UE, forma parte del Capítulo IV e incorpora una serie de medidas destinadas a los solicitantes con necesidades de acogida particulares, entre las que se encuentran las víctimas de la trata[232]. Estas medidas especiales, según el art. 25 de la Directiva 2024/1346, se aplicarán después de una evaluación individual de cada caso, que durará como máximo treinta días. En este proceso de evaluación de las necesidades de los solicitantes de asilo pueden aparecer los indicios que permitan a las autoridades detectar e identificar a las víctimas de la trata. Por eso el apdo. 2 del citado artículo ha establecido la necesidad de una formación constante de los agentes encargados. También se prevé que, previo consentimiento informado, se derive a los demandantes de asilo que son víctimas de trata a un médico o psicólogo para que evalúe más a fondo su estado de salud.

Otra posibilidad de detectar a las víctimas de la trata en el marco de las solicitudes de asilo son las entrevistas personales

---

pueden acogerse a protección subsidiarias y al contenido de la protección concedida, y por el que se modifica la Directiva 2003/109/CE del Consejo y se deroga la Directiva 2011/95/UE del Parlamento Europeo y del Consejo. DOUE L 2024/1347 de 22 de mayo de 2024.

232 También el art. 21 de la Directiva 2013/33/UE se ubicaba en el Capítulo IV, que contenía las disposiciones para las personas vulnerables. Concretamente, se establecía que las legislaciones nacionales debían incorporar una especial atención a la situación específica de las personas vulnerables, entre las que se encuentran las víctimas de la trata de seres humanos.

que, en virtud del art. 22 del Reglamento 2024/1351[233], relativo a la gestión del asilo y la migración, deben realizarse para determinar el Estado miembro responsable de resolverlas. En la misma línea que el art. 24 de la Directiva 2024/1346 y del art. 21 de la Directiva 2013/33, con el afán de identificar aquellas personas que requieren atención especial, ya no tanto en las condiciones de acogida, sino durante el procedimiento de examen de la solicitud de protección internacional, el agente encargado puede observar los indicios que puede presentar una víctima de la trata y derivarlo a las autoridades competentes.

Tal y como se ha señalado previamente, el proceso de identificación es muy complejo. Esto se confirma con la información a disposición de la Comisión, pues hay nacionales de terceros países que llegan a las fronteras exteriores de la Unión sin ninguna posibilidad de ser identificadas, de modo que las autoridades competentes no les brindan la protección debida[234]. Por consiguiente, la EUAA desarrolló un instrumento para poder identificar a las personas con necesidades especiales y analizar su solicitud de protección internacional teniendo en cuenta la situación de vulnerabilidad, tal y como establece la Directiva 2013/33/UE. El instrumento para la identificación de personas con necesidades especiales (IPSN, en sus siglas en inglés), desarrollado por la antigua Oficina Europea de Apoyo al Asilo (EASO), la actual EUAA, consiste en un aplicativo online donde el agente que se encuentre en el paso fronterizo puede volcar una serie de información observable de la víctima. Dicho en otras palabras: el agente que tenga que resolver el expediente de solicitud de asilo puede identificar ciertos indicadores ob-

---

233 *Reglamento (UE) 2024/1351 del Parlamento Europeo y del Consejo, de 14 de mayo de 2024, sobre la gestión del asilo y la migración, por el que se modifican los Reglamentos (UE) 2021/1147 y (UE) 2021/1060 y se deroga el Reglamento (UE) 604/2013.* DOUE L 2024/1351 de 22 de mayo de 2024.

234 SWD(2016) 159 final, *op. cit.*, p. 53.

servables en las distintas pruebas[235], por ejemplo, información incluida en la solicitud, pruebas médicas, declaraciones realizadas durante la entrevista personal o indicios observables a simple vista, tales como moratones en el cuerpo o un embarazo. En función de los indicadores que el agente en cuestión seleccione del aplicativo, este dará como resultado una de las categorías de personas con necesidades especiales de protección, además de aportarle una serie de pasos a seguir para otorgarle la protección debida[236]. Puede observarse, pues, que en el proceso de solicitud de protección internacional también las autoridades competentes pueden detectar e identificar a las víctimas de trata que se esconden entre los demandantes de este tipo de protección en los Estados miembro de la UE.

Es una herramienta que tiene como objetivo específico identificar a las personas con necesidades especiales en relación con el procedimiento de solicitud de asilo, de entre las cuales, tal y como se ha podido observar anteriormente, se encuentran las víctimas de la trata. De este modo, es el primer instrumento que está destinado a facilitar la identificación de las víctimas de la trata de seres humanos. Hasta el momento, a excepción de las guías y del NRM, todos los instrumentos comentados en el presente capítulo tenían otras finalidades, aunque facilitaban en cierto modo la identificación de las víctimas de la trata[237]. En cambio, con el IPSN, los agentes encargados

---

235 Los indicadores son la edad, el sexo, la identidad de género o la orientación sexual, la situación familiar (sobre todo si vienen acompañados de menores de edad), indicadores físicos, tales como lesiones, heridas o signos de violencia; indicadores psicosociales o indicadores en relación con el entorno.

236 El IPSN es un aplicativo online disponible en: https://ipsn.euaa.europa.eu/.

237 Recuérdese que, en todos los casos, la apreciación de los indicadores para la identificación de las víctimas de la trata recaía en el agente competente. En el caso del IPSN, es el propio aplicativo el que te indica si la persona solicitante de asilo es o no es una presunta víctima de la trata.

de los expedientes de asilo pueden ya identificar a las víctimas de la trata y derivarlos al NRM del Estado miembro en cuestión para que le ofrezca las medidas de protección pertinentes en cada caso.

A modo de cierre del presente apartado, conviene detenerse en una cuestión relevante desde la perspectiva de las medidas de protección previstas para las víctimas de la trata que son demandantes de protección internacional. Así, la lógica del sistema hace que este perfil de víctimas pueda ver expandido su régimen de protección ya que pueden gozar tanto de las medidas ordinarias previstas para las víctimas de la trata como de las previstas para las personas bajo la protección internacional. Si bien no todas las víctimas de la trata pueden acceder a este tipo de protección, pues deben cumplirse con unos determinados requisitos, en aquellas situaciones en las que se cumplan sí que es posible defender que ambos regímenes de protección pueden discurrir en paralelo, pues protegen situaciones distintas[238]. dos de origen.

Sin embargo, esta doble protección puede resultar inefectiva por dos razones. En primer lugar, es necesario aumentar la coordinación entre el sistema de protección de las víctimas de la trata y la protección internacional, ya que en algunos casos las redes de la trata utilizan fraudulentamente las solicitudes de asilo para conseguir que sus víctimas accedan al territorio de los Estados miembro. Si la comunicación entre ambos sistemas de protección es efectiva, se evitará que una víctima de la trata, la cual no ha sido identificada como tal, una vez consiga que se inicien los trámites para la resolución del expediente de solicitud de protección internacional, pueda huir y vuelva a caer en la red de explotación de la trata[239].

---

238 SWD(2016) 159 final, *op. cit.*, p. 54.

239 *Ibid.* En este sentido, sobre el *modus operandi* de las redes de trata una vez sus víctimas han accedido al territorio nacional de un Estado miembro, *vid.*

En segundo lugar, el uso fraudulento por parte de las redes de trata de la protección internacional para conseguir una residencia o alojamiento para las víctimas de la trata comporta que, si no se identifica a las víctimas, el sistema de protección sea totalmente inefectivo[240]. En este sentido, la protección internacional se usa como mecanismo para regularizar el estatus de la víctima de la trata dentro del Estado miembro donde está siendo explotada[241]. Así, si se concede la protección internacional pero no se detecta a la víctima, esta protección desaparece *de facto*, porque el solicitante de asilo, una vez superados los trámites, queda a merced de las redes de trata.

Habida cuenta de todo lo examinado en el presente capítulo, hay una serie de reflexiones que merecen ser desarrolladas. En primer lugar, cabe apuntar que no es posible contrastar la información contenida en los documentos oficiales de la Unión con estimaciones, igualmente oficiales, de las cifras reales de la trata. En el cómputo oficial solamente se tienen en cuenta aquellas víctimas que entran en contacto con las autoridades de los Estados miembro. Esta es la razón por la que debe buscarse la manera de obtener estimaciones sobre el número real de víctimas, que incluya tanto las que denuncian como las que no, para poder, de esta manera, fiscalizar correctamente la actividad de los Estados miembro en este sentido.

En segundo lugar, atendiendo al contenido de los instrumentos europeos orientados hacia la protección de las víctimas, es necesario recordar que ninguno de ellos se creó *ad hoc* para abordar el fenómeno de la trata de seres humanos. Aun así, es posible que algunos de ellos sean útiles para afrontar la labor de identificar a las víctimas de la trata. De hecho, los datos confirman que, entre el período 2015-2016, el total de

---

Europol, *Situation report: Trafficking (…), op. cit.*, p. 29.

240 SWD(2016) 159 final, *op. cit.*, p. 54.

241 SWD(2018) 473 final, *op. cit.*, pp. 22-23.

víctimas registradas en el período 2015-2016, ascendió a 20.532 en toda la Unión[242]. Esta tendencia se mantuvo para el período 2017-2018, en la que 26.268 víctimas fueron registradas en la UE[243], aunque para el período 2019-2020, en plena irrupción de la pandemia, la cifra de víctimas registradas descendió hasta las 14.311[244]. No obstante, no es posible asumir que la identificación de las víctimas de la trata se debe a estos instrumentos, pues como bien acepta la Comisión, el número real de víctimas es aún desconocido[245]. Así pues, aunque parece que todos los instrumentos pueden servir para la identificación de las víctimas, sin que esta sea su función exclusiva, se hace necesario analizarlos desde la óptica de su efectividad.

Así, cuando se examina la protección de las víctimas de trata desde la aplicación de las medidas de protección efectivas por parte de los Estados miembro, no se supera el examen de efectividad. En este sentido, es preciso señalar negativamente que no se han publicado estadísticas tan exhaustivas como las de 2015-2016, ya que toda la información que a continuación se prescribe no cuenta con los datos para los períodos 2017-2018 y 2019-2020. A pesar de la existencia de datos que no se han incluido en el análisis, las estadísticas ya muestran tendencias negativas, lo que hace intuir que dichas tendencias, y también la realidad, podrían ser peores. Centrándose en los datos que sí que se han publicado, del total de víctimas registradas en el período 2015-2016, solamente 4.497 recibieron asistencia por

---

242 COMISIÓN EUROPEA, *Data collection on trafficking in human beings (…), op. cit.*, p. 34.

243 COMISIÓN EUROPEA, *Data collection on trafficking in human beings (2) (…), op. cit.*, p. 10.

244 SWD(2022) 429 final, *op. cit.*, p. 1.

245 *Ibid.*

parte de los Estados miembro[246]. Si se observan las víctimas que colaboraron con las autoridades policiales en las investigaciones, la cifra aún se reduce más: 3.623 víctimas registradas[247]. Hay que tener en cuenta, además, que solamente 938 personas gozaron de los permisos de residencia temporales por colaborar con las autoridades de los Estados miembro en virtud de la Directiva 2004/81/CE[248]. Pero la cifra de víctimas que participó en los juicios ya es totalmente irrisoria: 93 víctimas registradas[249].

En tercer lugar, y habida cuenta de las bajísimas cifras, es obvio que la protección de las víctimas es totalmente mejorable. Los Estados miembro deben desarrollar un esfuerzo mayor a la hora de asistir y proteger a las víctimas. De hecho, no se supera el examen de efectividad, en tanto que la protección debida no se acaba materializando en el total de las víctimas. Además, hay que cuestionarse porqué más de la mitad de las víctimas registradas de la trata acaba sin la protección a la que tienen derecho.

Si se entiende la protección desde la óptica de la estrategia de la Unión para erradicar la trata, el proceso de detección e identificación del conjunto de víctimas tampoco supera el examen de efectividad. La protección efectiva de las víctimas debe ir acompañada de una mejora de los instrumentos de identificación. Sin duda alguna, la vertebración de un instrumento creado especialmente para la identificación de las víctimas de la trata facilitaría la labor de los Estados miembro a la hora

---

246 COMISIÓN EUROPEA, *Data collection on trafficking in human beings (…), op. cit.*, p. 41.

247 *Ibid.*, p. 52.

248 *Ibid.*, p. 48.

249 *Ibid.*, p. 53. Es preciso señalar que, en relación con este extremo, solamente cinco Estados miembro comunicaron a la Comisión cuántas víctimas participaron en dichos procedimientos judiciales.

de proteger a las víctimas. No obstante, se ha optado por la interoperabilidad de las distintas bases de datos, que debería agilizar y mejorar esta identificación. En este sentido, dada la capacidad de adaptación de las redes y de la complejidad del propio proceso de identificación, seguir reforzando la interconexión entre distintas bases de datos proporcionaría una mayor respuesta, sobre todo a nivel operativo, para identificar a las víctimas de la trata. No obstante, dada la sensibilidad de los datos que manejan estas bases de datos, dotarlas de sistemas de control y transparencia efectivos también es una necesidad inexcusable.

Aparte de los avances tecnológicos y de la automatización de los procesos, sería conveniente que no se renunciar a las entrevistas personales, pues son el marco más apropiado para poder detectar e identificar a las víctimas. Partiendo de la base de que es habitual que las víctimas no sean conscientes de su situación, también es habitual que muestren indicios de violencia física o psicológica. Por lo tanto, los agentes encargados de cualquier contacto con la víctima, independientemente del objetivo, debe ser capaz de detectar dichos indicios e interpretarlos debidamente para garantizarle a la víctima la protección debida.

Respecto a las víctimas nacionales de los Estados miembro, sería interesante desarrollar el SIS II renovado como instrumento de identificación y como plataforma para el intercambio de información entre las autoridades competentes de los Estados miembro. Con todo, el amplio desarrollo de instrumentos de identificación respecto a las víctimas no nacionales de la UE, que se verá modificado profundamente a raíz del Nuevo Pacto sobre Migración y Asilo de 2024, contrasta con la falta de adecuación de dichos instrumentos respecto a las víctimas nacionales de los Estados miembro de la Unión. Sin embargo, si solamente se analizan los instrumentos de detección e identificación de las víctimas que afectan a las víctimas no nacionales de la UE, se podría llegar a considerar su efectividad en tanto que su aplicación concuerda con el propósito de los instrumentos: detectar a las víctimas de la trata. Aun así, es preciso analizar los instrumentos en relación con el conjunto de víctimas, de modo que no es posible afirmar que estos instrumentos son efectivos.

CAPÍTULO 4:
LOS INSTRUMENTOS DE PREVENCIÓN DE LA UNIÓN EUROPEA EN LA LUCHA CONTRA LA TRATA DE SERES HUMANOS

4.1. LAS PRIORIDADES POLÍTICAS Y EL CONCEPTO DE PREVENCIÓN DE LA TRATA A LA LUZ DE LA ESTRATEGIA DE LA UNIÓN PARA ERRADICAR LA TRATA DE SERES HUMANOS

Después de haber analizado la protección, el presente capítulo se centra en el segundo elemento del paradigma de las 3P: la prevención de la trata de seres humanos y los instrumentos a disposición de la Unión Europea que buscan evitar la trata. Aunque el paradigma sitúe a la prevención en segundo lugar, la lógica de la lucha contra un fenómeno criminal indica que este debería ser el primer elemento, pues lo primero que debe hacerse es evitar que se pueda cometer un delito y, en caso de que esto no sea posible, proteger a las víctimas para luego poder perseguir debidamente.

Siguiendo con la sistematización enunciada al inicio del capítulo anterior, la primera parte del actual se destina al estudio de las prioridades políticas adoptadas por parte de la Unión y su evolución a la luz de la Estrategia UE 2012-2016, y los documentos que la siguieron, juntamente con la nueva Estrategia UE contra la trata 2021-2025. A continuación, a partir de dichas prioridades, se formulará una definición de lo que se entiende por prevención y, finalmente, se analizarán los instrumentos operativos a disposición de las instituciones de la Unión y de los Estados miembro para dificultar la actividad de las redes de la trata y evitar que se explote a las víctimas.

4.1.1. La estrategia de la Unión Europea para luchar contra la trata de seres humanos y las prioridades políticas relativas a su prevención

La prevención de la trata de seres humanos constituye una de las piezas clave de la estrategia de la Unión Europea para erradicar este fenómeno. De hecho, parece conveniente señalar aquí que, tal y como se ha apuntado con anterioridad, la sistemática de esta obra sigue el orden del paradigma de las 3P establecido tanto en el Protocolo sobre trata de seres humanos y en la Estrategia UE 2012-2016. Sin embargo, el orden lógico que debería seguir la lucha contra la trata de seres humanos debería pasar, en primer lugar, por la prevención del fenómeno, luego la protección de la víctima y, en último lugar, la persecución. En este mismo orden de ideas, tanto la protección de las víctimas como la persecución de los tratantes, extremos igualmente esenciales en la lucha contra este fenómeno, entran en juego una vez el delito ya se ha cometido[1] y las víctimas ya han visto vulnerados sus derechos. Por lo tanto, he aquí la importancia central de la prevención, pues la erradicación efectiva del fenómeno solamente se conseguirá si las medidas

---

1 Es preciso recordar que, de acuerdo con la Directiva 2011/36/UE, que la consumación de la explotación no es *conditio sine qua non* para considerar que una persona es víctima de la trata porque, en primer lugar, se prevé la tentativa a la hora de establecer las penas y, en segundo lugar, el tipo solamente requiere el fin de explotar a la víctima, en ningún momento se exige la explotación consumada, pues la simple captación o el traslado también se consideran elementos del tipo. En este sentido, *vid.* arts. 2 y 3 Directiva 2011/36/UE.

de prevención permiten a los Estados miembro anticiparse a las redes de trata y evitar que materialicen su actividad delictiva, de modo que no sea necesaria en la misma medida la aplicación de las medidas de persecución y protección[2].

La primera prioridad fijada por la Estrategia UE 2012-2016 de acuerdo con la prevención fue la de comprender y reducir la demanda de los servicios que ofrecen las redes de trata[3]. Tal y como constató Europol, la trata de seres humanos existe porque hay una demanda de los servicios asociados a la trata, mayoritariamente la explotación sexual y laboral[4]. En este mismo sentido, la Comisión apostó por una posición abolicionista de la prostitución al considerar que, en el caso de no existir la prostitución, la trata de seres humanos con fines de explotación sexual tampoco existiría, ya que la demanda de dicho servicio concreto sería inexistente[5]. Así, la primera acción consistía en el intercambio de buenas prácticas con el objetivo de reducir la demanda de todas las formas de explotación sexual partiendo del trabajo realizado en campañas de sensibilización dirigidas a los consumidores y usuarios del servicio, la responsabilidad social de las empresas y, entre otros, las iniciativas en-

---

2 SWD(2016) 159 final, *op. cit.*, p. 55.

3 COM(2012) 286 final, *op. cit.*, p. 9.

4 EUROPOL, *Situation report: Trafficking (…)*, *op. cit.*, p. 11. En este sentido, Europol consideró que la demanda de trabajadores baratos era uno de los factores que provocaba que las redes de trata optasen por explotar a sus víctimas en los Estados miembro donde existía dicha demanda.

5 SWD (2016) 159 final, *op. cit.*, p. 55. Ya en el capítulo primero se mencionó el debate entre el abolicionismo y la regulación de la prostitución el cual, a día de hoy, parece lejos de solucionarse si teneos en cuenta la variedad de opiniones en relación a esta cuestión. En este sentido, *vid. inter alia*, KLIVINGTON, J., DAY, S., WARD, H., «Prostitution policy in Europe (...)», *op. cit.*, pp. 78-93; MIRIAM, K., «Stopping the traffic in women (...)», *op. cit.*, pp. 1-17; ACIÉN GONZÁLEZ, E., CHECA OLMOS, F., «La actualidad del abordaje de la trata de personas (...)», *op. cit.*, párr. 8.

caminadas a eliminar la trata de seres humanos en las cadenas de suministro de las empresas[6].

Consecuentemente, el hecho de reducir la demanda vino potenciado también por la Directiva 2011/36/UE, donde se daba la opción a los Estados miembro de tipificar como delito el uso de los servicios de las víctimas de la trata, siempre y cuando los usuarios tuvieran conocimiento de que dichos servicios eran empleados por víctimas de la trata. Sin embargo, en el informe de 2016, la Comisión constató que era el aspecto de la prevención que menos relevancia había conseguido entre los Estados miembro, haciendo que solamente la mitad de dichos Estados hubieren tipificado como delito el consumo de dichos servicios[7].

A raíz de esta opción que brindaba la Directiva 2011/36/UE, entre los distintos ordenamientos jurídicos de los Estados se ha generado un mapa legal muy diverso[8]. Consecuentemente, con el afán de harmonizar la legislación de los Estados miembro en este sentido y con la voluntad de reducir la demanda, la nueva Estrategia UE contra la trata 2021-2025 contra la trata de seres humanos estableció la posibilidad de que la Comisión estudiara la viabilidad de tipificar como delito el uso consciente de los bienes y servicios derivados de la trata[9].

A resultas, pues, de esta prioridad, y con la firme voluntad de reducir las diferencias entre las legislaciones de los Estados miembro, la propuesta de modificación de la Directiva 2011/36/UE previó añadir el art. 18 *bis*, que ya establece como obligatoria la tipificación de la demanda consciente de bienes y servicios derivados de la trata, aunque con algunas precisiones a la luz del acuerdo interinstitucional relativo a la reforma de

---

6 COM(2012) 286 final, *op. cit.*, p. 9.

7 SWD(2016) 159 final, *op. cit.*, p. 59.

8 COM(2021) 171 final, *op. cit.*, p. 6.

9 *Ibid.*

dicha Directiva, los cuales ya han sido apuntados con anterioridad. Más adelante se analizará esta cuestión con más detalle.

La segunda acción prevista en la Estrategia UE 2012-2016 era la creación de una plataforma en el sector empresarial con el objetivo de establecer un espacio de cooperación entre las instituciones de la Unión y las empresas que operan en la Unión para desarrollar cadenas de suministro que no impliquen, bajo ningún concepto, a víctimas de la explotación laboral[10]. El objetivo, pues, era asegurar que las empresas que venden sus productos en el mercado de la Unión no cuenten, a lo largo de la cadena que elabora el producto que ponen al mercado, con ninguna persona susceptible de ser considerada una víctima de la trata con fines de explotación laboral.

En este mismo orden de ideas, la nueva Estrategia UE contra la trata 2021-2025 ha previsto, respecto de los empresarios, revisar la Directiva que sanciona a los empleadores por contratar a nacionales de terceros Estados en situación irregular, citada con anterioridad, pues según la Comisión, encontrar trabajo en la Unión Europea sin cumplir con los requerimientos legales es uno de los motivos que conducen al tráfico ilícito de migrantes y a la trata de seres humanos[11]. Asimismo, la Comisión apuntó que existen ciertos ámbitos empresariales como la agricultura, la pesca, la construcción y todos aquellos que contratan a trabajadores vulnerables que son especialmente atractivos para la trata de seres humanos.

Aparte de incluir objetivos anti-trata en las metas empresariales, la nueva estrategia también apuntó la necesidad de adoptar un nuevo instrumento normativo relativo a la gobernanza corporativa sostenible y a la diligencia debida de los empresarios[12]. Además, en el marco de la política comercial de la

---

10 COM(2012) 286 final, *op. cit.*, p. 9. En este sentido, *vid.* ARCIA, M., «Cadena de suministro, qué es y cómo funciona», *Enterpreneur*, 2018.

11 COM(2021) 171 final, *op. cit.*, p. 7.

12 *Ibid.*

UE, la nueva Estrategia UE contra la trata 2021-2025 puso el foco de atención en evitar que el trabajo forzoso estuviera presente en las cadenas de valores de las empresas que operaban en el mercado europeo[13]. Todo esto ha supuesto la negociación de un Reglamento que prohíbe los productos realizados con trabajo forzoso en la Unión Europea[14] y de la Directiva sobre diligencia debida de las empresas en materia de sostenibilidad[15], instrumentos que se analizarán más adelante.

Por último, la tercera acción prevista en la Estrategia UE 2012-2016 en este sentido fue el impulso de actividades de sensibilización y de programas de prevención a escala de la UE[16]. Esta acción partía de la base de que, antes del 2012, se ejecutaron numerosos programas de prevención de la trata a nivel local, nacional, internacional y en terceros países, aunque no se efectuó una evaluación sistemática de dichos programas en

---

13 COM(2021) 171 final, *op. cit.*, p. 8.

14 COMISIÓN EUROPEA, *Propuesta de Reglamento del Parlamento Europeo y del Consejo por el que se prohíben en el mercado de la Unión los productos realizados con trabajo forzoso,* 14 de septiembre de 2022. COM(2022) 453 final (en adelante, propuesta de Reglamento sobre productos con trabajo forzoso). Al cierre de la presente monografía, el texto todavía está en fase de negociación, pues el Parlamento Europeo ya ha fijado su posición en primera lectura a la espera de la posición del Consejo. Para más información, *vid.* PARLAMENTO EUROPEO: «Legislative Observatory. 2022/0269(COD): Prohibiting products made with forced labor on the Union market» [en línea], (s.f.), <https://bit.ly/4dvWGXl>.

15 COMISIÓN EUROPEA, *Propuesta de Directiva del Parlamento Europeo y del Consejo sobre diligencia debida de las empresas en materia de sostenibilidad y por la que se modifica la Directiva (UE) 2019/1937*, 23 de febrero de 2022. COM(2022) 71 fina. Al cierre de la presente monografía, el texto ya ha sido adoptado por el Parlamento Europeo y por el Consejo. Se está a la espera de su publicación en el DOUE. Para más información, *vid.* PARLAMENTO EUROPEO: «Legislative Observatory. 2022/0051(COD): «Corporate Sustainability Due Diligence» [en línea], (s.f.), <https://bit.ly/44BbcJh>.

16 COM(2012) 286 final, *op. cit.*, p. 9.

cuanto al logro de sus objetivos[17]. La traducción en la práctica de dicha actuación consistió en la evaluación de los proyectos financiados por la UE que tenían como objetivo desarrollar campañas de sensibilización entre la sociedad y el análisis de las distintas iniciativas destinadas a la prevención de la trata de seres humanos[18].

En cuanto a las campañas de sensibilización como instrumento de prevención de la trata de seres humanos, los Estados miembro no fueron unánimes a la hora de escoger este tipo de medida para prevenir la trata de seres humanos. Esta es la razón por la cual algunos Estados miembro optaron también por focalizarse en la prevención en los Estados de origen de las víctimas mientras que otros se centraron en la captación online de las víctimas y los anuncios falsos de ofertas de trabajo que sirven para blanquear a una red de explotación[19]. Sin embargo, y siguiendo con lo expuesto en el párrafo anterior, aun en 2016 la Comisión constató las serias dificultades para evaluar el impacto que tenían las medidas de sensibilización y de prevención que los Estados miembro desarrollaban en sus territorios[20].

Las campañas de sensibilización de los Estados miembro con el objetivo de prevenir la trata resultan de especial relevancia. En este sentido, la tolerancia social y la falta de sensibilización de la sociedad hacia determinadas conductas delictivas deriva en un clima demasiado permisivo en cuanto a dichas conductas. En lo que a la trata se refiere, por ejemplo, existe en la Unión Europea una tolerancia generalizada respecto a las condiciones laborales que explotan a los trabajadores, en particular respecto de aquellos trabajos realizados por traba-

---

17 COM(2012) 286 final, *op. cit.*, p. 10.

18 *Ibid.*

19 SWD (2016) 159 final, *op. cit.*, p. 57.

20 *Ibid.*, p. 58.

jadores inmigrantes, de modo que se crea un clima de aceptación de la explotación laboral de personas migradas que lleva, como consecuencia, un aumento de la probabilidad de que este colectivo quede sujeto a la explotación de las redes[21]. De este modo, sensibilizar a la población es vital si se quiere poner fin a la lacra que supone la trata de seres humanos en la UE, para eliminar este clima de tolerancia hacia la explotación, en particular, de las personas migradas y reducir drásticamente la posibilidad de que una red de trata se asiente en cualquier Estado miembro. Dada la relevancia de este tipo de instrumento de prevención, también la nueva Estrategia UE contra la trata 2021-2025 ha incluido, como acción prioritaria, que la Comisión organice, juntamente con los Estados miembro y la sociedad civil organizada, campañas de sensibilización centradas en los sectores especialmente sensibles a la trata y en las personas vulnerables[22].

De las tres prioridades anteriores, en el informe de la Comisión de 2014, la reducción de la demanda se consideró la prioridad nuclear en una aproximación victimocéntrica de la lucha contra la trata de seres humanos[23]. Sin ánimo de ser redundantes, esto se confirma con el posicionamiento de la nueva estrategia de la Unión Europea para erradicar la trata de 2021 y la propuesta de modificación de la Directiva 2011/36/UE, las cuales prevén la tipificación como delito el uso consciente de los bienes y servicios derivados de la trata. Tal y como se ha dicho, la demanda de los bienes y servicios derivados de la trata conlleva la existencia de la explotación que busca satisfacer dicha demanda. Consecuentemente, reducir la demanda de los bienes y servicios de la trata implica reducir las probabilidades de que las víctimas queden sujetas a la explotación de las redes,

21 EUROPOL, *Situation report: Trafficking (…), op. cit.*, p. 12.

22 COM(2022) 171 final, *op. cit.*, p. 8.

23 SWD(2014) 318 final, *op. cit.*, p. 8.

objetivo que concuerda tanto con los derechos de las víctimas como con la prevención del fenómeno.

Sin embargo, es preciso apuntar que, aparte de la demanda de los bienes y servicios de la trata, la situación de especial vulnerabilidad de las víctimas es otro de los factores que puede derivar en explotación de las víctimas. Según la Comisión, esta causa no implica *per se* que las víctimas queden sometidas a la explotación de las redes, de modo que requiere de otras causas, como la satisfacción de la demanda de bienes y servicios[24]. En este sentido, si bien la demanda de los bienes y servicios derivados de las redes puede considerarse una de las principales causas de la trata, no se puede defender que sea ni la única ni la más relevante, de modo que los esfuerzos para prevenir la trata también deben orientarse a reducir las situaciones de vulnerabilidad que rodean a las víctimas de la trata, por ejemplo, invirtiendo en cooperación al desarrollo para mejorar las condiciones de vida en sus Estados de origen.

En consecuencia, desde las instituciones de la Unión debe entenderse el fenómeno de la trata desde su plenitud y plantear estrategias de prevención que no solamente aborden uno de los factores que impulsa la trata. Si bien se podría pensar que los esfuerzos de la Unión en este sentido se refirieron solamente al ataque de la demanda de los bienes y servicios, la realidad de los instrumentos de prevención de la trata nos indica que la prevención de la trata aborda otros factores, aunque tal y como se verá a lo largo del presente capítulo, algunos con mayor éxito que otros.

Una vez finalizado el período que abarcaba la Estrategia UE 2012-2016, las instituciones europeas, conscientes de que el contexto sociopolítico que desembocó en dicha estrategia cambió, así como la fuerte presión migratoria a la que se ve

---

[24] SWD(2014) 318 final, *op. cit.*, p. 8.

sometida la frontera sur de la Unión, la Comisión actualizó en 2017 las prioridades a nivel político con el objetivo de intensificar los esfuerzos de la Unión Europea para prevenir la trata de seres humanos[25].

De entre las tres actuaciones que se previeron, la que más se centró en la prevención de la trata es la que buscaba desarticular el modelo de negocio y romper la cadena de valor de la trata, que obedecía a la voluntad de satisfacer la demanda de bienes y servicios derivados de la trata. Es más, la Comisión constató que los mercados, ya sean legales o ilegales, la demanda de bienes, como por ejemplo los productos elaborados por trabajadores explotados, y los servicios prestados, como los servicios sexuales ofrecidos por las víctimas de explotación sexual, seguirán estando presentes en los Estados miembro hasta que no se supere la diversidad dentro de la Unión Europea en cuanto a la tipificación como delito del consumo de dichos bienes o servicios[26].

Aparte de eliminar la demanda de los servicios derivados de la trata, la Comisión se centró en el seguimiento del dinero, es decir, los beneficios derivados de la explotación, a lo largo de la cadena de la trata. Las investigaciones financieras, que desde la perspectiva de la persecución se han analizado en el capítulo anterior, también obedecen a la lógica de la prevención. Así, la idea base es que hay que convertir a la trata de seres humanos en un delito de alto riesgo y escaso beneficio[27], todo lo contrario de lo que es en la actualidad. Si bien el seguimiento de los activos que se derivan de la trata afecta tanto a la que tiene fines de explotación sexual como laboral, en la Unión Europea se han desarrollado una serie de instrumentos que tienen el objetivo de apropiarse de los activos que se derivan de la activi-

---

25 COM(2017) 728 final, *op. cit.*, p. 3.

26 *Ibid.*, p. 4.

27 *Ibid.*

dad criminal y de la explotación de las víctimas de la trata, en especial la trata con fines de explotación laboral. Estos instrumentos, que serán analizados más adelante, pueden consistir en la recuperación de activos o el embargo o el decomiso de los beneficios[28]. En este mismo orden de ideas, la Comisión impulsó la Estrategia Comercial de la UE[29] que, entre otros aspectos, adoptó una serie de medidas destinadas a garantizar cadenas de suministro y de valor sin trata de seres humanos, en concreto en el sector de la confección[30]. Dicho sector es dónde se destinan, mayoritariamente, las víctimas que son objeto de la explotación laboral.

Además, otra de las acciones prioritarias establecidas por la Comisión consistió en mejorar el acceso de las víctimas a sus derechos y a su ejercicio. En este sentido, tal y como se analizó en el capítulo tercero, la protección de las víctimas a nivel europeo no consistía en la aplicación de las medidas efectivas de protección, sino que hacía referencia al desarrollo de instrumentos y mecanismos orientados hacia la identificación de las víctimas. En este mismo sentido, la Comisión apuntó ya en 2017 como prioritaria la mejora de la identificación de las víctimas de la trata, en especial por parte de los guardias de fronteras, las autoridades policiales, los agentes de inmigración y asilo, los trabajadores de centros de acogida, los empleados de las oficinas consulares y el personal de la UE, y los tutores de los menores no acompañados[31].

---

28 COM(2017) 728 final, *op. cit.*, p. 4

29 COMISIÓN EUROPEA, *Comunicación de la Comisión al Parlamento Europeo, al Consejo, al Comité Económico y Social Europeo y al Comité de las Regiones: «Comercio para todos. Hacia una política de comercio e inversión más responsable»*, 10 de octubre de 2015. COM(2015) 497 final.

30 COM(2017) 728 final, *op. cit.*, p. 4.

31 *Ibid.*, p. 6.

La identificación temprana de las víctimas de trata, es decir, aquella que permite detectar a las víctimas antes de que sean explotadas, tiene una doble función. En primer lugar, brindarle a la víctima la oportunidad de ejercer los derechos que le son reconocidos. En segundo lugar, evitar que las víctimas sean explotadas. De este modo, en el año 2017, la Comisión consideró, muy acertadamente, que la identificación temprana de las víctimas era otras de las actuaciones clave en la prevención del fenómeno de la trata[32].

Por último, la Comisión consideró políticamente estratégico la intensificación de una respuesta coordinada y consolidada, tanto dentro como fuera de la Unión Europea[33]. Por un lado, ya en el capítulo primero se hizo referencia a las funciones del Coordinador Europeo contra la trata de seres humanos garante de la cohesión y la coordinación en la respuesta de la Unión Europea ante el fenómeno de la trata, si bien se apuntó la necesidad de asumir un papel más operativo y no solamente de actor político[34]. Por el otro lado, aparte de la respuesta coordinada en el seno de la Unión Europea, la Comisión, en cooperación con el Servicio Europeo de Acción Exterior (EEAS en sus

---

32 Las acciones clave previstas en el informe de la Comisión de 2017 consistieron en la publicación de orientaciones para los Estados miembro sobre medidas específicas de género para ayudar y apoyar a las víctimas, en el desarrollo de orientaciones prácticas con el objeto de prevenir la trata de menores en la UE, en la revisión del funcionamiento de los mecanismos de derivación nacionales y transnacionales, en la mejora de la cooperación por medio de instrumentos de gestión de las fronteras y de la migración de la UE, entre otras medidas.

33 COM(2017) 728 final, *op. cit.*, p. 7.

34 *Ibid.* La Comisión apuntó que las funciones del EU ATC garantizan una mayor cooperación a escala de la UE, en particular con la «Red de ponentes nacionales y mecanismos equivalentes (NREM) sobre la trata de seres humanos, la Plataforma de la sociedad civil de la UE contra la trata de seres humanos y los puntos de contacto de las agencias de justicia y asuntos de interior de la UE».

siglas en inglés), se encargó de que la trata de seres humanos figurase sistemáticamente en todos los aspectos de las relaciones con los terceros países[35]. En este sentido, debe subrayarse que las indicaciones relativas a la mejora de la identificación de las víctimas hacían referencia a una serie de actores que, por razón de las responsabilidades y de las funciones que tienen asumidas, pueden entrar en contacto con víctimas de la trata. Del total de siete actores, cinco de ellos se refieren a agentes con contacto directo con inmigrantes, aspecto que refuerza el elemento transnacional de la trata de seres humanos[36].

Tal y como se ha comentado con anterioridad, la cooperación como elemento de la lucha contra la trata de seres humanos debe entenderse desde la transversalidad, en tanto que debe afectar tanto la protección como la persecución y la prevención. En este sentido, resulta curioso que el informe de 2017 sobre los pasos a seguir después de la Estrategia UE 2012-2016 solamente hizo referencia a la cooperación en el ámbito de la prevención. Esto permite pensar que, en el ámbito de la prevención, los retos a los en la consecución de este objetivo que se enfrenta la Unión Europea dificultan más el progreso que respecto a la protección de las víctimas y a la persecución de los consiguiente, la prevención es, el elemento del paradigma de las 3P menos desarrollado y con menos índices de efectividad, sobre todo si se tiene en cuenta que si las medidas de

---

35 COM(2017) 728 final, *op. cit.*, p. 7.

36 *Ibid.* p. 7.En este sentido, la Comisión apuntó que la trata de seres humanos «está a menudo vinculada a otros tipos de delitos, en particular los delitos transnacionales». Desde finales de 2017, la Comisión apunto como acciones clave en relación a la cooperación, al examen y a la determinación de los países prioritarios para la actuación contra la trata, juntamente con el EEAS; a la promoción de un compromiso renovado por parte de las agencias de justicia y asuntos de interior de la UE para trabajar conjuntamente contra la trata y al avance hacia la consecución de los objetivos de desarrollo sostenible de la Agenda 2030, entre otras acciones.

prevención funcionaran correctamente, la protección de las víctimas y la persecución de los delincuentes serían cada vez menos necesarias. A lo largo del presente capítulo se abordará la efectividad, así como la adecuación, de los instrumentos de prevención a disposición de la Unión y se constatará la necesidad de mejorar en este aspecto.

Después de la revisión de la estrategia europea de 2017, la nueva Estrategia contra la trata 2021-2025 ha previsto una serie de actuaciones que no siguen el orden del paradigma de las 3P introducido por la Estrategia UE 2012-2016. De hecho, la actual estrategia sigue la lógica determinada, precisamente, en el documento de revisión del año 2017, pues las prioridades políticas en la actualidad de centran, principalmente, en el modelo de negocio de las redes de trata. Esta afirmación, sin embargo, debe matizarse, pues la actual estrategia presentada por la Comisión sí que ha previsto un apartado específicamente para las actuaciones prioritarias en cuanto a la identificación y la protección de las víctimas de la trata.

En cuanto a las acciones de la actual estrategia, aparte de las que se han comentado al inicio del presente apartado, actualmente se considera prioritario el abordaje de los distintos modelos organizativos de las redes de trata en el mundo digital[37], pues las redes de trata, especialmente después de la irrupción de la pandemia, han trasladado su modelo de negocio al mundo digital. Esto ha ampliado notablemente la diversificación de la actividad de las redes de trata y, por desgracia, ha dificultado la labor de persecución[38]. Por estas razones que la Comisión propuso, principalmente, mejorar la recopilación de los datos obtenidos a través de las plataformas digitales, reforzar la cooperación y la coordinación de las autoridades competentes de los Estados miembro en las investigaciones transfronterizas e

---

[37] COM(2022) 171 final, *op. cit.*, p. 11.

[38] *Ibid.*

implicar al sector privado para que coopere con las agencias europeas en este sentido[39].

Estas son, hasta el momento, las principales medidas políticas con el objetivo de prevenir la trata de seres humanos en la Unión Europea. Resulta necesario cuestionarse el porqué de la trata, ya que si se sistematizan los factores que favorecen la existencia de la trata de seres humanos, será mucho más sencillo adoptar instrumentos de prevención efectivos y adecuados, ya que con el conocimiento de las causas se pueden crear estructuras mucho más eficaces a la hora de prevenir dicho fenómeno. Además, el hecho de analizar las causas de la trata nos permitirá establecer un estudio más pormenorizado de los citados instrumentos y, consecuentemente, elaborar una propuesta, en el caso que fuere necesario, en función de las causas que queden en el olvido o sin instrumento o medida que los ataque directamente.

4.1.2. El concepto de prevención a la luz de la estrategia política de la Unión Europea para erradicar la trata de seres humanos

Según el significado etimológico de la palabra prevenir, esta se refiere a aquellas actuaciones que tienen como objetivo evitar o impedir algo[40]. De acuerdo con esta definición, la estrategia de la Unión relativa a la prevención del delito de la trata de seres humanos consiste en una serie de actuaciones y de instrumentos destinados a impedir que las redes actúen dentro del territorio de la Unión y que puedan desarrollar las actividades típicas de la trata de seres humanos.

---

39 COM(2022) 171 final, *op. cit.*, p. 12.

40 REAL ACADEMIA ESPAÑOLA: «Diccionario de la lengua española. Prevenir» [en línea], (s.f.), <https://bit.ly/3yEVwJ0>. Según el diccionario online, prevenir se define como «precaver, evitar, estorbar o impedir algo».

Tal y como se verá a continuación, los esfuerzos de la Unión Europea orientados hacia la prevención de la trata van mucho más allá de las prioridades especificadas tanto en las estrategias europeas contra la trata 2012-2016 y 2021-2025 como en los documentos que las han complementado. Así, las prioridades políticas de la Unión Europea en relación a la trata se refirieron, en primer lugar, a la reducción de la demanda; en segundo lugar, a la promoción de una cadena de suministro libre de trata en todas las empresas que operen en el territorio de la Unión; en tercer lugar, al desmantelamiento del negocio de las redes tanto en lo que se refiere a la digitalización de la trata propiamente dicha como aquellas medidas de seguimiento de los beneficios económicos derivados de la explotación; en cuarto lugar, a la sensibilización social y a los programas de educación; en quinto lugar, al aumento de la efectividad de la identificación temprana de las víctimas; y, en sexto lugar, al refuerzo de la cooperación tanto a nivel interno como a nivel externo.

Además, la prevención de la trata, en su objetivo de impedir que las redes de la trata actúen en el territorio de la UE, también debería abordar todos los factores que impulsan o permiten que las víctimas de la trata sean explotadas. Esta idea, la de atacar las causas que facilitan la explotación de las víctimas, conlleva plantearse si las acciones prioritarias establecidas a nivel político obedecen a esta lógica.

Por un lado, la estrategia de la Comisión a la hora de vertebrar la erradicación de la trata de seres humanos, en este caso en todo lo que se refiere a la prevención del fenómeno, se ve fuertemente superada por los instrumentos potencialmente aplicables en la prevención de la delincuencia en general y de la trata en particular. En este sentido, el amplio elenco de instrumentos de prevención, tal y como se verá a continuación, va más allá de las seis acciones prioritarias, ya que, por ejemplo, también se utiliza el control de las fronteras y la gestión de los flujos migratorios para prevenir la trata de seres humanos. En este mismo orden de ideas, las medidas de prevención previstas en la estrategia actual se centran básicamente en el modelo de negocio de las redes y en dificultar su actuación. Es decir, son medidas reactivas que se aplican una vez la trata ya es una realidad, aunque la dificultan, sin que ello pase por atacar los motivos por los cuales las personas acaban sometidas a las redes.

En este punto, y por otro lado, es necesario subrayar que, precisamente, el hecho de incorporar la gestión de los flujos migratorios como medida de prevención de la trata de seres humanos indica que la estrategia para la prevención de la trata de la Unión, *a priori*, ya nació con carencias a la hora de abordar dicha prevención desde su plenitud. Aunque tanto la Estrategia UE 2012-2016 como el documento de 2017 relativo a los pasos a seguir, así como la nueva Estrategia UE contra la trata 2021-2025 no hacen referencia alguna a los controles fronterizos como medida de prevención, en la práctica, dichos controles efectivamente se usan para esta finalidad, pues si se identifica a la víctima en el cruce de fronteras, se evita que esta persona sea explotada. A pesar de esto, a lo largo de la presente obra se ha cuestionado la relación entre la trata de seres humanos y los movimientos migratorios, pues la trata no es exclusivamente una cuestión migratoria. De hecho, el desplazamiento de personas no es una causa de la trata, sino más bien una consecuencia de la situación de vulnerabilidad que facilita caer en manos de las redes de trata.

Por consiguiente, y desde el punto de vista de las prioridades políticas, analizar y corregir las causas de la trata es el verdadero mecanismo de prevención que evitará que las víctimas sean explotadas. De este modo, aunque las acciones prioritarias en cuanto a la prevención de la trata de seres humanos y los instrumentos utilizados a tal fin obedecen al objetivo de la Unión de impedir que las redes de trata actúen dentro de la Unión o, al menos, dificultar su presencia, se precisa un nuevo instrumento exhaustivo donde se aborde la prevención de la trata de seres humanos a escala de la Unión que haga referencia a todas las causas y factores que favorecen o facilitan que las víctimas sean explotadas por parte de los tratantes. Así, respondiendo a la pregunta que se ha planteado, efectivamente algunas de las acciones prioritarias de la Estrategia UE 2012-2016 y los documentos que la siguieron obedecen a la lógica de atacar las causas que favorecen la explotación de las víctimas, pero no desde su plenitud, aspecto que requiere una nueva estrategia de prevención que haga referencia a todos los factores que facilitan que las víctimas sean explotadas.

A continuación, partiendo de esta reflexión en cuanto a las prioridades políticas, se analizan los instrumentos de prevención de la trata de seres humanos desde los parámetros de efectividad y prevención..

4.2. LOS INSTRUMENTOS DE PREVENCIÓN DE LA TRATA DE SERES HUMANOS Y SU EFECTIVIDAD Y ADECUACIÓN A LA LUZ DE LAS CAUSAS DE LA EXPLOTACIÓN

Para responder a la cuestión relativa a la efectividad y la adecuación de los instrumentos de prevención de la Unión, lo primero que se debe tener en cuenta son las causas y los factores que facilitan o favorecen que las víctimas de la trata sean explotadas por las redes. Así, si los instrumentos de prevención atacan a las causas de la trata, los instrumentos son efectivos y adecuados. Por lo contrario, si los instrumentos de prevención no afectan a ninguna de las causas, de modo que las redes de trata siguen realizando actividades delictivas en la Unión, es posible ponerlos en duda en baso a los criterios de análisis.

Así pues, en primer lugar, es preciso estudiar los factores que, a nivel de la Unión, se han establecido como las causas que pueden derivar en una situación de explotación de las víctimas.

4.2.1. Los factores que favorecen la existencia de la trata de seres humanos

A la hora de sistematizar los factores que favorecen la existencia de la trata de seres humanos, Europol distinguió hasta tres grupos: en primer lugar, los factores que empujan a las víctimas a caer en manos de las redes; en segundo lugar, los factores que atraen a las redes de trata y a la actividad criminal; y, en tercer y último lugar, los factores que facilitan que las redes de trata se asienten y ejerzan la explotación de las víctimas.

El principal factor que impulsa a las personas a quedar sometidas a las redes de trata de personas son las circunstancias económicas y sociales en los países de origen de las víctimas, ya sean Estados miembro de la Unión Europea como terceros países. En este sentido, la situación de vulnerabilidad de la víctima es el principal motivo por el cuál esta se somete a las redes de trata. Las víctimas, aunque cada caso sigue una dinámica muy concreta, en su mayoría se encuentran rodeadas por una serie de circunstancias personales adversas, tales como problemas familiares o el analfabetismo, que, sumadas a la falta de educación, el desempleo o los estándares de vida muy bajos, la discriminación por razón de género o las condiciones laborales precarias, provocan que la víctima potencial busque alguna salida fuera del entorno extremadamente precario en el que vive[41]. También esta situación de vulnerabilidad puede aparecer durante el desplazamiento, de modo que una persona que huye de su Estado de origen para buscar mejores condiciones

---

[41] EUROPOL, *Situation report: Trafficking (…), op. cit.*, p. 10. Europol señala que las víctimas de la trata que provienen de las zonas de guerra o en conflicto presentan dificultades a la hora de ser identificadas entre los migrantes, de modo que se hace necesario poner especial énfasis en la identificación de este tipo. En este sentido, para profundizar en las tendencias de la trata de seres humanos a nivel global, *vid.* UNODC, *Global report in trafficking in persons*, United Nations Publications, Nueva York, 2018, p. 27 y ss.

de vida puede caer en manos de las redes de trata en los Estados de tránsito o durante el movimiento[42]. Todas estas circunstancias son aprovechadas por los captadores, personas que se encuentran en los mismos países que las víctimas potenciales y que sacan partido de su situación de especial vulnerabilidad, a través de prometerles trabajo o de animarlas a tomar iniciativas arriesgadas en pro de mejorar sus condiciones de vida.

Aparte de las condiciones que rodean a las víctimas potenciales y que les impulsan a someterse a las redes de trata, hay una serie de circunstancias que hacen más atractivo algún Estado miembro para que las redes se establezcan. La principal, y que además sirve para darle solidez al engaño de las víctimas potenciales, es el elevado estándar de vida de algunos Estados miembro, así como las oportunidades de empleo. Por ejemplo, esto afecta a las víctimas que proceden de los Estados del Este de la Unión, donde en comparación con la Europa occidental, las condiciones de vida son peores[43].

Además, a raíz de la crisis económica, ha aumentado la demanda de mano de obra barata, así como la demanda de servicios sexuales, trabajos domésticos o en el cuidado de personas[44]. En este sentido, el Centro Europeo contra el tráfico ilícito de migrantes (en adelante, EMSC) identificó, en su último informe anual de 2022, que la continua demanda de servicios sexuales y la oportunidad de explotar trabajadores baratos son

---

[42] European Migrant Smuggling Centre, *6th Annual Report – 2022*, Publications Office of the European Union, Luxemburgo, 2022, p. 23. Doi: 10.2813/61346.

[43] European Migrant Smuggling Centre, *6th Annual Report – 2022*, *op. cit.*, p. 11.

[44] En este último caso, un porcentaje demasiado pequeño está al corriente de las obligaciones contractuales y las condiciones de trabajo para los empleados del hogar. En este sentido, *vid.* OSCE, *Ending exploitation. Ensuring that Businesses do not Contribute to Trafficking in Human Beings: Duties of the States and the Private Sector*, occasional paper series nº7, 2014.

excelentes incentivos para las redes de trata[45]. La demanda de los bienes y servicios derivados de la trata provoca un efecto llamada, ya que las redes ven la posibilidad de hacer negocio en un determinado Estado miembro, en concreto aquél donde hay una demanda de dichos bienes y servicios. Si la demanda fuera inexistente, no habría la posibilidad de beneficios económicos por parte de las redes.

En este punto es necesario recordar que la Comisión, en el informe de medio plazo de 2014 relativo a la evaluación de la Estrategia UE 2012-2016, consideró que la situación de vulnerabilidad de las víctimas no era un factor *per se* que facilitaba la existencia de la trata de seres humanos y que la causa principal era la necesidad de cubrir la demanda de los bienes y servicios derivados de la trata. Aparte de la discordancia entre la Comisión y Europol, que apunta a que dicha situación de vulnerabilidad es el principal factor de la trata, es preciso apuntar que ambos factores, tanto la situación de vulnerabilidad como la demanda de los bienes y servicios derivados de la explotación, son igualmente clave en la existencia de la explotación de seres humanos. Así, el hecho de considerar que una es más importante que la otra solamente devalúa el otro factor, de modo que es posible que la Unión centre más esfuerzos en una causa que respecto otra causa igualmente importante. En consecuencia, se deben abordar los factores que derivan en la explotación de las víctimas por igual y, sobre todo, evitar discordancias en la estrategia de la Unión que puedan derivar en disfuncionalidades a la hora de atacar las causas de la trata.

Un tercer factor que favorece la elección de un Estado miembro como destino para las actividades criminales de las redes de trata son las distintas comunidades de migrantes re-

---

45 European Migrant Smuggling Centre, *6th Annual Report – 2022, op. cit.*, p.17.

partidas por todos los Estados miembro de la Unión Europea[46]. Todas estas comunidades favorecen que se puedan asentar las redes de trata que son extranjeras, así como las víctimas, ya que encuentran un espacio donde se comparte el idioma y las costumbres, de modo que es más fácil establecerse y consolidar la actividad delictiva a través del apoyo logístico que pueden aportar dichas comunidades a las redes de trata, especialmente durante el transporte de las víctimas[47].

Todas las circunstancias anteriores son factores que son tenidos en cuenta por las redes de trata a la hora de decidir dónde materializarán la explotación de sus víctimas, circunstancias que se hacen definitivas si se tiene en cuenta las diferencias legislativas entre los Estados miembro de la UE, sobre todo en lo que respecta a la criminalización de la demanda de los servicios derivados de la trata de seres humanos[48]. En este sentido, los vacíos legales, explotados abusivamente por las redes de trata, y esas diferencias entre las legislaciones nacionales de los Estados miembro permite a las redes comparar y establecer las líneas de actuación de su organización[49] que no vulneren las previsiones legislativas de los Estados miembro donde establecen su activi-

---

46 Europol utiliza el término «foreign diaspora communities».

47 EUROPOL, *Situation report: Trafficking (…), op. cit.*, p. 11.

48 Estas diferencias legislativas se deben, entre otros motivos, a las divergencias a raíz de la tipificación como delito del uso de los servicios derivados de la trata.

49 *V. gr.*, el uso fraudulento de las peticiones de asilo para las víctimas de terceros países que quieren regularizar su situación en el territorio de los Estados miembro de la UE; de los matrimonios forzosos entre nacionales de los Estados miembro de la UE y migrantes o, por ejemplo, en aquellos casos en los que un Estado miembro modifica la definición legal de la trata de seres humanos, las redes adaptan su actividad para que esta no sea subsumible en el tipo. Sobre más ejemplos de adaptación de las redes de trata a las diferentes legislaciones de los Estados miembro, *vid.* EUROPOL, *Situation report: Trafficking (…), op. cit.*, p. 12.

dad. Así, pueden operar con la certeza de que la actividad de dicha red no sobrepasa los límites legales previstos.

Además de todo lo anterior, hay que tener en cuenta una serie de factores que facilitan el asentamiento de las redes de trata y que se siga con la explotación de sus víctimas. En este sentido, como ya se ha indicado, existe en la Unión Europea cierta tolerancia respecto las condiciones laborales, que normalmente esconden situaciones de explotación, en especial las de los trabajadores inmigrantes que conlleva que sea más fácil explotar a dichos trabajadores y que, de este modo, las redes de trata sigan actuando[50].

Tal y como se ha apuntado al inicio del presente capítulo, después de la irrupción de la pandemia de la COVID-19, las redes de trata han trasladado partes de su negocio al mundo digital, aspecto que debe considerarse como un factor que facilita la labor de las redes de trata. Actualmente, el reclutamiento, los contactos y las identificaciones de las potenciales víctimas se realizan a través de internet, especialmente a través de las redes sociales. Esto, sumado a que las redes pueden operar en remoto, cosa que les concede mucho margen de maniobrabilidad y que la víctima puede no encontrarse físicamente donde se consumen sus servicios, provoca que actualmente las redes vean el mundo digital como un espacio seguro que les permite reducir riesgos y mantener los beneficios[51].

Todas las causas y factores enumerados permiten que la trata sea una realidad en la Unión. Además, se consolida la idea de que la trata de seres humanos es una actividad con altos beneficios y con riesgo mínimo[52] y, sin duda alguna, es la tenden-

---

50 EUROPOL, *Situation report: Trafficking (…), op. cit.*, p. 12.

51 European Migrant Smuggling Centre, *6th Annual Report – 2022, op. cit.*, p.17. Sobre el *modus operandi* y la digitalización de la trata de seres humanos, *vid.* EUROPOL, *The challenges of countering human trafficking in the digital era, op. cit.*

52 EUROPOL, *Situation report: Trafficking (…), op. cit.*, p. 12.

cia que se debe cambiar si se quiere erradicar este fenómeno de forma eficaz. Es por esta razón que los instrumentos que se analizarán a continuación deben tener como objetivo atacar todos estos factores, de modo que la trata sea, a medida que pasen los años, una realidad en disminución.

Sin embargo, no todos los instrumentos obedecen a esta lógica de atacar el problema en su origen, sino que algunas medidas de prevención también buscan blindar la Unión Europea y dificultar el acceso al Espacio Schengen de las redes de la trata y de las víctimas no nacionales de la Unión Europea. Es importante recordar que los inmigrantes, ya sean regulares o irregulares, son víctimas potenciales de la trata. De modo preliminar, tal y como se irá viendo, a nivel de la Unión se han desarrollado más instrumentos de prevención orientados hacia las víctimas y los delincuentes *extra Unión Europea* que los instrumentos orientados hacia la prevención de la trata que afecta a víctimas con la ciudadanía europea. Esto se suma al hecho de que no se ha creado ningún instrumento *ad hoc* para la prevención de la trata, al igual que pasó con la protección de las víctimas y la persecución de los delincuentes. En consecuencia, tener que aprovechar otros instrumentos que no tienen como objetivo principal la erradicación de la trata, pero que indirectamente pueden ser efectivos, en este caso concreto, en la prevención del fenómeno implica que se pueda cuestionar su adecuación.

4.2.2. La variedad de instrumentos de prevención adoptados por los Estados miembro: libertad de elección en virtud del artículo 18 de la Directiva 2011/36/UE

Como se ha visto, las causas que dan origen a la explotación de las víctimas de la trata por parte de las redes son muy diversas. Es obvio pensar que, para hacer frente a la prevención de la trata, deben desarrollarse instrumentos de prevención igualmente diversos, de acuerdo con la complejidad intrínseca de la trata de seres humanos[53]. Con todo, no es labor exclusiva de la Unión establecer los instrumentos de prevención de la trata de seres humanos, ya que los Estados miembro también desarrollan sus funciones. En este sentido, todas las medidas adoptadas por la Unión Europea deben, necesariamente, complementarse con las medidas que adopten los Estados miembro de la UE[54].

Las medidas de prevención que se incluyen en el art. 18 de la Directiva 2011/36/UE se organizaron alrededor de cuatro pilares principales: reducir los factores que favorecen la explotación a partir de la educación y las campañas de sensibilización de la sociedad, reducir las causas que llevan a las víctimas de la trata a someterse a la explotación de las redes, el aumento de la preparación de los funcionarios para mejorar el proceso de identificación de las víctimas y, por último, la penalización del uso de los bienes y servicios derivados de la trata. Consecuentemente, a partir de estos cuatro grupos de medidas de prevención, los Estados miembro desarrollan medidas que van desde la formación en las escuelas o campañas de sensibiliza-

---

53 En este sentido, sobre la complejidad de la trata de seres humanos con la multiplicidad de formes y de fines que puede adoptar, *vid.* JORDANA SANTIAGO, J., «La lucha contra la trata en la UE (…)», *op. cit.*, p. 67; O'NEILL, M., «Trafficking in Human Beings (…)», *op. cit.*, p. 52 y GALLAGHER, A., *The International Law of (...), op. cit.*, p. 385, esta última para el caso concreto de la persecución de los delincuentes.

54 Según el art. 18 de la Directiva 2001/36/UE, bajo la rúbrica «Prevención», se establece la obligación de los Estados miembro de adoptar las medidas apropiadas para desalentar y disminuir la demanda (18.1); medidas destinadas a concienciar y reducir el riesgo de que las personas sean víctimas de la trata (18.2); medidas destinadas a la formación de los funcionarios en pro de la identificación de las víctimas (18.3); y, por último, la tipificación como delito del uso de los bienes y Servicios derivados de la explotación de las víctimas de la trata (18.4).

ción, la investigación o el establecimiento de programas educativos[55].

Aunque los Estados miembro hayan adoptado una serie de medidas de prevención, los efectos de estas son, de momento, difíciles de cuantificar. Así, la Comisión constató que era necesario saber en qué medida todos los instrumentos de prevención adoptados por los Estados miembro daban resultados, ya que es el único modo de proponer otras medidas, mejorar las actuales o dejar inoperativas las ineficientes[56]. En este sentido, aunque el análisis del contexto en el que se desarrollan las medidas de prevención, así como los resultados que estas aportan, resulta lógico en cualquier proceso de construcción de un nuevo marco de actuación[57], la variedad de medidas adoptadas por los Estados, así como la tipología de medidas, dificulta la posibilidad de analizar los resultados[58].

---

55 SWD(2016) 159 final, *op. cit.*, p. 57. Por ejemplo, en Chipre, la Oficina de Policía contra la trata de seres humanos organizó un «mercado» con el lema «Look, hear, feel… react» y que tenía como objetivo aumentar la consciencia social alrededor de los perjuicios para las víctimas de la trata; Grecia desarrolló una serie de campañas de sensibilización a través de exposiciones de arte y de la cultura en los medios; y, por solo citar algunos ejemplos, Portugal, Dinamarca y Eslovaquia desarrollaron sendos planes nacionales contra la trata.

56 *Ibid.*

57 El actual marco de lucha contra la trata de seres humanos aún está en construcción. De hecho, si se tiene en cuenta que las redes de trata actualizan con mucha facilidad su funcionamiento para adaptarse a las nuevas medidas que se adoptan en la Unión y en sus Estados miembro, el proceso de construcción del marco de lucha contra la trata nunca se acabará y deberá estar en constante actualización y modernización. Es por esta razón que, aceptando lo anterior, debe establecerse un sistema para cuantificar y analizar el impacto de las medidas de prevención, ya que es el único modo de conocer si dichas medidas son efectivas o no y plantear las pertinentes modificaciones.

58 Por ejemplo, algunos de los Estados miembro han notado un incremento de las denuncias de casos de trata de seres humanos después de la formación

En el caso de España, las medidas de prevención adoptadas por parte del Gobierno se recogen en el Plan Estratégico Nacional contra la trata y la explotación de seres humanos 2021-2023, impulsado por la Secretaría de Estado de Seguridad, adscrita al Ministerio del Interior[59]. Básicamente el plan ha previsto dos grandes líneas estratégicas en cuanto a la prevención: la mejora del grado de sensibilización de la sociedad[60] y la desincentivación de la demanda de servicios de víctimas de trata[61]. Cabe señalar que estas líneas de actuación se sistemati-

---

del personal de fronteras o bien otros que, a partir de medidas de empoderamiento de las víctimas, estas mejoran las condiciones después de ser liberadas de las redes. Sin embargo, es totalmente incierto el hecho de que estas medidas de prevención destinadas, mayoritariamente, a las víctimas de la trata provoquen el efecto deseado y les priven de recaer en las manos de las redes. En este sentido, sobre la casuística que rodea las medidas de prevención adoptadas por los Estados miembro, *vid. Ibid.*, pp. 58-60.

59 MINISTERIO DEL INTERIOR: «Plan Estratégico Nacional contra la trata y la explotación de seres humanos 2021-2023», [en línea], (2021), <https://bit.ly/3J8QnuZ>.

60 *Ibid.* Sobre las medidas de sensibilización, el plan estratégico nacional ha previsto hasta cuatro actuaciones: promocionar actividades de conmemoración de los días internacionales, europeos y nacionales contra la trata, impulsar la realización de campañas generales de prevención y sensibilización contra la trata en los medios de comunicación, redes sociales juntamente con la sociedad civil, promover actividades de difusión entre la población sobre las consecuencias para los derechos humanos de la trata y fomentar la incorporación en el sistema educativo sobre las consecuencias de la trata para los derechos humanos.

61 *Ibid.*, p. 35. También sobre la desincentivación de la demanda de los servicios de la trata se han previsto cuatro actuaciones: desincentivar la publicidad o la incitación al consumo de servicios sexuales o de cualquier servicio asociado a las formas de explotación, desarrollar actuaciones específicas de sensibilización sobre la realidad de la trata en todas sus modalidades dirigidas al demandante, ya sea de prostitución o al empleador en caso de explotación laboral; impulsar modificaciones legislativas y promover la inclusión en los distintos niveles educativos de formación con el objetivo de desincentivar la demanda.

zan en el plan estratégico nacional juntamente con las medidas de detección, pues estas también pueden evitar que la víctima sea explotada.

Así, tal y como se ha dicho en el capítulo tercero, la detección de la trata forma parte de la protección de las víctimas en tanto que, sin la pertinente detección e identificación, no hay protección. Sin embargo, el hecho de identificar a una víctima antes de que sea explotada también responde a la prevención del fenómeno. En este sentido, algunas de las medidas de prevención relativas a la detección contenidas en el citado plan no se refieren a la detección anticipada, sino que se refieren a la detección una vez la víctima se encuentra en una situación de explotación. En consecuencia, estas medidas concuerdan más con el objetivo de la protección de las víctimas y no de prevención y, por consiguiente, deberían estar situadas en el apartado relativo a la protección.

Con la voluntad de aportar perspectiva al análisis, previamente se adoptó el Plan Integral de lucha contra la trata de mujeres y niñas con fines de explotación sexual (2015-2018), impulsado por el Ministerio de Sanidad, Servicios Sociales e Igualdad[62]. En este plan, el Gobierno español se marcó tres objetivos relativos al refuerzo de la prevención y la detección de la trata. En primer lugar, visibilizar la trata de seres humanos y desarrollar un mensaje claro de tolerancia cero[63]. En segundo

---

62 MINISTERIO DE SANIDAD, SERVICIOS SOCIALES E IGUALDAD: «Plan integral de lucha contra la trata de mujeres y niñas con fines de explotación sexual 2015-2018» [en línea], (2015), <https://bit.ly/3wTkCng>.

63 *Ibid.*, pp. 57-60. El objetivo específico primero se concretó en veinticinco acciones, todas ellas dirigidas a la sensibilización social, como por ejemplo el impulso de las actividades de conmemoración del Día Europeo contra la Trata de Seres Humanos, el fomento de la formación y la información a profesiones de la radio y la televisión con el fin de promover un enfoque adecuado sobre la realidad de la trata, la propuesta de actuaciones para limitar la utilización de internet como plataforma publicitaria de comercio sexual o

lugar, aumentar la información y la formación sobre trata con fines de explotación sexual entre profesionales de entidades públicas y privadas[64]. En tercer y último lugar, el refuerzo de los mecanismos de detección de la trata de seres humanos con fines de explotación sexual[65].

A grandes rasgos, ambos planes se vertebran alrededor de la sensibilización y la detección de la trata como medida de prevención, de modo que existe cierta continuidad desde el punto de vista de prioridades políticas. Sí que debe apuntarse como una novedad la inclusión de la desincentivación de la demanda de los bienes y servicios de la trata, pues el plan de 2018 no lo preveía. Además, también debe valorarse positivamente el nuevo plan estratégico de 2021 porque su alcance es mucho más amplio y acorde con los estándares internacionales. En este sentido, no limita, como sí lo hacía el plan de 2018, las medidas a la trata de mujeres y niñas con fines de explotación, sino que se refiere a cualquier víctima independientemente de los fines de explotación.

---

la prevención de la demanda de servicios sexuales durante la celebración de eventos deportivos mediante la información y la sensibilización al público.

64 MINISTERIO DE SANIDAD, SERVICIOS SOCIALES E IGUALDAD, «Plan integral de lucha contra la trata de mujeres y niñas (…)», *op. cit.*, pp. 60-62. En este caso, se establecieron hasta veintidós acciones relativas a la formación de todos aquellos agentes que, por razón de su cargo o de sus funciones, pueden tener contacto alguno con víctimas de trata, ya sean tanto de entidades públicas como privadas. En concreto, por ejemplo, se prevé el envío periódico de información a los profesionales sobre las novedades y avances en las actuaciones de lucha contra la trata, formación al personal militar destacado al exterior en misiones de paz, a las FFCCSE, profesionales de la administración, el personal civil de defensa o la inclusión de la trata de mujeres y niñas con fines de explotación sexual en las acciones formativas dirigidas a profesionales de las entidades locales.

65 *Ibid.*, pp. 62-63.

Con la voluntad de dotar de una norma jurídicamente vinculante que aborde la trata en su conjunto, el Gobierno de España aprobó el *Anteproyecto de Ley Orgánica integral contra la trata y la explotación de seres humanos* a finales de marzo de 2024. Al cierre de la presente monografía se ha abierto el trámite de audiencia e información pública, de modo que sería temerario analizar su contenido en tanto que es posible que sufra modificaciones sustanciales. No obstante, de una lectura preliminar, se desprende la exhaustividad con la que se aborda el fenómeno de la trata de seres humanos. Conviene destacar la innovación en algunas de las medidas planteadas, como la creación de una Fiscalía especializada en trata de seres humanos y extranjería, la Relatoría Nacional contra la Trata y la Explotación de Seres Humanos o los derechos de reparación e indemnización.

Es preciso señalar que este Anteproyecto de Ley Orgánica integral contra la trata establece tres pilares básicos: primero, establece medidas de protección, especialmente relativas a la identificación y derivación de las víctimas[66], derechos de las víctimas[67] y, segundo, establece una serie de medidas de prevención, tales como medidas de sensibilización y de inserción social y laboral formación, así como medidas orientadas hacia el ámbito educativo, el ámbito de la publicidad y de los medios de comunicación, el ámbito sanitario y hacia el sector privado y empresarial[68] y, tercero, construye un sistema de tutela institucional para garantizar la aplicación de todo lo establecida en la misma ley orgánica[69].

---

66 *Vid.* arts. 24-56 del *Anteproyecto de Ley Orgánica contra la trata y la explotación se seres humanos.*

67 *Ibid.*, arts. 30-47. Sobre la protección de las víctimas menores de edad, *vid. ibid.*, arts. 48-56.

68 *Ibid.*, arts. 4-20.

69 *Ibid.*, arts. 57-63.

Si bien este Anteproyecto de Ley Orgánica integral presenta una serie de medidas innovadoras y garantistas[70] que, a su vez, sistematizan todos los derechos de las víctimas una vez son reconocidas y, además, ordena el proceso de detección e identificación de la víctima, hay algunos aspectos que requerirán un seguimiento una vez se adopte la norma. Así, por ejemplo, parece que el anteproyecto de ley orgánica integral no desvincula realmente la identificación de la colaboración de las víctimas. Aunque sí se hace en el articulado, esto no se traslada a la práctica porque, en el caso de las víctimas nacionales de terceros países en situación irregular, tal y como se apuntó en el capítulo segundo de la presente monografía, el período de restablecimiento y reflexión queda supeditado a la cooperación de la víctima con las autoridades[71].

Aparte del caso específico de España, desde la Comisión Europea se están financiando proyectos, ya sean de iniciativa de las instituciones o bien a través de financiación de la Unión[72]. De los proyectos concluidos, cincuenta fueron destinados a la prevención de la trata de seres humanos, que se centraron en

---

70 DIEZ VELASCO, I., «La protección de personas víctimas de trata en el anteproyecto de Ley Orgánica integral contra la trata y la explotación de seres humanos: el caso de la infancia y las personas solicitantes de asilo», *IgualdadES*, 8, 2023, pp. 141-168, p. 150.

71 *Ibid.*, p. 154. Para saber más sobre el examen del anteproyecto de Ley Orgánica integral contra la trata, *vid.* POMARES CINTAS, E., «Un nuevo modelo, otros deberes de diligencia para afrontar la *esclavitud moderna*: el Anteproyecto de Ley Orgánica integral contra la Trata y la Explotación de seres humanos», *Revista Sistema Penal Crítico*, 4, 2023, pp. 1-25, MARTÍNEZ ESCAMILLA, M., «La inaplazable necesidad de un procedimiento de identificación de las víctimas de trata. Especial consideración al Anteproyecto de Ley Orgánica integral contra la trata y la explotación de seres humanos, aprobado en el Consejo de Ministros de 29 de noviembre de 2022», *Revista Sistema Penal Crítico*, 4, 2023, pp. 1-32.

72 COMISIÓN EUROPEA: «Together Against Trafficking in Human Beings. EU Projects and Funding» [en línea], (s.f.), <https://bit.ly/2K2ljOl>.

monitorizar las relaciones entre los taxis y las organizaciones criminales como medio de transporte de las víctimas, o bien el seguimiento de páginas de reclutamiento de trabajadores por internet o el monitoreo de los clubes en aquellos países donde la prostitución está regularizada[73].

Así pues, los Estados miembro tienen amplio margen de maniobra para establecer medidas de prevención de la trata de seres humanos, sobre todo centradas en la sensibilización social y la formación. A continuación, si bien la Comisión Europea financia todo tipo de proyectos, es preciso centrarse en los instrumentos a nivel europeo que permiten avanzar en la erradicación de la trata de seres humanos a partir de la prevención del fenómeno. Se analizarán los instrumentos en relación a las causas de la trata que deben atacar. El análisis de las medidas adoptadas se organiza a partir de distintos bloques temáticos, en función del contenido de las medidas, empezando, en primer lugar, por las medidas legislativas destinadas a la prevención de la trata de seres humanos, tales como la tipificación del uso de los bienes y servicios derivados de la trata de seres humanos o la adopción de directivas europeas con el objetivo de armonizar las legislaciones de los Estados miembro.

4.2.3. Los instrumentos de prevención de la trata de seres humanos que atacan la demanda de los bienes y servicios derivados de la explotación: las medidas legislativas y la armonización de las legislaciones nacionales

En este primer apartado se analizarán una serie de medidas de prevención de la trata de seres humanos que tienen como

73 VV. AA., *Study on comprehensive policy review of anti-trafficking projects funded by the European Commission. HOME/2014/ISFP/PR/THBX/0052. Final Report*, Publications Office of the European Union, Luxemburgo, 2016, pp. 71-74.

origen la adopción de instrumentos normativos a escala europea. Sus objetivos son diversos pues algunos sí que buscan prevenir directamente la trata, como por ejemplo la tipificación como delito del uso consciente de los bienes y servicios derivados de la trata. En cambio, hay otros instrumentos, como por ejemplo la futura Directiva sobre diligencia debida, que su principal función no es la lucha contra la trata de seres humanos, pero, en este marco de lucha transversal contra dicho fenómeno, son vías para la prevención de la trata que pueden servir a las autoridades para erradicar, en este caso, la presencia de productos o servicios en el mercado europeo elaborados con prácticas típicas de la trata.

4.2.3.1. Las medidas legislativas relativas a castigar la demanda de la trata: El uso consciente de los servicios y los bienes derivados de la trata de seres humanos, la Directiva sobre empleadores, la prohibición de productos con trabajo forzoso y la diligencia debida

Uno de los instrumentos para la prevención de la trata de seres humanos es la persecución judicial de la demanda de los bienes y servicios derivados de la explotación, ya sea sexual, laboral o de cualquier tipo[74]. Así, la tipificación como delito del uso de los bienes y servicios derivados de la trata es una medida legislativa orientada hacia la prevención de la trata de seres humanos que tiene como origen la Directiva 2011/36/UE[75].

---

[74] En este sentido, sobre el concepto de «demanda» de los bienes y servicios derivados de la trata de seres humanos, *vid.* CYRUS, N., VOGEL, D., «Demand arguments in debates on Trafficking in Human Beings: Using an historical and economic approach to achieve conceptual clarification», *DemandAT Working Paper nº 1*, 2015, p. 1. Disponible en: https://bit.ly/2OjyiR9.

[75] Así, según el art. 18 apdo. 4 de la Directiva 2011/36/UE, «con objeto de hacer más eficaz la prevención y la lucha contra la trata de seres humanos

Tal y como se ha indicado en el capítulo segundo de la presente obra, y sin ánimo de desarrollar otra vez los cambios normativos en este sentido, hay que ser conscientes que hasta el momento en el que se adopte la modificación de la Directiva 2011/36/UE, la tipificación como de lito de la demanda consciente de los bienes y servicios derivados de la trata era una simple posibilidad que tenían los Estados miembro para prevenir este fenómeno. Con la voluntad de sancionar penalmente a aquellas personas que utilicen los servicios de prostitución, los bienes derivados de la explotación laboral o de cualquier otra de las finalidades previstas en la normativa, esta opción pasará a ser una obligación gracias a la inclusión del art. 18 *bis*, aunque con ciertos matices tal y como se ha motivado anteriormente.

A nivel político, y en la misma línea que la Directiva 2011/36/UE, la Estrategia UE 2012-2016 también utilizaba una fórmula en la que se invitaba a los Estados a tipificar esta conducta con el objetivo de, a largo plazo, contar con una nueva conducta delictiva: el uso consciente de los bienes y servicios derivados de la trata. Cabe señalar que, a día de hoy, y siendo la inspiración para el cambio en la Directiva 2011/36/UE, la nueva Estrategia UE contra la trata 2021-2025 directamente establece que la Comisión valorará proponer una modificación de la Directiva 2011/36/UE para que se incluya el castigo de la demanda consciente de bienes y servicios derivados de la trata, cosa que ya se ha hecho.

A pesar de esto, y aquí los matices, un aspecto negativo de la formulación que presenta este art. 18 *bis* y que ha mantenido en redactado del acuerdo interinstitucional, es que su apdo. 2 prevé penas y sanciones «efectivas, proporcionadas y disuasorias», dejando margen de apreciación a cada Estado miembro.

---

desalentando la demanda, los Estados miembro estudiarán la adopción de medidas para tipificar penalmente el uso de servicios que son objeto de explotación (...)».

En el caso, no poco probable, de que existan diferentes penas con duraciones dispares entre Estados miembro, se podrían generar más divergencias entre ordenamientos jurídicos. Si bien estas se pretendían evitar, la probabilidad de que las redes escojan donde operar en función de la laxitud de las normas penales refuerza, precisamente, la poca armonización de los ordenamientos jurídicos en la Unión Europea en esta materia.

El proceso hasta llegar aquí ha sido largo, pues no ha habido una respuesta unánime desde la primera invitación de la Comisión a castigar penalmente esta conducta. En concreto, según el informe de la Comisión de 2016 relativo a la incidencia de la tipificación como delito del uso de los bienes y servicios derivados de la trata, solamente diez Estados miembro habían tipificado como delito en sus ordenamientos jurídicos internos el uso consciente de los bienes y servicios derivados de la trata independientemente de su finalidad[76]. En opinión de la Comisión, el hecho de que pocos Estados miembro incorporaran en sus ordenamientos jurídicos previsiones penales en este sentido debía entenderse como una falta de armonización que incluso podría llegar a repercutir en la cooperación transfronteriza[77].

Resulta sorprendente que solamente diez Estados de la Unión Europea castiguen penalmente la demanda de la tra-

---

[76] COMISIÓN EUROPEA, *Informe de la Comisión al Parlamento Europeo y al Consejo que evalúa la incidencia de la legislación nacional vigente que tipifica penalmente el uso de servicios que son objeto de explotación relacionada con la trata de seres humanos, en la prevención de la trata de seres humanos, de conformidad con el artículo 23, apartado 2, de la Directiva 2011/36/UE*, 2 de diciembre de 2016, COM(2016) 719 final, p. 3. En este caso, Bulgaria, Grecia, Croacia, Chipre, Lituania, Malta, Portugal, Rumanía, Eslovenia y el Reino Unido. En el caso del Reino Unido, se informó de que Inglaterra y Gales sí que contaban con dicha tipificación, Irlanda del Norte solamente relativa a la explotación sexual y en Escocia no había previsión legal alguna en este sentido.

[77] COM(2022) 732 final, *op. cit.*, p. 16.

ta de seres humanos, cuando se ha demostrado que «las medidas destinadas a reducir la demanda pueden constituir un paso adelante en la respuesta penal»[78]. Además, solamente tres de los Estados miembro de la Unión Europea que registran el mayor número de víctimas han hecho las modificaciones legislativas pertinentes en este sentido[79]. También resulta chocante que una medida preventiva como el castigo penal de las personas que usan conscientemente los bienes y servicios de la trata, una medida que ataca directamente una de las mayores causas de este fenómeno, haya tenido tan poca acogida en la UE.

---

78 COM(2022) 732 final, *op. cit.*, p. 16. En este sentido, sobre el nexo entre atacar la demanda para reducir la trata de seres humanos, *vid.*, entre otros, KUZMA, A. L., «Demand reduction: critical next step in the fight against sex trafficking», *International Law News*, 42(4), 2013, pp. 27-30, SÁNCHEZ PERERA, P., «"Sin clientes no hay trata": Generalogía, evidencia empírica e implicaciones», *RELIES: Revista del Laboratorio Iberoamericano para el Estudio Sociohistórico de las Sexualidades*, (4), 2020, pp. 38-54 o ARONOWITZ, A. A., KONING, A., «Understanding human trafficking as a market system: addressing the demand side of trafficking for sexual exploitation», *International Review of Penal Law*, 85, 2014, pp. 669-696.

79 COMISIÓN EUROPEA, *Data collection on trafficking in human beings (...), op. cit.*, p. 15. Encabezaban la lista, en 2016, de Estados con mayores víctimas registradas en números absolutos el Reino Unido, Holanda, Italia, Rumanía y Francia. Sin embargo, es preciso apuntar que tanto los Países Bajos como España han desarrollado alternativas a la falta de criminalización de la demanda de los bienes y servicios derivados de la explotación. Por un lado, los Países Bajos informó del desarrollo de campañas de información sobre la posibilidad de denunciar anónimamente casos de trata de seres humanos. Por el otro lado, España informó que, si bien no disponía de un tipo penal que sancionase dicha demanda, era posible subsumir un caso de trata de seres humanos con fines de explotación sexual en un delito contra la libertad sexual y la integridad de las personas. En este sentido, *vid. ibid.*, pp.5-6. En cuanto a Francia, en abril de 2016 promulgó una ley que criminalizaba el uso de los servicios sexuales. Para saber más, *vid.* WEATHERBURN, A; BRIÈRE, C., «Regulating desire: The impact of Law and Policy on demand for sexual exploitation in Europe», *ex/ante Journal for young legal academics*, 1, 2017, pp.3-13.

Aun así, la tipificación como delito de la demanda consciente de los bienes y servicios derivados de la trata es una discusión que, a día de hoy, está lejos de cerrarse. Es preciso incorporar al estudio la dialéctica entre el abolicionismo y la regularización de la prostitución. En el primer capítulo ya se hizo referencia a dicha cuestión, que no está exenta de debate en la actualidad[80] ya que, en algunos Estados miembro, como por ejemplo los Países Bajos, la prostitución es legal y está regularizada. Se podría entender que, en el caso de que se castigase penalmente a los clientes de la prostitución, existiría un conflicto entre el ordenamiento jurídico de la Unión y el de un Estado miembro. Sin embargo, tanto la Comisión europea como la Directiva 2011/36/UE y la reciente propuesta de modificación son muy claras al referirse al uso «consciente» de los bienes y servicios derivados de la trata. Así, no es excusa retardar más esta medida que supone poner en jaque una de las causas más importantes de la existencia de la trata de seres humanos.

En cualquier caso, optar por esta medida no supone un posicionamiento relativo al debate sobre el futuro de la prostitución que, habida cuenta de la extensa literatura doctrinal, merecería otra monografía[81]. Hay que ser conscientes que una cuestión es

---

80 En este sentido, *vid.* HAXHI S. *et al*, «The role of security sector actors in addressing the demand-side of Human Trafficking», *DemandAT Working Paper nº 11*, 2017. Disponible en: https://bit.ly/2JQf9C8. El núcleo de la discusión entre la prohibición o no de la prostitución se refiere al hecho de considerar si la prostitución es un trabajo legítimo o es una forma de explotación.

81 Resulta interesante, para abordar este debate, la lectura de HEIM, D., «Prostitución y derechos humanos», *CEFD, Cuadernos Electrónicos de Filosofía del Derecho*, 23, 2011, pp. 234-251, DAICH, D., «¿Abolicionismo o reglamentarismo? Aportes de la antropología feminista para el debate local sobre la prostitución», *Runa*, 33, 1, 2012, pp. 71-84, MESTRE MESTRE, R., «Trabajo sexual, igualdad y reconocimiento de derechos», en SERRA CRISTÓBAL, R. (coord.), *Prostitución y trata. Marco jurídico y régimen de derechos*, Tirant lo Blanch, Valencia, 2007, pp. 13-42, SÁNCHEZ PERERA, P., «Un debate adul-

la prostitución y, otra muy distinta, es la trata de seres humanos con finalidades de explotación sexual, pues no todo trabajo sexual nace de la trata. Se deberá esperar a que la modificación de la Directiva 2011/36/UE entre en vigor para analizar cómo se transpone en los distintos ordenamientos de los Estados miembro, especialmente la cuestión de las penas, para luego poder examinar su incidencia como medida de prevención.

Paralelamente, centrándose en la explotación laboral, la Unión impulsó una Directiva que sancionaba a los empresarios que utilicen los servicios de los nacionales de terceros países en situación irregular que, a su vez y siendo conscientes de ello, son víctimas de la trata de seres humanos. Así, con el impulso de la ya citada Directiva 2009/52/CE[82], la Unión inició el camino de la lucha contra la demanda de los servicios derivados de la trata con fines de explotación laboral. Esta directiva fue una maniobra, anterior a la entrada en vigor de la Directiva 2011/36/UE y de la Estrategia UE 2012-2016, de las instituciones de la Unión Europea que buscaba, de acuerdo con el art. 1 de la misma, combatir la inmigración clandestina a partir de sancionar a las personas que empleasen a nacionales de terceros países en situación irregular.

Así, en contraposición a la generalidad del art. 18 apdo. 4 de la Directiva 2011/36/UE, que se refería a los servicios derivados de la explotación de la trata en general, la Directiva

---

terado: distribución del poder simbólico en las disputas feministas en torno a la prostitución», *Revista Mediterránea de Comunicación: Mediterranean Journal of Communication*, 10(1), 2019, pp. 131-146.

[82] Sobre el ámbito de actuación de esta directiva, *vid.* KELEMEN, K., JOHANSSON, M. C., «Still neglecting the demand that fuels human trafficking: A study comparing the Criminal Laws and Practice of five European States on Human Trafficking, purchasing sex from trafficked adults and from minors», *European Journal of Crime, Criminal Law and Criminal Justice*, 21, 2013, pp. 247-289.

2009/52/CE se refirió, en concreto, a la explotación laboral. En este sentido, cuando se prohíbe el «empleo» de nacionales de terceros países, se hace referencia al «ejercicio de actividades que abarquen cualquier tipo de trabajo u obra regulado por el Derecho nacional o la práctica establecida (...)»[83].

En la actualidad, esta es una vía alternativa para sancionar penalmente la demanda de la trata con fines de explotación laboral, aunque solamente haga referencia a aquellas víctimas que se encuentren en una situación irregular. Este elemento pone de relieve, por enésima vez, los esfuerzos extraordinarios de la Unión en relación con las víctimas no nacionales de la UE. Esta idea ya ha sido comentada en ocasión de los instrumentos de protección de las víctimas y no implica que efectivamente la Unión y los Estados miembro se hayan olvidado de las víctimas ciudadanas de la Unión, sino que los esfuerzos se centran más en paliar los efectos de la inmigración que no en luchar contra la trata de seres humanos, sea cual sea la nacionalidad de las víctimas.

El art. 3 de la Directiva 2009/52/CE establece que los Estados miembro deben prohibir el empleo de nacionales de terceros países en situación irregular y prevé dos tipos de medidas para penalizar a los empleadores: en primer lugar, y de acuerdo con el art. 5 de la misma, una serie de sanciones económicas, sanciones efectivas, proporcionadas y, sobre todo, disuasorias y, en segundo lugar, en el art. 7 se establecen medidas como la exclusión del derecho a recibir prestaciones, ayudas o subvenciones públicas o la exclusión de la participación en licitaciones públicas. Además, aparte de las sanciones y de otras medidas, los Estados miembro podrán considerar un delito el empleo consciente de nacionales de terceros países en situación irregular cuando el «autor de la infracción es un emplea-

---

83 *Vid.* art. 4 apdo. 1 c) Directiva 2009/52/CE.

dor que, sin haber sido acusado o condenado por un delito establecido en virtud de la Decisión marco 2002/629/JAI[84], hace uso del trabajo o los servicios de un nacional de un tercer país en situación irregular, sabiendo que esa persona es víctima de la trata de seres humanos»[85].

También desde la perspectiva empresarial y estrechamente relacionada con la explotación laboral, la Comisión Europea presentó una propuesta de Reglamento, citada al inicio del presente capítulo, para impedir que los productos conseguidos con trabajo forzoso, que es una de las finalidades de explotación de la trata previstas en la Directiva 2011/36/UE, accedan al mercado europeo. Este es un instrumento normativo que, al cierre de la presente monografía, todavía no ha sido adoptado por el Consejo, de modo que solamente se presentarán las cuestiones más generales de funcionamiento y se analizarán las posibilidades de utilizar esta norma para prevenir, aunque sea indirectamente, la trata de seres humanos.

A grandes rasgos, el objetivo de la propuesta de Reglamento sobre productos con trabajo forzoso que ha presentado la Comisión, establecido en su art. 1, es prohibir, de acuerdo con su art. 3, la comercialización de los productos realizados con trabajo forzoso. Para conseguir este objetivo, se establecen una serie de investigaciones para determinar si un producto está libre de esta práctica a lo largo de toda la cadena de suministro. Estas investigaciones, que se iniciarán a partir de análisis de riesgo, de información contenida en bases de datos de la autoridad com-

---

[84] Recuérdese que la Decisión Marco 2002/629/JAI quedó derogada por la Directiva 2011/36/UE, de modo que hay que entender que el art. 9 apdo. 1 de la Directiva 2009/52/CE hace referencia a la Directiva 2011/36/UE.

[85] *Vid.* art. 9 apdo. 1 d) Directiva 2009/52/CE. Además, la citada directiva establece una serie de sanciones penales aplicables al delito (art. 10) juntamente con la responsabilidad penal de las personas jurídicas (art. 11) y las sanciones aplicables a estas (art. 12).

petente o incluso de denuncias de particulares, se cerrarán con una decisión relativa a la retirada, o no, del producto afectado[86].

Además, estas se complementarán con una serie de controles tanto por los productos que se exportan como para los que se importan. Dichos controles verificarán la información y la decisión adoptada en las investigaciones previas y serán los encargados de impedir, si este fuera el caso, el cruce de la frontera de un determinado producto[87]. Un aspecto positivo de la propuesta de la Comisión es que cualquier persona física o jurídica que quiera comercializar un producto quedará sometido al reglamento, pues la definición de operador jurídico del art. 3 de la propuesta de Reglamento sobre productos con trabajo forzoso no hace distinción alguna en cuanto al tamaño de la empresa o el volumen de negocio[88].

Vista la operativa, a continuación, se examina su relación con la prevención de la trata de seres humanos. Se debe partir de la base de que la propia Comisión Europea, en su propuesta de Reglamento sobre productos con trabajo forzoso, ya reconoció el carácter de complementariedad entre este y la Directiva 2011/36/UE[89]. Aquí conviene recuperar un intenso debate doctrinal, que ya ha sido desarrollado en el primer capítulo de

---

86 *Vid.* arts. 4-14 propuesta de Reglamento sobre productos con trabajo forzoso. COM(2022) 453 final, *op. cit.*, p. 33.

87 *Vid. ibid.* arts. 15-21, pp. 33-36.

88 CONSEJO ECONÓMICO Y SOCIAL EUROPEO, *Dictamen del Comité Económico y Social Europeo sobre la «Prohibición en el mercado de la Unión de los productos realizados con trabajo forzoso» [COM(2022) 453 final]*, 14 de diciembre de 2022, 2023/C 140/13. DOUE C 140 de 21 de abril de 2023, apdo. 3.21. Para saber más sobre la propuesta de Reglamento sobre productos com trabajo forzoso, *vid.* EUSTACE, A., «The European Union's Forced Labour Regulation: Putting the "Brussels Effect" to work for international labour standards», *European Labour Law Journal*, 15(1), 2023, pp. 1-22 y DIEHN, S. A.: «EU forced labor ban lacks teeth», *DW* [en línea], (14 de septiembre de 2022), <https://bit.ly/44LgPEZ >.

89 COM(2022) 453 final, *op. cit.*, p. 2.

la presente monografía, y es el que hace referencia a la relación entre la trata de seres humanos y otras conductas como la esclavitud, la servidumbre o los trabajos forzosos. Sin ánimo de repetir aquí la disertación, la idea es que, si el trabajo forzoso es una de las formas de explotación, tal y como recoge el art. 2 de la Directiva 2011/36/UE, cualquier producto afectado por el trabajo forzoso a lo largo de su cadena de suministro es, a su vez, un producto derivado de la trata de seres humanos. Por lo tanto, estos productos no pueden comercializarse en el mercado de la UE.

El problema aquí radica en que propiamente no es una medida de prevención de la trata de seres humanos, pues los controles se realizan respecto los productos, de modo que la explotación ya es una realidad. Entonces, si se identifica un producto afectado por el trabajo forzoso, en virtud del art. 12 de la propuesta de Reglamento sobre productos con trabajo forzoso, se avisará a las autoridades competentes, entre las que se incluyen los responsables de la lucha contra la trata de seres humanos, para que realice su investigación. Por consiguiente, si de esta investigación se derivan condenas y el cierre de una red de trata, a largo plazo sí que se podría considerar que esta propuesta de Reglamento puede ser efectivo para prevenir la trata de seres humanos. Además, sí que es verdad que, si el objetivo son los productos afectados por trabajo forzoso, es decir, afectados por trata de seres humanos, el hecho de que exista la prohibición de comercializar estos productos puede dificultar que a lo largo de las cadenas de suministro de los operadores económicos se infiltren redes de trata de seres humanos. Por lo tanto, no puede descartarse completamente su efectividad en tanto que medida de prevención, pues en cierta manera se evita, o más bien se dificulta, la presencia y la actuación de las redes de trata.

Una manera de evitar, precisamente, que existan estas redes a lo largo de las cadenas de suministro de las grandes corporaciones radica en las obligaciones que se recogen en la propuesta de Directiva sobre diligencia debida, citada con anterioridad. Cabe señalar que la Directiva, al cierre de la presente obra, todavía no se ha publicado oficialmente al DOUE, pero ya ha sido adoptada tanto por el Parlamento como por el Consejo. Habida cuenta de que el Consejo aprobó la posición del Parlamento Europeo en primera lectura[90], se tendrá en cuenta esta última.

En cuanto al contenido relevante para el caso, el texto adoptado definitivamente establece, en su art. 2, que las empresas con un determinado tamaño y volumen[91] de negocio asuman una serie de obligaciones para evitar que su actividad perjudique los derechos humanos y el medio ambiente. Si se observa la definición de efecto adverso del art. 3 del mismo texto, entre las violaciones que deben evitarse se encuentra la trata de seres humanos. Esto implica que las empresas obligadas deberán

---

90 PARLAMENTO EUROPEO, *European Parliament legislative resolution of 24 April 2024 on the proposal for a directive of the European Parliament and of the Council on Corporate Sustainability Due Diligence and amending Directive (EU) 2019/1937*, (COM(2022)0071 – C9-0050/2022 – 2022/0051(COD)), 24 de abril de 2024. P9_TA(2024)0329. Sobre la posición del Consejo, *vid.* CONSEJO: «Comunicado de prensa. Directiva sobre diligencia debida de las empresas en materia de sostenibilidad: el Consejo da su aprobación definitiva» [en línea], (24 de mayo de 2024), <https://bit.ly/4cnoMD1>.

91 Esta ha sido una de las principales quejas de la doctrina, pues la mayoría de las empresas no cumplen con los criterios establecidos y, por lo tanto, quedarían exentos de cumplir con las obligaciones establecidas en la propuesta de Directiva. En este sentido, por ejemplo, *vid.* PATZ, C., «The EU's Draft Corporate Sustainability Due Diligence Directive: A first assessment», *Business and Human Rights Journal*, 7(2), 2022, pp. 291-297, LAFARRE, A., «The proposed corporate sustainability due diligence Directive: Corporate liability design for social harms», *European Business Law Review*, 34/2), 2023, pp. 213-240 o ÍÑIGO ÁLVAREZ, L., «Luces y sombras de la propuesta de Directiva sobre diligencia debida de las empresas en materia de sostenibilidad y especial consideración de las personas defensoras», *Working paper nº 5. Institut Català Internacional per la Pau*, 2023. Disponible en: https://bit.ly/3Wsg9lL.

realizar las acciones establecidas en el art. 5 del texto adoptado por el Parlamento Europeo y el Consejo relativo a la propuesta de Directiva sobre debida diligencia con el objetivo de garantizar que en su cadena de suministro no existe trata de seres humanos. Entre las acciones se incluye la integración de la diligencia debida en las políticas empresariales, la detección de los efectos adversos reales o potenciales el establecimiento de un procedimiento de denuncia o el monitoreo de la eficacia de las medidas adoptadas[92]. Por lo tanto, esta es una medida de prevención indirecta, pues si las empresas están obligadas a una serie de actuaciones por evitar que, entre otros, la trata se apodere de una parte de la cadena de suministro, se dificulta la labor de las redes y, a largo plazo, puede que incluso desaparezcan[93].

Resumiendo, los movimientos que se han hecho encaminados a la sanción penal de los demandantes de los bienes y servicios de la trata aún son demasiado leves. Respecto a la trata en general, cabe tener las esperanzas puestas en los avances de la nueva Estrategia UE contra la trata 2021-2025 y de la propuesta de modificación de la Directiva 2011/36/UE en este ámbito. No obstante, el reto es mayúsculo, de modo que aún es pronto para emitir un juicio relativo a la incidencia de esta propuesta.

---

92 *Vid.* arts. 4-14 propuesta Directiva sobre diligencia debida. COM(2022) 71 final y arts. 5 y ss. P9_TA(2024)0329.

93 Sobre la Directiva sobre diligencia debida, tanto la propuesta inicial como el texto adoptado definitivamente, *vid.*, entre otros, BUENO, N., BERNAZ, N., HOLLY, G., MARTIN-ORTEGA, O., «The EU Directive on Corporate Sustainability Due Diligence (CSDDD): The Final Political Compromise», *Business and Human Rights Journal*, 2024, p. 1-7. Disponible en: https://doi.org/10.1017/bhj.2024.10, KENT, A., «The proposed EU Corporate Sustainability Due Diligence Directive», *Journal du Droit Transnational*, 0, 2023, pp. 2-7 o O'BRIEN, C. M., CHRISTOFFERSEN, J., «The proposed European Union Corporate Sustainability Diligence Directive: Making or breaking European Human Rights?», *Anales de Derecho*, 40(2), 2023, pp. 178-201.

En este sentido, sigue en el aire el cómo se transpondrá el contenido del art. 18 *bis*, la concreción del concepto «consciente», las penas que se establecen y, en definitiva, qué régimen jurídico regirá esta nueva conducta criminal. No obstante, estos cuatro instrumentos normativos desplegados e implementados correctamente deberían incidir en la demanda de la trata. Por lo tanto, debe valorarse positivamente la voluntad de hacer frente a una de las principales causas de la trata de seres humanos siempre que se dé una respuesta a los retos que se plantean.

4.2.3.2. La lucha contra los abusos sexuales y la pornografía infantil como medio indirecto para la prevención de la trata de seres humanos con víctimas menores de edad

Aparte de la obligación relativa a la tipificación de la demanda de los bienes y servicios derivados de la trata en general, aún por concretar, y al igual que sucedió con la Directiva 2009/52/CE, los Estados miembro encontraron en otro instrumento jurídico de la Unión la posibilidad de dar pasos en pro de la prevención, esta vez de modo indirecto, de la trata de seres humanos con fines de explotación sexual que afectaba a víctimas menores de edad. Dada su especial vulnerabilidad, la Unión Europea promulgó la Directiva 2011/93/UE, con el objetivo de criminalizar cualquier actividad de carácter sexual que involucrase a menores, dependiendo de si han alcanzado o no la edad para el consentimiento sexual[94]. El objetivo de la citada

---

94 *Directiva 2011/93/UE del Parlamento Europeo y del Consejo, de 13 de diciembre de 2011, relativa a la lucha contra los abusos sexuales y la explotación sexual de los menores y la pornografía infantil y por la que se sustituye la Decisión marco 2004/68/JAI del Consejo.* DOUE L 335 de 17 de diciembre de 2011. Aunque el documento haga referencia, en el título, a la Directiva 2011/92/UE, el número correcto y oficial de la Directiva es el 2011/93/UE; *vid. Corrección de errores de la Directiva 2011/92/UE del Parlamento Europeo y del Consejo, de 13 de diciembre de 2011, relativa a la lucha contra los abusos sexuales y la explotación sexual de*

directiva, de acuerdo con su art. 1, es establecer unas normas mínimas relativas a la definición de las infracciones penales y de las sanciones en el ámbito de los abusos sexuales y la explotación sexual de los menores, la pornografía infantil y el engaño de menores con fines sexuales por medios tecnológicos.

La Directiva 2011/93/UE prevé que cualquier conducta de carácter sexual que involucre a menores de edad sea castigada con penas privativas de libertad, sin necesidad de que las autoridades competentes demuestren que existe una red de trata de seres humanos que se lucra de la explotación sexual del menor en cuestión[95]. Por ejemplo, en su art. 3 apdo. 4 se castiga a las personas que realicen actos de carácter sexual con menores[96], en el apdo. 4 del art. 4 se castiga a los que a sabiendas asistan a espectáculos de carácter sexual donde participen menores de edad[97] o, de acuerdo con el art. 2 de la misma, se castigan a las personas que adquieran pornografía infantil[98] o

---

menores y la pornografía infantil y por la que se sustituye la Decisión marco 2004/68/JAI del Consejo. DOUE L 18 de 21 de enero de 2012. Para saber más sobre el alcance y el contenido de este instrumento, *vid.* SÁNCHEZ DOMINGO, M. B., «La cooperación judicial penal y el Tratado de Lisboa. El ejemplo de la Directiva 2011/93/UE en materia de pornografía infantil, *Revista de Derecho Comunitario Europeo,* 44, 2013, pp. 279-305, pp. 285-291.

95 SWD(2016) 159 final, *op. cit.*, p. 60.

96 Se establece que los Estados miembro deberán castigar con penas privativas de libertad de una duración máxima de al menos cinco años todas aquellas personas que realicen actos de carácter sexual con un menor que no ha alcanzado la edad de consentimiento sexual.

97 En este sentido, «Asistir a sabiendas a espectáculos pornográficos en los que participen menores se castigará con penas privativas de libertad de una duración máxima de al menos dos años si el menor no ha alcanzado la edad de consentimiento sexual, y de al menos un año si el menor ha alcanzado esa edad».

98 Así, según la Directiva 2011/93/UE, la pornografía infantil será: «i) todo material que represente de modo visual a un menor participando en una conducta sexualmente explícita real o simulada; ii) toda representación de

que accedan a ella[99]. Todas las conductas anteriores, que en los ordenamientos jurídicos de los Estados miembro se deben tipificar como delito con penas previstas de privación de libertad, tienen en común que hacen referencia a los usuarios de la explotación sexual, a los clientes de los burdeles o de las redes de trata y no a quién se lucra a partir de dicha actividad de explotación.

Consecuentemente, la Directiva 2011/93/UE favorece, aunque sea indirectamente, la prevención de la trata de seres humanos, en lo que a los menores de edad se refiere. En este sentido, al penalizar cualquier acto de carácter sexual donde participe un menor de edad, no es necesario comprobar si existe una red de trata de seres humanos detrás para poder castigar a sus explotadores, aunque es un elemento nuclear para garantizarle los derechos reconocidos en la Directiva 2011/36/UE y en el Estatuto de la Víctima en tanto que víctimas. De igual forma es importante determinar si hay una red de trata detrás para las investigaciones policiales o judiciales. Por lo tanto, cuando un menor de edad, nacional de la Unión Europea o de un tercer país, sea víctima de trata y se le explote sexualmente queda automáticamente protegido, también, por

---

los órganos sexuales de un menor con fines principalmente sexuales; iii) todo material que represente de forma visual a una persona que parezca ser un menor participando en una conducta sexualmente explícita real o simulada o cualquier representación de los órganos sexuales de una persona que parezca ser un menor, con fines principalmente sexuales; o iv) imágenes realistas de un menor participando en una conducta sexualmente explícita o imágenes realistas de los órganos sexuales de un menor, con fines principalmente sexuales»

99 *Vid.* art. 5 apdo. 2-3 Directiva 2011/93/UE. En este sentido, «la adquisición o la posesión de pornografía infantil se castigará con penas privativas de libertad de una duración máxima de al menos un año» y «el acceso a sabiendas a pornografía infantil por medio de las tecnologías de la información y la comunicación se castigará con penas privativas de libertad de una duración máxima de al menos un año».

la Directiva 2011/93/UE y los usuarios que utilicen los servicios sexuales de dicho menor se enfrentan a penas privativas de libertad.

Dicha medida sigue con la lógica anterior de la reducción de la demanda de los servicios derivados de la trata de seres humanos, en este caso los servicios prestados por menores de edad. La Unión consideró que, si se consigue eliminar la demanda, la oferta automáticamente desaparece, de modo que esta Directiva se hace especialmente relevante, aunque los Estados miembro tienen margen de maniobra a la hora de establecer las sanciones previstas. Es preciso destacar que, por ejemplo, el título de la Directiva 2011/93/CE se refiere a las normas mínimas. En este sentido, la diversidad en las penas, haciendo que algunas de ellas sean demasiado leves, provoca una auténtica laguna legal en el sistema de la UE[100] que puede provocar que las redes de trata se asienten en Estados donde las penas sean muy bajas, de modo que la trata siga siendo un negocio de bajo riesgo y altos beneficios.

De acuerdo con el art. 27 de la Directiva 2011/93/UE, la fecha límite para su transposición era el 18 de diciembre de 2013. Todos los Estados miembro transpusieron la Directiva dentro del período legalmente establecido a excepción de Dinamarca, que no participó de esta Directiva. Es preciso apuntar que la Directiva preveía que fuese la Comisión Europea la que presentase el informe, a más tardar el 18 de diciembre de 2015, relativo a la evaluación de las medidas adoptadas por los Estados miembro en aplicación de las disposiciones de la Directiva 2011/93/UE[101]. El informe se presentó un años más tarde porque, justo al vencer el plazo de transposición, solamente doce Estados miembro habían concluido la transposición de dicha

---

[100] SWD (2016) 159 final, *op. cit.*, p. 60.

[101] *Vid.* art. 28 Directiva 2011/93/UE.

directiva[102]. En este sentido, el Parlamento Europeo[103] remarcó la necesidad de que los Estados miembro cooperasen con la Comisión y evitasen más retrasos en el cumplimiento de la Directiva 2011/83/UE[104].

En cuanto al contenido, la mayoría de los Estados miembro adoptaron medidas para castigar penalmente tanto los abusos sexuales como aquellos relacionados con la explotación sexual de los menores. A diferencia de los delitos relacionados con los abusos sexuales, que reúnen cierta uniformidad entre los Estados miembro en el desarrollo de las medidas nacionales, los delitos de explotación sexual se caracterizan por cierta heterogeneidad. En este sentido, por ejemplo, hacer que un menor participe en espectáculos pornográficos o captarlo para que lo haga solamente se tipificó como delito en trece Estados miembro[105], mientras que el hacer que un menor se prostituya,

---

102 COMISIÓN EUROPEA, *Informe de la Comisión al Parlamento Europeo y al Consejo por el que se evalúa en qué medida los Estados miembro han tomado las medidas necesarias para cumplir la Directiva 2011/93/UE, de 13 de diciembre de 2011, relativa a la lucha contra los abusos sexuales y la explotación sexual de los menores y la pornografía infantil*, 16 de diciembre de 2016. COM (2016) 871 final. El retraso supuso que la Comisión iniciase procedimientos de infracción por no comunicar las medidas nacionales de transposición a Bélgica, Bulgaria, Irlanda, Grecia, España, Italia, Chipre, Lituania, Hungría, Malta, los Países Bajos, Portugal, Rumanía, Eslovenia y Reino Unido. Sin embargo, todos estos procedimientos quedaron archivados.

103 PARLAMENTO EUROPEO, *European Parliament resolution of 14 December 2017 on the implementation of Directive 2011/93/EU of the European Parliament and of the Council of 13 December 2011 on combating the sexual abuse and sexual exploitation of children and child pornography (2015/2129(INI))*, 2017. Disponible en: https://bit.ly/2Kf4yAN.

104 *Ibid.*, párr. 3.

105 En concreto, Bélgica, Alemania, Grecia, España, Italia, Chipre, Lituania, Malta, los Países Bajos, Austria, Rumanía, Eslovaquia y el Reino Unido (Gibraltar); *vid.* COM (2016) 871 final, *op. cit.*, p. 9

captarlo para que lo haga y lucrarse con ello se tipificó como delito en veinte Estados miembro[106].

Con todo, la Directiva 2011/93/UE continúa presentando retos para los Estados miembro en lo que respecta a la tipificación de las conductas delictivas previstas. Así, la variedad de los ordenamientos jurídicos nacionales, que ya se presentó como uno de los factores que facilitan a las redes de trata operar en determinados Estados miembro con legislaciones más laxas, sigue estando en el orden del día[107]. En este sentido, según la información remitida por los Estados miembro a la Comisión a la hora de la elaboración del informe, algunas de las medidas de la Directiva 2011/93/UE no fueron aplicadas en los ordenamientos jurídicos nacionales, cosa que ralentizó la máxima efectividad de dicha Directiva.

Habida cuenta de los tres instrumentos normativos expuestos, es voluntad de las instituciones de la Unión armonizar las legislaciones de los Estados miembro para poder hacer frente común a la lacra que supone la trata de seres humanos, aunque sea de modo indirecta. Sin embargo, la armonización de las legislaciones nacionales no comporta uniformidad, de modo que pueden existir diferencias entre los ordenamientos jurídicos de los Estados miembro de la UE. Este aspecto dificulta los avances en la prevención del fenómeno ya que, por ejemplo, no todos los países de la Unión Europea han aplicado cambios

---

106 Los Estados miembro que aplicaron medidas en este sentido fueron Bélgica, Bulgaria, la República Checa, Alemania, Gracia, España, Francia, Croacia, Italia, Chipre, Lituania, Luxemburgo, Malta, los Países Bajos, Portugal, Rumanía, Eslovenia, Eslovaquia, Suecia y el Reino Unido; *vid.* COM(2016) 871 final, *op. cit.*, pp. 9-10. Para saber más sobre la aplicación nacional de las medidas previstas en la Directiva 2011793/UE, *vid.* párr. 2.1.2 a 2.1.5.

107 *Ibid.*, p. 22. En este sentido, la Comisión apuntó que el Derecho penal material era uno de los principales desafíos a los que se enfrentaban los Estados miembro, ya que a finales de 2016 aún quedaban algunas disposiciones de la Directiva 2011/93/UE pendientes de transposición.

legislativos para considerar un delito el uso de los servicios derivados de la trata de seres humanos[108]. Hasta que la tipificación de la demanda consciente de los bienes y servicios de la trata sea una realidad, no hay que olvidar que las redes que operan en aquellos países donde no se castiga penalmente el consumo de los bienes y servicios de la trata tienen más posibilidades de ampliar su negocio. Este es el caso, por ejemplo, de los Países Bajos[109], que formaba parte de los cinco países con mayor número de víctimas registradas durante el período 2015-2016 y que no ha desarrollado, hasta el momento, medidas legislativas para castigar penalmente el uso de bienes y servicios derivados de la trata de seres humanos.

Desde que se puso encima de la mesa la necesidad de abordar la demanda de los bienes y servicios de la trata, los Estados miembro que se negaron a penalizar el uso consciente de los servicios derivados de la trata de seres humanos justificaban, a partir de la transposición de la Directiva 2009/52/CE, que ya existen medidas en sus respectivos ordenamientos jurídicos que hacen referencia a la tipificación como delito de los servicios derivados, en este caso, de la explotación laboral[110]. Aunque la transposición de la Directiva 2009/52/CE permitió que todos los Estados miembro de la Unión Europea en general estableciesen las previsiones penales establecidas en dicha directiva[111], el contenido de la misma deja fuera a una parte

---

108 COM(2016) 719 final, *op. cit.*, p. 4. Por ejemplo, Finlandia dispone de medidas específicas para criminalizar a los usuarios de los Servicios de explotación sexual.

109 COMISIÓN EUROPEA, *Data collection on trafficking in human beings (…)*, *op. cit.*, p. 15.

110 COM(2016) 719 final, *op. cit.*, p. 5. En este caso, Polonia y Hungría, según datos a disposición de la Comisión.

111 COMISIÓN EUROPEA, *Comunicación de la Comisión al Parlamento Europeo y al Consejo sobre la aplicación de la Directiva 2009/52/CE, de 18 de junio de 2009, por la que se establecen normas mínimas en materia de sanciones y medidas aplicables a*

importante de las víctimas, aquellas que son nacionales de Estados miembro de la Unión Europea y aquellas que residen regularmente en la Unión Europea. Además de no criminalizar a aquellos usuarios de servicios dónde las víctimas son autónomas y que no tienen ninguna relación laboral con dicho usuario, se olvida de aquellos usuarios que no son empleadores[112].

Así pues, las medidas legislativas que se han aplicado en la Unión Europea con el objetivo de luchar contra la trata de seres humanos son escasas. Si bien existen una serie de instrumentos que pueden utilizarse para reducir las posibilidades de negocio de la trata de seres humanos, estos no tienen como principal dicha finalidad, de modo que la lucha contra la trata que desarrollan dichos instrumentos es una lucha indirecta. Es por esto por lo que pueden aparecer diferencias entre los instrumentos normativos de los Estados miembro que provoquen un *fórum shopping* que sea utilizado para las redes para detectar el Estado con las sanciones más laxas y poderse establecer allí. En este sentido, también provoca que algunos hayan optado por instituciones jurídicas preexistentes en sus respectivos ordenamientos jurídicos en lugar de aplicar modificaciones y tipificar como delito el uso consciente de los servicios derivados de la trata de seres humanos[113].

Consecuentemente, aunque la naturaleza de la materia sea muy sensible para los Estados miembro, por su reticencia

---

los empleadores de nacionales de terceros países en situación irregular, 22 de mayo de 2014. COM(2014) 286 final.

112 COM(2016) 719 final, *op. cit.*, p. 5.

113 Este es el caso, por ejemplo, de los Países Bajos o España. En el caso concreto de España, aun aceptando que no existen provisiones legales para penalizar el uso consciente de los servicios derivados de la trata de seres humanos, existe la posibilidad de considerar alguna conducta como crímenes contra la libertad sexual y la integridad de las personas. Para más información, *vid. Ibid.*

a ceder competencias a la Unión Europea en materia penal, se debe apostar por una normativa unificada que sancione a cualquier persona que, consciente de ello, utilice los servicios y los bienes derivados de la explotación de las redes de trata, ya sean las víctimas nacionales de la Unión Europea como de terceros países, regulares o irregulares. Cualquier víctima de la trata debe quedar protegida por igual en toda la Unión Europea y, además, cualquier tratante debe sufrir las mismas penas en cualquier Estado miembro de la UE. Y, de este modo, reducir las posibilidades de que las redes puedan actuar en algún Estado de la Unión Europea que tenga una legislación que no dificulte significativamente su actividad.

4.2.4. Los instrumentos de prevención de la trata de seres humanos de ámbito financiero y el papel de Europol: la recuperación de activos como instrumentos de prevención de la trata de seres humanos

El siguiente bloque de instrumentos de prevención se refiere a aquellos instrumentos de ámbito financiero relacionados con la recuperación de los activos derivados de la actividad criminal de las redes de trata. Se tiene que partir de la base de que las organizaciones criminales buscan conseguir beneficios con su actividad criminal[114]. De este modo, una de las vías para la prevención de la trata es privar de dichos beneficios a las redes. Consecuentemente, los instrumentos que se analizan a continuación obedecen a la lógica de transformar el fenómeno de la trata en uno de alto riesgo y convertir en escasos, o casi nulos, los beneficios. En esta misma línea, la Comisión estableció, en el informe de 2017 sobre los pasos a seguir después de

---

114 MÁTYÁS, S., FRIGYER, L., NYITRAI, E., «Asset recovery proceedings and investigation», *Часопис Національного університету «Острозька академія». Серія «Право»*, 2(14), 2016, p. 1.

la Estrategia UE 2012-2016, que las investigaciones financieras y la recuperación de activos se tenían que convertir en unas de las líneas prioritarias en la lucha contra la trata de seres humanos, ya que el objetivo es romper con el negocio de la trata[115]. En este mismo orden de ideas, la nueva Estrategia UE contra la trata 2021-2025 contra la trata de seres humanos prevé utilizar este mismo tipo de investigaciones para privar a las redes de sus beneficios y, de esta manera, evitar que se infiltren en el mercado y en la sociedad. Además, propone desarrollar un marco jurídico para identificar, embargar y confiscar los activos criminales[116].

Antes de entrar a analizar los instrumentos en este sentido, es preciso determinar qué se entiende por investigaciones financieras. En general, este tipo de investigaciones deben entenderse como aquellas que afectan a los aspectos financieros relacionados con las conductas criminales[117]. En consecuencia, las investigaciones financieras consisten en recabar información financiera, analizarla y usarla, en sentido amplio, por parte de las autoridades policiales en sus investigaciones relativas al crimen organizado en general y a las redes de trata en particular[118]. Este tipo de investigaciones pueden llevarse a cabo, mayoritariamente, por parte de las fuerzas de seguridad de los Estados miembro, aunque también pueden participar las ins-

---

115 SWD(2018) 473 final, *op. cit.*, p. 35.

116 COM(2021) 171 final, *op. cit.*, p. 9.

117 FATF, *FATF Report. Operational Issues Financial Investigations Guidance*, 2012, p. 3. Disponible en: https://bit.ly/2Th2Nq1. En este sentido, una investigación financiera debe entenderse como «an enquiry into the financial affairs related to criminal conduct».

118 SLOT B., DE SWART, L., DELEANU, I., MERKUS, E., LEVI, M., KLEEMANS, E., *Needs assessment on tools and methods of financial investigation on the European Union*, ECORYS, Wetenschappelijk Onderzoek- en Documentatiecentrum, Rotterdam, 2015, p. 18.

pecciones de trabajo, los técnicos de las administraciones públicas y organismos privados de control financiero[119].

De acuerdo con el contenido de las investigaciones financieras, los instrumentos de recuperación de activos obedecen a un doble objetivo. En primer lugar, la persecución de las redes de trata de seres humanos a partir de las investigaciones financieras, de los movimientos del dinero y de las operaciones de blanqueo de capitales. Y, en segundo lugar, la prevención del delito que se traduce en dificultades a la hora de mover el dinero, de modo que se pueda dejar sin financiación a las organizaciones criminales.

Este doble objetivo nace de la percepción de que la trata es una actividad de altos beneficios y escasos riesgos. Por un lado, este tipo de instrumentos facilitarán que las redes no dispongan de recursos suficientes para sufragar los costes de su actividad y, por el otro lado, permitirá obtener medios de prueba para reforzar las acusaciones por trata de las autoridades competentes. Esta vertiente de persecución se justifica porque, a día de hoy, la mayoría de las investigaciones por trata se basan en el testimonio de las víctimas[120], la cual no siempre está dispuesta a testificar ni a participar en el procedimiento judicial porque les puede generar una carga excesiva[121] incluso aumentar el riesgo de revictimización[122]. Por lo tanto, este tipo

---

119 RAETS, S., JANSSENS, J., «The financial approach to tackling trafficking in human beings», en SHENTOV, O., RUSEV, A., ANTONOPOULOS, G. (eds.), *Financing of Organised Crime. Human trafficking in focus*, Centre for the Study of Democracy, Sofia, 2019, pp. 97-109, p. 98. Disponible en: https://bit.ly/33axfXc.

120 EUROJUST, *Eurojust Report on Trafficking in Human Beings. Best practice (...), op. cit.*, p. 29.

121 COM(2018) 777 final, *op. cit.*, p. 8.

122 LAFONT SICUESA, L., «Aspectos represivos, procesales y de protección que una futura ley integral debiera abordar», en VILLACAMPA ESTIARTE, C (dir.), PLANCHADELL GARGALLO, A. (coord.), *La trata de seres humanos*

de instrumentos, aparte de dificultar a las redes su actividad por privarlas de su capacidad económica, amplía los medios de prueba para reforzar las eventuales acusaciones contra las de trata. Nótese, pues, el valor central que asume hacer frente al modelo de negocio de las redes.

Las organizaciones criminales que tienen como actividad la trata de seres humanos han conseguido consolidar negocios y habilidades técnicas a la hora de gestionar las finanzas que rodean su actividad criminal[123], de modo que han creado auténticos conglomerados empresariales que permiten blanquear con facilidad todo el dinero procedente de la explotación de sus víctimas. Consecuentemente, las redes de trata han desarrollado una amplia capacidad para superar las investigaciones policiales, al disponer de un amplio capital para, por ejemplo, para sufragar los costes de los honorarios de abogados, o una capacidad de resiliencia, de modo que pueden arrancar de nuevo los negocios después de que hayan sido desmantelados por las autoridades policiales o judiciales de los Estados miembro[124].

4.2.4.1. La Red CARIN y el papel de Europol en las investigaciones financieras. La cooperación para privar a las organizaciones criminales de los beneficios derivados de la actividad criminal

Las investigaciones financieras se han erigido como uno de los instrumentos con mayor relevancia a la hora de luchar

---

tras un decenio de su incriminación. ¿Es necesaria una ley integral para luchar contra la trata y la explotación de seres humanos?, Tirant lo Blanch, Valencia, 2022, pp. 51-84, p. 61.

123 SWD(2018) 473 final, *op. cit.*, p. 35. En este sentido, *vid.* EUROPOL, *The THB financial business model (…)*, *op. cit.*

124 *Ibid.*

contra la trata de seres humanos[125]. A nivel europeo se han desarrollado una serie de instrumentos destinados a facilitar la cooperación entre los Estados miembro con el objetivo de erradicar la trata de seres humanos. En este sentido, Europol juega un papel importante dada su posición privilegiada en la cooperación policial entre los Estados miembro de la Unión Europea y su intervención en el desarrollo de medidas de persecución de los delincuentes y del crimen organizado. De hecho, esta agencia de la Unión se ha convertido en el centro de creación de inteligencia relativa al *modus operandi* del crimen organizado en general y de las redes de trata en particular. Además, su sede en La Haya, donde se encuentran las distintas Unidades Nacionales de los Estados miembro de Europol, alberga la sede de la Red CARIN, una red destinada a incrementar la efectividad de sus miembros en privar a las organizaciones criminales de los beneficios ilícitos derivados de su actividad delictiva y respecto de la cual Europol asume la secretaría, aportando espacio físico y personal administrativo[126].

El objetivo de la Red CARIN es dotar a sus miembros de un espacio donde se reúnen expertos y profesionales con la intención de reforzar el conocimiento común de los métodos y técnicas en el ámbito de la identificación, embargo preventivo, incautación y decomiso transfronterizo de los productos

---

125 Por ejemplo, tanto el EU Policy Cycle 2018-2021 como el EMPACT 2022+, adoptado en mayo de 2021, reconocieron la importancia de este tipo de investigaciones juntamente con Europol. Aunque no se concibió como una de las actuaciones prioritarias, pues la última actualización sigue hablando del modelo de negocio, el Consejo consideró que debían implementarse de forma horizontal en la lucha contra cualquier forma de criminalidad organizada. En este sentido, *vid.* CONSEJO, 8654/17, *op. cit.*, párr. 9 y CONSEJO, 8665/21, *op. cit.*, p. 6.

126 CARIN NETWORK, *CARIN MANUAL, 5th Edition*, 2015, párr. 3.4.4. Disponible en: https://bit.ly/2M0OeG7.

procedentes del delito[127]. Además, pretende facilitar la localización, la incautación y el decomiso de los activos de las redes de la trata y de las organizaciones criminales que operan en el territorio de cada miembro en cuestión.

Nótese que se hace referencia a miembros en lugar de Estados miembro, ya que, si bien pueden formar parte de dicha red los Estados miembro de la UE, también está abierta a los Estados que fueron invitados en el congreso de constitución[128]. Cada miembro envía hasta dos representantes, uno procedente de las distintas agencias de policía y otro del poder judicial, que ostentan el título de «puntos de contactos nacionales». Todos estos puntos proporcionan apoyo en todo el proceso de recuperación de activos, desde el momento en el que se inicia una investigación, que comporta la localización de los activos en cuestión, seguida por el pertinente bloqueo e incautación[129]. En este sentido, la Red CARIN se ha erigido como uno de los principales actores a la hora de realizar investigaciones financieras con un alcance internacional[130].

El hecho de privar a las organizaciones criminales de los beneficios que obtienen de la explotación de sus víctimas pone en graves dificultades la posibilidad de supervivencia de estas. Se puede dar por válido el efecto disuasorio que tiene este tipo de medidas cuando las redes de trata tengan que decidir dón-

---

127 *Vid.* Preámbulo párr. 5 Decisión 2007/845/JAI.

128 CARIN NETWORK, *CARIN MANUAL*, *op. cit.*, párr. 3.1.1. Actualmente, forman parte de la Red CARIN cincuenta y cuatro jurisdicciones, de las cuales veintisiete son los Estados miembro de la UE.

129 CARIN NETWORK, *¿Quiénes somos?*, p. 1. Disponible en: https://bit.ly/2KvwvUd.

130 BOUCHT, J., «European cooperation in financial investigations. An overview of the legal framework and future challenges», en DUREVIC, Z., IVICECIC, K., SHANAHAN, E. (eds.), *European Criminal Procedure Law in the Service of the Protection of European Union Financial Interests*, Croatian Association of European Criminal Law, Zagreb, 2016, pp. 119-131, p. 120.

de establecen su actividad criminal. Así, si estas ven imposible disponer de los beneficios obtenidos a través de su actividad delictiva, las opciones a disposición de los grupos criminales se reducen, sencillamente, a dos: o bien crear estructuras más complejas, con la posibilidad de que existan fallos en su entramado y, consecuentemente, quedar expuestas a las investigaciones criminales o judiciales; o bien optar directamente por no establecer ninguna actividad criminal en el territorio en cuestión.

En el contexto europeo de lucha contra la trata de seres humanos, la Red CARIN, al ser uno de los instrumentos financieros a disposición de las instituciones europeas y de sus Estados miembro, obedece tanto a la lógica de prevención de la trata de seres humanos como a la persecución de los delincuentes. La posibilidad de seguir el rastro del dinero obtenido con la explotación de las víctimas es un modo de detectar todos los actores que participan en la red de tratantes. Además, posibilita no solo investigar y detener a los miembros del escalafón más bajo dentro de la organización, sino que también permite a las autoridades policiales llegar a los máximos dirigentes de las organizaciones criminales.

Sin embargo, realizar investigaciones financieras, así como seguir el rastro del dinero, no es sencillo en absoluto, sobre todo dada la capacidad de resiliencia y de innovación del entramado de las organizaciones criminales. Así pues, teniendo en cuenta la apuesta estratégica de la Comisión y del amplio elenco de posibilidades que abren las investigaciones financieras, añadido al efecto disuasorio que representa la posibilidad de que las redes de trata sean desprovistas de sus beneficios, sería interesante plantear que la Red CARIN deje de ser una red informal para convertirse en otro instrumento institucionalizado de la lucha contra la trata de seres humanos. Esta institucionalización debe tener en cuenta la mejora en la protección de los datos que maneja la red, sobre todo al referirse a terceros Estados y a organizaciones internacionales con estándares de protección menores que los establecidos en la Unión Europea. Es importante que los puntos de contacto de cualquier actor que no sea un Estado miembro de la Unión Europea garanticen que los datos transmitidos son tratados de acuerdo con las prescripciones básicas de protección de datos y que, bajo ningún concepto, se gestiona dicha información siguiendo estándares menores que los previstos por la UE.

Además, uno de los elementos a destacar de la Red CARIN es que no se limita a los Estados miembro de la UE[131]. Esto es interesante porque las redes de trata suelen diversificar su actividad en más de un Estado. Por ejemplo, en cuanto a las víctimas que no disponen de la ciudadanía europea, las redes actúan desde los países de origen de las víctimas, dónde se captan, pasando por los países de tránsito, dónde se prepara a las víctimas y, finalmente, los países de destino[132]. Asimismo, dentro de la Unión, las redes de trata diversifican su negocio. Así pues, una plataforma como la Red CARIN se hace totalmente necesaria, en tanto que reúne autoridades y expertos procedentes de la Unión y de terceros países u organizaciones internacionales. En este sentido, esta plataforma informal debe ampliar sus miembros a partir de los datos a disposición de las instituciones de la UE. Así, deberían formar parte de dicha Red todos los Estados de origen y de tránsito, ya que son aquellos Estados dónde probablemente circule el dinero procedente de la trata de seres humanos, aparte de los Estados de destino, que son los Estados de la UE y que ya forman parte de la Red CARIN. De este modo, esta plataforma incluirá de modo exhaustivo a todos los Estados por dónde posiblemente circulen los activos derivados de la trata, de modo que las posibilidades de las autoridades competentes para seguir el rastro de dicho dinero aumentan y, con ello, las probabilidades

---

131 SWD(2018) 473 final, *op. cit.*, p. 40.

132 EUROPOL, *Situation report: Trafficking (…)*, *op. cit.*, p. 14.

de concluir con éxito una investigación por delitos de trata de seres humanos. Aun así, es necesario que la Red CARIN se adapte a los cambios que puedan producirse en las tendencias y en el *modus operandi* de las redes de trata. Esto pasa, necesariamente, por actualizar sus miembros, sobre todo si se tiene en cuenta que las redes de trata actualizan su actividad con mucha facilidad, de modo que pueden buscar fácilmente qué Estados no forman parte de este tipo de plataformas y, así, dificultar la labor de los cuerpos policiales y del poder judicial.

4.2.4.2. Las Oficinas de Recuperación de Activos de los Estados miembro de la Unión Europea y la cooperación institucionalizada establecida entre ellas

Juntamente con la Red CARIN, las Oficinas de Recuperación de Activos (ARO en sus siglas en inglés) de los Estados miembro se erigen como otro de los instrumentos destinados a la lucha contra la trata de seres humanos desde una perspectiva financiera. Al igual que el instrumento anterior, las ARO obedecen a una doble función: la de perseguir a las organizaciones criminales, en tanto que su función es la de recuperar los activos derivados de la actividad criminal de las redes de trata, de modo que pueden seguir el rastro por todos los actores de la organización en cuestión, y la de prevenir la trata, ya que buscan privar de los beneficios económicos derivados de la actividad criminal a las redes de trata.

En virtud del art. 1 de la Decisión 2007/845/JAI[133], los Estados miembro tienen la obligación de crear un organismo nacional de recuperación de activos. Su objetivo es facilitar el

---

[133] *Decisión 2007/845/JAI del Consejo, de 6 de diciembre de 2007, sobre cooperación entre los organismos de recuperación de activos de los Estados miembro en el ámbito del seguimiento y la identificación de productos del delito o de otros bienes relacionados con el delito.* DOUE L 332 de 18 de diciembre de 2007.

seguimiento y la identificación de los productos de actividades delictivas y otros bienes relacionados con el delito, de modo que estos activos sean susceptibles de ser embargados, incautados o decomisados durante el proceso judicial contra las redes de trata que operan en los Estados miembro de la UE[134]. En este sentido, hay que tener en cuenta la Directiva 2014/42/UE[135], que desarrolla las normas mínimas sobre el embargo y el decomiso de bienes en el ámbito penal de la UE. Esta establece, en su art. 3, que ambos procedimientos se aplicarán, entre otras, a las infracciones penales tipificadas en la Directiva 2011/36/UE. Para ello, pues, es necesario contar con una ARO.

Con todo, al igual que todos los instrumentos de prevención analizados hasta el momento, las ARO no iban destinadas directamente a luchar contra la trata de seres humanos, ya que su principal cometido hace referencia a los beneficios derivados de actividades delictivas en general. Sin embargo, la trata se incluye dentro del ámbito de competencia de estos organismos de los Estados miembro en tanto que es considerada una actividad delictiva, según lo que establece el art. 2 de la Directiva 2011/36/UE.

---

134 Sobre los procedimientos de recuperación de activos a nivel internacional y los retos que presenta, *vid.* FARALADO CABANA, P., «Improving the recovery of assets resulting from organised crime», *European Journal of Crime, Criminal Law and Criminal Justice*, 22, 2016, pp. 13-32. La autora establece una relación directamente proporcional entre la sanción penal del blanqueo de bienes y el éxito del decomiso de los bienes provenientes del delito. En este sentido, la autora apunta que la mejora de la efectividad del decomiso de los bienes del crimen organizado recae, en primer lugar, en la admisión del comiso por sustitución o el «aligeramiento» de la carga de la prueba del origen ilícito de los bienes al introducir presunciones *iuris tantum* de ilicitud que debe destruir el propietario o poseedor del bien sospechoso.

135 *Directiva 2014/42/UE del Parlamento Europeo y del Consejo, de 3 de abril de 2014, sobre el embargo y el decomiso de los instrumentos y del producto del delito en la Unión Europea.* DOUE L 127 de 29 de abril de 2014.

A diferencia de la Red, que es un espacio informal de intercambio de buenas prácticas y de apoyo entre autoridades judiciales y policiales, las ARO son organismos de los Estados miembro de la Unión Europea que operan dentro de la jurisdicción de cada Estado. No obstante, la propia Decisión 2007/845/JAI prevé la posibilidad de que las distintas ARO cooperen entre sí. Dicho en otras palabras, la Decisión 2007/845/JAI institucionaliza la cooperación en pro del embargo y el decomiso de los activos derivados, entre otros, de la trata de seres humanos.

Tal y como se ha apuntado en la sección relativa a la Red CARIN, es habitual que las redes de trata diversifiquen su actividad en distintos Estados. Esto facilita la operatividad de dichas redes, a la vez que dificulta las labores de la policía y los tribunales a la hora de enjuiciar a los presuntos autores de la explotación de las víctimas de la trata[136]. Esta diseminación de la actividad criminal en distintos Estados permite una adaptación eficaz y rápida de los miembros de la organización, así como una flexibilidad notable a la hora de responder a las nuevas oportunidades de negocio[137]. De este modo, los beneficios derivados de la explotación también se mueven por distintos países y se reparten entre distintas personas con el objetivo, por un lado, de eliminar los vínculos que existen entre los miembros de la organización y, por el otro lado, evadir los procedimientos financieros que podrían hacer saltar la alarma de las autoridades[138].

De acuerdo con el art. 3 de la Decisión 2007/845/JAI, el marco normativo para el intercambio de información entre los distintos organismos de recuperación de activos está estableci-

---

136 EUROPOL, *Situation report: Trafficking (...), op. cit.*, p. 14. En este sentido, MÁTYÁS, S. *et al.*, «Asset recovery proceedings (...)», *op. cit.*, p.1. Los autores apuntan, entre otras cosas, que los OCG operan sin tener en cuenta las fronteras.

137 *Ibid.*

138 *Ibid.*, p. 6.

da en la Decisión marco 2006/960/JAI[139]. Así, el mismo artículo establece que la vía principal de intercambio de información entre los distintos organismos de recuperación de activos son la emisión de formularios de solicitud de información[140].

No obstante, en virtud del art. 4 de la Decisión 2007/845/JAI, es posible que fuera de estos formularios, las ARO de los distintos Estados miembro, así como entre los distintos organismos del mismo Estado miembro, puedan intercambiar espontáneamente información sin que medie solicitud alguna, siguiendo el Derecho nacional aplicable. Esta previsión que hace la citada Decisión resulta de especial interés sobre todo si se tiene en cuenta que, en algunas circunstancias, las investigaciones criminales respecto a las redes de trata necesitan de

---

139 *Decisión marco 2006/960/JAI del Consejo, de 18 de diciembre de 2006, sobre la simplificación del intercambio de información e inteligencia entre los Servicios de Seguridad de los Estados miembro de la Unión Europea.* DOUE L 386 de 29 de diciembre de 2006. Su objetivo, tal y como lo define el art.1, es «establecer las normas en virtud de las cuales los servicios de seguridad de los Estados miembro puedan intercambiar de forma rápida y eficaz la información e inteligencia disponibles para llevar a cabo investigaciones criminales u operaciones de inteligencia criminal».

140 Según la Decisión 2007/845/JAI, los organismos deberán rellenar unos formularios establecidos en la Decisión marco 2006/960/JAI, que se encuentran establecidos en el Anexo A. En este sentido, según la Decisión marco 2006/960/JAI, «se podrá solicitar información e inteligencia a efectos de descubrimiento, prevención o investigación de un delito cuando existan razones de hecho para creer que otro Estado miembro dispone de información e inteligencia pertinente». Nótese que la cooperación entre las ARO y otros organismos también afecta, por ejemplo, a Eurojust. Así, cada Estado miembro deberá establecer un sistema de coordinación nacional que coordine las labores que realicen los corresponsales nacionales de Eurojust y, entre otros, los miembros nacionales o puntos de contacto de la red establecida en virtud de la Decisión 2007/845/JAI. En este sentido, *vid.* art. 20 apdo. 3 Reglamento 2018/1727. Para saber más sobre la coordinación entre los Estados miembro, Eurojust y las ARO, *vid.* ALONSO MOREDA, N., «Eurojust, a la vanguardia de la cooperación judicial (...)», *op. cit.*, pp. 123-125.

inmediatez y efectividad para poder detener a los presuntos autores. Así, evitar el formulario y, en definitiva, la burocratización del intercambio de información facilita la labor de las fuerzas de seguridad de los Estados miembro.

Es posible pensar que un intercambio espontáneo de información no queda sujeto a la protección de datos y que dicha información no está protegida. Pero los datos intercambiados, tanto siguiendo el formulario como de forma espontánea, quedan bajo las normas de protección de datos del Estado receptor de la información. La protección de datos en los instrumentos de cooperación policial es una de las cuestiones recurrentes en este trabajo. De este modo, la creación de los ARO y de la posibilidad de que intercambien información entre ellas parece totalmente adecuada a la realidad a la que se enfrentan en la lucha contra la trata de seres humanos, aunque la información que se transmita queda protegida bajo las normas de protección de datos vigentes en la Unión Europea, tal y como prescribe la Decisión 2007/845/JAI[141].

Teniendo en cuenta todo lo anterior, el intercambio de información entre los distintos ARO constituidos en los Estados miembro y la Red CARIN constituyen, a la vez, un complemento entre sí que perfecciona la función de prevención de la trata de seres humanos dentro del territorio de la Unión Europea y la persecución de los presuntos autores. Así, la Red CARIN abarca de modo informal a los Estados miembro de la UE, pero incorpora otros Estados y organizaciones internacionales, ampliando de este modo el alcance del intercambio de información. En cambio, los ARO, si bien la cooperación está

---

141 Para saber más sobre los procedimientos de confiscación de los bienes derivados de la actividad criminal, *vid.* FAZEKAS, M., NANOPOULOS, E., «The effectiveness of EU law: insight from the EU legal framework on asset confiscation», *European Journal of crime, criminal law and criminal justice*, 24(1), 2016, pp. 39-64.

institucionalizada, se centran solamente en los Estados miembro de la UE.

Con todo, ambos instrumentos buscan privar a las redes de trata de los beneficios obtenidos con la explotación de sus víctimas que, a su vez, son producto del delito y totalmente irregulares que, de alguna manera, deben introducirse en el mercado a través del blanqueo de capitales. A sabiendas de que esta práctica es habitual i absolutamente necesaria entre las redes de trata, la nueva Estrategia UE contra la trata 2021-2025 apuntó, correctamente, que debe evitarse que los beneficios de las redes de trata se infiltren en el mercado legal[142].

En este sentido, el éxito del decomiso de estos bienes conlleva que la lucha contra el blanqueo de capitales sea, también, exitosa. Es por esta razón que el último instrumento que se analizará en este apartado relacionado con los instrumentos de prevención de orientación financiera es la directiva anti-blanqueo de capitales y el desarrollo de las unidades de investigación financiera, que deberán complementarse con el trabajo realizado desde la Red CARIN y que trabajarán en paralelo con las ARO de los Estados miembro.

4.2.4.3. Las unidades de inteligencia financiera y la normativa anti-blanqueo de capitales como enésimo instrumento de prevención de la trata y de persecución desde la óptica de la lucha financiera

El tercer de los instrumentos que se analizan relacionado con la prevención de la trata desde una perspectiva financiera es la normativa anti-blanqueo de capitales. De acuerdo con la Directiva 2018/1673, que es la encargada de tipificar como delito el blanqueo de capitales, define esta práctica como la

142 COM(2021) 171 final, *op. cit.*, p. 9.

conversión o la transmisión de bienes, sabiendo que tienen un origen ilícito, con el objetivo de ocultarlos. Puede, además, referirse a las operaciones de ocultación o el encubrimiento de la verdadera naturaleza o la adquisición, la posesión o la utilización de bienes que provienen de una actividad delictiva siendo consciente de ello[143].

Juntamente con esta Directiva, la lucha contra el blanqueo de capitales está formada por lo que se conoce como cuarta directiva anti-blanqueo de capitales, la Directiva 2015/849[144]. En este sentido, aparte de la cuestión puramente penal, la UE, consciente de la circulación de dinero ilícito por el mercado interior, remarcó que la prevención del uso del sistema financiero para el blanqueo de capitales resultaba indispensable y actuaba como complemento de la lucha desde la perspectiva penal contra la delincuencia organizada en general y de la trata de seres humanos en particular[145]. Desde el punto de vis-

---

143 Esta definición de lo que se entiende por blanqueo de capitales es la que se encuentra establecida en la *Directiva (UE) 2018/1673 del Parlamento Europeo y del Consejo, de 23 de octubre de 2018, relativa a la lucha contra el blanqueo de capitales mediante el Derecho Penal.* DOUE L 284 de 12 de noviembre de 2018. Para saber más sobre esta nueva directiva y el establecimiento de normas mínimas a nivel penal relativas al blanqueo de capitales, *vid.* URBANEJA CILLÁN, J., «Renovadas medidas de la Unión Europea relativas a la sanción penal de capitales: la Directiva 2018/1673», *Revista General de Derecho Europeo,* 48, 2019, pp. 1-18.

144 *Directiva (UE) 2015/849 del Parlamento Europeo y del Consejo, de 20 de mayo de 2015, relativa a la prevención de la utilización del sistema financiero para el blanqueo de capitales o la financiación del terrorismo, y por la que se modifica el Reglamento (UE) 648/2012 del Parlamento Europeo y del Consejo, y se derogan la Directiva 2005/60/CE del Parlamento Europeo y del Consejo y la Directiva 2006/70/CE de la Comisión.* DOUE L 141 de 5 de junio de 2015. Esta Directiva es conocida, también, por ser la cuarta Directiva anti-blanqueo de capitales.

145 *Ibid.*, Preámbulo párr. 1. En este sentido, el objetivo Directiva 2015/849 es la prevención de la utilización del sistema financiero de la UE para el blanqueo de capitales.

ta de este último fenómeno, con la adopción de la Directiva 2015/849 se pretende evitar que las redes puedan poner en circulación el dinero procedente de sus actividades ilícitas, dificultando el flujo del dinero y evitando que se regularicen unos activos de origen ilícito.

Después de su promulgación, dada la resiliencia y la capacidad de adaptación del crimen organizado y del entramado que se esconde detrás de las organizaciones criminales, la Directiva 2015/849 sufrió una modificación a mediados de 2018 con el objetivo de actualizar la política anti-blanqueo de capitales de la Unión Europea y adaptarla al *modus operandi* de las organizaciones criminales, poniendo el foco de atención en las monedas electrónicas y los servicios de custodia de monederos electrónicos. Com consecuencia de ello se aprobó la Directiva 2018/843, conocida como la quinta directiva anti-blanqueo de capitales[146].

En la misma línea que la Red CARIN y las ARO, la normativa anti-blanqueo de capitales no tiene como objetivo principal la lucha contra la trata de seres humanos en concreto, sino que busca evitar la regularización de los beneficios obtenidos por las organizaciones criminales en general[147]. Sin embargo, habida cuenta de que las redes de trata son consideradas orga-

---

146 *Directiva (UE) 2018/843 del Parlamento Europeo y del Consejo, de 30 de mayo de 2018, por la que se modifica la Directiva (UE) 2015/849 relativa a la prevención de la utilización del sistema financiero para el blanqueo de capitales o la financiación del terrorismo, y por la que se modifican las Directiva 2009/138/CE y 2013/36/UE.* DOUE L 156 de 19 de junio de 2018. Para saber más, *vid.* FRICK, T. A., «Virtual and cryptocurrencies – regulatory and anti money laundering approaches in the European Union and Switzerland», *ERA Forum*, 20(1), 2019, pp. 99-112.

147 Sobre las tres Directivas anti-blanqueo de capitales de la UE anteriores al marco actual, *vid.* GILMORE, W., MITSILEGAS, V., «The EU legislative framework against money laundering and terrorist finance: A critical analysis in the light of Evolving Global Standards», *International and Comparative Law Quarterly*, 56, 2007, pp. 119-141.

nizaciones criminales, a continuación, se analiza si es posible aplicar la lucha contra el blanqueo de capitales a las actividades de las redes.

Partiendo de la tipificación del blanqueo de capitales, debe señalarse que un elemento común es que dichas operaciones se hagan con la consciencia de que el dinero tiene un origen ilícito. En consecuencia, se protege a la persona que actúa de buena fe, ya que es necesario que exista un conocimiento de que el dinero procede de la explotación de las víctimas de la trata y de las actividades ilícitas que rodean este negocio.

Para realizar todas estas operaciones, las organizaciones criminales requieren de profesionales, como por ejemplo las entidades de crédito, las financieras, notarios, auditores contables o asesores fiscales[148]. Todas estas figuras quedan sometidas a la prohibición del blanqueo de capitales consagrada en la Directiva 2015/849. Así, es habitual que las organizaciones criminales, y en el caso que se analiza, las redes de la trata utilicen los servicios de distintos operadores jurídicos o financieros a la hora de

---

148 En este sentido, *vid.* art. 2 de la Directiva 2015/849, modificada por la Directiva 2018/843. Establece que quedan sometidas a la citada directiva las entidades de crédito; las entidades financieras; las personas físicas o jurídicas en el ejercicio de su actividad profesional como los auditores, contables externos, asesores fiscales, notarios y otros profesionales del derecho independientes, cuando actúen en nombre de su cliente y por cuenta del mismo en cualquier transacción financiera o inmobiliaria; los proveedores de servicios a sociedades y fideicomisos; los agentes inmobiliarios; otras personas que comercien con bienes únicamente en la medidas en que los pagos se efectúen o se reciban en efectivo y por un importe igual o superior a 10.000€; los proveedores de servicios de juegos de azar; los proveedores de servicios de cambio de monedas virtuales por monedas fiduciarias; los proveedores de servicios de custodia de monederos electrónicos; las personas que comercien con obras de arte o actúen como intermediarios en el comercio de obras de arte; y las personas que almacenen obras de arte, comercien con obras de arte o actúen como intermediarios en el comercio de obras de arte cuando lleven a cabo puertos francos

blanquear el dinero procedente de la trata: se pueden realizar compraventas de inmuebles, inversiones, compra de acciones, adquisición de antigüedades o de obras de arte o cualquier otra operación que permita a la red de trata pagar con el dinero procedente de las actividades ilícitas, de modo que se pone en circulación un dinero de origen ilícito[149]. En concreto, la Directiva establece una serie de actuaciones que deben de ser llevadas a cabo en pro de la prevención del blanqueo de dinero, operaciones como la prohibición de apertura de cuentas anónimas o de libretas de ahorro anónimas, la evaluación de riesgos por parte de las entidades financieras para evitar el blanqueo de capitales, la comprobación de la identidad del usuario o un refuerzo del control para aquellas personas físicas o jurídicas que operen desde terceros países que son identificados como Estados de riesgo para el blanqueo de capitales[150].

Paralelamente a las obligaciones de las entidades obligadas por la normativa anti-blanqueo de capitales, existen lo que se conoce como Unidades de Investigación Financiera (FIU, en sus siglas en ingles), que, de acuerdo con el art. 32 de la Directiva 2015/849, tienen el objetivo de prevenir, detectar y combatir eficazmente el blanqueo de capitales y serán establecidas por los Estados miembro[151].

Así, dicha Directiva establece dos vías de actuación a la hora de hacer frente al blanqueo: por un lado, establece una serie

---

149 Sobre el modelo de negocio de la trata de seres humanos y el entramado Financiero, *vid.* EUROPOL, *The THB financial business model (...), op. cit.*, pp. 5 y ss.

150 *Vid.* arts. 11 a 31 Directiva 2015/849, modificada por la Directiva 2018/843.

151 Según la Comisión Europea, las UIF son el actor central de la lucha contra el lavado de dinero en la Unión Europea; *vid.* COMISIÓN EUROPEA, *Informe de la Comisión al Parlamento Europeo y al Consejo en el que se evalúa el marco de cooperación entre las unidades de inteligencia financiera*, 24 de julio de 2019. COM(2019) 371 final.

de actuaciones destinadas a los operadores financieros y jurídicos que pueden ser utilizados por las redes de la trata; y, por el otro lado, obliga a los Estados miembro a establecer una FIU, de modo que las actuaciones de las autoridades competentes deben complementarse con los requisitos establecidos para el desarrollo de las funciones, entre otros, de las entidades financieras.

En cuanto a las investigaciones financieras dirigidas por las FIU y las autoridades competentes, todas tienen como objetivo recabar información financiera, que resulta necesaria para evitar el blanqueo de capitales. Por esta razón, la Unión Europea promulgó la Directiva 2019/1153[152], con el objetivo, de acuerdo con su art. 1, de establecer medidas destinadas a facilitar el acceso a la información financiera y a las cuentas bancarias y, por supuesto, a poder ser utilizada por las autoridades competentes. Una de las agencias que puede solicitar información financiera en virtud de dicha Directiva, de acuerdo con los arts. 11 y 12 de la misma, es Europol, ya sea a partir de solicitudes formuladas por la propia agencia o bien a partir de intercambios entre las FIU y Europol[153].

---

152 *Directiva (UE) 2019/1153 del Parlamento Europeo y del Consejo, de 20 de junio de 2019, por la que se establecen normas destinadas a facilitar el uso de información financiera y de otro tipo para la prevención, detección, investigación o enjuiciamiento de infracciones penales y por la que se deroga la Decisión 2000/642/JAI del Consejo.* DOUE L 186 de 11 de julio de 2019. Esta directiva pretende facilitar las labores de las FIU establecidas en la Directiva 2015/849, en tanto que son organismos que deberán manejar con facilidad información financiera para proceder en sus investigaciones contra las redes de trata. Además, también prevé que las ARO, establecidas en virtud de la Decisión 2007/845/JAI también tengan acceso a este tipo de información.

153 Los cauces a través de los cuales se procederá al intercambio de información financiera entre las FIU y Europol y las solicitudes que curse la agencia de acuerdo con las investigaciones que realice serán: por un lado, el mecanismo de SIENA y, por el otro lado, a través de la red de unidades de información financiera (UIF.net).

De acuerdo con el art. 4 de la Directiva 2019/1153, el acceso directo e inmediato a la información financiera consiste en la obtención de información relativa a las cuentas bancarias a modo de consulta y, en los casos en que sea necesario, se puede identificar, localizar e inmovilizar los activos relacionados con una investigación penal de un delito grave[154]. A la luz de lo que establecen los arts. 7 y 8 de la misma Directiva, las autoridades competentes, además de acceder a dicha información, podrán cooperar con la FIU de cada Estado miembro y a la inversa.

Se debe remarcar, al igual que se ha hecho con todos los instrumentos que implican un intercambio de información, que la protección de los datos personales debe imperar en cualquier solicitud de información. Un aspecto de la Directiva 2019/1153 que llama la atención es que, según su art. 16, a partir de la recopilación de información financiera, puedan revelarse datos personales sensibles como el origen racial o étnico, las opiniones políticas, la pertenencia a un sindicato o datos relativos a la salud de las personas. Este tipo de información quedará sometida a la protección de datos y solamente será accesible para aquellas personas que hayan recibido formación específica. Aun así, conviene preguntarse si las previsiones de la Directiva 2019/1153 son suficientes, habida cuenta de que la obtención de este tipo de datos por parte de las autoridades competentes entra en colisión con el derecho a la privacidad de las personas[155]. Este tipo de información, que puede que nada tenga que ver con las investigaciones policiales que originen el acceso a la información, debería quedar totalmente

---

154 El acceso a este tipo de información solamente podrá hacerse a través del personal autorizado dentro de las autoridades competentes (art.5) que deberán ser designadas por cada Estado miembro en virtud del art. 3 de la Directiva 2019/1153.

155 MITSILEGAS, V., VAVOULA, N., «The evolving EU Anti-Money Laundering regime: Challenges for Fundamental Rights and the rule of law», *Maastricht Journal of European and Comparative Law*, 23(2), 2016, pp. 261-293, p. 279.

excluida de las investigaciones financieras a fin de evitar un uso indiscriminado y fraudulento por parte de las autoridades competentes. En este sentido, el Supervisor Europeo de Protección de Datos (SEPD) debe actuar celosamente dada la sensibilidad de los datos que pueden ser obtenidos a través del acceso a las cuentas bancarias, dónde se pueden concentrar pagos que, efectivamente, muestren los datos personales sensibles enumerados.

Cada FIU tiene autonomía en el desempeño de sus funciones. En este sentido, los operadores enumerados con anterioridad deben comunicarle cualquier transacción sospechosa y toda la información relevante para el blanqueo potencial de capitales, así como delitos subyacentes conexos. Los Estados miembro deben garantizar que las FIU tengan acceso, ya sea directo o indirecto, a la información financiera, administrativa, policial y judicial que necesite para llevar a cabo sus funciones. Una vez la FIU haya concluido su análisis, esta comunica a las autoridades competentes los resultados de su análisis y, además, en el caso de que se sospeche que una transacción está relacionada con el blanqueo de capitales, se pueden tomar medidas urgentes, incluso suspender o no autorizar una transacción en curso y proceder al estudio profundizado de dicha transacción a fin de determinar la sospecha[156].

En paralelo a la existencia de las FIU, existen unos mecanismos centralizados automatizados de consulta de datos que permiten identificar cualquier personas física o jurídica que posea o controle cuentas bancarias identificadas con el IBAN. Toda esta información es accesible por parte de las FIU, las cuales deben utilizar este tipo de información para sus investigaciones. Esta información, recogida en el art. 32 *bis* de la Directiva 2015/849, se refiere al nombre y los apellidos, el número de

---

[156] *Vid.* arts. 11-31 Directiva 2015/849, modificada por la Directiva 2018/843.

IBAN en las cuentas bancarias y cualquier otra información requerida por la legislación nacional. Además, en virtud del art. 32 *ter* de la misma, las FIU pueden acceder a la identificación de cualquier persona, física o jurídica, que tenga bienes inmuebles en propiedad, de modo que la posibilidad de blanquear dinero a través de la compraventa de bienes inmuebles reduce sus posibilidades de éxito considerablemente[157].

Al inicio del análisis de los instrumentos orientados hacia la prevención de la trata de seres humanos se plantearon dos cuestiones. La primera, sobre cuál es el factor que favorece o facilita la trata que queda afectado por este tipo de instrumentos. Y la segunda, en caso de identificar el factor afectado, relativa a la efectividad y a la adecuación de los instrumentos al objetivo de evitar que las redes de trata puedan actuar. A continuación, se abordarán estas cuestiones entendiendo todos los instrumentos de raíz financiera como uno solo en tanto que todos abordan el aspecto económico de la actividad de las redes de trata y que, además, se complementan entre sí con el objetivo de dotar de plenitud la prevención de la trata de seres humanos.

En primer lugar, centrándose en la adecuación de este tipo de instrumentos, no se puede olvidar que las investigaciones financieras obedecen tanto a la lógica de la persecución como la de prevención. A nivel general, es preciso apuntar que las investigaciones financieras son esenciales a la hora de investigar, desde la exhaustividad, las redes de trata. Las operaciones de lavado de dinero son imprescindibles para que las redes puedan gastar todo el dinero obtenido a través de la explotación

---

157 Sobre el marco actual de la Unión relativo a la lucha contra el blanqueo de capitales, *vid.* GODINHO SILVA, P., «Recent developments in EU legislation on anti-money laundering and terrorist financing», *New Journal of European Criminal Law*, 10(1), 2019, pp. 57-67.

de sus víctimas[158], de modo que las investigaciones financieras amplían las posibilidades de las fuerzas policiales de recabar pruebas contra los delincuentes ya que se centran en el aspecto económico de la actividad de las redes de trata. Esta aportación de las investigaciones financieras obedece, sin duda alguna, a la lógica de persecución de los delincuentes.

Si se plantea su adecuación en cuanto a la prevención, el análisis es exactamente el mismo. Si las investigaciones financieras y la recuperación de activos conllevan que las redes de trata sean privadas de los beneficios obtenidos a través de la explotación de las víctimas, la principal consecuencia es que verán seriamente afectadas las posibilidades de seguir con el negocio de la explotación por falta de recursos económicos. Además, la simple existencia de medidas contra el lavado de dinero comporta un efecto disuasorio, como cualquier medida de orientación criminal.

En consecuencia, las investigaciones financieras son adecuadas en tanto que atacan la razón de ser de las redes de trata: los beneficios económicos. Sin embargo, a la luz de las causas y factores que favorecen la trata de seres humanos se puede observar que esta medida de prevención no ataca directamente ninguna de las causas específicas de la trata. Esta apreciación implica que deba incorporarse la finalidad en sí de las redes de trata como una de las causas del fenómeno. En este sentido, las investigaciones financieras abordan el fenómeno de la trata en su plenitud, partiendo de la base de que el objetivo principal de las redes de trata es obtener grandes cantidades de beneficios. En las causas enumeradas por Europol, resulta sorprendente que no se mencione el ánimo de lucro que buscan las redes. Quizás es una causa implícita en la propia existencia de

---

158 FERWEDA, J., «The economics of crime and Money laundering: Does anti-money-laundering policy reduce crime?», *Review of Law & Economics*, 5/2, 2008, pp. 903-929, p. 904.

redes de trata, pero debería constar como otra de las causas que da origen a la trata de seres humanos, juntamente con las condiciones de vulnerabilidad de las víctimas y la demanda de los bienes y servicios derivados de la explotación.

Si se tiene en cuenta lo anterior, el hecho de privar a las redes de trata de su razón de ser permite confirmar que las investigaciones financieras son adecuadas para la prevención de la trata de seres humanos y, también, para la persecución de los delincuentes.

Sin embargo, se hace difícil cuantificar la efectividad de estas medidas. En este sentido, la complejidad de las transacciones, la utilización cada vez más de dinero en efectivo, el uso de criptomonedas o el uso de pago a través de empresas fuera del sector financiero provoca que cada vez sea más difícil detectar estas operaciones[159]. A esto se le deben añadir los retos operativos que presentan las FIU, pues se ha identificado la inoperancia de los medios técnicos puestos a su disposición o, en otro orden de ideas, la falta de cooperación entre ellas o las dificultades en implementar un sistema de comunicación fluida[160]. Todo ello hace pensar que, posiblemente, la aplicación de estos instrumentos todavía no supera el examen de efectividad.

A todo lo anterior es necesario añadir el papel que juega Europol en este tipo de medidas. Aparte de acoger en su sede

---

159 COMISIÓN EUROPEA, *Commission staff working document accompanying the document «Report from the Commission to the European Parliament and to the Council "Third report on the progress made in the fight against trafficking in human beings (2020) as required under Article 20 of Directive 2011/36/EU on preventing and combating trafficking in human beings and protecting its victims"»*, 20 de octubre de 2020. SWD(2020) 226 final, p. 65.

160 PAVLIDIS, G., «Asset recovery in the European Union: implementing a "no safe haven" strategy for illicit proceeds», *Journal of Money Laundering Control*, 25(1), 2022, pp. 109-117, p. 111.

a la Red CARIN y de subministrarle personal para ejercer la secretaría permanente, la inteligencia creada por las unidades nacionales ha concedido una posición privilegiada a la agencia de cooperación policial de la UE. Los informes que publica sobre el *modus operandi* de las redes de trata, tanto a nivel operativo y de funcionamiento como a nivel de tendencias y de financiación, son de gran ayuda para las fuerzas policiales a la hora de establecer patrones de comportamiento y, también, a la hora de aportar conocimiento experto para sus investigaciones.

Europol, aparte del área enfocada hacia la trata de seres humanos, dispone de una división relativa a los delitos económicos y al blanqueo de capitales[161], de modo que el conocimiento especializado está a disposición tanto de las UIF como de los ARO y de los cuerpos policiales. Esto implica que se haya ampliado la posibilidad de recabar pruebas en investigaciones por trata de seres humanos, aspecto que facilita una condena en este sentido. Una de las vías de cooperación entre Europol y las FIU es el portal FIU.net. Este portal permite el acceso de las unidades de inteligencia financiera de los Estados miembro para cruzar datos criminales en la base de Europol con la inteligencia que cada FIU dispone. Este portal permite que tanto las FIU como Europol respondan rápidamente a solicitudes urgentes y amplía las posibilidades de éxito de las investigaciones financieras llevadas a cabo en los Estados miembro.

Por último, también se debería hacer frente a las condiciones socioeconómicas de los Estados de origen de las víctimas de la trata, pues esta es una de las causas de este fenómeno detectadas por Europol. Por ejemplo, las instituciones europeas, conscientes de ello, habían previsto para el período 2014-2020

---

161 El lavado de dinero forma parte de una de las áreas prioritarias establecidas en el EU Policy Cycle actual. Para más información, *vid.* EUROPOL: «Crime areas. Economic Crime. Money Laundering» [en línea], (s.f.), <https://bit.ly/2SID7o5>.

más de noventa billones de euros para la cooperación exterior de la UE[162], en concreto destinados a la cooperación por el desarrollo para ayudar a mejorar las condiciones de vida en los Estados de origen, de modo que las víctimas no vean la necesidad de emigrar para mejorar su situación personal, ya que los Estados de origen deben ser capaces de responder a las necesidades de su población.

En este sentido, el reciente adoptado Reglamento 2024/1351, en el marco de los mecanismos de solidaridad establecidos en el Capítulo I de la Parte IV, concretamente en el art. 56 apdo. 2, relativo al contingente anual de solidaridad, prevé que los Estados miembro realicen contribuciones financieras destinadas a los propios Estados miembro para que formulen acciones que «b) (…) podrán servir de apoyo a acciones en terceros países (…)». Dichas contribuciones, según el apdo. 3 del mismo artículo, se centrarán en «d) reducir las vulnerabilidades causadas por el tráfico de personas y la trata de seres humanos, así como programas de lucha contra el tráfico ilícito y la trata». Interpretando en su literalidad el primer inciso, parece que estas medidas están orientadas a mitigar los efectos de la trata de seres humanos y no a evitar, precisamente, que las vulnerabilidades acaben sometiendo a las víctimas a ser explotadas por las redes. Es decir, que esta medida de prevención lo que buscaría es evitar que una víctima de trata nacional de un tercer Estado no vuelva a caer en manos de las redes. Por el contrario, los programas de lucha contra la trata sí que podrían aplicarse en primera instancia para evitar que la víctima sea explotada en lugar de evitar su revictimización. Tal y como se ha apuntado con anterioridad, los Estados miembro de la UE disponen de dos años para desarrollar estas medidas, de modo que habrá que esperar para examinar como se materializan estos fondos.

---

162 COM(2015) 240 final, *op. cit.*, p. 7.

Las inversiones en los Estados de origen de las víctimas, así como las ayudas de cooperación al desarrollo, son de especial interés. Pretenden evitar que las víctimas tengan la necesidad de buscar mejoras en su estilo de vida fuera de su país de origen. Si estas ayudas llegan a su destino, las causas que impulsan la trata, o al menos la principal, quedan reducidas. Sin embargo, es necesario que las instituciones de la Unión Europea conciban sistemas para rendir cuentas con las organizaciones y las autoridades de los Estados miembro que reciban el dinero de los contribuyentes europeos, de modo que se asegure que el dinero que se envía va destinado a cubrir necesidades directas de los habitantes de los Estados en cuestión y se reducen las probabilidades que las víctimas caigan en manos de las redes de la trata.

4.2.5. Los instrumentos de prevención relativos al control de los flujos migratorios que afectan a las víctimas no nacionales de ningún Estado miembro de la Unión. El papel de Frontex y la securitización de la frontera exterior

Otro tipo de instrumentos que potencialmente pueden aplicarse para prevenir la trata de seres humanos son aquellos que se refieren a los controles fronterizos y la gestión de los flujos migratorios. Tal y como se ha desarrollado exhaustivamente en el capítulo anterior, el 43% de las víctimas registradas no tiene la nacionalidad de ningún Estado miembro de la UE[163], de modo que una parte relevante de las víctimas de la trata debe cruzar las fronteras exteriores de los Estados miembro de la UE. Así, si los instrumentos de gestión de los flujos migratorios y los controles fronterizos son aplicables en la protección de las

---

[163] SWD(2022) 429 final, *op. cit.*, p. 8.

víctimas, conviene plantearse si dichos instrumentos pueden servir para prevenir la trata de seres humanos.

En este sentido, en el desarrollo de los instrumentos de prevención orientados hacia la gestión de los flujos migratorios, Frontex juega un papel relevante, ya que tal y como se ha visto, uno de sus objetivos principales es garantizar una gestión integrada de las fronteras. De acuerdo con el art. 3 del Reglamento 2019/1896, dicha gestión consiste, entre otros, en el control fronterizo, que puede suponer medidas relacionadas con la prevención y la detección de la delincuencia transfronteriza, en concreto de la trata de seres humanos, las operaciones de búsqueda y salvamento de personas en peligro en el mar[164], los análisis de riesgos o la cooperación *interservicios* entre las autoridades nacionales de los Estados miembro y los organismos de la Unión a partir de herramientas de intercambio de información existentes como el Sistema Europeo de Vigilancia de Fronteras (en adelante, EUROSUR).

Paralelamente, y a nivel general, el Reglamento 2024/1351, en el marco de la gestión del asilo y la migración, prevé, en su art. 5, que tanto los Estados miembro como la Unión, en el ámbito de sus competencias, creen asociaciones con terceros Estados para, entre otros aspectos, «(...) c) prevenir la migración irregular y luchar contra el tráfico ilícito de migrantes y la trata de seres humanos». Será interesante observar como se materializa este tipo de asociaciones, los términos de los acuerdos y el alcance de los mismos.

Por consiguiente, se examinará la efectividad y la adecuación, desde la perspectiva de la prevención de la trata de seres humanos, del papel de Frontex y de los instrumentos que ha-

---

164 Estas operaciones de salvamento y de búsqueda se desarrollarán de conformidad con el Reglamento 656/2014, citado con anteriordad.

cen referencia a la gestión de la frontera exterior y de los flujos migratorios.

4.2.5.1. Las funciones de Frontex relativas a la gestión de la frontera exterior y su incidencia en la prevención de la trata de seres humanos

Sin ánimo de explicar detalladamente la operativa de Frontex, aspecto que ya ha sido desarrollado en el capítulo anterior, solamente apuntar, en primer lugar, que esta agencia es la encargada de supervisar, de acuerdo con el art. 10 del Reglamento 2019/1896, los flujos migratorios y las tendencias relativas a las rutas migratorias. El hecho de que Frontex disponga de información relativa tanto a las rutas establecidas como a la posibilidad de apertura de otras rutas con el objetivo de evadir los controles fronterizos, puede servir a las autoridades competentes de los Estados miembro para reforzar el control fronterizo y, de este modo, evitar que se acceda al territorio de los Estados miembro de forma irregular. Así, Frontex es la única agencia a nivel europeo que dispone de este tipo de información y que tiene capacidad para elaborar estadísticas e informes y transmitirlos a los agentes de fronteras de los Estados miembro[165]. Por eso sus labores de coordinación son de lo más necesarias en la

---

165 En el caso de que se identifique a una víctima de la trata, de acuerdo con lo expuesto en el capítulo 3, se le deberán respetar los derechos establecidos en la Directiva 2011/36/UE y en el Estatuto de la Víctima. Sin embargo, es necesario recordar la importancia de identificar a las víctimas lo antes posible, ya que en el caso de nacionales de terceros países que se encuentren en situación irregular, la legislación europea es clara a este respecto: retorno. Sobre la diversidad de rutas marítimas, es interesante la lectura de GODENAU, D., BURASCHI, D., «Irregular maritime migrations: islands in the network routes», *Factsheet OBITen_02*, 2019, pp. 1-8. Disponible en: https://bit.ly/2OFiXdN.

aplicación de los instrumentos de prevención que se analizarán más adelante.

En segundo lugar, en virtud del mismo art. 10, la Agencia está capacitada para organizar asistencia técnica y operativa cuando un Estado miembro lo solicite. En consecuencia, y así lo determina el art. 36 del Reglamento 2019/1896, Frontex tiene capacidad para tomar decisiones en las fronteras exteriores relativas a qué medidas deben desarrollarse para hacer frente a la solicitud de apoyo del Estado en cuestión. Por ejemplo, en el Estado de acogida, Frontex puede coordinar operaciones conjuntas, organizar intervenciones transfronterizas rápidas, desplegar los equipos de la Guardia Europea de Fronteras y Costas o desplegar equipos técnicos, entre otras medidas.

En tercer lugar, a las medidas anteriores se suman las operaciones conjuntas, tal y como se establece en el art. 37 del Reglamento 2019/1896. Estas pueden ser solicitadas por un Estado miembro con el objetivo de hacer frente a los retos futuros como la migración ilegal o la delincuencia transfronteriza[166]. Estas operaciones conjuntas están formadas por el Estado miembro de acogida, Frontex y otros Estados miembro que participen en la operación y no se limitarán al territorio del Estado miembro de acogida, sino que en el plan operativo se determinará qué zona queda afectada por la operación conjunta. Asimismo, cuando un Estado miembro se encuentre ante una

166 El plan operativo para las operaciones conjuntas se encuentra establecido en el art. 38 Reglamento 2019/1896. En este sentido, el director ejecutivo de Frontex, juntamente con el Estado miembro, elaborará una lista de los equipos técnicos y del personal necesario en función de los recursos disponibles, de modo que, en función de dicha lista, la Agencia establecerá un paquete de refuerzo técnico y operativo. Este plan operativo será vinculante para Frontex, el Estado miembro de acogida y para los Estados miembro participantes de la operación conjunta. El plan operativo es el documento más importante de la operación conjunta. En él se define el cómo y el quién de la operativa.

situación de retos concretos y desproporcionados, como por ejemplo la llegada masiva inmigrantes en determinados puntos de la frontera exterior de dicho Estado, este puede solicitar a Frontex que despliegue, durante un período de tiempo limitado, una intervención fronteriza rápida en el territorio de dicho Estado[167].

Antes de proceder al despliegue de operaciones conjuntas o de intervenciones fronterizas rápidas, de acuerdo con el art. 29 apdo. 2 y, concretamente, del art. 37 apdo. 3 del Reglamento 2019/1896, se deberá elaborar un análisis de riesgo para poder determinar las prioridades de ambas operaciones, pues la Agencia está obligada a realizar análisis de riesgo específicos para las actividades operativas[168]. Las dos cuentan con un agente de coordinación, ya que de acuerdo con el art. 44 del Reglamento 2019/1896, el cual es el encargado de garantizar la ejecución operativa de todos los aspectos organizativos, incluida la presencia de miembros de personal de Frontex. Este agente actúa en nombre de la Agencia y entre sus principales actividades se encuentra el encargo de reforzar la cooperación

---

167 El procedimiento para el inicio de una intervención transfronteriza rápida se encuentra regulado en el art. 39 del Reglamento 2019/1896. Así, cuando un Estado miembro solicite a Frontex una intervención de este tipo, deberá detallar la situación, los posibles objetivos y las necesidades previstas. La Agencia, después de tener en cuenta la evaluación de vulnerabilidades, si así lo considera iniciará la intervención con el despliegue del contingente de reacción rápida de la Guardia Europea de Fronteras y Costas. Las intervenciones fronterizas rápidas solamente afectan al Estado miembro que lo solicite, de modo que dicha intervención se limitará al territorio del Estado de acogida en cuestión.

168 En este sentido, *vid.* STACHOWITSCH, S., SACHSEDER, J., «The gendered and racialized politics of risk analysis. The case of Frontex», *Critical Studies on Security*, 2019, pp. 1-17. Disponible en: https://bit.ly/2ZF79JF. Las autoras reflexionan alrededor de los análisis de riegos y la posibilidad de caer en prejuicios a la hora de determinar las amenazas para la gestión de las fronteras exteriores de los Estados miembro.

y la coordinación entre el Estado miembro de acogida y los Estados miembro participantes. La creación de operaciones conjuntas entre las autoridades competentes de los Estados miembro y Frontex no es una novedad, puesto que la normativa anterior ya preveía este tipo de operaciones con el objetivo de prestar asistencia técnica y operativa[169].

En cuarto lugar, tal y como establece el art. 40 del Reglamento 2019/1896 en lo que respecta a los equipos de apoyo a la gestión de la migración, uno de los instrumentos que ha visto reforzado su contenido es la posibilidad de prestar asistencia técnica y operativa por parte de la Guardia Europea de Fronteras y Costas en aquellas áreas fronterizas críticas donde las autoridades nacionales deben hacer frente a retos migratorios repentinos y desproporcionados[170], también conocidos como *hotspots*, instrumento ya ha sido ampliamente explicado con anterioridad desde la perspectiva de la protección y sobre el cual se volverá en el siguiente desde la óptica de la persecución. Siguiendo el citado artículo, cuando un Estado miembro se encuentra con un reto migratorio desproporcionado en un punto crítico determinado puede presentar una solicitud de refuerzo a Frontex, dónde el director ejecutivo, en coordinación con otras agencias competentes de la Unión, examina el contenido de la solicitud y evalúa sus necesidades con el objetivo de definir un paquete de refuerzo exhaustivo, el cual debe recibir la aprobación del Estado miembro implicado. En es-

---

169 Obsérvese que en el anexo VI del Reglamento 2019/1896 se sistematizaron todos los artículos actuales del citado reglamento con los del Reglamento 2007/2004, de modo que resulta mucho más sencillo hacer una comparativa entre ambos cuerpos jurídicos.

170 FERNÁNDEZ ROJO, D., «Reglamento 2016/1624: De Frontex (...)», *op. cit.*, p. 237.

tos puntos críticos es habitual que Frontex coincida con otras agencias del ELSJ, especialmente EUAA y Europol[171].

En cuanto a las labores de prevención que se desarrollan en los *hotspots*, la misma presencia de estos puntos a lo largo de la frontera ya implica cierto efecto disuasorio para las redes de trata que pretendan acceder de modo irregular en el territorio de los Estados miembro de la UE. Además, el despliegue de agentes fronterizos sobre el terreno, encargados de las entrevistas a los migrantes, facilita que se detecten de forma temprana a las víctimas de la trata, de modo que se evita que sean explotadas por las redes de trata antes de acceder al Espacio Schengen.

En quinto y último lugar, a la luz del contenido del art. 42 del Reglamento 2019/1896, relativo a la situación en las fronteras exteriores que requiera medidas urgentes, cuando un Estado miembro no tome las medidas necesarias fijadas en una decisión de Frontex, tal y como prevé el art. 32 apdo. 10 del citado Reglamento, o bien un Estado miembro que se enfrente a una reto concreto y desproporcionado en sus fronteras exteriores no haya solicitado ayuda a Frontex o no esté dando los pasos necesarios para mitigar dicha situación, de acuerdo con los arts. 37, 39 y 40 del mismo Reglamento, el Consejo, a propuesta de la Comisión, puede adoptar sin demora un acto de ejecución dónde se fijen las medidas que debe adoptar Frontex con el objetivo de aminorar los riesgos, ya que el incumplimiento del Estado miembro en cuestión puede poner en peligro el funcionamiento del espacio Schengen. En este sentido, y de acuerdo con el citado art. 42 apdo. 3 del Reglamento 2019/1896, las medidas urgentes tomadas por el

---

171 *Vid. supra* capítulo tercero, dónde a raíz del proceso de identificación de las víctimas no ciudadanas de la UE en los puntos críticos, se analizó la cooperación entre las agencias que pueden tomar partido en un *hotspot*, especialmente Frontex, Europol y EUAA.

Consejo a propuesta de la Comisión son muy variadas, desde el despliegue de equipos técnicos, del contingente de reacción rápida de la Guardia Europea de Fronteras y Costas o de los equipos adicionales, hasta la organización y coordinación de intervenciones fronterizas rápidas o la coordinación de actividades para uno o más Estados miembro y terceros países en las fronteras exteriores o incluso la organización de intervenciones de retorno.

Esta última disposición, que fue introducida por el ya derogado antiguo reglamento de Frontex, el Reglamento 2016/1624, es una de las disposiciones de la actual regulación de la Guardia Europea de Fronteras y Costas más controvertidas, ya que se le confieren al Consejo competencias policiales y de ejecución en un ámbito muy reservado de la soberanía nacional de los Estados miembro, que no lo vieron con buenos ojos[172]. Conviene decir que, en un principio, tenía que ser la Comisión europea la que adoptase los actos ejecutivos para paliar los efectos de una situación de crisis en la frontera exterior de los Estados miembro[173]. Sin embargo, se optó por otorgarle esta capacidad al director ejecutivo de Frontex juntamente con el Estado miembro.

En definitiva, todos los instrumentos a disposición de Frontex están orientados hacia la gestión de los flujos migratorios que comportan un blindaje del acceso al territorio de los Estados miembro. Sin embargo, las propias funciones de Frontex pueden servir para la detección de víctimas de la trata antes de que accedan al territorio de los Estados miembro y se vean explotadas por las redes. Esto implica que la explotación no haya

---

172 En este sentido, *vid.* DE BRUYCKER, P., «The European Border and Coast Guard: A new model built on an old logic», *European Papers,* 1(2), 2016, pp. 556-569, p. 562.

173 FERNÁNDEZ ROJO, D., «Reglamento 2016/1624: De Frontex (...)», *op. cit.,* p. 237.

llegado a consumarse, de modo que las medidas de prevención, en estos casos, podrían considerarse efectivas. Además, al igual que otros instrumentos analizados hasta el momento, hay cierto efecto disuasorio que implica que las redes tengan que modificar su *modus operandi* o incluso abstenerse de utilizar las vías de acceso irregulares al Espacio Schengen. Aunque estos instrumentos no están destinados directamente a la prevención de la trata de seres humanos, pues persiguen otros objetivos, pueden servir para dar pasos en la lucha contra la trata de seres humanos desde la perspectiva de la prevención.

No obstante, para realizar un examen de adecuación y efectividad más exhaustivo, antes es preciso analizar otros instrumentos que siguen la misma lógica que la actividad operativa de Frontex. Así, después de analizar dichos instrumentos, será el momento para abordar la cuestión acabada de plantear.

4.2.5.2. Los triajes en el acceso irregular, las operaciones de vigilancia de las fronteras y el Eurosur: otros instrumentos para la gestión de la inmigración a la luz de la prevención de la trata

Habida cuenta del art. 3 del Reglamento 2019/1986, la gestión integrada de las fronteras pasa, necesariamente, por controlarlas. Así, desde la Unión se han desarrollado operaciones de vigilancia de las fronteras con el objetivo de evitar el acceso irregular de nacionales de terceros países al territorio de los Estados miembro de la Unión. Sin embargo, no es el único objetivo que persigue, ya que un control eficaz de las fronteras exteriores también permite luchar contra la delincuencia transfronteriza, de modo que impide que las personas se sustraigan a las inspecciones de los pasos fronterizos y las disuade de hacerlo.

A continuación, se analizan tres instrumentos relativos a la vigilancia de las fronteras que pueden ser útiles a la hora de luchar contra la trata de seres humanos desde la perspectiva de la prevención. Ahora bien, cabe recordar aquí que estos mecanismos, al igual que cualquiera de las actuaciones realizada en el marco de Frontex, pueden afectar a las víctimas no nacionales de los Estados miembro de la UE.

En primer lugar, los triajes de nacionales de terceros países que han accedido de forma irregular al Espacio Schengen, anteriormente explicados, también pueden cumplir funciones de prevención más allá de detectar e identificar a las víctimas durante el reconocimiento médico y el examen de vulnerabilidad. De hecho, toda la lógica de estos triajes, que no dejan de ser controles, cumple una función de prevención. Por un lado, precisamente, si a través de dichos exámenes establecidos en el art. 12 del Reglamento 2024/1356 se puede detectar una víctima de trata, también se está impidiendo que se la explote. De modo que esta identificación cumple, asimismo, una función de prevención. Por otro lado, el art. 14 del citado Reglamento establece que se deberá identificar y/o verificar la identidad de la persona que ha pretendido cruzar irregularmente la frontera exterior de los Estados miembro de la UE.

Para ello, se ha previsto el acceso a las bases de datos interconectadas gracias a los Reglamentos 2019/817 y 2019/818, citados con anterioridad. Por lo tanto, si existen datos volcados en dichas bases de datos, tanto de la víctima como del tratante, saltará el aviso y se procederá de acuerdo con la normativa. No obstante, para que esto pueda suceder, se necesita que las bases de datos cuenten con información previa, de modo que esta prevención siempre será indirecta en tanto que no se evitaría la primera explotación. Por último, el art. 15 del mismo Reglamento también prevé que se puedan realizar inspecciones de seguridad para comprobar si las personas que han cruzado la frontera irregularmente podrían constituir una amenaza para la seguridad interior. Esta comprobación, que también se realizará gracias a la interconexión con las otras bases de datos según los Reglamentos 2019/817 y 2019/818, debería permitir identificar a los tratantes que, o bien son reincidentes y ya hay una orden de denegación de entrada, o bien se ha introducido alguna información al respecto.

Por consiguiente, y al igual que respecto la verificación de la identidad, solamente se evitará que estos tratantes puedan acceder al territorio de los Estados miembro siempre que el sistema ya disponga de algún tipo de información sobre ellos. Cabe señalar, para finalizar, que estos controles también pueden contribuir a la persecución de las redes de trata, pues en el supuesto de que el tratante no nacional de un Estado miembro de la Unión Europea, previamente fichado por las autoridades, pretenda acceder de forma irregular acompañado de víctimas de trata, se podría detectar a través de la inspección se seguridad. No obstante, como puede observarse, hay demasiadas variables que deben materializarse, cosa que hace pensar que esta posibilidad es más bien remota.

En segundo lugar, con el objetivo de reforzar el intercambio de información y la cooperación operativa entre las autoridades nacionales de los Estados miembro encargadas de la gestión de sus fronteras y Frontex, se desarrolló en 2013 el Sistema Europeo de Vigilancia de Fronteras (en adelante, Eurosur) con la aprobación del Reglamento 1052/2013[174]. En la actualidad, dicho reglamento se encuentra derogado por el Reglamento 2019/1896, el Reglamento de Frontex, y que ya ha sido ampliamente analizado en esta monografía, de modo que se ha integrado en el mismo instrumento normativo todo lo relacionado con la gestión de las fronteras y los flujos migratorios.

---

174 *Reglamento (UE) 1052/2013 del Parlamento Europeo y del Consejo, de 22 de octubre de 2013, por el que se crea un Sistema Europeo de Vigilancia de Fronteras (Eurosur).* DOUE L 295 de 6 de noviembre de 2013. Sobre el origen y el desarrollo de Eurosur, *vid.* RIJPMAM J., VERMEULEN, M., «EUROSUR: saving lives or Building borders)», *European Security*, 24, 2015, pp. 454-472.

De acuerdo con el art. 18 del Reglamento 2019/1896, el objetivo de Eurosur es mejorar la capacidad de reacción en las fronteras exteriores de los Estados miembro de la Unión para poder detectar, prevenir y combatir, por un lado, la inmigración irregular; y, por el otro lado, la delincuencia transfronteriza. Concretamente, a la luz del art. 19 del mismo Reglamento, Eurosur se aplica en las fronteras exteriores marítimas y terrestres y comporta el control, la detección, la identificación, el rastreo, la prevención y la interceptación del cruce no autorizado de las fronteras. Este es el núcleo principal del sistema Eurosur: evitar el cruce irregular de las fronteras, de modo que se busca blindar las fronteras de la Unión en pro de la seguridad interior[175].

De acuerdo con el art. 21 del Reglamento 2019/1896, todo el sistema de Eurosur se basa en el intercambio de información entre los Estados miembro y Frontex. Este intercambio se realiza a partir de la información recabada por cada uno de los centros nacionales de coordinación[176]. Esta información se transmite a través de la red de información, de acuerdo con el art. 14 del citado Reglamento[177], cosa que permite tener actua-

---

175 En este sentido, *vid.* HELLER, C., JONES, C., «Eurosur: saving lives or reinforcing deadly borders?», *Statewatch Journal. Reflection on the state and civil liberties in Europe*, 23, 2014, pp. 9-12. Ambos apuntan a que no está claro si el sistema de Eurosur permite detectar los pequeños botes que utilizan las redes de trata y de tráfico de migrantes para cruzar el mar, al igual que tampoco hay ningún mecanismo que permita forzar a los Estados miembro o a Frontex a iniciar operaciones de rescate.

176 Así, estos centros nacionales de coordinación se encargarán «de la coordinación y el intercambio de información entre todas las autoridades que tengan responsabilidades de vigilancia de las fronteras exteriores a nivel nacional, así como con los demás centros nacionales de coordinación y la Agencia».

177 Uno de los elementos clave en este sistema es la red de comunicación, establecida y mantenida por Frontex. Esta red de comunicación tiene el objetivo de proporcionar comunicaciones y herramientas analíticas y permitir el intercambio de información sensible no clasificadas de forma segura e

lizados los mapas de situación[178], que, a la luz de los arts. 24 a 27 del mismo Reglamento, pueden ser nacionales, europeos o incluso específicos, en función de las actividades específicas en las fronteras exteriores. De este modo, las autoridades competentes de los Estados miembro, en coordinación con Frontex, podrán desarrollar operaciones y tomar medidas para los objetivos enumerados con anterioridad.

Con todo, y en lo que a la trata se refiere, este instrumento obedece a la triple funcionalidad: protección, persecución y prevención. Las imágenes a tiempo casi real permiten desplegar operaciones para interceptar las personas que cruzan irregularmente las fronteras exteriores. En estas operaciones, es posible que los agentes fronterizos identifiquen a las víctimas, de modo que son puestas bajo la protección debida. En estos casos, a par-

---

información clasificada de forma segura en tiempo casi real entre los centros nacionales. La red estará operativa las veinticuatro horas del día y los siete días de la semana. Esta red permitirá el intercambio, ya sea bilateral o multilateral, de información; las videoconferencias y las comunicaciones de voz y la gestión, almacenamiento, transmisión y tratamiento seguros de información clasificada de la UE. Nótese que el sistema de Eurosur se construye a partir de los avances tecnológicos que permite la vigilancia de las fronteras a tiempo real. Esta tendencia, la de invertir una cantidad elevada en tecnología para mejorar el control de fronteras, puede tener alguna implicación cuestionable a largo plazo, tal y como se apuntó en MARIN, L., «Is Europe turning into a "technological fortress"? Innovation and technology for the management of EU's external borders: Reflections on FRONTEX and EUROSUR», en HELDEWEG, M. A., KICA, E., (eds.), *Regulating Technological Innovation*, Palgrave Macmillan, Londres, 2011, pp. 131-151, p. 142.

178 Un mapa de situación, de acuerdo con el art. 2 del Reglamento 2019/1896, es «una agregación de datos e información georreferenciados en tiempo cuasirreal recibidos de diferentes autoridades, sensores, plataformas y otras fuentes, que sea transmitida a través de canales seguros de comunicación e información y pueda procesarse y mostrarse de forma selectiva y compartirse con otras autoridades pertinentes para lograr un conocimiento de la situación y apoyar la capacidad de reacción en las fronteras exteriores o en sus proximidades y en la zona prefronteriza ».

tir de las entrevistas que se realicen a los migrantes, es posible que se aporten datos que puedan servir para investigaciones policiales presentes o futuras. En cuanto a la prevención, cuando los agentes fronterizos interceptan a un grupo de migrantes y resulta que algunos de ellos son víctimas de la trata, efectivamente se ha prevenido el fenómeno en tanto que la persona identificada como víctima no será explotada por las redes[179].

En tercer lugar, focalizándose solamente en las fronteras exteriores marítimas, se estableció el Reglamento 656/2014, citado con anterioridad. Este sistema es una especificación del Eurosur, ya que este Reglamento solamente afecta la vigilancia de las fronteras marítimas. De acuerdo con el art. 2 de dicho Reglamento, esta vigilancia consiste en el desarrollo de operaciones marítimas[180] a partir de las cuales es posible detectar o incluso interceptar buques cargados con personas que pretendan acceder irregularmente en el territorio de los Estados miembro de la Unión Europea.

Aunque el Reglamento se refiera al tráfico ilícito de personas, se sabe que hay redes que utilizan las rutas irregulares de acceso a los Estados miembro para evitar los controles fronterizos, de modo que este tipo de operaciones también pueden

---

179 Para saber más sobre el funcionamiento del Eurosur, *vid.* ELLEBRECHT, S., «The European Border Surveillance System EUROSUR: The computerization, Standardization, and virtualization of border management in Europe» en VV. AA., *OSCE Yearbook 2013*, Nomos Verlagsgesellschaft mbH & Co. KG., Baden-Baden, 2013, pp. 231-244 En otro sentido, sobre la ética y las prácticas de los Estados miembro en relación al control de las fronteras, *vid.* JEANDESBOZ, J. «Beyond the Tartar steppe: EUROSUR and the ethics of European border control practices», en BRUGESS, J. P., GUTWIRTH, S. (eds.), *A threat against Europe?*, VUBPRESS, Brussels University Press, Bruselas, 2011, pp. 111-133.

180 De acuerdo con este artículo, una operación marítima es «una operación conjunta, un proyecto piloto o una intervención rápida llevados a cabo por los Estados miembro para la vigilancia de sus fronteras marítimas exteriores bajo la coordinación de la Agencia».

servir para la prevención de la trata. Tal y como se ha dicho, y a la luz del art. 7 del mismo Reglamento, una de las posibilidades es que pueden interceptar buques en el mar territorial o la zona contigua, incluso en alta mar[181], e identificar a las personas que se encuentren dentro del buque. En el caso que se encuentren los responsables en el buque, cuando la interceptación se haga en el mar territorial, estas serán puestas a disposición de las autoridades del Estado ribereño de acuerdo con el plan operativo y a la luz de lo que prescribe el art. 6 del Reglamento 656/2014, pero si la interceptación se hace en alta mar, estas pueden ser llevadas a un tercer Estado o a un Estado miembro de acogida.

Los tres instrumentos que se acaban de analizar buscan evitar el acceso irregular de migrantes al territorio de los Estados miembro de la UE. En definitiva, se han constituido sistemas de vigilancia y control de las fronteras que permiten la interceptación tanto de los grupos de personas que pretenden cruzar, independientemente de la forma en que se haga. Por lo tan-

---

181 La interceptación de buques en alta mar es uno de los artículos más controvertidos del presente reglamento, ya que autoriza a conducir el buque o a las personas a bordo a un tercer país o entregar las personas a bordo a las autoridades de un tercer país cuando existan elementos probatorios que confirmen que el buque está involucrado en el tráfico ilícito de migrantes por mar. En este sentido, *vid.* KOKA, E., VESHI, D., «Irregular Migration by Sea: Interception and rescue interventions in light of International Law and the EU Sea Borders Regulation», *European Journal of Migration and Law*, 21, 2019, pp. 26-52. Ambos autores apuntan que los Estados miembro de la Unión han interpretado sesgadamente las obligaciones internacionales de proteger a las víctimas, sobre todo aquellas que requieren de protección especial como los refugiados u otros grupos vulnerables. De acuerdo con esta obligación, la UE ha pretendido vertebrar una solución a la mala interpretación de dichas obligaciones, pero esta solución se ha convertido en parte del problema. En este sentido, el Reglamento 656/2014, en opinión de los autores, no logró superar las divergencias interpretativas de conceptos esenciales como «desembarco, «indicios razonables» o «lugar seguro».

to, su función principal es evitar el tráfico ilícito de migrantes. Aun así, es posible que en estas interceptaciones o detenciones se detecte a víctimas de la trata y se las identifique como tal, de modo que son puestas a disposición de las autoridades competentes, impidiendo que se materialice la explotación. En este sentido, pues, desde la perspectiva de la efectividad son tres instrumentos que, aunque sea de forma indirecta y muy condicional, pueden funcionar para impedir que las víctimas sean explotadas. Aun así, al igual que con los instrumentos a disposición de Frontex, la cuestión que debe plantearse es si son los instrumentos adecuados para afrontar la prevención plena de la trata de seres humanos. Antes de entrar a responder dicha cuestión, se abordarán los instrumentos de control de los flujos migratorios en aquellas vías de acceso regulares.

4.2.5.3. El acceso por vías regulares de nacionales de terceros países a la Unión Europea y los instrumentos de control de los flujos migratorios: ¿prevención indirecta de la trata?

Paralelamente a los instrumentos de gestión del cruce irregular de las fronteras exteriores de los Estados miembro de la Unión Europea, es preciso cuestionarse también si los instrumentos enfocados a ordenar el acceso a través de vías regulares pueden tener algún tipo de repercusión en la prevención de la trata de seres humanos.

A modo de introducción, es preciso subrayar que el uso del adjetivo «irregular» no es en vano, ya que la inmigración legal es bienvenida entre los socios europeos. Muestra de ello es la propia *Agenda Europea sobre Migración*, citada anteriormente, que prescribe que «un marco legal claro y bien implementado relativo a las vías legales de acceso a la Unión Europea (acompañados de una mejora de la eficiencia de los sistemas VIS y asilo) reducirá los factores que impulsan la entrada y la estancia irregular, contribuyendo a fortalecer la seguridad de las fronteras europeas (...)»[182]. Así pues, lo que preocupa a las instituciones de la Unión y a los Estados miembro es la inmigración irregular. Sin embargo, el desplazamiento regular de personas no está exento de controles, sobre todo si se tiene en cuenta que una vez dentro del territorio de los Estados miembro, el Espacio Schengen implica la libertad deambulatoria sin controles fronterizos internos entre los Estados parte de dicho espacio.

Hay una serie de instrumentos destinados a autorizar y controlar el acceso regular a la Unión. En este sentido, se está hablando del VIS, el EES, el PNR y el ETIAS, instrumentos que han sido analizados con anterioridad, ya que pueden servir para la protección de las víctimas en tanto que son instrumentos que permiten identificar a la persona física que intenta acceder al territorio de los Estados miembro. El hecho de que las víctimas sean detectadas en el momento del cruce de la frontera impide que estas sean explotadas, de modo que estos instrumentos también pueden ser efectivos a la luz de la prevención de la trata. Además, su propia existencia implica un efecto disuasorio para las redes de la trata, ya que supone burocratizar el acceso al territorio de los Estados miembro. De este modo, el migrante (que también es víctima) debe someterse a unos controles a través de los cuales las autoridades competentes pueden detectar a las víctimas y evitar que estas lleguen a ser explotadas por las redes.

En cuanto al VIS, en el proceso de solicitud del visado de corta duración en los consulados de los Estados miembro en los países de origen de las víctimas, es posible que el agente consular detecte a una víctima de la trata que intenta acceder al territorio europeo. Ya se apuntó que el visado es la única forma de acceder regularmente en el territorio de los Estados miembro, excepto si se está exento. Cuando el visado sea obligatorio,

---

182 COM(2015) 240 final, *op. cit.*, p. 6.

la persona que lo solicite deberá superar un proceso dónde el agente consular debe tomarle las huellas dactilares y fotografías y debe recabar información personal.

En el caso que, durante dicho proceso, se identifique a una víctima de la trata, el agente consular puede recabar información relativa al cómo, cuándo y quién captó a la víctima, el destino que tenía o cualquier tipo de información que pueda servir para las investigaciones criminales. Además, puede comunicar a las fuerzas policiales locales la posibilidad de que exista una red de trata o un captador. Sin embargo, la información que recabe debe quedar sometida a los estándares de protección de datos europeos, sobre todo la que volcará en el VIS en el caso de denegación del visado. Por lo tanto, será necesaria una buena formación del agente encargado de la entrevista para que pueda dirimir si, efectivamente, se encuentra delante de la una víctima de la trata.

Asimismo, se puede denegar la entrada a un tratante previamente condenado por trata de seres humanos que hubiera sido expulsado del territorio de los Estados miembro de la Unión Europea y pretendiera volver a él. De acuerdo con el art. 12 apdo. 2 del Reglamento VIS, cuando se deniegue un visado, se deberá incorporar el motivo, entre los que destaca el hecho de existir una descripción en el SIS II renovado a efectos de denegarle la entrada o bien por considerarse una amenaza para el orden público, la seguridad interior o la salud pública de acuerdo con el Código de fronteras Schengen. Una persona condenada por trata de seres humanos entraría en ambos supuestos, de modo que, si pretende volver acceder, se le denegará la entrada y se evitará, de esta manera, que vuelva a delinquir dentro del territorio de los Estados miembro de la UE.

En lo que respecta al EES, la información que se obtiene a través dicho instrumento sí que puede servir para poder detectar a las víctimas de la trata y evitar que sean explotadas. En este sentido, las autoridades competentes podrían utilizar los patrones de comportamiento de acuerdo con la información volcada en el sistema. Por ejemplo, en algunos casos, cuando la presunta víctima de la trata haya superado el proceso de obtención del visado, podrá acceder al Espacio Schengen a través de un paso fronterizo. Allí, el agente de fronteras tendrá acceso al VIS, dónde podrá comprobar la identidad de la persona y la validez del documento. Pero también tendrá acceso al EES para poder determinar el momento de entrada al territorio de los Estados miembro, también el sitio y la hora y a cualquier tipo de información susceptible de ser relevante para el control y la inspección fronteriza. En este momento, los agentes pueden detectar la víctima de la trata que se esconde detrás de un nacional de un tercer país. Al igual que en el caso anterior, la formación del agente es imprescindible.

En cuanto al PNR, aunque su principal funcionalidad es la prevención del terrorismo, en virtud del art. 9 de la Directiva 2016/681, es posible que cuando los nombres de determinados pasajeros se repitan en el tiempo o bien cuando se cumplan determinados patrones, las autoridades podrán identificar presuntos tratantes intentando acceder al territorio de los Estados miembro. Es posible, aunque bastante improbable, que estos vayan acompañados de nuevas víctimas, de modo que se podrían identificar a sus acompañantes y detectar a las víctimas de trata en caso de existir. En estos casos, se notificará a las autoridades competentes para que procedan de acuerdo con los derechos de las víctimas de la trata, por un lado, y recojan datos para las investigaciones criminales, por el otro lado[183]. No obstante, la creación de inteligencia en este sentido depende de las autoridades competentes, no del PNR propiamente. Por lo tanto, no es posible defender que este instrumento sea efectivo para prevenir la trata de seres humanos

---

183 Esta información, si resulta relevante para otras investigaciones en curso que afecten a más de un Estado miembro, será transmitida a Europol.

Por último, la autorización del ETIAS para aquellos nacionales de países exentos de visado también puede facilitar la prevención de la trata de seres humanos, aunque siempre esta función irá por detrás del verdadero objetivo de este instrumento: evitar el acceso de nacionales de terceros Estados por motivos de seguridad. Recuérdese que, de acuerdo con el art. 3 del Reglamento 2018/1240, la autorización de viaje se dará cuando la persona que la solicite no represente un riesgo para la seguridad, para la inmigración irregular o para una epidemia.

A la luz de la operativa del ETIAS, explicada con detalle en el capítulo anterior, la autorización solamente se da si el sistema no encuentra ningún aviso en alguna de las bases de datos a las que está conectado. Por lo tanto, deben existir datos previamente introducidos que afecten o bien a la víctima o bien al presunto tratante. En el caso de la víctima, si el factor humano que permitía detectar a las víctimas de trata desaparece, pues es una autorización automatizada, se hace difícil que el sistema automáticamente las permita identificar a las víctimas. Sería el caso, por ejemplo, de una víctima que ha escapado de la trata pero que ha sido revictimizada al caer, otra vez, en manos de las redes de trata. En este caso, la prevención de la trata va liga a la detección e identificación de la víctima. Es, de hecho, un instrumento reactivo que no evita, directamente, este fenómeno criminal.

En cambio, se podría prevenir la trata a través de la detección de los presuntos tratantes, siempre que sean reincidentes o hayan existido investigaciones previas, estén estas finalizadas o en vigor. Al igual que pasaba con el VIS a partir de la introducción de descripciones en el SIS II renovado con el objetivo de denegar la entrada a determinadas personas, cabe recordar que el art. 34 del Reglamento 2018/1240 permite elaborar una lista de alerta rápida para aquellas personas que han cometido delitos graves, entre los que se encuentra la trata en virtud del art. 3 del mismo Reglamento. En estos casos, saltaría la alerta y se procedería a la denegación de la autorización de viaje.

Aunque se pueda prevenir la trata, la lógica es que en ningún caso es una prevención directa, sino que, a partir de la detección de los tratantes, al constar información sobre ellos, se evitará que sigan actuando y, por ende, se evitará la trata de seres humanos. Por lo tanto, si bien sí que es posible prevenir la trata a partir de este sistema, siempre se requerirá que el sistema ya disponga de información de la persona.

Con todo, desde el punto de vista de la efectividad, si bien estos cuatro instrumentos pueden servir para prevenirla trata de seres humanos, hay que ir caso por caso a la hora de determinarla. El PNR, tal y como se ha visto, en contadas ocasiones puede servir para esta finalidad, de modo que no se puede defender su efectividad por lo que ya se ha explicado. En cuanto a los otros instrumentos, todos igualmente pueden servir para prevenir de forma indirecta la trata de seres humanos. Esto implica que, en todos los casos, la prevención irá supeditada al hecho de detectar e identificar a la víctima o al miembro de la red de trata. En ningún caso son instrumentos que directamente busquen prevenir este fenómeno, a diferencia de los instrumentos relativos a prohibir la demanda consciente de bienes y servicios derivados de la trata. Además, existen muchas variables a tener en cuenta, tales como la formación del agente fronterizo o que existan datos en alguna base de datos y que estos sean correctos. Por lo tanto, no puede asumirse que sean instrumentos ciertamente efectivos, aunque la mínima posibilidad de éxito en este sentido debe tenerse en cuenta.

4.2.6. La prevención de la trata que afecta a las víctimas que se encuentran dentro del Espacio Schengen: El SIS II renovado y su aplicabilidad

Habida cuenta de la ausencia de estos controles fronterizos una vez una persona se encuentra dentro del Espacio Schengen, y tal y como se explicó en el capítulo anterior, se constituyó el SIS II renovado para poder controlar la seguridad interior en dicho espacio. Por lo tanto, debe valorarse si los mecanismos de control dentro de este espacio pueden servir para prevenir la trata de seres humanos.

Cabe apuntar que estos instrumentos, a diferencia de los que se acaban de analizar, afectan a cualquier víctima independientemente de su nacionalidad, pues dentro del Espacio Schengen, como norma general, cualquier puede desplazarse sin restricción alguna. Además, antes de proceder al análisis, resulta interesante apuntar que el SIS II renovado, tal y como se apuntó en el capítulo anterior, tiene una triple vertiente: obedece tanto a la lógica de la protección de las víctimas, en tanto que permite la identificación de estas; a la lógica de la persecución, ya que está habilitado para ser usado en controles interiores y, de este modo, identificar a los tratantes; y, por último, también obedece a la lógica de la prevención.

En lo que respecta a esta última utilidad de este instrumento, de acuerdo con el art. 24 del Reglamento 2018/1861, citado anteriormente, es posible que las autoridades competentes de los Estados miembro de la Unión Europea introduzcan descripciones en el sistema a efectos de la denegación de entrada o estancia cuando exista una amenaza para el orden público o la seguridad nacional, que se da cuando el nacional del tercer país haya sido condenado, en un Estado miembro, por un delito sancionado con una pena privativa de libertad de un año como mínimo o cuando existan razones serias para creer que dicho nacional de un tercer país ha cometido delitos graves o, en su defecto, indicios claros de que piensa delinquir. En estos casos, cuando se produzca un control en el interior del espacio Schengen, los agentes pueden solicitar que los detenidos se identifiquen y comprobar su identidad en el SIS II renovado, de modo que, si sobre ellos recae este tipo de órdenes, pueden ser detenidos y puestos a disposición de la administración para proceder a su expulsión del territorio. Esto, indirectamente, previene la trata, pues se impide que esta persona siga operando al suponer una amenaza para la seguridad.

En lo que a la trata se refiere, el art. 4 de la Directiva 2011/36/UE prevé penas privativas de libertad de hasta cinco años, de modo que un condenado por trata de seres humanos que volviera a intentar acceder al territorio de la Unión Europea sería automáticamente expulsado de acuerdo con la información del SIS II renovado. Además, en aquellos controles en los que se identifique a una víctima de la trata acompañada por su presunto tratante, a raíz de la investigación policial, se pueden introducir datos en este sentido para evitar que dicha persona circule por el Espacio Schengen. Por lo tanto, este instrumento también podría utilizarse indirectamente para prevenir la trata. En este sentido, su operativa hace que sea efectivo para perseguir a las redes, de modo que solamente cuando se cumpla con esta función se estará evitando la trata de seres humanos, al impedir que las redes puedan operar.

Para cerrar el presente capítulo, debe resolverse la cuestión que se ha planteado con anterioridad relativa a la efectividad y a la adecuación de los instrumentos de prevención que se han analizado en el presente capítulo.

En primer lugar, y en cuanto a la efectividad, la cuestión es compleja y puede suscitar un debate doctrinal muy interesante. Si bien, a simple vista, todos los instrumentos que se han analizado pueden servir a la hora de lucha contra la trata de seres humanos, a la hora de valorar su efectividad, aparte de analizar si estos instrumentos impiden o dificultan la labor de las redes de trata, hay que tener en cuenta que algunos ellos requieren que concurran unos condicionantes para valorarlos positivamente, tal y como se muestra a continuación.

Presentados los parámetros de la valoración, el primer instrumento a valorar es la reducción de la demanda consciente de los bienes y servicios derivados de la trata, así como los instrumentos normativos que dificultan la presencia de la trata en el mercado europeo. Así, en estos casos, si los Estados miembro aplican sanciones suficientemente severas para castigar esta demanda, el efecto disuasorio entre los clientes de las redes de trata es evidente. En este sentido, la demanda de los bienes y servicios es una de las principales causas de la trata, ya que sin una demanda que satisfacer por parte de las redes, la propia existencia de la explotación de las víctimas se pone en cuestión. Además, implicar a los operadores económicos para luchar activamente contra la trata de seres humanos puede contribuir a dificultar, todavía más, que las redes de trata se infiltren en el mercado. Tanto la propuesta de Directiva sobre diligencia debida como la propuesta de Reglamento sobre productos con trabajo forzoso podrán facilitar, precisamente, reducir esta demanda de mano de obra barata y de personas vulnerables que buscan desesperadamente un método de subsistencia.

En este mismo orden de ideas, las medidas relacionadas con el aspecto financiero de las redes de trata también atacan directamente la razón de ser de estas organizaciones: el beneficio económico. Sin dinero, las redes no pueden sufragar los costes de su organización ni pueden lucrarse con la actividad de sus víctimas. Además, desarticular el modelo de negocio de las redes de trata también puede contribuir a la persecución de las redes, al proveer de nuevos medios de prueba más allá del testimonio de la víctima. Por lo tanto, también supera el examen de efectividad. Sin embargo, no es un instrumento de prevención que solamente se refiera a la trata de seres humanos, sino que aprovecha mecanismos ya existentes para evitar la trata de seres humanos. Esto puede conllevar que las redes pueden adaptarse fácilmente y evitar los controles financieros, tal y como se ha visto.

Con todo, pues, y en lo que se refiere a la efectividad de estos instrumentos, el juicio relativo su efectividad es más que positivo. Además, si se refuerzan con campañas de sensibilización suficientes y adecuadas, sus efectos seguramente se multiplicarán.

Mención aparte merecen los instrumentos de prevención que se refieren a la gestión de los flujos migratorios. Partiendo de la base de que la principal función de dichos instrumentos no es evitar la trata, sino impedir el acceso irregular de personas al territorio de los Estados miembro de la Unión Europea, así como garantizar un elevado nivel de seguridad dentro del Espacio Schengen, las posibilidades de prevención de estos instrumentos existen, aunque son muy escasas. En este sentido, en estos supuestos la prevención está supeditada a la detección y la identificación de la víctima o del presunto delincuente. En este sentido, por ejemplo, en los controles fronterizos, cuando se detecte a una víctima de trata, se estará evitando su explotación. También en las operaciones de vigilancia de Eurosur o en las entrevistas para el VIS, siempre ese evitará la trata cuando se identifique a la víctima o, en algunos casos, al presunto tratante.

En todos estos casos nótese que se requiere la intervención humana, pues las entrevistas y los contactos con las personas que intentan cruzar, de momento, los realizan los agentes de fronteras. En otros casos, como por ejemplo los avisos del SIS II renovado o el ETIAS, la prevención siempre estará condicionada a la introducción de información en las bases de datos. Es decir, solamente se podrá evitar la trata cuando un miembro de una red ya haya cometido alguna de las infracciones prohibidas en la Directiva 2011/36/UE y se le haya identificado o cuando una víctima ya haya sido previamente identificada y haya vuelto a caer en manos de las redes. Si bien es verdad que, en el primer supuesto, es posible evitar que algunas víctimas lleguen a ser explotadas, la tónica general de estos instrumentos es que no son efectivos para prevenir la actividad de las redes de trata. Además, muchos de estos instrumentos ya cuentan con automatismos, de modo que se reducen las posibilidades de entrevista, donde el agente de fronteras podía detectar e identificar a la víctima, tal y como se ha explicado en el capítulo anterior.

Por consiguiente, si bien de forma individualizada algunos de los instrumentos pueden valorarse positivamente en este sentido, analizándolos en su conjunto no es posible aceptar que los instrumentos de gestión de las fronteras y los flujos migratorios sean efectivos para prevenir la trata ya que, o bien la prevención está condicionada a la identificación o bien se necesita información previa en las bases de datos. Por lo tanto, son instrumentos de prevención indirecta y con escasas posibilidades de éxito, precisamente, por las muchas variables a tener en cuenta.

Aunque existan instrumentos de prevención, las cifras muestran que estas medidas son totalmente insuficientes. El fenómeno de la trata sigue actuando en todo el territorio de la Unión Europea y cada año que pasa lo hace con más fuerza. Así pues, considerando el objetivo final que es la erradicación de las redes de trata, no es posible defender su efectividad tal y como está estructurada la lucha en la UE. En consecuencia, deben plantearse nuevos instrumentos de prevención, tales como la cooperación al desarrollo u otras medidas que ataquen, directamente, las causas de la trata de seres humanos en los Estados de origen de las víctimas no nacionales de los Estados miembro de la UE.

En cuanto al análisis de la adecuación, se requiere un examen pormenorizado, pues debe partirse de la base que las medidas de prevención deben tener como objetivo atacar las causas o los factores que favorecen la existencia de la trata de seres humanos. Este es el modo en que se aborda la prevención desde su plenitud ya que, si se eliminan estas causas y factores, las víctimas no se verán sometidas a más explotación. En consecuencia, si la Unión actuase partiendo de esta idea, casaría con la definición de prevención que se formuló al inicio de este trabajo.

En este sentido, si se observan los instrumentos que atacan la demanda de los bienes y servicios derivados de la explotación de las víctimas, evitar que existen clientes que demanden dichos servicios implica atacar una de las principales causas de la trata. Asimismo, los instrumentos que impiden a las redes disponer de los beneficios obtenidos con la explotación de sus víctimas atacan, directamente, la razón de ser de las redes.

Sin embargo, en cuanto a los instrumentos que afectan a la gestión de los flujos migratorios, no atienden ninguna de las causas de la trata, ni tampoco ninguno de los factores que facilita la actividad de las redes. En este sentido, ninguno de los instrumentos de gestión de fronteras analizados tiene como objetivo contrarrestar las causas de la trata, de modo que estos instrumentos son simples soluciones temporales al problema de la trata de seres humanos que muestran que la verdadera preocupación de la Unión Europea es el control fronterizo. Además, su posible prevención es siempre indirecta y dependiente de múltiples factores. Una medida de prevención adecuada debe abordar las causas del fenómeno y atacar la raíz del problema, sino es imposible que se erradique, ya que las redes encontrarán otro modo de acceder al Espacio Schengen. Muestra de ello es que, aunque se hayan desarrollado todo este amplio elenco de medidas, sigue habiendo víctimas de la trata en la Unión Europea[184].

En consecuencia, estas últimas medidas ni son efectivas ni son adecuadas a la luz de una prevención exhaustiva que aborde el fenómeno de la trata desde su plenitud. Además, también sería interesante que se plantearan más medidas de prevención para la trata *interna*. Existe una buena parte de las víctimas que ya se encuentra dentro del Espacio Schengen, de modo que la existencia de tantas medidas de control de la frontera exterior confirma esta idea ampliamente criticada en esta monografía de seguir relacionando la trata de seres humanos como un fenómeno migratorio. En este sentido, si se pone el foco de atención solamente en las víctimas no nacionales de los Estados miembro de la UE, es posible que se cree cierto sentimiento de

---

[184] COMISIÓN EUROPEA, *Data collection on trafficking in human beings (…), op. cit.*, p. 34.

repulsa hacia las personas migradas, ya que es habitual relacionar las personas migradas y las operaciones de vigilancia de las fronteras con un aumento de la seguridad interior.

CAPÍTULO 5: ***LOS INSTRUMENTOS PARA LA PERSECUCIÓN EN EL MARCO DE LA LUCHA DE LA UNIÓN EUROPEA CONTRA LA TRATA DE SERES HUMANOS***

5.1. EL TERCER ELEMENTO DEL PARADIGMA: LAS PRIORIDADES POLÍTICAS Y EL CONCEPTO DE PERSECUCIÓN A LA LUZ DE LA ESTRATEGIA DE LA UNIÓN PARA ERRADICAR EL FENÓMENO

De acuerdo con el orden establecido en la Estrategia UE 2012-2016, el último elemento del paradigma de las 3P es la persecución de las redes de trata de seres humanos. Su inclusión en el último lugar del paradigma obedece a la idea de que antes de perseguir se debe proteger a las víctimas y prevenir el fenómeno.

Siguiendo con la misma sistemática seguida a lo largo de la presente obra, el análisis de los instrumentos de persecución se construye, en primer lugar, con el análisis de las prioridades a nivel político establecidas en la Estrategia UE 2012-2026 y en la nueva Estrategia UE contra la trata 2021-2025 juntamente con todos los documentos que las acompañan. En segundo lugar, después del análisis de dichas prioridades políticas, se definirá qué se entiende por persecución a la luz, precisamente, de la estrategia política marcada por la Unión. Finalmente, se analizarán los instrumentos operativos a disposición de las instituciones de la Unión y de los Estados miembro para perseguir a las redes de trata.

5.1.1. La estrategia de la Unión Europea para luchar contra la trata de seres humanos y las prioridades políticas relativas a su persecución

La Estrategia UE 2012-2016 estableció la persecución de los traficantes como una de las principales prioridades en la lucha contra la trata de seres humanos[1]. En este sentido, la Comisión remarcó la necesidad de perseguir las redes de la trata, establecidas y consolidadas en toda la Unión Europea. Una de las particularidades de la Unión Europea es la libre circulación de personas dentro del Espacio Schengen, cosa que favorece la diseminación de la actividad criminal de las redes de trata en los distintos Estados miembro de la Unión. Esta es la razón, en parte, por la que la trata de seres humanos no conoce de fronteras entre dichos Estados.

Con los datos a disposición de la Comisión en aquel momento, durante los años 2015-2016 se abrieron 5.979 investigaciones por temas relacionados con la trata, aunque solamente 1.014 acabaron con acusaciones formales por delitos de trata de seres humanos[2]. Es un número muy bajo de acusaciones formales por este tipo de delito, dato que corrobora las dificultades con las que se encontraban las autoridades competentes a la hora de perseguir las redes de trata[3]. En este sentido, los

---

1 COM(2012) 286 final, *op. cit.*, p. 10.

2 COMISIÓN EUROPEA, *Data collection on trafficking (…), op. cit.*, pp. 96-98.

3 En anteriores capítulos, se ha constatado la complejidad del fenómeno de la trata de seres humanos al ser una conducta que se esconde en otros delitos, cosa que dificulta la identificación de las víctimas. En cuanto a la persecución, cfr. GALLAGHER, A., *The International Law of (...), op. cit.*, p. 385. La autora

datos disponibles confirmaban, también, la dificultad a la hora de poder enjuiciar a los presuntos tratantes por conductas relacionadas con la trata de seres humanos. Así, según Eurojust, durante el año 2016, del total de 2.306 casos registrados en la Agencia, solamente el 4% se referían al fenómeno de la trata de seres humanos[4].

Así, si el objetivo es combatir la lucha contra la trata de seres humanos, debe apostarse por un sistema de persecución eficaz que vaya más allá de las fronteras internas de los Estados miembro. En este sentido, pues, y volviendo a la Estrategia UE 2012-2016, esta dividió la persecución de la trata de seres humanos en cuatro acciones principales.

En primer lugar, la creación de unidades policiales nacionales multidisciplinarias, con el objetivo de que operen como puntos de contacto para las agencias, en especial Europol. Estas unidades debían convertirse en unidades especializadas en cualquier forma de trata, que puedan adaptarse con

---

apunta que, en el plano internacional, aún hay Estados que no recogen datos relativos a las cifras sobre enjuiciamientos e investigaciones policiales relativas a la trata de seres humanos. En este aspecto, la Unión Europea sí dispone de mecanismos para la transmisión de esta información. *Vid.* SWD(2018) 473 final, *op. cit.*, p. 67.

4 EUROJUST, *Implementation of the Eurojust Action Plan against THB 2012-2016. Final evaluation report*, 2017, p. 14. Disponible en: https://bit.ly/3QXWYfV. En este sentido, *vid.* COMISIÓN EUROPEA, *Informe de la Comisión al Parlamento Europeo y al Consejo: «Segundo informe sobre los progresos realizados en la lucha contra la trata de seres humanos (2018) con arreglo al artículo 20 de la Directiva 2011/36/UE relativa a la prevención y lucha contra la trata de seres humanos y a la protección de las víctimas*, 3 de diciembre de 2018. COM(2018) 777 final. La Comisión constató, al igual que Eurojust, el bajo número de condenas por trata de seres humanos o delitos relacionados. Así, a modo de ejemplo, durante el período 2015-2016, los Estados miembro comunicaron a la Comisión de 7.503 casos de personas que entraron en contacto con autoridades policiales o judiciales por temas de trata o relacionados. Sin embargo, de estos 7.503 casos, solamente 5.979 se tradujeron en investigaciones formales y solamente 2.927 en condenas.

rapidez a las nuevas tendencias de las redes y que mejoren la detección. En segundo lugar, garantizar una investigación financiera proactiva, liderada por Europol y que se traduce en diversos instrumentos como las UIF y los ARO, instrumentos que se han explicado en el capítulo anterior a razón de las funciones de prevención. No obstante, tal y como se apuntó, también podían desarrollar sus funciones desde la perspectiva de la persecución. En tercer lugar, reforzar la cooperación judicial y policial transfronteriza a partir del establecimiento de equipos conjuntos de investigación, además de reforzar el papel de coordinación que desarrollan las agencias del ELSJ. Por último, en cuarto lugar, cooperar más allá de las fronteras, centrándose en la vertiente exterior de la política de seguridad de la Unión[5].

Por un lado, partiendo de la necesidad de un enfoque multidisciplinar para la persecución de la trata de seres humanos, la Comisión estableció, muy acertadamente, la necesidad de disponer de una policía que pudiese adaptarse a las necesidades del fenómeno, que precisamente está en constante cambio y adaptación. En este sentido, los vínculos de la trata con otras conductas delictivas son reales y notables[6], de modo que se hace totalmente necesario que la policía esté especializada en todas las formas de trata y que mejore la detección, así como la recopilación y el análisis de la información[7].

---

5 COM(2012) 286 final, *op. cit.*, pp. 10-12.

6 En este sentido, *vid.* O'NEILL, M., «Trafficking in Human Beings. An ongoing problem (...)», *op. cit.*, p. 52 y JORDANA SANTIAGO, M., «La lucha contra la trata en la UE (...)», *op. cit.*, p. 61.

7 COM(2012) 286 final, *op. cit.*, p. 11. La especialización de la policía de los Estados miembro permitirá que estas operen como puntos de contacto para las agencias de la UE, especialmente Europol, y poder remitir toda la información recogida a las unidades nacionales de Europol para su transmisión a la agencia.

Por otro lado, las investigaciones financieras han sido reconocidas como una de las mejores herramientas para la obtención de pruebas[8]. Este tipo de investigaciones, que también asumen funciones de prevención tal y como se ha visto en el capítulo anterior, pueden constituir una vía para la persecución del delito, ya que a través de ellas se puede seguir el rastro de los activos que manejan las redes de trata. En este sentido, según la Comisión, «seguir el dinero a lo largo de la cadena de la trata es crucial para convertir la trata de seres humanos en un delito de alto riesgo y escaso beneficio»[9]. Esta idea es la que persiguen todos los actores que participan en la lucha contra la trata de seres humanos.

El hecho de que se considere prioritario fomentar las investigaciones financieras nace a raíz de las dificultades, muchas veces, de contar con el testimonio de la víctima. En este sentido, del total de víctimas registradas durante el período 2015-2016, solamente 3.623 decidieron colaborar en las investigaciones criminales[10]. Es más, del número de víctimas que colaboró con las investigaciones policiales, solamente 93 participaron como testigos en los ulteriores procesos judiciales[11]. Por últi-

---

8 COM(2012) 286 final, *op. cit.*, p. 11. En este sentido, *vid.* COM(2017) 728 final, *op. cit.*, p. 4, dónde se apunta que una de las vías para romper la cadena de la trata de seres humanos y así poder desarticular el modelo de negocio es la intensificación de las investigaciones financieras proactivas, basadas en la recuperación de activos, el embargo y el decomiso de los beneficios.

9 COM(2017) 728 final, *op. cit.*, p. 4. En relación con las investigaciones financieras, se promoverá la cooperación más estrecha entre las autoridades nacionales, también en países terceros, y se llevará a cabo mediante redes apropiadas, como el Grupo de Acción Financiera Internacional (GAFI) y la Cuarta Directiva contra el blanqueo de capitales, que será analizada en el capítulo quinto.

10 COMISIÓN EUROPEA, *Data collection on trafficking in human beings (…), op. cit.*, p. 52.

11 *Ibid.*, p. 92. Es preciso apuntar que esta cifra solamente hace referencia a cinco Estados miembro. Los veintitrés restantes no enviaron información en este sentido a la Comisión Europea.

mo, 938 víctimas registradas gozaron de un permiso temporal de residencia en virtud del art. 6 de la Directiva 2004/81/CE por colaborar con las autoridades. Si bien en el capítulo anterior ya se apuntaron los motivos por los cuales las víctimas de trata no son proclives a cooperar con las autoridades policiales o judiciales, cabe señalar aquí que un número tan bajo implica que, o bien no se informa adecuadamente a las víctimas sobre los derechos a su disposición, o bien la protección que les confieren los Estados miembro no es suficiente para asegurar un estado de seguridad adecuado para que puedan colaborar con la policía. Estas cifras tan bajas implican que aún deben darse pasos en asegurar que las víctimas quieran participar de las investigaciones policiales y prestar su testimonio en los juicios.

Por lo tanto, aparte de disponer de un sistema de protección para facilitar su participación en la investigación y en el ulterior proceso y asegurarse, de esta manera, una testifical crucial para el juicio, se optó por fomentar investigaciones y medios de prueba relacionados con la actividad financiera, pues estos no dependen del testimonio de las víctimas[12]. Consecuentemente, este es un modo de no depender exclusivamente de

---

12 SWD(2016) 159 final, *op. cit.*, p. 33. En este sentido, el art. 9 de la Directiva 2011/36/UE apunta a que las investigaciones y el enjuiciamiento no dependerán de la deposición o denuncia de las víctimas y que, además, el proceso podrá seguir su curso, aunque la víctima retires su declaración. En este sentido, *vid.* COMISIÓN EUROPEA, *Data collection on trafficking in human beings (…), op. cit.*, p. 53. Para el período 2015-2016, solamente noventa y tres víctimas registradas declararon, como testigo, en procesos judiciales llevados a cabo en cinco Estados miembro Estas noventa y tres declaraciones deben compararse con el total de condenas por trata de seres humanos para el mismo período, que ascendieron a un total de 2.927, de modo que queda demostrado que el testimonio de la víctima, aunque es crucial para muchas investigaciones, no constituye una *conditio sine qua non* para las condenas. *Vid.*, también, VAN LENT, Y., «Legal regulation of witness protection (…)», *op. cit.*, pp. 139-148.

dicho testimonio y poder aportar otro tipo de pruebas a los procesos judiciales aparte de las testificales

A finales de 2014, la Comisión Europea publicó un informe sobre el estado de evolución de las distintas prioridades establecidas en la Estrategia UE 2012-2016[13]. En cuanto a la persecución del delito de la trata, la Comisión confirmó que los Estados miembro habían iniciado programas de formación para sus respectivas autoridades competentes en la investigación y la persecución del fenómeno, en concreto policía, fiscalía y jueces o magistrados. Aparte de la formación, las instituciones europeas profundizaron en la vertiente económica de la trata de seres humanos, de modo que se apostó por la investigación de los beneficios obtenidos por las redes de trata. En este sentido, la Comisión apuntó que aparte de la inteligencia en manos de Europol bajo el marco del EMPACT, que será analizado en el presente capítulo, también se debía apostar por la cooperación en los ARO como una de las formas, precisamente, de convertir la trata de seres humanos en una actividad con beneficios inexistentes. Además, la Comisión detectó la necesidad de investigar, también, las actividades de las redes de la trata de seres humanos en internet, sobre todo en lo que respecta a la captación de las víctimas[14].

En cuanto a la persecución, aparte del informe sobre la evolución de la Estrategia UE 2012-2016, en el año 2016 la Comisión publicó otro informe sobre el estado de la lucha contra la trata de seres humanos, de acuerdo con lo que establecía el art. 20 de la Directiva 2011/36/UE. Con los datos del período 2013-2014, el número de investigaciones, procesos judiciales

---

13 COM(2014) 635 final, *op. cit.*

14 *Ibid.*, p.11. Debe apuntarse que, en el momento de la publicación de dicho informe, el EU POLICY CYCLE 2018-2021 todavía no estaba en vigor, por lo que todas estas previsiones se incorporaron a partir del SOCTA elaborado por Europol.

y ulteriores condenas por trata de seres humanos continuaba siendo preocupantemente bajo[15]. En este sentido, Eurojust, consciente de ello, promulgó un plan estratégico contra la trata de seres humanos con una serie de prioridades en pro de una mejoría de la persecución de la trata de seres humanos[16].

Siguiendo con la voluntad de potenciar las investigaciones financieras de las redes de trata, en 2016 se volvió a remarcar la necesidad de investigar el rastro del dinero que genera la trata[17], aunque este tipo de investigaciones, al menos en 2016, además de sumamente complejas, eran muy costosas. Entre las dificultades a la hora de proceder al seguimiento del dinero se destaca, por ejemplo, la ineficaz cooperación internacional una vez el dinero ha sido enviado al país de origen o los problemas en detectar, de manera precisa, dicho rastro[18].

---

15 SWD(2016) 159 final, *op. cit.*, p. 34. Un punto de vista interesante es el que plantea GALLAGHER en GALLAGHER, A., *The International Law of (...), op. cit.*, p. 383, donde la autora considera que el hecho de que el número de investigaciones, juicios y condenas por trata de seres humanos sea bajo es el resultado de una falta de diligencia de los Estados en su responsabilidad de perseguir las redes de la trata, enjuiciar a sus tratantes y proteger a sus víctimas. Sin embargo, aunque se centre en los Protocolos de Palermo, apunta que la activación de los mecanismos para exigir la responsabilidad del Estado en estos aspectos sigue siendo una vía demasiado costosa, por lo que es preciso reforzar los mecanismos que monitorizan la aplicación de los tratados y los procedimientos para garantizar el cumplimiento de estos. Esta vía para que las víctimas puedan exigir una compensación plantea una futura línea de investigación como medio para la protección de las víctimas y su encaje en el sistema de la Unión Europea.

16 Dicho plan será analizado en la sección posterior, relativa a los instrumentos de Eurojust para la persecución del delito de la trata de seres humanos.

17 Para poner algunas cifras, por aquel momento Europol calculó que los beneficios anuales globales de la trata eran alrededor de 29.4 billones de euros. En este sentido, *vid.* EUROPOL, *The THB Financial Business Model (…), op. cit.*, p. 5.

18 SWD(2016) 159 final, *op. cit.*, p. 38.

Después de la Estrategia UE 2012-2016, la trata de seres humanos seguía siendo una de las mayores preocupaciones de la Unión. Pero en el informe de la Comisión de 2017, dónde se establecieron los pasos a seguir después de la citada estrategia, del total de acciones previstas solamente una se centraba en la persecución[19]. En este sentido, la Comisión apostó porque los Estados miembro llevaran a cabo investigaciones y enjuiciamientos más eficaces, pero sin aportar ninguna innovación respecto las previsiones de la propia Estrategia UE 2012-2016. La Comisión se limitó a hacer referencia al desarrollo de capacidades y herramientas a favor de la persecución de los delincuentes, al intercambio de información y al fomento de la cooperación policial y judicial a partir del establecimiento de equipos conjuntos de investigación[20].

Si se comparan estas prioridades con las establecidas en la Estrategia UE 2012-2016, se puede constatar que son las mismas, aunque les separan cinco años. De hecho, puede observarse que los retos que se plantearon para la persecución de las redes de la trata no habían cambiado, de modo que se abren dos posibilidades de interpretación. La primera es no se han hecho suficientes esfuerzos para mejorar la persecución de las redes, cosa que implica una falta de voluntad por parte de los Estados miembro y, por lo tanto, que se debe seguir mejorando y reforzando las investigaciones policiales y judiciales. La segunda es que los cambios y las mejoras que se hayan podido aplicar en la vertiente de la persecución de las redes han sido insuficientes para erradicar este fenómeno. Sin embargo, esta última apreciación no implica una falta de voluntad, sino que la capacidad de adaptación y de resiliencia de las redes de trata supera la capacidad de los cuerpos de seguridad y de los tribunales, lo que conlleva que los retos sigan siendo los mismos.

---

19 SWD(2016) 159 final, *op. cit.*, p. 4.

20 *Ibid.*

Después de la renovación de la Estrategia UE 2012-2016 en el año 2017, los datos mostraron que la persecución de las redes seguía con la misma tendencia: un elevado número de personas que entran en contacto con las autoridades ya sea porque están detenidas o son sospechosas, un número mucho menor de enjuiciados y, todavía más, un pequeño número de condenados. Así, para el período 2017-2018, se notificaron 11.814 sospechosos, de los cuales 6.613 fueron a juicio por delitos de trata de seres humanos y solamente 2.426 fueron condenados[21]. En cuanto al período 2019-2020, aumentó tanto el número de sospechosos, que fue de 15.214, como el de condenados, que fue de 3.019 personas. En cambio, el número de personas a quienes les imputaron delitos de trata de seres humanos se quedó prácticamente igual, pues fue de 6.539[22].

Con estas cifras encima de la mesa, la Comisión Europea ha apostado, en la nueva Estrategia UE contra la trata 2021-2025, por vincular la persecución de las redes de trata al desmantelamiento de su negocio. En este sentido, si ya en la anterior estrategia se incorporaron las investigaciones financieras como mecanismo de persecución para obtener más medios de prueba, las prioridades políticas actuales reforzaron este tipo de investigaciones pues se ha propuesto monitorizar la actividad lícita de las redes de trata para perseguir los negocios ilícitos[23]. Esto necesariamente conlleva seguir apostando por la formación especializada de las autoridades competentes, que debería incluir formación centrada en las distintas formas de explotación de las víctimas más allá de la explotación sexual o en las complejas dinámicas que existen entre la trata y otras

---

21 COMISIÓN EUROPEA, *Data collection on trafficking in human beings (2) (…), op. cit.*, p. 39.

22 SWD(2022) 429 final, *op. cit.*, pp. 12-18.

23 COM(2021) 171 final, *op. cit.*, p. 9.

formas delictivas[24]. Además, habida cuenta del traslado de la trata al mundo digital, tal y como se ha apuntado anteriormente y como la nueva Estrategia UE contra la trata 2021-2025 ha reconocido, se ha propuesto reforzar la digitalización de las investigaciones y la interacción con los principales operadores tecnológicos y de internet[25]. También la Comisión ha considerado prioritario reforzar la capacidad de respuesta judicial ante el fenómeno de la trata de seres humanos, incorporando la perspectiva de género y el punto de vista de las víctimas a lo largo del procedimiento judicial[26].

Una vez apuntadas las prioridades políticas respecto el último elemento del paradigma, a continuación, y siguiendo con la sistemática de los capítulos anteriores, se formulará la definición de persecución a la luz de la estrategia de la Unión Europea contra la trata de seres humanos.

5.1.2. El concepto de persecución a la luz de la estrategia política de la Unión Europea para erradicar la trata de seres humanos

Según el significado etimológico del verbo perseguir, esta acción quiere decir proceder judicialmente contra alguien[27]. Esta breve definición permite configurar una primera idea del signifi-

---

24 COM(2021) 171 final, *op. cit.*, p. 10.

25 *Ibid.*, p. 11.

26 *Ibid.*, p. 12. Concretamente, la Comisión propuso facilitar la creación de grupos focales de fiscales especializados en trata de seres humanos, reforzar la coordinación entre los cuerpos de seguridad en los casos transfronterizos, financiar la mejoría de la cooperación entre la policía y las autoridades judiciales y facilitar el diálogo con el sector privado en el mercado tecnológico y de internet.

27 REAL ACADEMIA ESPAÑOLA: «Diccionario de la lengua española. Perseguir» [en línea], (s.f.), <https://bit.ly/4dR5kQs>. Según la RAE, perseguir significa «proceder judicialmente contra alguien».

cado de perseguir la trata de seres humanos: actuar judicialmente contra los presuntos autores. De este modo, la persecución del delito de la trata, que no es más que el hecho de proceder judicialmente contra alguien, se refiere a todas aquellas actuaciones que van destinadas a investigar a los presuntos autores por determinadas conductas tipificadas como delitos y aplicarles las sanciones penales previstas, que según el art. 4 de la Directiva 2011/36/UE, se traducen en penas privativas de libertad.

Vista la primera definición, conviene determinar en qué consiste proceder judicialmente contra los presuntos autores de la trata. En este caso, se puede observar que la persecución de la trata implica, necesariamente, la formación de policías, fiscales y jueces; aparte de la cooperación judicial y policial entre los Estados miembro, las investigaciones financieras y el desmantelamiento del modelo de negocio de las redes, y la cooperación con terceros países. En cualquier caso, todas estas actuaciones tienen un elemento común que se refiere a las investigaciones policiales o los procesos judiciales, dependiendo del ordenamiento jurídico de cada Estado miembro. Esto quiere decir que los instrumentos destinados a la persecución del delito de la trata estarán protagonizados, principalmente, por agentes de policías de los Estados miembro, sus fiscales o sus autoridades judiciales.

En este sentido, tanto la Estrategia UE 2012-2016 como la nueva Estrategia UE contra la trata 2021-2025 establecieron como una de las acciones a realizar en pro de la persecución del delito de la trata el refuerzo de la cooperación policial y judicial transfronteriza. Si se presta atención al Tratado de Funcionamiento de la Unión Europea, los organismos de la Unión Europea encargados de dicha cooperación son Europol y Eurojust respectivamente. En concreto, el art. 85 del TFUE establece que «La función de Eurojust es apoyar y reforzar la coordinación y la cooperación entre las autoridades nacionales encargadas de investigar y perseguir la delincuencia grave (…)», a la que se suma la función de Europol, que de acuerdo con el art. 88 del mismo, está orientada hacia «(…) apoyar y reforzar la actuación de las autoridades policiales (...)». Además, ambas estrategias apuntaron hacia la colaboración entre estas dos agencias como máximos representantes de la cooperación judicial y policial[28].

Con todo, la persecución del delito de la trata de seres humanos implica cualquier procedimiento destinado a perseguir judicialmente a una persona por los delitos que pueda haber cometido. En el plano europeo, dicha persecución estará coordinada por Europol y Eurojust, organismos de la UE que, según el TFUE, tienen delegadas la coordinación y la cooperación de las investigaciones policiales y judiciales respectivamente. Sin embargo, en el presente análisis, debe añadirse a Frontex como agencia que, en determinadas ocasiones, también cumple algunas finalidades de persecución.

En este sentido, tal y como se ha visto en el capítulo tercero y cuarto de la presente monografía, la gestión integrada de fronteras puede facilitar tanto la identificación de las víctimas como la prevención del fenómeno, pues tal y como se ha demostrado con anterioridad, una parte importante de las víctimas registradas no disponen de la nacionalidad de ningún y, muy posiblemente, deban cruzar las fronteras exteriores de los Estados miembro de la Unión Europea. En cuanto a la persecución, si uno de los objetivos de los controles fronterizos coordinados por Frontex es garantizar un determinado nivel de seguridad dentro del Espacio Schengen, perseguir a las re-

---

28 COM(2012) 286 final, *op. cit.*, p. 11 y COM(2021) 171 final, *op. cit.*, p. 10. En este sentido, la acción número tres de la prioridad relativa a la persecución activa de los traficantes se centra en el establecimiento de equipos conjuntos de investigación y en la asociación entre Europol y Eurojust en todos los casos transfronterizos. De este modo, la Comisión reconoció la posición privilegiada de ambas agencias para realizar investigaciones que afecten a más de un Estado miembro de modo eficaz, así como todos aquellos procedimientos judiciales que desemboquen en un juicio por trata de seres humanos.

des de trata es uno de los elementos imprescindibles para el cumplimiento de este objetivo.

Cabe señalar que el 30% de las personas enjuiciadas y el 34% de las personas condenadas por crímenes relacionados con la trata de seres humanos durante el período 2019-2020 no eran nacionales de ningún Estado miembro de la UE[29]. Estos datos demuestran que mayoritariamente las personas enjuiciadas y condenadas por trata de seres humanos tienen la nacionalidad de un Estado miembro de la UE, cosa que pone en entredicho el mantra de la Unión y de sus Estados miembro de seguir relacionando los movimientos migratorios como un problema de seguridad al fomentar la existencia, entre otros, de la trata de seres humanos, tal y como se ha explicado a lo largo de la presente monografía. No obstante, también ponen encima de la mesa que sí que hay una parte de los presuntos delincuentes que acceden a través de la frontera exterior. Por consiguiente, si se pretende una lucha integral contra este fenómeno, los controles fronterizos y la gestión integrada de fronteras deben asumir, también, funciones de persecución.

Así pues, la persecución de delito de la trata de seres humanos se erige como uno de los pilares que tiene como objetivo la erradicación total de este delito en la Unión Europea. Sin embargo, en relación con un delito tan complejo como es el de la trata, que se esconde detrás de otras conductas delictivas y que se aprovecha de la situación de vulnerabilidad de las víctimas para pasar desapercibida y asegurar el beneficio de los tratantes[30], es irreal sistematizar una serie de instrumentos con finalidad de persecución como si fuese un compartimento estanco. De hecho, habrá podido observarse a lo largo de los capítulos

---

29 COM(2022) 429 final, *op. cit.*, pp. 14 y 16.

30 En este sentido, *vid.* O'NEILL, M., «Trafficking in Human Beings. An ongoing problem (…)», *op. cit.*, p. 52 y JORDANA SANTIAGO, M., «La lucha contra la trata en la UE (…)», *op. cit.*, p. 61.

precedentes que la mayoría de los instrumentos que se han analizado cumplen funciones de protección, de prevención y, además, también pueden cumplir funciones de persecución. No obstante, también es cierto que muchos de los instrumentos que, a continuación, se analizarán, únicamente buscan la persecución del delito. Además, también existen algunos que lo que pretenden es, a partir de la propia persecución, proyectar la imagen de dureza del sistema y de implacabilidad, de modo que también se genera un efecto disuasorio a la hora de que las redes de la trata desarrollen su actividad criminal en algún Estado miembro de la Unión Europea.

5.2. LOS INSTRUMENTOS DE PERSECUCIÓN DE LA TRATA DE SERES HUMANOS Y LAS AGENCIAS ELSJ: ANÁLISIS DE LA EFECTIVIDAD Y LA ADECUACIÓN

Después del análisis de las prioridades relativas a la persecución de las redes de la trata y de los tratantes, es preciso abordar la traducción a la práctica de estas prioridades. A nivel político se marcó la cooperación en materia penal como uno de los ejes clave a la hora de luchar contra la trata de seres humanos, sobre todo si se tiene en cuenta que, en numerosas ocasiones, las redes de la trata dividen sus actividades en distintos Estados miembro de la Unión para dificultar la labor de las fuerzas policiales y de los jueces y tribunales. Es preciso señalar que la persecución efectiva es competencia de los Estados miembro de la UE. En consecuencia, y tal y como se verá en las líneas que prosiguen, desde la óptica de la Unión, los instrumentos de persecución hacen referencia a la cooperación entre autoridades competentes.

Una vez realizadas estas consideraciones, el análisis de los distintos instrumentos con finalidades de persecución del delito de la trata de seres humanos se centra en las agencias de cooperación judicial y policial pero también hace referencia a las competencias de Frontex en lo relativo a las víctimas no nacionales de los Estados miembro de la Unión.

5.2.1. Los instrumentos de persecución y el papel de Eurojust: la cooperación judicial como mecanismo para la persecución transfronteriza de las redes de trata

La actual Agencia de la Unión Europea para la Cooperación Judicial Penal (en adelante, Eurojust) fue creada en 2018 a partir de la adopción del Reglamento 2018/1727[31]. Es una de las agencias del ELSJ que desarrolla un importante papel en la persecución de las redes de trata debido a sus funciones y objetivos de promocionar la cooperación judicial.

De modo preliminar, y de acuerdo con el art. 85 TFUE, la función principal de Eurojust es la de «apoyar y reforzar la coordinación y la cooperación entre las autoridades nacionales encargadas de investigar y perseguir la delincuencia grave que afecte a dos o más Estados miembro (…)». Sobre la estructura, el funcionamiento y la trayectoria de la agencia europea para la coordinación y la cooperación judicial se ha escrito mucha literatura especializada[32]. Aquí interesa la perspectiva de la lu-

---

31 *Reglamento (UE) 2018/1727, del Parlamento Europeo y del Consejo, de 14 de noviembre de 2018, sobre la Agencia de la Unión Europea para la Cooperación Judicial Penal (Eurojust) y por la que se sustituye y deroga la Decisión 2002/187/JAI.* DOUE L 295 de 21 de noviembre de 2018 (en adelante, Reglamento de Eurojust).

32 Sobre la trayectoria de Eurojust y su función motora de la cooperación judicial penal en la Unión Europea, *vid.*, entre otros, BUSUIOC, M., GROENLEER, M., «Beyond design. The evolution of Europol and Eurojust», *Amsterdam Centre for European Law and Governance. Working paper series* 2011 – 03, 2011, pp. 1-33, JORDANA SANTIAGO, M., *El proceso de institucionalización de Eurojust y su contribución al desarrollo de un modelo de cooperación judicial penal en la Unión Europea*, Marcial Pons, Barcelona, 2018, ISBN: 978-84-9123-451-7, MONAR, J., «Eurojust and the European Public Prosecutor perspective: From cooperation to Integration in EU Criminal Justice?», *Perspectives on European Politics and*

cha contra la trata de seres humanos, en los instrumentos bajo el amparo de Eurojust que, aunque tienen como objetivo apoyar la cooperación judicial en términos generales, también son aplicables a la persecución de la trata.

Así, la función principal de dicha agencia, tal y como establece el art. 2 de su Reglamento, es la de «apoyar y reforzar la coordinación entre las autoridades nacionales encargadas de investigar y perseguir las formas de delincuencia grave para la que Eurojust sea competente», de entre las cuales se encuentra la trata de seres humanos[33]. Así pues, Eurojust es competente para asistir y apoyar a las autoridades judiciales de los Estados miembro en la lucha contra la trata de seres humanos. Para concretar estas funciones respecto la trata de seres humanos, Eurojust adoptó un plan de acción contra la trata paralelo a la Estrategia UE 2012-2016. Este plan de acción, que se analiza a continuación, ha sido determinante a la hora de dirigir la actividad de esta agencia en este ámbito.

5.2.1.1. El plan de acción de Eurojust contra la trata de seres humanos (2012-2016)

Tal y como se acaba de apuntar, Eurojust desarrolló un programa relativo a la lucha contra la trata de seres humanos[34] que

---

Society, 14, 2013, pp. 339-356 o VLASTNÍK, J., «Eurojust – A cornerstone of the federal criminal justice system in the EU?», en GUILD, E., GEYER, F. (eds.), *Security versus Justice? Police and judicial cooperation in the European Union,* Routledge Taylor & Francis Group, Abingdon, 2008, pp. 35-50.

33 El anexo I del Reglamento de Eurojust dispone de una lista de las formas de delincuencia grave, según lo que establece el art. 3 apdo. 1 del mismo Reglamento.

34 El programa de Eurojust sobre la lucha contra la trata de seres humanos nació a raíz de la declaración conjunta elaborada por cinco agencias en 2011 y que fue actualizada en 2018. A partir de dicha declaración, el equipo de Eurojust sobre la trata y delitos conexos elaboró un proyecto estratégico «Eurojust's

marcó una serie de elementos a mejorar en aras de la lucha contra el fenómeno de la trata. El proyecto estratégico identificó una serie de dificultades a la hora de abordar la persecución del delito de la trata. Los retos a los que se enfrentaban las investigaciones judiciales y los enjuiciamientos eran: en primer lugar, las dificultades a la hora de aportar pruebas; en segundo lugar, las vicisitudes relacionadas con la identificación de las víctimas[35]; en tercer lugar, la conexión de la trata de seres humanos con otras conductas delictivas que hace, también, más compleja su investigación; y, en cuarto y último lugar, la falta de conocimiento y formación de los agentes de las fuerzas de seguridad y funcionarios de los tribunales encargados de las investigaciones, uno de los retos recurrentes respecto al conjunto de la lucha contra la trata de seres humanos en la Unión[36].

---

action against trafficking in human beings» que destacó el bajo número de investigaciones judiciales relacionadas con la trata dentro de la UE, además de subrayar las dificultades en lo que respecta la coordinación. A partir de dicho proyecto, se celebró en abril de 2012 una reunión estratégica sobre trata de seres humanos, dónde se presentaron las principales conclusiones del proyecto estratégico, cómo las dificultades a la hora de probar el delito o la identificación de las víctimas y de los casos de trata. Dicha reunión estratégica finalizó con el «Outcome report», que reflejó las principales recomendaciones para la lucha contra la trata de seres humanos. Este documento marcó la evolución de la lucha contra la trata desde la perspectiva de Eurojust para el período comprendido entre 2012 y 2016 y contó con un informe en 2015, «The mid-term report of the implementation of the action plan» y el informe final de 2017. Para más información, *vid.* EUROJUST: «Trafficking in Human Beings», [en línea], (s.f.), <https://bit.ly/2YW4XAB>.

35 En este sentido, ya se apuntó en el capítulo tercero que la identificación de las víctimas puede resultar demasiado compleja si no se dispone de la formación y de los recursos suficientes.

36 EUROJUST, *Strategic Project on Eurojust's action against trafficking in human beings. Final report and action plan,* 2012, p. 8. Disponible en: https://bit.ly/3UVSnfC.

En consecuencia, se establecieron hasta seis prioridades, las cuales se tradujeron en un conjunto de actuaciones a materializar durante el período 2012-2016. En primer lugar, la mejora del intercambio de información con el objetivo de poder crear un mapa de inteligencia a nivel europeo en todo lo que respecta la trata de seres humanos. En segundo lugar, el incremento del número de detenciones, investigaciones conjuntas y acusaciones sobre casos de trata y el refuerzo de la cooperación judicial en esta área. En tercer lugar, la mejora de los mecanismos de coordinación, en particular aquellos relacionados con el entreno, el conocimiento y las actividades operativas. En cuarto lugar, el aumento de la cooperación con terceros Estados en los casos de trata. En quinto lugar, el uso de aproximaciones alternativas como complemento de la aproximación judicial para luchar contra la trata. Por último, en sexto lugar, interrumpir el flujo de dinero y de activos de las redes de trata[37].

Así, estas seis actuaciones marcaron el camino a seguir en las investigaciones judiciales en los Estados miembro relativas a la trata de seres humanos. Sin embargo, el informe final confirmó las dificultades a la hora de perseguir las redes de trata, dada la compleja naturaleza de las investigaciones y la rigurosa organización que impera en las propias redes. A esto se suman las diferencias entre los ordenamientos jurídicos de los Estados miembro y las dificultades a la hora de reunir medios de prueba suficientes para el que se pueda condenar por trata de seres humanos[38].

En cuanto a la evaluación de las prioridades concretas y sus acciones, la prioridad uno, relativa al intercambio de información, es en la que más se avanzó. Por el contrario, la prioridad

---

37 EUROJUST, Strategic Project on Eurojust's action against trafficking, *op. cit.*, pp. 61-63.

38 *Ibid.*, p. 47.

cinco[39], sobre el uso de aproximaciones alternativas para la lucha contra la trata de seres humanos, así como el desarrollo de equipos multidisciplinares que permitan abordar el fenómeno de la trata de modo más exhaustiva, es la que logró menos avances. Esto conduce a que aún debe seguirse apostando y avanzando en el campo de la lucha contra la trata de seres humanos desde una perspectiva multidisciplinar, superando los marcos internos, por un lado; y, por el otro lado, investigando y persiguiendo a las redes de trata también desde las inspecciones laborales, desde las investigaciones financieras y desde cualquier ámbito que permita avanzar en la persecución de las redes de la trata[40].

Aun con todo lo anterior, la mejora de la eficacia de las investigaciones sigue estado al orden del día. En este sentido, y que viene a confirmarlo, la prioridad número dos del plan de acción de Eurojust[41], formada por cinco acciones que abordaron el aumento del número de detecciones, investigaciones y procesos relativos a la trata, fue valorada positivamente[42].

---

39 Sobre la prioridad número cinco del plan de Eurojust para la lucha contra la trata de seres humanos, *vid. ibid.*, p. 20 y ss. Esta prioridad pretendió abordar la lucha contra la trata desde una perspectiva multidimensional, ya que se detectó que las autoridades nacionales perseguían la trata desde la perspectiva interna, olvidando las conexiones exteriores que normalmente se dan en este tipo de casos. Así, se hace necesaria la colaboración y la cooperación con los Estados de origen, destino y tránsito de las víctimas o, por ejemplo, el empleo de equipos conjuntos de investigación. Además, se presenta la necesidad de establecer equipos de investigación multidisciplinares que puedan abordar las investigaciones de la trata desde la plenitud y del modo más exhaustivo posible.

40 En este sentido, *vid.* VAN IMPE, K., «People for sale: the need for a multidisciplinary approach towards human trafficking», *International Migration*, special issue 2000/1, 2000, pp. 113-131.

41 Sobre la prioridad número 2 y las acciones que comportó, *vid.* EUROJUT, *Implementation of the Eurojust Action Plan (...), op. cit.*, p. 61.

42 *Ibid.*, p. 50.

5.2.1.2. Los instrumentos de Eurojust para hacer frente a la trata de seres humanos y las funciones ordinarias de la Agencia con el objetivo de asistir y apoyar a los Estados miembro en sus respectivas investigaciones

Aparte del programa *ad hoc* relativo a la trata de seres humanos y antes de abordar los instrumentos a disposición de Eurojust que potencialmente pueden usarse para perseguir la trata de seres humanos, conviene detenerse en las funciones ordinarias establecidas en el Reglamento de Eurojust.

De acuerdo con el art. 4 del Reglamento Eurojust, en primer lugar, Eurojust debe informar a las autoridades competentes acerca de las investigaciones y procesos penales que tengan repercusiones a escala de la Unión, siempre y cuando se haya informado a la agencia. En segundo lugar, la Agencia asiste a las autoridades de los Estados para mejorar la coordinación de las investigaciones y de los procesos penales y les presta apoyo operativo, técnico y financiero a las investigaciones y operaciones transfronterizas. En este sentido, entre las funciones operativas que se mantuvieron respecto a la ya derogada Decisión 2002/187/JAI[43], y de acuerdo con el apdo. 2 del art. 4 del Reglamento Eurojust, está la capacidad de Eurojust de solicitar a las autoridades competentes que investiguen o persigan hechos concretos, que se constituya un equipo conjunto de investigación, que se tomen medidas especiales de investigación o incluso que un Estado Miembro considere que otro esté en mejores condiciones para llevar a cabo las investigaciones[44].

---

43 *Decisión del Consejo de 28 de febrero de 2002 por la que se crea Eurojust para reforzar la lucha contra las formas graves de delincuencia.* DOUE L 63 de 6 de marzo de 2002. Esta decisión quedó sustituida por el nuevo Reglamento de Eurojust.

44 Recuérdese que, por norma general, tal y como establece el art. 5 del mismo Reglamento Eurojust, la Agencia actuará a través de uno o varios miembros nacionales afectados, aunque, en determinados casos, pueda actuar colegiadamente. En este sentido, *vid.* art. 5 sobre cómo se desarrollarán las funciones

Con el objetivo de poder cumplir con las funciones operativas establecidas en el Reglamento de Eurojust, este ha estructurado una serie de instrumentos regulados en el Capítulo III, bajo la rúbrica «Cuestiones Operativas». A continuación, se comprobará si estos son aplicables a la persecución de las redes de trata habida cuenta de su efectividad y adecuación en este sentido.

El primer instrumento relativo a la persecución de las redes de trata es la Célula de Coordinación de Emergencias (en adelante, CEE), creada en virtud del art. 19 del Reglamento Eurojust. Este instrumento se aplica, solamente, en casos urgentes y consiste en que la CEE puede recibir y tramitar las solicitudes que le envíen en todo momento, a través de un punto de contacto, el cual está capacitado para actuar 24 horas al día y 7 días a la semana. De acuerdo con dicho artículo, forman la CCE un representante de cada Estado miembro, pudiendo ser el miembro nacional, su suplente o un asistente facultado para sustituir al miembro o un experto nacional destacado[45].

La CCE entra en juego cuando, en casos urgentes, sea necesario ejecutar una solicitud o una resolución de cooperación judicial, incluso sobre los instrumentos que dan efecto al principio de reconocimiento mutuo, en uno o más Estados miembro. El objetivo principal, a la luz del apdo. 2 del art. 4 del Reglamento Eurojust, es reforzar el valor operativo de Eurojust en aquellas situaciones de emergencia. De este modo, cuando se produce esta situación, la autoridad competente que solicita el cumplimiento de una resolución judicial o la expide lo transmite a la CCE y, acto seguido, el punto de contacto de la CCE lo transmite sin demora al representante de la CCE del

---

operativas y los arts. 10-15 Reglamento de Eurojust, sobre la estructura y el funcionamiento del Colegio de Eurojust.

45 En este sentido, *vid.* ALONSO MOREDA, N., «Eurojust, a la vanguardia de la cooperación judicial en materia penal en la Unión Europea», *Revista de Derecho Comunitario Europeo*, 41, 2012, pp. 119-157, p. 127.

Estado miembro afectado. Dichos representantes actuarán inmediatamente.

De acuerdo con el art. 4 apdo. 2 del Reglamento Eurojust, el segundo de los instrumentos a disposición de Eurojust son las denominadas reuniones de coordinación, conocidas como reuniones de nivel III[46]. Según Eurojust, estas reuniones se organizan para facilitar y fomentar la cooperación judicial y la coordinación en casos transfronterizos complejos[47]. A estas reuniones asisten las autoridades judiciales y policiales competentes de los Estados miembro que realizan investigaciones en el ámbito nacional. Sin embargo, para llegar a poder realizar una reunión de nivel III en el seno de Eurojust, deben de producirse dos reuniones previas, las de nivel I y las de nivel II.

Cada reunión, en función del nivel que ostente, se refiere a diferentes extremos de la coordinación judicial a nivel europeo. En este sentido, lo que va a determinar el tipo de reunión que se va a celebrar es la naturaleza y el alcance de cada caso concreto. Las reuniones de nivel I, o reuniones operativas, son las que reúnen a todo el Colegio en pleno, dónde los miembros nacionales pueden estar acompañados de sus asistentes y dónde se decide acerca del registro y el cierre de casos. En cuanto a las reuniones de nivel II, son aquellas que se celebran una vez se ha registrado un caso. Los representantes de las delegaciones nacionales implicadas suelen reunirse para hablar sobre las necesidades de cooperación judicial y coordinación del caso. En el caso de que una delegación nacional quiera organizar una reunión de coordinación, la reunión de nivel II

---

46 Una de las funciones operativas de Eurojust es la de facilitar apoyo logístico, incluida la traducción, la interpretación y la organización de reuniones de coordinación.

47 EUROJUST, *Informe anual de 2017,* 2018, p. 15. Disponible en: https://bit.ly/2MfuYVB.

servirá para evaluar la necesidad, la finalidad y los objetivos de dicha reunión[48].

Estas reuniones permiten a Eurojust desplegar en plenitud sus funciones y capacidades. En este sentido, estas reuniones fomentan el intercambio inmediato de información, pruebas o experiencias, además de permitir la coordinación al momento de acciones operativas. Asimismo, constituyen el marco perfecto para que las autoridades nacionales competentes, los miembros nacionales de Eurojust y representantes de organismos como Europol planifiquen y coordinen la realización de investigaciones y la ejecución, cuando se requiera, de medidas coercitivas simultáneas en diferentes Estados[49].

En tercer lugar, otro de los instrumentos para la cooperación judicial es el Sistema de coordinación nacional de Eurojust, establecido de acuerdo con el art. 20 del Reglamento Eurojust[50]. El objetivo de cada sistema de coordinación de Eurojust es el de facilitar la realización de las tareas de la Agencia dentro de cada Estado miembro. En concreto, debe garantizar que el sistema de gestión de casos recibe de forma eficiente y fiable la información sobre el Estado miembro interesado.

---

48 EUROJUST, *Informe (...) 2017, op. cit.*, p. 13. En este sentido, *vid.* ALONSO MOREDA, «Eurojust, a la vanguardia de la cooperación judicial (...)», *op. cit.*, p. 130.

49 ALONSO MOREDA, N., «Eurojust, a la vanguardia de la cooperación judicial (...)», *op. cit.*, p. 131.

50 Antes de la entrada en vigor de dicho reglamento, el sistema de coordinación nacional de Eurojust fue incorporado a partir de la *Decisión 2009/426/JAI del Consejo, de 16 de diciembre de 2008, por la que se refuerza y de modifica la Decisión 2002/187/JAI por la que se crea Eurojust para reforzar la lucha contra las formar graves de delincuencia.* DOUE L 138 de 4 de junio de 2009. En este sentido, *vid.* PÉREZ ENCISO, P., «El Sistema de Coordinación Nacional de Eurojust», en GUTIÉRREZ ZARZA, M. A., *Los retos del espacio de Libertad, Seguridad y Justicia de la Unión Europea. Reunión anual ReDPE 2016*, Wolters Kluwer, Madrid, 2017, pp. 11 y ss.

Tiene otras funciones, como por ejemplo ayudar a determinar si una solicitud ha de ser tramitada con la asistencia de Eurojust o de la Red Judicial Europea. Además, ayuda al miembro nacional a determinar las autoridades pertinentes para la ejecución de la solicitudes y decisiones de cooperación judicial y mantiene estrechas relaciones con otros puntos de contacto [51]. Aunque existan estos corresponsales de Eurojust en los Estados miembro, de acuerdo con el mismo art. 20, estos no impedirán el contacto directo entre el miembro nacional y las autoridades competentes de su Estado miembro. En definitiva, su mandato es asesorar a las autoridades nacionales y contribuir a que se transmita a la Agencia información fiable[52].

La operativa de este sistema de coordinación nacional es muy sencilla y está establecida en el ya citado art. 20 del Reglamento Eurojust. Cada Estado miembro de la Unión Europea debe estructurar un sistema que coordine la labor que realizan los corresponsales nacionales de Eurojust, los corresponsales nacionales para cuestiones relativas a la competencia de la Fiscalía Europea, el corresponsal nacional de Eurojust para asuntos de terrorismo, el corresponsal nacional para la Red Judicial Europea en asuntos penales y los miembros nacionales o puntos de contacto de la red de equipos conjuntos de investigación, entre otros[53]. En cuanto a los miembros nacionales,

---

51 Estos puntos de contacto son las unidades nacionales de Europol, otros puntos de contacto de la Red Judicial Europea u otras autoridades competentes en función de cada caso concreto.

52 JORDANA SANTIAGO, M., «La esperada reforma de la Agencia de la Unión Europea para la cooperación judicial penal (EUROJUST). Comentario del Reglamento (UE) 2018/1727 del Parlamento Europeo y del Consejo, de 14 de noviembre de 2018», *Revista General de Derecho Europeo*, 48, 2019.

53 También deberá coordinar la labor de los puntos de contacto establecidos por la Decisión 2002/494/JAI, relativa a los puntos de contacto sobre personas responsables de genocidio, delitos de lesa humanidad y crímenes de guerra; la Decisión 2007/845/JAI, relativa a la recuperación de activos y al

estos son informados de todas las reuniones de dicho sistema en las que se traten cuestiones relacionadas con los casos en los que trabaja Eurojust[54].

Para poder desempeñar las funciones de los sistemas de coordinación nacional de Eurojust, de acuerdo con el art. 23 de dicho Reglamento los corresponsales de Eurojust deben estar conectados al sistema de gestión de casos. Este sistema está compuesto por expedientes temporales de trabajo y de un índice que contiene datos personales[55] y no personales. Su objetivo es apoyar la gestión y la coordinación de las investigaciones y procesos penales a los que Eurojust proporciona asistencia, en concreto mediante el cotejo de datos[56]. Además, facilita el acceso a la información sobre las investigaciones y procesos penales en curso.

En virtud del art. 24 del Reglamento Eurojust, la operativa de este sistema de gestión funciona del modo siguiente: los miembros nacionales afectados por una investigación abren un expediente temporal de trabajo por cada caso donde se

---

seguimiento de los productos del delito; y, por último, la Decisión 2008/852/JAI, relativa a la red contra la corrupción.

54 Además, los miembros nacionales pueden asistir a las reuniones del sistema de coordinación nacional de Eurojust.

55 Los datos personales que podrá contener el sistema de gestión de datos se encuentran enumerados taxativamente en el anexo II del Reglamento de Eurojust. Aparte de los datos habituales, como el nombre, apellido, fecha de nacimiento o nacionalidad, se podrán introducir datos relativos a la matriculación de vehículos, perfiles de ADN establecidos a partir de la parte no codificante del ADN, fotografías e impresiones dactilares, datos de cuentas en bancos y en otro tipo de entidades financieras o números de teléfono, correos electrónicos o datos de tráfico o ubicación.

56 En lo que respecta los datos, otro de los objetivos del sistema de gestión de casos es el facilitar el control de la licitud del tratamiento de los datos personales de Eurojust y su cumplimiento con las normes de protección de datos aplicables.

volcará toda la información que reciban[57]. Una vez se haya creado el expediente, los miembros nacionales deciden qué información sobre dicho expediente se introduce en el índice, el cual contiene las referencias a expedientes temporales de trabajo anteriores[58]. De este modo, la información volcada está disponible para ser consultada. Toda esta información queda archivada siguiendo lo que prescribe el art. 22 del mismo Reglamento de Eurojust, de modo que Eurojust podrá facilitarla cuando las autoridades nacionales competentes soliciten información[59].

Teniendo en cuenta que los sistemas de coordinación nacional de Eurojust están conectados al sistema de gestión de casos, se dispone de acceso a este último a escala nacional. En concreto, y de acuerdo con el apdo. 3 del art. 20 del Reglamen-

---

57 Toda la información recibida deberá serlo conforme al Reglamento de Eurojust o los demás instrumentos aplicables. En cualquier caso, el miembro nacional será el responsable de la gestión de los expedientes temporales de Trabajo que hayan abierto.

58 La información referenciada en el índice de casos, que será información de carácter personal, no podrá ser distinta a la que se encuentra establecida en el anexo II del Reglamento de Eurojust, en concreto la información referente a apellidos, apellidos de soltero, nombres, alias o apodos; la descripción y la naturaleza de los hechos, fecha de su comisión, calificación penal de los mismos y estado de las investigaciones, información sobre la supuesta pertenencia a una organización criminal; los datos de matriculación de vehículos y todos los datos a que hace referencia la categoría número 2, que son iguales que los anteriores más la fecha y el lugar de nacimiento, la nacionalidad, el sexo, el lugar de residencia, profesión y paradero de la persona que se trate; números de la seguridad social u otros números oficiales utilizados en los Estados miembro para identificar a las personas, permisos de conducción, datos de documentos de identidad y pasaporte, identificación aduanera y números de identificación fiscal; y, por último, números de teléfono, direcciones de correo electrónico, datos de tráfico y ubicación y todo posible dato relacionado necesario para identificar al abonado o usuario.

59 La Agencia también deberá tener en cuenta la existencia de vínculos con casos ya archivados en el sistema de gestión de casos

to Eurojust, los corresponsales nacionales de Eurojust[60] y los miembros nacionales u otros puntos de contacto tendrán acceso al índice del sistema de gestión de casos, excepto si el miembro nacional que ha introducido datos en dicho índice haya denegado expresamente el acceso. Además, de acuerdo con el art. 25 del Reglamento Eurojust, también tendrá acceso a los expedientes temporales de trabajo abiertos por el miembro nacional de su Estado miembro y a los expedientes temporales de trabajo abiertos por miembros nacionales de otros Estados, excepto si también se ha prohibido expresamente el acceso.

El sistema de gestión de casos de Eurojust, juntamente con su índice y los expedientes temporales de trabajo, es una manera de estructurar toda la información disponible por la agencia. Dicha sistematización permite mejorar la eficacia de las investigaciones en el seno de Eurojust, uno de los objetivos planteados tanto a nivel general de Eurojust como en concreto para temas relacionados con la lucha contra la trata de seres humanos.

Debe partirse de la base de que el núcleo de toda actividad de Eurojust es la información. En este sentido, a la luz del art. 21 del Reglamento Eurojust, las autoridades nacionales de los Estados miembro deben intercambiar toda la información necesaria con Eurojust con el objetivo de cumplir con sus funciones operativas. Así, el intercambio de información es, sin duda alguna, la esencia de cualquier actuación de la agencia. Habida cuenta de las funciones de Eurojust, esta se limita a apoyar a las autoridades de los Estados miembro, de modo que se centra en crear canales para que la información que maneja flu-

---

60 Debe destacarse, siguiendo lo que establece el Reglamento de Eurojust, a los corresponsales nacionales para cuestiones relativas a la competencia de la Fiscalía Europea, los corresponsales nacionales de Eurojust para asuntos de terrorismo y el corresponsal nacional para la Red Judicial Europea en asuntos penales.

ya con rapidez entre dichos Estados. Dicho en otras palabras, una correcta gestión de la información en Eurojust conlleva un aumento de la efectividad de las autoridades judiciales de los Estados miembro en aquellos casos en que se requiere la actuación de Eurojust.

En este sentido, respecto al intercambio de información, que afecta tanto a la que se transfiere entre la Agencia y los Estados miembro como entre los miembros nacionales, deben formularse una serie de apreciaciones. De acuerdo con el art. 21 del Reglamento Eurojust, en primer lugar, las autoridades competentes deben intercambiar toda la información necesaria con Eurojust. En segundo lugar, los miembros nacionales intercambian entre sí o con las autoridades competentes, sin autorización previa, esta misma categoría de información[61]. Y, en tercer lugar, las autoridades nacionales competentes deben informar, sin demora injustificada, a los miembros nacionales de cualquier caso que afecte directamente al menos a tres Estados miembro y para el cual se hayan transmitido al menos a dos Estados miembro solicitudes o decisiones de cooperación judicial[62].

---

61 En concreto, las autoridades nacionales competentes informarán sin demora a sus miembros nacionales de todo caso que les afecte.

62 Para este tipo de intercambio de información, el Reglamento de Eurojust establece una serie de condiciones, las cuales no tienen valor prelativo, de modo que solamente se requiere que se cumpla una. Así, para dicho intercambio de información, una de las condiciones es que el delito investigado esté castigado en el Estado miembro requirente o de emisión con una medida de seguridad o pena privativa de libertad que tenga una duración de cinco a seis años en su grado máximo y se refiera, por ejemplo, a la trata de seres humanos, el narcotráfico, la corrupción, el tráfico ilícito de armas o la ciberdelincuencia. Otra de las condiciones es que existan indicios materiales de que esté implicada una organización criminal o, por último, que existan indicios de que el caso puede presentar una importante dimensión transfronteriza o tener repercusiones a escala de la Unión.

Sin embargo, el apdo. 7 del art. 21 del Reglamento de Eurojust estableció una cláusula de excepcionalidad que permite a las autoridades nacionales no proporcionar información cuando se pudieran perjudicar intereses fundamentales de la seguridad nacional o se pusiera en peligro la seguridad de las personas[63].

Para cerrar la presente sección, se acaban de presentar los instrumentos a disposición de Eurojust que, a nivel general, tienen como objetivo facilitar el cumplimiento de sus funciones. Sin embargo, dado que en el presente estudio el objeto es la trata de seres humanos, es preciso cuestionarse si todos los instrumentos analizados hasta el momento son pueden aplicarse, precisamente, a la persecución de las redes de trata.

Así pues, cuando en un Estado miembro de la Unión se esté enjuiciando un caso de trata de seres humanos que puede afectar a dos o más Estados miembro, el papel que desarrolla Eurojust es esencial para la persecución efectiva de la red de trata. En este sentido, una de las mayores capacidades de las redes de la trata es la de adaptarse con mucha facilidad y la de no dejar rastro de sus actividades criminales que, sumado al hecho de tener repartida en diversos Estados miembro su actividad, se presenta como un reto muy complejo para los jueces y tribunales de los Estados miembro. Si se tiene en cuenta lo anterior,

---

63 Teniendo en cuenta el gran volumen de intercambio de información y los estándares europeos aprobados a lo largo del año 2018, el Capítulo IV del Reglamento de Eurojust establece un sistema de tratamiento de toda la información transmitida, procesada y archivada en Eurojust. En este sentido, marcarán el tratamiento de la información a manos de Eurojust tanto su reglamento como el *Reglamento (UE) 2018/1725 del Parlamento Europeo y del Consejo de 23 de octubre de 2018, relativo a la protección de las personas físicas en lo que respecta al tratamiento de datos personales por las instituciones, órganos y organismos de la Unión, y a la libre circulación de esos datos, y por el que se derogan el Reglamento (CE) nº41/2001 y la Decisión nº1247/2002/CE.* DOUE L 295 de 21 de noviembre de 2018.

sobre todo la descentralización de la actividad de las redes de trata, Eurojust se erige como un actor imprescindible.

Desde la perspectiva de la persecución de las redes de trata, la CCE permite coordinar actuaciones que requieren de cierta urgencia, de modo que permite practicar diligencias en diversos Estados miembro prácticamente al mismo tiempo, dejando nulo margen de maniobra a las redes de la trata. Fuera de los casos urgentes, hay que atenerse a las reuniones de coordinación, el Sistema de coordinación nacional y el sistema de gestión de casos, instrumentos concebidos para facilitar el intercambio de información, el cotejo de datos y, en definitiva, la cooperación judicial en materia penal.

Aparte de los instrumentos de Eurojust orientados hacia su esfera interna, entendida esta como la que afecta a los Estados miembro de la Unión y a sus respectivos miembros nacionales, también se han estructurado una serie de instrumentos de cooperación entre Eurojust y su esfera interna, compuesta por aquellos actores que también participan en la persecución de las redes de la trata pero que no forman parte de la estructura de Eurojust.

5.2.1.3. La cooperación de Eurojust con otros actores como instrumentos para la persecución de las redes de trata

Tanto desde la Comisión como la propia Agencia consideraron vital la necesidad de cooperar entre Eurojust y otros actores en la lucha contra la trata de seres humanos. Ya en el preámbulo del Reglamento de Eurojust se apostó por la cooperación entre Eurojust y Europol, entre Eurojust y otras instituciones de la Unión Europea y entre la agencia y terceros países[64], ya sean Estados de origen de las víctimas o Estados de

---

64 *Vid.* Preámbulo párr. 56-60 Reglamento de Eurojust.

tránsito. El art. 47 del Reglamento de Eurojust prevé que la agencia establezca y mantenga relaciones de cooperación con instituciones, órganos, organismos y agencias de la Unión. A nivel general, estas relaciones de cooperación entre Eurojust y los otros actores se basan, entre otros aspectos y de acuerdo con el mismo artículo, en el intercambio de información volcada por las autoridades nacionales, a excepción de los datos de carácter personal que estén a disposición de la agencia[65].

En cuanto a las relaciones con los socios dentro de la UE, el Reglamento de Eurojust concreta las relaciones, por un lado y de acuerdo con el art. 48 del mismo, con la Red Judicial Europea y, por otro lado, y a la luz del art. 49, con Europol. El hecho de que el reglamento en cuestión concrete ambas relaciones de la agencia con otros actores relevantes de la cooperación penal comporta tener en cuenta la apuesta que hizo el legislador europeo en pro de la mejora de la eficiencia de las investigaciones judiciales en los Estados miembro. En este sentido, las actuaciones policiales, coordinadas por Europol, y las judiciales, coordinadas por Eurojust, deben ir de la mano en la lucha contra la trata. Además, si se añade la cooperación con la Red Judicial Europea (en adelante, RJE), se amplía la posibilidad de mejorar la efectividad de las actuaciones judiciales y de resolver los retos que la instrucción y el enjuiciamiento plantean. Asimismo, y a efectos de perseguir a las redes de trata, el art.

---

65 En lo que respecta a la transmisión de datos, se deberán tener en cuenta los acuerdos bilaterales existentes entre los Estados miembro y terceros países, tal y como prescribe el art. 20(8) del Reglamento de Eurojust. Además, la agencia deberá establecer normas internas sobre el tratamiento y la confidencialidad de la información y sobre la protección de la información sensible no clasificada; y en lo que respecta a la información clasificada de la Unión Europea, las normas que establezca Eurojust deberán ir en paralelo con la *Decisión 2013/488/UE del Consejo, de 23 de septiembre de 2013, sobre las normas de seguridad para la protección de la información clasificada de la UE.* DOUE L 274 de 15 de octubre de 2013.

51 del citado Reglamento también ordenó las relaciones entre Eurojust con Frontex.

En primer lugar, Eurojust mantiene una estrecha colaboración con la RJE[66] y otras redes que cooperan jurídicamente en materia penal. En cuanto a la RJE, en determinados casos es posible que esté en mejores condiciones que Eurojust para proceder. Por consiguiente, y de acuerdo con el art. 48 del Reglamento Eurojust, los miembros nacionales de Eurojust informarán caso por caso a los puntos de contacto de la RJE para que sea esta la que proceda con la investigación. En este sentido, observando los mandatos de ambos, las funciones de Eurojust permiten crear espacios de cooperación donde las autoridades nacionales afectadas por una investigación puedan relacionarse entre sí y poder establecer puntos de unión de las investigaciones, que se traduce en la creación de una unidad

---

66 La Red Judicial Europea se creó a partir de la *Decisión 2008/976/JAI del Consejo, de 16 de diciembre de 2008, sobre la Red Judicial Europea.* DOUE L 348 de 24 de diciembre de 2008. Su objetivo, al igual que Eurojust, es la mejora de la cooperación judicial entre los Estados miembro a fin de combatir las formas graves de delincuencia. Está integrada por los puntos de contacto de los Estados miembro y la Comisión, puntos que serán designados por los Estados miembro y que tendrán como función ser los intermediarios destinados a facilitar la cooperación judicial entre los Estados miembro. Estos puntos de contacto estarán a disposición de las autoridades judiciales locales y otras autoridades competentes de otros Estados miembro, para así poder establecer contactos directos. Estos contactos directos se basarán en el intercambio de información jurídica y práctica necesaria con el fin de preparar eficazmente una solicitud de cooperación judicial o de mejorar la cooperación judicial en general. La Red Judicial Europea dispondrá de un sitio en Internet, permanentemente actualizado, donde se volcará, por ejemplo, los datos completos de los puntos de contacto de cada Estado miembro o información jurídica y práctica concisa relativa a los sistemas judiciales y procesales de los Estados miembro. Además, se establecerá una conexión de telecomunicaciones segura para la labor operativa de la RJE que, a parte de lo anterior, permitirá el flujo de datos y de las solicitudes de cooperación judicial entre los Estados miembro.

centralizada[67]. En cambio, la RJE solamente es una red que de contactos repartida por los distintos Estados miembro que facilita los contactos, a distancia, entre las autoridades nacionales de los Estados miembro e incluso con las autoridades de terceros países[68]. Sin embargo, tanto Eurojust como la RJE deben mantener relaciones privilegiadas basadas en la consulta y en la complementariedad. Así, la RJE puede remitir información relacionada con la asistencia judicial a las autoridades de terceros Estados para que puedan establecer vías de cooperación con Eurojust y desarrollar actuaciones o investigaciones más allá del territorio de los Estados miembro[69].

Lo interesante de la relación entre Eurojust y la RJE en lo que a la persecución de la trata de seres humanos se refiere es que, en función de cada caso, se debe decidir cuál de las dos es la más adecuada para el caso, o incluso las dos[70]. Además, es posible que Eurojust utilice la conexión de telecomunicaciones seguras de la RJE y a la información centralizada recogida por esta y que los miembros de ambos cuerpos se inviten mutuamente a las reuniones que se celebren para la gestión

---

67 ALONSO MOREDA, N., «Eurojust, a la vanguardia de la cooperación judicial (...)», *op. cit.*, p. 141.

68 GARCÍA VARA, A., «El papel de Eurojust y la Red Judicial Europea en la lucha contra la delincuencia», *Derecho y cambio social*, 2015, pp. 1-26, p. 9.

69 En este sentido, los arts. 52-54 Reglamento de Eurojust también prevén la cooperación con terceros países y organizaciones Internacionales a partir del envío de magistrados de enlace. Esta cuestión será abordada al final de la presente sección.

70 ALONSO MOREDA, N., «Eurojust, a la vanguardia de la cooperación judicial (...)», *op. cit.*, p. 142. El autor apunta a que, para mejorar la toma de decisiones en este sentido, la práctica habitual de los Estados miembro es designar como corresponsal nacional de Eurojust (art. 20 Reglamento Eurojust) y como punto de contacto de la RJE a la misma persona.

de casos[71]. Si se tienen en cuenta los objetivos del legislador europeo a la hora de establecer las relaciones de cooperación entre Eurojust y la RJE, es de vital importancia que los canales de comunicación sean ágiles y eficaces, sobre todo en aquellos casos en los que es necesaria una actuación coordinada en distintos Estados miembro. Por ejemplo, en la detención de diversas personas relacionadas con una red de trata para ponerlas a disposición de la autoridad judicial pertinente. Si la comunicación entre la RJE y Eurojust no es eficaz, es posible que la actuación coordinada se presente como insuficiente y se abra la puerta a que la red objeto de la investigación desaparezca.

En segundo lugar, otro de los actores con el que el Reglamento de Eurojust prevé que se establezcan relaciones es Europol[72]. De acuerdo con el art. 49 del citado Reglamento, la cooperación con Europol se basa en el acceso indirecto, por parte de esta, a la información facilitada por Eurojust. Su objetivo es verificar si la información disponible en Europol coincide con la información tratada en Eurojust[73]. Aparte del intercam-

---

71 ALONSO MOREDA, N., «Eurojust, a la vanguardia de la cooperación judicial (...)», *op. cit.*, p. 143. Para saber más sobre las relaciones entre Eurojust y la RJE, *vid.* GARCÍA VARA, A., «El papel de Eurojust y la Red Judicial Europea (...)», *op. cit.*, pp. 1-26. Para saber más sobre las relaciones entre Eurojust y la RJE, *vid.* ESCALADA LÓPEZ, M. L., «Los instrumentos de cooperación judicial europea: hacia una futura fiscalía europea», *Revista de Derecho Comunitario Europeo*, 47, 2014, pp. 89-127, p. 97 y ss.

72 En este sentido, *vid.* VAN DEN WYNGAERT, C., «Eurojust and the European Public Prosecutor in the *Corpus Juris* model: Water and FIRE?», en WALKER, N. (ed.), *Europe's Area of Freedom, Security and Justice*, Oxford University Press, Oxford, 2004, pp. 206 y ss.

73 La información a la que tendrá acceso Europol estará de acuerdo con las restricciones indicadas por el Estado miembro, órganos u organismos de la Unión o bien por terceros Estados u organizaciones internacionales que hayan facilitado la información en cuestión. Además, Eurojust solamente facilitará el acceso a Europol cuando se haya obtenido información sobre qué personal ha sido autorizado para realizar tales búsquedas.

bio de información, el mismo art. 49 establece que Europol y Eurojust pueden cooperar mutuamente cuando, en relación con una investigación individual, la propia agencia o el Estado miembro en cuestión considere que se precisa la colaboración entre la autoridad judicial y las fuerzas de seguridad de dos Estados miembro para el desarrollo de operaciones relacionadas con la persecución de las redes de la trata.

Recuperando el ejemplo utilizado para analizar la cooperación entre la RJE y Eurojust, en aquellos casos en que se requiera la práctica de detenciones ordenadas por distintas autoridades judiciales en dos o más Estados miembro, la cooperación entre Europol, agencia encargada de la coordinación de las fuerzas policiales de la UE, y Eurojust, coordinador de las autoridades judiciales, resulta básica, en tanto que es necesario que este tipo de operaciones se desarrollen con la máxima celeridad y precisión posible para eliminar cualquier posibilidad de que las redes de trata eviten ser puestas a disposición de la autoridad judicial que las reclama[74]. En este sentido, un espacio para el desarrollo de este tipo de coordinación entre ambas agencias son los equipos conjuntos de investigación, que serán analizados al final del presente capítulo.

En tercer lugar, otro de los instrumentos disponibles para Eurojust es la cooperación con la Guardia Europea de Fronteras y Costas. De acuerdo con el art. 49 apdo. 3 del Reglamento de Eurojust, Frontex debe transmitir a Eurojust toda la información tratada durante las labores de control de la frontera exterior común de la Unión. Al igual que con Europol y los JIT,

---

74 Sobre la materialización de la coordinación entre Europol y Eurojust, *vid.*, entre otros, BOEHM, F., «Chapter 8. Information sharing in the Area of Freedom, Security and Justice – Towards a common standard for data exchange between agencies and EU information systems», en GUTWIRTH, S., LEENES, R., DE HERT, P., POULLET, Y. (eds.), *European Data Protection: In Good Health?*, Springer, Londres, 2012, pp. 115 y ss.

el espacio de cooperación con Frontex pueden ser los *hotspots* establecidos, aunque su afectación solamente influye a las víctimas de la trata que provienen de terceros países. Más adelante se destina un apartado a analizar la persecución de las redes de la trata en los *hotspots* que se puedan establecer en la frontera exterior de la Unión, de modo que en esta sección solamente se anuncia dicha cooperación.

Aparte de las relaciones de cooperación con otras agencias y organismos de la Unión, de acuerdo con el art. 53 del Reglamento Eurojust, esta Agencia puede enviar magistrados de enlace a terceros países[75], el último de los instrumentos operativos de Eurojust[76]. El objetivo de los magistrados de enlace es el de facilitar la cooperación judicial con terceros países que, en el caso de la trata de seres humanos, podrían ser tanto países de tránsito, es decir, aquellos Estados donde las víctimas y las redes actúan entre el país de origen y el de destino, como países de origen, aquellos de dónde provienen las víctimas de la trata[77].

De acuerdo con dicho art. 53, estos magistrados deben realizar todas las actividades que estén a su disposición para fomentar y acelerar cualquier forma de cooperación judicial en materia penal, sobre todo mediante el establecimiento de vín-

---

75 Para poder enviar magistrados de enlace, será necesaria la adopción de memorandos de entendimiento entre Eurojust y las autoridades de los terceros países. Estos memorandos, o acuerdo de trabajo según el Reglamento de Eurojust, no podrán incluir ninguna referencia al intercambio de datos.

76 Aparte de los magistrados de enlace en terceros países, Eurojust podrá establecer relaciones de cooperación con otras organizaciones Internacionales, según el art. 48 del Reglamento de Eurojust. En este sentido, resulta relevante, en lo que a la trata respecta, disponer de contactos en otras organizaciones internacionales como la Organización Internacional de Migraciones (la OIM) para mejorar en el estudio de las tendencias migratorias y de las redes de la trata de seres humanos.

77 COMISIÓN EUROPEA, *Data collection on trafficking in human beings (…), op. cit.*, p. 13

culos directos con las autoridades competentes del tercer país. El envío de magistrados de enlace en los países de tránsito o de origen de las víctimas de la trata o de procedencia de los sospechosos de formar parte de una red de la trata, resulta muy interesante en la labor de persecución de las redes de la trata más allá del territorio de los Estados miembro de la Unión. Al igual que puede ser necesario practicar alguna detención para poner a disposición judicial a un integrante de una red de trata que se encuentre en el territorio de un Estado miembro, es posible que este se encuentre en un tercer Estado. Además, es posible que la autoridad judicial de un Estado miembro quiera enjuiciar a todos los integrantes de la red de la trata que hayan cometido delitos en el territorio de dicho Estado miembro pero que, en el momento del juicio, no se encuentren físicamente en el territorio nacional del Estado en cuestión. En ambos ejemplos, la figura de los magistrados de enlace favorece la cooperación entre las autoridades de ambos Estados, de modo que las actuaciones judiciales se pueden desarrollar en su plenitud[78].

Una de las propuestas interesantes del Reglamento de Eurojust es la relativa a las solicitudes de cooperación judicial dirigidas a terceros países o procedentes de estos. Es Eurojust la que coordina siempre y, de acuerdo con el art. 54 de dicho Reglamento, cuando disponga del acuerdo con los Estados miembro interesados, la ejecución de las solicitudes de cooperación judicial emitidas por un tercer país cuando dichas solicitudes hayan de ser ejecutadas en dos Estados miembro o más en el marco de la misma investigación o a la inversa, es decir, que procedan de dos Estados miembro o más dirigidos a un tercer país.

Esta función de Eurojust resulta especialmente relevante en los casos de redes de trata que, en algún momento de su *iter*,

---

78 Para saber más sobre los magistrados de enlace, *vid.* ESCALADA LÓPEZ, M. L., «Los instrumentos de cooperación judicial europea (…)», *op. cit.*, pp. 91 y ss.

realizan alguna acción en terceros países, ya sea la captación de las víctimas o una parte del transporte. En dichos casos, siempre que estas conductas sean constitutivas de delito en el Estado en cuestión, las autoridades competentes pueden tramitar una solicitud de cooperación judicial con los Estados miembro de la Unión Europea para proceder en la investigación de las redes o la detención de los presuntos autores.

Para concluir el presente apartado, relativo a los instrumentos de cooperación judicial destinados a la persecución de las redes de la trata, es preciso subrayar la importancia de la cooperación judicial en la persecución de las redes de la trata de seres humanos. Uno de los factores de éxito de la trata de seres humanos es que, hasta el momento, es una actividad delictiva de bajo riesgo y alto beneficio. Conscientes de ello, desde la Unión se han vertebrado una serie de instrumentos orientados a facilitar la cooperación de las autoridades judiciales, órganos competentes para el enjuiciamiento de los tratantes. Dada la presencia de una misma red de trata en distintos Estados miembro de la Unión, el papel de Eurojust como coordinador de las distintas autoridades judiciales de toda la Unión Europea es imprescindible.

Si el objetivo final es la erradicación de la trata de seres humanos en todo el territorio de los Estados miembro de la UE, es de extrema necesidad que los jueces y tribunales de dichos Estados puedan cooperar entre sí, ya que es posible que el desarrollo de una instrucción requiera pruebas que se encuentren en otro Estados miembro o, incluso, se requiera la presencia del acusado para la celebración del juicio. Teniendo en cuenta la importancia de la cooperación judicial, se hace necesario señalar que ninguno de los instrumentos fue creado *ad hoc* para la lucha contra la trata de seres humanos. Todos ellos forman parte del paquete de instrumentos orientados a la cooperación en general. Es por esta razón que deben analizarse los instrumentos teniendo en cuenta su efectividad y adecuación respecto la persecución de las redes de trata.

En cuanto al primer parámetro, lo primero a tener en cuenta para valorar los instrumentos son las cifras oficiales. Así, para el período 2015-2016, un total de 7.503 personas fueron detenidas, arrestadas o sospechosas de conductas tipificadas como trata de seres humanos[79]. De estas, un total de 5.979 fueron investigadas por trata de seres humanos, de las cuales solamente el 66% acabó acusada formalmente por este delito[80]. A medida que el proceso judicial avanza, las cifras disminuyen. Así, se dictaron 3.691 sentencias de las cuales solamente 2.927 acabaron cumpliendo condena[81]. Con todo, pues, hay una diferencia de cinco mil personas entre el total de sospechosos y detenidos y el número de condenas finales. Esta misma tendencia se repite para el período 2012-2018 y 2019-2020, aunque las cifras han aumentado en todos los ítems analizados.

Respecto el primero, se identificaron como sospechosas de conductas relacionadas con la trata hasta 11.788 personas, de las cuales 6.136 fueron enjuiciadas[82]. De estas, solamente 2.426 fueron condenadas por delitos relacionados con la trata. Además, cabe señalar que se informó de 1.609 decisiones de tribunales, de las cuales 1.340 fueron condenatorias y 155 de sobreseimiento[83]. En cuanto al segundo período, 15.214 personas fueron detenidas, arrestadas o consideradas sospechosas de conductas relacionadas con la trata, de las cuales 6.539 fueron enjuiciadas por las mismas conductas. De estas, fueron condenadas 3.019 por trata de seres humanos o conductas re-

79 COMISIÓN EUROPEA, *Data collection on trafficking in human beings (…), op. cit.*, p. 15.

80 *Ibid.*, p. 16.

81 *Ibid.*

82 COMISIÓN EUROPEA, *Data collection on trafficking in human beings (2) (…), op. cit.*, p. 35.

83 *Ibid.*, p. 38.

lacionadas[84]. Si bien el aumento en todos los ítems demuestra que, a día de hoy, ha aumentado el nivel de persecución contra las redes de trata, es preciso cuestionarse porqué disminuye el número de condenas respecto a los detenidos por trata.

Es posible que la investigación criminal no esté suficientemente desarrollada para contar con pruebas suficientes para condenar. Si este fuera el caso, se analizará más adelante. Otra de las posibilidades es que se acabe condenando por otras conductas delictivas en lugar de por trata de seres humanos. En este sentido, dada la complejidad de la trata, es posible que a lo largo del juicio se modifiquen las acusaciones y se solicite una condena, por ejemplo, por organización criminal o por proxenetismo. No hay información a disposición en este sentido, pero podría ser una posibilidad. Además, otra de las posibilidades es que no se haya conseguido detener a los integrantes de las redes, de modo que es imposible que cumplan condena. Por último, otra posibilidad elemental a tener en cuenta es que la investigación demuestre, efectivamente, que la persona sospechosa no está implicada en los delitos que se investigan. Por lo tanto, si bien no pueden considerarse unos instrumentos inefectivos, pues las cifras demuestran que a día de hoy la persecución ha aumentado, sí que debería revisarse exhaustivamente esta tendencia que rebaja tanto el número de condenados respecto el número inicial de sospechosos para poder corregir dicha tendencia.

Por último, en cuanto al examen de adecuación de estos instrumentos de persecución, debe partirse de la base de que ninguno de estos instrumentos fue creado justamente para perseguir las redes de trata específicamente. Sino todo lo contrario, son los instrumentos ordinarios de cooperación judicial que pueden aplicarse a la trata. Por lo tanto, *a priori* parece que estos instrumentos no se adaptan a la idiosincrasia propia

---

[84] SWD(2022) 429 final, *op. cit.*, pp. 11-16.

de la trata de seres humanos. No obstante, el hecho de que la cooperación entre Estados miembro, entre órganos u organismos de la Unión Europea o incluso con terceros países sea tan importante puede facilitar la persecución de unas redes que, cada vez más, diseminan su actividad criminal en distintos Estados miembro de la Unión Europea[85]. Esto, sumado a otros instrumentos analizados hasta el momento como la irrupción de las investigaciones financieras, debería servir para empezar a dar una respuesta adaptada, precisamente, a las características propias de este fenómeno criminal.

Tal y como se apuntó en el capítulo anterior cuando se examinaron las investigaciones financieras, uno de los retos a la hora de concluir un proceso judicial con una condena por trata de seres humanos es la falta de pruebas. De hecho, se acaba de ver que una de las posibilidades que mantienen una tendencia en negativo entre las personas sospechosas y las efectivamente condenadas es esta falta de pruebas. Para mejorar en este sentido, es inevitable que la cooperación judicial en la Unión Europea vaya acompañada de los instrumentos para la cooperación policial, sobre todo porque ambos actores, tanto la policía como los jueces y tribunales, son los encargados de materializar las investigaciones y el consiguiente enjuiciamiento para condenar a las redes de la trata de seres humanos.

5.2.2. Los instrumentos de cooperación policial de la mano de Europol como motor para la persecución de las redes de la trata de seres humanos: análisis de efectividad y adecuación

La siguiente agencia con funciones operativas en la lucha contra la trata de seres humanos es Europol. Actualmente está regulada por el Reglamento (UE) 2016/794 del Parlamento

---

85 COM(2021) 171 final, *op. cit.*, p. 4.

Europeo y del Consejo, de 11 de mayo de 2016 (en adelante, Reglamento de Europol)[86]. Cabe señalar que este Reglamento ha sido modificado por el Reglamento 2022/991, el cual ha incorporado la cooperación de la Agencia con entidades privadas para apoyar las investigaciones penales[87]. El actual marco regulatorio de Europol es el resultado de un largo proceso de actualización, de acuerdo con las nuevas tendencias del crimen organizado internacional a partir de los atentados del 11S en Estados Unidos de América que convulsionaron las políticas antiterroristas y de seguridad internacionales, de modo que obligaron a un replanteamiento de las estrategias de seguridad en todo el mundo, también en la Unión Europea[88].

---

86 *Reglamento UE 2016/794 del Parlamento Europeo y del Consejo, de 11 de mayo de 2016, relativo a la Agencia de la Unión Europea para la Cooperación Policial (Europol) y por la que se sustituyen y derogan las Decisiones 2009/371/JAI, 2009/936/JAI y 2009/968/JAI.* DOUE L 135 de 24 de mayo de 2016. Sobre el nuevo marco jurídico e institucional de Europol, *vid.* BLASI CASAGRAN, C., «El Reglamento europeo de Europol: un nuevo marco jurídico para el intercambio de datos policiales en la UE», *Revista General de Derecho Europeo*, 40, 2016, pp. 202-221.

87 *Reglamento UE 2022/991 del Parlamento Europeo y del Consejo, de 8 de junio de 2022, por el que se modifica el Reglamento (UE) 2016/794 en lo que se refiere a la cooperación de Europol con entidades privadas, el tratamiento de datos personales por Europol en apoyo de investigaciones penales y el papel de Europol en materia de investigación e innovación.* DOUE L 169 de 27 de junio de 2022.

88 *Vid.*, entre otros, DEFLEM, M., «International Police cooperation against terrorism: Interpol and Europol in comparison», en DURMAZ, H., SEVINC, B., SAIT YAYLA, A., EKICI, S. (eds.), *Understanding and Responding to Terrorism*, NATO Security through Science Series E: Human and Society Dynamics, 19, IOS Press, Amsterdam, 2007, pp. 17-25, p. 17 y PÉREZ DÍAZ-HERRERO, A., «La evolución de la estrategia antiterrorista europea: Europol y sus grandes retos», *Análisis GESI*, 30/2016, 2016. Disponible en: https://bit.ly/2eo9B0J.

5.2.2.1. El establecimiento de las prioridades de Europol respecto la trata de seres humanos: el análisis del SOCTA y del *EU Policy Cycle*/EMPACT como marco de actuación

Al igual que las prioridades a nivel político marcadas por la Comisión Europea tanto en la Estrategia UE 2012-2016 como en la nueva Estrategia UE contra la trata 2021-2025, toda actividad de Europol se basa en el establecimiento de las prioridades a partir de dos documentos elaborados, por un lado, por Europol y, por el otro lado, por las instituciones europeas.

En el año 2010, la Unión Europea estableció el *EU Policy Cycle*, un plan multianual que tenía dos objetivos dentro de la Unión en lo que respecta a la lucha contra el crimen organizado y los delitos graves internacionales. Por un lado, buscaba asegurar una cooperación efectiva entre los cuerpos de policía de los Estados miembro, las instituciones de la Unión, las agencias de la Unión Europea y algunos terceros países. Por otro lado, pretendía asegurar una acción operacional coherente y contundente que tuviera como objetivo las amenazas criminales más graves para la Unión[89]. Desde la instauración del *EU Policy Cycle*, se han sucedido hasta tres ciclos, cada uno con una duración de cuatro años. En el año 2021, el Consejo replanteó el funcionamiento de este instrumento y lo transformó en uno permanente, dirigido por los Estados miembro y apoyado por la Unión Europea. Para reforzar esta idea de permanencia, también se cambió el nombre, de modo que el ciclo de actuación pasó a denominarse, directamente, EMPACT (*European Multidisciplinary Platform Against Criminal Matters*). No obstante, las prioridades se siguen estableciendo en ciclos de cuatro años[90].

---

89 EUROPOL: «EU Policy Cycle infographic» [en línea], (9 de diciembre de 2021), <https://bit.ly/30nrx25>.

90 CONSEJO, *Conclusiones del Consejo sobre la continuación permanente del ciclo de actuación de la UE contra la delincuencia organizada y las formas graves de delincuencia internacional EMPACT 2022+*, 26 de febrero de 2021. 6481/21, párr. 1.

Muy brevemente, el ciclo consiste en cuatro fases[91]. La primera de ellas es la elaboración, por parte de Europol, del EU SOCTA (las siglas son en inglés, que se refieren a *European Union Serious Organised Crime Threat Assessment*), un análisis que contienen una serie de recomendaciones basadas en estudios relativos a las amenazas criminales a que se enfrenta la Unión Europea[92]. En la segunda fase del ciclo, y a partir del EU SOCTA, el Consejo lo analiza y adopta un documento con las prioridades en los temas relativos a la lucha contra el crimen organizado. Las prioridades actuales del ciclo 2022-2025 fueron adoptadas en mayo de 2021[93]. Juntamente con este documento, que establece los principales objetivos respecto la lucha contra las amenazas delictivas, el Consejo, concretamente, el *Standing Committee on Operational Cooperation on Internal Security* (COSI, en las siglas en inglés), adopta un plan estratégico plurianual general (G-MASP, en las siglas en inglés)[94] del Consejo. Este documento conlleva el desarrollo de objetivos estratégicos horizontales para luchar contra cada una de las amenazas establecidas en el SOCTA. La tercera fase del ciclo, después de establecer las prioridades y los objetivos, consiste en las acciones operativas. Así, a partir del G-MASP, se establecen los planes de acción operativos anuales (OAP, en las siglas en inglés), los cuales deben estar en consonancia con el G-MAPS y las prioridades establecidas. Estos planes también son aprobados por el

---

91 CONSEJO, 6481/21, *op. cit.*, y mantener el párr. 2. párr. 2.

92 Esta actividad está autorizada por el art. 4 apdo. 2 del Reglamento de Europol, que viene a establecer que la oficina de policía de la UE suministrará análisis estratégicos y evaluaciones de amenazas para ayudar al Consejo y a la Comisión a «fijar las prioridades estratégicas y operativas de la Unión en la lucha contra la delincuencia».

93 CONSEJO, *Conclusiones del Consejo sobre la determinación de las prioridades de la UE para la lucha contra la delincuencia grave y organizada durante el ciclo 2022-2025 de la EMPACT*, 12 de mayo de 2021. 8665/21.

94 Estos planes operativos no son públicos en la actualidad.

COSI, quien, además, asume la labor de evaluar a lo largo del ciclo la consecución de los distintos objetivos. Estas acciones operativas pueden ser tanto acciones conjuntas entre los Estados miembro[95], como acciones de las agencias de la Unión Europea o acciones de los Estados miembro. Estos planes deben estar en consonancia con el G-MASP. Finalmente, la cuarta fase es la fase de evaluación del ciclo. En esta fase, el COSI evalúa las OAP que se han realizado y elabora un documento que es tenido en cuenta para el siguiente ciclo del EMPACT, de modo que cada ciclo mejora respecto el anterior.

Si se analiza el ciclo del EMPACT 2022-2025, en lo que respecta a la trata de seres humanos, el Consejo consideró prioritario romper las redes de trata, independientemente de la forma de explotación a que destine a sus víctimas[96]. Nótese que esta prioridad encaja a la perfección con la nueva Estrategia UE contra la trata 2021-2025, pues aparte de superar el paradigma de las 3P, tal y como se ha apuntado con anterioridad, centra las prioridades, precisamente, en desmantelar el modelo de negocio de las redes[97]. Las prioridades a nivel de persecución de las redes de trata, concretamente, se centran en las

---

95 Estas acciones se desarrollan en la plataforma EMPACT). A partir del EMPACT se proporciona un marco de cooperación estructurada y multidisciplinar con el objetivo de desarrollar los objetivos establecidos en el G-MASP pertinente. Con el fin de garantizar que los Estados miembro participen en el desarrollo de los OAP y promocionar la cooperación multidisciplinar para la consecución de los objetivos del EMPACT, cada Estado miembro nombrará a un coordinador nacional (NEC, en sus siglas en inglés). Entre sus funciones, destaca el hecho de ser el responsable de la implementación de las decisiones del COSI además de realizar recomendaciones relativas al EMPACT en particular a su Estado. Para más información sobre el rol, responsabilidades, nombramiento y operativa del NEC, *vid.* CONSEJO, *EMPACT Terms of Reference*, 17 de junio de 2021. 9921/21, párr. 2.1.2.

96 CONSEJO, 8665/21, *op. cit.*, p. 6.

97 COM(2021) 171 final, *op. cit.*, pp. 9-11.

redes que explotan a menores de edad, aquellas que utilizan la violencia contra las víctimas o sus familiares o las que engañan a las víctimas simulando oficializar la explotación. Por último, y también en la misma línea que la estrategia actual contra la trata, a nivel del EMPACT también se ha puesto el foco en las redes que operan a través de internet, ya sea para reclutar o anunciar los servicios de las víctimas[98].

Para hacer una comparativa con las prioridades del ciclo anterior, las del *EU Policy Cycle* 2018-2021[99], el Consejo puso el foco de atención en combatir la lucha contra todas las formas de explotación de las víctimas de la trata, especialmente la explotación sexual, la laboral y cualquier forma de explotación que implique a víctimas menores de edad. Por lo tanto, en cierta manera se mantiene la cuestión de la trata que afecta a menores de edad y aquella con fines de explotación laboral y sexual, aunque se haga referencia a cualquier forma de trata. Lo que sí que ha incorporado el nuevo ciclo es el énfasis en el modelo de negocio de las redes y la cuestión de internet.

Estas prioridades establecidas en el EMPACT 2022-2025 por el Consejo se basan en el análisis realizado por Europol a través del EU SOCTA 2021[100]. Dicho documento empieza con una reflexión muy acertada acerca de como el crimen organizado que delinque en la Unión Europea se parece a la criatura mitológica de la Hidra, pues ambos son flexibles, cambiantes y, a pesar de los esfuerzos de las fuerzas y cuerpos de seguridad,

---

98 CONSEJO, 8665/21, *op. cit.*, p. 6.

99 CONSEJO, *Draft Council conclusions on setting the EU's priorities for the fight against organised and serious International crime between 2018 and 2021*, 12 de mayo de 2017. 8654/17, p. 8.

100 EUROPOL, *SOCTA 2021. European Union Serious and Organised Crime Threat Assessment. A corrupting influence: The infiltration and undermining of Europe's economy and society by organised crime*, 2021. Disponible en: https://bit.ly/3Q5biD2.

las redes criminales no sufren las consecuencias de la persecución[101]. Para confirmar esta capacidad de resiliencia del crimen organizado, el EU SOCTA 2021 explica la operativa del crimen organizado[102], cómo funcionan, los efectos perjudiciales para la sociedad y las principales localizaciones. Una vez hecha esta presentación general del *modus operandi* del crimen organizado, especialmente después de la pandemia de la COVID-19, el documento de Europol desarrolla las distintas facetas del crimen organizado, entre las que se encuentra la trata de seres humanos como una de las principales actividades de las redes criminales. Para finalizar, el documento presenta las líneas maestras del futuro del crimen organizado, las tendencias después de la pandemia e incluso su afectación a la recesión económica.

En lo que a la trata respecta, el análisis de Europol se presenta bajo la rúbrica «Personas como objeto» («*People as a commodity*»). Así, el EU SOCTA 2021 analiza en el mismo apartado, aunque de forma separada, el tráfico ilícito de migrantes y la trata de seres humanos. Aunque con muchas reservas al respecto, Europol examina ambos fenómenos delictivos al considerar que los dos conllevan considerar a las personas como un bien con el que lucrarse. No obstante, hay que ser cautos a la hora de relacionar ambas conductas, tal y como se ha argumentado en el capítulo primero de esta obra, pues son conductas diferentes: no todo el tráfico ilícito de migrantes es trata de seres humanos y a la inversa. Es más, valga la redundancia al respecto, este tipo de asociaciones contribuyen a reforzar, en el imaginario colectivo, que la trata de seres humanos es solo una cuestión migratoria, cosa que ya se ha visto que no es del todo acertado.

---

101 EUROPOL, *SOCTA 2021.*, *op. cit.*, p. 14.

102 Cabe recordar que la definición de organización criminal se encuentra en el art. 1 de la Directiva 2008/841/JAI, citada con anterioridad.

Dicho esto, y tal y como se ha explicado en capítulos anteriores, debe partirse de la base de que la trata de seres humanos es una de las principales actividades típicas de las organizaciones criminales[103]. De hecho, a la luz de la definición de organización criminal establecida en el art. 1 de la Directiva 2008/841, citada con anterioridad, una red de trata encaja a la perfección, pues una red de tratantes es un grupo de personas que busca, a partir de la comisión de determinadas conductas tipificadas como delito, el beneficio económico. Dicho en otras palabras, las redes de tratantes obtienen beneficios económicos a partir de la explotación de las víctimas de trata en cualquiera de las formas establecidas en la Directiva 2011/36/UE.

Tal y como se ha apuntado en diversas ocasiones en esta obra, cosa que Europol también confirma, es que a raíz de la pandemia de la COVID-19, las redes de trata han trasladado al mundo digital una buena parte de su negocio, ya sea tanto en la red ordinaria de internet o en la conocida como *dark web*. De hecho, y de acuerdo con el EU SOCTA 2021, esta tendencia solo hará que aumentar[104]. Además del uso de internet para explotar a las víctimas, Europol también identificó como una de las principales causas de la trata y, a su vez, como una de

---

[103] EUROPOL, *SOCTA 2021, op. cit.*, pp. 38-91. Europol ha detectado hasta trece conductas delictivas realizadas por las organizaciones criminales, aunque no son delitos concretos sino ámbitos de actuación. En concreto, aparte de la trata de seres humanos y el tráfico ilícito de migrantes, Europol incluyó el cibercrimen, como el fraude a través de pagos no monetarios o en especies, el tráfico ilícito de drogas, los crímenes ambientales, el tráfico ilícito de armas y explosivos, el fraude, concretamente el fraude bancario o a través de inversiones, el arreglo de partidos y las estafas relacionadas con las apuestas, la falsificación de documentos, los delitos contra la propiedad intelectual y la falsificación de productos, la falsificación de monedas de curso legal y los crímenes contra la propiedad, como la venta de bienes robados, los carteristas o los robos en propiedades.

[104] *Ibid.*, p. 70.

las bases para perpetuar esta conducta, la demanda sostenida tanto de servicios sexuales como de trabajadores poco cualificados con sueldos bajos empleados en trabajos manuales, ya sea de forma estacional o durante todo el año[105]. Nótese, pues, la concurrencia de prioridades entre este informe de Europol y la nueva Estrategia UE contra la trata 2021-2025.

El EU SOCTA 2021 se centra en la trata con fines de explotación sexual y en la trata con fines de explotación laboral, al ser ambas las que más afectación tienen[106]. No obstante, también apunta como tendencia la trata con fines de criminalidad forzosa y aquella destinada al tráfico ilícito de órganos, ambas finalidades incluidas en la definición del art. 2 de la Directiva 2011/36/UE. Como novedad, Europol apunta que se han identificado nuevas formas de explotación, como la maternidad subrogada, los matrimonios forzosos y el uso de las identidades de las víctimas para obtener beneficios sociales y financieros[107]. Aquí cabe señalar que la propuesta de modificación de la Directiva 2011/36/UE ya incluye los matrimonios forzosos como nueva forma de explotación[108] y aquella destinada a la criminalidad forzada, el tráfico ilícito de órganos.

Por último, Europol también consideró primordial la lucha contra la trata de menores de edad, que afecta tanto a hombres como a mujeres[109]. Mayoritariamente, las víctimas menores de

---

105 EUROPOL, *SOCTA 2021, op. cit.*, p. 70.

106 SWD(2022) 429 final, *op. cit.*, p. 3. En este sentido, el 53% y el 49% de las víctimas fueron explotadas sexualmente durante los años 2019 y 202 respectivamente. En cuanto a la trata con fines de explotación sexual, ocupó el 26% y el 30% del total de víctimas registradas en los años 2019 y 2020 respectivamente.

107 EUROPOL, *SOCTA 2021, op. cit.*, p. 73.

108 COM(2022) 732 final, *op. cit.*, pp. 13-14.

109 Según la Comisión Europea, durante el período 2019-2020, el total de víctimas registradas que eran menores de edad fue del 23%. En este sentido, *vid.*

edad mujeres son destinadas a la explotación sexual y a los matrimonios forzosos, aunque también pueden encontrarse menores explotados en servicios domésticos, son obligados a mendigar o a cometer delitos como carteristas o son objeto de adopciones ilegales[110].

Visto el informe del EU SOCTA 2021 elaborado por Europol que sirvió como base para el establecimiento de las prioridades del EMPACT 2022-2025, es preciso detenerse un momento en la parte más operativa. Partiendo del G-MASC, cada una de las prioridades establecidas en el EMPACT 2022-2025 cuenta con distintos OAP[111]. Para su consecución, intervienen hasta cuatro figuras: el OAP *driver*, el OAP *co-driver*, el OAP *action leader* y los participantes[112]. El OAP *driver* lo asume un representante del Estado miembro que lidera el plan operativo en cuestión. Entre sus funciones, destaca la de liderar el plan de acción operativo, así como la coordinación de todas las actuaciones de acuerdo con el apoyo de los *co-drivers*, monitorizar la consecución de los objetivos del plan y, en aquellos casos en que sea necesario, coordinarse con otros *drivers* para la conse-

---

SWD(2022) 429 final, *op. cit.*, p. 6. Este porcentaje se mantiene respecto el período 2015-2016, que también fue del 23%. *Vid.* COMISIÓN EUROPEA, *Data collection on trafficking in human beings (…), op. cit.*, p. 58.

110 EUROPOL, *SOCTA 2021, op. cit.*, p. 73. La Comisión Europea también incluyó las adopciones ilegales en la propuesta de modificación de la Directiva 2011/36/UE. *Vid.* COM(2022) 732 final, *op. cit.*, pp. 13-14.

111 De acuerdo con las últimas conclusiones adoptadas por el Consejo en la reunión del COSI de 9 de marzo de 2023, para la implementación de las prioridades relativas a la trata de seres humanos debe aprobarse un OAP. En total, se aprobaron hasta 17 planes de acción operativos. *Vid.* CONSEJO, *Council conclusions setting the EU's priorities for the fight against serious and organised crime for EMPACT 2022-2025–Council conclusions (9 March 2023)*, 9 de marzo de 2023. 7107/23, p. 6. El contenido de cada OAP no es público.

112 Se ha optado por mantener las denominaciones igual que en inglés, idioma en que están redactados los términos de referencia relativas al desarrollo del EMPACT 2022-2025.

cución de actuaciones transversales que afecten a más de un plan operativo[113]. En cuanto a los OAP *co-drivers*, su función es la de brindar apoyo al *driver* principal en la gestión del plan de acción operativo. Es posible, sin embargo, que lidere una acción operativa concreta. En relación con sus principales actuaciones, los *co-drivers* pueden asumir la coordinación de las reuniones del OAP en la ausencia del *driver*, aunque habitualmente trabajará en el apoyo al trabajo que desarrolle el *driver* principal[114]. Respecto el tercero de los actores que asumen un papel relevante en el desarrollo del plan de acción operativo, los OAP *action leaders* son los encargados de asumir, voluntariamente, el liderazgo y la coordinación de cada acción operativa concreta que se desarrolla en el marco del OAP específico, los cuáles, además, recibirán el apoyo de los *action co-leaders* y de los Estados miembro participantes en el OAP[115]. Por último, los participantes en cada plan de acción operativo deben ser notificados por el ministro competente de cada Estado miembro al COSI, indicando el rol que desea asumir. Entre sus funciones, los participantes asumen la responsabilidad de contribuir en la implementación sobre el terreno de las acciones de cada OAP e informar al *driver* sobre la evolución de dichas acciones[116].

Y a todo lo anterior, hay que añadir el papel que juega Europol en el desarrollo del EMPACT 2022-2025. Según los términos de referencia adoptados por el Consejo[117], Europol debe crear un equipo de soporte para la plataforma EMPACT (EST, en sus siglas en inglés)[118] que tiene tres funciones principales.

---

113 CONSEJO, 9921/21, *op. cit.*, pp. 24-26.

114 *Ibid.*, pp. 27-28.

115 *Ibid.*, pp. 28-29.

116 *Ibid.*, pp. 20-22.

117 *Ibid.*, pp. 30-34.

118 Aparte del equipo de soporte para EMPACT, Europol deberá designar un director (ESM, *EMPACT Support Manager*, en sus siglas en inglés). Básicamente

En primer lugar, dar soporte a los *drivers* en el desarrollo y la implementación de los OAP anuales. Por ejemplo, facilitando las labores de los *drivers*, coordinando las reuniones de los OAP, actuar como depositario para los OAP, monitorizar los avances de los OAP y coordinar los informes de los *co-drivers* o facilitar el contacto regular entre los *drivers* y los *co-drivers* de los OAP. En segundo lugar, facilitar las reuniones del NEC, ya sea preparando las reuniones, recopilando los informes de los *drivers*, o informando de la implementación de los distintos OAP[119]. En tercer lugar, debe dar apoyo a la gestión del OAP a partir de asegurar los contactos regulares entre las instituciones de la Unión Europea y sus agencias interesadas, a través de mantener la plataforma del EMPAC actualizadas o a partir de la visión exhaustiva de las áreas geográficas cubiertas por cada OAP[120].

En conclusión, el papel que desarrolla Europol en el despliegue de las distintas acciones del EMPACT 2022-2025 es notable, sobre todo teniendo en cuenta el amplio elenco de funciones que asume en el apoyo de cada ciclo y de cada OAP en concreto. Aun esta labor de apoyo, incluso la preparación del EU SOCTA y de la recopilación de información para priorizar las áreas criminales más importantes denotan un papel preponderante en la concreción de la lucha contra el crimen organizado de Europol, por supuesto también respecto la lucha contra la trata de seres humanos, los instrumentos de Europol

---

sus funciones irán destinadas a los asuntos que requieran una cooperación operativa entre los distintos participantes del OAP, por ejemplo, contribuyendo en acciones concretas del OAP aportando su pericia y consejo en el ámbito de actuación del OAP, apoyando las demandas de información o siendo proactivo a la hora de establecer contactos directos con equipos de investigación relevantes para el proyecto. Para saber más sobre las funciones del ESM, *vid.* CONSEJO, 9921/21, *op cit.*, p. 25.

119 Sobre todas las actuaciones concretas de Europol en relación con el EMPACT 2022-2025, *vid. ibid.*, pp. 24-26.

120 CONSEJO, 9921/21, *op cit.*, pp. 30-34.

no se limitan a esto, ya que tal y como se verá a continuación, las funciones de esta Agencia que buscan coordinar las investigaciones policiales en los Estados miembro son muy amplias.

5.2.2.2. Los objetivos y las funciones de Europol en pro de la cooperación policial dentro de la Unión

De acuerdo con el art. 3 del Reglamento Europol, esta Agencia es la encargada de reforzar y apoyar la actuación de las autoridades competentes de los Estados miembro en la prevención y en la lucha contra la delincuencia grave cuando afecte a dos o más Estados, el terrorismo y las formas de delincuencia que afecten a un interés común protegido por una política de la UE[121].

Así, a la luz del art. 4 del mismo Reglamento, y en cuanto a las funciones de Europol, a continuación solamente se destacan las más representativas de las que tiene adjudicadas Europol en su marco regulador. La primera y principal función es la de recoger, conservar, tratar, analizar e intercambiar información, incluida inteligencia criminal. A esta función, muy ligada al tratamiento de datos personales, se le añade la de cooperar con los Estados miembro a partir de sus respectivas

---

121 El anexo 1 del citado reglamento contiene una lista con todos los delitos de que es competente Europol. La trata de seres humanos y el tráfico ilícito de migrantes forman parte de dichas competencias. Sin embargo, el apartado segundo del mismo artículo añade que entre los objetivos de Europol deberán añadirse los delitos conexos relacionados con el apartado primero del art. 3 del Reglamento de Europol. Así, se entiende por delitos conexos «a) los delitos cometidos con objeto de procurarse los medios para perpetrar actos en los que Europol sea competente; b) los delitos para facilitar o perpetrar actos en os que Europol sea competente; c) los delitos cometidos para asegurar la impunidad de quienes cometen estos actos en los que Europol sea competente».

unidades nacionales[122]. Esta cooperación puede venir del trasvase de información cuando Europol tenga conocimiento de cualquier información y las conexiones entre actos delictivos que les afecten.

Sin embargo, no es la única vía de cooperación autorizada con Europol, ya que también podrá cooperar con los organismos de la Unión establecidos sobre la base del Título V del TFUE. Así, de acuerdo con el art. 4 apdo. 1 j), Europol debe «cooperar con los organismos del Espacio de Libertad, Seguridad y Justicia, en particular mediante el intercambio de información y facilitándoles apoyo analítico en los ámbitos de su competencia». En este sentido, este apartado del art. 4 del Reglamento Europol es la base de toda la cooperación institucional de esta Agencia con otras agencias descentralizadas de la UE, ya que el Título V del TFUE hace referencia al Espacio de Libertad, Seguridad y Justicia.

Siguiendo con el citado art. 4 del Reglamento Europol, en concreto con el apdo. 1 c), otra de las funciones que debe ser desarrollada por Europol es la de coordinar, organizar y ejecutar cualesquiera actuaciones de investigación y operativas para respaldar y reforzar las actuaciones que lleven a cabo las autoridades competentes de los Estados miembro. Aquí puede observarse que Europol dispone de capacidad operativa, siempre y cuando se desarrolle juntamente con las autoridades competentes de los Estados miembro o en el contexto de equipos conjuntos de investigación. Un detalle importante en cuanto a las tareas de la Agencia de policía de la UE es que, de acuerdo con el apdo. 5 del mismo art. 4 del Reglamento Europol, aun-

122 Las «unidades nacionales» se encuentran reguladas en el art. 7 apdo. 2 del Reglamento de Europol. En este sentido, se pueden definir las unidades nacionales como «(...) los organismos de enlace entre Europol y las autoridades competentes designadas de los Estados miembro». Además, aparte de ser la unidad de enlace, esta tendrá carácter exclusivo.

que tenga capacidad operativa, Europol no puede aplicar medidas coercitivas en la realización de sus tareas, manteniendo así la exclusividad del uso de la fuerza en los Estados miembro.

Finalmente, otras de las tareas que tiene adjudicada Europol y que conviene destacar, de acuerdo con el mismo art. 4, es la tarea de elaborar evaluaciones de las amenazas, análisis estratégicos y operativos e informes generales de situación, así como desarrollar, compartir y promover conocimientos especializados sobre métodos de prevención de la delincuencia, procedimientos de investigación y métodos técnicos y criminalísticos[123].

Si se compara con la ya derogada Decisión 2009/371/JAI, se observa que tanto las tareas como los objetivos de Europol son prácticamente iguales. Lo que si conviene destacar es que en el anexo 1 se ha incorporado el concepto de «delincuencia organizada», con un alcance mucho más ampliado que el anterior concepto que vino a sustituir, el de «delito grave». En este sentido, el Reglamento de Europol es más ambicioso a la hora de otorgar competencia a la Oficina europea de policía, ya que aparte del concepto de «delincuencia organizada», se han ampliado las definiciones de otros delitos. Si bien la lista del art. 4 del Reglamento de Europol, referente a las funciones de la Oficina, es más simplificada que la lista del art. 5 de la citada Decisión, llama la atención a la luz del art. 4 apdo. 1 h) el apoyo financiero que puede otorgar Europol a operaciones transfronterizas de los Estados miembro. Es una medida de especial relevancia si se tiene en cuenta la actual política de restricciones presupuestarias de los Estados miembro, sobre todo en lo que se refiere a los cuerpos policiales[124].

---

123 Esta tarea es la base del SOCTA, el documento base de Europol, adoptado juntamente con los Estados miembro y otros organismos, y que recoge un estudio de las amenazas criminales más graves para la Unión Europea.

124 BLASI CASAGRAN, C., «El Reglamento europeo de Europol (…)», *op. cit.*, p. 204-205.

De la lectura del instrumento que regula la agencia de coordinación de policía de la UE, se puede observar que Europol trabaja, al igual que Eurojust, con información. Aunque el sistema de información, intercambio de datos y protección de estos se analizaran en el apartado siguiente, que es el que se refiere a los instrumentos de Europol, en este apartado es necesario mencionar la supervisión externa de Europol en lo que hace referencia a la protección de datos.

En cuanto a la supervisión interna, y de acuerdo con el art. 41 del Reglamento Europol, el Consejo de Administración debe nombrar un responsable de la protección de datos, el cual debe comunicarse al Supervisor Europeo de Protección de Datos (en adelante, EDPS en sus siglas en inglés)[125], que de acuerdo con el art. 43 del mismo Reglamento, es el organismo que asume la supervisión externa de Europol en materia de protección de datos[126]. En este sentido, pues, con el citado artículo del Reglamento de Europol, es el EDPS el organismo externo encargado de vigilar como se tratan los datos personales por parte de la agencia, además de asegurar que se cumplen los estándares de protección de los derechos y las libertades fundamentales de las personas físicas en relación con el tratamiento de datos personales por parte de Europol, disposiciones que se encuentran en los arts. 17 y ss. del Reglamento Euro-

---

125 Entre las funciones del responsable de protección de datos de Europol destaca la de velar, de modo independiente, por la aplicación en el seno de Europol de las medidas del Reglamento de Europol en materia de protección de datos, llevar un registro de las violaciones de datos personales y cooperar con el SEPD, además de cooperar con todo el personal de Europol responsable de datos personales.

126 Es necesario añadir que, aparte del supervisor interno de Europol y del EDPS, cada Estado Miembro podrá designar una autoridad nacional de control, siguiendo lo que establece el art. 42 del Reglamento de Europol. Dicha autoridad nacional será la encargada de vigilar, de modo independiente y de acuerdo con su Derecho nacional, la licitud de la transferencia de datos.

pol. La aparición del EDPS como supervisor externo elimina el antiguo sistema de control presente en la Decisión 2009/371/JAI, donde Europol disponía de un órgano de control externo llamado la Autoridad de Control Común, compuesto por las autoridades de protección de datos de los Estados miembro[127].

En cuanto a las funciones del EDPS como supervisor externo de Europol, aparte de las mencionadas anteriormente, el EDPS debe asesorar a Europol y a todos los interesados sobre cualquier cuestión relativa del tratamiento de datos personales, además de cumplir con los cometidos establecidos en el apdo. 2 del art. 43 del Reglamento de Europol. También ejerce las competencias del apdo. 3 del mismo artículo y coopera con las autoridades nacionales, ya citadas, según lo que establece el art. 44 del citado Reglamento.

Sin embargo, el control externo por parte del EDPS y de las autoridades nacionales de protección de datos no es el único control al que deberá someterse Europol. En este mismo orden de ideas, el Capítulo VIII del Reglamento de Europol, bajo la rúbrica «Control parlamentario conjunto», el Reglamento de Europol establece, a la luz de su art. 51, un nuevo papel para el Parlamento Europeo y para los parlamentos nacionales. Es un rol que hasta la adopción del citado Reglamento era desconocido, pues se estableció que deben ejercer el control de las actividades de Europol, con arreglo al art. 88 del TFUE, y que se constituirán en un Grupo de Control Parlamentario Conjunto, que es el encargado de supervisar políticamente las actividades de Europol en el cumplimiento de su misión.

127 BLASI CASAGRAN, C., «El Reglamento europeo de Europol (...)», *op. cit.*, p. 216.

5.2.2.3. Los instrumentos de Europol para afrontar la cooperación policial. Análisis desde la perspectiva de la persecución de las redes de la trata de seres humanos en la Unión Europea

Una vez se han establecido las prioridades, los objetivos y las funciones de Europol, conviene analizar los instrumentos de Europol para la consecución de sus objetivos específicos fijados a través del EU SOCTA y del EMPACT vigente. Todos los instrumentos que se evalúan a continuación se canalizan a través de las Unidades Nacionales de Europol, que de acuerdo con el art. 7 del Reglamento Eurojust, son el organismo de enlace entre la agencia y las autoridades competentes designadas de los Estados miembro. Dichas unidades nacionales suministran a Europol la información necesaria para que pueda cumplir sus objetivos o garantizan una comunicación y cooperación eficaces con Europol de todas las autoridades competentes.

Así, en cuanto a los instrumentos, es preciso señalar que el tratamiento de la información resulta nuclear en lo que a los instrumentos a disposición de la Agencia se refiere, de modo que el primer instrumento en manos de Europol es la gestión y tratamiento de la información, que se concreta en capacidad de crear proyectos de análisis operativos (AP, en sus siglas en inglés), tal y como establece el art. 18 apdo. 2 c) del Reglamento Europol. Los AP son un sistema de procesamiento de la información a disposición de Europol[128], donde cada AP se

---

128 Según el art. 17 Reglamento Europol, la Agencia dispone de hasta cuatro fuentes de información, que son las que están a su disposición. En concreto, Europol puede tratar la información que le haya sido facilitada por los Estados miembro; los organismos de la Unión, países terceros y organizaciones Internacionales; por entidades privadas y particulares; y, finalmente, toda aquella información, incluidos datos personales, procedentes de fuentes públicamente disponibles, en particular internet y datos públicos. En cuanto a los datos transmitidos por los Estados miembro, estos se canalizan a través

centra en un área criminal determinada o en un enfoque territorial concreto[129]. Para cada AP, de acuerdo con el apdo. 3 del art. 18 del Reglamento Europol, el director ejecutivo define el objetivo específico, las categorías de datos personales[130] que pueden recopilarse y tratarse solamente a efectos del proyecto específico de cada AP[131]. El mismo artículo establece que cualquier operación de tratamiento realizada en un AP deberá quedar registrada y deberá seguir las disposiciones relativas a

---

de las unidades nacionales de Europol, establecidas en el art.7 Reglamento de Europol, ya que una de las funciones de la unidad nacional de los Estados miembro es la de subministrar a Europol la información necesaria para que pueda cumplir sus objetivos. En lo que respecta a la información transmitida por organismos de la Unión, países terceros, organizaciones internacionales, entidades privadas o particulares, debe atenderse a lo que dispone el Capítulo V del Reglamento de Europol, relativo a la relación con los socios.

129 Según la página web de Europol, el AP centrado en los casos de trata de seres humanos es el AP *Phoenix*. Toda la información disponible sobre el número y la especialización de los AP se encuentra disponible en: EUROPOL: «Página web oficial sobre los proyectos de análisis operativos» [en línea], 2024, <https://bit.ly/2FXoDJn>.

130 Cuando el director ejecutivo fije el objetivo específico de cada AP, debe establecer las categorías de interesados, los participantes, la duración de la conservación y las condiciones de acceso, transferencia y uso de los datos en cuestión, e informar de ello al Consejo de Administración y al EDPS.

131 En determinadas circunstancias, puede resultar evidente que los datos personales volcados en un AP puedan resultar pertinentes para otro AP. En estos casos, solamente se permite el tratamiento en otro proyecto cuando este sea necesario y proporcionado y cuando los datos personales sean compatibles para los controles cruzados destinados a identificar conexiones u otras relaciones pertinentes entre datos relacionados con las personas que sean sospechosas de a ver cometido o de haber participado en un delito penal que sea competencia de Europol o que hayan sido condenadas por tal delito o bien con las personas respecto de las cuales existan indicios concretos o motivos razonables para pensar que cometerán delitos penales que son competencia de Europol.

la protección de datos establecidas en el propio reglamento de Europol[132].

Al igual que sucedía con Eurojust, a la luz del art. 19 del Reglamento Europol, todas las fuentes de información que aporten información a Europol determinarán los fines del tratamiento de la información transmitida, aparte de poder establecer restricciones a su acceso o utilización, ya sea en términos generales o específicos[133].

Aparte de la utilización de los datos personales para los AP, Europol puede dichos datos para diversas finalidades. En primer lugar, para los controles cruzados destinados a identificar conexiones entre datos de personas sospechosas de haber cometido un delito competencia de Europol o potenciales delincuentes, también del ámbito de Europol. En segundo lugar, para realizar análisis estratégicos o temáticos. Por último, para facilitar el intercambio de datos entre los Estados miembro y la Unión a la luz del art. 18 del Reglamento Europol[134]. Este nuevo sistema de tratamiento de datos vino a eliminar los tres sistemas anteriores, a favor de un sistema mucho más flexible[135], descrito como un único canal en el que se pueden procesar

---

132 Sobre las garantías en materia de protección de datos, *vid.* arts. 28 y ss. Reglamento de Europol.

133 Tanto las restricciones de acceso o utilización como los fines del tratamiento de la información utilizada en los AP son preceptivos para Europol. Además, según el art.20 Reglamento de Europol, losEstados miembro tendrán acceso indirecto a los datos volcados a los AP. Este sistema indirecto se basa en la respuesta positiva o negativa, que consiste en que la agencia acepte o no el acceso. En caso de respuesta positiva, Europol abrirá un procedimiento para que pueda compartirse la información.

134 Un ejemplo de la utilización de datos para la realización de análisis temáticos es el EU SOCTA comentado anteriormente.

135 El nuevo sistema de tratamiento de datos, dotado de mayor flexibilidad, se encuentra regulado en el Anexo II del Reglamento de Europol.

todos los datos que llegan a manos de Europol[136]. En este sentido, la principal novedad en el tratamiento de datos por parte de Europol consiste en que toda la información que sea recibida en la Agencia no puede ser de naturaleza general, sino que cada uno de los AP solamente puede tratar datos siguiendo los fines establecidos para cada uno de ellos[137]. Con todo, el intercambio y tratamiento de datos de carácter personal se encuentra controlado tanto de forma interna como de forma externa, dada la naturaleza de los datos transferidos[138].

Estas cuatro finalidades, si se tiene en cuenta la naturaleza de la información, implican distintas consecuencias a la hora de acceder a la información. Así, cuando los Estados miembro quieran realizar cruces de datos, análisis estratégicos o intercambiar información con la UE, tendrán acceso a toda la información almacenada en Europol. En cambio, si los Estados miembro quieren acceder a la información destinada a análisis operativos, dada la sensibilidad de los datos, se requiere un mayor grado de protección.

Consecuentemente, se ha impulsado un procedimiento de respuesta positiva/negativa (hit/no-hit) siempre y cuando exista una investigación criminal en curso. Este sistema examina si la información criminal introducida coincide con alguno de los datos o información almacenada en las bases de datos de Europol. Cuando haya coincidencia, la respuesta será positiva

---

136 BLASI CASAGRAN, C., «El Reglamento europeo de Europol (...)», *op. cit.*, pp. 212.

137 BLASI CASAGRAN, C., «El papel de Europol en la lucha contra el tráfico de migrantes y la trata de seres humanos», *Revista de Derecho Comunitario Europeo*, 59, 2018, pp. 333-357, p. 338.

138 En relación a los Estados miembro que colaboran con Europol, el apdo. b) del art. 4 del Reglamento Europol establece que Europol debe notificar, sin demora, a través de las unidades nacionales, a los Estados miembro cualquier información y las conexiones entre actos delictivos que les afecten.

y el solicitante podrá requerir más información. Este nuevo sistema de tratamiento de la información basado en los proyectos de análisis[139] requiere de un sistema seguro de comunicación de toda la información disponible en las bases de datos de Europol, habida cuenta de la sensibilidad de la información que manejan las autoridades competentes de los Estados miembro y Europol. En la actualidad, sigue vigente la herramienta de comunicación de Europol, la aplicación de la Red de Intercambio Seguro de Información (SIENA, en sus siglas en inglés). SIENA es una plataforma vanguardista que permite la comunicación segura entre las autoridades competentes de los Estados miembro, Europol y, en determinados casos, terceros Estados[140] en pro de un intercambio rápido y fácil de información operativa y estratégica relacionada con investigaciones criminales[141].

Aparte del tratamiento de información, otra de las grandes funciones de Europol es la de dar apoyo a las investigaciones que se cursen en los Estados miembro. Dicho apoyo puede basarse, por ejemplo, en la coordinación, organización y ejecución de cualesquiera actuaciones de investigación y operativas de respaldo a las actuaciones que lleven a cabo las autoridades competentes de los Estados miembro o bien la facilitación de

---

139 BLASI CASAGRAN, C., «El Reglamento europeo de Europol (...)», *op. cit.*, p. 212. Sobre los cambios introducidos por el Reglamento de Europol en el sistema de tratamiento de datos, *vid.* pp. 209 y ss. de la misma obra. En la actualidad, aunque la página web de Europol muestre lo contrario, el antiguo Sistema de Información de Europol (SIE) ha desaparecido en virtud del art. 18 Reglamento de Europol.

140 EUROPOL: «Información sobre la red SIENA» [en línea], (2022), <https://bit.ly/2mUXvhQ>. Según el sitio web oficial de la agencia, solamente los terceros Estados que tengan acuerdos de cooperación con Europol podrán utilizar SIENA para comunicarse de forma segura.

141 *Ibid.* Tal y como BLASI CASAGRAN constata, el actual Reglamento de Europol sigue sin incluir ninguna regulación relativa a SIENA; «El papel de Europol (...)», *op. cit.*, p. 339.

información y apoyo analítico a los Estados miembro, la elaboración de evaluaciones de las amenazas.

Toda la información a disposición de Europol habilita a la Agencia para dar respaldo operativo a las fuerzas policiales de los Estados miembro, razón de existir de la misma Oficina europea de policía[142]. Así, se prevé que Europol pueda coordinar, organizar y ejecutar actuaciones de investigación y operativas para reforzar las actuaciones que lleven a cabo dichos Estados. Cabe apuntar aquí, de acuerdo con el art. 4 apdo. 1 c) del Reglamento Europol, que este refuerzo puede adoptar dos formas: o bien juntamente con las autoridades competentes de los Estados miembro o bien en el marco de los equipos conjuntos de investigación (JIT, en sus siglas en inglés), que serán explicados más adelante. Este apoyo se materializa, por ejemplo, y de acuerdo con el mismo art. 4 apdo. 1 e) y f), en la facilitación de información y apoyo analítico a los Estados miembro cuando se prevea la celebración de un gran acontecimiento internacional o en la elaboración de evaluaciones de las amenazas, análisis estratégicos y operativos e informes generales de situación. Toda esta información e inteligencia que genera Europol le permite desarrollar, compartir y promover conocimientos especializados sobre métodos de prevención de la delincuencia, procedimientos de investigación, así como le permite prestar asesoramiento a los Estados miembro según el art. 4 g) del Reglamento Europol.

Con el mismo afán de dar apoyo a los Estados miembro, una de las facultades de Europol es la posibilidad de cursar solicitudes para la apertura de una investigación penal. Así, y de acuerdo con el art. 6 de Reglamento Europol, cuando en el ámbito de sus competencias, la agencia considere que debe abrirse

---

142 En este sentido, *vid.* GUITERREZ ZARZA, A., *Exchange of information and data protection in cross-border criminal proceedings in Europe*, Springer, Heidelberg, 2015.

una investigación penal, lo solicita a las autoridades competentes de los Estados miembro interesados a través de sus unidades nacionales. En caso de que un Estado miembro decida no acceder a la solicitud cursada por Europol, debe motivar su resolución. Sin embargo, el mismo art. 6 del Reglamento Europol añadió una cláusula de excepción: cuando la solicitud sea contraria a los intereses fundamentales de seguridad del Estado miembro en cuestión o ponga en peligro el desarrollo de las investigaciones en curso o la seguridad de las personas, el Estado miembro puede negarse a acceder a la solicitud de la agencia sin motivación alguna. Esta misma cláusula se utiliza para la transmisión de información en el marco de Eurojust. Es, sin duda, una cláusula necesaria, aunque demasiado ambigua, teniendo en cuenta la sensibilidad de los datos y de la operativa en sí misma. Si bien ha quedado constatado que para poder erradicar la trata de seres humanos se necesita una cooperación multinivel, dicha cláusula podría utilizarse para bloquear, precisamente, dicha cooperación, dificultando, por lo tanto, la persecución del delito de la trata de seres humanos.

Otro de los instrumentos de que dispone Europol es la creación de centros de asesoramiento especializados de la Unión Europea para combatir determinados tipos de delitos, tal y como se establece en el art. 4 j) del Reglamento Europol. Si bien aún no se dispone de un centro orientado exclusivamente a la trata de seres humanos, sí que existen otros centros como el Centro Europeo de Ciberdelincuencia (EC3), el Centro Europeo de Lucha contra el Terrorismo (ECTC) y el EMSC[143].

---

143 En este sentido, *vid.*, EUROPOL: «Información sobre el EMSC» [en línea], (2022), <https://bit.ly/30ij0NU>. El origen del EMSC, al igual que el de los *hotspots* ya analizados en la presente obra, va ligado a la Agenda Europea sobre Migración, en el sentido de que ambos instrumentos tienen como objetivo la lucha contra el tráfico ilícito de personas. En este sentido, *vid.* FERNÁNDEZ ROJO, D., «Los hotspots: (...), *op. cit.*, p. 1028.

Sería interesante que Europol constituyese un centro dedicado exclusivamente a la trata de seres humanos, ya que con el EMSC no se cubre, ni de lejos, todos los elementos de la trata. En este sentido, este se centra en el tráfico de migrantes, aunque también incluye en sus análisis la trata de seres humanos, por lo que se aparta a las víctimas de la trata que no cruzan la frontera exterior ni aquellas que son, también, víctimas del tráfico ilícito de migrantes. Ahora bien, no debe olvidarse de que las víctimas del tráfico ilícito de migrantes son víctimas potenciales de la trata, de modo que las operaciones lanzadas en el marco del EMSC[144] pueden ser el primer paso para la identificación de las víctimas, sean o no de la trata, que en cualquier caso permiten la ulterior apertura de investigaciones en los Estados miembro. Sin embargo, también cabe la posibilidad de que los migrantes irregulares identificados en la frontera exterior o en operaciones para combatir el tráfico ilícito de migrantes no se identifiquen como víctimas de la trata. En consecuencia, tal y como se apuntó en el capítulo tercero, sin una correcta identificación no cabe la posibilidad de aplicar la protección debida a las víctimas, cosa que implica, entre otras, que no se profundice en las investigaciones de las redes de trata al no disponer de testimonios o de información suficiente[145].

---

144 En este sentido, en 2015 se lanzó el equipo operativo conjunto para combatir la inmigración irregular en el mar Mediterráneo (JOT MARE, en sus siglas en inglés). Su sede, en las dependencias de Europol, permitía combinar la inteligencia creada por Europol y los recursos de los Estados miembro para combatir las redes de traficantes de migrantes en el mar Mediterráneo. Para más información, *vid.* EUROPOL: «Información sobre el JOT MARE» [en línea], (2015), <https://bit.ly/2zdUi7f>.

145 Para saber más sobre las utilidades y las funciones de los centros de especialización de Europol, *vid.* MARICA, A., «Europol: Centros de Especialización (EC3, ECTC, EMSC)», *GESI: Grupo de Estudios en Seguridad Internacional*, Granada, 20/2017, 2017. Disponible en: https://bit.ly/30fUInv.

Finalmente, de acuerdo con las funciones de Europol destinadas a la obtención y/o creación de inteligencia criminal, otro de los instrumentos llamados a prestar apoyo en las investigaciones de los Estados miembro es el *EU Internet Referral Unit* (EU IRU, en sus siglas en inglés). Su principal cometido es el de detectar e investigar contenido malicioso en internet y en las redes sociales. Si bien se creó pensando en el terrorismo yihadista, en la actualidad cubre otras áreas de Europol que pueden incidir, en cierto modo, en la trata de seres humanos. Este instrumento, al igual que la Red CARIN, examinada en el capítulo anterior, tiene efectos tanto en la persecución de la trata, ya que permite detectar movimientos de dinero por internet o la captación de las víctimas; como efectos preventivos, en el sentido de que reducen las posibilidades de las redes de poder actuar en internet, de modo que hacen más difícil su actividad[146].

Al igual que sucedía con Eurojust y el CCE, Europol dispone del Centro Operativo, disponible siete días a la semana durante las veinticuatro horas del día. Este sistema constituye el núcleo para el intercambio de información operativa entre Europol, los Estados miembro y terceros Estados, siempre que haya un acuerdo de cooperación con Europol. El Centro Operativo (OC, en sus siglas en inglés) dirige el flujo constante de información entre Europol y sus socios, recibe mensajes opera-

---

146 EUROPOL: «Información sobre el EU IRU,» [en línea], (2022), <https://bit.ly/2MkOJrO>. Una de las funciones de EU IRU es la de detectar el contenido utilizado por las redes de trata para captar los migrantes irregulares y a los refugiados y solicitar su eliminación de la red. Si bien no se hace referencia ninguna a las víctimas de la trata, es preciso recordar que los migrantes irregulares que atraviesan la frontera exterior común son víctimas potenciales de la trata.

tivos y, entre otras funciones, da soporte a las autoridades competentes en operaciones específicas dentro y fuera de la UE[147].

En lo que a la trata respecta, el OC puede resultar importante cuando se tenga que coordinar una operativa en más de dos Estados miembro a la vez que implique detenciones simultáneas, dado que el factor sorpresa beneficia, sin duda, a las autoridades competentes y a la policía. Si no existiera este centro, la simultaneidad sería prácticamente nula, de modo que se abriría la puerta a una reacción de la red de trata, pudiendo esconder pruebas, deshacerse de las víctimas o eliminando los rastros de sus beneficios.

En este mismo orden de ideas, al igual que sucedía con Eurojust, el art. 23 del Reglamento Europol previó la posibilidad de que la agencia se relacione con otros actores con el objetivo de cumplir su mandato. En concreto, Europol puede establecer relaciones de cooperación con los organismos de la UE, de conformidad con sus objetivos; con las autoridades de terceros países, con organizaciones internacionales o con entidades privadas.

En concreto, y en lo que a la cooperación con las instituciones de la Unión Europea se refiere, el art. 4 apdo. 1 j) y k) del Reglamento Europol autorizan a la agencia de policía de la Unión Europea a cooperar con los organismos de la Unión facilitándoles información y ayuda. Esta cooperación se basa en la posibilidad de intercambiar información directamente con las entidades enumeradas en la medida en que dicho intercambio sea necesario para el desempeño de sus tareas, con la excepción de los datos personales[148]. Gracias a dichos acuer-

---

147 EUROPOL: «Información sobre el centro operativo (OC)», [en línea], (2021), <https://bit.ly/2wH4xOL>.

148 En este sentido, *vid.* BLASI CASAGRAN, C., «El papel de Europol (...)», *op. cit.*, pp. 350 y ss. En cuanto a los datos personales, solamente podrán transmitirse si fuere necesario para la prevención y la lucha contra los de-

dos de cooperación, se ha abierto la puerta al intercambio de información entre agencias, a la formación específica al personal de otras agencias e incluso a la elaboración de informes generales[149].

5.2.2.4. Las investigaciones financieras como método de lucha contra la trata de seres humanos. El papel de Europol en la recuperación de activos derivados de la explotación de las víctimas

En el capítulo anterior, relativo a los instrumentos de prevención, ya se apuntó que las investigaciones financieras también podían cumplir funciones de persecución. Sin ánimo de volver a explicar el funcionamiento de dichos instrumentos, lo que sí que merece insistir es que la voluntad de estos instrumentos, desde la perspectiva de la persecución, es ampliar los medios de prueba para no depender del testimonio de la víctima. Conscientes de ello, desde la Unión se han habilitado una serie de instrumentos destinados, precisamente, a facilitar a los Estados miembro la capacidad de realizar investigaciones

---

litos competencia de Europol, entre los que se encuentra la trata de seres humanos. Si dichos datos personales hubieran sido transmitidos por un Estado miembro, se requerirá su autorización. En este sentido, *vid.*, art. 30 Reglamento Europol. Sobre la transmisión de datos de carácter personal, *vid.* arts. 24 y 25 del mismo.

149 BLASI CASAGRAN, C., «El papel de Europol (...)», *op. cit.*, p. 346. En este sentido, Europol tiene numerosos acuerdos de cooperación y memorandos de entendimiento con otras agencias de la UE. La autora, por citar algunos, se refiere a los acuerdos de cooperación estratégica con la Red Europea de Información y Seguridad (ENISA), la Escuela Europea de Policía (CEPOL) o la Oficina de Propiedad Intelectual de la Unión Europea (EUIPO). Además, Europol, en virtud del art. 23 apdo. 4 Reglamento Europol, está sujeto a acuerdos de trabajo con Eurojust, Frontex y el EMCDDA, el Observatorio Europeo de la Droga y las Toxicomanías.

financieras efectivas, que hagan referencia al rastro del dinero derivado de la explotación y que permitan aportar pruebas que faciliten los enjuiciamientos por trata de seres humanos. Habida cuenta de que en capítulo anterior ya se examinaron todos ellos desde la perspectiva de la prevención, en las líneas que prosiguen solamente se aborda su aplicabilidad en la persecución de las redes de trata.

El primer instrumento por analizar son las FIU, reguladas actualmente por la Directiva 2019/1153, citada con anterioridad. De acuerdo con el art. 32 de la Directiva 2015/849, citada con anterioridad, cada Estado miembro debe disponer de una FIU a efectos de luchar contra el blanqueo de capitales a partir de la recogida de información, el análisis y la investigación de cualquier actuación sospechosa de constituir blanqueo de capitales de acuerdo con sus competencias nacionales. Con el objetivo de facilitar el desarrollo de sus funciones, en la actualidad, se ha establecido una red descentralizada que da apoyo a las FIU de cada Estado miembro y que depende de Europol[150], que se ha visto reforzada por la creación del Centro Europeo sobre los Crímenes Financieros y Económicos (EFECC, en sus siglas en inglés) y cuyo objetivo es reforzar el soporte estratégico y operativo de Europol respecto este tipo de investigaciones[151].

De acuerdo con lo que prescribe la cuarta Directiva antiblanqueo de capitales, y más concretamente su art. 32 apdo. 3, la operativa de esta red descentralizada consiste en que cualquier persona que tenga relación con la gestión de activos o en valores mercantiles debe informar a las FIU de los Estados miembro sobre transacciones inusuales o sospechosas. Estas unidades lo analizan y lo transmiten a la autoridad nacional

---

150 EUROPOL: «Financial Intelligence Units – UIF.NET» [en línea], (s.f.), <https://bit.ly/2tZ7dai>.

151 EUROPOL: «European Financial and Economic Crime Centre – EFECC» [en línea], (2023), <https://bit.ly/3UoafAL>.

competente para la investigación al detalle de dicha transacción[152]. El hecho de pertenecer a la estructura orgánica de Europol conlleva que la red no dependa de la Comisión Europea, sino que su presupuesto se integra en el de Europol. Además, tanto la red de FIU como Europol se pueden beneficiar de la posibilidad de tomar decisiones que requieran urgencia, como el decomiso o la incautación de dinero en efectivo en diversos puntos de los Estados miembro como resultado de una operación coordinada.

Otro de los instrumentos para las investigaciones financieras es la Red CARIN. Tal y como se ha explicado en el capítulo anterior, esta red informal, con sede en Europol, tiene como objetivo dotar a sus miembros de un espacio donde se reúnen expertos y profesionales con la intención de reforzar el conocimiento común de los métodos y técnicas en el ámbito de la identificación, embargo preventivo, incautación y decomiso transfronterizo de los productos procedentes del delito[153]. La vinculación entre Europol y la Red CARIN se materializa a partir de la Plataforma de Expertos de Europol, una plataforma en internet destinada a los especialistas de las autoridades competentes de los Estados miembro. En ella se puede volcar información relativa a buenas prácticas, documentación, conocimiento o experiencia en la persecución de delitos[154]. Es otro

---

152 En este sentido, por ejemplo, *vid.* arts. 11 o 15 Directiva 2015/849.

153 *Vid.* Preámbulo párr. 5 Decisión 2007/845/JAI. Así, dichos puntos de contacto podrán obtener órdenes de congelación de bienes hasta incluso poder poseer de los mismos. El último paso es la confiscación de los bienes. Sin duda alguna, este instrumento informal de cooperación resulta especialmente relevante en las investigaciones de los Estados miembro de la UE. Además, constituye un instrumento de prevención de la trata, ya que el hecho de que dicha red funcione eficientemente desmotivará a las redes de trata para actuar en las jurisdicciones parte de la red.

154 Para más información, *vid.* EUROPOL: «La Plataforma de Expertos de Europol» [en línea], (2023), <https://bit.ly/2YQVGKT>.

de los instrumentos a disposición de Europol que permite el intercambio de información entre sus usuarios en pro de la eficiencia de las investigaciones en los Estados miembro. De este modo, y centrándose en la trata de seres humanos, el hecho de poder intercambiar experiencia, conocimiento sobre las tendencias de las redes de la trata o sus mecanismos a la hora de explotar a las víctimas permite, precisamente, tener un conocimiento mucho más profundo de los autores y, de este modo, mejorar la identificación, por ejemplo, de las víctimas o incorporar dicho conocimiento a las investigaciones para hacerlas más precisas y efectivas.

Para concluir la presente sección, y al igual que con Eurojust, ninguno de los instrumentos analizados se ha constituido *ad hoc* para la lucha contra la trata de seres humanos, sino que se han aprovechado estructuras comunes para la persecución de la delincuencia grave que afecte a más de dos Estados miembro y se ha aplicado para la lucha contra las redes de la trata de seres humanos. Un claro ejemplo de ello es la creación del AP *Phoenix*, que procesa toda la información relacionada con la trata de seres humanos. Además, es posible que a partir de la información a disposición de Europol se invite a las autoridades de los Estados miembro a abrir investigaciones penales relacionadas con la trata o bien se preste apoyo operativo cuando se requiera, como por ejemplo cuando se tenga que coordinar una operación policial en diversos Estados miembro y sea imprescindible que todas se realicen al mismo tiempo.

Con todo, la cooperación policial es clave para la erradicación del fenómeno de la trata de seres humanos, sobre todo si se tiene en cuenta que las redes de la trata pueden operar en distintos Estados miembro y que la complejidad que rodea la trata, sumada a la capacidad de resiliencia y de adaptación de las redes, provoca que necesariamente se vean involucrados distintos Estados miembro en la lucha contra la trata de seres humanos desde la vertiente de la persecución. Al igual que pasaba con Eurojust, los instrumentos de Europol están plenamente desarrollados e integrados en el día a día de esta Agencia.

Así pues, atendiendo el examen de efectividad de los instrumentos de persecución de la trata de seres humanos basados en la cooperación policial, es preciso referirse a las mismas ideas comentadas para el análisis de los instrumentos de Eurojust. Si bien las cifras muestran que la persecución de las redes de trata ha aumentado en tanto que se han realizado investigaciones por delitos relacionados con la trata de seres humanos[155], la tendencia a la baja entre el número de sospechosos y el número final de condenados parece indicar que en la cooperación policial siguen existiendo retos que merecen ser atendidos, tales como la aportación de pruebas, de modo que no puede valorarse totalmente la efectividad de estos instrumentos, aunque cabe subrayar el esfuerzo por reforzar la persecución de las redes de trata.

En este sentido, teniendo en cuenta la enorme capacidad de las redes de trata de sortear a las fuerzas y cuerpos de seguridad, hay que mejorar el desarrollo de las investigaciones policiales. Aparte de la formación de los agentes, esencial en estos casos, los Estados miembro deben apostar por fortalecer las investigaciones que se basan en pruebas más allá del testimonio de la víctima y reforzar así, tal y como se ha dicho en varias ocasiones, el valor preventivo y persecutorio de este tipo de medidas.

En cuanto al examen de adecuación, más allá del hecho de que ningún instrumento se haya constituido *ad hoc* para la trata de seres humanos, aquí sí que debe valorarse positivamente la incorporación de las investigaciones financieras como método de persecución. Ampliar los métodos de prueba más allá del

---

155 COMISIÓN EUROPEA, *Data collection on trafficking in human beings (…), op. cit.*, p. 15.

testimonio de la víctima, que no siempre está dispuesta a testificar, e incorporar el seguimiento de los activos derivados de la explotación de las personas sí que pueden considerarse unos instrumentos adecuados para la persecución de las redes de trata, pues responden a las características y a las necesidades específicas de este fenómeno. Ahora bien, y de acuerdo con las evaluaciones de la antigua Estrategia UE 2012-2016 y los otros documentos analizados, debe profundizarse mucho más en las pruebas aportadas por otros medios, más allá del testimonio de la víctima, que siempre es posible que sufra presiones por parte de las redes.

5.2.3. Los equipos conjuntos de investigación como instrumentos de persecución de las redes de trata. La cooperación entre Europol, Eurojust y los Estados miembro

Una de las estructuras que actualmente existen en la Unión con el objetivo de potenciar la cooperación en la persecución de la delincuencia organizada, entre otros, son los denominados equipos conjuntos de investigación.

Los equipos conjuntos de investigación (JIT en sus siglas en inglés) fueron creados a partir de la adopción de la Decisión marco del Consejo 2002/456/JAI[156]. Estos equipos tienen

---

[156] *Decisión Marco del Consejo, de 13 de junio de 2002, sobre equipos conjuntos de investigación (2002/465/JAI).* DOCE L 162 de 20 de junio de 2002. Este instrumento ha sido modificado por la *Directiva 2022/211 del Parlamento Europeo y del Consejo, de 16 de febrero de 2022, por la que se modifica la Decisión Marco 2002/465/JAI del Consejo en lo que respecta a su aproximación a las normas de la Unión sobre protección de datos de carácter personal.* DOUE L 37 de 18 de febrero de 2022. Para saber más sobre el funcionamiento de los JIT, *vid.* HELMBERG, M., «Eurojust and Joint Investigation Teams: How Eurojust can support JITs», *ERA Forum (2007)*, 2007, pp. 245-251, pp. 246-247. Este artículo está basado en una ponencia hecha por la autora en el ERA, en Trier (Alemania) durante el *Seminario sobre los Equipos Conjuntos de Investigación: la lucha contra el crimen grave*

como objetivo facilitar la realización de investigaciones penales en uno o más Estados miembro parte del JIT en cuestión. Son grupos creados por una finalidad específica y por un tiempo limitado. Su origen es el art. 13 del Convenio relativo a la asistencia judicial en materia penal entre los Estados miembro de la Unión Europea[157]. Además, aparte de los Estados miembro, también pueden participar en ellos tanto Eurojust como Europol, de acuerdo con lo que se estipula en sus respectivos Reglamentos y gracias a la capacidad que tienen para concluir acuerdos gracias a que son agencias con personalidad jurídica propia[158].

En cuanto a Eurojust, de acuerdo con el art. 4 apdo. 1 f) del Reglamento Eurojust, la Agencia presta apoyo operativo, técnico y financiero a los JIT[159]. En este sentido, buscan mejorar la coordinación de las investigaciones contra el crimen transna-

---

transfronterizo, el crimen organizado y el terrorismo, entre el 17 y el 19 de mayo de 2006. Sobre el origen y la necesidad de vehicular la cooperación penal en la Unión Europea, *vid.*, entre otros, BLOCK, L., «EU joint investigation teams: Political ambitions and police practices», *Cross-border law enforcement: Regional law enforcement cooperation-European, Australian and Asia-Pacific perspectives,* 2012, pp. 87-107 y SPAPENS, T., «Joint investigation teams in the European Union: Article 13 JITS and the alternatives», *European Journal of Crime, Criminal Law and Criminal Justice,* 19, 2011, pp. 239-260.

157 *Acto del Consejo de 29 de mayo de 2000 por el que se celebra, de conformidad con el artículo 34 del Tratado de la Unión Europea, el Convenio relativo a la asistencia judicial en material penal entre los Estados miembro de la Unión Europea (2000/c 197/01).* DOCE C 197 de 12 de julio de 2000. El Convenio se encuentra en el anexo.

158 HELMBERG, M., «Eurojust and Joint Investigation Teams (...)», *op. cit.*, p. 249. En cuanto a Eurojust, por ejemplo, el art. 1 apdo. 3 Reglamento Eurojust estipula que «Eurojust tendrá personalidad jurídica».

159 En concreto, se estipula que «Eurojust prestará apoyo operativo, técnico y Financiero a las investigaciones y operaciones transfronterizas de los Estados miembro, incluidos los equipos conjuntos de investigación».

cional[160], de modo que la relación entre ambos es lógica y necesaria. Aparte de este apoyo brindado por la agencia, teniendo en cuenta el art. 8 del Reglamento Eurojust, los miembros nacionales de Eurojust son competentes para participar en los JIT, hasta incluso para crearlos[161].

Una vez se ha constituido el JIT y Eurojust participa en él, la Agencia aporta asesoramiento específico al equipo u organiza reuniones de coordinación de modo inmediato donde se resuelven los problemas que puedan plantear los miembros del JIT[162], entre otras actuaciones[163]. El papel que juega la Agencia en los JIT se centra, principalmente, en la fase previa, cuando se establece el acuerdo por el que se constituye el equipo conjunto de investigación en cuestión. En esta fase, Eurojust puede aconsejar, por ejemplo, a las autoridades nacionales la creación de un equipo conjunto o bien cuestiones cómo qué Estado miembro puede ofrecer mayores posibilidades de conseguir una condena efectiva de los tratantes. Es en esta fase, cuando se abordan todas las dificultades relacionadas con los diferentes estándares legales presentes en los ordenamientos de los Estados miembro parte del JIT y todo ello se celebra bajo el asesoramiento de Eurojust, que cuenta con experiencia acumulada en este tipo de labores de coordinación y apoyo[164].

---

160 HELMBERG, M., «Eurojust and Joint Investigation Teams (…)», *op. cit.*, p. 246.

161 Cuando sean las autoridades competentes de los Estados miembro las que creen el JIT, deberán informar al miembro nacional, así como sobre los resultados del trabajo de tales equipos, de acuerdo con lo que estipula el art. 21 Reglamento Eurojust.

162 ALONSO MOREDA, N., «Eurojust, a la Vanguardia de la cooperación judicial (…)», *op. cit.*, p. 138.

163 En este sentido, *vid.* HELMBERG, M., «Eurojust and Joint Investigation Teams (…)», *op. cit.*, p. 248 y ss.

164 EUROJUST, *Strategic Project (…). Final report and action plan, op. cit.*, p. 42.

En cuanto a Europol, según el art. 5 del Reglamento Europol, el personal de la oficina de policía puede participar en las actividades de los equipos conjuntos de investigación que se ocupen de los delitos respecto de los cuales Europol tenga competencia[165]. Dicho personal está autorizado, siempre según la legislación del Estado miembro donde opere el JIT en cuestión, a prestar asistencia en todas las actividades, además de los intercambios de información que se realicen en las actuaciones del citado JIT. Respecto a dicho intercambio, los miembros de la Agencia que participen del JIT pueden proporcionar a todos los miembros del equipo la información procesada por su parte que sea necesaria para los fines establecidos en el art. 18 apdo. 2 del Reglamento Europol. Además, de acuerdo con el apdo. 4 del citado art. 5 del Reglamento Europol, el personal de Europol que obtenga información susceptible de ser de interés para la Agencia podrá tratarla, siempre que cuente con el acuerdo y bajo la responsabilidad del Estado miembro que le haya proporcionado la información[166].

Pero las labores de Europol no se limitan, solamente, al apoyo de los JIT, sino que, además, y de acuerdo con el art. 4 apdo. 1 h) del Reglamento Europol, esta puede dar respaldo en las actividades de intercambio de información, las operaciones e investigaciones de los JIT, *inclusive* mediante un apoyo operativo, técnico y financiero. Finalmente, al igual que Eurojust, según el art. 5 del citado Reglamento, Europol puede proponer a las autoridades competentes la necesidad de crear un JIT, a través del cual se canalizará la investigación en cuestión[167].

---

165 Las condiciones de participación de Europol en los JITs se establecerán en el acuerdo por el que se establezca el equipo conjunto de investigación.

166 Recuérdese que toda la información que procese Europol debe ceñirse a los fines establecidos en el art.18 apdo. 2 del Reglamento Europol, tal y como el art. 5 del mismo Reglamento establece.

167 En este sentido, al igual que Eurojust, Europol asesorará a las partes a la hora de establecer el acuerdo de cooperación a través del cual se constituye

En cuanto a la trata de seres humanos, los JIT se han erigido como una de las soluciones para los problemas detectados en las investigaciones criminales transnacionales[168]. En este sentido, se hace referencia a problemas como los conflictos de jurisdicción, la recopilación y la admisibilidad de las pruebas o, por ejemplo, cuál es la mejor jurisdicción para enjuiciar el caso. Todas las dificultades a las que se enfrentan las autoridades competentes en las investigaciones transnacionales nacen a causa de las diferencias existentes entre los distintos ordenamientos jurídicos de los Estados miembro[169]. Sin embargo, la implementación de los JIT se ha presentado como un importante reto para la UE. En este sentido, el desarrollo por parte de los Estados miembro ha comportado divergencias entre estos a la hora de aplicar el contenido de la regulación, así como serias dudas relativas a la financiación, la admisibilidad de las pruebas o la incertidumbre que puede generar una plataforma multilateral como son los propios JIT[170].

Aun así, estos equipos resultan de especial interés en la persecución de las redes de trata de seres humanos. En la Unión Europea, donde hay libertad deambulatoria y se han eliminado los controles fronterizos de los Estados parte del Espacio Schengen, es evidente la facilidad con la que las redes de trata pueden desplazar sus actividades delictivas. Además, para dificultar las labores de la policía y de las autoridades judiciales a la hora de investigarlas, las redes dividen su organización en diversos Estados. Así, el elemento de la transnacionalidad se encuentra presente en muchas de las redes de tratantes, de

---

el JIT en cuestión. Para saber más sobre la participación de Europol en los JIT, *vid.* entre otros, KLIMEK, L., «Joint Investigation Teams in the European Union», *Internal Security*, enero-junio, 2012, pp. 63-77.

168 EUROJUST, *Strategic Project (…). Final report and action plan, op. cit.*, pp. 39.

169 *Ibid.*

170 KLIMEK, L., «Joint Investigation Teams (…)», *op. cit.*, p. 74.

modo que la cooperación transnacional y la existencia de instrumentos de cooperación para facilitar dicha cooperación resulta nuclear y de vital importancia. En este sentido, los JITs son el espacio perfecto para coordinar labores policiales y judiciales de dos o más Estados miembro, de modo que toda la información recogida en un Estado pasa a poder ser utilizada en otro Estado, recordando que se está haciendo referencia al marco de actuación de los equipos de investigación. En consecuencia, se pueden recoger pruebas, testimonios, practicar detenciones o cualquier diligencia destinada a aportar pruebas para la ulterior condena de los tratantes. En conclusión, si se atiende a la variedad nacional presente en las redes de la trata, si se sigue apostando por la persecución eficaz de las redes de trata, los JITs resultan el instrumento perfecto para la consecución de dicho objetivo[171].

En definitiva, estos equipos conjuntos de investigación lo que buscan es facilitar la cooperación entre los distintos actores que participan en una investigación de un delito como la trata de seres humanos. Por lo tanto, este instrumento debe valorarse positivamente desde la perspectiva de la efectividad, pues en los casos transfronterizos, un instrumento que tiene como objetivo, precisamente, facilitar la persecución de las redes que operan en distintos Estados miembro seguramente contribuirá a mejorar la lucha contra la trata de seres humanos. En cuanto a la adecuación, siguiendo con la línea general de todos los instrumentos que se han analizado a lo largo de la presente obra, no se ha adaptado específicamente a las características de la trata de seres humanos, pues es un instrumento de persecución general. No obstante, desde una visión cons-

---

171 En este sentido, la Comisión Europea subrayó la importancia de seguir trabajando en el marco de los JIT para abordar la persecución de las redes de la trata de seres humanos con incidencia transnacional. *Vid.* SWD(2016) 159 final, *op. cit.*, p. 39.

tructiva, el hecho de facilitar la persecución transfronteriza, en cierto modo, sí que se corresponde con el *modus operandi* de una parte de las redes de trata, pues tal y como se ha visto a lo largo de esta obra, las redes tienden a diversificar sus negocios en distintos Estados miembro de la UE.

5.2.4. La gestión de las fronteras exteriores de los Estados miembro de la UE, el Espacio Schengen y la persecución de la trata de seres humanos. El papel de Frontex en el desarrollo de instrumentos destinados a perseguir la delincuencia transfronteriza

Tanto en el capítulo relativo a la protección de las víctimas como en el de prevención de la trata de seres humanos se ha incorporado al análisis la gestión de las fronteras exteriores como instrumento para hacer frente a la trata de seres humanos. No sin reservas, tal y como se ha indicado, pero la Unión Europea y sus Estados miembro están dispuestos a seguir vinculando los movimientos migratorios como una cuestión de seguridad. En este sentido, la securitización de las fronteras exteriores de los Estados miembro es una realidad en la política migratoria actual de la Unión Europea[172]. La Comisión Europea, en la Agenda Europea de Seguridad, partió de la base de que era necesario un refuerzo de la seguridad en las fronteras exteriores frente al aumento de la criminalidad transnacional como garantía de la seguridad interna[173].

Sin embargo, y recuperando aquí los datos expuestos a razón de los controles fronterizos como mecanismo de prevención, para el periodo 2015-2016, el 84% de los sospechosos por trata de seres humanos eran ciudadanos europeos, fren-

---

172 *Vid.*, entre otros, SANAHUJA, J. A., «La Unión Europea y la crisis (…)», *op. cit.*, p. 91.

173 COM(2015) 185 final, *op. cit.*, p. 2.

te al 16% que poseen la ciudadanía de Estados no miembros de la UE[174]. Esta tendencia se mantiene tanto para el período 2017-2018, donde los sospechosos de trata de seres humanos con nacionalidad de algún Estado miembro representaron el 68% respecto el 32% de sospechosos con nacionalidad de terceros Estados[175]. En cuanto al período 2019-2020, el 62% de sospechosos tenía la nacionalidad de algún Estado miembro, mientras que el 38% la tenía de un tercer Estado[176]. Si bien el porcentaje de tratantes ciudadanos de terceros países es mucho menor que los tratantes que disponen de la ciudadanía europea, conviene plantearse si la idea de asociar inmigración con delincuencia transfronteriza y, indirectamente, con la falta de seguridad interna sigue en vigor[177].

De hecho, se debería reforzar la protección del inmigrante en tanto que los desplazamientos migratorios, tal y como se ha apuntado con anterioridad, potencian la vulnerabilidad de las personas que se desplazan, facilitando así que caigan en manos de las redes de trata. En cambio, desde la Unión, se está criminalizando su situación sin tener en cuenta que son víctimas en manos de tratantes mayoritariamente europeos. No se puede obviar que, efectivamente, resulta imprescindible efectuar controles para poder identificar a las víctimas de la trata no nacionales de los Estados miembro de la Unión Eu-

---

174 COMISIÓN EUROPEA, *Data collection on trafficking in human beings (…)*, *op. cit.*, p. 120. En relación con las personas que pasan de ser sospechosas a investigados en un proceso judicial, el porcentaje de ciudadanos europeos investigados por trata de seres humanos se mantiene en relación con los ciudadanos de terceros Estados, aunque aumenta tres puntos porcentuales y pasa del 84% de los sospechosos al 87% de los investigados.

175 COMISIÓN EUROPEA, *Data collection on trafficking in human beings (2) (…)*, *op. cit.*, p. 47.

176 SWD(2022) 429 final, *op. cit.*, p. 11.

177 En este sentido, *vid.* ARCHILLI, L., «Irregular Migration to the EU and Human Smuggling (…), *op. cit.*, p. 99.

ropea antes de que accedan al Espacio Schengen, pues tal y como se ha ilustrado en el capítulo tercero, el 43% de las víctimas registradas tienen la nacionalidad de terceros Estados[178]. Es evidente, pues, la importancia de los controles fronterizos en la identificación de una parte de las víctimas de la trata de seres humanos. En cambio, lo que plantea dudas en cuanto a su efectividad y adecuación es la aplicación de instrumentos de control de las fronteras exteriores en el ámbito de la persecución de la trata, pues las cifras demuestran que la mayoría de los tratantes tienen la nacionalidad de algún Estado miembro de la Unión Europea.

Habida cuenta de las reflexiones anteriores, a continuación, se analizan los instrumentos concebidos para la gestión de la inmigración que, indirectamente, facilitan la persecución de las redes de trata de seres humanos. Así pues, y de acuerdo con la sistemática utilizada para analizar este tipo de instrumentos en el capítulo tercero, se examinan, por un lado, los instrumentos aplicables en el acceso irregular y, por otro lado, aquellos aplicables en el control de los accesos regulares. Además el examen que se presenta a continuación solamente se centra en la potencial aplicabilidad de estos instrumentos a la persecución de las redes de trata, pues la operativa y el funcionamiento ya ha sido examinado con anterioridad.

---

178 SWD(2022) 429 final, *op. cit.*, p. 8.

5.2.4.1. El acceso irregular y los controles fronterizos como mecanismo de persecución de la trata de seres humanos. Los triajes y los *hotspots* como instrumentos para la detección y la persecución de las redes de la trata y las operaciones de control fronterizo: la colaboración entre Frontex y Europol

Tal y como se ha visto en los capítulos precedentes, los *hotspots* se han utilizado para la correcta gestión de los flujos migratorios repentinos. En ellos se estructura la cooperación entre distintas agencias del ELSJ y de las autoridades del Estado miembro en cuestión para poder ordenar, en áreas geográficas concretas, la llegada masiva de migrantes.

En cuanto a las agencias ELSJ que participan en ellos, las funciones parecen, a simple vista, delimitadas en la propia Agenda Europea de Migración. Así, la Comisión consideró que todas aquellas personas que lleguen al *hotspot* solicitando asilo serían derivadas, directamente, a las autoridades competentes que, con la ayuda de EUAA, deben atender sin demora alguna los expedientes de solicitud de asilo. La protección internacional es una de las posibilidades que pueden brindarse a las víctimas no nacionales de los Estados miembro de la UE, de modo que la actuación de esta agencia ya fue analizada en el capítulo anterior.

En cuanto a Frontex, su principal mandato en el *hotspot*, aparte del apoyo a las autoridades del Estado en cuestión en lo que respecta la primera identificación y registro de los migrantes, es el de acompañar a los Estados en los procesos de retorno de los inmigrantes en situación irregular que no disponen de ningún título habilitante para acceder o permanecer en el territorio de los Estados miembro de la UE. Y finalmente, en lo que respecta a Europol, a partir del cotejo de la información conseguida por las autoridades competentes, bajo la coordinación de Frontex, apoyará las investigaciones criminales que se realicen en el Estado anfitrión[179].

En lo que respecta a Europol, su labor en los *hotspots* se centra en la información que se recoge por parte de los agentes fronterizos que participan en la operativa y que son los encargados de la identificación, coordinada por Frontex, y de las solicitudes de protección internacional, apoyada por EUAA. De este modo, la Agencia, una vez ha recibido información, la verifica y la coteja en sus bases de datos. Además, asiste a las autoridades competentes de los Estados partícipes en las investigaciones policiales que se desarrollan. La labor de Europol resulta fundamental en la lucha contra la trata de seres humanos que proviene de Estados no miembros de la Unión, ya que las víctimas, o incluso las redes, deben acceder a territorio de la Unión por la frontera exterior. Si bien algunas de las víctimas no utilizan las rutas migratorias irregulares, ha quedado demostrado, como se ha repetido, que los migrantes irregulares que llegan a las costas de la Unión son potenciales víctimas de la trata, de modo que Europol debe participar en los *hotspots* y fomentar el intercambio de información con todos los actores presentes y con sus bases de datos[180].

Cuando las autoridades competentes de los Estados miembro entrevistan a los migrantes que llegan a la frontera exterior en medio de una situación declarada *hotspot*, se puede identificar a víctimas de la trata de seres humanos que no son nacionales de Estados de la Unión. En estos casos, es posible que la

---

179 COM(2015) 240 final, *op. cit.*, p. 6. Nótese que la propia Comisión Europea consideró que las labores de Europol podrían estar acompañadas, también, por Eurojust.

180 FERNÁNDEZ ROJO, D., «Los hotspots: (…)», *op. cit.*, p. 1034. En cuanto a la regulación de las actividades de Europol en los *hotspots*, el autor apunta que existe inseguridad jurídica alrededor de las actividades que desarrolla Europol dado que ni el Reglamento de Europol especifica sus labores operativas en los *hotspots* ni existe, aún, una normativa específica sobre los puntos críticos.

víctima de la trata denuncie su situación e informe de la red de trata que ha conseguido trasladarla hasta las puertas de la Unión. Esta información permite poder iniciar o consolidar investigaciones criminales ya abiertas. Así, cuando Frontex remite información a Europol, esta la transmite a su base de datos, dónde se coteja y se comprueba si hay alguna investigación actualmente abierta que afecte a las personas identificadas. Además, la participación de Europol en los *hotspots,* ya sea por la experiencia adquirida a nivel de agencia o por la información transmitida por Frontex, sirve a la agencia para poder elaborar análisis estratégicos sobre las tendencias de las redes de la trata de seres humanos así como nuevas rutas o metodologías para introducir, superando los controles, a las víctimas de trata.

La participación de Europol en los *hotspots* se canaliza a través del EMSC, teniendo en cuenta que en los puntos críticos tratarán con tráfico de migrantes o trata de seres humanos, siendo el primero el ámbito de actuación de dicho centro especializado de Europol[181]. Tal y como se ha visto en este capítulo, las funciones del EMSC se pueden resumir en cinco: en primer lugar, el apoyo operativo, que implica la coordinación y la transmisión de buenas prácticas para las autoridades nacionales competentes; en segundo lugar, el apoyo estratégico a los Estados miembro; en tercer lugar, por supuesto, el intercambio de información con los Estados miembro; en cuarto lugar, brindar apoyo al EURTF y a los *hotspots*; y, en quinto lugar, el despliegue sobre el terreno de los EMIST[182] y los EMAST[183]. Ambos equipos pretenden mejorar los análisis operativos y las investigaciones realizadas por las

---

181 Al igual que los *hotspots,* el EMSC nació gracias a la Agenda Europea de Migración 2015. En este sentido, *vid.* FERNÁNDEZ ROJO, D., «Los hotspots: (…)», *op. cit.*, p. 1035. En este contexto, la Comisión constituyó el JOT MARE, que tenía como función una serie de actuaciones coordinadas contra las redes de tráfico de migrantes en el Mediterráneo.

182 Equipos de investigación móvil (EMIST, en sus siglas en inglés).

183 Equipos de análisis móvil (EMAST, en sus siglas en inglés).

autoridades de los Estados miembro a través del suministro de imágenes completas, un trasvase de información sistemático y a tiempo real y unas buenas prácticas[184].

También los triajes introducidos por el Reglamento 2024/1356 pueden ser aplicables en la persecución de las redes de trata y de los tratantes individuales. Tal y como se ha indicado en el capítulo anterior, el art. 15 de dicho Reglamento establece que se realizarán inspecciones de seguridad de nacionales de terceros países con el objetivo de comprobar si constituyen una amenaza para la seguridad interior. Según el apdo. 2 de dicho artículo, el funcionamiento de estas inspecciones específicas consiste en la consulta de las bases de datos del SIS, el EES, el VIS, el ETIAS y el ECRIS-TCN. Esta consulta se hará mediante los Reglamentos 2019/817 y 2019/818, los cuales se han visto modificados por los Reglamentos 2024/1356 y 2024/1352[185] respectivamente, con tal de habilitar el acceso de las autoridades de triaje a dichas bases de datos.

La idea es que, si respecto a la persona que se está haciendo la comprobación existe algún registro relativo a denegaciones de entrada; denegaciones, anulaciones o revocaciones de autorizaciones de viaje, de permisos de residencia o de visados, ya sean de corta o de larga duración, la consulta sea positiva. En estos casos, de acuerdo con el art. 16 del Reglamento 2024/1356, las autoridades podrán acceder al registro perti-

---

184 FERNÁNDEZ ROJO, D., «Los hotspots: (…)», *op. cit.*, p. 1036. En concreto, las tareas de la agencia en los *hotspots* fueron, por ejemplo, la recopilación de información sobre los desembarcos de migrantes y sus respectivas entrevistas, proporcionar apoyo forense mediante el escaneo de documentos y, en general, apoyo de los investigadores nacionales.

185 *Reglamento (UE) 2024/1352 del Parlamento Europeo y del Consejo, de 14 de mayo de 2024, por el que se modifican los Reglamentos (UE) 2019/816 y (UE) 2019/818 a efectos de la introducción del triaje de los nacionales de terceros países en las fronteras exteriores.* DOUE L 2024/1352 de 22 de mayo de 2024.

nente y tomar la decisión adecuada en función del contenido del registro, que normalmente será la denegación del acceso. Incluso el apdo. 5 de dicho artículo establece que en caso de que la consulta de las bases de datos sea positiva, se notificará a Europol para que adopte alguna medida, entre las que se encuentran las de seguimiento, en el caso de que sea necesario.

En cuanto a la persecución, esta función solamente se dará cuando los tratantes pretendan acceder al territorio de los Estados miembro de la Unión Europea acompañados de las víctimas, pues en caso contrario, es decir, en los casos en los que pretendan acceder irregularmente sin ir acompañados de las víctimas, solamente se denegaría el acceso y, por lo tanto, se estaría hablando de una función más bien preventiva. Para que esto pueda ocurrir, y al igual que pasaba con las funciones de prevención de estos instrumentos, es necesario que existan datos previamente introducidos en alguna de las bases de datos, de modo que con estas inspecciones de seguridad solamente se podría perseguir a aquellos tratantes reincidentes que ya han entrado en contacto con las autoridades competentes de los Estados miembro.

A los *hotspots* hay que añadirle otro instrumento destinado al control de las fronteras exteriores de los Estados miembro. Respecto al *Common Information Sharing Environment* (CISE, en sus siglas en inglés) el objetivo es facilitar el intercambio de información en aquellas operaciones de control fronterizo que se realizan en el mar. Cabe señalar que se complementa con otros sistemas, entre el que destaca el Eurosur, que ya ha sido explicado en el capítulo anterior[186]. El objetivo del CISE será integrar los distintos sistemas de vigilancia de las fronteras marítimas de los Estados miembro que se han desarrollado a partir del Reglamento 656/2014, citado anteriormente. Así, se

186 COMISIÓN EUROPEA: «What is CISE?» [en línea], (s.f.), <https://bit.ly/44311wV>.

facilita el intercambio de información en pro de la vigilancia de las fronteras marítimas en el que, aunque se haya armonizado a nivel europeo, los Estados miembro conservan las principales competencias en relación con el control, la vigilancia y la potestad sancionadora para aquellos que pretendan acceder irregularmente al Espacio Schengen[187].

Estas operaciones de vigilancia de las fronteras exteriores marítimas de los Estados miembro conllevan que las autoridades encargadas obtengan una serie de información susceptible de ser compartida con otras que también estén vigilando la frontera marítima. Así, la información se comparte de modo más eficaz y seguro, cosa que en principio permite aumentar la eficiencia de este tipo de controles. Además, aparte de esto, es posible que a raíz de la información intercambiada entre autoridades competentes se aborde un barco que intente traspasar irregularmente la frontera y en dónde es posible que se encuentren víctimas de la trata. Cuando esto ocurra, los agentes fronterizos pueden efectuar entrevistas para comprobar la identidad de las personas a bordo, facilitarles el acceso a la protección internacional o proceder al retorno[188], según cada caso.

Es posible, pues, que se identifique a una víctima de la trata o incluso, aunque con menos probabilidad, a un integrante de una red de trata de seres humanos. Si esto es así, deberá ponerse en conocimiento de las fuerzas policiales del Estado en cuestión para que proceda con la investigación policial.

---

187 ESTEVE GARCIA, F., «The search and rescue tasks coordinated by the European Border and Coast Guard Agency (Frontex) regarding the surveillance of external maritime borders», *Peace & Security - Paix et Sécurité Internationales*, 5, 2017, pp. 93-116, p. 97.

188 Sobre las operaciones de retorno, *vid. ibid.*, pp. 97 y ss. Además, el retorno es una de las principales consecuencias de la mala identificación de una víctima de la trata que, a su vez, es un inmigrante irregular. En este sentido, *vid. supra* capítulo segundo.

Consecuentemente, la vigilancia de las fronteras marítimas y el CISE también asumirán un papel clave en la persecución de las redes de la trata, papel que acompaña al de la prevención, que será comentado en el capítulo siguiente.

5.2.4.2. Los instrumentos de control fronterizo y el acceso regular de personas como mecanismo de persecución de las redes de trata de seres humanos

La gestión de los flujos migratorios hacia el territorio de los Estados miembro de la Unión Europea a través de vías regulares, tal y como se apuntó en el capítulo tercero, comporta una amplia variedad de instrumentos y de mecanismos que obedecen tanto a la protección de la víctima, a la prevención de la trata o a la persecución de los tratantes. Concretamente, el VIS, el SIS II renovado en lo que a los controles fronterizos se refiere, el EES y el ETIAS, en algunos supuestos, y al igual que pasa con los triajes de nacionales de terceros Estados que acceden al Espacio Schengen de forma irregular, pueden contribuir a la persecución de las redes de trata básicamente porque o bien ya consta información sobre ellas en el sistema o bien porque el agente fronterizo detecta determinados comportamientos que pueden conducir a identificar una red de trata. Además, esta posibilidad se ha visto reforzada gracias a la interoperabilidad de las distintas bases de datos establecida a partir de los Reglamentos 2019/817 y 2019/818, explicados en el capítulo relativo a la protección de las víctimas. No obstante, al igual que con los triajes, la función puramente de persecución solamente se dará cuando el tratante respecto el cual pese una denegación de entrada vaya acompañado de potenciales víctimas. .

En la actualidad, el haber sido condenado previamente por un delito relacionado con la trata de seres humanos implica la denegación de la entrada al territorio de los Estados miembro de la UE. En este sentido, el art. 24 del Reglamento 2018/1861 prevé que se puedan introducir descripciones en el SIS II renovado para denegarle la entrada a una persona cuando, por ejemplo, a partir de una evaluación individual se considere que esta persona es una amenaza para el orden público, la seguridad pública o la seguridad nacional y que, además, se haya adoptado una decisión judicial o administrativa en este sentido. Se considera delito grave, a la luz del mismo artículo, cuando el delito tiene una pena privativa de libertad mínima de un año. Esto obliga a estudiar caso por caso en función del Estado miembro, pues la Directiva 2011/36/UE, en su art. 4, solamente establece el máximo mínimo que debe tener la pena por trata de seres humanos. Gracias a la introducción en el SIS II renovado de estas descripciones para denegar la entrada, tanto el VIS como el ETIAS denegarán tanto el visado como la autorización de viaje gracias al art. 12 apdo. 2 del Reglamento VIS y al art. 37 apdo. 1 del Reglamento 2018/1240 respectivamente. Además, en el caso de que efectivamente el tratante pretenda acceder, cuando se deniegue el acceso, se registrará en el EES en virtud del art. 18 del Reglamento 2017/226, citado con anterioridad. Otra de las posibilidades sería denegar la entrada a alguien que utiliza una identidad falsa, pues en todos los casos se toman imágenes faciales y datos dactiloscópicos, los cuales son accesibles gracias al art. 27 común en los Reglamentos 2019/817 y 2019/818. En todos estos casos, sin embargo, se necesita que los datos estén introducidos previamente en el sistema, de modo que solamente sirven para detectar a los reincidentes.

Más allá de estos supuestos, es posible que tanto en las inspecciones a realizarse en los controles fronterizos establecidas en el art.8 del Código de fronteras Schengen como en art. 21 del Reglamento 810/2009, ambos citados con anterioridad, el agente encargado de estas pueda, a partir del *modus operandi* y de las tendencias de las redes, identificar a potenciales tratantes gracias al uso de documentación falsificada o por ir acompañados de las víctimas, las que muchas veces no quieren testificar o incluso ni son conscientes de su situación[189]. Para ello, y tal y como se ha apuntado en diversas ocasiones, la formación de los agentes es imprescindible.

Tanto en los accesos por vías regulares como por vías irregulares, la incidencia que pueden tener los controles fronterizos en la persecución de las redes de trata parece ser más bien testimonial. En este sentido, los instrumentos orientados hacia la gestión de los flujos migratorios, específicamente aquellos que tienen como función el control fronterizo, requieren que concurran varios supuestos para valorarles las funciones de persecución. Así, se necesita que el tratante sea reincidente, que se le haya expulsado y que pretenda acceder otra vez al territorio de los Estados miembro de la UE, que existan datos en las bases de datos que conlleven la denegación de la entrada y que, además, vaya acompañado de las víctimas, pues en caso diferente se hablaría de prevención pura. Por lo tanto, más allá de las entrevistas durante la solicitud de visado o en los controles fronterizos, en los demás casos parece que las posibilidades de perseguir a las redes de trata son más bien escasas debido al elevado nivel de condicionalidad. Esto conlleva cuestionarse la efectividad de estos instrumentos para perseguir la trata, pues su aplicabilidad es remota. Además, en cuanto a su adecuación, si las cifras demuestran que mucho más de la mitad de los tratantes tiene la nacionalidad de un Estado miembro de la UE, estos instrumentos tampoco se adaptan a las características de la trata, de modo que no son los más acertados para perseguir a las redes.

Habida cuenta del elevado número de tratantes nacionales de los Estados miembro, sumados a aquellos nacionales de terceros Estados que se encuentran en el territorio de los Estados

---

189 En este sentido, *vid.* SWD(2018) 473 final, *op. cit.*, p. 52 o VILLACAMPA ESTIARTE, C., TORRES ROSELL, N., «Trata de seres humanos para explotación criminal: (...)», *op. cit.*

miembro de la UE, a continuación, se analizan los instrumentos para perseguir a los tratantes dentro del Espacio Schengen.

5.2.5. El Espacio Schengen y los instrumentos aplicables para la persecución de las redes de la trata de seres humanos: el SIS II renovado, el ECRIS-TCN y la cooperación policial y judicial en materia criminal

Tal y como se apuntó en el capítulo tercero, a partir de la adopción del Reglamento 2018/1862, citado con anterioridad, el SIS II renovado también puede utilizarse en el ámbito de la cooperación policial y judicial en materia penal. En este sentido, anteriormente se ha subrayado la necesidad de establecer instrumentos que permitieran la identificación de las víctimas de la trata de seres humanos una vez se encuentren dentro del Espacio Schengen, pues entre los Estados parte de dicho espacio no existen controles fronterizos. Al igual que la identificación de las víctimas de la trata, el desarrollo del SIS II renovado también resulta de interés para la persecución de las redes y los tratantes, pues tal y como se ha visto, es habitual que las redes de trata operen en más de un Estado para dificultar, precisamente, la persecución.

Sobre este instrumento, cuya operativa y funcionamiento ya fue ampliamente explicada en el capítulo tercero, cabe señalar que afecta tanto a nacionales de la Unión Europea como a nacionales de terceros países. Con el objetivo de garantizar un elevado nivel de seguridad dentro del Espacio Schengen, el SIS II renovado habilita a las autoridades de los Estados miembro a compartir descripciones sobre personas, volcar información complementaria o sobre los vehículos tanto de nacionales de la Unión Europea como de nacionales de terceros países.

Para lograr dicho objetivo, el Reglamento 2018/1862 prevé que la información obedezca a cuatro finalidades. En primer lugar, a la luz de los arts. 25 y 26 de dicho Reglamento, los datos pueden utilizarse para la detención de personas buscadas para su entrega al amparo de una orden de detención europea, en virtud de la Decisión Marco del Consejo 2002/584/JAI[190], o para su entrega o extradición. En segundo lugar, y de acuerdo con el art. 34 del Reglamento 2018/1862, también puede introducirse información a efectos de un procedimiento judicial, en concreto para localizar a las personas que están imputadas en un proceso penal, para notificar a alguien una sentencia con el fin de que respondan de los hechos que se les imputan o para que cumplan condena. En tercer lugar, también pueden introducirse descripciones, a la luz del contenido del art. 36 del mismo Reglamento, relativas a personas con el objetivo de que se realicen controles discretos, de investigación o específicos cuando, por ejemplo, haya indicios claros de que una persona pretende cometer algún delito de los enumerados en los apdo. 1 y 2 del art. 2 de la Decisión marco 2002/584/JAI, entre los que se encuentra la trata de seres humanos. Por último, y de acuerdo con el art. 38 del citado Reglamento, las descripciones pueden obedecer a la incautación o utilización como pruebas en un procedimiento penal de objetos buscados.

En cuanto a la detención de personas bajo el amparo de una orden de detención europea o de una solicitud de extradición, y de acuerdo con el régimen jurídico establecido en los arts. 25 a 31 del Reglamento 2018/1862, en el SIS II renovado se comunican los datos personales de la persona que debe

---

190 *Decisión Marco del Consejo, de 13 de junio de 2002, relativa a la orden de detención europea y a los procedimientos de entrega entre Estados miembro (2002/584/JAI).* DOCE L 190 de 18 de julio de 2002. De acuerdo con la lista del art. 2, en los casos de trata de seres humanos, se dará lugar a la entrega de acuerdo con las condiciones que establezca la norma y sin control de la doble tipificación de los hechos, siempre que estén castigados en el Estado miembro emisor con una pena privativa de libertad de un máximo de al menos tres años, condición que se cumple en los casos de trata al establecer, el art. 4 de la Directiva 2011/36/UE, de un máximo de pena de cinco años.

ser detenida. Además, se incorpora una copia de la orden de detención europea y, para las solicitudes de extradición, debe incluirse la autoridad que pide la detención, la orden de detención o la sentencia ejecutoria, la calificación legal de la infracción y una breve descripción de los hechos.

En lo que a la trata se refiere, se plantean dos posibilidades: la primera, en referencia a una solicitud de extradición cursada por un tercer Estado y que afecta a una integrante de una red de trata que debe responder ante la justicia de dicho Estado y que se sospecha que se encuentra en algún Estado miembro de la Unión Europea. Por ejemplo, un integrante de una red de la trata puede responder ante los tribunales de algún país de tránsito o incluso en los países de origen, al ser miembro integrante de una red delictiva que opera en dichos países. La segunda posibilidad se refiere a cuando un tribunal tribunal de un Estado miembro curse una orden de detención para que se aprehenda a los integrantes de una red de la trata para que sean enjuiciados en dicho Estado. En ambos casos, el volcado de información en el sistema puede ser de gran ayuda para facilitar la puesta a disposición del juez de las personas que aparezcan descritas en el sistema y así contribuir a la persecución efectiva de la trata de seres humanos.

Respecto a la citación de personas, esta tiene la finalidad de facilitar personarse en los procedimientos penales contra ellas, notificar la sentencia penal o cualquier documento relacionado con este tipo de procesos o notificar un requerimiento para que se presenten a fin de ser sometidas a una pena privativa de libertad. Es una posibilidad poco probable en el sentido de que los integrantes de las redes de la trata, normalmente, intentan vivir en la clandestinidad. Y los que no pasan desapercibidos acostumbran a tener empresas pantalla, testaferros y otras operaciones de ingeniería legal para evitar ser investigados por trata de seres humanos. Sin embargo, existe la posibilidad, aunque sea muy remota, de que se utilice el SIS II renovado para conseguir que un integrante de una red de trata o bien se persone en un juicio contra él o bien se le requiera para el ingreso en prisión después de una condena de pena privativa de libertad o para que se le notifique una sentencia penal, tal y como establecen los arts. 34 y 35 del Reglamento 2018/1862. Por ejemplo, en un control policial rutinario dentro del Espacio Schengen, si hay alguna alerta de este tipo en el sistema y e identifica a la persona, las autoridades policiales deberán detenerlo y comunicarlo a la autoridad competente del Estado miembro en cuestión.

Asimismo, en cuanto a los arts. 36 y 37 del citado Reglamento, y en cuanto a las sospechas relativas a personas, es posible que las fuerzas policiales o la autoridad judicial se encuentren en medio de una investigación por trata de seres humanos. En estos casos, el SIS II permite que se emitan descripciones a efectos de controles discretos o específicos durante la realización de controles fronterizos, policiales y de aduanas en los Estados miembro. Por lo tanto, si un Estado sospecha que alguna persona puede ser parte integrante de una red de trata, la normativa le permite emitir descripciones al SIS II renovado para que las autoridades de otros Estados miembro realicen estos controles discretos o específicos con el objetivo de informar de que la persona ha sido encontrada, el lugar y el motivo del control, el itinerario o los objetos transportados, entre otra información.

Una de las prácticas de las redes de trata es traer a sus víctimas desde los países de origen a través de los aeropuertos y de las vías regulares para el acceso de migrantes. Una vez la red ha recogido a la víctima del aeropuerto, esta puede ser trasladada al espacio donde se la explota. Otra de las posibilidades es que las víctimas sean trasladadas por distintos Estados miembro o que, incluso, accedan por carretera en camiones[191]. Todas estas

---

[191] Este *modus operandi* se considera práctica habitual en las redes de trata. Así lo ejemplifica Mabel Lozano gracias al testimonio de Miguel, un ex jefe de

posibilidades son oportunidades durante los cuales las autoridades de los Estados miembro pueden efectuar controles y, según lo que disponga el SIS II renovado, proceder a la recogida de información y consiguiente notificación al Estado miembro que esté investigando a la persona objeto del control.

Por último, respecto a los objetos como pruebas en los procesos penales iniciados en los Estados miembro, el art. 38 del Reglamento 2018/1862 prevé que las descripciones de una serie de objetos buscados sean introducidas en el sistema con el objetivo de que sean incautados o utilizados como pruebas en un procedimiento penal. El apdo. 2 del mismo artículo hace una enumeración *numerus clausus* de este tipo de objetos, como vehículos a motor de cilindrada superior a 50 c.c., documentos de identidad como pasaportes o tarjetas de identidad que hayan sido robados, sustraídos o extraviados; billetes de banco o valores mobiliarios y medios de pago. En cuanto a la trata, todos los objetos hacen referencia a medios de prueba que son susceptibles de ser presentados en un juicio oral, de modo que esta posibilidad que abre el SIS II renovado resulta interesante a la hora de mejorar la persecución de las redes de trata de seres humanos.

En otro orden de ideas, en el capítulo tercero de la presente obra, a razón de la interoperabilidad de las distintas bases de datos de confluyen en los controles fronterizos en el Espacio Schengen, también se apuntó la interoperabilidad de las bases de datos en pro de la cooperación policial y judicial en materia penal. En este sentido, gracias a la adopción del Reglamento 2019/818, citado con anterioridad, se constituyó el marco normativo para el intercambio de datos entre el Eurodac, el

---

la mayor red de trata de personas en España en LOZANO, M., *El Proxeneta*, Editorial Alrevés, Barcelona, 2017. A partir de este testimonio, la autora reconstruye el proceder de la trata con fines de explotación sexual en España y cómo funciona la captación, el transporte y la explotación de las víctimas.

SIS y el ECRIS-TCN. Sin ánimo de volver a explicar la arquitectura técnica ni su operativa, pues ya ha sido ampliamente desarrollada en el capítulo tercero, a continuación, se apuntan algunas ideas relativas a su aplicabilidad en la persecución de las redes de trata, no sin antes analizar el funcionamiento del ECRIS-TCN.

El intercambio de información relativa a los antecedentes penales entre Estados miembro de la Unión Europea es una realidad desde 2012 gracias a la adopción de la Decisión Marco 2009/315/JAI[192], que es el instrumento que establece las condiciones para que los Estados miembro de la Unión Europea compartan información relativa a los registros de antecedentes penales, y de la Decisión Marco 2009/316/JAI, que creaba el Sistema Europeo de Información de Antecedentes Penales (ECRIS). Actualmente, hay que tener en cuenta la Directiva 2019/884[193], que modificó la primera Decisión Marco y sustituyó a la segunda y que, además, se complementa con el Reglamento 2019/816[194], que es el que establece el sistema centralizado para la identificación de los Estados miembro que

---

192 *Decisión Marco 2009/315/JAI del Consejo, de 26 de febrero de 2009, relativa a la organización y al contenido del intercambio de información de los registros de antecedentes penales entre los Estados miembro.* DOUE L 93 de 7 de abril de 2009.

193 *Directiva (UE) 2019/884 del Parlamento Europeo y del Consejo, de 17 de abril de 2019, por la que se modifica la Decisión Marco 2009/315/JAI del Consejo en lo que respecta al intercambio de información sobre nacionales de terceros países y al Sistema Europeo de Información de Antecedentes Penales (ECRIS) y por la que se sustituye la Decisión 2009/316/JAI del Consejo.* DOUE L 151 de 7 de junio de 2019.

194 *Reglamento (UE) 2019/816 del Parlamento Europeo y del Consejo, de 17 de abril de 2019, por el que se establece un sistema centralizado para la identificación de los Estados miembro que poseen información sobre condenas de nacionales de terceros países y apátridas (ECRIS-TCN) a fin de complementar el Sistema Europeo de Información de Antecedentes Penales, y por el que se modifica el Reglamento (UE) 2018/1726.* DOUE L 135 de 22 de mayo de 2019.

poseen información sobre condenas de nacionales de terceros países y apátridas (ECRIS-TCN).

El punto de partida en esta cuestión es el art. 4 de la Decisión Marco 2009/815/JAI, que establece que los Estados miembro deben registrar en su autoridad central todas las condenas que se pronuncien en su territorio, y aquí lo más interesante de esta Directiva[195], juntamente con la nacionalidad de la persona condenada, ya sea nacional de un Estado miembro o nacional de un tercer Estado. En el caso de que el condenado sea nacional de un Estado miembro, la autoridad central del Estado miembro de condena comunicará a la autoridad central del Estado miembro de la nacionalidad de la persona condenada todas las condenas pronunciadas dentro de su territorio, así como las ulteriores modificaciones o cancelaciones que afecten al registro de antecedentes penales. Además, y de acuerdo con el art. 5 de la citada Decisión Marco, esta información debe conservarse por el Estado de la nacionalidad de la persona condenada para que este pueda responder a las consultas que otros Estados miembro le formulen en virtud de los arts. 6 y 7 de dicha Decisión Marco.

En este sentido, tanto los Estados miembro, en el marco de un procedimiento penal, como cualquier persona que quiera conocer sus antecedentes penales pueden extender una consulta de antecedentes penales a cualquier Estado miembro de la Unión Europea. Al interesar aquí la cooperación entre Estados miembro para la represión de la trata de seres humanos, solamente se analizará el primer supuesto, puesto que los demás, establecidos en los apdo. 2, 3 y 3 *bis* del art. 6 de la Decisión marco 2009/315/JAI, se refieren a consultas que pueden formular las personas respecto sus propios antecedentes

---

195 BUCZMA, S. R., «ECRIS – A step leading to the establishment of a coherent European platform for exchange of information – Remarks from a Polish perspective», *ERA Forum (2011)*, 12, 2011, pp. 465-478, p. 474.

penales[196]. El apdo. 1 del art. 6 de dicha Decisión Marco establece que los Estados miembro podrán solicitar información del registro de antecedentes penales de otro Estado miembro siempre que sea, o bien para un procedimiento penal o bien para otras finalidades. Una vez se solicite esta información, de acuerdo con el art. 7 de la citada Decisión Marco, el Estado miembro de nacionalidad, que es quien ha recibido la solicitud, deberá transmitir al Estado miembro requiriente información acerca de las condenas pronunciadas en el Estado miembro de nacionalidad que consten en el registro, así como aquellas pronunciadas en otros Estados, ya sean miembros de la Unión Europea como terceros Estados.

La información que deberá transmitirse se recoge en el art. 11 de la Decisión Marco 2009/815/JAI y es sistematiza en tres categorías: la información obligatoria, relativa a la información sobre el condenado, el carácter de la condena, el delito que dio lugar a la condena así como el contenido de la misma; la información optativa, que hace referencia, por ejemplo, a los padres del condenado, a la referencia de la condena o a las inhabilitaciones derivadas de la condena; y, por último, la información complementaria, sobre la identidad del condenado, las impresiones dactilares o la imagen facial.

Toda esta información, en virtud del art. 11 *bis* de la citada Decisión Marco, debe transmitirse a través del ECRIS. Este es un sistema de intercambio de información descentralizado que tiene el objetivo de facilitar la cooperación judicial al agilizar la consulta de los antecedentes penales de las personas que

---

[196] Sobre el funcionamiento del ECRIS y el intercambio de información relativa a los antecedentes penales, *vid.* BLANCO QUINTANA, M. J., «Crónica legislativa. La comunicación de antecedentes penales entre los Estados. El Sistema Europeo de Información de Antecedentes Penales (ECRIS)», *Boletín del Ministerio de Justicia*, año LXVII, 2155, 2013, p. 13-16. Disponible en: https://bit.ly/3Qgv52j.

se encuentran dentro de la Unión Europea[197]. En ningún caso el ECRIS es una base de datos centralizada, sino que la Decisión Marco 2009/815/JAI se limita a establecer las reglas para la solicitud y el intercambio de información entre los registros de antecedentes penales de los Estados miembro[198]. Así, cada autoridad central conserva sus datos del registro de antecedentes penales, de modo que las otras autoridades que quieran información deberán formular las solicitudes pertinentes.

Si se analiza este sistema desde la perspectiva de la persecución de la trata de seres humanos, parece que este instrumento puede ser efectivo, pues en definitiva cualquier mecanismo que agilice el intercambio de información entre autoridades debe valorarse positivamente. En este sentido, el hecho de que se puedan intercambiar los antecedentes penales de las personas previamente condenadas por trata implica, por un lado, que será más sencillo identificar a las personas reincidentes o, por otro lado, que las investigaciones penales en un Estado miembro podrán tener en cuenta los antecedentes penales, en caso de que existieran, de los investigados. No obstante, y de acuerdo con el art. 3 de la Decisión Marco 2009/815/JAI, lo que se inscribe en los registros de antecedentes penales son las condenas, es decir, «toda resolución definitiva de un órgano jurisdiccional penal por la que se condene a una persona por una infracción penal, en la medida en que dichas resoluciones se inscriban en el registro de antecedentes penales del Estado miembro de condena». Por lo tanto, solamente se favorece la persecución de las personas reincidentes, es decir, aquellas previamente condenadas y respecto las cuales sus antecedentes penales no se hubieran cancelado. Esto, teniendo en cuenta el

---

197 VAVOULA, N., *Immigration and Privacy in the Law of the European Union. The case of Information Systems,* Series: Immigration and Asylum Law and Policy in Europe, 51, Brill | Nijhoff, La Haya, 2022, p. 541.

198 BLANCO QUINTANA, M. J., «Crónica legislativa. (...)», *op. cit.*, p. 11.

bajo número de condenas por trata que se ha apuntado a lo largo del presente capítulo, sumado al hecho de que es posible que las redes eviten utilizar a personas previamente condenas, hace que la efectividad de este instrumento no sea completa, aunque sí que puede facilitar facilitar la persecución en algunos casos.

En cuanto a la adecuación, debe valorarse positivamente el hecho de que se facilite la cooperación entre Estados, pues la tendencia de las redes es operar en distintos Estados miembro, tal y como se ha expuesto con anterioridad. Por lo tanto, si bien no ha sido un instrumento creado expresamente para la represión de las redes, no puede desconocerse el hecho de adaptarse al *modus operandi* de las redes, aunque sea tímidamente.

En otro orden de ideas, aunque siguiendo con el intercambio de información respecto a los antecedentes penales, tal y como se ha apuntado anteriormente, el Reglamento 2019/816 ha creado un sistema centralizado solamente para identificar a aquellos nacionales de terceros países condenados en los Estados miembro, el ECRIS-TCN. Aquí, al igual que pasa con el ECRIS, no se está creando una base de datos centralizada, sino que se han adoptado normas, en este caso, para agilizar la identificación de aquellos Estados miembro que cuentan con antecedentes penales de un nacional de un tercer Estado. Además, y de acuerdo con el art. 1 del Reglamento 2019/818, este sistema también debe facilitar el funcionamiento del VIS y del ETIAS, explicados con anterioridad. En esta cuestión, cabe recordar que según el art. 37 del Reglamento 2018/1240, se podrá denegar la autorización de viaje a nacionales de terceros Estados exentos de visados cuando supongan un riesgo para el orden público la seguridad interior o las relaciones internacionales de cualquiera de los Estados miembro.

En cuanto a su arquitectura técnica, establecida en el art. 4 del citado Reglamento, sigue con la misma lógica que las otras bases de datos interconectadas gracias al Reglamento

2019/818, que ha sido explicada en el capítulo tercero de la presente monografía. Así, el ECRIS-TCN consta de un sistema central y del RCDI con un punto central de acceso nacional en cada Estado miembro, la interfaz que permite la conexión entre las autoridades competentes y el punto central y una infraestructura de comunicación. Asimismo, también cuentan con una infraestructura de comunicación entre el sistema central y el PEB.

Sobre la información que se introduce, de acuerdo con el art. 5 del Reglamento 2019/816, el registro puede incluir hasta tres categorías de información (obligatoria, opcional y complementaria), diferente que la que se introduce en el ECRIS de acuerdo con el art. 11 de la Decisión Marco 2009/915/JAI. En el caso del sistema que afecta a los nacionales de terceros países, la información obligatoria que debe introducirse hace referencia a los datos de la persona condenada y al código del Estado miembro de condena. En cuanto a la opcional, pueden incluirse, solamente, el nombre de los padres del condenado. Por último, en cuanto a la información complementaria, puede referirse al número de identidad o a los seudónimos. Nótese, a diferencia del ECRIS, que en este registro no se introduce información relativa a la tipología de condena ni a los delitos. Esto es así porque, tal y como se desarrolla a continuación, el objetivo de este sistema solamente es identificar qué Estado miembro de la Unión Europea posee antecedentes penales de una persona en concreto. Luego, a través del ECRIS, ja se accederán a los mismos. Además de la información alfanumérica, también podrían incorporarse datos dactiloscópicos o bien de que esta persona ha sido condenada por terrorismo o por cualquiera de los delitos enumerados en el anexo del Reglamento 2018/1240, que desarrolla el ETIAS. Sobre esta última cuestión se volverá más adelante.

Vista la estructura, lo interesante aquí es su aplicabilidad en la persecución de las redes de trata, Si se pone el foco de atención en las finalidades por la que puede consultarse el ECRIS-

TCN, solamente se puede utilizar para identificar al Estado miembro que posee información sobre los antecedentes penales del nacional de un tercer Estado o para comprobar si el solicitante de un visado representa una amenaza para el orden público o la seguridad interior, tal y como establece el art. 7 del Reglamento 2019/816, o para las verificaciones automáticas a través del ETIAS en virtud del art. 7 *ter* del mismo Reglamento.

En cuanto al primer supuesto, y de acuerdo con el citado art. 7, se puede utilizar el ECRIS-TCN para identificar a los Estados miembro que poseen información sobre antecedentes penales de nacionales de terceros países, para luego acceder a los mismos a través del ECRIS, cuando esta información sea necesaria en un proceso penal o para comprobarlos a petición de una persona, para una habilitación de seguridad, para la obtención de una licencia o permiso, para investigaciones a efectos laborales, para investigaciones para actividades de voluntariado que impliquen contactos directos y regulares con niños o personas vulnerables, para procedimientos de visado, de adquisición de la ciudadanía y de migración, incluidos los procedimientos de asilo y para las comprobaciones en relación con los contratos públicos y concursos públicos. Cuando haya una respuesta positiva, de acuerdo con el apdo. 3 del art. 7 del Reglamento 2019/816, se transmitirá a la autoridad central del Estado miembro en cuestión, o a Eurojust, Europol y a la Fiscalía Europea, la información del Estado miembro que posee información sobre los antecedentes penales de la persona en cuestión junto con el número de referencia y los otros datos de identidad que se consideren. Cabe señalar que el resultado de esta búsqueda, de acuerdo con el art. 7 apdo. 7, solamente puede servir para la consulta de antecedentes penales en investigaciones penales o para la autorización del visado o del viaje a través del ETIAS, tal y como se explica a continuación.

En cuanto al segundo supuesto, y a la luz del art. 7 *ter* del Reglamento 2019/816, el sistema de autorización automatizado del ETIAS solamente se podrá acceder al ECRIS-TCN cuando exista en el registro de la persona una indicación de que ha sido condenada en los últimos veinticinco años por terrorismo en virtud del ya citado Reglamento VIS o por cualquiera de los delitos enumerado en el ya referenciado Reglamento 2018/1240 siempre que sean punibles con una meda o medida de seguridad privativa de libertad con un máximo no inferior a los tres años. Si se observa dicho anexo, el tercer delito previsto es la trata de seres humanos que, de acuerdo con el art. 4 de la Directiva 2011/36/UE, se deberá castigar con pena privativa de libertado con un máximo no inferior a los cinco años.

En cuanto a la persecución de la trata de seres humanos, una persona reincidente que hubiera sido condenada en algún Estado miembro de la Unión Europea no podría obtener un visado o una autorización de viaje, pues las autoridades podrían acceder a sus antecedentes penales antes de tomar la decisión pertinente. También se podría aplicar en las investigaciones criminales para comprobar si el investigado tiene, previamente condenas. Al igual que en el ECRIS, la efectividad de este instrumento pasa, necesariamente, por disponer de información previa del condenado, cosa especialmente remota, pues sería de difícil comprensión utilizar a personas fichadas por las autoridades sabiendo que sus antecedentes penales se pueden consultar en cualquier punto de la Unión Europea. No obstante, en los casos en los que sea aplicable, no puede desmerecerse la labor de prevención, más que de persecución, que se desarrolla. Ahora bien, sin ánimo de abrir un debate que merecería otra monografía, la pregunta que debe plantearse aquí es si una condena previa por trata de seres humanos es motivo suficiente para denegarle el acceso a una persona.

Asimismo, el ECRIS-TCN es el que está interconectado con el SIS II renovado y el Eurodac gracias al Reglamento 2019/818, citado con anterioridad. La operativa y el funcionamiento de la interconectividad ya ha sido desarrollada con anterioridad, de modo que a continuación solamente se presentan unas reflexiones alrededor de la aplicabilidad de este instrumento a la cooperación policial y judicial en materia penal, más concretamente en lo que a la persecución de las redes de trata se refiere.

El hecho de que solamente este esté conectado con las otras bases de datos para, según el propio art. 3 del Reglamento 2019/818, «contribuir a un alto nivel de seguridad en el [ELSJ] (...)», reafirma esta tendencia criticada a lo largo de esta obra de relacionar movimientos migratorios con una amenaza a la seguridad. Desde una perspectiva de persecución de la trata de seres humanos, donde la mayoría de los tratantes tiene la nacionalidad de un Estado miembro[199], es totalmente incoherente que se excluya de la interoperabilidad al registro de antecedentes penales que afectan a los nacionales de los Estados miembro de la UE. Por lo tanto, su efectividad es más que cuestionable en este sentido, aunque pueda facilitar la persecución de las redes de trata, su alcance solamente afectaría a una pequeña parte de los presuntos delincuentes. Esto redunda, una vez más, en esta dudosa idea de la Unión Europea de asociar los movimientos migratorios con la amenaza a la seguridad. En cuanto a la adecuación, en la misma línea que los instrumentos analizados en el presente capítulo, el hecho de abogar por la cooperación transnacional sí que debe valorarse positivamente.

Ahora bien, y en el mismo sentido que lo apuntado en el capítulo tercero, la interoperabilidad de las distintas bases de datos presenta algunos retos, tales como el régimen de protección de datos o la fragmentación de la responsabilidad en caso de uso inadecuado o la utilización de la inteligencia artificial,

---

199 A lo largo del presente capítulo se han presentado los datos entre los períodos 2015-2020. *Vid.*, en este sentido, SWD(2022) 429 final, *op. cit.*, p. 16. Así, para el periodo 2019-2020, el 66% de los condenados por trata de seres humanos era nacional de un Estado miembro de la UE.

por ejemplo, para denegar la entrada a través del ETIAS[200], cuestiones que deben abordarse para construir un marco normativo con plenas garantías.

---

200 BROUWER, E., «Schengen and the Administration of Exclusion: Legal Remedies Caught in between Entry Bans, Risk Assessment and Artificial Intelligence», *European Journal of Migration and Law*, 23, 2021, pp. 485-507, p. 497.

Conclusiones

PRIMERA. La trata de seres humanos es un delito que atenta gravemente contra los derechos humanos de las víctimas. Consecuentemente, la Comunidad Internacional decidió erradicar este fenómeno, como lo prueban los distintos instrumentos normativos que se han desarrollado a partir de la adopción de la Convención de las Naciones Unidas contra la Delincuencia Organizada Transnacional y sus protocolos, adoptados en Palermo, entre los que destaca el Protocolo para prevenir, reprimir y sancionar la trata de personas, especialmente mujeres y niños, que complementa la mencionada Convención. En el marco del Consejo de Europa, en 2005, se adoptó, en Varsovia, el Convenio de Consejo de Europa sobre la lucha contra la trata de seres humanos. Por último, en la Unión Europea, si bien la lucha contra la trata de seres humanos es anterior a los Protocolos de Palermo, los dos instrumentos legislativos desarrollados en este sentido fueron la Decisión marco 2002/629/JAI, ya derogada, y la Directiva 2011/36/UE del Parlamento Europeo y del Consejo, de 5 de abril de 2011, relativa a la prevención y lucha contra la trata de seres humanos y a la protección de las víctimas y por la que se sustituye la Decisión marco 2002/629/JAI.

SEGUNDA. Existe una definición de trata de seres humanos ampliamente aceptada en el plano internacional que pivota alrededor de tres elementos típicos: la acción, los medios y las finalidades o propósitos a los que se destina la víctima. Los tres instrumentos jurídicos analizados coinciden en los términos de la definición de este fenómeno, que son definiciones de mínimos. En este sentido, las conductas castigadas como trata incluyen un amplio elenco de actividades que suponen un movimiento: captar, trasladar, acoger, recibir, intercambiar o incluso transferir a una persona. En cuanto a los medios, el fenómeno de la trata de seres humanos exige un consentimiento viciado por parte de la víctima. Las vías son la amenaza o el uso de la fuerza u otras formas de coacción, el rapto, el fraude, el engaño, el abuso de poder o de una situación de especial vulnerabilidad o la entrega o recepción de pagos o beneficios para lograr el consentimiento de una persona que posea el control sobre otra persona. Sobre las finalidades, el propósito de la trata de seres humanos es la voluntad de explotar a la víctima y obtener un lucro. Estas pueden adoptar distintas formas, en parte en función del momento en el que se adopta la normativa, pues esta debería ser sensible a los cambios en el *modus operandi* de las redes. Así, las finalidades de la trata pueden ser la explotación sexual o la laboral, las más utilizadas, o puede adoptar otros propósitos, como la mendicidad, la esclavitud, la extracción de órganos o la recientemente incorporada, gracias a la modificación de la Directiva 2011/36/UE, como la gestación subrogada.

TERCERA. El fenómeno de la trata de seres humanos guarda cierta relación con los movimientos migratorios y el tráfico ilícito de personas, pues ambas actividades forman parte de las actividades típicas de las organizaciones criminales. Si bien históricamente se ha considerado la primera como consecuencia de la segunda, nada más lejos de la realidad. En primer lugar, y a nivel normativo, el tráfico ilícito de migrantes requiere, como *conditio sine qua non,* el cruce de fronteras, también llamado elemento transnacional. Por lo contrario, la trata de seres humanos, en ninguno de los instrumentos analizados, requiere dicho cruce como elemento típico. En segundo lugar, el tráfico ilícito de migrantes no exige consentimiento viciado por parte de la víctima, a diferencia de la trata de seres humanos, que sí que lo exige y, además, enumera los medios a través de los cuales este se vicia. Por último, el tráfico ilícito de migrantes también exige un lucro, pero este se obtiene a partir de la vulneración de las normas relativas al acceso al territorio de los Estados, de modo que, una vez la víctima del tráfico ya se encuentra en el Estado de destino, la relación con los traficantes desaparece. En cambio, la relación entre la víctima de la trata y sus explotadores se mantiene, pues estos la explotan y obtienen un beneficio durante un período de tiempo.

Aparte de las diferencias a nivel normativo, cosa que obliga a dar una respuesta jurídica diferenciada a ambos fenómenos criminales, no es posible defender que la trata de seres humanos sea una consecuencia de los desplazamientos de personas. Por un lado, esto se confirma con la existencia de la trata interna, es decir, el sometimiento a la trata de personas nacionales del mismo Estado donde son explotadas. Por otro lado, los datos demuestran que existe un número considerable de víctimas que no cruza la frontera exterior de los Estados miembro de la Unión Europea y, además, que la mayoría de los tratantes condenados tiene la nacionalidad de dichos Estados. Por consiguiente, en el caso de que se asuma la trata de seres humanos como un problema migratorio, posición defendida por la Unión Europea en el Programa de Tampere y en La Haya durante mucho tiempo, la estrategia para erradicarla estaría condenada a ser insuficiente, inefectiva e inadecuada. En cambio, el Programa de Estocolmo relacionó la trata de seres humanos con la delincuencia organizada, aproximación que resulta más coherente, habida cuenta de las circunstancias que rodean tanto a las redes de la trata como la propia actividad criminal. No obstante, hay que ser sensibles y aceptar que es posible que las víctimas del tráfico ilícito de migrantes, en su desplazamiento, acaben sometidas a las redes de trata o que existan víctimas y tratantes no nacionales de ningún Estado miembro de la Unión, cosa que también obliga a darle una respuesta adaptada.

CUARTA. La lucha contra la explotación de las personas no es una incorporación reciente en el Derecho Internacional Público. A lo largo del siglo XX, esta se ha vertebrado a partir de dos instituciones: la trata de seres humanos y la esclavitud. A raíz, precisamente, de esta diferenciación histórica, existe, a día de hoy, un debate doctrinal muy intenso que, después de más de un siglo de instrumentos normativos a nivel internacional, no ha conseguido una posición unánime en torno al debate actual relativo a la relación entre ambos fenómenos. Precisamente las dificultades nacen por los retos que presenta la conceptualización jurídica de la lucha contra la explotación de las personas.

Respecto a la explotación y de acuerdo con la normativa internacional, hay que considerar que la trata de seres humanos es el tipo general que, entre sus finalidades, incluye la esclavitud. En este sentido, toda situación típica de esclavitud que cumpla con los demás elementos de la definición de la trata de seres humanos será considerada trata, mientras que no toda situación típica de trata puede considerarse esclavitud, ya que existen más de un propósito de explotación en la definición consensuada internacionalmente. Si se parte de la base de que la esclavitud es el ejercicio de las atribuciones de la propiedad sobre una persona, se puede observar la voluntad de mantener la propiedad de las víctimas a lo largo del tiempo. Sin embargo, en el momento en que se incluye la trata con fines de extracción de órganos, el elemento temporal no permite afirmar que la víctima sea un esclavo. Es evidente que sobre esta víctima se ejercen facultades de la propiedad, pero no todas ellas. Este elemento temporal permite afirmar que no todas las finalidades de trata son esclavitud, aunque, de acuerdo con el marco internacional actual, todas las formas de esclavitud son trata de seres humanos.

QUINTA. En el marco del Consejo de Europa, la lucha contra la trata de seres humanos es inequívoca. Aparte de las previsiones del Convenio de Varsovia de 2005, el papel que ha jugado el TEDH, desarrollando las previsiones del art. 4 CEDH, ha permitido incluir la trata de seres humanos, en tanto que vulneración de los derechos humanos, dentro del ámbito de aplicación del tribunal aun sin estar expresamente prevista, dicha conducta, en la parte dispositiva del CEDH. Si bien hay que valorarlo positivamente, debe recordarse que las finalidades de la trata no se limitan a la esclavitud, la servidumbre o los trabajos forzosos. De hecho, el Tribunal no ha conseguido poner luz al debate en torno al concepto de esclavitud, servidumbre y trabajos forzosos, ya que tampoco el CEDH contiene definición alguna. En consecuencia, sería interesante, ya que la trata es una vulneración grave de los derechos humanos, que se enmendara el Convenio Europeo de Derechos Humanos para que incluya, en su articulado, una definición precisa de las tres conductas prohibidas en el art. 4 y se incorpore, de acuerdo con la definición formulada en el Convenio de Varsovia, la prohibición de la trata de seres humanos.

SEXTA. La trata de seres humanos es un delito, pues así lo determinan los tres instrumentos analizados. Habida cuenta de la presencia del Derecho Penal en la lucha contra la trata de seres humanos, no es extraño que los instrumentos normativos internacionales incluyan alguna previsión al respecto. En este sentido, y por la lógica de los instrumentos normativos de la Unión Europea, y habida cuenta de los tratados constitutivos, solamente la Directiva 2011/36/UE incluye referencia alguna a las penas privativas de libertad para los tratantes. Esta inclusión difiere con la del Protocolo sobre trata de seres humanos, pues su vocación de universalidad limita la capacidad de concreción de sus previsiones, obligándole a establecer obligaciones más imprecisas para, como contraprestación, disponer de más Estados parte obligados.

En el marco de la UE, y en cuanto a las penas efectivamente establecida, llama la atención que se hayan establecido las penas máximas mínimas que los Estados miembro pueden imponer a los tratantes. Sería interesante, aquí, que se estableciera el mínimo de pena privativa de libertad común en todos los Estados miembro, a fin de dotar de coherencia a la lucha contra la trata a nivel europeo y evitar que las redes de trata se asienten en algún Estado porque su ordenamiento jurídico no es tan perjudicial para sus intereses. Si todos los Estados miembro de la Unión Europea disponen del mismo castigo, se refuerza la unificación de las legislaciones nacionales, de modo que se favorece la actuación unánime en toda la Unión Europea y se refuerza el efecto disuasorio que buscan las penas privativas de libertad. Con todo, la voluntad debería ser fortalecer la unidad de actuación respecto la estrategia de la Unión para erradicar la trata de seres humanos.

SÉPTIMA. Existen distintas aproximaciones a la hora de abordar el fenómeno de la trata de seres humanos en el plano internacional. Aquellos instrumentos que se centran solamente en la actuación del Derecho penal son instrumentos criminocéntricos. El ejemplo por excelencia de esta aproximación es la Decisión marco 2002/629/JAI, que fue sustituida por la Directiva 2011/36/UE. En dicha Decisión marco, la Unión Europea vertebró la erradicación de la trata a partir de la definición del fenómeno y del establecimiento de normas mínimas relativas a las sanciones, las formas imperfectas de ejecución o la responsabilidad penal de las personas jurídicas. Además, el único artículo relativo a la protección de las víctimas solamente hacía referencia a su participación como testigo en el proceso penal contra los infractores. Lo que resulta más peculiar aquí es que el instrumento que ha vertebrado el paradigma de las 3P como lógica para hacer frente a la trata de seres humanos, incorporando tanto la protección de las víctimas como la prevención del fenómeno, es un instrumento que podría considerarse criminocéntrico. En este sentido, la ausencia de precisión y la vaguedad en el redactado del Protocolo sobre trata de seres humanos desdibujan su contenido obligatorio en cuanto a la protección y la prevención, reforzando así su carácter criminocéntrico.

En contraposición al criminocentrismo están aquellos instrumentos jurídicos que ponen en el centro de la lucha contra la trata a la protección de sus víctimas. Así, el Convenio de Varsovia y la Directiva 2011/36/UE son ejemplos de esta aproximación. No obstante, no son instrumentos puramente victimocéntricos, ya que también conciben la lucha contra la trata a partir de la persecución de los delincuentes y, por lo tanto, con la presencia del Derecho penal. Vista la perspectiva histórica de la evolución de la estrategia para erradicar la trata de seres humanos, se puede constatar un cambio en este sentido, pues se ha pasado de concentrar todos los esfuerzos en erradicar la trata de seres humanos en la persecución hasta incluir tanto medidas de protección como de prevención.

OCTAVA. Existen, además, otras aproximaciones a la hora de hacer frente a la trata de seres humanos. Así, puede verse este fenómeno como una cuestión migratoria, como una cuestión laboral o incluso como un supuesto de esclavitud. En estos tres casos, la estrategia resultante estaría incompleta si solamente se tuviera en cuenta una de dichas aproximaciones, pues la trata es un fenómeno multifactorial con distintas metodologías, de modo que la estrategia más exhaustiva será aquella que consiga consensuar una posición sensible con todas las aproximaciones por igual, pues cuando una predomina por encima de la otra, los más probable es que esta estrategia no sea fructífera. Tal y como se ha constatado con anterioridad, concebir la estrategia contra la trata como un elemento más de la gestión fronteriza, cosa que así entendieron los Programas de Tampere y de La Haya, implica que una parte de las víctimas y de los delincuentes, que disponen de la nacionalidad de algún Estado miembro de la UE, queden excluidos. Si se entiende la trata solamente como una cuestión laboral, es decir, considerar a las personas explotadas trabajadores en precarias condiciones laborales, implica olvidar que las víctimas lo son de un delito. Esta aproximación, presente en el abordaje de la OIT, conlleva considerar trabajadores y no víctimas a las personas explotadas. Si se acepta que la trata es un delito, las personas explotadas son víctimas de un delito, cosa que evidentemente requiere una respuesta penal.

En definitiva, pues, la estrategia mejor posicionada para erradicar el fenómeno de la trata de seres humanos de forma holística es aquella que se vertebra a partir del paradigma de las 3P y que, además, incorpora previsiones relativas a la gestión de los flujos migratorios, a la cuestión de los derechos laborales y a las situaciones de explotación laboral habituales en los supuestos de esclavitud o conductas análogas.

NOVENA. A la hora de clasificar la naturaleza de las obligaciones relativas a la protección de las víctimas de la trata, se ha podido demostrar que las obligaciones de protección establecidas en el Protocolo sobre trata de seres humanos son obligaciones de comportamiento o de medios, mientras que las que se establecen en el Convenio de Varsovia o en la Directiva 2011/36/UE son, en su mayoría, obligaciones de resultado. Cabe señalar que la protección establecida en estos dos últimos instrumentos también tiene rasgos de obligaciones de medios o de comportamiento, pues algunas previsiones se concede amplio margen de apreciación a los Estados para que decidan qué es lo que debe aplicarse para proteger efectivamente a la víctima. Esto implica que deberá estudiarse caso por caso para determinar cuál es el grado de responsabilidad del Estado cuando la víctima no goce de un nivel de protección adecuado.

Con la voluntad, pues, de garantizar la protección efectiva y homogénea de las víctimas, sería interesante aquí un replanteamiento de la naturaleza de este tipo de obligaciones para convertirlas, a todas ellas, en obligaciones de resultado. En este sentido, la obligación que se derive de la normativa internacional debe poner énfasis en la protección efectiva de las víctimas, de modo que, al requerirse un resultado concreto y determinado, la protección efectiva de las víctimas se dotaría de mayores garantías.

DÉCIMA. Las medidas de protección de las víctimas se pueden dividir, a grandes rasgos, entre las que se refieren al procedimiento judicial y las que no. Así, sobre todo en el marco de la Unión Europea, las medidas de protección de las víctimas durante el proceso judicial gozan de un mayor grado de concreción que las que se refieren a la asistencia general de las víctimas, ya que el amplio elenco de medidas denota la voluntad de la Unión de favorecer la participación de las víctimas en el proceso judicial.

En este sentido, el testimonio de la víctima es crucial en el desarrollo de las investigaciones policiales y en la fase judicial. Sin embargo, estas son amenazadas o incluso coaccionadas por las redes con el fin de evitar que presten testimonio. Por lo tanto, es necesario que las autoridades competentes de los Estados protejan a la víctima, incluso a sus familiares, y facilitar que su participación en el proceso contra los infractores no les suponga mayores consecuencias. Así, en el marco de la Unión Europea debería borrarse definitivamente la obligación de cooperar con las autoridades competentes como condición para que las víctimas no nacionales de ningún Estado miembro de la Unión Europea que se encuentran en situación administrativa irregular accedan al permiso temporal de residencia una vez de ha agotado el período de recuperación y reflexión, el cual está en parte orientado hacia facilitar, precisamente, dicha cooperación con las autoridades. Partiendo de que dicho permiso no está disponible para la totalidad de las víctimas, debe subrayarse su extrema utilidad para asegurar la presencia física de la víctima en el Estado donde se la identifica, para poder gozar de las medidas de protección previstas, garantizar que los lazos con las redes de trata de rompen definitivamente y evitar, sobre todo, que la víctima vuelva a recaer a ser explotado en el caso de que sea devuelta a su Estado.

Más allá del permiso temporal de residencia, con la voluntad de seguir protegiendo a las víctimas que posiblemente se vean forzadas a abandonar el territorio de los Estados miembro de la Unión Europea, es prácticamente imperativo seguir explorando la relación de complementariedad entre el régimen de protección de las víctimas de trata no nacionales de ningún Estado miembro de la Unión Europea y las medidas relativas a la protección internacional, concretamente el asilo y la protección subsidiaria. No obstante, esto no debe ser el pretexto para crear regímenes diferenciados entre víctimas en función de su nacionalidad.

UNDÉCIMA. Habida cuenta de los retos a los que se enfrentan las autoridades en relación con la participación de las víctimas en las investigaciones policiales y en la fase judicial, la Unión Europea está explorando nuevas vías a la hora de recabar pruebas relacionadas contra la trata y las redes. Así, la vertiente financiera ha resultado ser de gran importancia gracias a la fiabilidad de la información. Por ejemplo, el seguimiento del rastro del dinero, la recuperación de activos, el decomiso y todos los instrumentos de persecución financiera permiten investigar los escalafones más elevados de las redes, así como privarlas de liquidez y atacar la razón de ser de las organizaciones criminales: los beneficios que obtienen a través de las actividades delictivas. En consecuencia, asumiendo la política de que la trata de seres humanos debe convertirse una actividad de alto riesgo y escasos beneficios, la persecución financiera responde a la perfección. Es preciso, pues, que se siga trabajando por proteger a las víctimas y facilitar su participación en las investigaciones, pero hay que seguir explorando nuevos métodos de prueba y apostar por las investigaciones financieras.

DUODÉCIMA. A nivel internacional, y teniendo en cuenta las previsiones de los tres instrumentos internacionales que han constituido el marco jurídico de referencia para erradicar la trata de seres humanos, puede constatarse que a medida que se reduce el ámbito de aplicación territorial de un instrumento normativo, mayor es la posibilidad de concretar, definir y precisar las obligaciones que en él se estipulan. Esto se confirma, por ejemplo, por las diferencias en cuanto a la naturaleza de las obligaciones de protección establecidas, por un lado, en el Protocolo sobre trata de seres humanos, las cuales tienen el carácter de comportamiento o de medios, y las establecidas en la Directiva 2011/36/UE, claramente de resultado.

Puede concluirse, por lo tanto, que las obligaciones del Protocolo sobre trata de seres humanos se definen como vagas en tanto que su contenido es de mínimos y se deja demasiado margen de maniobra a los Estados parte. Por el contrario, si se observa el ámbito regional europeo, la concreción de las medidas es mucho mayor. Por ejemplo, el ámbito regional de la Unión Europea cuenta con un mayor desarrollo de las medidas de protección de las víctimas de la trata, e incluso algunas de ellas les confieren auténticos derechos que deben ser respetados por las autoridades de los Estados miembro.

DECIMOTERCERA. La estrategia de la Unión Europea de lucha contra la trata de seres humanos se ha vertebrado a partir del paradigma de las 3P, de acuerdo con el contenido del Protocolo sobre trata de seres humanos. Así, la erradicación de la trata de seres humanos se ha concebido, en la esfera internacional, pero especialmente en el ámbito de la Unión Europea, a partir de tres elementos básicos: la protección de las víctimas, la prevención del fenómeno y la persecución de los delincuentes. En el plano teórico, la concepción de los tres elementos resulta sencilla. Sin embargo, cuando este paradigma se traslada a la práctica, las líneas que separan estos tres elementos son muy difuminadas. En este sentido, hay instrumentos para la identificación de las víctimas que también pueden servir para prevenir la trata de seres humanos o aplicarse para perseguir a las redes. En definitiva, es un paradigma que tiene cierta lógica al presentar una manera de luchar contra la trata que incluye todo lo que es debido esperarse de una estrategia que se pretende exhaustiva.

A pesar de ser un paradigma que hasta la actualidad se ha mostrado adecuado para hacer frente a la trata de seres humanos, el hecho de que los tres elementos que lo componen no sean compartimentos estancos entre ellos conlleva asumir que este modelo de lucha contra la trata de seres humanos debe entenderse como maleable y adaptable. Muestra de ello es la nueva Estrategia UE contra la trata 2021-2025, que, habiendo superado el paradigma clásico, ha vertebrado las prioridades de acuerdo con la idea de desmantelar el negocio de las redes de trata y, también, por combatirla en el mundo digital. Todo ello, que nace a raíz de la irrupción de la pandemia de la COVID-19, ha obligado a la Comisión Europea a adaptarse al *modus operandi* de las redes. No obstante, esto no debería ser el pretexto para olvidar que la erradicación de la trata de seres humanos pasa, necesariamente, por proteger a sus víctimas, prevenir el fenómeno y perseguir a los tratantes.

DÉCIMOCUARTA. Los instrumentos de protección de las víctimas de la trata respecto a la Unión Europea se refieren, solamente, a la identificación de estas. Aunque desde la Unión se facilite la detección y la identificación, son las autoridades competentes de los Estados miembro las responsables de este proceso, así como de brindar a las víctimas su protección efectiva. Esto es consecuencia de distintos factores, pues la Unión Europea no dispone de competencias en este ámbito ni tampoco existe un instrumento que tenga como objetivo la aplicación de las medidas reconocidas en la Directiva 2011/36/UE y en el Estatuto de la víctima. De hecho, las pocas funciones operativas que la Unión puede asumir en este proceso, especialmente de la mano de Frontex, se reducen a dar apoyo a las autoridades competentes de los Estados miembro.

La identificación de las víctimas juega un papel clave en su protección. Sin una correcta identificación, las víctimas no ven realizados los derechos que ostentan en calidad de víctimas. Hay que tener en cuenta, además, que la trata de seres humanos, dada la complejidad intrínseca del fenómeno, es un delito difícil de detectar. Las víctimas, en algunos casos, no son conscientes de la situación de explotación a la que se ven sometidas. Además, la trata suele esconderse detrás de otras conductas, también delictivas y mucho más fáciles de detectar. Por ejemplo, las mujeres que son obligadas a ejercer la prostitución son más fácilmente identificadas como prostitutas que como víctimas de la trata de personas.

También es más sencillo considerar que una víctima de la trata que, a su vez, es migrante en situación irregular solamente es un extranjero que no cumple con los requisitos para estar en el territorio de un Estado miembro de la Unión Europea y, por consiguiente, se le expulse, siempre que esta fuera la medida prevista, en lugar de concederle las medidas de protección debidas. Aquí cabe señalar que, en el marco de la UE, la mala identificación implica una consecuencia clarísima: su expulsión del territorio del Estado donde se encuentra en virtud de la Directiva 2008/115/CE.

Esto comporta que las redes de trata hayan aumentado su resiliencia para sortear estos instrumentos de identificación, de modo que los procesos de detección se tienen que actualizar constantemente. De aquí que la formación de los agentes encargados de la identificación de las víctimas de la trata sea continuada y, sobre todo, actualizada.

DÉCIMOQUINTA. A la hora de valorar los instrumentos de protección de las víctimas de la trata de seres humanos, hay que ser conscientes que los datos proporcionados por las autoridades son insuficientes, pues no se sabe el número real de víctimas, aunque se acepta que es muy superior al número de víctimas registradas, ni tampoco se sabe el volumen de víctimas que accedió a medidas de protección. Esta cuestión ya determina la valoración negativa de estas medidas de modo que, en general, hay que señalar que estos instrumentos no son efectivos y su adecuación a la realidad de la trata es más que discutible, en tanto que los instrumentos de identificación se centran, prácticamente de forma exclusiva, en las víctimas no nacionales de la UE. La protección de las víctimas, así como su identificación, siguen siendo mejorables.

En este sentido, es necesario contar con las cifras reales de la trata de seres humanos y con estadísticas exhaustivas que presenten una imagen real de la gestión de la trata de seres humanos por parte de las autoridades de los Estados miembro y, también, de las autoridades europeas. Esto requiere profundizar en la cooperación entre las autoridades de los Estados miembro y las ONG, tal y como ha previsto la actual Estrategia UE contra la trata 2021-2025 para erradicar la trata de personas. Además, son los Estados miembro los que deben replantear sus actuaciones en este sentido, ya que son los responsables de la identificación y la protección de las víctimas. Respecto a la identificación, deben garantizar la formación actualizada y constante de sus agentes. Y respecto a la protección, ya se comentó en el capítulo segundo la necesidad de transformar las medidas de protección en obligaciones de resultado para, de este modo, asegurar la protección efectiva de las víctimas.

DÉCIMOSEXTA. Los instrumentos de la Unión Europea a la luz de la prevención de la trata de seres humanos precisan de una profunda reflexión por parte de la Unión y de los Estados miembro. En primer lugar, la Unión Europea debe vertebrar un sistema de prevención exhaustivo de la trata que aborde las causas y que no comporte soluciones temporales al fenómeno de la trata. Así, solamente aquella estrategia de prevención que ataque los orígenes de la trata de seres humanos podrá considerarse apta para su erradicación. En este sentido, la Unión debe apostar por la cooperación al desarrollo en los países de origen de las víctimas para abordar la situación de vulnerabilidad de las víctimas que las impulsa a quedar sometidas a las redes de trata. Esta medida también tiene que afectar aquellos Estados miembro de la Unión Europea con un nivel de vida menor que los Estados miembro de destino de las víctimas de la trata. Además, se necesitan políticas sociales a nivel de la Unión que acompañen a las comunidades migradas para favorecer una integración real que evite que sus conciudadanos queden a merced de las redes de trata. Por último, la Unión debe buscar una uniformidad entre los ordenamientos jurídicos que los Estados miembro con tal de evitar divergencias que favorezcan que las redes busquen las legislaciones menos lesivas para ellos y puedan establecer en un Estado miembro su actividad delictiva.

En segundo lugar, habrá que esperar a la transposición de la modificación de la Directiva 2011/36/UE para poder examinar la incidencia real de la tipificación como delito de la demanda consciente de los bienes y servicios derivados de la trata de seres humanos, pues es un tema muy debatido dentro de la academia y a nivel político. Si bien, *a priori*, es de las pocas medidas que responde directamente a una de las causas de la trata, que es su demanda, cosa que desde el punto de vista de la prevención del fenómeno debe valorarse positivamente, la redacción del art. 18 *bis* abre la puerta a la variedad respecto las penas que se puedan imponer, reforzando así las diferencias entre regímenes jurídicos dentro de la Unión Europea, con las consecuencias que ello conlleva.

DECIMOSÉPTIMA. Sobre los instrumentos de persecución en el marco de lucha contra la trata de seres humanos en la Unión Europea, se puede apuntar que la cooperación es, en sí misma, un instrumento a tener en cuenta. De hecho, se ha visto como la diversificación de las actividades de las redes de trata, así como la libertad de circulación implican que los Estados miembro de la Unión cooperen entre sí. Así, para luchar contra la trata de seres humanos de forma holística adaptándose a sus exigencias, es decir, para hacer frente a este fenómeno delictivo de forma adecuada, es imprescindible tanto la cooperación entre las autoridades de dichos Estados, especialmente a través de los equipos conjuntos de investigación, como la incorporación de las investigaciones financieras para ampliar los medios de prueba. Ambos instrumentos permiten perseguir a las redes de trata teniendo en cuenta su idiosincrasia particular. Asimismo, la más que notable diferencia entre el total de personas sospechosas por trata y las que finalmente son condenadas obliga a analizar con más detalle el desarrollo tanto de las investigaciones policiales como los procedimientos judiciales. En este sentido, podría ser una mala investigación policial y, por ende, la falta de pruebas o bien una mala gestión del proceso judicial en los Estados miembro o bien la opción por condenar por otros delitos, como por ejemplo la organización criminal, más fáciles de demostrar o, por último, la falta de formación de los agentes, o que incluso algunas de las acusaciones fueran infundadas.

Por lo tanto, huyendo de los juicios de máximos, si bien es verdad que entre el período 2015-2016 y el período 2019-2020 el número de procedimientos, investigaciones, juicios y condenas han aumentado y, además, se han diversificado los medios de prueba, la cooperación policial y judicial en materia penal y sus instrumentos son efectivos y adecuados, aunque mejorables. Se debe, por lo tanto, seguir profundizando en las relaciones de cooperación, ya que son el instrumento nuclear de la persecución a nivel europeo. Sin duda, es un acierto vertebrar este elemento del paradigma de las 3P en la cooperación, sobre todo si se tiene en cuenta el actual mundo interconectado y globalizado. Cabe seguir apostando por la cooperación con terceros países, sobre todo los países de origen de las víctimas, para frenar la captación.

DÉCIMOCTAVA. Un elemento transversal en toda la estrategia que ha desarrollado la Unión Europea para erradicar la trata de seres humanos es la gestión de los flujos migratorios como parte indispensable para identificar a las víctimas (protegerlas), prevenir la trata y perseguir a los tratantes. De hecho, parecía que la Unión Europea había dejado de considerar la trata de seres humanos como una cuestión migratoria, pero el análisis de toda la estrategia de la Unión para erradicar este fenómeno demuestra todo lo contrario.

Aunque estos instrumentos podrían considerarse parcialmente efectivos desde el punto de vista de la protección de las víctimas, pues estos sí que permitirían identificar a las víctimas de la trata que cruzan las fronteras exteriores en el proceso de ser explotadas, no puede llegarse a la misma conclusión en cuanto a la prevención y a la persecución. Sobre la primera, aparte de que este tipo de instrumentos de supuesta prevención no ataca ninguna de las causas de la trata, las posibilidades de prevenirla son más bien escasas y siempre de forma indirecta, pues se necesita información en el sistema. Asimismo, al existir más interconexión y menos entrevistas, se está perdiendo aquel momento en el que el agente puede, a partir de preguntas, poder identificar a la víctima. Además, hay que señalar que todos los controles fronterizos, las operaciones de vigilancia y todas las bases de datos obedecen a otra función: ejercer de fortaleza y evitar el cruce irregular de fronteras. Sobre la segunda, los motivos para replantearse efectividad y adecuación del control de los flujos migratorios para perseguir la trata de seres humanos son más que suficientes, pues las cifras demuestran que tanto la mayoría de personas sospechosas por trata de seres humanos como los finalmente condenados tienen la nacionalidad de un Estado miembro de la Unión Europea. Además, existen demasiados condicionantes que deben concurrir para que estos instrumentos puedan servir para la persecución de las redes de trata, pues se necesita información previa, una investigación abierta, una condena pendiente o unos antecedentes penales que haga que el sistema emita el aviso pertinente.

Por lo tanto, más allá de invitar a la Unión Europea y a sus Estados miembro a replantearse la constante asociación entre trata de seres humanos, movimientos migratorios y amenaza para la seguridad, cabe valorar estos instrumentos como inefectivos e inadecuados a la luz de la erradicación de la trata de seres humanos. Así pues, si bien es necesario utilizar instrumentos para identificar a una parte de las víctimas, no es posible basar toda la estrategia de la Unión en considerar la trata como un reto migratorio.

DÉCIMONOVENA. En general, toda la estrategia de la Unión Europea para erradicar la trata de seres humanos hasta el día de hoy es más que cuestionable. Es preciso señalar, en clave constructiva, y así lo demuestran las cifras oficiales, que algunos de los instrumentos analizados sí que son potencialmente aplicables en la lucha contra este fenómeno y que, además, se han dado pasos hacia la consecución del objetivo principal. No obstante, estos han sido insuficientes, de modo que la estrategia de la Unión en general no supera el examen de efectividad ni adecuación.

El primer motivo que justifica esta conclusión es la apuesta de la Unión Europea por una estrategia basada en la vertiente represiva, de modo que la naturaleza de la estrategia es reactiva en lugar de preventiva. En este sentido, la vertiente de la persecución esté más desarrollada y asentada que la protección de las víctimas o la prevención. De hecho, puede observarse el amplio elenco de instrumentos de persecución existentes en la Unión Europea: cooperación policial, cooperación judicial, vigilancia de fronteras, operaciones marítimas. Además, ninguno de los instrumentos aplicables en la estrategia de la Unión Europea para erradicar la trata de seres humanos fue creado *ad hoc*, de modo que se han utilizado los instrumentos ya existentes para garantizar un nivel de seguridad dentro del Espacio Schengen. De hecho, todos los instrumentos analizados relativos a la estrategia de la Unión para lucha contra la trata pueden intervenir en la persecución de las redes. Esto denota el esfuerzo represivo contra la delincuencia organizada y resalta el elemento reactivo de la estrategia para erradicar la trata, cuando debería primarse la anticipación. Por lo tanto, si bien se han dado pasos en lo que a la prevención se refiere, todavía la mayoría de los instrumentos se aplican después de que la explotación se haya producido, cosa que hace bastante difícil eliminar un fenómeno criminal si nada impide que este se materialice. Prevenir la trata no significa dejar sin efecto la vertiente represiva, pero, sin una política preventiva, por muchos instrumentos de persecución que existan, el fenómeno continuará existiendo y mutando a fin de sobreponerse a los nuevos retos represivos que los Estados miembro establezcan.

El segundo motivo en este sentido es la fuerte presencia de instrumentos relacionados con el control fronterizo, que ya se ha visto que pueden desplegar sus efectos de forma indirecta y extremadamente condicionada. Esto confirma que, *de facto*, la Unión Europea sigue creyendo que con la gestión de los flujos migratorios se evitará la presencia de las redes de trata, cosa que ha quedado desmentida. Una estrategia que pretenda efectivamente eliminar la trata de seres humanos, que es un problema poliédrico, debe ser una estrategia adaptada a la idiosincrasia particular de este fenómeno criminal. Consecuentemente, todas las aproximaciones para luchar contra este fenómeno deben coexistir i aplicarse en igual medida, pues de esta manera se evita dar un enfoque limitado a la erradicación de la trata.

Por todo lo anterior, el replanteamiento de la estrategia de la Unión para luchar contra la trata de seres humanos debe realizarse desde el plano de la adecuación, es decir, que los instrumentos para hacer frente a este delito se ajusten a sus características propias y a sus elementos constitutivos. En una estrategia tan compleja que aborda un fenómeno extremadamente lesivo, todos los instrumentos y medidas deben ser apropiados para erradicar la trata de seres humanos. Así, un instrumento de protección es adecuado cuando responde a las necesidades y a la situación particular de las víctimas. Un instrumento de prevención es adecuado cuando incide en alguna de las causas o de los factores que favorece la existencia de la trata de seres humanos. Por último, un instrumento de persecución adecuado es aquél que facilita la investigación criminal de este fenómeno criminal, basándose en la cooperación transfronteriza y teniendo en cuenta la vertiente financiera.

VIGÉSIMA. Con el objetivo de avanzar en la erradicación de la trata de seres humanos, el primer paso que debe realizar la Unión Europea en este sentido es adaptar todos los instrumentos a la realidad específica de la trata de seres humanos. Muestra de ello es, por ejemplo, los períodos de recuperación y reflexión, los permisos temporales de residencia, la modificación de la Directiva 2011/36/UE con la tipificación de la demanda consciente de bienes y servicios derivados de la trata o la incorporación de las investigaciones financieras como nuevos instrumentos de persecución y de prevención. Todos estos instrumentos, que se han ido incorporando a lo largo de los años a la lucha contra la trata de seres humanos, permiten dar una respuesta apta para satisfacer las necesidades de las víctimas, prevenir atacando la razón de ser de las redes y persiguiendo a los tratantes de acuerdo con los más que variables *modus operandi.* Contrariamente, ha quedado demostrado que la aplicación de instrumentos genéricos, que no se crearon *ad hoc* para la trata, es totalmente ineficaz e inadecuado.

Una cuestión sumamente nuclear para adecuar la estrategia de la Unión Europea para erradicar la trata de seres humanos es identificar correctamente sus causas. Se han identificado dos: por un lado, la situación de vulnerabilidad de la víctima en su país de origen y, por el otro lado, la existencia de una demanda de los bienes y servicios derivados de la trata de seres humanos. A lo anterior debe añadirse otros factores que favorecen la existencia de este fenómeno, como por ejemplo la diferencia de niveles de vida entre Estados miembro de la UE, las divergencias entre las legislaciones de los Estados miembro y la ausencia de sensibilización social respecto las graves consecuencias de la trata. Así pues, la erradicación de la trata de seres humanos debe empezar por abordar el origen de la trata de seres humanos.

VIGÉSIMOPRIMERA. Consecuencia de lo anterior es que el principal replanteamiento de la estrategia de la Unión Europea debe referirse a las medidas de prevención. Detectadas las causas, una de las principales vías para evitar la existencia de la trata sería afrontar la situación de vulnerabilidad de las víctimas. Esto pasa por ofrecer unos servicios mínimos garantizados a cualquier persona, educación y formación suficientes y unas condiciones de vida adecuadas para reducir las posibilidades de haya personas que vean un futuro mejor bajo el yugo de la explotación humana. Otra de las posibilidades, que todavía es pronto por valorar, es la tipificación como delito de la demanda de los bienes y servicios derivados de la trata. Tal y como se ha dicho, debe valorarse positivamente la valentía de las Instituciones de la Unión Europea para contemplar esta medida de prevención que ataca una de las principales razones de existir de la trata, pues sin demanda, no hay explotación. Habida cuenta de que eliminar la situación de vulnerabilidad es, en el sistema actual, una utopía, habrá que confiar en que los Estados miembro transpondrán esta medida bajo la firme voluntad de erradicar la trata de seres humanos.

VIGÉSIMOSEGUNDA. Desde la óptica de la protección de las víctimas, el replanteamiento de la estrategia de la Unión debe venir por reforzar la formación de los actores encargados de la identificación de las víctimas. Además, habida cuenta del papel que juegan las ONG en la asistencia de las víctimas, es preciso incorporarlas en el proceso de formación. Así, un modo de facilitar la cooperación entre ambos es dotar de espacios donde poder intercambiar buenas prácticas y mejorar las técnicas de identificación con formación práctica y actualizada.

Otra de las opciones en este sentido es que la Unión Europea asuma un papel operativo en el proceso de identificación de las víctimas de la trata. Esto implica necesariamente dotar a la Unión de una competencia que, hasta el momento, no dispone, así como de un cuerpo de agentes. De acuerdo con el estado actual del proceso de integración europea, esta opción parece muy remota. Sin embargo, la vertebración de un cuerpo de policía europeo con competencia en delincuencia grave y transnacional facilitaría la labor de la identificación de las redes, en tanto que dotaría de coherencia, cohesión y unidad la detección e identificación de las víctimas.

Con todo, es de vital importancia que se garantice la aplicación de medidas que hasta el momento parece que responden a las necesidades de las víctimas, tales como la orientación en la solicitud de protección internacional o la incondicionalidad de la protección de las víctimas, independientemente de su voluntad de participar en el proceso penal o en la investigación contra sus tratantes. En este sentido, debería existir una apuesta clara en este sentido, cosa que con las víctimas no nacionales de ningún Estado miembro de la Unión Europea parece que, de momento, no se ha producido.

VIGÉSIMOTERCERA. En el plano de la persecución, el replanteamiento de la estrategia de la Unión pasa por mejorar la actuación de las autoridades de los Estados miembro. De acuerdo con el reparto competencial entre la Unión Europea y sus Estados miembro, la impartición de justicia sigue siendo parte de la soberanía nacional de los Estados. Así, son ellos los que deben perseguir la trata de seres humanos. Dadas las dificultades a la hora de condenar a los infractores por trata de seres humanos, en el plano nacional deberían constituirse juzgados y tribunales especializados en esa trata. Además, la mejora de la persecución implica mejorar la formación de los agentes de policía y de los inspectores de trabajo.

En este mismo orden de ideas, otro de los extremos a tener en cuenta en la mejora de la persecución de las redes de trata es la ampliación de los medios de prueba. Actualmente, la mayoría de los casos que llegan a los tribunales se basan en el testimonio de la víctima. Esta, incluso con las medidas de protección, puede verse sometida a fuertes presiones o incluso a violencia, de modo que su testimonio se distorsione. Así, la Unión Europea debe explorar otros medios de pruebas, como por ejemplo los iniciados con las investigaciones financieras. De este modo, aparte de adaptar las investigaciones policiales a la realidad de la trata, se facilita la consiguiente fase judicial.

VIGÉSIMOCUARTA. Tal y como se ha indicado con anterioridad, la cooperación es un elemento nuclear en la erradicación de la trata de seres humanos, más cuando el actual *modus operandi* de las redes indica una diáspora de la actividad criminal en distintos Estados miembro de la Unión Europea con el objetivo de dificultar su persecución. En un sistema como el de la Unión Europea, donde coexisten distintos Estados miembro, todos con sus parcelas de soberanía, la labor de las agencias del ELSJ es más que central. Está claro que las características inherentes del Espacio Schengen exigen una coordinación sin precedentes a nivel internacional entre los Estados que participan en dicho espacio y Frontex, Europol, Eurojust, principalmente. Aunque la única agencia que puede asumir funciones en los tres elementos del paradigma de las 3P es Frontex por el claro sesgo de la Unión Europea a la hora de vertebrar su estrategia para erradicar la trata, esta cooperación, que se ha visto reforzada con la creación de distintas bases de datos que, a día de hoy están interconectadas, debe ser garantía, además, de la protección de los derechos humanos de las personas. Por lo que se necesita un sistema de rendición de cuentas que funcione y que pueda monitorizar la labor de todos los actores que participan en esta estrategia.

La cooperación entre los distintos actores e instrumentos de la estrategia de la Unión Europea para luchar contra la trata de seres humanos requiere de coordinación. Esta coordinación no debe limitarse al espectro político, sino que también es necesaria en el plano operativo. Hasta el momento, el EU ATC se limita a la coordinación de las políticas con el objetivo de dotar de cierta coherencia la estrategia de la Unión. Sin embargo, habida cuenta de la falta de eficacia y adecuación de los instrumentos para la protección, la prevención y la persecución, es preciso que dicho Coordinador desarrolle algún papel en el futuro de la lucha contra la trata de seres humanos. Parece que los cambios normativos le otorgarán más competencias, aunque su labor queda supeditada a la voluntad de los Estados miembro de la Unión, cosa que plantea ciertas dudas sobre su desarrollo.

Bibliografía

REFERENCIAS NORMATIVAS

I. INSTRUMENTOS JURÍDICOS INTERNACIONALES

A. Textos convencionales adoptados con anterioridad a las Naciones Unidas

Convenio Internacional para la Supresión del Tráfico de Trata de Blancas, firmado en París el 18 de mayo de 1910. Entró en vigor el 18 de septiembre de 1912. Publicado en *L.N.T.S.* vol. 1, p. 83 y en la *Gaceta de Madrid,* núm. 262, 18 de septiembre de 1912.

Convenio relativo a la esclavitud, firmado en Ginebra el 25 de septiembre de 1926. Publicado en *L.N.T.S.* vol. 60, p. 253 y en la *Gaceta de Madrid* núm. 264, de 21 de septiembre de 1933.

Protocolo para modificar la Convención sobre la Esclavitud y Anejo, firmada en Ginebra el 25 de septiembre de 1926, hecho en Nueva York en 7 de diciembre de 1953. Publicada en *U.N.T.S.* vol. 182, p. 51 y en el *BOE* núm. 3, de 4 de enero de 1977.

Convención suplementaria sobre la abolición de la esclavitud, la trata de esclavos y las instituciones y prácticas análogas a la esclavitud, firmada en Ginebra el 7 de septiembre de 1956. Publicado en *U.N.T.S.* vol. 266, p. 3 y en el *BOE* núm.311 de 29 de diciembre de 1967.

B. Organización de las Naciones Unidas

Declaración Universal de los Derechos Humanos, adoptada a través de la Resolución 217 A (III) de la Asamblea General de las Naciones Unidas de 10 de diciembre de 1948.

Pacto Internacional de los Derechos Civiles y Políticos, hecho en Nueva York el 19 de diciembre de 1966. Publicado en U.N.T.S. vol. 999, p. 171 y en el BOE núm. 103, de 30 de abril de 1977.

Convención sobre la eliminación de todas las formas de discriminación contra la mujer, adoptada por la Asamblea General de las Naciones Unidas a través de la Resolución A/RES/34/180 de (...) 18 de diciembre de 1979. Publicada en *U.N.T.S.* vol. 1249, p. 1 y en el *BOE* núm. 69, de 21 de marzo de 1984.

Convención sobre los Derechos del Niño, adoptada por la Asamblea General de las Naciones Unidas a través de la Resolución A/RES/44/25 de (...) 20 de noviembre de 1989. Publicada en *U.N.T.S.* vol. 1577, p. 3 y en el *BOE* núm. 313, de 31 de diciembre de 1990.

Convención de las Naciones Unidas contra la Delincuencia Organizada Transnacional, adoptada por la Asamblea General de las Naciones Unidas a través de la Resolución A/RES/55/25 de 15 de noviembre de 2000. Publicado en *U.N.T.S.* vol. 2225, p. 209 y en el *BOE* núm. 233, de 29 de septiembre de 2003.

Protocolo para prevenir, reprimir y sancionar la trata de personas, especialmente mujeres y niños, que complementa la Convención de las Naciones Unidas contra la Delincuencia Organizada Transnacional. Resolución 55/25, Anexo II, de la Asamblea General de las Naciones Unidas, de 15 de noviembre de 2000. Publicado en U.N.T.S. vol. 2237, p. 319 y en el BOE núm. 296, de 11 de diciembre de 2003.

Protocolo contra el tráfico ilícito de migrantes por tierra, mar y aire, que complementa la Convención de las Naciones Unidas contra la Delincuencia Organizada Transnacional. Resolución 55/25, Anexo III, de la Asamblea General de las Naciones Unidas, de 15 de noviembre de 2000. Publicado en U.N.T.S. vol. 2241, p. 480 y en el BOE núm. 295, de 10 de diciembre de 2003.

Protocolo contra la fabricación y el tráfico ilícito de armas de fuego, sus piezas y componentes y municiones, que complementa la Convención de las Naciones Unidas contra la Delincuencia Organizada Transnacional, Resolución 55/255 de la Asamblea General de las Naciones Unidas, de 31 de mayo de 2001. Publicado en U.N.T.S. vol. 2326, p. 208 y en el BOE núm. 71 de 23 de marzo de 2007.

Declaración de Nueva York para los Refugiados y los Migrantes, adoptada a través de la Resolución A/RES/71/1 de la Asamblea General de 19 de septiembre de 2016. 70/1.

C. Organización Internacional del Trabajo

Convenio relativo al trabajo forzoso u obligatorio, 1930 (núm. 29), hecho en Ginebra el 28 de junio de 1930. Publicado en *U.N.T.S.* vol. 39, p. 55 y en el *BOE* núm. 309, de 21 de diciembre.

Convenio sobre las peores formas de trabajo infantil, 1999 (núm. 182), hecho en Ginebra el 17 de junio de 1999. Publicado en *U.N.T.S.* vol. 2133, p. 161 y en el *BOE* núm. 118, de 17 de mayo de 2001.

Protocolo de 2014 relativo al Convenio sobre el trabajo forzoso, 1930, hecho en Ginebra el 11 de junio de 2014. Publicado en *U.N.T.S.* vol. 3175 y en el *BOE* núm. 309, de 21 de diciembre de 2017.

II. INSTRUMENTOS JURÍDICOS DEL ÁMBITO REGIONAL EUROPEO

A. Consejo de Europa

Convenio para la Protección de los Derechos Humanos y de las Libertades Fundamentales, firmado en Roma el 4 de noviembre de 1950. Publicado en *U.N.T.S.* vol. 213, p. 221 y en el *BOE* núm.243, de 10 de octubre de 1979.

Convenio para la protección de las personas con respecto al tratamiento automatizado de datos de carácter personal, hecho en Estrasburgo el 28 de enero de 1981. Publicado en *U.N.T.S.* vol. 1496, p. 65 y en el *BOE* núm. 274, de 15 de noviembre de 1985.

Convenio para la protección de los derechos humanos y la dignidad del ser humano con respecto a las aplicaciones de la Biología y la Medicina (Convenio relativo a los derechos humanos y a la biomedicina), hecho en Oviedo el 4 de abril de 1997. Publicado en *U.N.T.S.* vol. 2137, p. 171 y en el *BOE* núm. 251, de 20 de octubre de 1999.

Protocolo adicional al Convenio relativo a los derechos humanos y a la biomedicina sobre el trasplante de órganos y tejidos de origen humano, hecho en Estrasburgo el 24 de enero de 2002. Publicado en *U.N.T.S.* vol. 2466, p. 132 y en el *BOE* núm. 25, de 29 de enero de 2015.

Convenio del Consejo de Europa sobre la lucha contra la trata de seres humanos, firmado en Varsovia el 16 de mayo de 2005. Publicado en el *U.N.T.S.* vol. 2569 y en el *BOE* núm. 219, de 10 de septiembre de 2009.

B. Unión Europea

B.1. Derecho primario

Tratado de la Unión Europea, versión consolidada. DOUE C 202 de 7 de junio de 2016.

Tratado de Funcionamiento de la Unión Europea, versión consolidada. DOUE C 326 de 26 de octubre de 2012.

B.2. Derecho derivado

a. Acciones Comunes

Acción Común 96/700/JAI del Consejo, de 29 de noviembre de 1996, por la que se establece un programa de estímulos e intercambios destinados a los responsables de la acción contra la trata de seres humanos y la explotación sexual de los niños. DOUE L 322 de 12 de diciembre de 1996.

Acción Común 97/154/JAI del Consejo, de 24 de febrero de 1997, relativa a la lucha contra la trata de seres humanos y la explotación sexual de los niños. DOUE L 63 de 4 de marzo de 1997.

b. Decisiones

Decisión del Consejo de 28 de febrero de 2002 por la que se crea Eurojust para reforzar la lucha contra las formas graves de delincuencia. DOUE L 63 de 6 de marzo de 2002.

Decisión 2004/512/CE del Consejo de 8 de junio de 2004 por la que se establece el Sistema de Información de Visados (VIS). DOUE L 213 de 15 de junio de 2004.

Decisión 2007/845/JAI del Consejo, de 6 de diciembre de 2007, sobre cooperación entre los organismos de recuperación de activos de los Estados miembro en el ámbito del seguimiento y la identificación de productos del delito o de otros bienes relacionados con el delito. DOUE L 332 de 18 de diciembre de 2007.

Decisión 2008/633/JAI del Consejo, de 23 de junio de 2008, sobre el acceso para consultar el Sistema de Información de Visados (VIS) por las autoridades designadas de los Estados miembro y por Europol, con fines de prevención, detección e investigación de delitos de terrorismo y otros delitos graves. DOUE L 218 de 13 de agosto de 2008.

Decisión 2008/976/JAI del Consejo, de 16 de diciembre de 2008, sobre la Red Judicial Europea. DOUE L 348 de 24 de diciembre de 2008.

Decisión 2009/426/JAI del Consejo, de 16 de diciembre de 2008, por la que se refuerza y de modifica la Decisión 2002/187/JAI por la que se crea Eurojust para reforzar la lucha contra las formar graves de delincuencia. DOUE L 138 de 4 de junio de 2009.

Decisión 2013/488/UE del Consejo, de 23 de septiembre de 2013, sobre las normas de seguridad para la protección de la información clasificada de la UE. DOUE L 274 de 15 de octubre de 2013.

c. Decisiones de ejecución

Decisión de ejecución (UE) 2016/1209 de la Comisión, de 12 de julio de 2016, por la que se sustituye el anexo de la Decisión de Ejecución 2013/115/UE de la Comisión relativa al Manual SIRENE y otras medidas de ejecución para el Sistema de Información de Schengen de segunda generación (SIS II) [notificada con el número C(2016) 4283]. DOUE L 203 de 28 de julio de 2016.

d. Decisiones marco

Decisión Marco del Consejo, de 13 de junio de 2002, sobre equipos conjuntos de investigación (2002/465/JAI). DOCE L 162 de 20 de junio de 2002.

Decisión Marco del Consejo, de 13 de junio de 2002, relativa a la orden de detención europea y a los procedimientos de entrega entre Estados miembro (2002/584/JAI). DOCE L 190 de 18 de julio de 2002.

Decisión Marco del Consejo, de 19 de julio de 2002, relativa a la lucha contra la trata de seres humanos (2002/629/JAI). DOCE L 203 de 1 de agosto de 2002.

Decisión marco 2006/960/JAI del Consejo, de 18 de diciembre de 2006, sobre la simplificación del intercambio de información e inteligencia entre los Servicios de Seguridad de los Estados miembro de la Unión Europea. DOUE L 386 de 29 de diciembre de 2006.

Decisión Marco 2008/841/HAI del Consejo, de 24 de octubre de 2008, relativa a la lucha contra la delincuencia organizada. DOUE L 300 de 11 de noviembre de 2008.

Decisión Marco 2009/315/JAI del Consejo, de 26 de febrero de 2009, relativa a la organización y al contenido del intercambio de información de los registros de antecedentes penales entre los Estados miembro. DOUE L 93 de 7 de abril de 2009.

e. Directivas

Directiva 2002/90/CE del Consejo, de 28 de noviembre de 2002, destinada a definir la ayuda a la entrada, a la circulación y a la estancia irregulares. DOCE L 328 de 5 de diciembre de 2002.

Directiva 2004/38/CE del Parlamento Europeo y del Consejo, de 29 de abril de 2004, relativa al derecho de los ciudadanos de la Unión y de los miembros de sus familias a circular y residir libremente en el territorio de los Estados miembros, por la que se modifica el Reglamento (CEE) no 1612/68 y se derogan las Directivas 64/221/CEE, 68/360/CEE, 72/194/CEE, 73/148/CEE, 75/34/CEE, 75/35/CEE, 90/364/CEE, 90/365/CEE y 93/96/CEE. DOUE L 158 de 30 de abril de 2004.

Directiva 2004/81/CE del Consejo, de 29 de abril de 2004, relativa a la expedición de un permiso de residencia a nacionales de terceros países que sean víctimas de la trata de seres humanos o hayan sido objeto de una acción de ayuda a la inmigración ilegal, que cooperen con las autoridades competentes. DOUE L 261 de 6 de agosto de 2004.

Directiva 2008/115/CE del Parlamento Europeo y del Consejo, de 16 de diciembre de 2008, relativa a normas y procedimientos comunes en los Estados miembro para el retorno de los nacionales de terceros países en situación irregular. DOUE L 248 de 24 de diciembre de 2008.

Directiva 2009/52/CE del Parlamento Europeo y del Consejo, de 18 de junio de 2009, por la que se establecen normas mínimas sobre las sanciones y medidas aplicables a los empleadores de nacionales de terceros países en situación irregular. DOUE L 168/24 de 30 de junio de 2009.

Directiva 2011/36/UE del Parlamento Europeo y del Consejo, de 5 de abril de 2011, relativa a la prevención y lucha contra la trata de seres humanos y a la protección de las víctimas y por la que se sustituye la Decisión Marco 2002/629/JAI del Consejo. DOUE L 101/1 de 15 de abril de 2011.

Directiva 2011/93/UE del Parlamento Europeo y del Consejo, de 13 de diciembre de 2011, relativa a la lucha contra los abusos sexuales y la explotación sexual de los menores y la pornografía infantil y por la que se sustituye la Decisión marco 2004/68/JAI del Consejo. DOUE L 335 de 17 de diciembre de 2011.

Corrección de errores de la Directiva 2011/92/UE del Parlamento Europeo y del Consejo, de 13 de diciembre de 2011, relativa a la lucha contra los abusos sexuales y la explotación sexual de menores y la pornografía infantil y por la que se sustituye la Decisión marco 2004/68/JAI del Consejo. DOUE L 18 de 21 de enero de 2012.

Directiva 2012/29/UE del Parlamento Europeo y del Consejo de 25 de octubre de 2012 por la que se establecen normas mínimas sobre derechos, el apoyo y la protección de las víctimas de delitos, y por la que se sustituye la Decisión marco 2001/220/JAI. DOUE L 315 de 14 de noviembre de 2012.

Directiva 2013/32/UE del Parlamento Europeo y del Consejo, de 26 de junio de 2013, sobre procedimientos comunes para la concesión o la retirada de la protección internacional (refundición). DOUE L 180 de 29 de junio de 2013.

Directiva 2013/33/UE del Parlamento Europeo y del Consejo de 26 de junio de 2013 por la que se aprueban normas para la acogida de los solicitantes de protección internacional (texto refundido). DOUE L 180 de 29 de junio de 2013.

Directiva 2014/42/UE del Parlamento Europeo y del Consejo, de 3 de abril de 2014, sobre el embargo y el decomiso de los instrumentos y del producto del delito en la Unión Europea. DOUE L 127 de 29 de abril de 2014.

Directiva (UE) 2015/849 del Parlamento Europeo y del Consejo, de 20 de mayo de 2015, relativa a la prevención de la utilización del sistema financiero para el blanqueo de capitales o la financiación del terrorismo, y por la que se modifica el Reglamento (UE) 648/2012 del Parlamento Europeo y del Consejo, y se derogan la Directiva 2005/60/CE del Parlamento Europeo y del Consejo y la Directiva 2006/70/CE de la Comisión. DOUE L 141 de 5 de junio de 2015.

Directiva (UE) 2016/681 del Parlamento Europeo y del Consejo de 27 de abril de 2016 relativa a la utilización de datos del registro de nombres de los pasajeros (PNR) para la prevención, detección, investigación y enjuiciamiento de los delitos de terrorismo y de la delincuencia grave. DOUE L 119 de 4 de mayo de 2016.

Directiva (UE) 2018/843 del Parlamento Europeo y del Consejo, de 30 de mayo de 2018, por la que se modifica la Directiva (UE) 2015/849 relativa a la prevención de la utilización del sistema financiero para el blanqueo de capitales o la financiación del terrorismo, y por la que se modifican las Directiva 2009/138/CE y 2013/36/UE. DOUE L 156 de 19 de junio de 2018.

Directiva (UE) 2018/1673 del Parlamento Europeo y del Consejo, de 23 de octubre de 2018, relativa a la lucha contra el blanqueo de capitales mediante el Derecho Penal. DOUE L 284 de 12 de noviembre de 2018.

Directiva (UE) 2019/884 del Parlamento Europeo y del Consejo, de 17 de abril de 2019, por la que se modifica la Decisión Marco 2009/315/JAI del Consejo en lo que respecta al intercambio de información sobre nacionales de terceros países y al Sistema Europeo de Información de Antecedentes Penales (ECRIS) y por la que se sustituye la Decisión 2009/316/JAI del Consejo. DOUE L 151 de 7 de junio de 2019.

Directiva (UE) 2019/1153 del Parlamento Europeo y del Consejo, de 20 de junio de 2019, por la que se establecen normas destinadas a facilitar el uso de información financiera y de otro tipo para la prevención, detección, investigación o enjuiciamiento de infracciones penales y por la que se deroga la Decisión 2000/642/JAI del Consejo. DOUE L 186 de 11 de julio de 2019.

Directiva 2022/211 del Parlamento Europeo y del Consejo, de 16 de febrero de 2022, por la que se modifica la Decisión Marco 2002/465/JAI del Consejo en lo que respecta a su aproximación a las normas de la Unión sobre protección de datos de carácter personal. DOUE L 37 de 18 de febrero de 2022.

Directiva (UE) 2024/1346 del Parlamento Europeo y del Consejo, de 14 de mayo de 2024, por la que se establecen normas para la acogida de los solicitantes de protección internacional (texto refundido). DOUE L 2024/1346 de 22 de mayo de 2024.

f. Reglamentos

Reglamento (CE) 767/2008 del Parlamento Europeo y del Consejo de 9 de julio de 2008 sobre el Sistema de Información de Visados (VIS) y el intercambio de datos sobre visados de corta duración entre los Estados miembro (Reglamento VIS). DOUE L 218 de 13 de agosto de 2008.

Reglamento (CE) 810/2009 del Parlamento Europeo u del Consejo de 13 de julio de 2009 por el que se establece un Código comunitario sobre visados (Código de Visados). DOUE L 243 de 15 de septiembre de 2009.

Reglamento (UE) 1052/2013 del Parlamento Europeo y del Consejo, de 22 de octubre de 2013, por el que se crea un Sistema Europeo de Vigilancia de Fronteras (Eurosur). DOUE L 295 de 6 de noviembre de 2013.

Reglamento (UE) 656/2014 del Parlamento Europeo y del Consejo, de 15 de mayo de 2014, por el que se establecen normas para la vigilancia de las fronteras marítimas exteriores en el marco de la cooperación operativa coordinada por la Agencia Europea para la Gestión de la Cooperación Operativa en las Fronteras Exteriores de los Estados miembro de la Unión Europea. DOUE L 189 de 27 de junio de 2014.

Reglamento (UE) 2016/399 del Parlamento Europeo y del Consejo de 9 de marzo de 2016 por el que se establece un Código de normas de la Unión para el cruce de personas por las fronteras (Código de fronteras Schengen) (texto codificado). DOUE L 77 de 23 de marzo de 2016.

Reglamento UE 2016/794 del Parlamento Europeo y del Consejo, de 11 de mayo de 2016, relativo a la Agencia de la Unión Europea para la Cooperación Policial (Europol) y por la que se sustituyen y derogan las Decisiones 2009/371/JAI, 2009/936/JAI y 2009/968/JAI. DOUE L 135 de 24 de mayo de 2016.

Reglamento (UE) 2017/2226 del Parlamento Europeo y del Consejo de 30 de noviembre de 2017, por el que se establece un Sistema de Entradas y Salidas (SES) para registrar los datos de entrada y salida y denegación de entrada relativos a nacionales de terceros países que crucen las fronteras exteriores de los Estados miembro, se determinan las condiciones de acceso al SES con fines policiales y se modifican el Convenio de aplicación del Acuerdo de Schengen y los Reglamentos (CE) n°767/2008 y (UE) n°1077/2011. DOUE L 327 de 9 de diciembre de 2017.

Reglamento (UE) 2018/1240 del Parlamento Europeo y del Consejo, de 12 de septiembre de 2018, por el que se establece un Sistema Europeo de Información y Autorización de Viajes (SEIAV) y por el que se modifican los Reglamentos (UE)1077/2011, (UE) 515/2014, (UE) 2016/399, (UE) 2016/1624 y (UE) 2017/2226. DOUE L 236 de 19 de septiembre de 2018.

Reglamento (UE) 2018/1725 del Parlamento Europeo y del Consejo de 23 de octubre de 2018, relativo a la protección de las personas físicas en lo que respecta al tratamiento de datos personales por las instituciones, órganos y organismos de la Unión, y a la libre circulación de esos datos, y por el que se derogan el Reglamento (CE) n°41/2001 y la Decisión n°1247/2002/CE. DOUE L 295 de 21 de noviembre de 2018.

Reglamento (UE) 2018/1727, del Parlamento Europeo y del Consejo, de 14 de noviembre de 2018, sobre la Agencia de la Unión Europea para la Cooperación Judicial Penal (Eurojust) y por la que se sustituye y deroga la Decisión 2002/187/JAI. DOUE L 295 de 21 de noviembre de 2018.

Reglamento (UE) 2018/1806 del Parlamento Europeo y del Consejo, de 14 de noviembre de 2018, por el que se establecen la lista de terceros países cuyos nacionales están sometidos a la obligación de visados para cruzar las fronteras exteriores y la lista de terceros países cuyos nacionales están exentos de esa obligación. DOUE L 303 de 28 de noviembre de 2018.

Reglamento (UE) 2018/1861 del Parlamento Europeo y del Consejo de 28 de noviembre de 2018 relativo al establecimiento, funcionamiento y utilización del Sistema de Información de Schengen (SIS) en el ámbito de las inspecciones fronterizas, por el que se modifica el Convenio de aplicación del Acuerdo de Schengen y se modifica y deroga el Reglamento (CE) 1987/2006. DOUE L 312 de 7 de diciembre de 2018.

Reglamento (UE) 2018/1862 del Parlamento Europeo y del Consejo de 28 de noviembre de 2018 relativo al establecimiento, funcionamiento y utilización del Sistema de Información de Schengen (SIS) en el ámbito de la cooperación policial y de la cooperación judicial en materia penal, por el que se modifica y deroga la Decisión 2007/533/JAI del Consejo, y se derogan el Reglamento (CE) 1986/2006 del Parlamento Europeo y del Consejo y la Decisión 2010/261/UE de la Comisión. DOUE L 312 de 7 de diciembre de 2018.

Reglamento (UE) 2019/592 del Parlamento Europeo y del Consejo, de 10 de abril de 2019, que modifica el Reglamento (UE) 2018/1806 por el que se establecen la lista de terceros países cuyos nacionales están sometidos a la obligación de visado para cruzar las fronteras exteriores y la lista de terceros países cuyos nacionales están exentos de esa obligación, en lo que respecta a la retirada del Reino Unido de la Unión. DOUE L 103 de 12 de abril de 2019.

Reglamento (UE) 2019/816 del Parlamento Europeo y del Consejo, de 17 de abril de 2019, por el que se establece un sistema centralizado para la identificación de los Estados miembro que poseen información sobre condenas de nacionales de terceros países y apátridas (ECRIS-TCN) a fin de complementar el Sistema Europeo de Información de Antecedentes Penales, y por el que se modifica el Reglamento (UE) 2018/1726. DOUE L 135 de 22 de mayo de 2019.

Reglamento (UE) 2019/817 del Parlamento Europeo y del Consejo de 20 de mayo de 2019, relativo al establecimiento de un marco para la interoperabilidad de los sistemas de información de la UE en el ámbito de las fronteras y los visados y por el que se modifican los Reglamentos (CE) 767/2008, (UE) 2016/399, (UE) 2017/2226, (UE) 2018/1240, (UE) 2018/1726 y (UE) 2018/1861 del Parlamento Europeo y del Consejo, y las Decisiones 2004/512/CE y 2008/633/JAI del Consejo. DOUE L 135 de 22 de mayo de 2019.

Reglamento (UE) 2019/818 del Parlamento Europeo y del Consejo, de 20 de mayo de 2019, relativo al establecimiento de un marco para la interoperabilidad entre los sistemas de información de la UE en el ámbito de la cooperación policial y judicial, el asilo y la migración y por el que se modifican los Reglamentos (UE) 2018/1726, (UE) 2018/1862 y (UE) 2019/816. DOUE L 135 de 22 de mayo de 2019.

Reglamento (UE) 2019/1896 del Parlamento Europeo y del Consejo, de 13 de noviembre de 2019, sobre la Guardia Europea de Fronteras y Costas y por el que se derogan los Reglamentos (UE) 1052/2013 y 2016/1624. DOUE L 295 de 14 de noviembre de 2019.

Reglamento (UE) 2021/1152 del Parlamento Europeo y del Consejo de 7 de julio de 2021 por el que se modifican los Reglamentos (CE) 767/2008, (UE) 2017/2226, (UE) 2018/1240, (UE) 2018/1860, (UE) 2018/1861 y (UE) 2019/817 en lo que respecta al establecimiento de las condiciones de acceso a otros sistemas de información de la UE a efectos del Sistema Europeo de Información y Autorización de Viajes. DOUE L 249 de 14 de julio de 2021.

Reglamento (UE) 2021/2303 del Parlamento Europeo y del Consejo de 15 de diciembre de 2021 relativo a la Agencia de Asilo de la Unión Europea y por el que se deroga el Reglamento (UE) 439/2010. DOUE L 468 de 30 de diciembre de 2021.

Reglamento UE 2022/991 del Parlamento Europeo y del Consejo, de 8 de junio de 2022, por el que se modifica el Reglamento (UE) 2016/794 en lo que se refiere a la cooperación de Europol con entidades privadas, el tratamiento de datos personales por Europol en apoyo de investigaciones penales y el papel de Europol en materia de investigación e innovación. DOUE L 169 de 27 de junio de 2022.

Reglamento delegado (UE) 2023/222 de la Comisión de 1 de diciembre de 2022 relativo a la suspensión temporal de la exención de visado para todos los nacionales de Vanuatu. DOUE L 32 de 3 de febrero de 2023.

Reglamento (UE) 2023/850 del Parlamento Europeo y del Consejo de 19 de abril de 2023 por el que se modifica el Reglamento (UE) 2018/1806 por el que se establecen la lista de terceros países cuyos nacionales están sometidos a la obligación de visado para cruzar las fronteras exteriores y la lista de terceros países cuyos nacionales están exentos de esa obligación. DOUE L 110 de 25 de abril de 2023.

Reglamento (UE) 2024/1348 del Parlamento Europeo y del Consejo, de 14 de mayo de 2024, por el por el que se establece un procedimiento común en materia de protección internacional en la Unión y se deroga la Directiva 2013/32/UE. DOUE L 2024/1348 de 22 de mayo de 2024.

Reglamento (UE) 2024/1351 del Parlamento Europeo y del Consejo, de 14 de mayo de 2024, sobre la gestión del asilo y la migración, por el que se se modifican los Reglamentos (UE) 2021/1147 y (UE) 2021/1060 y se deroga el Reglamento (UE) 604/2013. DOUE L 2024/1351 de 22 de mayo de 2024.

Reglamento (UE) 2024/1352 del Parlamento Europeo y del Consejo, de 14 de mayo de 2024, por el que se modifican los Reglamentos (UE) 2019/816 y (UE) 2019/818 a efectos de la introducción del triaje de los nacionales de terceros países en las fronteras exteriores. DOUE L 2024/1352 de 22 de mayo de 2024.

Reglamento (UE) 2024/1356 del Parlamento Europeo y del Consejo, de 14 de mayo de 2024, por el que se introduce el triaje de nacionales de terceros países en las fronteras exteriores y se modifican los Reglamentos (CE) 767/2008, (UE) 2017/2226, (UE) 2018/1240 y (UE) 2019/817. DOUE L 2024/1356 de 22 de mayo de 2024.

Reglamento (UE) 2024/1358 del Parlamento Europeo y del Consejo, de 14 de mayo de 2024, sobre la creación del sistema «Eurodac» para la comparación de datos biométricos a efectos de la aplicación efectiva de los Reglamentos (UE) 2024/1351 y (UE) 2024/1350 del Parlamento Europeo y del Consejo y de la Directiva 2001/55/CE del Consejo y de la identificación de nacionales de terceros países y apátridas en situación irregular, y sobre las solicitudes de comparación con los datos de Eurodac presentadas por los servicios de seguridad de los Estados miembros y Europol a efectos de aplicación de la ley, por el que se modifican los Reglamentos (UE) 2018/1240 y (UE) 2019/818 del Parlamento Europeo y del

Consejo y se deroga el Reglamento (UE) 603/2013 del Parlamento Europeo y del Consejo. DOUE L 2024/1358 de 22 de mayo de 2024.

g. Recomendaciones

Recomendación de la Comisión relativa a un mecanismo de la UE para la preparación y la gestión de las crisis relacionades con la migración (Plan Rector de Preparación y Gestión de Crisis Migratoria. DOUE C 6469 de 23 de septiembre de 2020.

h. Otros

Acto del Consejo de 29 de mayo de 2000 por el que se celebra, de conformidad con el artículo 34 del Tratado de la Unión Europea, el Convenio relativo a la asistencia judicial en material penal entre los Estados miembro de la Unión Europea (2000/c 197/01). DOCE C 197 de 12 de julio de 2000.

Provisional agreement resulting from interinstitutional negotiations. Subject: Proposal for a directive of the European Parliament and the Council on Amending Directive 2011/36/EU on preventing and combating trafficking in human beings and protecting its victims (COM(2022)0732 – C9-0431/2022 – 2022/0426(COD)), 8 de febrero de 2024. Disponible en: https://bit.ly/3UmGJKi.

i. Otros instrumentos de la Unión Europea

Carta de Derechos Fundamentales de la Unión Europea, (2000/C 364/1). DOUE C 364/1 de 18 de diciembre de 2000.

III. INSTRUMENTOS NORMATIVOS ESPAÑOLES

Ley Orgánica 4/2000, de 11 de enero, sobre derechos y libertades de los extranjeros en España y su integración social. BOE núm. 10 de 1 de febrero de 2000, legislación consolidada (en adelante, LOEx).

Real Decreto 557/2011, de 20 de abril, por el que se aprueba el Reglamento de la Ley Orgánica 4/2000, sobre derechos y libertades de los extranjeros en España y su integración social, tras su reforma por Ley Orgánica 2/2009. BOE núm. 103 de 30 de abril de 2011.

Anteproyecto de Ley Orgánica integral contra la trata y la explotación de seres humanos, aprobada por el Consejo de Ministros y elaborada por el Ministerio de Justicia, del Interior, de Inclusión, Seguridad Social y Migraciones y de Igualdad. Disponible en: https://bit.ly/3tKvX7h.

REFERENCIAS DOCUMENTALES

I. DOCUMENTOS INSTITUCIONALES

A. Organización de las Naciones Unidas

A.1. Oficina de las Naciones Unidas contra la Droga y el Crimen

UNODC, *Anti-Human Trafficking Manual for Criminal Justice Practitioners*, 2009. Disponible en: https://bit.ly/2KHjWqw.

UNODC, *Global report in trafficking in persons*, United Nations Publications, Nueva York, 2016.

UNODC, *Global report in trafficking in persons*, United Nations Publications, Nueva York, 2018.

UNODC, *Legislative guide for the Protocol to prevent, supress and punish trafficking in persons, especially women and children*, United Nations Publications, Viena, 2020. Disponible en: https://bit.ly/3S0BS1m.

UNODC: «Online Toolkit to combat trafficking in persons. Chapter 9 – Prevention of trafficking in persons» [en línea], (s.f.), <https://bit.ly/2NjFM6i>.

A.2. Conferencia de las Partes de los Protocolos de Palermo

COP UNTOC, *Decisión 1/5, «Protocolo para prevenir, reprimir y sancionar la trata de personas, especialmente mujeres y niños, que complementa la Convención de las Naciones Unidas contra la Delincuencia Organizada Trasnacional»*, Viena, I período de sesiones, 28 junio-8 julio de 2004. Disponible en: https://bit.ly/2Xb0Bpd.

COP UNTOC, *Resolución 9/1 «Establecimiento del Mecanismo de Examen de la Aplicación de la Convención de las Naciones Unidas contra la Delincuencia Organizada Transnacional y sus Protocolos»*, Viena, IX período de sesiones, 15-19 de octubre de 2018. Disponible en: https://bit.ly/2X8DQCd.

COP UNTOC, *Resolución 10/1 «Inicio del proceso de examen del Mecanismo de Examen de la Aplicación de la Convención de las Naciones Unidas contra la Delincuencia Organizada Transnacional y sus Protocolos*, Viena, X período de sesiones, 12-16 de octubre de 2020. Disponible en: https://bit.ly/3RHfzMR.

COP UNTOC: «Mechanism for the review of the implementation of the United Nations Convention against Transnational Organised Crime and the Protocols thereto» [en línea], (s.f.), <https://bit.ly/3RHfzMR>.

A.3. Consejo Económico y Social de las Naciones Unidas

ECOSOC, *Recommended Principles and Guidelines on Human Rights and Human Trafficking. Report of the United Nations High Commissioner for Human Rights to the Economic and Social Council,* E/2002/68/Add.1, hecho en Nueva York del 1 al 26 de julio de 2002.

A.4. Otros

ONU Mujeres: «Conferencias mundiales sobre la mujer» [en línea], (2018), <https://bit.ly/1wZ3fsq>.

UNTC: «Información detallada sobre las ratificaciones del Protocolo sobre trata de seres humanos» [en línea], (2024), <https://bit.ly/49ZSspp>.

UNTC: «Información detallada sobre las ratificaciones de la Convención de Naciones Unidas contra la delincuencia organizada transnacional» [en línea], (2024), <https://bit.ly/33Gh0RR>.

B. Organización Internacional del Trabajo

OIT, *Profits and Poverty: the economics of forced labour,* OIT, Ginebra, 2014. Disponible en: https://bit.ly/2IRErxB.

OIT, *Estimaciones mundiales sobre la esclavitud moderna: trabajo forzoso y matrimonios forzados,* OIT, Ginebra, 2017Disponible en: https://bit.ly/2MRaxhz.

C. Organización Internacional de Migraciones

JOBE, A., *The causes and consequences of re-trafficking: evidence from the IOM Human Trafficking Database,* IOM Human Trafficking Database Thematic Research Series, International Organization for Migration, Ginebra, 2010.

D. Consejo de Europa

Resolución (78)29, sobre la armonización de las legislaciones de los Estados miembro relativa a la extracción, el injerto y el trasplante de sustancias humanas, adoptada por el Comité de Ministros del Consejo de Europa el 11 de mayo de 1978.

Declaración final de la 3a Conferencia de Ministros Europeos de Sanidad, celebrada en París el 16-17 de noviembre de 1987.

CONSEJO DE EUROPA, *Declaración final de la Cumbre de Estrasburgo*, adoptada el 11 de octubre de 1997.

CONSEJO DE EUROPA, *Recommendation No. R(98)14 of the Committee of Ministers to Member States on gender mainstreaming*, adoptada el 7 de octubre de 1998.

CONSEJO DE EUROPA, *Recommendation R(2000)11 of the Committee of Ministers to Member States on action against trafficking in human beings for the purpose of sexual exploitation*, adoptada el 19 de mayo de 2000.

CONSEJO DE EUROPA, *Recommendation R(2001)16 of the Committee of Ministers to Member States on the protection of children against sexual exploitation*, adoptada el 31 de octubre de 2001.

CONSEJO DE EUROPA, *Gender mainstreaming. Conceptual framework, methodology and presentation of good practices. Final report of activities of the Group of Specialists on Mainstreaming* (EG-S-MS), Consejo de Europa, Estrasburgo, 2004.

CONSEJO DE EUROPA, *Rules of procedure for the evaluating implementation of the Council of Europe Convention on Action Against Trafficking in Human Beings by the parties*, adoptadas el 17 de junio de 2009 y enmendadas el 21 de noviembre de 2014, THB-GRETA(2014)52. Disponible en: https://bit.ly/2xhj6c7.

CONSEJO DE EUROPA, *Committee of the Parties. Council of Europe Convention on Action against Trafficking in Human Beings. 32nd meeting of the Committee of the Parties. Meeting Report*, Estrasburgo, 16 de junio de 2023, THB-CP(2023)RAP23. Disponible en: https://bit.ly/3vni0gh.

D.1. Grupo de Expertos sobre Trata de Seres Humanos

GRETA, *Recommendation CP/Rec(2023)08 on the implementation of the Council of Europe Convention on Action against Trafficking in Human Beings by Spain*, 16 de junio de 2023. Disponible en: https://bit.ly/41GGxZN.

D.2. Otros

CONSEJO DE EUROPA, *Informe explicativo sobre el Convenio del Consejo de Europa sobre la lucha contra la trata de seres humanos CETS 197*, Varsovia, 2005.

CONSEJO DE EUROPA: «Chart of signatures and ratifications of Treaty 197. Council of Europe Convention on Action against Trafficking in Human Beings» [en línea], (s.f.), <https://bit.ly/2Rp51mc>.

E. Unión Europea

E.1. Consejo Europeo

CONSEJO EUROPEO, *Conclusiones de la Presidencia, Consejo Europeo de Tampere,* 15 y 16 de octubre de 1999.

CONSEJO EUROPEO, *Conclusiones de la Presidencia, Consejo Europeo de Bruselas,* 4 y 5 de noviembre de 2004.

CONSEJO EUROPEO, *Programa de Estocolmo. Una Europa abierta y segura que sirva y proteja al ciudadano,* Anexo a las Conclusiones de la Presidencia. (2010/C 115/01), 10 y 11 de diciembre de 2009. DOUE C 115/1 de 4 de mayo de 2010.

CONSEJO EUROPEO, *Orientaciones estratégicas para el espacio de libertad, Seguridad y justicia,* Conclusiones del Consejo Europeo, 27 de junio de 2014. EUCO 79/14.

CONSEJO EUROPEO, *Conclusiones de la reunión del Consejo Europeo,* 20 de junio de 2019. EUCO 9/19.

E.2. Consejo

CONSEJO, *Plan de Acción del Consejo y de la Comisión sobre la mejor manera de aplicar las disposiciones del Tratado de Ámsterdam relativas a la creación de un Espacio de Libertad, Seguridad y Justicia,* texto adoptado por el Consejo de Justicia y de Asuntos de Interior el 3 de diciembre de 1998, 1999/C 19/01. DOCE C 19 de 23 de enero de 1999.

CONSEJO, *Plan de la Unión Europea sobre mejores prácticas, normas y procedimientos para luchar contra la trata de seres humanos y prevenirla,* 9 de diciembre de 2005. DOUE C 311 de 9 de diciembre de 2005.

CONSEJO, *Council conclusions on the new EU Strategy towards the Eradication of Trafficking in Human Beings 2012-2016,* 25 de octubre de 2012.

CONSEJO, *Handbook on trafficking in human beings – indicators for investigating police forces,* 18 de marzo de 2015. 14630/2/14 REV 2.

CONSEJO, *Draft Council conclusions on setting the EU's priorities for the fight against organised and serious International crime between 2018 and 2021,* 12 de mayo de 2017. 8654/17.

CONSEJO, *Conclusiones del Consejo sobre la continuación permanente del ciclo de actuación de la UE contra la delincuencia organizada y las formas graves de delincuencia internacional EMPACT 2022+,* 26 de febrero de 2021. 6481/21.

CONSEJO, *Conclusiones del Consejo sobre la determinación de las prioridades de la UE para la lucha contra la delincuencia grave y organizada durante el ciclo 2022-2025 de la EMPACT,* 12 de mayo de 2021. 8665/21.

CONSEJO, *EMPACT Terms of Reference,* 17 de junio de 2021. 9921/21.

CONSEJO, *Council conclusions setting the EU's priorities for the fight against serious and organised crime for EMPACT 2022-2025–Council conclusions (9 March 2023),* 9 de marzo de 2023. 7107/23.

CONSEJO: «Comunicado de prensa. Directiva sobre diligencia debida de las empresas en materia de sostenibilidad: el Consejo da su aprobación definitiva» [en línea], (24 de mayo de 2024), <https://bit.ly/4cnoMD1>.

E.3. Comisión Europea

COMISIÓN EUROPEA, *Comunicación de la Comisión: «Integrar la igualdad de oportunidades entre hombres y mujeres en el conjunto de las políticas y acciones comunitarias»*, 21 de febrero de 1996. COM(96) 67 final.

COMISIÓN EUROPEA, *Comunicación de la Comisión al Consejo y al Parlamento Europeo: «Programa de La Haya: Diez prioridades para los próximos cinco años. Una asociación para la renovación europea en el ámbito de la libertad, la seguridad y la justicia»*, 10 de mayo de 2005. COM(2005) 184 final. DOUE C 236 de 24 de abril de 2005.

COMISIÓN EUROPEA, *Propuesta de Decisión Marco del Consejo relativa a la prevención y la lucha contra la trata de seres humanos, y a la protección de las víctimas, por la que se deroga la Decisión marco 2002/629/JAI,* 25 de marzo de 2009. COM(2009) 136 final.

COMISIÓN EUROPEA, *Comunicación de la Comisión al Consejo, al Parlamento Europeo, al Comité Económico y Social europeo y al Comité de las Regiones:*

«Justicia, Libertad y Seguridad en Europa desde 2005: Una evaluación del Programa de la Haya y del Plan de Acción», 10 de junio de 2009. COM(2009) 263 final.

COMISIÓN EUROPEA, *Comunicación de la Comisión al Parlamento Europeo y el Consejo: «Consecuencias de la entrada en vigor del Tratado de Lisboa sobre los procedimientos interinstitucionales de toma de decisiones en curso»*, 2 de diciembre de 2009. COM(2009) 665 final.

COMISIÓN EUROPEA, *Comunicación de la Comisión al Parlamento Europeo, al Consejo, al Comité Económico y Social europeo y al Comité de las Regiones. Garantizar el espacio de libertad, seguridad y justicia para los ciudadanos europeos. Plan de acción por el que se aplica el programa de Estocolmo*, 20 de abril de 2010. COM(2010) 171 final.

COMISSIÓN EUROPEA, *Comunicación de la Comisión al Parlamento Europeo, al Consejo, al Comité Económico y Social europeo y al Comité de las Regiones: «Estrategia de la UE para la erradicación de la trata de seres humanos (2012-2016)»*, 19 de junio de 2012. COM(2012) 286 final.

COMISIÓN EUROPEA, *Guidelines for the identification of victims of trafficking in human beings. Especially for Consular Services and Border Guards*, Oficina de Publicaciones de la Unión Europea, Luxemburgo, 2013.

COMISIÓN EUROPEA, *The EU rights of victims of trafficking in human beings*, Luxemburgo: Oficina de Publicaciones de la Unión Europea, Luxemburgo, 2013.

COMISIÓN EUROPEA, *Comunicación de la Comisión al Parlamento Europeo y al Consejo sobre la aplicación de la Directiva 2009/52/CE, de 18 de junio de 2009, por la que se establecen normas mínimas en materia de sanciones y medidas aplicables a los empleadores de nacionales de terceros países en situación irregular*, 22 de mayo de 2014. COM(2014) 286 final.

COMISIÓN EUROPEA, *Commission staff working document. Mid-term report on the implementation of the EU strategy towards the eradication of trafficking in human beings*, 17 de octubre de 2014. COM(2014) 635 final.

COMISIÓN EUROPEA, *Comunicación de la Comisión al Parlamento Europeo, al Consejo, al Comité Económico y Social Europeo y al Comité de las Regiones: «Una agenda Europea de Migración»*, 13 de mayo de 2015. COM(2015) 240 final.

COMISIÓN EUROPEA, *Comunicación de la Comisión al Parlamento Europeo, al Consejo, al Comité Económico y Social Europeo y al Comité de las Regiones: «Agenda Europea de Seguridad»*, 28 de abril de 2015. COM(2015) 185 final.

COMISIÓN EUROPEA, *Comunicación de la Comisión al Parlamento Europeo, al Consejo, al Comité Económico y Social Europeo y al Comité de las Regiones: «Comercio para todos. Hacia una política de comercio e inversión más responsable»*, 10 de octubre de 2015. COM(2015) 497 final.

COMISIÓN EUROPEA, *Propuesta de Reglamento del Parlamento Europeo y del Consejo relativo a la Agencia de Asilo de la Unión Europea y por el que se deroga el Reglamento (UE) 439/2010*, 4 de mayo de 2016. COM(2016) 271 final.

COMISIÓN EUROPEA, *Informe de la Comisión al Parlamento Europeo y al Consejo: «Informe sobre los progresos realizados en la lucha contra la trata de seres humanos (2016) con arreglo al artículo 20 de la Directiva 2011/36/UE relativa a la prevención y lucha contra la trata de seres humanos y a la protección de las víctimas»*, 19 de mayo de 2016. COM(2016) 267 final.

COMISIÓN EUROPEA, *Commission staff working document accompanying the document «Report from the Commission to the European Parliament and the Council. Report on the progress made in the fight against trafficking in human beings (2016) as required under Article 20 of Directive 2011/36/EU on preventing and combating trafficking in human beings and protecting its victims»*, 19 de mayo de 2016. SWD(2016) 159 final.

COMISIÓN EUROPEA, *Informe de la Comisión al Parlamento Europeo y al Consejo que evalúa la incidencia de la legislación nacional vigente que tipifica penalmente el uso de servicios que son objeto de explotación relacionada con la trata de seres humanos, en la prevención de la trata de seres humanos, de conformidad con el artículo 23, apartado 2, de la Directiva 2011/36/UE*, 2 de diciembre de 2016. COM(2016) 719 final.

COMISIÓN EUROPEA, *Informe de la Comisión al Parlamento Europeo y al Consejo sobre la adopción por los Estados miembro de las disposiciones necesarias para dar cumplimiento a lo dispuesto en la Directiva 2011/36/UE relativa a la prevención y lucha contra la trata de seres humanos y a la protección de las víctimas, de conformidad con su artículo 23, apartado* 1, 2 de diciembre de 2016. COM(2016) 722 final.

COMISIÓN EUROPEA, *Informe de la Comisión al Parlamento Europeo y al Consejo por el que se evalúa en qué medida los Estados miembro han tomado las medidas necesarias para cumplir la Directiva 2011/93/UE, de 13 de diciembre de 2011, relativa a la lucha contra los abusos sexuales y la explotación sexual de los menores y la pornografía infantil*, 16 de diciembre de 2016. COM (2016) 871 final.

COMISIÓN EUROPEA, *Comunicación de la Comisión al Parlamento Europeo, al Consejo, al Comité Económico y Social Europeo y al Comité de las Regiones relativa al cumplimiento de la Agenda Europea de Migración*, 27 de septiembre de 2017. COM(2017) 558 final.

COMISIÓN EUROPEA, *Commission staff working document: Best practices on the implementation of the hotspot approach*, 15 de noviembre de 2017. SWD(2017) 372 final.

COMISIÓN EUROPEA, *Comunicación de la Comisión al Parlamento europeo y al Consejo: «Informe de seguimiento de la estrategia UE para la erradicación de la trata de seres humanos y determinación de nuevas acciones concreta»*, 4 de diciembre de 2017. COM(2017) 728 final.

COMISIÓN EUROPEA. *Data collection on trafficking in human beings in the EU. Final report – 2018*, Oficina de Publicaciones de la Unión Europea, Luxemburgo, 2018.

COMISION EUROPEA, *Comunicación de la Comisión: «Informe sobre la aplicación de la Agenda Europea de Migración»*, 14 de marzo de 2018. COM(2018) 250 final.

COMISIÓN EUROPEA, *Informe de la Comisión al Parlamento Europeo y al Consejo: «Segundo informe sobre los progresos realizados en la lucha contra la trata de seres humanos (2018) con arreglo al artículo 20 de la Directiva 2011/36/UE relativa a la prevención y lucha contra la trata de seres humanos y a la protección de las víctimas*, 3 de diciembre de 2018. COM(2018) 777 final.

COMISIÓN EUROPEA, *Commission staff working document accompanying the document "Second report on the progress made in the fight against trafficking in human beings (2018) as required under Article 20 of Directive 2011/36/UE on preventing and combating trafficking in human beings and protecting its victims*, 3 de diciembre de 2018. SWD(2018) 473 final.

COMISIÓN EUROPEA, *Informe de la Comisión al Parlamento Europeo y al Consejo en el que se evalúa el marco de cooperación entre las unidades de inteligencia financiera*, 24 de julio de 2019. COM(2019) 371 final.

COMISIÓN EUROPEA, *Data collection of trafficking in human beings in the EU (2)*, Oficina de Publicaciones de la Unión Europea, Luxemburgo, 2020.

COMISIÓN EUROPEA, *Comunicación de la Comisión al Parlamento Europeo, al Consejo Europeo, al Consejo, al Comité Económico y Social Europeo y al Comité de las Regiones sobre la Estrategia de la UE para una Unión de Seguridad*, 24 de julio de 2020. COM(2020) 605 final.

COMISIÓN EUROPEA, *Comunicación de la Comisión al Parlamento Europeo, al Conejo, al Comité Económico y Social Europeo y al Comité de las Regiones relativa al Nuevo Pacto sobre Migración y Asilo*, 23 de septiembre de 2020. COM(2020) 609 final.

COMISIÓN EUROPEA, *Commission staff working document accompanying the document «Report from the Commission to the European Parliament and to the Council "Third report on the progress made in the fight against trafficking in human beings (2020) as required under Article 20 of Directive 2011/36/EU on preventing and combating trafficking in human beings and protecting its victims"*», 20 de octubre de 2020. SWD(2020) 226 final.

COMISIÓN EUROPEA, *Comunicación de la Comisión al Parlamento Europeo, al Consejo, al Comité Económico y Social europeo y al Comité de las Regiones sobre la estrategia de la UE en la lucha contra la trata de seres humanos,* 14 de abril de 2021. COM(2021) 171 final.

COMISIÓN EUROPEA, *Propuesta de Directiva del Parlamento Europeo y del Consejo sobre diligencia debida de las empresas en materia de sostenibilidad y por la que se modifica la Directiva (UE) 2019/1937,* 23 de febrero de 2022. COM(2022) 71 final.

COMISIÓN EUROPEA, *Comunicación de la Comisión al Parlamento Europeo, al Consejo Europeo, al Consejo, Al comité Económico y Social Europeo y al Comité de las Regiones: «Informe sobre el estado de Schengen 2022»*, 24 de mayo de 2022. COM(2022) 301 final.

COMISIÓN EUROPEA, *Propuesta de Reglamento del Parlamento Europeo y del Consejo por el que se prohíben en el mercado de la Unión los productos realizados con trabajo forzoso,* 14 de septiembre de 2022. COM(2022) 453 final.

COMISIÓN EUROPEA, *Propuesta de Directiva del Parlamento Europeo y del Consejo por la que se modifica la Directiva 2011/36/UE relativa a la prevención y lucha contra la trata de seres humanos y a la protección de las víctimas,* 19 de diciembre de 2022. COM(2022) 732 final.

COMISIÓN EUROPEA, *Commission staff working document "Statistics and trends in trafficking in human beings in the European Union in 2019-2020" accompanying the documents "Report from the Commission to the European Parliament, the Council, the European Economic and Social Committee and the Committee of the Regions. Report on the progress made in the fight against trafficking in human beings (Fourth Report),* 19 de diciembre de 2022. SWD(2022) 429 final.

COMISIÓN EUROPEA: «Together against Trafficking in Human Beings» [en línea], (2024), <https://bit.ly/2XsagTe>.

COMISIÓN EUROPEA: «European Travel Information And Authorisation System» [en línea], (s.f.), <https://bit.ly/4afigwR>.

E.4. Consejo Económico y Social Europeo

CONSEJO ECONÓMICO Y SOCIAL EUROPEO, *Dictamen del Comité Económico y Social Europeo sobre la «Prohibición en el mercado de la Unión de los productos realizados con trabajo forzoso» [COM(2022) 453 final]*, 14 de diciembre de 2022, 2023/C 140/13. DOUE C 140 de 21 de abril de 2023.

E.5. Parlamento Europeo

PARLAMENTO EUROPEO, *European Parliament resolution of 14 December 2017 on the implementation of Directive 2011/93/EU of the European Parliament and of the Council of 13 December 2011 on combating the sexual abuse and sexual exploitation of children and child pornography (2015/2129(INI))*, 2017. Disponible en: https://bit.ly/2Kf4yAN.

PARLAMENTO EUROPEO, *Resolución del Parlamento Europeo, de 4 de julio de 2018, titulada «Hacia una estrategia exterior de la Unión contra los matrimonios precoces y forzados: próximas etapas»*, (2017/2275(INI), 2018. Disponible en: https://bit.ly/2LdGRt8.

PARLAMENTO EUROPEO, *Amending Directive 2011/36/EU on preventing and combating trafficking in human beings and protecting its victims European Parliament legislative resolution of 23 April 2024 on the proposal for a directive of the European Parliament and of the Council amending Directive 2011/36/EU on preventing and combating trafficking in human beings and protecting its victims (COM(2022)0732 – C9-0431/2022 – 2022/0426(COD))*, 23 de abril de 2024. P9_TA(2024)0310.

PARLAMENTO EUROPEO, *European Parliament legislative resolution of 24 April 2024 n the proposal for a directive of the European Parliament and of the Council on Corporate Sustainability Due Diligence and amending Directive (EU) 2019/1937, (COM(2022)0071 – C9-0050/2022 – 2022/0051(COD))*, 24 de abril de 2024. P9_TA(2024)0329.

PARLAMENTO EUROPEO: «Legislative Observatory. 2022/0051(COD): Corporate Sustainability Due Diligence» [en línea], (s.f.), <https://bit.ly/44BbcJh>.

PARLAMENTO EUROPEO: «Legislative Observatory. 2022/0269(COD): Prohibiting products made with forced labor on the Union market» [en línea], (s.f.), <https://bit.ly/4dvWGXl>.

E.6. Eurojust

EUROJUST, *Strategic Project on Eurojust's action against trafficking in human beings. Final report and action plan*, 2012. Disponible en: https://bit.ly/3UVSnfC.

EUROJUST, *Implementation of the Eurojust Action Plan against THB 2012-2016. Final evaluation report*, 2017. Disponible en: https://bit.ly/3QXWYfV.

EUROJUST, *Informe anual de 2017*, 2018. Disponible en: https://bit.ly/2MfuYVB.

EUROJUST, *Eurojust report on trafficking in human beings. Best practice and issues in judicial cooperation*, La Haya, 2021. DOI: 10.2812/204451.

EUROJUST: «Trafficking in Human Beings» [en línea], (s.f.), <https://bit.ly/2YW4XAB>.

E.7. Europol

EUROPOL, *The THB Financial Business Model. Assessing the Current State of knowledge*, 2015.

EUROPOL: «Información sobre el JOT MARE» [en línea], (2015), <https://bit.ly/2zdUi7f>.

EUROPOL, *Situation report: Trafficking in human beings in the EU*, Europol Public Information, La Haya, 2016.

EUROPOL, *The challenges of countering human trafficking in the digital era*, Europol Operations Directorate, 2020.

EUROPOL: «EU Policy Cycle infographic» [en línea], (9 de diciembre de 2021), <https://bit.ly/30nrx25>.

EUROPOL, *SOCTA 2021. European Union Serious and Organised Crime Threat Assessment. A corrupting influence: The infiltration and undermining of Europe's economy and society by organised crime*, 2021. Disponible en: https://bit.ly/3Q5biD2.

EUROPOL: «Información sobre el centro operativo (OC)» [en línea], (2021), <https://bit.ly/2wH4xOL>.

EUROPOL: «Información sobre el EMSC» [en línea], (2022), <https://bit.ly/30ij0NU>.

EUROPOL: «Información sobre la red SIENA» [en línea], (2022), <https://bit.ly/2mUXvhQ>.

EUROPOL: «Información sobre el EU IRU» [en línea], (2022), <https://bit.ly/2MkOJrO>.

EUROPOL: «European Financial and Economic Crime Centre – EFECC» [en línea], (2023), <https://bit.ly/3UoafAL>.

EUROPOL: «La Plataforma de Expertos de Europol» [en línea], (2023), <https://bit.ly/2YQVGKT>.

EUROPOL: «Página web oficial sobre los proyectos de análisis operativos» [en línea], 2024, <https://bit.ly/2FXoDJn>.

EUROPOL: «Crime areas. Economic Crime. Money Laundering» [en línea], (s.f.), <https://bit.ly/2SID7o5>.

EUROPOL: «Financial Intelligence Units – UIF.NET» [en línea], (s.f.), <https://bit.ly/2tZ7dai>.

E.8. Frontex

FRONTEX: «News. 134 arrests in international action against trafficking in human beings» [en línea], (05 de julio de 2022), <https://bit.ly/43aZk01>.

FRONTEX, *Risk analysis for 2023/2024*, Varsovia, 2023. Disponible en: https://bit.ly/3Twq1ZH.

E.9. FRA

FRA; COMISIÓN EUROPEA, *Sistemas de tutela para los menores privados de cuidados parentales en la Unión Europea*, Oficina de Publicaciones de la Unión Europea, Luxemburgo, 2018. Disponible en: https://bit.ly/33p6oXx.

FRA, *Practical guidance on border controls and fundamental rights at external land borders*, Oficina de Publicaciones de la Unión Europea, Luxemburgo, 2020. Disponible en: https://bit.ly/3wzLAjA.

j. Otros

COMISIÓN EUROPEA: «Together Against Trafficking in Human Beings. EU Projects and Funding» [en línea], (s.f.), <https://bit.ly/2K2ljOl>.

COMISIÓN EUROPEA: «What is CISE?» [en línea], (s.f.), <https://bit.ly/44311wV>.

European Migrant Smuggling Centre, *5th Annual Report – 2021*, European Union Agency for Law Enforcement Cooperation, 2021. Doi: 10.2813/90877.

European Migrant Smuggling Centre, *6th Annual Report – 2022*, Publications Office of the European Union, Luxemburgo, 2022. Doi: 10.2813/61346.

EUROSTAT, «Trafficking in Human Beings», *Statistical working papers*, Luxembourg: Publications Office of the European Union, 2015.

EUAA, *Asylum Report 2022. Annual Report on the Situation of Asylum in the European Union.* Bulletin EUAA, Luxemburgo, 2022. Doi: 10.2847/500804.

GREGULSKA, J., HEALY, C., MAKULEC, A., PETRESKA, E., SAFIN, D., SMETEK, J., *Study on reviewing the functioning of Member States' National and Transnational Referral Mechanisms,* HOME/2018/ISFP/PR/THB/0000, Oficina de Publicaciones de la Unión Europea, Luxemburgo, 2020.

Joint report of the JHA agencies' network on the identification and protection of victims of human trafficking, 18 octubre 2021. Disponible en: https://bit.ly/3ROJva9.

VV. AA., *Study on comprehensive policy review of anti-trafficking projects funded by the European Commission. HOME/2014/ISFP/PR/THBX/0052. Final Report,* Publications Office of the European Union, Luxemburgo, 2016.

II. OTROS DOCUMENTOS

A. Declaraciones

Declaración de Estambul sobre el tráfico de órganos y el turismo de trasplante, firmada en Estambul entre el 30 de abril y el 2 de mayo de 2008.

Declaración de Bruselas sobre la prevención y el combate de la trata de seres humanos (2002), adoptada por la Conferencia de prevención y combate de la trata de seres humanos. Desafío global para el siglo XXI, Bruselas, 18 a 20 de septiembre de 2002.

B. Artículos periodísticos

ARCIA, M., «Cadena de suministro, qué es y cómo funciona», *Enterpreneur,* 2018.

DIEHN, S. A.: «EU forced labor ban lacks teeth», *DW* [en línea], (14 de septiembre de 2022), <https://bit.ly/44LgPEZ>.

C. Novelas

LOZANO, M., *El Proxeneta,* Editorial Alrevés, Barcelona, 2017.

D. Guías de criterios

Protocolo marco de protección de las víctimas de la trata de seres humanos, adoptado mediante acuerdo de 28 de octubre de 2011 por los Ministerios de Justicia, del Interior, de Empleo y Seguridad Social y de Sanidad, Servicios Sociales e Igualdad, la Fiscalía General del Estado y el Consejo General del Poder Judicial. Disponible en: https://bit.ly/48JBdqR.

MINISTERIO DE SANIDAD, SERVICIOS SOCIALES E IGUALDAD: «Plan integral de lucha contra la trata de mujeres y niñas con fines de explotación sexual 2015-2018» [en línea], (2015), <https://bit.ly/3wTkCng>. >.

E. Otros

FATF, *FATF Report. Operational Issues Financial Investigations Guidance,* 2012, p. 3. Disponible en: https://bit.ly/2Th2Nq1.

OSCE, *Ending exploitation. Ensuring that Businesses do not Contribute to Trafficking in Human Beings: Duties of the States and the Private Sector,* occasional paper series nº7, 2014.

REAL ACADEMIA ESPAÑOLA: «Diccionario de la lengua española. Efectividad» [en línea], (s.f.), <https://bit.ly/3Kb6FUy>.

REAL ACADEMIA ESPAÑOLA: «Diccionario de la lengua española. Proteger» [en línea], (s.f.), <https://bit.ly/2GnnYRZ>.

REAL ACADEMIA ESPAÑOLA: «Diccionario de la lengua española. Prevenir» [en línea], (s.f.), <https://bit.ly/3yEVwJ0>.

REAL ACADEMIA ESPAÑOLA: «Diccionario de la lengua española. Perseguir» [en línea], (s.f.), <https://bit.ly/4dR5kQs>.

STATEWATCH, *Explanatory note on the "hotspot" approach,* 2015, p. 3. Disponible en: https://bit.ly/3WOuskK.

CARIN NETWORK, *CARIN MANUAL, 5th Edition,* párr. 3.4.4, 2015. Disponible en: https://bit.ly/2M0OeG7.

CARIN NETWORK: *¿Quiénes somos?,* p. 1. Disponible en: https://bit.ly/2KvwvUd.

EIGE: «What is Gender Mainstreaming» [en línea], (s.f.), <https://bit.ly/2H4KooU>.

MINISTERIO DEL INTERIOR: «Plan Estratégico Nacional contra la trata y la explotación de seres humanos 2021-2023», [en línea], (2021), <https://bit.ly/3J8QnuZ>.

MINISTERIO DEL INTERIOR: «¿Cómo se detecta?» [en línea], (s.f.), <https://bit.ly/3U54dp1>.

MINISTERIO DEL INTERIOR: «Situación en España de la trata de seres humanos» [en línea], (s.f.), <https://bit.ly/3PCqw28>.

REFERENCIAS JURISPRUDENCIALES

I. TRIBUNAL PENAL INTERNACIONAL PARA LA ANTIGUA YUGOSLAVIA

Sentencia del TPIY de 22 de febrero de 2001, *Prosecutor v. Kunarac, Kovac and Vukovic,* caso IT-96-23 y IT-96-23/1.

II. TRIBUNAL EUROPEO DE DERECHOS HUMANOS

Sentencia del TEDH de 24 de junio de 1982, *Van Droogenbroeck c. Bélgica,* núm. 7906/77, ECLI:CE:ECHR:1982:0624JUD000790677.

Sentencia del TEDH de 23 de noviembre de 1983, *Van der Müssele c. Bélgica,* núm. 8919/80, ECLI:CE:ECHR:1983:1123JUD000891980.

Sentencia del TEDH de 26 de julio de 2005, *Siliadin c. Francia,* núm. 73316/01, ECLI:CE:ECHR:2005:0726JUD007331601.

Sentencia del TEDH de 7 de enero de 2010, *Rantsev c. Chipre y Rusia,* núm. 25965/04, ECLI:CE:ECHR:2010:0107JUD00259650.

Sentencia del TEDH de 21 de enero de 2016, *L. E. c. Grecia,* núm. 21884/15, ECLI:CE:ECHR:2017:0330JUD002188415.

Sentencia del TEDH de 20 de marzo de 2017, *Chowdury y otros c. Grecia,* núm. 21884/15, ECLI:CE:ECHR:2017:0330JUD002188415.

Sentencia del TEDH de 25 de junio de 2020, *S. M. c. Croacia,* núm. 60561/14, ECLI:CE:ECHR:2018:0719JUD006056114.

Sentencia del TEDH de 16 de febrero de 2021, *V. C. L. Y A. N. c. Reino Unido,* núm. 77587/12 y 74603/12, ECLI:CE:ECHR:2021:0216JUD007758712.

III. COMISIÓN EUROPEA DE DERECHOS HUMANOS

COMISIÓN EUROPEA DE DERECHOS HUMANOS, *Decisión de 5 de julio de 1977 sobre la admisibilidad del recurso* 7906/77, caso *Van Droogenbroeck c. Bélgica.*

IV. TRIBUNAL DE JUSTICIA DE LA UNIÓN EUROPEA

Sentencia del Tribunal de Justicia (Gran Sala) de 8 de abril de 2014, *Digital Rights Ireland Ltd, Kärntner Landesregierung, Michael Seitlinger, Christof Tschohl y otros,* C-293/12 y C-594/12, ECLI:EU:C:2014:238.

REFERENCIAS DOCTRINALES

I. MONOGRAFÍAS Y OBRAS GENERALES

ALLAIN, J., *The Slavery Conventions. The Travaux Préparatories of the 1926 League of Nations Convention and the 1956 United Nations Convention,* Martinus Nijhoff Publishers, Leiden, 2008.

—, *The Law and Slavery,* Martinus Nijhoff, Leiden, 2015.

ANDERSON, B., O'CONNELL DAVIDSON, J., *Trafficking-a Demand Led Problem? Part I: Review of Evidence and Debates,* Save the Children Sweden, Estocolmo, 2004.

BALES, K., *La nueva esclavitud en la economía global,* Siglo Veintiuno de España Editores, Madrid, 2000.

BARRY, K., *Esclavitud sexual de la mujer,* LaSal, D.L, Barcelona, 1988.

BROUWER, E., *Digital borders and real rights. Effective remedies for third-country nationals in the Schengen Information System,* Martinus Nijhoff Publishers, Leiden, 2008.

DE LEÓN VILLALBA, F. J., *Tráfico de personas e inmigración ilegal,* Tirant lo Blanch, Valencia, 2003.

GALLAGHER, A., *The International Law of Human Trafficking,* 2010.

GIMBERNAT ORDEIG, E., *Estudios de Derecho Penal,* Tecnos, Madrid, 1990.

GUITERREZ ZARZA, A., *Exchange of information and data protection in cross-border criminal proceedings in Europe*, Springer, Heidelberg, 2015.

JORDANA SANTIAGO, M., *El proceso de institucionalización de Eurojust y su contribución al desarrollo de un modelo de cooperación judicial penal en la Unión Europea*, Marcial Pons, Barcelona, 2018.

KARA, S., *Sex trafficking. Inside the business of Modern Slavery*, Columbia University Press, Nueva York, 2009.

KAUNERT, C., *European internal security. Towards supranational governance in the Area of Freedom, Security and Justice*, Manchester University Press, Manchester, 2010.

LABAYLE, H., BRUYCKER, P. D., *Hacia la negociación y aprobación del programa que sucederá al de Estocolmo en el período 2015-2019*, Bruselas, 2013.

MANGAS MARTÍN, A., LIÑÁN NOGUERAS, D. J., *Instituciones y Derecho de la Unión Europea*, 10a edición, Tecnos, Madrid, 2020.

MARICA, A, «Europol: Centros de Especialización (EC3, ECTC, EMSC)», *GESI: Grupo de Estudios en Seguridad Internacional*, Granada, 20/2017, 2017. Disponible en: https://bit.ly/30fUInv.

MILEVA, M., VELINOK, L., *Metodología de la investigación científica en la actividad jurídica*, Ministerio de Justicia, La Habana, 1988, p. 8 extraída de PAVÓ ACOSTA, R., «Las investigaciones sociojurídicas acerca de la eficacia y efectividad del Derecho: algunes alternatives metodológicas», *Revista Internacional Consinter de Direito*, 11, 2016, pp. 437-462.

MIR PUIG, S., *Derecho Penal. Parte General*, Reppetor, Barcelona, 2008, 7a edición.

MORGADES GIL, S., *De refugiados a rechazados. El Sistema de Dublín y el derecho a buscar asilo en la Unión Europea*, Tirant lo Blanch, Valencia, 2021.

SCARPA, S., *Trafficking in Human Beings: Modern Slavery*, Oxford University Press, Oxford, 2008.

SLOT B., DE SWART, L., DELEANU, I., MERKUS, E., LEVI, M., KLEEMANS, E., *Needs assessment on tools and methods of financial investigation on the European Union*, ECORYS, Wetenschappelijk Onderzoek- en Documentatiecentrum, Rotterdam, 2015.

VAVOULA, N., *Immigration and Privacy in the Law of the European Union. The case of Information Systems*, Series: Immigration and Asylum Law and Policy in Europe, 51, Brill | Nijhoff, La Haya, 2022.

VILLACAMPA ESTIARTE, C., *El delito de trata de seres humanos. Una incriminación dictada desde el derecho internacional*, Thomson-Aranzadi, Cizur Menor, 2011.

II. CAPÍTULOS DE LIBRO Y CONTRIBUCIONES EN OBRAS COLECTIVAS

AMBACH, P., «The ICC Reparations Scheme: Promise for Victims or Recipe for Failure? – A Critical Discussion of Joakim Dungel's Unpublished Article "Reparations and the ICC: Is the Court ready for the job?"», en AMBACH, P., BOSTEDT, F., DAWSON, G., KOSTAS, S., (eds.), *The protection of non-combatants during armed conflict and safeguarding the rights of victims in post-conflict society: Essays in honour of the life and work of Joakim Dungel*, Martinus Nijhoff Publishers, Leiden, 2015, pp. 455-521.

BADIA MARTÍ, A., «Noción jurídica internacional de la trata de personas, especialmente mujeres y niños», en VARGAS GÓMEZ-URRUTIA, M., SALINAS DE FRÍAS, A., (coords.), *Soberanía del Estado y derecho internacional: homenaje al profesor Juan Antonio Carrillo Salcedo*, Publicaciones de la Universidad de Córdoba – Universidad de Málaga, Sevilla, 2005, pp. 177-197.

BOEHM, F., «Chapter 8. Information sharing in the Area of Freedom, Security and Justice – Towards a common standard for data exchange between agencies and EU information systems», en GUTWIRTH, S., LEENES, R., DE HERT, P., POULLET, Y. (eds.), *European Data Protection: In Good Health?*, Springer, Londres, 2012, pp. 115 y ss.

BOUCHT, J., «European cooperation in financial investigations. An overview of the legal framework and future challenges», en DUREVIC, Z., IVICECIC, K., SHANAHAN, E. (eds.), *European Criminal Procedure Law in the Service of the Protection of European Union Financial Interests*, Croatian Association of European Criminal Law, Zagreb, 2016, pp. 119-131.

DEFLEM, M., «International Police cooperation against terrorism: Interpol and Europol in comparison», en DURMAZ, H., SEVINC, B., SAIT YAYLA A., EKICI, S. (eds.), *Understanding and Responding to Terrorism*, NATO Security through Science Series E: Human and Society Dynamics, 19, IOS Press, Amsterdam, 2007, pp. 17-25.

ECONOMIDES, C. P., «Chapter 26. Content of the obligation: obligations of means and obligations of result», en CRAWFORD, J., PELLET, A., OLLESON, S. (eds.), *The Law of International Responsibility*, Oxford University Press, Oxford, 2010, pp. 371-381.

ELLEBRECHT, S., «The European Border Surveillance System EUROSUR: The computerization, Standardization, and virtualization of border management in Europe», en VV. AA., *OSCE Yearbook 2013*, Nomos Verlagsgesellschaft mbH & Co. KG., Baden-Baden, 2013, pp. 231-244.

JEANDESBOZ, J. «Beyond the Tartar steppe: EUROSUR and the ethics of European border control practices», en BRUGESS, J. P., GUTWIRTH, S. (eds.), *A threat against Europe?*, VUBPRESS, Brussels University Press, Bruselas, 2011, pp. 111-133.

JORDANA SANTIAGO, M., «La lucha contra la trata en el contexto europeo: ¿Existe un sistema internacional de protección de víctimas verdaderamente respetuoso con los derechos humanos?», en SOROETA LICERAS, J. (dir.), ALONSO MOREDA, N. (ed.), *Anuario de los cursos de derechos humanos de Donostia-San Sebastián*, vol. XX, Tirant lo Blanch, Valencia, 2021, pp. 331-355.

KUSTER, B., TSIANOS, V. S., «How to liquefy a body on the move: Eurodac and the Making of the European Digital Border», en BOSSONG, R., CARRAPICO, H., (eds.), *EU Borders and Shifting Internal Security*, Springer International Publishing Switzerland, Cham, 2016, pp. 45-63.

LAFONT SICUESA, L., «Aspectos represivos, procesales y de protección que una futura ley integral debiera abordar», en VILLACAMPA ESTIARTE, C (dir.), PLANCHADELL GARGALLO, A. (coord.), *La trata de seres humanos tras un decenio de su incriminación. ¿Es necesaria una ley integral para luchar contra la trata y la explotación de seres humanos?*, Tirant lo Blanch, Valencia, 2022, pp. 51-84.

MARIN, L., «Is Europe turning into a "technological fortress"? Innovation and technology for the management of EU's external borders: Reflections on FRONTEX and EUROSUR», en HELDEWEG, M. A., KICA, E., (eds.), *Regulating Technological Innovation*, Palgrave Macmillan, Londres, 2011, pp. 131-151.

MONAR, J., «The Area of Freedom, Security and Justice», en VON BODGANDY A., BAST, J. (eds.), *Principles of European Constitutional Law*, 2a ed., Hart Publishing Ltd, Oxford, 2010.

MORGADES GIL, S., «La cooperación de los Estados miembro en la segunda fase de la política europea común de asilo: el papel de la Oficina de Apoyo al Asilo», en DONAIRE VILLA, F. J., OLESTI RAYO, A., *Técnicas y ámbitos de coordinación en el espacio de libertad, seguridad y justicia*, Marcial Pons, Barcelona, 2015, pp. 197-227.

NICOLÁS, G., «Migraciones femeninas y Trabajo sexual. Concepto de Trabajo precario versus tráfico de mujeres», en BERGALLI, R. (coord.), *Flujos migratorios y su (des)control. Puntos de vista pluridisciplinarios*, Anthropos, Barcelona, 2006, pp. 229-260.

NOVAK-IRONS, F., «Unable to return? The protection of victims of trafficking in need of international protection», en PIOTROWICZ, R.,

RIJKEN, C., UHL, B. H. (eds,), *Routledge Handbook of Human Trafficking*, Routledge, Abindgdon, 2018, pp. 198-212.

ORTEGA GÓMEZ, M., «La trata de seres humanos en el derecho de la Unión Europea», en DONAIRE VILLA, F. J.; OLESTI RAYO, A. (coords.), *Técnicas y ámbitos de coordinación en el Espacio de Libertad, Seguridad y Justicia*, Marcial Pons, Madrid, 2015, pp. 181-196.

PEERS, S., «EU Immigration and Asylum Law», en PATTERSON, D., SÖDERSTEN, A., *A companion to European Union Law and International Law*, Ed. John Wiley and Sons, Ltd, Chichester, 2016, pp. 591-533.

PÉREZ ENCISO, P., «El Sistema de Coordinación Nacional de Eurojust», en GUTIÉRREZ ZARZA, M. A., *Los retos del espacio de Libertad, Seguridad y Justicia de la Unión Europea. Reunión anual ReDPE 2016*, Wolters Kluwer, Madrid, 2017, pp. 11 y ss.

PÉREZ GONZÁLEZ, C., «De Frontex a la Agencia Europea de la Guardia de Fronteras y Costas», en BLASI CASAGRAN, C., ILLAMOLA DAUSÀ, M., (coords.), *El control de las agencias del Espacio de Libertad, Seguridad y Justicia. Contrapeso necesario a su autonomía*, Marcial Pons, Barcelona, 2016, pp. 191-210.

PIOTROWICZ, R., «Trafficking of Human Beings ant their Human Rights in Migration Context», en CHOLWEINSKI, R., PERRUCHOUD, R., MACDONALD, E., *International Migration Law – Developing paradigms and Key Challenges*, Springer, Basilea, 2007, pp. 275-291.

RAETS, S., JANSSENS, J., «The financial approach to tackling trafficking in human beings», en SHENTOV, O., RUSEV, A., ANTONOPOULOS, G. (eds.), *Financing of Organised Crime. Human trafficking in focus*, Centre for the Study of Democracy, Sofia, 2019, pp. 97-109. Disponible en: https://bit.ly/33axfXc.

SANAHUJA, J. A., «La Unión Europea y la crisis de los refugiados: fallas de gobernanza, securitización y "diplomacia de chequera"», en MESA, M. (coord..), *Retos inaplazables en el sistema internacional. Anuario 2015-2016*, Fundación Cultura de Paz, Madrid, 2017, pp. 71-107.

SOBRINO HEREDIA, J. M., «Comentario al art. 5 "Prohibición de la esclavitud y del Trabajo forzado"», en MANGAS MARTÍN, A. (dir.), *Carta de los Derechos Fundamentales de la Unión Europea. Comentario artículo por artículo*, Fundación BBVA, Bilbao, 2008, pp. 178-194.

VAN DEN WYNGAERT, C., «Eurojust and the European Public Prosecutor in the *Corpus Juris* model: Water and FIRE?», en WALKER, N. (ed.), *Europe's Area of Freedom, Security and Justice*, Oxford University Press, Oxford, 2004, pp. 206 y ss.

VILLACAMPA ESTIARTE, C., TORRES ROSELL, N., «Trata de seres humanos para explotación criminal: Efectos sufridos por las víctimas a su paso por el sistema de justicia penal», en MERCADO PACHECHO, P., *et al.*, *Formas contemporáneas de esclavitud y derechos humanos en clave de globalización, género y trata de seres humanos,* Tirant lo Blanch, Valencia, 2020, pp. 731-758.

ZAPATER DUQUE, E., «El impacto de la dimensión exterior en el Espacio de Libertad, Seguridad y Justicia: análisis del Programa de Estocolmo a través de su plan de acción», en MARTÍN Y PÉREZ DE NANCLARES, J. M. (coord.), *La dimensión exterior del Espacio de Libertad, Seguridad y Justicia de la Unión Europea,* Iustel, Madrid, 2012, pp. 49-86.

III. ARTÍCULOS EN REVISTAS

ACIÉN GONZÁLEZ, E., CHECA OLMOS, F., «La actualidad del abordaje de la trata de personas para la prostitución forzada en España. El Plan Integral y sus implicaciones para trabajadoras del sexo inmigradas», *Gazeta de Antropología,* 27(1), 2011, artículo 08.

ADEN, H., «Interoperability between EU Policing and Migration Databases: Risks for privacy», *European Public Law,* 26(1), 2020, pp. 93-108.

ALLAIN, J., «A review of "Trafficking in Human Beings: Modern Slavery" by Silvia Scarpa», *European Journal of International Law,* 20, 2009, pp. 453-457.

—, «On the Curious Disappearance of Human Servitude from General International Law», *Journal of the History of International Law,* 11(2), 2009, pp. 303-332.

ALONSO MOREDA, N., «Eurojust, a la vanguardia de la cooperación judicial en materia penal en la Unión Europea», *Revista de Derecho Comunitario Europeo,* 41, 2012, pp. 119-157.

ARCHILLI, L., «Irregular Migration to the EU and Human Smuggling in the Mediterranean. The Nexus between Organized Crime and Irregular Migration», *Dossier: Mobility and Refugee crisis in the Mediterranean, IEMed, Mediterranean Yearbook 2016,* 2016, pp. 98-101.

ARONOWITZ, A. A., «Smuggling and trafficking in human beings: the phenomenon, the market that drive it and the organisations that promote it», *European Journal on Criminal Policy and Research,* 9(2), 2001, pp. 163-195.

ARONOWITZ, A. A., KONING, A., «Understanding human trafficking as a market system: addressing the demand side of trafficking for sexual exploitation», *International Review of Penal Law,* 85, 2014, pp. 669-696.

AU-YONG OLIVEIRA, A., «Recent developments of interoperability in the EU Area of Freedom, Security and Justice: Regulations (EU) 2019/817 and 2019/818», *UNIO-EU Law Journal*, 5(2), 2019, pp. 128-135.

BAKIRCI, K., «Human trafficking and forced labour: A criticism of the International Labour Organisation», *Journal of Financial Crime*, 16(12), 2009, pp. 160-165.

BALZACQ, T., «The Policy Tools of Securitization: Information Exchange, EU Foreign and Interior Policies», *Journal of Common Market Studies*, 46, 2007, pp. 75-100.

BELLANOVA, R., DUEZ, D., «A different view on the "making" of European security: The EU Passenger Name Record System as a socio-technical assemblage», *European Foreign Affairs Review*, 17(2), 2012, pp. 109-124.

BIGO D. *et al.*, «The EU Counter-Terrorism policy responses to the attack in Paris. Towards an EU Security and Liberty Agenda», *CEPS Paper in Liberty and Security in Europe*, 81, 2015.

BLANCO QUINTANA, M. J., «Crónica legislativa. La comunicación de antecedentes penales entre los Estados. El Sistema Europeo de Información de Antecedentes Penales (ECRIS)», *Boletín del Ministerio de Justicia*, año LXVII, 2155, 2013, p. 13-16. Disponible en: https://bit.ly/3Qgv52j.

BLANCO PÉREZ-RUBIO, L., «Obligaciones de medios y obligaciones de resultado: ¿tiene relevancia jurídica su distinción?», *Cuadernos de Derecho Transnacional*, 6(2), 2014, pp. 50-74.

BLASI CASAGRAN, C., «Límites del derecho europeo de protección de datos en el control de fronteras de la UE», *Revista CIDOB d'Afers Internacionals*,111, 2015, pp. 127-151.

—, «El Reglamento europeo de Europol: un nuevo marco jurídico para el intercambio de datos policiales en la UE», *Revista General de Derecho Europeo*, 40, 2016, pp. 202-221.

—, «El papel de Europol en la lucha contra el tráfico de migrantes y la trata de seres humanos», *Revista de Derecho Comunitario Europeo*, 59, 2018, pp. 333-357.

BLÁZQUEZ PEINADO, M. D., «El derecho de la libre circulación y residencia de los ciudadanos de la Unión y de los miembros de su familia, últimos desarrollos normativos: la Directiva 2004/38/CE de 29 de abril», *Gaceta jurídica de la Unión Europea y de la competencia*, (233), 2004, pp. 18-32.

—, «La Directiva 2012/29/UE, ¿Un paso adelante en materia de protección a las víctimas en la Unión Europea?», *Revista de Derecho Comunitario Europeo*, (46), 2013, pp. 897-934.

BLOCK, L., «EU joint investigation teams: Political ambitions and police practices», *Cross-border law enforcement: Regional law enforcement cooperation-European, Australian and Asia-Pacific perspectives*, 2012, pp. 87-107.

BROEDERS, D., «The new digital borders of Europe. EU Databases and the surveillance of irregular migrants», *International Sociology*, 22, 2017, pp. 71-92.

BROUWER, E., «The EU Passenger Name Record (PNR) system and human rights: Transferring passenger data or passenger freedom?», *CEPS Working document*, 320, 2009.

—, «Schengen and the Administration of Exclusion: Legal Remedies Caught in between Entry Bans, Risk Assessment and Artificial Intelligence», *European Journal of Migration and Law*, 23, 2021, pp. 485-507.

BUCZMA, S. R., «ECRIS – A step leading to the establishment of a coherent European platform for exchange of information – Remarks from a Polish perspective», *ERA Forum (2011)*, 12, 2011, pp. 465-478.

—, «An overview of the law concerning protection of victims of crime in the view of adoption of the Directive 2012/29/EU establishing minimum standards on the rights, support and protection of victims of crime in the European Union», *ERA Forum*, 14, 2013, pp. 235-250.

BUDIAMI-SABERI, D., COLUMB, S., «A human rights approach to Human Trafficking for Organ Removal», *Med Health care and Philos*, 16, 2013, pp. 879-914.

BUENO, N., BERNAZ, N., HOLLY, G., MARTIN-ORTEGA, O., «The EU Directive on Corporate Sustainability Due Diligence (CSDDD): The Final Political Compromise», Business and Human Rights Journal, 2024, p. 1-7. Disponible en: https://doi.org/10.1017/bhj.2024.10.

BUONO, L., «From Tampere to The Hague and beyond: towards the Stockholm Programme in the area of freedom, security and justice», *ERA Forum*, 10, 2009, pp. 333-342.

BURKE, C., «Smuggling versus Trafficking: Do the U.N Protocols have it right? », *Topical Research Digest: Human Rights and Human Trafficking*, Josef Korbel School of International Studies, University of Denver, 2008, pp. 104-119.

BUSUIOC, M., GROENLEER, M., «Beyond design. The evolution of Europol and Eurojust», *Amsterdam Centre for European Law and Governance. Working paper series*, 2011 – 03, 2011, pp. 1-33.

CAMPANA, P., VARESE, F., «Exploitation in human trafficking and smuggling», *European Journal on Criminal Policy and Research*, 22(19), 2016, pp. 89-105.

CARRERA, S., GUILD, E., «Does the Stockholm Programme matter? The struggles over ownership of AFSJ multiannual programming», *CEPS Paper in Liberty and Security in Europe,* (51), 2012, pp. 1-40.

CHACÓN, J. M., «Tensions and trade-offs: protecting trafficking victims in the era of immigration enforcement», *University of Pennsylvania Law Review,* 158, 2010, pp. 1609-1653.

CHIRU, M., STOIAN, V., «Liberty: Security dilemmas and party cohesion in the European Parliament», *Journal of Common Market Studies,* 57(5), 2019, pp. 1-18.

CULLEN, H., «*Siliadin v France*: Positive Obligations under Article 4 of the European Convention on Human Rights», *Human Rights Law Review,* (3), 2006, pp. 585-592.

CYRUS, N., VOGEL, D., «Demand arguments in debates on Trafficking in Human Beings: Using an historical and economic approach to achieve conceptual clarification», *DemandAT Working Paper nº 1,* 2015.

DAICH, D., «¿Abolicionismo o reglamentarismo? Aportes de la antropología feminista para el debate local sobre la prostitución», *Runa,* 33(1), 2012, pp. 71-84.

DAUNIS RODRÍGUEZ, A., «Sobre la urgente necesidad de una tipificación autónoma e independiente de la trata de personas», *InDret,* 1/2010, 2010.

DE BRUYCKER, P., «The European Border and Coast Guard: A new model built on an old logic», *European Papers,* 1(2), 2016, pp. 556-569.

DE LA ORDEN BOSCH, G., «Pre-entry screening and border procedures as new detention landscape in the EU Pact on migration and asylum. The Spanish borders as a laboratory for immobility policies», Peace & Security – Paix et Sécurité Internationales, (12), 2024.

DEL VALLE GÁLVEZ, A. «La refundación de la libre circulación de personas, Tercer Pilar y Schengen: el espacio europeo de libertad, seguridad y justicia», *Revista de Derecho Comunitario Europeo,* 3, 1998, pp. 41-78.

—, «Los refugiados, las fronteras exteriores y la evolución del concepto de frontera internacional», *Revista de Derecho Comunitario Europeo,* (55), 2016, pp. 759-777.

DEN HEIJER, M., RIJPMA, J., SPIJKERBOER, T., «Coercion, prohibition and great expectations: the continuing failure of the Common European Asylum System», *Common Market Law Review,* 53(3), 2016, pp. 607-642.

DERENCINOVIC, D., «Comparative perspectives on non-punishment of victims of trafficking in human beings», *Annales XLVI,* (63), 2014, pp. 3-20.

DIEZ VELASCO, I., «La protección de personas víctimas de trata en el anteproyecto de Ley Orgánica integral contra la trata y la explotación de seres humanos: el caso de la infancia y las personas solicitantes de asilo», *IgualdadES,* 8, 2023, pp. 141-168.

ECRE et al., *The implementation of the hotspots in Italy and Greece. A study,* Dutch Council for Refugees, Amsterdam, 2016. Disponible en: https://bit.ly/4e9mYyQ, extraído de MORENO-LAX, V., «Crisis as (Asylum) Governance: The Evolving Normalisation of Non-Access to Protection in the EU», *Queen Mary Law Research,* paper n. 423/2024, 2024, p. 10.

ELLIOT, J., «(Mis)Identification of Victims of Humans Trafficking: The case of *R v. O*», *International Journal of Refugee Law,* 21, 2009, pp. 727-741.

ESCALADA LÓPEZ, M. L., «Los instrumentos de cooperación judicial europea: hacia una futura fiscalía europea», *Revista de Derecho Comunitario Europeo,* 47, 2014, pp. 89-127.

EL RAHWAN, A., «Artificial intelligence and ineroperability for solving challenges of onsite and cross-border investigations», *European Law Enforcement Research Bulletin,* special conference edition 6, 2022.

ESTEVE GARCIA, F., «The search and rescue tasks coordinated by the European Border and Coast Guard Agency (Frontex) regarding the surveillance of external maritime borders», *Peace & Security - Paix et Sécurité Internationales,* 5, 2017, pp. 93-116.

EUSTACE, A., «The European Union's Forced Labour Regulation: Putting the "Brussels Effect" to work for international labour standards», *European Labour Law Journal,* 15(1), 2023, pp. 1-22.

FARALADO CABANA, P., «Improving the recovery of assets resulting from organised crime», *European Journal of Crime, Criminal Law and Criminal Justice,* 22, 2016, pp. 13-32.

FAZEKAS, M., NANOPOULOS, E., «The effectiveness of EU law: insight from the EU legal framework on asset confiscation», *European Journal of crime, criminal law and criminal justice,* 24(1), 2016, pp. 39-64.

FERNÁNDEZ BESSA, C., «MOVILIDAD BAJO SOSPECHA. El conveniente vínculo entre inmigración y criminalidad en las políticas migratorias de la Unión Europea», *REMHU – Revista Interdisciplinar da Mobilidade Humana,* 18, 2010, pp. 137-154.

FERNÁNDEZ ROJO, D., «La detención de extranjeros en situación irregular: impacto de la Directiva 2008/115/CE y la jurisprudencia del TJUE en la legislación española», *Revista de Derecho Comunitario Europeo,* (53), 2016, pp. 233-258.

—, «Reglamento 2016/1624: de Frontex a la Guardia Europea de Fronteras y Costas, *Revista General de Derecho Europeo,* 41, 2017, pp. 223-251.

—, «Los *hotspots*: expansión de las tareas operativas y cooperación multilateral de las agencias europeas Frontex, EASO y Europol», *Revista de Derecho Comunitario Europeo,* 61, 2018, pp. 1013-1056.

—, «Los poderes ejecutivos de la Guardia Europea de Fronteras y Costas: del Reglamento 2016/1624 al Reglamento 2019/1896», *Revista Catalana de Dret Públic,* 60, 2020, pp. 181-195.

FERRARO, F., DE CAPITANI, E., «The new European Border and Coast Guard: yet another "half way" EU reform?», *ERA Forums,* 17, 2016, pp. 385-398.

FERRERO TURRIÓN, R.; PINYOL JIMÉNEZ, G., «La mal llamada "crisis de refugiados" en Europa: crisis, impactos y retos para la política de inmigración y asilo de la Unión Europea», *Documentación social 180,* 2016, pp. 49-69.

FERWEDA, J., «The economics of crime and Money laundering: Does anti-money-laundering policy reduce crime?», *Review of Law & Economics,* 5/2, 2008, pp. 903-929.

FOUNTAIN, J. E., «The moon, the ghetto and artificial intelligence: Reducing systemic racism in computational algorithms», *Government Information Quarterly,* 39(2), 2022.

FRICK, T. A., «Virtual and cryptocurrencies – regulatory and anti-money laundering approaches in the European Union and Switzerland», *ERA Forum,* 20(1), 2019, pp. 99-112.

GALLAGHER, A., «Human rights and the new UN Protocols on Trafficking and Migrant Smuggling: A Preliminary Analysis», *Human Rights Quarterly,* 23, 2001, p. 975-1004.

—, «Trafficking, smuggling and human rights: tricks and treaties», *Forced Migration Review,* 12(25), 2002, pp. 8-36.

—, «Recent Legal Developments in the Field of Human Trafficking: A Critical Review of the 2005 European Convention and Related Instruments», *European Journal of Migration and Law,* (8), 2006, pp. 163-189.

GALLAGHER, A., HOLMES, P., «Developing an Effective Criminal Justice Response to Human trafficking», *International Criminal Justice Review,* 18(3), 2008, pp. 318-343.

GARCÍA MAHAMUT, R., «Reflexiones constitucionales sobre el reasentamiento de refugiados: El régimen jurídico del reasentamiento en Canadá y en España a la luz de la nueva ley de asilo y de la protección subsidiaria», *Revista de Derecho Político,* 78, 2010, pp. 43-93.

GARCÍA RODRÍGUEZ, M. J., «El nuevo estatuto de las víctimas del delito en el proceso penal según la Directiva europea 2012/29/UE, de 25 de octubre, y su transposición al ordenamiento jurídico español», *Revista electrónica de Ciencia Penal y Criminología,* 18-24, 2016, pp. 1-84.

GARCÍA VARA, A., «El papel de Eurojust y la Red Judicial Europea en la lucha contra la delincuencia», *Derecho y cambio social,* 2015, pp. 1-26.

GARCÍA VÁZQUEZ, S., «Inmigración ilegal y trata de personas en la Unión Europea: la desprotección de las víctimas», *Revista de Derecho Constitucional Europeo,* 10, 2008, pp. 231-274.

GEDDES, A., «Getting the best of both worlds? Britain, the EU and migration policy», *International Affairs,* 81, 2005, pp. 723-740.

GILMORE, W., MITSILEGAS, V., «The EU legislative framework against money laundering and terrorist finance: A critical analysis in the light of Evolving Global Standards», *International and Comparative Law Quarterly,* 56, 2007, pp. 119-141.

GODENAU, D., BURASCHI, D., «Irregular maritime migrations: islands in the network routes», *Factsheet OBITen_02,* 2019, pp. 1-8. Disponible en: https://bit.ly/2OFiXdN.

GODINHO SILVA, P., «Recent developments in EU legislation on anti-money laundering and terrorist financing», *New Journal of European Criminal Law,* 10(1), 2019, pp. 57-67.

GOODEY, J., «Human trafficking: Sketchy data and policy responses», *Criminology & Criminal Justice,* 8(4), 2008, pp. 421-442.

GROMEK-BROC, K., «EU Directive on preventing and combating trafficking in human beings and protecting its victims: Will it be effective?», *Nova et Vetera,* 20(64), 2011, pp. 227-238.

GUILD, E., COSTELLO, C., GARLICK, M., MORENO-LAX, V., «Enhancing the Common European Asylum System and alternatives to Dublin», *CEPS Paper in Liberty and Security in Europe,* Research paper 83, 2015. Disponible en: https://bit.ly/4a3eDKF.

HATZOPOULOS, V., «With or without you... judging politically in the field of Area of Freedom, Security and Justice», *European Law Review,* 33(1), 2008, pp. 44-65.

HAXHI S. *et al,* «The role of security sector actors in addressing the demand-side of Human Trafficking», *DemandAT Working Paper nº 11,* 2017. Disponible en: https://bit.ly/2JQf9C8.

HEIM, D., «Prostitución y derechos humanos», *CEFD, Cuadernos Electrónicos de Filosofía del Derecho,* 23, 2011, pp. 234-251.

HEINRICH, K. H., «Ten year after the Palermo Protocol: Where are protections for human trafficking victims?», *Human Rights Brief,* 18(1), 2010, pp. 2-5.

HELLER, C., JONES, C., «Eurosur: saving lives or reinforcing deadly borders?», *Statewatch Journal. Reflection on the state and civil liberties in Europe,* 23, 2014, pp. 9-12.

HELMBERG, M., «Eurojust and Joint Investigation Teams: How Eurojust can support JITs», *ERA Forum (2007),* 2007, pp. 245-251.

HOFFBERGER-PIPPAN, E., «The interoperability of EU Information Systems and Fundamental Rights concerns», *Spanish Yearbook of International Law,* 23, 2019, pp. 426-450. DOI: 10.17103/sybil.23-4.

ILLAMOLA DAUSÀ, M., «EU-LISA, el nuevo modelo de gestión operativa de las distintas bases de datos de la UE», *Revista CIDOB d'Afers Internacionals,* 111, 2015, pp. 105-126.

ÍÑIGO ÁLVAREZ, L., «Luces y sombras de la propuesta de Directiva sobre diligencia debida de las empresas en materia de sostenibilidad y especial consideración de las personas defensoras», *Working paper nº 5. Institut Català Internacional per la Pau,* 2023. Disponible en: https://bit.ly/3Wsg9lL.

JÄGERS, N., RIJKEN, C., «Prevention of Human Trafficking for labour exploitation: the role of corporations», *Northwestern Journal of International Human Rights,* 12, 2014, pp. 47-73.

JIMÉNEZ CORTÉS, C., «La lucha de la UE contra el actual crimen organizado: un reto esencial... pero difícil», *Revista CIDOB d'Afers Internacionals,* 111, 2015, pp. 35-56.

JORDANA SANTIAGO, M., «La lucha contra la trata en la UE: los retos de la cooperación judicial transfronteriza», *Revista CIDOB d'Afers Internacionals,* 111, 2015, pp. 57-77.

—, «La esperada reforma de la Agencia de la Unión Europea para la cooperación judicial penal (EUROJUST). Comentario del Reglamento (UE) 2018/1727 del Parlamento Europeo y del Consejo, de 14 de noviembre de 2018», *Revista General de Derecho Europeo,* 48, 2019.

KAUNERT, C., OCCHIPINTI, J. D., LÉONARD, S., «Supranational governance in the Area of Freedom, Security and Justice after the Stockholm Programme», *Cambridge Review of International Affairs,* 27(1), 2014, pp. 39-47.

KELEMEN, K., JOHANSSON, M. C., «Still neglecting the demand that fuels human trafficking: A study comparing the Criminal Laws and Practice of five European States on Human Trafficking, purchasing sex from trafficked adults and from minors», *European Journal of Crime, Criminal Law and Criminal Justice*, 21, 2013, pp. 247-289.

KENT, A., «The proposed EU Corporate Sustainability Due Diligence Directive», *Journal du Droit Transnational*, 0, 2023, pp. 2-7.

KLIMEK, L., «Joint Investigation Teams in the European Union», *Internal Security*, enero-junio, 2012, pp. 63-77.

KLIVINGTON, J., DAY, S., WARD, H., «Prostitution policy in Europe: a time of change?», *Feminist Review*, (67), 2001, pp. 78-93.

KOKA, E., VESHI, D., «Irregular Migration by Sea: Interception and rescue interventions in light of International Law and the EU Sea Borders Regulation», *European Journal of Migration and Law*, 21, 2019, pp. 26-52.

KUIJPER, P. J., «The evolution of the Third Pillar from Maastricht to the European Constitution: Institutional aspects», *Common Market Law Review*, 41(2), 2004, pp. 609-626.

KUZMA, A. L., «Demand reduction: critical next step in the fight against sex trafficking», *International Law News*, 42(4), 2013, pp. 27-30.

LAFARRE, A., «The proposed corporate sustainability due diligence Directive: Corporate liability design for social harms», *European Business Law Review*, 34(2), 2023, pp. 213-240.

LANGFORD, L., «The other euro crisis: rights violations under the Common European Asylum System and the unravelling of EU solidarity», *Harvard Human Rights Journal*, 26, 2013, pp. 217-264.

LEESE, M., «Fixing State Vision: Interoperability, Biometrics, and Identity Management in the EU», *Geopolitics*, 27, 1, 2022, pp. 113-133.

LÉONARD, S., «EU border security and migration into the European Union: Frontex and securitisation through practises», *European Security*, 19:2, 2010, pp. 231-254.

LLORENTE SÁNCHEZ-ARJONA, M., «Las víctimas en el espacio judicial europeo: estudio de la Directiva 2012/29/UE, de 25 de octubre de 2012», *REJ – Revista de Estudios de la Justicia*, (22), 2015, pp. 119-141.

LÓPEZ FERNÁNDEZ, C., «Obligaciones de medios y de resultado», *Revista de la Facultad de Derecho*, (18), 2000, pp. 97-132.

LOSCHI, C., SLOMINSKI, P., «The EU hotspot approach in Italy: strengthening agency governance in the wale of the migration crisis», *Journal of European Integration*, 44(6), 2022, pp. 769-786.

LUCEA SÁENZ, A., «La lucha contra la trata de seres humanos en la Unión Europea», *Aequalitas, Revista Jurídica de Igualdad de oportunidades entre hombres y mujeres,* (32), 2013, pp. 6-15.

MARTÍNEZ ESCAMILLA, M., «La inaplazable necesidad de un procedimiento de identificación de las víctimas de trata. Especial consideración al Anteproyecto de Ley Orgánica integral contra la trata y la explotación de seres humanos, aprobado en el Consejo de Ministros de 29 de noviembre de 2022», *Revista Sistema Penal Crítico,* 4, 2023, pp. 1-32.

MATA BARRANCO, N. de la, «Criminalidad organizada en la Unión Europea: criminalidad económica y criminalidad sexual», *Cuaderno del Instituto Vasco de Criminología,* (15), 2001, pp. 39-61.

MÁTYÁS, S., FRIGYER, L., NYITRAI, E., «Asset recovery proceedings and investigation», *Часопис Національного університету «Острозька академія». Серія «Право»,* 2(14), 2016.

MAYORDOMO RODRIGO, V., «Nueva regulación de la trata, el tráfico ilegal y la inmigración clandestina de personas», *Estudios Penales y Criminológicos,* 31, 2011, pp. 325-390.

MESTRE MESTRE, R., «Trabajo sexual, igualdad y reconocimiento de derechos», en SERRA CRISTÓBAL, R. (coord.), *Prostitución y trata. Marco jurídico y régimen de derechos,* Tirant lo Blanch, Valencia, 2007, pp. 13-42.

—, «La jurisprudencia del TEDH en materia de trata de seres humanos y la necesidad de regresas a las categorías jurídicas de esclavitud, servidumbre y trabajo forzado, *RELIES: Revista del Laboratorio Iberooamericano para el Estudio Sociohistórico de las Sexualidades,* (4), 2020, pp. 208-226.

MILANO V., «Protección de las víctimas de trata con fines de explotación sexual: estándares internacionales en materia de enfoque de derechos humanos y retos relativos a su aplicación en España», *Revista Electrónica de Estudios Internacionales,* (32), 2016, pp. 1-54, p. 9.

MIRIAM, K., «Stopping the traffic in women: power, agency and abolition in feminist debates over sex-trafficking», *Journal of Social Philosophy,* 36, 2005, pp. 1-17.

MITSILEGAS, V., VAVOULA, N., «The evolving EU Anti-Money Laundering regime: Challenges for Fundamental Rights and the rule of law», *Maastricht Journal of European and Comparative Law,* 23(2), 2016, pp. 261-293.

MONAR, J., «The EU's Externalisation of Internal Security Objectives: Perspectives after Lisbon and Stockholm», *The International Spectator. Italian Journal of International Affairs,* 45, 2010, pp. 23-39.

—, «Eurojust and the European Public Prosecutor perspective: From cooperation to Integration in EU Criminal Justice?», *Perspectives on European Politics and Society,* 14, 2013, pp. 339-356.

MORENO-LAX, V., «Crisis as (Asylum) Governance: The Evolving Normalisation of Non-Access to Protection in the EU», *Queen Mary Law Research,* paper n. 423/2024, 2024.

MORENO URPI, A., «¿Las víctimas de trata pueden tener acceso a la protección internacional? Análisis de las posibilidades de refugio o de protección subsidiaria en la Unión Europea», *Revista de Derecho Comunitario Europeo,* 74, 2023, pp. 191-226.

NASCIMBENE, B., «The global approach to migration: European Union policy in the light of the Implementation of the Hague Programme», *Era Forum,* 9, 2008, pp. 291-230.

O'BRIEN, C. M., CHRISTOFFERSEN, J., «The proposed European Union Corporate Sustainability Diligence Directive: Making or breaking European Human Rights?», *Anales de Derecho,* 40(2), 2023, pp. 178-201.

O'NEILL, M., «Trafficking in Human Beings. An ongoing problem for the EU's law enforcement community», *SIAK-JOURNAL – Journal for Police Science and Practice* (International Edition Vol.3), 2013, pp. 51-62.

OUTSHOORN, J., «The political debates on prostitution and trafficking of women», *Social Politics: International Studies in Gender, State and Society,* 12, 2005, pp. 141-155.

PAVLIDIS, G., «Asset recovery in the European Union: implementing a "no safe haven" strategy for illicit proceeds», *Journal of Money Laundering Control,* 25(1), 2022, pp. 109-117.

PATZ, C., «The EU's Draft Corporate Sustainability Due Diligence Directiva: A first assessment», *Business and Human Rights Journal,* 7(2), 2022, pp. 291-297.

PÉREZ DÍAZ-HERRERO, A., «La evolución de la estrategia antiterrorista europea: Europol y sus grandes retos», *Análisis GESI,* 30/2016, 2016. Disponible en: https://bit.ly/2eo9B0J.

PÉREZ GONZÁLEZ, C., «La tipificación de la trata de seres humanos como crimen contra la humanidad: una contribución al debate en torno al elemento político de los crímenes», *Revista Electrónica de Estudios Internacionales,* (31), 2016, pp.1-37.

PÉREZ-RIVAS, N., «El modelo europeo de Estatuto de la víctima», *Díkaion,* 26(2), 2017, pp. 256-282.

PI LLORENS, M., «El nuevo mapa de las agencias europeas del Espacio de Libertad, Seguridad y Justicia», *Revista de Derecho Comunitario Europeo*, 56, 2017, pp. 77-117.

PIOTROWICZ, R., «The UNHCR's Guidelines on Human Trafficking», *International Journal of Refugee Law*, 20(2), 2008, p. 242-252.

—, «State's obligations under Human Rights Law towards victims of trafficking in human beings: Positive Developments in positive obligations», *International Journal of Refugee Law*, 24(2), 2012, pp. 1-21.

POMARES CINTAS, E., «Un nuevo modelo, otros deberes de diligencia para afrontar la *esclavitud moderna*: el Anteproyecto de Ley Orgánica integral contra la Trata y la Explotación de seres humanos», *Revista Sistema Penal Crítico*, 4, 2023, pp. 1-25.

PONCELA SACHO, A., «La externalización de las fronteras en el ámbito de la Unión Europea», *Documento de opinión. Instituto Español de Estudios Estratégicos*, 80/2018, 2018.

PRIMORAC, Z., BULUM, B., PIJACA, M., «New European approach on passengers digital surveillance through electronic platform (ETIAS) – Passengers' and travellers' perspective», *EU and comparative law issues and challenges series (ECLIC)*, 7, 2023, pp. 273-294.

RAFFAELLI, R., «The European Approach to the Protection of Trafficking Victims: The Council of Europe Convention, the EU Directive and the Italian Experience», *German Law Journal*, 10(3), 2009, pp. 205-222.

RIJPMAM J., VERMEULEN, M., «EUROSUR: saving lives or Building borders)», *European Security*, 24, 2015, pp. 454-472.

ROMEO MALANDA, S., «Un nuevo modelo de derecho penal transnacional: el derecho penal de la Unión Europea tras el Tratado de Lisboa», *Estudios Penales y Criminológicos*, XXXII, 2012, pp. 313-386.

SALINAS DE FRÍAS, A., «La insuficiente protección jurídica internacional de los migrantes irregulares víctimas de trata», *Revista Española de Derecho Internacional*, 73(2), 2021, pp. 161-175.

SÁNCHEZ DOMINGO, M. B., «La cooperación judicial penal y el Tratado de Lisboa. El ejemplo de la Directiva 2011/93/UE en materia de pornografía infantil, *Revista de Derecho Comunitario Europeo*, 44, 2013, pp. 279-305.

SÁNCHEZ PERERA, P., «Un debate adulterado: distribución del poder simbólico en las disputas feministas en torno a la prostitución», *Revista Mediterránea de Comunicación: Mediterranean Journal of Communication*, 10(1), 2019, pp. 131-146.

—, «"Sin clientes no hay trata": Generalogía, evidencia empírica e implicaciones», *RELIES: Revista del Laboratorio Iberoamericano para el Estudio Sociohistórico de las Sexualidades,* (4), 2020, pp. 38-54.

SANTANA VEGA, D., «La Directiva 2011/36/UE, relativa a la prevención y lucha contra la trata de seres humanos y la protección de las víctimas: análisis y crítica», *Nova et Vetera,* 20(64), 2011, pp. 211-226.

SANTOS VARA, J., «La transformación de Frontex en la Agencia Europea de la Guardia de Fronteras y Costas: ¿Hacia una centralización en la gestión de las fronteras?», *Revista de Derecho Comunitario Europeo,* 59, 2018, pp. 143-186.

SCHERRER, A., *Detecting and protecting victims of trafficking in hotspots. Ex-post evaluation,* studio del European Parliamentary Research Service (EPRS) PE 631.757, 2019. Disponible en: https://bit.ly/32tYT17.

SPAPENS, T., «Joint investigation teams in the European Union: Article 13 JITS and the alternatives», *European Journal of Crime, Criminal Law and Criminal Justice,* 19, 2011, pp. 239-260.

STACHOWITSCH, S., SACHSEDER, J., «The gendered and racialized politics of risk analysis. The case of Frontex», *Critical Studies on Security,* 2019, pp.1-17. Disponible en: https://bit.ly/2ZF79JF.

TOMASCZYCKI, K., «The interoperability of European information systems for border and migration management and for ensuring security», *Facta Universitatis. Series: Law and Politics,* 16, 2018, pp.195-211.

URBANEJA CILLÁN, J., «Renovadas medidas de la Unión Europea relativas a la sanción penal de capitales: la Directiva 2018/1673», *Revista General de Derecho Europeo,* 48, 2019, pp. 1-18.

VAN DER WILT, H., «Trafficking in Human Beings: A modern form of slavery or a transnational crime?», *ACIL Research Paper,* 07, 2014, pp. 1-45.

VAN DIJK, J., VAN MIERLO, F. K., «Quantitative indices for anti-human trafficking policies: based on reports of the U.S. State Department and the Council of Eur*ope*», *Crime, Law and Social Change,* 61(2), 2014, pp. 229-250.

VAN DUYNE, P. C., VANDER BEKEN, T., «The incantations of the EU organised crime policy making», *Crime Law, Soc Change,* 51, 2009, pp. 261-281.

VAN IMPE, K., «People for sale: the need for a multidisciplinary approach towards human trafficking», *International Migration,* special issue 2000/1, 2000, pp. 113-131.

VAN LENT, Y., «Legal regulation of witness protection in the European Union», *Public Security and Public Order,*21, 2018, pp. 139-148.

VAVOULA, N., «European Travel Information and Authorisation System (ETIAS): A flanking measure of the EU's Visa Policy with far reaching privacy implications», *Queen Mary School of Law Legal Studies research paper nº 256/2017,* 2017, pp. 1-8.

—, «The "puzzle" of EU Large-Scale Information System for Third-Country nationals: Surveillance of movement and its challenges for privacy and personal data protection», *European Law Review,* 3, 2020, pp. 348-372.

VILLACAMPA ESTIARTE, C., «La nueva directiva europea relativa a la prevención y a la lucha contra la trata de seres humanos y a la protección de las víctimas. ¿Cambio de rumbo de la política de la Unión en materia de trata de seres humanos?», *Revista electrónica de Ciencia Penal y Criminología,* (13-14), 2011, pp. 14:1-14:52.

—, «Trata de seres humanos y delincuencia organizada», *InDret, Revista para el análisis del Derecho,* (1), 2012, pp. 5-20.

VLASTNÍK, J., «Eurojust – A cornerstone of the federal criminal justice system in the EU?», en GUILD, E., GEYER, F. (eds.), *Security versus Justice? Police and judicial cooperation in the European Union,* Routledge Taylor & Francis Group, Abingdon, 2008, pp. 35-50.

WEATHERBURN, A; BRIÈRE, C., «Regulating desire: The impact of Law and Policy on demand for sexual exploitation in Europe», *ex/ante Journal for young legal academics,* 1, 2017, pp.3-13.

WOJNOWSKA-RADZINKA, J., «Procedural guarantees for EU Citizens against expulsion in the light of Directive 2005/38/EC», *Adam Mickiewics University Law Review,* (8), 2018, pp. 87-96.